Final Exam   8:00 am -
12-16   10:00am

RENDEZ-VOUS

Metallo

RENDEZ-VOUS

An Invitation to French

Fourth Edition

Judith A. Muyskens
UNIVERSITY OF CINCINNATI

Alice C. Omaggio Hadley
UNIVERSITY OF ILLINOIS, URBANA-CHAMPAIGN

Thierry Duchesne

Claudine Convert-Chalmers

McGraw-Hill

New York   St. Louis   San Francisco   Auckland
Bogatá   Caracas   Lisbon   London   Madrid
Mexico City   Milan   Montreal   New Delhi
San Juan   Singapore   Sydney   Tokyo   Toronto

This is an book.

ISBN 0-07-044337-8 (Student's Edition)
ISBN 0-07-044338-6 (Teacher's Edition)

Rendez-vous: An Invitation to French

1 2 3 4 5 6 7 8 9 0 VNH VNH 9 0 9 8 7 6 5 4

Library of Congress Cataloging-in-Publication Data

Rendez-vous : an invitation to French / Judith A. Muyskens, . . . [et al.]. — 4th ed.
   p. cm.
  "This is an EBI book"—T.p. verso.
  Third ed. by Judith A. Muyskens, Alice C. Omaggio, and Claudine Chalmers.
  Includes index.
  ISBN 0-07-044337-8
  1. French language—Textbooks for foreign speakers—English.
2. French language—Grammar. I. Muyskens, Judith A. II. Muyskens, Judith A. Rendez-vous.
PC2129.E5M87   1994
448.2'421—dc20   93-35951
                                           CIP

Sponsoring editor: Leslie Berriman
Development editor: Suzanne Cowan
Copyeditor: Melissa Gruzs
Editing supervisor: E.A. Pauw
Text designer: Francis Owens
Cover designer: Lorna Lo
Cover illustrator: James Stimpson
Illustrators: David Bohn, Axelle Fortier, Lori Heckleman, Ellen Sasaki, and Katherine Tillotson
Photo researcher: Stephen Forsling
Production supervisor: Diane Renda
Production assistance was provided by Edie Williams (Vargas/Williams/Design), Ann Potter, and Marian Hartsough
Compositor: Black Dot Graphics
Printer and binder: Von Hoffman Press

Table des matières

Themes and Vocabulary	Grammar and Functional Uses	

Cultural and Literary Readings	Skills Practice

Themes and Vocabulary	Grammar and Functional Uses	

Cultural and Literary Readings	Skills Practice

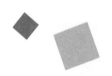

Cultural and Literary Readings	Skills Practice
Nouvelles francophones: Immigration: La France divisée **438** **France-culture:** L'Europe et les Européens **451** **Lecture:** «Le Déserteur» **455** **Portraits:** Eugène Delacroix **461**	**Mots-clés:** How To Carry on a Discussion **437** **Avant de lire:** Understanding Poetry and Songs **454** **Par écrit:** Writing to Persuade **456** **À l'écoute!:** Le candidat; Les informations **457; 458** **Situation:** L'Amérique en question: Pour participer à un échange d'opinions **460** **À propos:** Comment donner des conseils **460**
Nouvelles francophones: Le français en Amérique du Nord **467** **Nouvelles francophones:** Le français en Afrique **477** **Lecture:** Les 40 secrets de Léandre **480** **Portraits:** Aimé Césaire **485**	**Avant de lire:** More on Guessing from Context: Deciding What Is Important **479** **Par écrit:** Describing and Hypothesizing **481** **À l'écoute!:** I. Héritage français; II. Étudiants francophones **481; 482** **Situation:** Promenade à La Nouvelle-Orléans: Pour parler de l'histoire d'une région **484** **À propos:** Comment hésiter en français **484**

Preface

Welcome to the fourth edition of *Rendez-vous*, the first-year college and university program designed to promote communicative and interactive use of French. Emphasizing vocabulary before grammar, grammar within a cultural context, and French as it is spoken in authentic, everyday situations, *Rendez-vous* strives to develop proficiency in the four basic language skills (listening, speaking, reading, and writing) while introducing students to the cultural richness and diversity of the French-speaking world.

Organization of the Fourth Edition

Rendez-vous is organized into eighteen chapters. Chapter 1 introduces and practices French expressions commonly used in everyday encounters and gives students the basic tools they need to approach learning French. Chapter 18 is a collection of readings and activities that focus on important issues facing French-speaking people today while reviewing essential first-year skills.

All chapters except Chapters 1 and 18 are organized by the following major sections:

- *Étude de vocabulaire*. A series of visual presentations of thematically linked words and expressions reflect everyday life in French-speaking cultures.
- *Étude de grammaire*. The basic structures of French are introduced contextually through "slice of life" mini-dialogues and then presented through concise English explanations with abundant French examples. Exercises and activities progressing from form-focused and controlled to open-ended and creative follow each grammar point.
- *Étude de prononciation*. Foundations of French pronunciation and spelling are accompanied by reinforcement exercises (through Chapter 7).
- *Mise au point*. A set of review exercises and activities practices each chapter's core vocabulary and grammar structures. **Interactions** contains culminating situations and role-plays.
- *Rencontres*. Accessible, stimulating reading selections (in **Lecture**) are introduced by pre-reading strategies (**Avant de lire**) and followed by a set of step-by-step writing guidelines (**Par écrit**) calculated to enhance students' writing skills while stimulating creative expression of their own ideas. The section culminates with a set of listening comprehension activities (**À l'écoute!**) recorded on the student tape packaged with the student text.
- *Intermède*. This optional section features a situational dialogue (**Situation**), a very practical list of functional expressions (**À propos**), speaking activities and role-plays (**Maintenant à vous!**), and a brief glimpse into the life of a great figure from the French-speaking world (**Portraits**).

Major Changes in the Fourth Edition

The changes to *Rendez-vous* in the fourth edition are in all major areas: listening, speaking, reading, writing, grammar, and culture.

Listening

A new listening comprehension tape, packaged with the student text, is coordinated with activities in the text. In the **À l'écoute!** section, students first listen to a passage, which might be a conversation, a radio announcement, an interview, a game show, a weather report, or a story, and then do activities that check their comprehension of the passage. The activities focus on the larger elements in the passage and help students to hone their listening skills.

Two other sections are recorded on the tape packaged with the student text. By listening to the chapter-opening dialogue, **En avant,** students become acquainted with a new chapter's general theme. The true/false and either/or questions on the tape are in English and simply check to see that students have understood the basic content of the brief dialogue. The longer functional dialogue at the end of the chapter, **Situation**, is also recorded on the student tape for additional listening practice. Personalized questions and role-plays that spin off the dialogue appear printed in the text.

Scripts appear at the back of the Instructor's Edition and include the recorded material that does not appear printed in the text, namely, the **À l'écoute!** listening comprehension passages and the **En avant** follow-up questions and answers. Answers to the **À l'écoute!** activities appear at the back of both the student text and Instructor's Edition.

All listening material recorded on the student tape is indicated in the chapters with the listening symbol shown above.

Speaking

Grammar practice sequences have been organized into two new sections. **Vérifions!** contains controlled, form-focused, and usually single-response exercises. **Parlons-en!** includes open-ended, interactive, and imaginative activities. This new distinction allows students to clearly identify and apply structural principles before moving on to more creative work.

Partner/pair and small-group exercises or activities appear in both **Vérifions!** and **Parlons-en!** and are identified in the chapters by the symbol shown above.

Reading

The **Lecture** section has been moved forward in all chapters of this edition, out of **Intermède**, to make it more central to the goals of each chapter. Half of the readings in this edition are new, mostly from journalistic or literary sources. Student interest and accessibility were the key criteria that determined selection.

Pre-reading strategy sections (**Avant de lire**) have been strengthened and expanded.

Writing

In each chapter, **Par écrit** carefully guides students through all stages of writing: from brainstorming and list making to drafting sentences and paragraphs to editing and proofreading and finally to sharing the final written piece with the class. This writing section is the most comprehensive and practical of any found in an introductory French textbook.

Grammar

Some commonly used grammar structures, such as the conditional used to express polite requests, have been presented as lexical items earlier in the text to give students preliminary practice with these useful expressions. (The conditional paradigm as a whole is then presented later.)

Forms and uses of double-object pronouns have been restored in this edition. Certain points have been streamlined and simplified for greater ease of assimilation.

Culture

The cultural focus has been significantly extended in this edition. New material is presented on the culture, history, and society of both France (**France-culture**) and the French-speaking world (**Nouvelles francophones**). **En savoir plus**, another new feature, presents practical information about French-speaking countries, such as telling time by the 24-hour clock. **Un peu d'argot**, a non–active vocabulary feature, presents slang words and expressions commonly used among young French-speaking people today. Every chapter ends with **Portraits**, a new photo-based glimpse into the life of an exemplary man or woman in the history of French-speaking cultures.

Supplementary materials

Rendez-vous, fourth edition, is a complete program including the following components:

- A *Workbook* for students' independent study and practice.
- A *Laboratory Manual* that is a guide to speaking practice and engaging listening comprehension activities.
- The *Annotated Instructor's Edition* of the text, which includes marginal notes as well as scripts for the recorded listening comprehension passages.
- The *Instructor's Manual* with theoretical background, practical guidance, and ideas for using *Rendez-vous*.
- The *Testing Program*, which includes three sets of tests for each chapter in addition to mid-terms and final exams.
- A set of *Audiocassettes* for the laboratory program, also available for student purchase.
- A *Tapescript* containing all of the material on the Audiocassettes, available to instructors only.

- The *Listening Comprehension Tape*, packaged with the student text and also available to instructors.
- A set of full-color *Overhead Transparencies* for presenting vocabulary.
- A set of *Slides* from various parts of the French-speaking world, with accompanying commentary and questions for classroom use.
- The *Video to accompany Rendez-vous, fourth edition*, with scenes filmed on location in France tied to the topics of the text.
- The *McGraw-Hill Video Library of Authentic French Materials* including video material from French television.
- The *McGraw-Hill Electronic Language Tutor* (*MHELT 2.0*), available in Macintosh and IBM formats, containing single-response exercises from the text.
- *A Practical Guide to Language Learning: A Fifteen-Week Program of Strategies for Success*, by H. Douglas Brown (San Francisco State University), a brief introduction to the language learning process for beginning language students.
- A *Training Orientation Manual*, offering practical advice for beginning language instructors and coordinators.

All of the components in the *Rendez-vous* program are designed to complement your instruction and to enhance your students' learning experience. Please contact your local McGraw-Hill sales representative for information on the availability and costs of supplementary materials.

Acknowledgments

The publishers and authors would like to thank again those instructors who participated in the surveys and questionnaires that were essential to the development of the first, second, and third editions of *Rendez-vous* and to thank in particular the instructors listed below who offered thoughts and suggestions for the development of the fourth edition:

Starr Ackley, Albertson College
Joan Adams, Shasta College
Gretchen Buet, Green River Community College
Stephen A. Canfield, Eastern Illinois University
Judy Celli, University of Delaware
Monique Christensen, Texas A & M University, Galveston
Constance Colwell, Presbyterian College
Phyllis Fread, Umpqua Community College
Yvette C. Gerner, Virginia State University
John Gesell, University of Arizona
M. Brooke Hallowell, Wright State University
Karen Harrington, East Tennessee State University
Sylvia Kibart, East Texas State University
Carolyn Lake, Merritt College
Jacques M. Laroche, New Mexico State University
Howard Limoli, Sonoma State University

Janet C. Loy, Taylor University
Derrinita L. Manuel, Bennett College
Judith A. Motiff, Hope College
Sharon O. Nell-Boelsche, Drury College
Diane O'Connell, South Suburban College
Vincent L. Remillard, St. Francis College
Regis Robe, University of South Carolina, Spartanburg
Sylvie Rockmore, Chatham College
Karen S. Rohe, Indiana University Northwest
Enrique Romaguera, University of Dayton
Jose Santos, Bard College
Munir F. Sarkis, Daytona Beach Community College
Kelly Sax, Whitman College
Nigel E. Smith, University of North Carolina, Chapel Hill
Daniela C. Stewart, Everett Community College
Catherine Triantaphilides, University of the Pacific
Martha Wallen, University of Wisconsin, Stout
Janell Watson, Duke University
Michael J. West, Carnegie Mellon University
Anoush Kevorkian Wiggins, Duke University
Mo Xuan, University of Cincinnati
Robert Ziegler, Montana College of Mineral Science and Technology

Many other individuals deserve our thanks. We are indebted to the
following people who did in-depth reviews of the fourth edition manuscript as
it developed: Jesse Dickson, Miami University of Ohio; Dominick A. DeFilippis,
Wheeling Jesuit College; Matuku Ngame, University of Vermont; Lee Anne
Smith, Valparaiso University; David Uber, Baylor University.

Our native readers, Hedwige Meyer, of the University of Washington, and
Jehanne-Marie Gavarini, did invaluable work checking the naturalness and
authenticity of the French throughout the book.

Many thanks to the editing, design, production, and marketing staffs at
McGraw-Hill for their expert work: Karen Judd, Phyllis Snyder, Diane Renda,
Francis Owens, Lorna Lo, Ann Potter, Edie Williams, Marie Deer, Melissa
Gruzs, Nicole Dicop-Hineline, Joan Schoellner, Terri Wicks, Michelle Lyon,
and, especially, Liz Pauw, our editing supervisor. Margaret Metz and the
marketing and sales staffs at McGraw-Hill are appreciated for their loyal
support of *Rendez-vous* through its four editions.

At McGraw-Hill, our development editor, Suzanne Cowan, worked closely on
manuscript through all drafts and made numerous invaluable suggestions.
Many thanks to Eileen LeVan, who read parts of the manuscript and offered
good ideas. Julie Melvin's participation in the final stages is appreciated. We are
deeply grateful to our editor, Leslie Berriman, who worked with us to
conceptualize the fourth edition and who oversaw every stage of its development
through publication. We'd like to offer a final word of thanks to Thalia
Dorwick for her continuing support and enthusiasm.

LES PAYS-BAS

L'ANGLETERRE*f*

LA MANCHE

Dunkerque
Calais
Boulogne • Lille
LA BELGIQUE
L'ALLEMAGNE*f*

la Picardie
Dieppe • Amiens
LE LUXEMBOURG

Cherbourg
Le Havre
Rouen
Reims • Verdun

Caen
la Seine
la Normandie
Paris
la Champagne
la Lorraine
• Nancy
LES VOSGES*f*
Strasbourg

Versailles •
l'Île-de-France *f*
l'Alsace*f*
le Rhin

Brest
Chartres

la Bretagne
• Rennes
Orléans

la Loire
la Loire
Dijon
Besançon

Angers • Tours • Blois
LA SUISSE

Nantes
la Touraine
LE JURA
la Saône

la Vendée
Bourges
la Bourgogne

L'OCÉAN
La Rochelle

ATLANTIQUE*m*
le Poitou
Clermont-Ferrand
Lyon

Limoges
la Savoie
LES ALPES*f*
L'ITALIE*f*

l'Auvergne *f*
Grenoble

Bordeaux
LE MASSIF
CENTRAL

le Dauphiné

la Garonne
le Rhône
Avignon

Nîmes
Arles
Nice
la Provence
MONACO*m*

Biarritz
Montpellier
Aix-en-Provence
Cannes

LES PYRÉNÉES*f*
Toulouse
Marseille
St-Tropez

L'ESPAGNE*f*
Carcassonne
le Languedoc

Perpignan
la Corse

L'ANDORRE*f*
Ajaccio

La France

| 0 | 50 | 100 | 150 MILLES |
| 0 | 50 | 100 | 150 | 200 | 250 KILOMÈTRES |

m = masculin   f = féminin

LA MER MÉDITERRANÉE

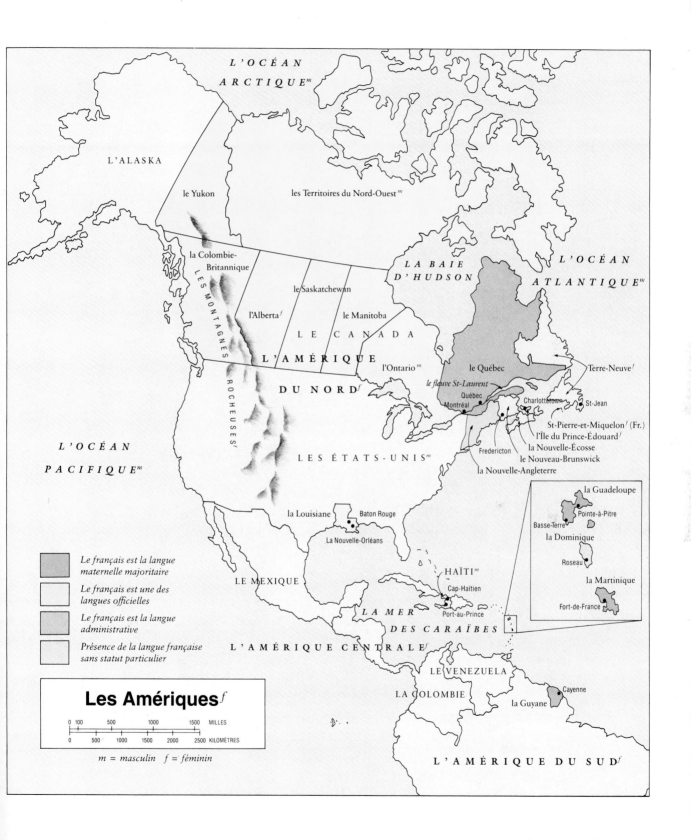

L'OCÉAN
ARCTIQUE*m*

L'ALASKA

le Yukon

les Territoires du Nord-Ouest*m*

la Colombie-
Britannique

LES MONTAGNES

ROCHEUSES*f*

le Saskatchewan

l'Alberta*f*   le Manitoba

LE CANADA

L'AMÉRIQUE

DU NORD*f*

l'Ontario*m*

LA BAIE
D'HUDSON

L'OCÉAN

ATLANTIQUE*m*

le Québec

Terre-Neuve*f*

le fleuve St-Laurent

Québec   Charlottetown   St-Jean
Montréal

St-Pierre-et-Miquelon*f* (Fr.)
l'Île du Prince-Édouard*f*
la Nouvelle-Écosse
le Nouveau-Brunswick

Fredericton

la Nouvelle-Angleterre

L'OCÉAN

PACIFIQUE*m*

LES ÉTATS-UNIS*m*

la Louisiane   Baton Rouge

La Nouvelle-Orléans

LE MEXIQUE

HAÏTI*m*

Cap-Haïtien

Port-au-Prince

LA MER

DES CARAÏBES

L'AMÉRIQUE CENTRALE*f*

LE VENEZUELA

LA COLOMBIE

la Guyane

Cayenne

la Guadeloupe

Basse-Terre   Pointe-à-Pitre

la Dominique

Roseau

la Martinique

Fort-de-France

Le français est la langue
maternelle majoritaire

Le français est une des
langues officielles

Le français est la langue
administrative

Présence de la langue française
sans statut particulier

Les Amériques*f*

0   100   500   1000   1500   MILLES

0   500   1000   1500   2000   2500 KILOMÈTRES

m = *masculin*   *f* = *féminin*

L'AMÉRIQUE DU SUD*f*

Le français est la langue
maternelle majoritaire

Le français est une des
langues officielles

Le français est la langue
administrative

Présence de la langue française
sans statut particulier

L'Europe *f*

| 0 | 50 | 100 | 200 | 300 | 400 | 500 MILLES |
| 0 | 100 | 200 | 400 | 600 | 800 KILOMÈTRES |

m = masculin   *f* = féminin

Reykjavik

L'ISLANDE *f*

LA SUÈDE

LA FINLANDE

LA NORVÈGE

Helsinki

Oslo

Stockholm

Leningrad

L'ESTONIE *f*

LA MER BALTIQUE

L'IRLANDE DU NORD *f*

L'ÉCOSSE *f*

LE DANEMARK

Moscou

LA GRANDE-
BRETAGNE

L'IRLANDE *f*

Dublin

Copenhague

LA LETTONIE

LA MER
DU NORD

LA LITUANIE

LE PAYS DE GALLES

L'ANGLETERRE *f*

Amsterdam

Berlin

Varsovie

LA COMMUNAUTÉ
DES ÉTATS
INDÉPENDANTS

Londres

LES PAYS-BAS *m*

L'ALLEMAGNE *f*

LA POLOGNE

Bruxelles

Jersey *f*

LA BELGIQUE

Bonn

Prague

LE LUXEMBOURG

Luxembourg

LA TCHÉCOSLOVAQUIE

L'OCÉAN

Paris

ATLANTIQUE *m*

LA FRANCE

Vienne

Budapest

Lausanne

Berne

L'AUTRICHE *f*

LA HONGRIE

Genève

SUISSE

le Val d'Aoste

LA YOUGOSLAVIE

LA ROUMANIE

Belgrade

Bucarest

LA MER
NOIRE

LE PORTUGAL

L'ANDORRE *f*

MONACO *m*

L'ITALIE *f*

LA MER
TYRRHÉNIENNE

LA BULGARIE

Lisbonne

Madrid

la Corse

Sofia

L'ESPAGNE *f*

Ajaccio

Rome

Istanbul

Tirana

L'ALBANIE *f*

LA GRÈCE

LA TURQUIE

LA MER MÉDITERRANÉE

LA MER
ÉGÉE

Athènes

L'AFRIQUE *f*

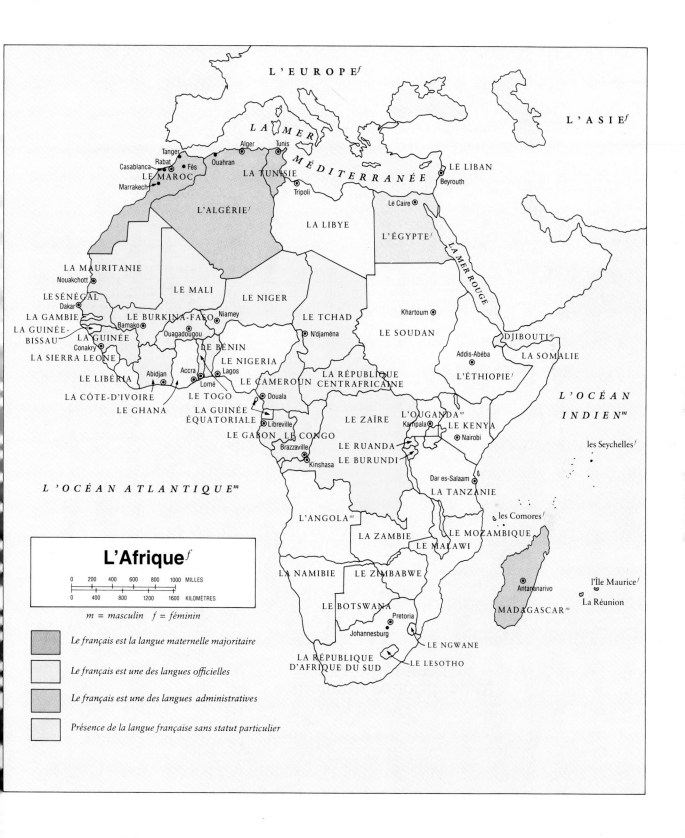

L'EUROPE*f*

L'ASIE*f*

LA MER MÉDITERRANÉE

LE LIBAN
Beyrouth

Tanger
Alger
Tunis
Rabat
Casablanca • Fès
Ouahran
LA TUNISIE
LE MAROC
Marrakech

Tripoli

Le Caire

L'ALGÉRIE*f*

LA LIBYE

L'ÉGYPTE*f*

LA MER ROUGE

LA MAURITANIE
Nouakchott

LE MALI

LE NIGER

LE SÉNÉGAL
Dakar
LA GAMBIE
LE BURKINA-FASO
Niamey
LA GUINÉE-BISSAU
Bamako
LA GUINÉE
Ouagadougou
Conakry
LE BÉNIN
LA SIERRA LEONE
LE NIGERIA
LE LIBÉRIA
Accra
Lagos
Abidjan
Lomé
LE CAMEROUN
LA CÔTE-D'IVOIRE
LE TOGO
LE GHANA
LA GUINÉE
ÉQUATORIALE
Douala
Libreville
LE GABON LE CONGO
Brazzaville
Kinshasa

LE TCHAD
N'djaména

Khartoum

LE SOUDAN

Addis-Abéba

DJIBOUTI*m*
LA SOMALIE

L'ÉTHIOPIE*f*

LA RÉPUBLIQUE
CENTRAFRICAINE

L'OCÉAN
INDIEN*m*

L'OUGANDA*m*
Kampala
LE KENYA
Nairobi

LE ZAÏRE

LE RUANDA
LE BURUNDI

les Seychelles*f*

Dar es-Salaam

LA TANZANIE

L'OCÉAN ATLANTIQUE*m*

L'ANGOLA*m*

LA ZAMBIE

les Comores*f*

LE MOZAMBIQUE
LE MALAWI

LA NAMIBIE

LE ZIMBABWE

MADAGASCAR*m*
Antananarivo

l'Île Maurice*f*
La Réunion

LE BOTSWANA

Pretoria
Johannesburg

LE NGWANE

LA RÉPUBLIQUE
D'AFRIQUE DU SUD

LE LESOTHO

L'Afrique*f*

```
0    200   400   600   800  1000  MILLES
|----|----|----|----|----|----|
0    400   800   1200  1600  KILOMÈTRES
```

m = masculin   f = féminin

Le français est la langue maternelle majoritaire

Le français est une des langues officielles

Le français est une des langues administratives

Présence de la langue française sans statut particulier

LE GROENLAND

LE CANADA

L'AMÉRIQUE
DU NORD*f*

le Québec

St-Pierre-et-Miquelon*f*
l'Île du Prince-Édouard*f*
la Nouvelle-Écosse
le Nouveau-Brunswick
la Nouvelle-Angleterre

*L'OCÉAN PACIFIQUE*m*

la Louisiane

HAÏTI*m*

LES ANTILLES FRANÇAISES*f*

la Guadeloupe
la Dominique
la Martinique

la Guyane

L'AMÉRIQUE
DU SUD*f*

les Îles Marquises*f*

les Îles Tuamotu*f*

Vanuatu

Tahiti*f*

LA POLYNÉSIE FRANÇAISE

la Nouvelle-Calédonie

Les régions francophones du monde

| 0 | 1000 | 2000 | 3000 | 4000 MILLES |

| 0 | 1000 | 2000 | 3000 | 4000 | 5000 | 6000 KILOMÈTRES |

m = masculin   f = féminin

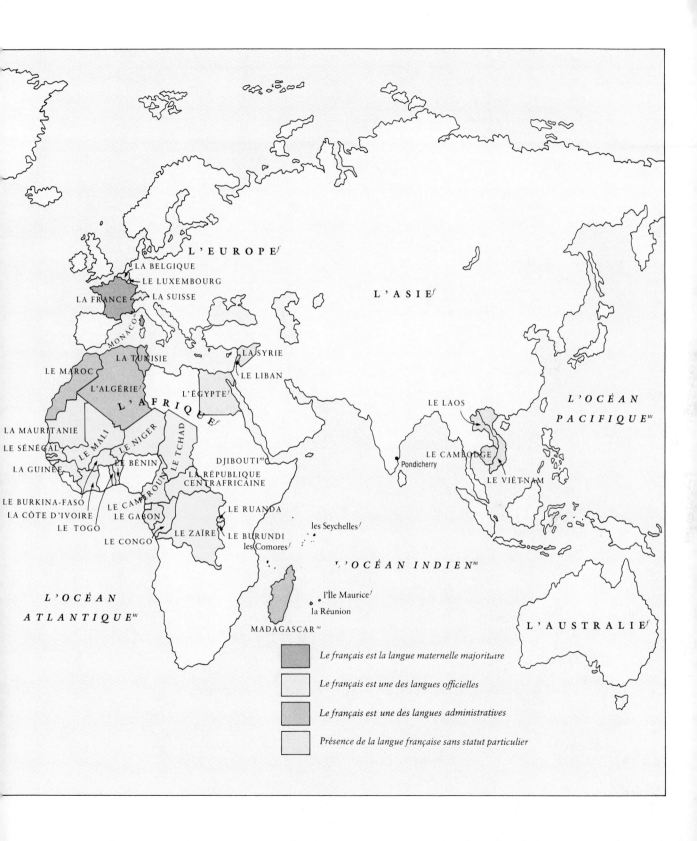

L'EUROPE*f*

LA BELGIQUE
LE LUXEMBOURG
LA SUISSE

LA FRANCE

L'ASIE*f*

MONACO*m*

LA TUNISIE

LE MAROC

L'ALGÉRIE

LA SYRIE

LE LIBAN

L'ÉGYPTE*f*

L'AFRIQUE*f*

L'OCÉAN
PACIFIQUE*m*

LE LAOS

LA MAURITANIE

LE SÉNÉGAL

LE MALI

LE NIGER

LE TCHAD

LE CAMBODGE

LA GUINÉE

LE BÉNIN

DJIBOUTI*m*

Pondicherry

LE BURKINA-FASO

LE CAMEROUN

LA RÉPUBLIQUE
CENTRAFRICAINE

LE VIÊT-NAM

LA CÔTE D'IVOIRE

LE GABON

LE TOGO

LE RUANDA

LE CONGO

LE ZAÏRE

LE BURUNDI

les Comores*f*

les Seychelles*f*

L'OCÉAN INDIEN*m*

L'OCÉAN
ATLANTIQUE*m*

l'Île Maurice*f*

la Réunion

MADAGASCAR*m*

L'AUSTRALIE*f*

Le français est la langue maternelle majoritaire

Le français est une des langues officielles

Le français est une des langues administratives

Présence de la langue française sans statut particulier

Premier rendez-vous

En avant

—Salut Marc, comment ça va?

—Ça va bien, et toi?

—Pas mal.

Communicative goals: greeting people, counting, communicating in class, identifying people and things in the classroom, and telling the day.

Première partie

Les bonnes manières

1. —Bonjour, Mademoiselle.*
   —Bonjour, Madame.

2. —Bonsoir, Monsieur.
   —Bonsoir, Madame.

3. —Je m'appelle Eric Martin.
   Et vous, comment vous
   appelez-vous?
   —Je m'appelle Marie Dupont.

4. —Comment allez-vous?
   —Très bien, merci. Et vous?
   —Pas mal, merci.

5. —Salut, ça va?
   —Oui, ça va bien. Et toi?
   —Comme ci comme ça. (Ça
   peut aller.)†

6. —Comment? Je ne
   comprends pas. Répétez,
   s'il vous plaît.

7. —Oh, pardon! Excusez-moi,
   Mademoiselle.

8. —Merci beaucoup.
   —De rien.

9. —Au revoir!
   —À bientôt!

---

*Abréviations: Mademoiselle = Mlle Monsieur = M. Madame = Mme
†Notice that different greetings are used, depending on the situation: Informal expressions are used
among friends and family; formal and professional circumstances require more polite use of
language. Compare, for example, drawing number five with number four.

À vous!

A. Répondez, s'il vous plaît. Give the appropriate response in French.

1. Je m'appelle Maurice Lenôtre. Et vous, comment vous appelez-vous? 2. Bonsoir! 3. Comment allez-vous? 4. Merci. 5. Ça va? 6. Au revoir! 7. Bonjour.

B. Formel ou informel? Provide an appropriate expression for each situation. (Decide, first of all, if the situation is formal or informal.)

1. 2. 3. 4.

5. 6. 7.

France-culture

Greetings. There is almost always some sort of physical contact when the French greet each other. Casual acquaintances or co-workers shake hands briefly when they meet, even if they see each other every day. Friends and relatives exchange two, three, or four kisses on the cheek; the number varies from region to region. Men generally shake hands rather than exchange kisses (**faire la bise**). In conversation, the French tend to stand or sit closer together than the British or Americans do.

Les nombres de 0 à 20

0	zéro	7	sept	14	quatorze
1	un	8	huit	15	quinze
2	deux	9	neuf	16	seize
3	trois	10	dix	17	dix-sept
4	quatre *cat*	11	onze	18	dix-huit
5	cinq	12	douze	19	dix-neuf
6	six	13	treize	20	vingt

Combien?	*How much? How many?*
Combien de (+ *noun*)... ?	*How much . . . ? How many . . . ?*

+	**plus** **et**	−	**moins**	×	**fois**	=	**font**

À vous!

A. Combien? Give the totals.

1. ꟷꟷꟷ ꟷꟷꟷ III
2. II
3. ꟷꟷꟷ II
4. ꟷꟷꟷ ꟷꟷꟷ II
5. ꟷꟷꟷ ꟷꟷꟷ ꟷꟷꟷ II

6. ꟷꟷꟷ ꟷꟷꟷ
7. ꟷꟷꟷ ꟷꟷꟷ ꟷꟷꟷ IIII
8. IIII
9. ꟷꟷꟷ IIII
10. ꟷꟷꟷ ꟷꟷꟷ IIII

B. Quel (*What*) nombre? Look at the racing tips and say the number of each horse your instructor mentions by name.

COURSES[a]
LES PRONOSTICS D'ETIENNE ROSSO

7 PRIX[b] DU ROUSSILLON
(Plat Handicap dédoublé - deuxième épreuve 65.000F 1.600m PD N2)
TRIO URBAIN, Couplés

1 Follow That Star (C. Black)..........58
2 Gingerson (D. Lawniczak)............58
3 Val des Rois (F. Head)...............58
4 Calm Dawn (G. Guignard) E........57,5

5 Radicofani (D. Boeuf)....................57,5
6 Reach the Beach (Gér. Mossé)....57
7 Naf a Naf (E. Saint-Martin) E........56,5
8 Brillana (F. Sanchez)....................54,5
9 Crystal Feerie (Alain Badel)..........56
10 Geedeep (T. Jarnet)....................56
11 Le Scoot (C. Nora)......................53,5
12 Saphir d'Avril (P. Bruneau)..........53,5

13 Speed Demon (J.-C. Latour).........52
14 Albanity (S. Guillemin)...................53
15 San Barbero (Y. Talamo)...............53
16 Zafar (F. Maerten).........................53
17 Zaburi (Th. Blaise) 52,5
18 Aula (A.-S. Cruz)............................52
19 Brownsted (O. Benoist)..................52
20 Dominicain (W. Messina)...............47,5

[a]Horse races
[b]prize

C. Problèmes de mathématiques. Do the following problems with a classmate, and read the solutions out loud.

MODÈLES: $4 + 3 = ?$ $\longrightarrow$ Quatre et trois font sept. (Quatre plus trois font sept.)

$4 - 3 = ?$ $\longrightarrow$ Quatre moins trois font un.

1. $2 + 5 = ?$	6. $5 - 5 = ?$	11. $10 \times 2 = ?$
2. $6 + 8 = ?$	7. $15 - 9 = ?$	12. $11 \times 1 = ?$
3. $5 + 3 = ?$	8. $13 - 12 = ?$	13. $8 \times 2 = ?$
4. $10 + 1 = ?$	9. $20 - 18 = ?$	14. $6 \times 3 = ?$
5. $9 + 8 = ?$	10. $19 - 15 = ?$	15. $5 \times 4 = ?$

La communication en classe

Les expressions françaises. Match each French expression with its English equivalent. Then use the French expressions in the exercise that follows.

1. Répondez.
2. En français, s'il vous plaît.
3. Prenez votre livre.
4. Oui,* c'est exact.
5. Non, ce n'est pas juste, ça.
6. Silence!
7. Est-ce que vous comprenez?
8. Non, je ne comprends pas.*
9. Bravo! Excellent!
10. Je ne sais pas.*
11. Comment dit-on «Cheers!» en français?
12. Écoutez et répétez.
13. Vive le professeur!
14. À bas les examens!
15. Attention!
16. Levez la main.
17. J'ai une question.
18. Allez au tableau.

a. Great! Excellent!
b. Do you understand?
c. How do you say "Cheers!" in French?
d. Raise your hand.
e. I have a question.
f. In French, please.
g. Listen and repeat.
h. Yes, that's correct.
i. Long live (Hurray for) the professor!
j. No, that's not right.
k. Go to the chalkboard.
l. Pay attention! (Be careful! Watch out!)
m. Answer (Respond).
n. Take your book.
o. No, I don't understand.
p. I don't know.
q. Down with exams!
r. Quiet!

À vous!

Situations. Give your personal reaction (in French, please!).

1. You don't understand what the instructor said.
2. You want to know how to say "help!" in French.
3. The exam for the day has been canceled.

---

*In familiar, informal settings, **oui** may be pronounced **ouais**, **je ne sais pas** may become **shais pas**, and **je ne comprends pas** might be said **j' comprends pas**.

4. You have a question.
5. A classmate mentions that Marseilles is the capital of France.
6. Everyone is talking; you can't hear the professor.

Nouvelles francophones

The French-speaking world

More than one hundred million people in the world speak French, either as their native language or as a second language used in business or in the workplace. French-speaking countries or regions are found on five continents. Look at the world map at the beginning of the book and find the following places.

- the four European countries where French is one of the principal languages
- three regions on the American continents where French is spoken
- two francophone island nations
- three major North African francophone countries
- five francophone nations on the West African coast
- the largest Central African nation where French is spoken
- three French-speaking Asian nations

Besides the countries shown on the map, French-speaking populations are found in pockets all over the globe. In the United States alone, more than thirteen million people are descendants of French or French-Canadian emigrants. Most live in Louisiana or New England. Many of these Americans still speak or understand French; in numerous ways—through music, food, family customs, habits of thought—their everyday lives reflect their francophone heritage.

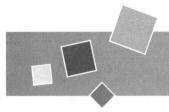

Deuxième partie

Dans la salle de classe

une craie

un étudiant

une étudiante

une fenêtre

un tableau

un professeur

un livre

un stylo

une porte

un bureau

une table

une chaise

un crayon

un cahier

À vous!

A. Qu'est-ce que c'est (*What is it*)? With a classmate, identify the people and objects in the drawing above.

> MODÈLE:
> VOUS: L'objet numéro un, qu'est-ce que c'est?*
> UN(E) CAMARADE: C'est un (une)... (*It's a . . .*)

B. Combien? Look at the classroom above. With a classmate, ask and answer questions about the number of people and objects you see.

> MODÈLE: étudiantes → UN(E) CAMARADE: Il y a combien d'étudiantes?†
> VOUS: Il y a quatre étudiantes.‡

---

*The intonation of the voice should drop slightly at the end of this question.
†The intonation of the voice should rise slightly on **combien,** then drop at the end of the sentence.
‡**Il y a** can mean *there are* as well as *there is*. The **s** that makes a word plural is not pronounced.

1. portes
2. fenêtres
3. professeurs
4. étudiants
5. cahiers
6. livres
7. chaises
8. stylos

Les nombres de 20 à 60

20	vingt	25	vingt-cinq	30	trente
21	vingt et un	26	vingt-six	40	quarante *caravnt*
22	vingt-deux	27	vingt-sept	50	cinquante *sankavnt*
23	vingt-trois	28	vingt-huit	60	soixante
24	vingt-quatre	29	vingt-neuf		

A. Problèmes de mathématiques.

MODÈLES: $26 + 2 = 28$ Vingt-six plus (et) deux font vingt-huit.
$49 - 7 = 42$ Quarante-neuf moins sept font quarante-deux.
$12 \times 3 = 36$ Douze fois trois font trente-six.

1. $18 + 20 = ?$
2. $15 + 39 = ?$
3. $41 + 12 = ?$
4. $32 + 24 = ?$
5. $43 - 16 = ?$
6. $60 - 37 = ?$
7. $56 - 21 = ?$
8. $49 - 27 = ?$
9. $2 \times 10 = ?$
10. $3 \times 20 = ?$
11. $25 \times 2 = ?$
12. $15 \times 3 = ?$

B. Les numéros de téléphone. In French, telephone numbers are said in groups of four two-digit numbers. Look in Claire's address book and read out loud some of her most frequently called numbers.

MODÈLE: —L'université de Nantes?
—40.29.07.39

MES AMIS			
noms	prénoms	adresses	tél.
Duclos	Alain	60, blvd. de l'Égalité	41.48.05.52
Bercegol	Fabienne	98, avenue Patton	41.46.42.60
de Bailleux	Bénédicte	83, rue des Renardières	41.57.13.44
Koehnlein	Valérie	7, rue de Verneuil	41.35.21.08
Université de Nantes		4400 NANTES	40.29.07.39

Quel jour sommes-nous?

La semaine (*week*) de Claire

lundi	examen de biologie
mardi	examen de Chimie
mercredi	chez le dentiste
jeudi	tennis avec Vincent
vendredi	laboratoire
samedi	théâtre avec Vincent
dimanche	en famille

In French, the days of the week are not capitalized. The week starts on Monday on the French calendar.

—Quel jour sommes-nous (aujourd'hui)? / Quel jour est-ce (aujourd'hui)?   —*What day is it* (today)?

—Nous sommes mardi. / C'est mardi.   —*It's Tuesday.*

À vous!

A. La semaine de Claire. Quel jour est-ce? Look at the drawing above.

MODÈLE: Claire est au laboratoire. → Nous sommes vendredi. (C'est vendredi.)

1. Claire va (*goes*) au théâtre avec Vincent.
2. Claire est chez (*at*) le dentiste.
3. Claire a (*has*) un cours de biologie.
4. Claire est en famille.
5. Claire joue au (*is playing*) tennis avec Vincent.
6. Claire a un examen de chimie.

B. Votre semaine (*Your week*)**.** Quel jour sommes-nous?

MODÈLE: Vous êtes (*You are*) en famille. → Nous sommes dimanche.

1. Vous êtes au cours de français.
2. Vous êtes au restaurant.
3. Vous êtes au cinéma.
4. Vous êtes au laboratoire.
5. Vous êtes au match de football (*soccer*).

Troisième partie

The French Alphabet

a	a	**h**	hache	**o**	o	**v**	vé
b	bé	**i**	i	**p**	pé	**w**	double vé
c	cé	**j**	ji	**q**	ku	**x**	iks
d	dé	**k**	ka	**r**	erre	**y**	é i grec
e	œ e	**l**	elle	**s**	esse	**z**	zède
f	effe	**m**	emme	**t**	té		
g	gé	**n**	enne	**u**	u		

À vous!

A. Devinez. Spell your name in French. Then spell the name of a city, and see if your classmates can guess what it is.

B. Inscription. Several students are signing up for classes. Spell their names and cities for the clerk in registration.

DUPONT Isabelle	Paris
HUBERT Martine	Lille
GUEYE Medoune	Dakar
EL AYYADI Allal	Rabat

The International Phonetic Alphabet

In English, each letter often represents several sounds. Note the sounds made by the letter *o* in these six words: *cold, cot, corn, love, woman, women*. The same is true in French; the **o**, for example, is pronounced differently in the words **rose** and **robe**. Conversely, in both languages, a single sound can often be spelled in several different ways. Notice, for example, how the sound [f] is spelled in the words *fish, alphabet,* and *tough*. Similarly, in French the sound [e], for example, can be spelled in many ways: univers**ité**, appel**ez**, cahi**er**.

The discussion of sounds and pronunciation is simplified by the use of the International Phonetic Alphabet (IPA), which assigns a symbol, given in brackets [ ], to each sound in a language. These symbols are used in dictionaries to show pronunciation; they will appear in the pronunciation sections of *Rendez-vous* and the accompanying laboratory program.

The IPA, listing the sounds of the French language, appears on page 11. Each symbol representing a sound is given in the column on the left. In the middle column is the normal spelling of a word or words containing that sound. On the right is the phonetic transcription of that word in the IPA.

ORAL VOWELS					
[a]	madame	[madam]	[o]	**au**	[o]
[i]	dix	[dis]	[ɔ]	porte	[pɔrt]
[e]	répétez	[repete]	[ø]	deux	[dø]
[ɛ]	merci	[mɛrsi]	[œ]	neuf	[nœf]
[u]	jour	[ʒur]	[ə]	de	[də]
[y]	salut	[saly]			

NASAL VOWELS			SEMI-VOWELS		
[ɑ̃]	**en**, comm**ent**	[ɑ̃], [kɔmɑ̃]	[ɥ]	huit	[ɥit]
[ɛ̃]	bien, vingt	[bjɛ̃], [vɛ̃]	[j]	rien	[rjɛ̃]
[ɔ̃]	bon, pardon	[bɔ̃], [pardɔ̃]	[w]	moi, oui	[mwa], [wi]

CONSONANTS					
[b]	bon	[bɔ̃]	[n]	non	[nɔ̃]
[ʃ]	chalet	[ʃalɛ]	[p]	plaît	[plɛ]
[d]	des	[de]	[r]	revoir	[rəvwar]
[f]	photo	[foto]	[k]	comme	[kɔm]
[g]	Guy	[gi]	[s]	ça, si	[sa], [si]
[ʒ]	je	[ʒ(ə)]	[z]	mademoiselle	[madmwazɛl]
[ɲ]	champagne	[ʃɑ̃paɲ]	[t]	Martin	[martɛ̃]
[l]	appelle	[apɛl]	[v]	va	[va]
[m]	mal	[mal]			

Pronunciation: Articulation in French

Articulation. The articulation of French is physically more tense and energetic than that of English. French sounds, generally produced at the front of the mouth, are never slurred or swallowed.

Pronounce these phrases as your instructor does.

1. Bonjour, ça va?
2. Oui, ça va bien.
3. Comment vous appelez-vous?
4. Je m'appelle Eric Martin.
5. Je ne comprends pas.
6. Répétez, s'il vous plaît.

Cognates and new sounds.   French and English have many cognates (**mots apparentés**), that is, words spelled similarly with similar meanings. Even though two words may look alike in French and English, they generally do not sound the same. Some sounds will be altogether new to a native speaker of English. You will learn the sounds and intonation patterns of French most easily through attentive listening and imitation.[*]

Pronounce these cognates as your instructor does.

1. l'attitude
2. la police
3. la balle
4. le bracelet

5. la passion
6. la conclusion
7. l'injustice
8. l'hôpital

English diphthongs.   A diphthong consists of two vowel sounds pronounced together within the same syllable, such as in the English word *bay*. There is a tendency in English to prolong almost any vowel into a diphthong. In such English words as *rosé, café,* and *entrée*, the final vowel is drawn out into two separate vowel sounds: a long *a* sound and an *ee* sound. In French, each vowel in the words **rosé, café,** and **entrée** is pronounced with a *single*, pure sound.

Pronounce these words as your instructor does.

1. entrée café matinée blasé rosé frappé
2. cage page sage table fable câble sable
3. beau gauche parole rouge

À L'ÉCOUTE !

Les bonnes manières. You are going to hear some people greeting each other. First, look at the drawings. Next, listen to the conversations. Then, do the activity. Replay the tape as often as you need to. (See Appendix F for answers.)

Mark a letter (*a* through *e*) under each drawing to indicate which conversation it represents.

1. _____   2. _____   3. _____   4. _____   5. _____

---

[*]Several other general aspects of French pronunciation are treated in this chapter and in Chapters 2 through 7 of *Rendez-vous*. Pronunciation is presented and practiced more extensively in the Laboratory Program.

Vocabulaire

Bonnes manières

À bientôt. See you soon.
Au revoir. Good-bye.
Bonjour. Hello. Good day.
Bonsoir. Good evening.
Ça peut aller. All right, pretty well.
Ça va? How's it going?
Ça va bien. Fine. (Things are going well.)
Ça va mal. Things are going badly.
Comme ci, comme ça. So so.
Comment? What? (How?)
Comment allez-vous? How are you?
Comment vous appelez-vous? What's your name?
De rien. Not at all, don't mention it, you're welcome.
Et vous? And you?
Excusez-moi. Excuse me.
Je m'appelle... My name is . . .
Je ne comprends pas. I don't understand.
Madame (Mme) Mrs. (ma'am)
Mademoiselle (Mlle) Miss
Merci. Thank you.
Monsieur (M.) Mr. (sir)
Pardon. Pardon (me).
Pas mal. Not bad(ly).
Répétez. Repeat.
Salut! Hi!
S'il vous plaît. Please.
Très bien. Very well (good).

La communication en classe

À bas les examens! Down with exams!

Allez au tableau. Go to the chalkboard.
Attention! Pay attention! (Be careful!/Watch out!)
Bravo! Excellent! Great! Excellent!
Comment dit-on «Cheers!» en français? How do you say "Cheers!" in French?
Écoutez et répétez. Listen and repeat.
En français, s'il vous plaît. In French, please.
Est-ce que vous comprenez? Do you understand?
J'ai une question. I have a question.
Je ne sais pas. I don't know.
Levez la main. Raise your hand.
Non, ce n'est pas juste, ça. No, that's not right.
Non, je ne comprends pas. No, I don't understand.
Oui, c'est exact. Yes, that's correct.
Prenez votre livre. Take your book.
Répondez. Answer.
Silence! Quiet!
Vive le professeur! Long live (Hurray for) the professor!

Dans la salle de classe

un bureau a desk
un cahier a notebook
une chaise a chair
une craie a stick of chalk
un crayon a pencil
un étudiant a (male) student
une étudiante a (female) student
une fenêtre a window

un livre a book
une porte a door
un professeur a professor, instructor (male or female)
une salle de classe a classroom
un stylo a pen
une table a table
un tableau a chalkboard

Les nombres

un, deux, trois, quatre, cinq, six, sept, huit, neuf, dix, onze, douze, treize, quatorze, quinze, seize, dix-sept, dix-huit, dix-neuf, vingt, vingt et un, vingt-deux, etc., trente, quarante, cinquante, soixante

Les jours de la semaine

Quel jour sommes-nous/est-ce? Nous sommes...(lundi, mardi, mercredi, jeudi, vendredi, samedi, dimanche).

Mots et expressions divers

aujourd'hui today
beaucoup very much, a lot
c'est un (une)... it's a . . .
combien de how many
il y a there is/are
il y a... ? is/are there . . . ?
non no
oui yes
Qu'est-ce que c'est? What is it?
voici here is/are
voilà there is/are

13

CHAPITRE **DEUX**

La vie universitaire

En avant

—Est-ce que tu as un cours de maths aujourd'hui?

—Non, mais j'ai un cours de physique et de chimie.

—Moi, je déteste la chimie!

Communicative goals: talking about places in and around the university, academic subjects, countries and nationalities, and pastimes; identifying people and things; expressing quantity, actions, and disagreement.

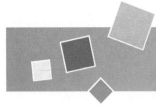

Étude de vocabulaire

Les lieux

Voici l'amphithéâtre (l'amphi).

Voici le restaurant universitaire (le restau-u; le R.U.).

Voici la cité universitaire (la cité-u).

Voici la bibliothèque.

A. Une visite. Where do you find these things?

MODÈLES: Un examen de français? → Dans l'amphithéâtre.
           Un coca? → Dans le restaurant universitaire.

1. un dictionnaire?   5. une télévision?
2. une radio?   6. un cours de français?
3. un café?   7. un sandwich?
4. un livre?   8. une encyclopédie?

B. C'est bizarre? C'est normal?

MODÈLE: Un match de football dans le restaurant universitaire... →
          Un match de football dans le restaurant universitaire, c'est
          bizarre!

1. Un cours de français dans un amphithéâtre...
2. Une radio dans la bibliothèque...
3. Un examen dans la cité universitaire...
4. Un café dans l'amphithéâtre...
5. Un dictionnaire dans la bibliothèque...

Les matières   *academic subject*

À la Faculté des Lettres et *school of arts + letters*
Sciences Humaines, on étudie
(*one studies*) la littérature, la
linguistique, les langues étrangères (*foreign languages*:
l'allemand [*German*], l'anglais,
le chinois, l'espagnol, l'italien,
le japonais), l'histoire, la
géographie, la philosophie, la
psychologie et la sociologie.

À la Faculté des Sciences, on
étudie les mathématiques
(les maths), l'informatique
(*computer science*), la physique, la chimie (*chemistry*)
et les sciences naturelles (la
géologie et la biologie).

Autres mots utiles: *other words useful*
   le droit law
   l'économie economics

A. Les études et les professions. Imagine what subjects are necessary for the following professions.

> MODÈLE: pour (*for*) la profession de diplomate → On étudie les langues
> étrangères.

1. pour la profession de psychologue
2. pour la profession de chimiste
3. pour la profession de physicien (*physicist*)
4. pour la profession d'historien
5. pour la profession d'ingénieur

B. Les cours (*courses*) **à l'université.** Look at the following list and say which subjects you are studying this semester (quarter) and which ones you like to study (or don't like to study) in general.

1. J'étudie... (*I'm studying*)
2. J'aime étudier (*I like to study*) (Je n'aime pas [*I don't like*] étudier)...

l'espagnol	l'informatique	la littérature
la sociologie	la psychologie	la philosophie
la biologie	le français	le droit (*law*)
la chimie	la géographie	le dessin (*drawing*)
l'anglais	la physique	le commerce
l'histoire	la musique	la linguistique
les maths	le marketing	

Now name the subjects in your ideal program of study.

C. Et vos camarades? Ask a classmate the following questions.

1. Qu'est-ce que tu étudies maintenant (*now*)? (J'étudie...)
2. Tu aimes étudier le français? les maths?... ? (Oui, j'aime/Non, je n'aime pas étudier...)

Now compare the subjects you are taking this semester (quarter) with those of your classmates.

> MODÈLE: —Moi (*Me*), j'étudie... et toi (*you*)?
> —Moi (aussi [*too*]), j'étudie...

Un PEU D'ARGOT

These lists present **argot** (*slang*) expressions commonly used in informal situations, especially by students and young people. In this text they are presented for recognition only; you do not need to commit them to memory or use them actively in exercises. **Argot** provides a sense of the "flavor" of everyday conversational French, and you may occasionally enjoy integrating it into your exchanges with classmates as you progress in your study of the language. Remember, though, that newcomers to French language and culture should use these expressions with caution. Some of them may be considered inappropriate when used with first-time acquaintances or older people, or in business and commercial encounters.

Le jargon étudiant

L'université		Les matières	
le Bac	le Baccalauréat*	la géo	la géographie
la Fac	la Faculté	la philo	la philosophie
le prof	le professeur	la psycho	la psychologie
l'amphi	l'amphithéâtre	la socio	la sociologie
l'exam	l'examen	l'éco	l'économie

EN CONTEXTE

Moi, je suis (*am*) en **Fac** d'histoire, et toi?

Mon prof de **géo** est (*is*) très sympa (*nice*).

J'ai (*I have*) trois cours en **amphi** aujourd'hui.

Je déteste les **exams**!

E^n SAVOIR PLUS

Le système éducatif français

(educational)

BAC A	BAC B	BAC C	BAC D	BAC E, F, G, H
la philosophie	l'économie	les mathématiques	la chimie les sciences naturelles	les techniques

state-run grad schools

L'UNIVERSITÉ	LES GRANDES ÉCOLES	LES ÉTUDES COURTES (2 ANS)
La Faculté des Lettres et Sciences Humaines	Administration	l'IUT (Institut Universitaire de Technologie)
La Faculté de Droit	Arts et Manufactures	le BTS (Brevet de Technicien Supérieur)
La Faculté des Sciences	l'École des Mines	
La Faculté de Médecine	Lettres et Sciences	
	Polytechnique, etc.	

---

*The "**Bac**" is a nationwide examination administered to all French students completing their last year of **lycée** (roughly equivalent to U.S. high school). Passing the "**Bac**" is a requirement for admission to any French university.

A student who holds a "**Bac**" in a liberal arts subject such as literature, philosophy, history, or economics will generally pursue a university program in **La Faculté des Lettres et Sciences Humaines** or **La Faculté de Droit**. A "**Bac**" in biology, mathematics, natural or physical sciences will usually lead to **La Faculté de Médecine** or **La Faculté des Sciences**. Students who pursue a technical **baccalauréat** (E, F, G, or H) will often enter a two-year program, offered by a specialized institute, leading to a certificate of advanced proficiency in a trade or technical field.

Any student holding a "**Bac**" A through D may theoretically enter one of the **grandes écoles**. These are specialized, semi-private university-level academies. They provide advanced training in a variety of fields to potential leaders at the highest levels of government, business, and industry. Admission to **les grandes écoles** is restricted to a small number of students who must pass highly competitive entrance examinations.

Les pays et les nationalités

LES PAYS	LES NATIONALITÉS	
	PERSONNES	ADJECTIFS
la France	le Français, la Française	français, française
l'Angleterre	l'Anglais, l'Anglaise	anglais, anglaise
l'Espagne	l'Espagnol, l'Espagnole	espagnol, espagnole
l'Italie	l'Italien, l'Italienne	italien, italienne
l'Allemagne	l'Allemand, l'Allemande	allemand, allemande
la Suisse	le/la Suisse	suisse
la Belgique	le/la Belge	belge
l'Algérie	l'Algérien, l'Algérienne	algérien, algérienne
le Maroc	le Marocain, la Marocaine	marocain, marocaine
la Tunisie	le Tunisien, la Tunisienne	tunisien, tunisienne
le Liban	le Libanais, la Libanaise	libanais, libanaise
le Zaïre	le Zaïrois, la Zaïroise	zaïrois, zaïroise
la Côte-d'Ivoire	l'Ivoirien, l'Ivoirienne	ivoirien, ivoirienne
le Sénégal	le Sénégalais, la Sénégalaise	sénégalais, sénégalaise
les États-Unis	l'Américain, l'Américaine	américain, américaine
le Canada	le Canadien, la Canadienne	canadien, canadienne
le Québec	le Québécois, la Québécoise	québécois, québécoise
le Mexique	le Mexicain, la Mexicaine	mexicain, mexicaine
la Chine	le Chinois, la Chinoise	chinois, chinoise
le Japon	le Japonais, la Japonaise	japonais, japonaise
la Russie	le/la Russe	russe

The adjective of nationality is identical to the noun except that it is written in lower case. Example: **un Anglais; un étudiant anglais.**

A. Les villes (*cities*) **et les nationalités.** What nationality are the following people? Ask a classmate. (Use **un** for males; **une** for females.)

Karim /
Tunis

Djamila /
Tunis

MODÈLES: VOUS: Karim habite Tunis. De quelle nationalité est-il?
VOTRE CAMARADE: C'est un (*a, an*) Tunisien.*
                VOUS: Djamila habite Tunis. De quelle nationalité est-elle?
VOTRE CAMARADE: C'est une Tunisienne.

1. Gino / Rome

2. Kai / Kyoto

3. Mme Roberge / Montréal

4. Evelyne / Beirut

5. Léopold / Dakar

6. Françoise / Bruxelles

7. Salima / Casablanca

8. Claudine / Genève

*C'est un(e)... is used with nationalities to express *He/She is a/an . . .*

B. D'où sont-ils? Quelles langues parlent-ils? (*Where are they from? What languages do they speak?*) Look over the names in the left-hand column (corresponding to the people introduced in Exercise A), and the list of languages in the right-hand column below. With a classmate, state the nationality of each person, then the language he or she probably speaks.

MODÈLE: Karim → Karim est tunisien. Il parle arabe et français.

1. Gino
2. Kai
3. Mme Roberge
4. Evelyne
5. Léopold
6. Françoise
7. Salima
8. Claudine

a. italien
b. français
c. arabe
d. anglais
e. allemand
f. flamand (*Flemish*)
g. japonais

Les distractions

Julien   Fatima   Rémi   Anne-Laure   Marc   Thu   Sophie   Allal

LA MUSIQUE	LE SPORT	LE CINÉMA
la musique classique	le tennis	les films d'amour
le rock	le jogging	les films d'aventure
le jazz	le ski	les films de science-fiction
la musique country	le basket-ball	les films d'horreur
le rap	le football américain	

Préférences. What do these people like?

MODÈLE: Rémi → Rémi aime le rock.

1. Et Thu?
2. Et Sophie?
3. Et Julien?
4. Et Anne-Laure?
5. Et Allal?
6. Et Fatima?
7. Et Marc?

Nouvelles francophones

The Alliance Française

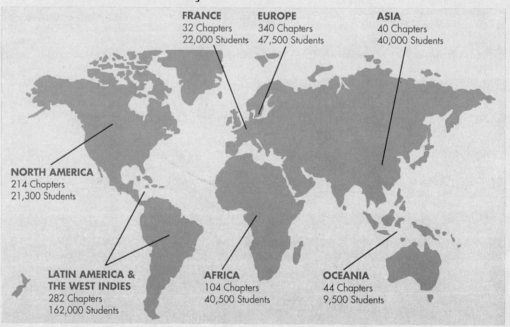

FRANCE
32 Chapters
22,000 Students

EUROPE
340 Chapters
47,500 Students

ASIA
40 Chapters
40,000 Students

NORTH AMERICA
214 Chapters
21,300 Students

**LATIN AMERICA &
THE WEST INDIES**
282 Chapters
162,000 Students

AFRICA
104 Chapters
40,500 Students

OCEANIA
44 Chapters
9,500 Students

Founded in 1883, this nonprofit association was created to maintain and spread the influence of France all over the world by promoting the French language. The first American chapter was established in San Francisco in 1889. Since then **la vieille dame** (*the old lady*), as it is often called, has become a global network. Today there are 1,300 chapters in 112 countries.

Unlike the Goethe Institut or the British Council, which are affiliated with the respective governments of Germany and the U.K., the **Alliance Française** chapters are autonomous. Each one is established in accordance with the laws of its host country. Funds come from a variety of sources, including membership fees, proceeds from cultural activities, tuition, private contributions, and the French Government.

Today the **Alliance Française** is no longer concerned with spreading the influence of France but works primarily to promote cross-cultural friendships. From language schools, the **Alliance Française** chapters have expanded to become social and cultural centers, presenting films, art exhibits, concerts, plays, and lectures to the general public.

Étude de grammaire

1. IDENTIFYING PEOPLE AND THINGS
Articles and Nouns

Dans le quartier universitaire

"Functional mini-dialogues" like this one present new grammatical structures in the context of everyday conversations or brief narrative passages. They sometimes use words and expressions that are unfamiliar. If you cannot guess these terms from context, you can find their English equivalents both in the **Lexique français-anglais** (*French-English vocabulary*) in the back of this book, and in the Appendix, where all of the functional mini-dialogues appear in English translation.

glossary

Alex, **un étudiant** américain, visite **l'université** avec Mireille, **une étudiante** française.

MIREILLE: Voilà **la bibliothèque, la librairie** universitaire et **le restau-u.**
ALEX: Et y a-t-il aussi **un café**?
MIREILLE: Oui, bien sûr; voici **le café.** C'est le centre de la vie universitaire!
ALEX: En effet! Il y a vingt ou trente personnes ici et seulement **une étudiante** dans **la bibliothèque**!

of course
as a matter of fact; indeed
only

Complétez la conversation selon le dialogue.

according to

MIREILLE: Voilà _____ bibliothèque et _____ librairie universitaire.
ALEX: Il y a _____ ou _____ personnes ici et _____ étudiante dans _____ bibliothèque.
MIREILLE: C'est normal! _____ café, c'est _____ centre de _____ vie universitaire.

A. Gender and Forms of the Definite Article

In French, all nouns are either masculine (**masculin**) or feminine (**féminin**) in gender, as are the definite articles that precede them. This applies to nouns designating objects as well as people.

There are three forms of the singular definite article (**le singulier de l'article défini**) in French, corresponding to *the* in English: **le**, **la**, and **l'**.

	MASCULINE	FEMININE	MASCULINE OR FEMININE BEGINNING WITH A VOWEL OR MUTE **h**
	le livre *the book* **le** cours *the course*	**la** femme *the woman* **la** table *the table*	**l'**ami *the friend* (*m.*) **l'**amie *the friend* (*f.*) **l'**homme *the man* (*m.*) **l'**histoire *the story* (*f.*)

Le is used with masculine nouns beginning with a consonant (**une consonne**), **la** is used with feminine nouns beginning with a consonant, and **l'** is used with either masculine or feminine nouns beginning with a vowel (**une voyelle**) or with a mute **h**.*

The definite article is used, as in English, to indicate a specified or particular person, place, thing, or idea: **le livre** (*the book*). The definite article also occurs in French with nouns used in a general sense.

le ski	*skiing* (*in general*)
la vie	*life* (*in general*)

B. Forms of the Indefinite Article

MASCULINE		FEMININE	
un ami	*a friend* (*m.*)	**une** amie	*a friend* (*f.*)
un bureau	*a desk*	**une** librairie	*a bookstore*
un homme	*a man*	**une** histoire	*a story*

---

*In French, **h**'s are either *mute* (*nonaspirate*) or *aspirate*. In **l'homme**, the **h** is called *mute*, which means simply that the word **homme** "elides" with a preceding article (**le** + **homme** = **l'homme**). Most **h**'s in French are of this type. However, some **h**'s are aspirate, which means there is no "elision." **Le héros** (*the hero*) is an example of this. However, in neither case is the **h** pronounced. The **h** is always silent in French.

The singular indefinite article (**le singulier de l'article indéfini**), corresponding to *a* (*an*) in English, is **un** for masculine nouns and **une** for feminine nouns. **Un/Une** can also mean *one*, depending on the context.

Voilà **un** café.	*There's a café.*
Il y a **une** étudiante.	*There is one student.*

C. Identifying the Gender of Nouns

Since the gender of a noun is not always predictable, it is best to learn the gender along with the noun. For example, learn **un livre** rather than just **livre**. Here are some general guidelines to help you determine gender.

1. Nouns that refer to males are usually masculine. Nouns that refer to females are usually feminine.

l'homme	*the man*
la femme	*the woman/*WIFE

2. Sometimes the ending of a noun is a clue to its gender. Some common masculine and feminine endings are:

MASCULINE		FEMININE	
-eau	le bureau	**-ence**	la différence
-isme	le tourisme	**-ion**	la vision
-ment	le département	**-ie**	la librairie
		-ure	la littérature
		-té	l'université

3. Nouns that have come into French from other languages are usually masculine: **le jogging**, **le tennis**, **le Coca-Cola**, **le jazz**, **le basket-ball**.

4. The names of languages are masculine. They correspond to the masculine singular form of the nouns of nationality, but they are not capitalized.

l'anglais	(*the*) *English* (*language*)
le français	(*the*) *French* (*language*)

5. Some nouns that refer to people can be changed from masculine to feminine by changing the noun ending. The feminine form often ends in **-e**.

un am**i** *a friend* (*m.*)	→	une am**ie** *a friend* (*f.*)
un étudian**t** *a student* (*m.*)	→	une étudian**te** *a student* (*f.*)
un América**in** *an American* (*m.*)	→	une América**ine** *an American* (*f.*)
un Alleman**d** *a German* (*m.*)	→	une Alleman**de** *a German* (*f.*)
un Françai**s** *a French man*	→	une Françai**se** *a French woman*

   Final **t**, **n**, **d**, and **s** are silent in the masculine form. When followed by **-e** in the feminine form, **t**, **n**, **d**, and **s** are pronounced.

6. The names of some professions and many nouns that end in **-e** have only one singular form, used to refer to both males and females. Sometimes gender is indicated by the article:

> **le** touriste   *the tourist (m.)*
> **la** touriste   *the tourist (f.)*

Sometimes even the article is the same for both masculine and feminine.

> une personne ꜰ.ᵂᵈ   *a person (male or female)*
> Madame Brunot, **le** professeur ᴹ·ᵂᵈ   *Mrs. Brunot, the professor*

Vérifions!   ᵛᵉʳⁱᶠʸ

A. Le, la ou l'? Devinez (*Guess*)!

1. appartement	4. tableau	7. chaise	10. tourisme
2. division	5. Coca-Cola	8. aventure	11. professeur de français
3. allemand	6. biologie	9. personne	12. homme

B. Une réunion de l'Alliance Française. The **Alliance Française** is hosting a group of people representing many different nationalities and professions at its annual welcome reception this evening. Point out and identify the guests, following the models.

> MODÈLES: Henry (Américain) → Voilà Henry, l'Américain.
>   Danielle (Québécoise) → Voilà Danielle, la Québécoise.

1. Jean-Louis (Français)	6. Julio (Espagnol)
2. Franz (Allemand)	7. Mathieu (étudiant)
3. Pauline (journaliste)	8. Rebecca (Anglaise)
4. Dimitri (Russe)	9. Hang (Chinoise)
5. Mme Huet (professeur)	10. M. Arnaud (poète)

C. Qu'est-ce que c'est (*What is it*)?

MODÈLE: 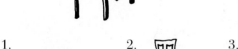 → C'est une table.

1.   2.   3.   4.

5.   6.   7.    8.

D. À l'université. Create sentences using the following words. Then create a different sentence by changing the place.

MODÈLE: étudiante / salle de classe →
        Il y a une étudiante dans la salle de classe.
        Il y a une étudiante dans la librairie (*bookstore*).

1. tableau / salle de classe
2. meeting / amphithéâtre
3. télévision / laboratoire
4. cahier / bureau
5. radio / salle de classe
6. Américaine / restaurant
7. dictionnaire / bibliothèque
8. dictionnaire français / librairie

Mots-clés   key word

Working with a partner: Many activities in *Rendez-vous* ask you to work with a partner. At first, it may be the student sitting next to you, but try to vary your partners. Choose one when your instructor says **Trouvez un partenaire.** Here are some useful phrases to use.

—**Tu as un(e) partenaire?**	—*Do you have a partner?*
—**Pas encore.**	—*Not yet.*
—**Tu veux qu'on travaille ensemble?**	—*Do you want to work together?*
—**Oui, bien sûr. (D'accord.)**	—*Yes, of course. (Okay; agreed.)*

Parlons-en!

Interview. Working with a classmate, ask a question and respond according to your preferences.

MODÈLE: politique (*politics, f.*) →
             VOUS: Est-ce que tu aimes la politique?
    UN(E) CAMARADE: Oui, j'aime la politique. Vive la politique! (*ou* Non, je déteste la politique. À bas la politique!)

1. rock
2. jogging
3. télévision
4. philosophie
5. opéra
6. gouvernement
7. conformisme
8. cours de français
9. chimie

2. EXPRESSING QUANTITY
Plural Articles and Nouns

Un professeur excentrique

LE PROFESSEUR: Voici le système de notation:
zéro pour **les imbéciles**
quatre pour **les médiocres**
huit pour **les génies**
et dix pour le professeur
Il y a **des questions**?

Expliquez le système de notation du professeur: dix pour... ? huit pour... ?
quatre pour... ? zéro pour... ?

	DEFINITE ARTICLES		INDEFINITE ARTICLES	
	Singular	*Plural*	*Singular*	*Plural*
Masculine	**le** touriste	[lay] **les** touristes	**un** étudiant → **des** étudiants [Day]	
Feminine	**la** touriste		**une** étudiante → **des** étudiantes	

A. Plural Forms of Definite and Indefinite Articles

1. The plural form (**le pluriel**) of the definite article is always **les**.

le livre, **les** livres	*the book, the books*
la femme, **les** femmes	*the woman, the women*
l'examen, **les** examens	*the exam, the exams*

2. The plural indefinite article is always **des**.

un ami, **des** amis	*a friend, some friends, friends*
une question, **des** questions	*a question, some questions, questions*

3. Note that in English a plural noun frequently has no article: *friends, questions*. In French, however, a form of the article is almost always used with plural nouns: **les amis, des questions**.

B. Plural of Nouns

1. Most French nouns are made plural by adding an **s**[*] to the singular, as seen in the preceding examples.

2. Nouns that end in **s**, **x**, or **z** in the singular stay the same in the plural.

le cours, les cours	*the course, the courses*
un choi**x**, des choi**x**	*a choice, some choices*
le ne**z**, les ne**z** [Nay]	*the nose, the noses*

3. Nouns that end in **-eau** or **-ieu** in the singular are made plural by adding **x**.

le tabl**eau**, les tabl**eaux**	*the board, the boards*
le bur**eau**, les bur**eaux**	*the desk, the desks* — *can also mean office*
le li**eu**, les li**eux**	*the place, the places*

4. Nouns that end in **-al** or **-ail** in the singular usually have the plural ending **-aux**.

un hôpit**al**, des hôpit**aux**	*a hospital, hospitals*
le trav**ail**, les trav**aux**	*the work, tasks*

5. To refer to a group that includes at least one male, French uses the masculine form.

   un étudian**t** et sept étudian**tes** → des étudian**ts**
   un Français et une Française → des Français

Vérifions!

Suivons (*Let's follow*) **le guide!** A tour of the university: Give the plural.

MODÈLE: Voilà la salle de classe. → Voilà les salles de classe.

1. Voilà la bibliothèque.
2. Voilà l'amphi(théâtre).
3. Voilà le professeur.
4. Voilà l'étudiant.
5. Voilà le laboratoire de langues.
6. Voilà le bureau.

A tour of the neighborhood: Give the plural.

MODÈLE: un Français → Voilà des Français.

7. un hôpital
8. un Anglais
9. une touriste
10. une librairie
11. un restaurant
12. une salle de gymnastique

---

[*]In French, the final **s** of an article is usually silent, except when followed by a vowel or vowel sound: **des étudiants; des hommes.** In these cases, the s is pronounced like the English letter *z*. This linking is called **liaison** (*f.*).

Parlons-en!

A. Description. Describe the classroom.

    MODÈLE: Dans la salle de classe, il y a des chaises.

Now describe your classroom.

B. Les études en France. Skim the following announcement taken from *Le guide pratique d'Angers*. You do not need to understand every word, but try to get a general idea of what it is about. Now look at the highlighted words and try to guess their gender. Use them with **le**, **la**, and **l'**. Discuss with the rest of the class the reasons for your choices. Some of the highlighted words in this announcement are cognates of English words. Can you find others?

ANGERS accueillera en 1991 plus de 13 000 étudiants sur le campus.

l'Université d'Angers est un ensemble pluridisciplinaire composé de cinq unités de Formation et de Recherche (UFR) et d'un IUT.:
- Droit, Économie et Sciences Sociales,
- Lettres, Langues et Sciences Humaines,
- Sciences de l'Environnement,
- Structures et Matériaux,
- Sciences Médicales et Pharmaceutiques,
- Institut Universitaire de Technologie.

La Faculté des Lettres - Photo Université d'Angers.

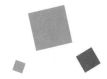

3. EXPRESSING ACTIONS
-er Verbs

Rencontre d'amis à la Sorbonne

XAVIER: Salut, Françoise! **Vous visitez** l'université?

FRANÇOISE: Oui, **nous admirons** la bibliothèque maintenant. Voici Paul, de New York, et Mireille, une amie.

XAVIER: Bonjour, Paul, **tu parles** français?

PAUL: Oui, un petit peu.

XAVIER: Bonjour, Mireille, **tu étudies** ici?

MIREILLE: Oh non! **Je travaille** à la bibliothèque.

Trouvez (*Find*) la forme correcte du verbe dans le dialogue.

1. Vous _____ l'université?
2. Nous _____ la bibliothèque.
3. Tu _____ français?
4. Tu _____ ici?
5. Je _____ à la bibliothèque.

A. Subject Pronouns and *parler*

The subject of a sentence indicates who or what performs the action of the sentence: *L'étudiant* **visite l'université**. A pronoun is a word used in place of a noun: *Il* **visite l'université**.

SUBJECT PRONOUNS AND **parler** (*to speak*)			
Singular		*Plural*	
je parle	*I speak*	nous parlons	*we speak*
tu parles	*you speak*	vous parlez	*you speak*
il ⎫	*he, it (m.) speaks*		
elle ⎬ parle	*she, it (f.) speaks*	ils ⎫ parlent	*they (m., m. + f.) speak*
on ⎭	*one speaks*	elles ⎭	*they (f.) speak*

1. **Tu** and **vous**: These are the two ways to say *you* in French. **Tu is used when speaking to someone you know well**—a friend, fellow student, relative, child, or pet. **Vous is used when speaking to a person you don't know well or when addressing an older person**, someone in authority, or anyone else

whom you wish to maintain a certain formality. The plural of both **tu** vous is **vous**. The context will indicate whether **vous** refers to one person or to more than one.

Michèle, **tu** parles espagnol?	*Michèle, do you speak Spanish?*
Maman! Papa! Où êtes-**vous**?	*Mom! Dad! Where are you?*
Vous parlez bien français, Madame.	*You speak French well, madame.*
Pardon, Messieurs (Mesdames, Mesdemoiselles), est-ce que **vous** parlez anglais?	*Excuse me, gentlemen (ladies), do you speak English?*

2. **Il(s)** and **elle(s)**. The English pronouns *he, she, it,* and *they* are expressed by **il(s)** (referring to masculine nouns) and **elle(s)** (referring to feminine nouns). **Ils** is used to refer to a group that includes at least one masculine noun.

3. **On.** In English, the words *people, we, one,* or *they* are often used to convey the idea of an indefinite subject. In French, the indefinite pronoun **on** is used, always with the third person singular of the verb.

Ici **on** parle français.	*One speaks French here.* *People (They, We) speak French here.*

On is also used frequently in colloquial French instead of **nous**.

Nous parlons français. → **On** parle français.

B. Present Tense of -er Verbs

Most French verbs have infinitives ending in **-er**: **parler** (*to speak*), **aimer** (*to like, to love*), for example. To form the present tense of regular **-er** verbs, add to the stem of the verb, **parl-/aim-** (the infinitive minus the ending **-er**), the endings **-e, -es, -e, -ons, -ez, -ent.**[*]

PRESENT TENSE OF **aimer** (*to like, to love*)		
j' aime[†]	nous	aim**ons**
tu aim**es**	vous	aim**ez**
il elle on } aim**e**	ils elles }	aim**ent**

---

[*]As you know, final **s** is usually not pronounced in French. Final **z** of the second-person plural and the **ent** of the third-person plural verb form are also silent. Thus **parler** has only three spoken forms: [parl], [parl5], [parle].

[†]When a verb begins with a vowel or vowel sound, the pronoun **je** becomes **j'**: **j'aime, j'habite**.

1. Other verbs conjugated like **parler** and **aimer** include:

adorer	*to love, to adore*	**étudier**	*to study*
aimer mieux	*to prefer (to like better)*	**habiter**	*to live*
		manger	*to eat*
chercher	*to look for*	**regarder**	*to watch, to look at*
danser	*to dance*	**rêver**	*to dream*
demander	*to ask for*	**skier**	*to ski*
détester	*to detest, to hate*	**travailler**	*to work*
donner	*to give*	**trouver**	*to find*
écouter	*to listen to*	**visiter**	*to visit (a place)*

2. Note that the present tense (**le présent**) in French has three equivalents in English.

Je **parle** français.
$$\begin{cases} \textit{I speak French.} \\ \textit{I am speaking French.} \\ \textit{I do speak French.} \end{cases}$$

3. Some verbs, such as **adorer**, **aimer**, and **détester**, can be followed by an infinitive or a definite article + noun.

J'aime **écouter** la radio.	*I like to listen to the radio.*
Je **déteste regarder** la télévision.	*I hate to watch television.*
J'**adore** le jazz.	*I love jazz.*

Vérifions!

A. Ils... ou Elles...?

_____ parlent français.   _____ parlent italien.   _____ parlent espagnol.

B. Dialogue en classe. Complete the following dialogue with subject pronouns or forms of **parler**.

LE PROFESSEUR:	Ginette, _____¹ parlez français?
GINETTE:	Oui, nous _____² français.
LE PROFESSEUR:	Ici, en classe, on _____³ français?
JIM:	Oui, ici _____⁴ parle français.
ROBERT:	Marc et Marie, vous _____⁵ chinois?
MARC ET MARIE:	Oui, _____⁶ parlons chinois.
CHRISTINE:	Jim, tu _____⁷ allemand?
JIM:	Oui, _____⁸ parle allemand.
MARTINE:	Paul parle italien?
ROLAND:	Oui, _____⁹ parle italien.

C. *Tu ou vous?* Complete the following sentences, using the appropriate pronoun and the correct form of the verb in parentheses.

1. Madame, _____ _____ (habiter) près de (*near*) l'université?
2. Gérard, _____ _____ (chercher) la Faculté des Sciences?
3. Paul et Jacqueline, _____ _____ (visiter) le Quartier latin?
4. Salut, Jeanne! _____ _____ (travailler) ici à la bibliothèque?
5. Richard, _____ _____ (demander) des renseignements (*information*) sur la cité universitaire?

Mots-clés

Telling how often you do things: Use the following adverbs to tell how often you perform an activity. They usually follow the verb.

toujours	*always*	**quelquefois**	*sometimes*
souvent	*often*	**rarement**	*rarely*
en général	*generally*	**de temps en temps**	*from time to time*

Je regarde **souvent** la télévision.
Annie et moi, nous dansons **quelquefois** à la discothèque.
En général, j'étudie le week-end.

D. Passe-temps. Create sentences to describe the activities of these people.

MODÈLE: Olivier / visiter / Marseille → Olivier visite Marseille.

1. Claire / écouter / la radio
2. vous / travailler / beaucoup
3. Philippe et Annie / regarder / toujours / la télé
4. Annie et moi, nous / danser / quelquefois / à la discothèque
5. tu / parler / très bien français

Parlons-en!

A. Portraits. State the preferences of the following people.

MODÈLE: **Mon** (*My*) cousin... → Mon cousin aime bien le football, mais (*but*) il **aime mieux** le basket. Il adore le rock et il déteste le travail!

Je...	aimer bien	le tennis
Mon (Ma) camarade...	aimer mieux	le jogging
Mes parents...	adorer	le cinéma
Tu...	détester	la littérature
Le professeur...		les maths
?		la physique
		?*

*Throughout *Rendez-vous*, a "?" in an activity means that you are to add an item of your own.

B. Une interview. Now interview your instructor.

> MODÈLE: aimer mieux danser ou skier →
> Vous aimez mieux danser ou skier?

1. aimer mieux la télévision ou le cinéma
2. adorer ou détester regarder la télévision
3. aimer mieux le rock ou la musique classique
4. aimer mieux la musique ou le sport
5. aimer mieux les livres ou l'aventure

C. Interview. What do your classmates like? Take turns asking these questions.

1. Tu aimes mieux quels (*which*) cours? Tu détestes quels cours? Tu rêves en classe quelquefois?
2. Tu aimes quel sport?
3. Tu regardes quel programme à la télé?
4. Tu écoutes quelle musique, d'habitude?
5. Qu'est-ce que tu détestes?
6. Qu'est-ce que tu adores?
7. ?

Dites maintenant quelle réponse vous trouvez (*find*) originale, bizarre.

> MODÈLE: Maria déteste la pizza. C'est bizarre!

4. EXPRESSING DISAGREEMENT
Negation using *ne... pas*

La fin d'une amitié?
end   friendship

BERNARD: Avec Martine ça va comme ci comme ça. Elle aime danser, je **n'aime pas** la danse. J'aime skier, elle **n'aime pas** le sport. Elle est étudiante en biologie, je **n'aime pas** les sciences...

MARTINE: Avec Bernard ça va comme ci comme ça. Il **n'aime pas** danser, j'aime la danse. Je **n'aime pas** skier, il aime le sport. Il est étudiant en lettres, je **n'aime pas** la littérature...

1. Martine aime danser? et Bernard?
2. Martine aime le sport? et Bernard?
3. Martine aime la littérature? et Bernard?
4. Martine aime les sciences? et Bernard?

Maintenant posez ces questions à un(e) camarade. (Tu aimes... ?)
these

To make a sentence negative in French, **ne** is placed before a conjugated verb and **pas** after it.

> Je **parle** chinois. → Je **ne parle pas**[*] chinois.
> Elles **regardent** souvent la télévision. → Elles **ne regardent pas** souvent la télévision.

Ne becomes **n'** before a vowel or a mute **h**.

> Elle aime skier. → Elle **n'a**ime pas skier.
> Nous habitons ici. → Nous **n'h**abitons pas ici.

If a verb is followed by an infinitive, **ne** and **pas** surround the conjugated verb.

> Il aime étudier. → Il **n'aime pas** étudier.

Vérifions!

A. Opinions et préférences. Ask a classmate the following questions. He/She will answer according to the model.

> MODÈLE: Tu travailles? → Non, je ne travaille pas. (*ou* Oui, je travaille.)

1. Tu étudies la psychologie?
2. Tu skies?
3. Tu détestes les maths?
4. Tu habites à la cité-u?
5. Tu parles russe?
6. Tu manges au restaurant universitaire?
7. Tu danses?
8. Tu aimes le base-ball?

B. La fin d'une amitié: Portrait de Bernard. Here are some more details about Bernard.

Bernard habite à la cité universitaire et, en général, il étudie à la bibliothèque. Après les cours, il parle avec ses amis au café. Le soir (*In the evening*), il écoute la radio, il aime beaucoup le jazz. Il adore le sport, il skie très bien et le week-end, il regarde les matchs de football à la télé.

his, her, it's

And Martine? Now tell what Martine doesn't like and doesn't do. Replace **il** with **elle** in the paragraph above and make all the verbs negative. **Martine...**

Parlons-en!

A. Interview. Ask a classmate the following questions. He/She will give a personal response.

---

[*]In rapid conversations in relaxed settings, the **e** in **ne** is often dropped.

> Je ne pense pas (*I don't think so*). Je n'pense pas.

Sometimes you may not hear the **ne** at all.

> J'pense pas.

1. Tu parles italien? russe? chinois? espagnol? anglais?
2. Tu habites quelle (*which*) ville? Paris? New York? Los Angeles? Cincinnati?
3. Tu étudies la littérature? la linguistique? les langues étrangères? la géologie?
4. Tu aimes les examens? les films de science-fiction? les films d'amour? le jazz? la musique country?
5. Le week-end (*On weekends*), tu regardes la télé? Tu écoutes la radio? Tu parles avec tes amis? Tu manges au restaurant?
6. Tu aimes le sport? le football américain? le basket-ball? le base-ball?

Now tell the class five activities that your partner does or does not like to do.

B. Et vous? State your preferences by completing the sentences.

1. J'aime _____, mais je n'aime pas _____.
2. J'adore _____, mais je déteste _____.
3. J'écoute _____, mais je n'écoute pas _____.
4. J'aime _____, mais j'aime mieux _____.
5. Je n'étudie pas _____. J'étudie _____.

French Vowel Sounds: Oral Vowels

Some French vowel sounds are represented in the written language by a single letter: **a** and **u**, for example. Other vowel sounds have a variety of spellings; the sound [o], for example, can be spelled **o**, **au**, **eau**, or **ô**.

Prononcez avec le professeur.

	IPA SYMBOL	MOST COMMON SPELLING(S)
1. ami agréable madame bravo salle classe	[a]	a
2. ici hypocrite typique dîner vive ski	[i]	i î y
3. aussi radio beaucoup chose faux drôle	[o]	eau au ô o
4. objet homme notation normal encore snob	[ɔ]	o
5. utile université musique bureau flûte rue	[y]	u û
6. écouter excusez télévision répéter cité cahier aimer	[e]	é er ez
7. être chaise question treize très examen	[ɛ]	e è ê ei ai
8. Eugène Europe neutron bœufs sérieuse eucalyptus	[ø]	eu œu
9. bœuf déjeuner jeunesse heure jeune professeur	[œ]	eu œu
10. où ouverture tourisme courageux coûte outrage	[u]	ou où oû

France-culture

Student life. Older French universities are usually located in the center of cities that have grown up around them. There is usually not enough space for more than one or two divisions (**Facultés**) in a particular location. For that reason, there is no campus life, in the American sense of the word. Students do not live at the university. Yet there is a definite student atmosphere in the **quartier universitaire**, the nearby neighborhood—for example, in the famous **Quartier latin** near the Sorbonne, the oldest part of the **Université de Paris**. Students gather to talk in neighborhood **cafés**, which are animated from early morning until well past midnight.

Newer **campus universitaires** in the suburbs (**la banlieue**) resemble American campuses somewhat more. Some residential housing (**la cité universitaire**) is provided on university grounds. There are, however, few facilities for recreation and socializing. Students still prefer to meet at neighboring **cafés** rather than in the university-run **cafétérias** and self-service restaurants.

French universities are state-owned and come under the centralized jurisdiction of the Ministry of Education. Tuition is not charged, and the students pay only a nominal fee of approximately $100.00 a year. Students with a **baccalauréat** degree theoretically have the right to admittance at any university they like, although in reality certain schools have more applicants and are necessarily more competitive.

The French educational system is quite strenuous. Highly competitive exams administered at the end of the first year of a university program allow fewer than half the students to go on to the second year. The others must pass a second exam in the fall or start the first year over again. Those students who make it into the second year have more exams waiting for them before advancement into the third year, at the end of which successful students will earn a **licence**, similar to an American bachelor of arts or bachelor of science degree.

L'université de Jussieu à Paris

Mise au point

A. Corrigez. Look at the picture and change each sentence according to what you see.

MODÈLE: Il y a une chaise. → Il y a des chaises.

1. Il y a un touriste.
2. Il y a des hôpitaux.
3. Voilà un bureau.
4. Il y a un étudiant.
5. Voici des cahiers.
6. Voilà des restaurants universitaires.

B. Amis par correspondance. The brochure on page 40 is a brochure from Quebec for students looking for pen pals. Fill it out with as much information as you can. Guess the categories you are unsure of. Pay special attention to the section that asks for **goûts** (*tastes*) **et intérêts particuliers**. Name at least two things you like, using **J'aime...**

CORRESPONDANCE
SCOLAIRE
INDIVIDUELLE

Québec

NOM ....
PRÉNOM ....
ADRESSE ....
          no   rue ou route   appartement
....
          village ou ville   comté
....
                                    code postal

TÉLÉPHONE ....
SEXE .... ÂGE....................
ÉCOLE[a]
Nom ....
Adresse ....
....
ANNÉE OU NIVEAU[b]D'ÉTUDES ....
....
GOÛTS OU INTÉRÊTS PARTICULIERS
....
....

CORRESPONDANT(E) DÉSIRÉ(E)

SEXE .... ÂGE............................

Dans l'impossibilité d'obtenir le correspondant ou la correspondante de ton choix,
accepterais-tu indifféremment un garçon
ou une fille?
oui ....   NON ....
PAYS[c]   1er choix ....
                 2e choix ....
                 3e choix ....

Si tu ne peux obtenir un correspondant
ou une correspondante des pays ou régions
mentionnés, en accepterais-tu un de
n'importe quel[d]pays ou région?
oui ....   NON ....

LANGUE(S) DE CORRESPONDANCE
....
....
....

[a]*school*
[b]*level*
[c]*nation*
[d]*n'importe... just any*

Interactions

In the second chapter of *Rendez-vous*, you learned how to talk about various
aspects of campus life and about your likes and dislikes, as well as how to
express actions. Now act out the following situations, using the vocabulary and
structures from this chapter.

1. **Rendez-vous.** You run into a friend on campus. Greet him or her. Tell him
    or her about the courses you like and do not like. Arrange to meet later.

2. **Interprète.** You have been asked to be an interpreter for an exchange
   student from Africa (your partner). He or she speaks French and Swahili.
   Introduce yourself. Tell the student that you speak French but not Swahili.
   Give him or her a tour of the campus. Ask the student what subjects he or
   she likes best. Get to know the student by telling him or her what you enjoy
   doing. Ask about his or her favorite activities.

LECTURE

Avant de lire (*Before reading*)

Contextual guessing.   When you read a text in your own language, you often
guess the meanings of unfamiliar words from context. This is equally true
when you read a foreign language. Read the following phrase and see if you can
guess its meaning.

> Hébergement: à l'hôtel, dans une famille, en résidence universitaire.

The word **hébergement** is new to you, but since you can guess the
expressions **hôtel**, **famille**, **résidence universitaire**, you probably guessed that
hébergement means *lodging*.

Another way to guess from context is by looking at graphic elements such as
photos, illustrations, and headings. If you carefully examine the textual and
pictorial embellishments that often accompany a text, you will usually find
important clues about the content of the passage. Anticipating content helps you
recognize the main ideas in the passage as you read.

Remember also to pay close attention to cognates (**les mots apparentés**).
Many of them appear in the announcements on p. 42: **cours**, **visa**, **diplômes**,
and **excursions**, just to name a few. To practice identifying cognates, underline
and then try to guess the meanings of those you find in the following sentence.

> Le campus rassemble la Faculté des Lettres, la résidence universitaire et
> le restaurant universitaire, la <u>piscine</u> et le gymnase à 10 minutes du
> centre ville et à 5 minutes des <u>plages</u>.   *pool*
>   *beach*

Before reading **Les universités françaises**, look at the headlines in
boldfaced type, and attempt to "get the gist" of the information they convey.
Then go through the announcements, underlining all the cognates you can
identify. When reading the announcements more carefully, do not stop and

look up every unfamiliar word. By guessing from the clues already mentioned, you should be able to glean the basic information you need to fill out the form on page 43.

ALLIANCE FRANÇAISE DE MONTPELLIER
École internationale de langue et de civilisation françaises

ÉTÉ 1992
juin-juillet-août-septembre
3-4 semaines ou plus

L'école est ouverte toute l'année
Renseignements, inscriptions : 6, rue Boussairolles, 34000 MONTPELLIER
Tél. : 67 58 92 74

Cours de langue
Cours intensifs (20 heures par semaine)
4 heures tous les matins
1 h 30 sous forme d'ateliers
(Civilisation. Littérature. Théâtre. Chansons. Grammaire).

I. Cours pour débutants et faux-débutants
II. Cours d'entretien et de perfectionnement (niveaux moyens et avancés)

PRÉPARATION AUX DIPLÔMES DE L'ALLIANCE FRANÇAISE DE PARIS

- Diplôme de langue française
- Diplôme Supérieur d'Études Françaises Modernes

Le visa du Ministère de l'Éducation Nationale est apposé sur ces diplômes.
L'Alliance organise des activités socio-culturelles (excursions, visites de musées, théâtre, danse, concerts, festivals).
Hébergement : à l'hôtel, dans une famille, en résidence universitaire.
Restauration : aux restaurants universitaires.
Prix pour 4 semaines : 6 500 F.

Établissement privé d'enseignement supérieur.

UNIVERSITÉ DE NICE - SOPHIA-ANTIPOLIS
Faculté des Lettres, 98 boulevard Herriot - BP 209 - 06204 NICE Cedex 3

JUILLET - AOÛT
3 - 28 JUILLET / 1er AOÛT - 26 AOÛT

Université Internationale d'Eté

COURS

- Sessions de 2, 3 ou 4 semaines - 23 h. par semaine
- Cours audiovisuels débutants et tous niveaux
- Langue et Civilisation (4 niveaux, sauf débutants)
- Français Economique et Commercial
- Traduction et Conversation en petits groupes
- Séminaires de Pédagogie (observation et discussion, conseils pratiques)
- Possibilité de cours ou séminaires spéciaux pour groupes selon leurs besoins.
- Diplôme d'Université (après examen).

AUTRES ACTIVITES

- Conférences et rencontres avec personnalités.
- Ateliers : Musique, Danse, Théâtre, Cuisine, Informatique.
- Visites et Excursions (Riviera, Alpes, Provence)
- Sports : Piscine, tennis, plongée sous-marine, sports de plage.
- Soirées de théâtre, poésie, vidéo, soirées dansantes.

HEBERGEMENT

- Logement : en Résidence sur le Campus ou en ville. Pension ou demi-pension.
- Le campus rassemble la Faculté des Lettres, la Résidence et le Restaurant Universitaires, la piscine et le gymnase à 10 minutes du centre ville et à 5 minutes des plages.

TARIFS

Exemple :
    4 semaines tout compris (sauf excursions) : 7 700 F
    4 semaines cours seulement   : 3 500 F

CONTACT

Tél. : 93.37.53.94
Fax : 93.37.54.66

Compréhension

You want to study French this summer in France. In order to choose the school which best suits your needs and interests, do a comparative study of the announcements for the **Alliance Française de Montpellier** and the **Université de Nice-Sophia-Antipolis**. Fill in the boxes with the information you obtain from these announcements.

	1	2
Nom		
Adresse		
Prix (price) *par semaine*		
Nombre de cours par semaine		
Hébergement		
Activités proposées		
Début (beginning) *des cours*		

Which school do you choose? Explain your preference (in English).

PAR ÉCRIT

In the **Par écrit** sections of *Rendez-vous*, guidelines are provided to help you organize your ideas and writing through a series of separate steps. Each writing activity will have a general function and a projected audience and goal. Those listed below, for example, present an overview of this chapter's writing project. Look them over before you begin jotting down notes in response to the questions below.

Function: Describing (yourself)
Audience: A friend or classmate
Goal: Write a two-paragraph autobiographical sketch, using the set of questions provided as your guide. Add any relevant information you can. (As an alternative, you may interview another student and write the sketch about him or her.)

PARAGRAPHE 1
Je me présente.

    1. Comment vous appelez-vous?   2. Vous habitez à la cité universitaire?
dans un appartement? dans une maison (*house*)?   3. Qu'est-ce que vous
étudiez?   4. Vous aimez les cours à l'université?   5. Vous aimez (adorez,
détestez) le français?

PARAGRAPHE 2
J'aime faire beaucoup de choses. (J'aime la vie active. *ou* J'aime la vie
tranquille.)

    1. Vous aimez les distractions? le sport?   2. Vous regardez la télévision?
Vous écoutez la radio?   3. Vous aimez la musique classique? le jazz? le
rock?   4. Qu'est-ce que vous aimez faire avec des amis?   5. Vous aimez
discuter au café? flâner (*stroll*) sur le campus? explorer les bibliothèques?

Steps

1. Write brief notes in answer to each question before you write out entire
   sentences. Use these notes as an outline.
2. Write full sentences in response to each question.
3. Organize your work into two paragraphs with a topic sentence introducing
   the main idea of each. Your first topic sentence could be: **Je me présente**.
   The second could be: **J'aime faire beaucoup de choses** (*a lot of things*),
   J'aime la vie active, or **J'aime la vie tranquille**.
4. After you have written the first draft, check it for clarity, organization, and
   smoothness.
5. Have a classmate read the paragraphs to see if what you have written is
   interesting as well as clear.
6. Finally, make the changes suggested by your classmate if they seem
   warranted, and check the draft for errors in spelling, punctuation, and
   grammar. Pay special attention to your verb forms.

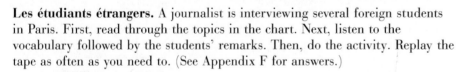

Les étudiants étrangers. A journalist is interviewing several foreign students
in Paris. First, read through the topics in the chart. Next, listen to the
vocabulary followed by the students' remarks. Then, do the activity. Replay the
tape as often as you need to. (See Appendix F for answers.)

    VOCABULAIRE UTILE
des cinémas   *movie theaters*   **j'aime mieux** *I prefer*
partout   *everywhere*

Draw a line connecting the name of each student with his or her country of
origin, field of study, and hobby. (We have drawn the first two lines, to get you
started.)

NOMS	PAYS	ÉTUDES	DISTRACTIONS
Fatima	Canada —— philosophie		cinéma
François	Tunisie	sociologie	sport
Scott	Angleterre	espagnol	café

Vocabulaire

au – contraction of à le in the

Verbes *er*

adorer to love, adore
aimer to like, love
aimer mieux to prefer (like better)
chercher to look for
danser to dance
détester to detest
donner to give
écouter to listen to
étudier to study
habiter to live
manger to eat
parler to speak
regarder to look at; to watch
rêver to dream
skier to ski
travailler to work
trouver to find
visiter to visit

listed w/ definite article

Substantifs *nouns, substantave*

l'ami(e) (*m., f.*) friend
l'amphithéâtre (*m.*) lecture hall
la bibliothèque library *beblotech*
le café café; cup of coffee
le choix choice
le cinéma movies; movie theater
la cité universitaire (la cité-u)
    university dormitory
le cours course
le dictionnaire dictionary
l'examen (*m.*) test, exam

cité – area in a city

la faculté division (*academic*)
la femme woman
le film film
l'homme (*m.*) man
la librairie bookstore
le lieu place
la musique music
le pays country
le quartier quarter, neighborhood
la radio radio
le restaurant restaurant
la soirée party
le sport sport; sports
la télévision television
le travail work
l'université (*f.*) university
la vie life
la ville city
la visite visit

P. REVIEW
À REVOIR: le bureau, le cahier, le
    livre, la salle de classe,
    l'étudiant(e), le professeur

words + changing expressions
Mots et expressions divers

à at, in
après after
avec with
d'accord okay; agreed
dans in
de of, from
de temps en temps from time to
    time

en in
en général generally
et and
ici here
maintenant now
mais but
ou or
pour for, in order to
quelquefois sometimes
rarement rarely
souvent often
toujours always
un peu (de) a little (of)

Nationalités

**l'Allemand(e), l'Américain(e),
    l'Anglais(e), le/la Chinois(e),
    l'Espagnol(e), le/la
    Français(e), l'Italien(ne),
    le/la Japonais(e), le/la Russe**

Les matières *academic subjects*

**la biologie, la chimie, le droit
    (law), l'économie** (*f.*)**, la
    géographie, la géologie,
    l'histoire, l'informatique** (*f.*)
    (computer science)**, les langues
    étrangères** (*f.*)**, la
    linguistique, la littérature, les
    mathématiques (les maths)**
    (*f.*)**, la philosophie, la
    physique, la psychologie, la
    sociologie**

Intermède

SITUATION

Rendez-vous

Contexte *Michel et Julien aiment parler ensemble, mais ils étudient dans des sections° différentes de la Faculté des Lettres.*   departments

Objectif *Michel donne rendez-vous à Julien au° café.*   at the

MICHEL: Tiens! Salut, Julien. Comment ça va?
JULIEN: Pas mal. Et toi°?   you
MICHEL: Bof, ça va. Tu travailles à la bibliothèque cet° après-midi?   this
JULIEN: Oui, je prépare une dissertation.°   paper, report
MICHEL: Eh bien alors,° rendez-vous au Métropole à cinq heures°?   Eh...Well, then / cinq... five o'clock
JULIEN: D'accord.
MICHEL: À tout à l'heure.°   À... See you later.
JULIEN: Salut.

 propos

Comment saluer (*to greet*) les amis

SALUTATIONS	RÉPONSES
Salut!	Salut!
Tu vas bien? *Are you doing ok?*	Très bien, merci. Et toi? *And you?*
Comment vas-tu? *How are you?*	Ça va super bien. *It's going very well.*
Comment ça va? *How's it going?*	Ça va! *It's going ok.*
	Pas mal. *Not bad.*
	Pas terrible. *Not so great.*
	Bof, ça peut aller. *Well, it's going ok.*
	Ça ne va pas du tout! *It's not going well at all!*
Quoi de neuf? *What's new?*	Rien de nouveau. *Nothing new.*
	Pas grand-chose. *Not much.*
Salut! *Bye!*	Salut! À la prochaine. *Until next time.*

Comment saluer quelqu'un dans une situation formelle

SALUTATIONS	RÉPONSES
Bonjour!	Bonjour!
Comment allez-vous? *How are you?*	Très bien, merci. Et vous?
Vous allez bien? *Are you doing well?*	Ça ne va pas du tout.* ~~to~~
Au revoir!	Au revoir. À bientôt. *See you soon.*

Maintenant à vous!

Re-read the **Situation** dialogue, and then answer the following questions.
1. Et vous? Comment ça va? Vous allez bien aujourd'hui?
2. Avez-vous (*Do you have*) rendez-vous avec un ami (une amie) aujourd'hui? Où?
3. Étudiez-vous au café de temps en temps? Où étudiez-vous en général? à la bibliothèque? au lit (*in bed*)? à la discothèque?
4. Aimez-vous préparer les devoirs (*homework*) avec des amis ou préférez-vous travailler seul(e) (*alone*)?

PORTRAITS

Jules Ferry (1832–93)
A pioneer of public education in France, Jules Ferry served as **Ministre de l'instruction publique et des beaux-arts** (*Minister of Public Education and Fine Arts*) from 1879 to 1883. He was primarily responsible for establishing an educational system that was free, non-religious, and compulsory for all children.

---

*Some expressions can be used in formal or informal situations.

CHAPITRE **TROIS**

Descriptions

Look how pretty this dress is. which one.

En avant
—Regarde comme cette robe est jolie!
—Laquelle?
—La robe noire.
—Moi, j'aime mieux la robe verte, c'est ma couleur préférée.

Communicative goals: talking about personalities, clothing, and colors, identifying people and things, describing people and things, getting information, and mentioning a specific place or person.

Étude de prononciation

Quatre personnalités différentes

Gilles est un jeune homme
$\left\{\begin{array}{l}\text{enthousiaste.}\\ \text{idéaliste.}\\ \text{sincère.}\end{array}\right.$

Béatrice est une jeune fille
$\left\{\begin{array}{l}\text{sociable.}\\ \text{sympathique (nice, likeable).}\\ \text{dynamique.}\end{array}\right.$

Nathalie est une jeune fille
$\left\{\begin{array}{l}\text{calme.}\\ \text{réaliste.}\\ \text{raisonnable.}\end{array}\right.$

Olivier est un jeune homme
$\left\{\begin{array}{l}\text{individualiste.}\\ \text{excentrique.}\\ \text{drôle (funny).}\end{array}\right.$

A. Qualités. State the characteristic that corresponds to each statement.

MODÈLE: Béatrice aime parler avec des amis. →
C'est une jeune fille sociable.

1. Gilles parle avec sincérité. 2. Nathalie n'aime pas l'extravagance.
3. Olivier est amusant. 4. Béatrice aime l'action. 5. Gilles parle avec
enthousiasme. 6. Olivier n'est pas conformiste. 7. Nathalie regarde la vie
avec réalisme. 8. Olivier aime l'excentricité. 9. Nathalie n'est pas
nerveuse.

B. Question de personnalité. State your opinion of the following people by choosing three adjectives to describe them.

Autres adjectifs possibles: hypocrite, conformiste, altruiste, antipathique, *(Other)* *(unlikeable, not sympathic)* absurde, optimiste, pessimiste, insociable, calme, égoïste, sincère, modeste, matérialiste...

> votre meilleur ami (meilleure amie) *(your best friend)*   Il/Elle est...
> votre père *(father)*
> votre mère *(mother)*
> le maire *(mayor)* de votre ville *(city)*
> le président américain
> Ann Landers
> votre camarade de chambre *(roommate)*
> Michael Jordan
> votre professeur de français
> ?

Et vous? Now describe yourself. Begin your sentence with **Je suis** *(I am)*... **mais je ne suis pas** *(I'm not)*...

Mots-clés

> *How to qualify your description:* When you first learn a foreign language, you inevitably exaggerate a little because you do not yet know the words to give nuances to your descriptions. The following adverbs may be useful.

très	*very*		**peu**	*hardly*
assez	*somewhat, rather, enough*		**un peu**	*a little*

> Jeanne est **très** calme mais Jacques est **un peu** nerveux.
> Mon chien *(dog)* est **peu** intelligent mais il est **assez** drôle.

C. Interview. Ask a classmate the following questions. Use **très**, **assez**, **peu**, or **un peu** when appropriate.

MODÈLE: Es-tu sociable ou insociable? → Je suis assez sociable.

1. sincère ou hypocrite?   2. excentrique ou conformiste?   3. individualiste ou altruiste?   4. sympathique ou antipathique?   5. calme ou dynamique? 6. réaliste ou idéaliste?   7. raisonnable ou absurde?   8. optimiste ou pessimiste?

Now summarize by stating a few characteristics of your classmate, along with their opposites.

Un PEU D'ARGOT*

Formal words

vachement	très	*very*
mignon(ne)	charmant(e)	*cute*
cool	décontracté(e)	*cool, relaxed*
marrant(e)	drôle	*funny*
bosseur/euse	travailleur/euse	*hardworking*
sympa	sympathique	*nice*
un copain	un ami	*a pal (m.)*
une copine	une amie	*a pal (f.)*

EN CONTEXTE

SYLVAIN: Sophie, elle est **vachement sympa**.

STEPHANE: Oui, et sa (*her*) **copine**, elle est très **mignonne**.

Les vêtements (m) clothing

---

*Remember that the words and expressions in **Un peu d'argot** are for recognition only, and are not presented for active use in exercises or activities. Remember, too, that **argot** should be used only in informal situations—with friends and family!

porter - to wear

A. Qu'est-ce qu'ils portent?
Describe what these people are
wearing.

1. Bruno porte _____.
2. Mme Dupuy porte _____.
3. Aurélie porte une casquette (*a
   French cap*), _____.
4. M. Martin porte _____.

Bruno   Mme Dupuy   Aurélie   M. Martin

In general, which articles of clothing are worn only by men? Which are worn
only by women? Which by both men and women?

garment

B. Un vêtement pour chaque (*each*) **occasion.** Describe in as much detail as
possible what you wear to go . . .

1. à un match de football américain   2. à un concert de rock   3. à une
soirée   4. dans un restaurant élégant   5. à l'université   6. à la plage
(*beach*)

Les couleurs

AGFA REVELE LES COULEURS DE L'EUROPE.

Étude de vocabulaire

A. Association. What colors do you associate with _____?

MODÈLE: Halloween? → Le noir et l'orange.

1. le ski?
2. l'écologie?
3. le pessimisme?
4. l'amour?
5. le jour de la Saint-Valentin?
6. Noël?

B. Descriptions. Take a few minutes to jot down on a slip of paper what you are wearing. Your instructor will then collect the descriptions, shuffle them, and distribute them at random among the students. Find your partner: the student who most closely matches the description written on the slip of paper you are holding. When you have located him/her, go over and compliment your partner on his/her outfit, using a simple phrase: **J'aime bien ton jean!**; **C'est chic!**; **Comme tu es élégant(e)!** Your partner may respond with a simple **merci**, or may compliment your outfit in turn.

Christine, Michel et la voiture

Michel est **sur** le banc. Il attend (*is waiting for*) Christine.
on bench; attendre - to wait for

Christine arrive. Elle est **dans** la voiture.

Michel est **devant** la voiture.
in front of [dervant]

Christine est **à côté de** la voiture. Michel est **sur** la voiture.
next to

Michel pousse (*is pushing*) la voiture. Il est **derrière** la voiture.
pousser - to push; behind

Christine est **sous** la voiture. Elle est **par terre** (f)
under; on the ground

A. Oui ou non? Look at the pictures and correct any statements that are wrong.

1. Christine est assise sur le banc.
2. Michel est dans la voiture.
3. Christine est à côté de la voiture.
4. Michel est derrière la voiture.
5. Michel est devant la voiture.
6. Christine est sous la voiture.
7. Michel est par terre.

B. Désordre. Alain has a problem with clutter! Describe his room, using **sur, sous, devant, derrière, dans,** and **par terre**.

MODÈLE: Il y a deux livres sous la chaise.

France-culture

L'esprit critique. The French often describe themselves as a nation of individualists. One facet of this individualism is their **esprit critique**, the French tendency to call almost everything into question, to take nothing for granted.

The **esprit critique** leads to original and creative thought, but it can also be a source of conflict. Conversations among friends may sound brusque and aggressive to foreigners, as if participants were trying to assert their viewpoints for the pure pleasure of it. As a population, the French enjoy discussion immensely, spending hours—usually around a table—debating everything from politics to food. Defending one's opinions with wit and flair is much admired.

In politics, **l'esprit critique** shows up as a spirit of confrontation rather than compromise. The average French citizen has strong opinions about

politics and slightly mistrusts the intentions of politicians—indeed, of any institution or bureaucracy. Criticizing the status quo is a tradition in France. That may account for the popularity of satirical cartoons, which can be found in almost all newspapers and magazines.

What does this cartoon satirize?

Siné

Étude de grammaire

5. IDENTIFYING PEOPLE AND THINGS
The Verb être

SAVOIR - to know

genius

Le génie de Fabrice*

FABRICE: Eh bien, je **suis** prêt à travailler! *ready*

MARTINE: Moi aussi, mais où **sont** les livres et le dictionnaire?

FABRICE: Euh... ah oui, regarde, les voilà. Le dictionnaire **est** sous le chapeau et les cahiers **sont** sur le blouson. Maintenant, nous **sommes** prêts.

MARTINE: Tu sais, Fabrice, tu **es** très bon en littérature, mais pour l'organisation, tu **es** nul! *not any*

FABRICE: Peut-être, mais le désordre, c'**est** un signe de génie! *perhaps*

Complétez les phrases d'après le dialogue.

1. La chambre de Fabrice est **en ordre / en désordre**.
2. Martine et Fabrice sont étudiants **en lettres / en sciences**.
3. Martine **admire / critique** les talents de Fabrice en littérature.

Reminder: If you have trouble understanding any of the words or phrases in these functional mini-dialogues and cannot figure out their meaning from context, you may look in the **Lexique** or in the Appendix, where all minidialogues appear in English.

A. Forms of *être*

PRESENT TENSE OF **être** (*to be*)	
je **suis**	nous **sommes**
tu **es**	vous **êtes**
il, elle, on **est**	ils, elles **sont**

B. The Uses of *être*

The uses of **être** closely parallel those of *to be*.

Fabrice **est** intelligent.	*Fabrice is intelligent.*
Est-ce que Martine **est** organisée?	*Is Martine organized?*
Nous **sommes** d'accord.	*We agree.*
Fabrice et Martine **sont** à la bibliothèque.	*Fabrice and Martine are at the library.*

In describing someone's nationality, religion, or profession, no article is used with **être**.

—**Je suis anglais. Tu es protestant?**	*—I am English. Are you (a) Protestant?*
—Non, **je suis catholique.**	*—No, I am (a) Catholic.*
—**Vous êtes professeur**?	*—Are you a teacher?*
—Non, je **suis étudiant.**	*—No, I am a student.*

C. Ce and *il/elle* Used with *être*

1. The indefinite pronoun **ce** (**c'**) is an invariable third-person pronoun. **Ce** has various English equivalents: *this, that, these, those, he, she, they,* and *it.*

   - The expression **c'est** (along with its plural, **ce sont**) is used before modified nouns (*always with an article*) and proper names; it usually answers the questions **Qui est-ce?** or **Qu'est-ce que c'est?**

—Qui est-ce?	*—Who is it?*
—C'est Maxime. C'est un étudiant belge.	*—It's Maxime. He is a Belgian student.*
—Ce sont des Français?	*—Are they French?*
—Non, ce sont des Italiens.	*—No, they are Italian.*
—Qu'est-ce que c'est?	*—What is that?*
—C'est une friperie.	*—That's (It's) a second-hand clothes shop.*

—Et ça, qu'est-ce que *(handwritten: modifier noun)* c'est?

—Oh ça, c'est une boutique de haute couture.

—*And that, over there, what is that?*

—*Oh, that's a fashion designer's shop.*

■ **C'est** can also be followed by an adjective, to refer to a general situation or to describe something that is understood in the context of the conversation.

Le français? C'est facile!

J'adore la France. C'est magnifique!

2. **Il/Elle est** (and **Ils/Elles sont**) are generally used to describe someone or something already mentioned in the conversation. They are usually followed by an adjective and occasionally by an unmodified noun (*without an article*).

—Où est située la friperie? *(handwritten: prep)*

—Elle est dans la rue Mouffetard.

—*Where is the second-hand clothes shop located?*

—*It's on Mouffetard Street.*

(handwritten: Doesn't answer who or what is this)

—Voici Karim. Il est étudiant en biologie.

—Est-il français?

—Non, il est algérien.

—*Here is Karim. He is a biology student.*

—*Is he French?*

—*No, he is Algerian.*

(handwritten: no article used with nationality, modifier)

Vérifions!

A. Description. You have been invited to the home of a French person. Describe the things and people you see, using **devant**, **dans**, **sur**, **sous**, or **derrière**.

MODÈLES:

Pierre-Louis   Daniel

→ Les cafés sont sur la table.

Les garçons (*boys*) sont devant la table.

1. Rémy

(handwritten: chat(te))

2. Cléopâtre

B. Un examen. Complete the following dialogue between Fabrice and Martine, using the correct form of the verb **être**.

> FABRICE: Ces livres _____¹ difficiles!
> MARTINE: Pas pour toi, tu _____² un génie!
> FABRICE: Oui, mais le professeur _____³ très exigeant (*demanding*).
> MARTINE: Et il dit toujours (*always says*): «Vous _____⁴ une étudiante intelligente, Mademoiselle.»
> FABRICE: Nous _____⁵ peut-être intelligents, mais moi, je ne _____⁶ pas prêt pour l'examen!

Qui est-ce? Identify each person described below, on the basis of the dialogue.

1. C'est une personne très exigeante.
   C'est _____.
2. C'est une étudiante intelligente.
   C'est _____.
3. Il n'est pas prêt pour l'examen.
   C'est _____.

C. Deux étudiants africains à Paris. Describe this man and woman. Complete each phrase with the appropriate expression in the right-hand column. (Reminder: Use **c'est** + modified nouns; **il/elle est** + adjectives; **il/elle** est + unmodified nouns expressing profession, religion, or nationality.)

Voici Barthélémy.

> C'est...   sénégalais.
> Il est...   un jeune homme enthousiaste.
> C'est...   aussi (*also*) un peu timide.
> Il est...   un étudiant sérieux.

Sa petite amie s'appelle Fatima. [*girlfriend*]

> Elle est...   marocaine.
> C'est...   étudiante en philosophie.
> Elle est...   une personne sociable et dynamique. [*modified noun*]

D. La France et les Français. Choose the correct answer, using **c'est** or **ce n'est pas**. Feel free to give an original response.

> MODÈLE: le sport préféré des Français: le jogging? le football (*soccer*)? →
> Ce n'est pas le jogging, c'est le football.

1. un symbole de la France: la rose? la fleur de lys?
2. un président français: Chevalier? Mitterrand?
3. un cadeau (*present*) des Français aux Américains: la Maison-Blanche (*White House*)? la Statue de la Liberté?
4. une ville avec beaucoup de Français: La Nouvelle-Orléans? St. Louis?
5. un pays (*country*) avec beaucoup de Français: le Canada? le Mexique?
6. un génie français: Louis Pasteur? Werner von Braun?
7. parler français: difficile? facile?

Parlons-en!

Et vous, comment êtes-vous? Provide a description of yourself.

Je m'appelle _____.
Je suis un(e) _____. (femme / homme / jeune fille / jeune homme)
Je suis _____. (étudiant[e] / professeur)
Je suis _____. (nationalité)
Je suis de _____. (ville [*city*])
Je suis l'ami(e) de _____.
_____ et _____ sont mes (*my*) amis.
Maintenant je suis _____. (lieu [*place*])
Je porte _____. (vêtements)

Now describe one of your classmates.

6. DESCRIBING PEOPLE AND THINGS
Descriptive Adjectives

Meetings by computor
Rencontres par ordinateur

Il est soci**able**,	Elle est soci**able**,
charm**ant**,	charm**ante**,
séri**eux**,	séri**euse**,
b**eau**,	b**elle**,
idéal**iste**,	idéal**iste**,
sport**if**...	sport**ive**...

Répondez aux questions suivantes.

1. Il cherche (*is looking for*) une femme sportive? réaliste? extravagante?
2. Il est ordinaire? extraordinaire? réaliste?
3. Elle cherche un homme sociable? drôle? réaliste?
4. Elle est ordinaire? extraordinaire? réaliste?
5. La machine est optimiste?

A. Position of Descriptive Adjectives

Descriptive adjectives (**les adjectifs qualificatifs**) are used to describe people, places, and things. In French, they normally *follow* the nouns they modify. They may also modify the subject when they follow the verb **être**.

un professeur **intéressant**	*an interesting teacher*
un ami **sincère**	*a sincere friend*
Elle est **sportive**.	*She is sports-minded (likes sports).*

B. Agreement of Adjectives*

In French, adjectives must agree in both gender (masculine or feminine) and number (singular or plural) with the nouns they modify. Note the different forms of the adjective **intelligent**:

	MASCULINE	FEMININE
Singular	un étudiant intelligent	une étudiante intelligent**e**
Plural	des étudiants intelligent**s**	des étudiantes intelligent**es**

1. To create a feminine adjective, an **e** is usually added to the masculine form.

   Alain est persévérant. → Sylvie est persévérant**e**.†

   If the masculine singular form of the adjective ends in an unaccented or silent **-e**, the ending does not change in the feminine singular.

   Paul est optimist**e**. → Claire est optimist**e**.

2. To make an adjective of either gender plural, an **s** is added in most cases.

   Ils sont charmant**s**. Elles sont charmante**s**.

   If the singular form of an adjective already ends in **s** or **x**, the ending does not change in the masculine plural.

   L'étudiant est **français**. → Les étudiants sont **français**.
   Le professeur est **courageux**. → Les professeurs sont **courageux**.

3. If a plural subject contains one or more masculine items or persons, the plural adjective is masculine.

   Sylvie et François sont **français**. Sylvie et Françoise sont **françaises**.

4. Most adjectives of color have both masculine and feminine forms.

   un chemisier **blanc / bleu / gris / noir / vert / violet**
   une chemise **blanche / bleue / grise / noire / verte / violette**

   Adjectives of color that end with a silent **e** have the same form for masculine and feminine.

   un pantalon ⎫
   une robe   ⎭ **jaune, rose, rouge**

   Two adjectives of color, **marron** and **orange**, are invariable in both gender and number.

   les chemisiers { **marron / orange**   les chemises { **marron / orange**

---

*L'accord des adjectifs
†Remember that final **t**, **d**, and **s**, usually silent in French, are pronounced when **-e** is added.

   masculine: **intelligent** [ɛ̃teliʒɑ̃]   feminine: **intelligente** [ɛ̃teliʒɑ̃t]

C. Descriptive Adjectives with Irregular Forms

PATTERN		SINGULAR		PLURAL	
Masc.	*Fem.*	*Masc.*	*Fem.*	*Masc.*	*Fem.*
-eux ⎫ -eur ⎭ → **-euse**		courageux travailleur	courageuse travailleuse	courageux travailleurs	courageuses travailleuses
-er → **-ère**		cher (*expensive*)	chère	chers	chères
-if → **-ive**		sportif	sportive	sportifs	sportives
-il ⎫ -el ⎭ → **-ille** **-elle**		gentil (*nice,* *pleasant*) intellectuel	gentille intellectuelle	gentils intellectuels	gentilles intellectuelles
-ien → **-ienne**		parisien	parisienne	parisiens	parisiennes

Other adjectives that follow these patterns include **paresseux/paresseuse**
(*lazy*), **naïf/naïve** (*naïve*), **sérieux/sérieuse** (*serious*), **fier/fière** (*proud*), and
canadien/canadienne. (The feminine forms of **beau** (*handsome, beautiful*) and
nouveau (*new*) are **belle** and **nouvelle**.)

Vérifions!

A. Dans la salle de classe. Complete the sentences with appropriate adjectives
according to their meaning and form.

1. La salle de classe est...   (blanche / beau / gentil / orange / petite / chers)
2. Le professeur est...   (sérieux / dynamiques / actif / travailleuse /
        gentils / sportives)
3. Les étudiants sont...   (fier / sincères / intelligente / courageux /
        naturelles / paresseux) *LAZY*
4. Le livre de français est...   (longs / intéressant / difficiles / nouveau /
        amusant / originale)   *long (ue)*

B. Le couple idéal. Patrice and Patricia are soulmates, alike in every respect.
Describe Patricia.

MODÈLE: Patrice est français. → Patricia est française.

1. optimiste
2. intelligent
3. charmant
4. fier
5. sérieux
6. parisien
7. naïf
8. gentil
9. sportif
10. courageux
11. travailleur
12. intellectuel

C. Un couple irréconciliable. But Fabien and Fabienne are as different as night and day! Describe Fabienne.

> Fabien est travailleur, patient, sincère, sérieux, sympathique, raisonnable, intéressant, agréable.

> Fabienne n'est pas...

D. De quelle couleur? State the colors of the following things.

> MODÈLE: le drapeau (*flag*) américain →
> Le drapeau américain est rouge, blanc et bleu.

1. le drapeau français
2. la mer (= l'océan)
3. l'éléphant (*m.*)
4. la violette
5. la neige (*snow*)

6. le tigre
7. le zèbre
8. les plantes (*f.*)
9. les fleurs (*f.*)

Parlons-en!

A. Une lettre. Here is a letter Stéphane just received from his girlfriend. He is desperate! Transform this letter into the one he would have loved to receive by changing the adjectives and some verbs.

> Angers, le 7 janvier
>
> Stéphane,
>
> Je te déteste. Tu es stupide et antipathique. Tous les jours (*Every day*) tu es nerveux, tu ne rêves pas parce que tu es peu idéaliste, et tu es même (*even*) souvent hypocrite. En plus (*Furthermore*) je trouve que tu es paresseux.
>
> Je ne veux plus te revoir. (*I never want to see you again.*)
>
> Adieu.
>
> *Catherine*

B. Les personnes idéales. Complete these sentences with appropriate adjectives, according to your opinions.

1. L'homme idéal est _____.
2. La femme idéale est _____.
3. Le/La camarade de classe idéal(e) est _____.
4. Le professeur idéal est _____.
5. Le chauffeur de taxi idéal est _____.

C. Vive la mode! Look at the people in the ad on page 52. Describe their clothes, including the colors. (Use the verb **porter**.) Then tell the class which items of clothing you like and which you don't like.

7. GETTING INFORMATION
Yes/No Questions

Discussion entre amis

LE TOURISTE: **Est-ce** un accident?
L'AGENT DE POLICE: Non, ce n'est pas un accident.
LE TOURISTE: **Est-ce que** c'est une <u>manifestation</u>?
                                       demonstration
LE TOURISTE: Alors, c'est une dispute?
L'AGENT DE POLICE: Pas <u>vraiment</u>. C'est une discussion <u>animée</u> entre amis.
               not really   animated

Voici les réponses. <u>Posez</u> les questions. Elles sont dans le dialogue.
                           ask

1. Ce n'est pas un accident.
2. Ce n'est pas une manifestation.
3. Ce n'est pas une dispute.

Questions that ask for new information or facts often begin with interrogative words (*who?, what?,* and so on). Other questions simply require a *yes* or *no* answer.

A. Yes/No Questions with No Change in Word Order

Like English, French has more than one type of *yes/no* question.

Statement:	Vous êtes parisien.
Question with rising intonation:	Vous êtes parisien?
Tag question with **n'est-ce pas**:	Vous êtes parisien, **n'est-ce pas**?
Question with **est-ce que**:	**Est-ce que** vous êtes parisien?

1. Questions with rising intonation: the pitch of your voice rises at the end of a sentence to create a vocal question mark.

   —Vous ne parlez pas anglais?   —*Don't you speak English?*
   —Si,* un peu.   —*Yes, a little.*

2. Tag questions: when agreement or confirmation is expected, the tag **n'est-ce pas?** is sometimes added to the end of a sentence.†

---

*To say *yes* to a negative question, **si** is used, rather than **oui**.
†The question forms are most often used to ask for information. However, when used with present-tense verbs, they may also imply indirect commands; e.g., **Tu étudies ce soir, n'est-ce pas? Tu commences maintenant? Est-ce que tu travailles?** A parent might use these questions to get a child to study.

Il aime la musique, **n'est-ce pas?**	*He loves music, doesn't he?*
Il porte une cravate au concert, **n'est-ce pas?**	*He's wearing a tie to the concert, isn't he?*

3. Questions with **est-ce que**: the statement is preceded by **est-ce que**. This is the easiest and most common way to ask a question in French.

Is it that

Est-ce qu'elle étudie l'espagnol?	*Is she studying Spanish?*
Est-ce qu'elle arrive après le cours?	*Is she arriving after class?*

Est-ce que is pronounced as one word. Before a vowel, it becomes **est-ce qu'**: **est-ce qu'ils** [ɛskil], **est-ce qu'elles** [ɛskɛl].

B. Yes/No Questions with a Change in Word Order

As in English, questions can be formed in French by inverting the order of subject and verb. However, this syntax creates a rather formal style which is usually confined to written French.

1. Questions with pronoun subjects: the subject pronoun (**ce, on, il,** and so on) and verb are inverted and hyphenated.

PRONOUN SUBJECT
Statement: Il est touriste.
Question: **Est-il** touriste?

Est-ce une dispute?	*Is it a dispute?*
Aiment-ils les discussions animées?	*Do they like animated discussions?*
Es-tu d'accord avec nous?	*Do you agree with us?*

The final **t** of third-person plural verb forms is pronounced when followed by **ils** or **elles**: **aiment-elles.** If a third-person singular verb form ends in a vowel, **-t-** is inserted between the verb and the pronoun.

Aime-t-elle la littérature française?	*Does she like French literature?*
Parle-t-on français ici?	*Is French spoken here?*

The subject pronoun **je** is seldom inverted. **Est-ce que** is used instead: **Est-ce que je suis en avance** (*early*)?

2. Questions with noun subjects: the third-person pronoun that corresponds to the noun subject follows the verb and is attached to it by a hyphen. The noun subject is retained.

NOUN SUBJECT
Statement: Marc est étudiant.
Question: **Marc est-il** étudiant?

Les étudiants français sont-ils travailleurs?	*Are French students hard-working?*
Delphine travaille-t-elle beaucoup?	*Does Delphine work a lot?*

Vérifions!

croire — to believe in

A. C'est difficile à croire! You find it hard to believe what Mireille is telling you about some mutual acquaintances. Express your surprise by turning each statement into a question. (Your intonation should express your disbelief!)

MODÈLE: Solange est de Paris. → Solange est de Paris?

1. Pascal est aussi de Paris.
2. Solange et Pascal sont parisiens.
3. Roger est le camarade de Pascal.
4. C'est un garçon drôle.
5. Il n'habite pas à Paris.
6. Sandra est canadienne.

Now verify what Mireille has told you by asking someone else. Create questions using **est-ce que**.

MODÈLE: Solange est de Paris. → Est-ce que Solange est de Paris?

B. Une vaniteuse (*conceited character*). Laurence n'est pas modeste! Ask rhetorical questions as she would, using the correct adjective forms.

MODÈLE: intelligent → Je suis intelligente, n'est-ce pas?

1. sympathique   2. intéressant   3. gentil   4. sportif

C. Étudiants à la Sorbonne. You are writing an article on student life in Paris. Verify the information you have jotted down by expressing your statements as questions.

MODÈLE: Stéphane étudie à la Sorbonne. →
Stéphane étudie-t-il à la Sorbonne?

1. Il est parisien.
2. Vous admirez Stéphane.
3. Stéphane et Carole sont étudiants en philosophie.
4. Ils sont sympa.
5. Carole habite à la cité-u.

Parlons-en!

A. Portrait d'un professeur. Ask your instructor questions about his/her birthplace, personality, tastes, and clothes. Use inversion in your questions.

Verbes suggérés: être, aimer, porter, visiter, parler, écouter, habiter, donner, danser, regarder, skier, travailler, étudier...

> MODÈLES: Êtes-vous français(e)?
>
> Parlez-vous italien?
>
> Aimez-vous le sport?

Now see if your classmates were listening. Ask a classmate three questions about your instructor.

> MODÈLE: VOUS: Est-ce que le professeur parle espagnol?
> VOTRE CAMARADE: Non, il/elle ne parle pas espagnol. (*ou* Oui,
> il/elle parle espagnol.)

B. Une publicité. Look at the following advertisement published in the French magazine *20 ans*, and answer the questions based on it.

1. Est-ce que le cardigan est pour homme ou pour femme?
2. Est-ce que le cardigan est en coton ou en acrylique?
3. Est-ce que le jean pour homme est en coton ou en polyester?
4. Est-ce que la veste est pour homme ou pour femme?
5. Est-ce que les mannequins portent des tennis ou des chaussures?

Maintenant posez des questions générales à un(e) camarade. Utilisez les expressions suivantes: *following* en polyester, en coton, en laine (*wool*), en soie (*silk*), en nylon...

> MODÈLE: En général, une cravate est-elle en soie ou en coton?

8. MENTIONING A SPECIFIC PLACE OR PERSON
The Prepositions *à* and *de*

Arnaud et Delphine, deux étudiants français typiques

Ils habitent **à la** cité universitaire.
Ils mangent **au** restaurant universitaire.
Ils jouent **au** volley-ball dans la salle des sports.
Le week-end, ils jouent **aux** cartes avec des amis.
Ils aiment parler **des** professeurs, **de l'**examen d'anglais, **du** cours de littérature française et **de la** vie **à l'**université.

Et vous?

1. Habitez-vous à la cité universitaire?
2. Mangez-vous au restaurant universitaire?
3. Jouez-vous au volley-ball dans la salle des sports?
4. Le week-end, jouez-vous aux cartes?
5. Aimez-vous parler des professeurs? de l'examen de français? du cours de français? de la vie à l'université?

Prepositions (**les prépositions**) are words such as *to, in, under, for,* and so on. In French, they sometimes contract with the following article. The most common French prepositions are **à** and **de**.

A. Uses of *à* and *de*

1. **À** indicates location or destination. Note that **à** has several English equivalents.

Arnaud habite **à** Paris.*	*Arnaud lives in Paris.*
Il étudie **à la** bibliothèque.	*He studies at (in) the library.*
Ses parents arrivent **à** Paris ce soir.	*His parents are arriving in Paris this evening.*

With verbs such as **parler, donner, montrer** (*to show*) and **téléphoner, à** introduces the indirect object (usually a person).

Arnaud **parle à** un professeur.	*Arnaud is speaking to a professor.*
Arnaud **téléphone à** un ami.	*Arnaud is calling a friend.*
Il **montre** une photo **à** une camarade.	*He is showing a photo to a friend.*

---

*The preposition **à** expresses location primarily with names of cities. Prepositions used with names of countries are treated in Grammar Section 27.

The preposition *to* is not always used in English, but **à** must be used in French with these verbs.

2. **De** indicates where something or someone comes from.

Medhi est **de** Casablanca.	*Medhi is from Casablanca.*
Il arrive **de** la bibliothèque.	*He is coming from the library.*

De also indicates possession (expressed by *'s* or *of* in English) and the concept of belonging to, being a part of.

Voici la librairie **de** Madame Vernier.	*Here is Madame Vernier's bookstore.*
J'aime mieux la librairie **de** l'université.	*I prefer the university bookstore (the bookstore of the university).*

When used with **parler**, **de** means *about*.

Nous parlons **de** la littérature anglaise avec Madame Vernier.	*We're talking about English literature with Madame Vernier.*

B. Contractions of *à* and *de* with the Definite Articles *le* and *les*

à + le = au	Arnaud arrive **au** cinéma.	**de + le = du**	Arnaud arrive **du** cinéma.
à + les = aux	Arnaud arrive **aux** courts de tennis.	**de + les = des**	Arnaud arrive **des** courts de tennis.
à + la = à la	Arnaud arrive **à la** librairie.	**de + la = de la**	Arnaud arrive **de la** librairie.
à + l' = à l'	Arnaud arrive **à l'**université.	**de + l' = de l'**	Arnaud arrive **de l'**université.

C. The Verb *jouer* (to play) with the Prepositions *à* and *de*

Martine
joue au tennis.

Philippe
joue du piano.

When **jouer** is followed by the preposition **à**, it means *to play* a sport or game. — *to play at*
When it is followed by **de**, it means *to play* a musical instrument. *to play of*

Vérifions!

A. Camille, une personne très active. Adapt the following sentences.

1. Camille parle *à la jeune fille*. (touristes, chien, femme)
2. Elle parle *du Café Flore*. (cours de français, musique zydeco, sports français)
3. Camille arrive *de New York*. (bibliothèque, cours d'anglais, restaurant universitaire)
4. Elle aime jouer *au golf*. (le rugby, le violon, la guitare, le hockey, les échecs [*chess*])

B. Où va-t-on (*Where do we go*)**?** Answer using the model as a guide.

MODÈLE: Pour écouter une symphonie? ⟶ le concert
              On va au concert.

1. Pour regarder un film?   l'amphithéâtre
2. Pour jouer au tennis?   la discothèque
3. Pour jouer au volley-ball?   le Quartier latin
4. Pour écouter le professeur?   le cinéma
5. Pour danser?   le café
6. Pour manger?   les courts de tennis
7. Pour visiter la Sorbonne?   la salle de sports
8. Pour parler avec des amis?   le restaurant universitaire
                               la maison

C. Les passe-temps. Complete the following sentences with the verb **jouer à** or **de**. Match the players with the sports or instruments they play.

MODÈLE: Dan Marino ⟶ Dan Marino joue au football.

1. Wynton Marsalis   a. le violon
2. Jennifer Capriati   b. le hockey
3. Bruce Springsteen   c. les échecs
4. Midori   d. la trompette
5. Shaquille O'Neal et Christian Laettner   e. le tennis
                                 f. le basket-ball
6. Wayne Gretzky   g. la guitare
7. Bobby Fischer   h. ?
8. ?

Parlons-en!

A. Trouvez quelqu'un qui... Find someone in the classroom who does each of the following activities. On a separate piece of paper, note down his or her name next to the activity. See who can complete the list the fastest.

MODÈLE: VOUS: Est-ce que tu joues au tennis?
              UN(E) CAMARADE: Oui, je joue au tennis. (*ou* Non, je ne joue pas
                                    au tennis.)

jouer de la guitare   aimer les films français
jouer au poker   manger à la cafétéria
jouer au base-ball   aujourd'hui
jouer au volley   aimer le laboratoire de langues
jouer au bridge   jouer aux cartes
jouer au tennis

Mots-clés

Linking words: When you first begin to study French, you may think you
can speak only in very simple sentences. The following words will help
you form more interesting and complicated sentences by linking ideas.

et	*and*	**mais**	*but*
aussi	*also*	**si**	*if, so, yes*
ou	*or*	**donc**	*therefore, then*
parce que	*because*	**alors**	*so, well*

Note the different impression linking words make in the following
sentences.

- Ma cousine étudie l'espagnol. J'étudie le français. →
  Ma cousine étudie l'espagnol **mais** (**et**) j'étudie le français.
- Je n'aime pas danser. Je ne danse pas ce (*this*) week-end. →
  Je n'aime pas danser, **donc** je ne danse pas ce week-end.
- Je ne suis pas riche. J'achète mes vêtements dans les friperies. →
  Je ne suis pas riche, **alors** j'achète mes vêtements dans les friperies.
- Je ne sais pas (*I don't know*) **si** le professeur aime danser.

B. Jeu de logique. Complete the following thoughts logically using a linking
word from the **Mots-clés**.

1. Anne est une personne sérieuse et raisonnable _____ elle aime beaucoup
   les films comiques.
2. Daniel, par contre, est drôle _____ excentrique.
3. Je me demande (*wonder*) _____ Daniel est artiste.
4. Moi, je suis idéaliste, _____ je travaille pour une organisation écologiste.
5. Travaillez-vous _____ vous aimez travailler ou simplement pour gagner
   de l'argent (*to earn money*)?   *to earn*
                                                      to gain
6. Êtes-vous sociable _____ préférez-vous des activités solitaires?

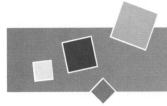

Étude de prononciation

French Vowel Sounds: Nasal Vowels

When the letter **n** or **m** follows a vowel or a combination of vowels, it frequently affects the pronunciation of the vowel, giving it a nasal quality. Such vowels are called nasals. The **n** or **m** itself is not pronounced.

Prononcez avec le professeur.

	IPA SYMBOL	MOST COMMON SPELLINGS
1. amphithéâtre employer plan attendez français centre	[ɑ̃]	an am en em
2. onze oncle combien bonjour bon nombre	[ɔ̃]	on om
3. impatient intéressant synthèse sympathique peintre pain faim	[ɛ̃]	im in yn ym ein ain aim

Note that the vowel is not nasal if the **n** or **m** is followed by a vowel. The **n** or **m** is then pronounced: **banane**, **fine**. The same is true if the **n** or **m** is doubled and then followed by a vowel: **comme**, **Anne**.

Prononcez avec le professeur.

1. un / une
2. dans / Anne
3. Italien / Italienne
4. brun / brune
5. Américain / Américaine
6. fin / fine

Mise au point

A. Description: la vie de Martine. Create complete sentences.

1. Martine / être / étudiante / sérieux / et intéressant
2. elle / habiter / à côté de / bibliothèque
3. elle / jouer / piano
4. nous / jouer / cartes / Martine
5. aujourd'hui / elle / porter / sandales / marron / et / jean / noir
6. chemises / Martine / être / blanc
7. ce / être / jeune fille / simple / mais / excentrique

B. Portraits. Based on each of the statements in the left-hand column below, create two new sentences using the corresponding adjectives and places.

MODÈLE: Nous jouons aux cartes. → Nous sommes calmes et sociables.
→ Nous sommes au café.

	LES ADJECTIFS		LES ENDROITS	
1. Nous aimons parler avec des amis.	individualiste	calme	Paris	courts de tennis
2. Elles étudient beaucoup.	sérieux	drôle	café	amphithéâtre
3. Nous dansons beaucoup.	travailleur	fort	cinéma	le Quartier latin
4. Odile est Parisienne.	sportif	excentrique	bibliothèque	
5. Yannick joue au tennis.	idéaliste	à la mode	discothèque	
6. Elles aiment les Talking Heads.	sociable		maison	

C. Le secret des prénoms. This section from the French magazine *Star club* links people's personalities to their first names. Scan what is said about the name *Manuel,* then complete the following sentences correctly.

According to the excerpt . . .

1. Men called Manuel have no imagination / a lot of imagination / a little imagination.
2. They have two personalities / no personality / a lot of personality.
3. Their color is pink / red / green.

D. Qui est-ce? Describe a classmate. The rest of the class guesses who it is.

MODÈLE: Il aime la musique et le tennis, il étudie l'allemand et le français et il n'aime pas danser. Il est de Cincinnati et il habite à la cité universitaire. Il est intelligent, sympathique et sportif. Il porte un pull-over et un jean. Qui est-ce? Son prénom commence par *(with)* M.

[a]chez... *with them*
[b]on... *you notice*
[c]capable... *able to carry them out*
[d]peuvent... *can be hard to live with*
[e]because
[f]on... *you don't know*
[g]on... *you're dealing with*

> ## LE SECRET DES PRÉNOMS
>
> ### MANUEL
> L'imagination joue un très grand[a] rôle chez ces garçons. Chez eux, on constate souvent une double personnalité : l'une capable d'idées remarquables,[b] et une autre, capable de les mettre en pratique,[c] ce qui est assez rare. Ils peuvent être difficiles à vivre[d] car[e] on ne sait pas toujours[f] à quelle facette[g] de sa personnalité on a affaire.
> **Couleur : rouge.**

Interactions

In Chapter 3, you learned how to ask questions, describe people and things, identify people and things, and talk about where they are. Act out the following situations, using the vocabulary and structures from this chapter.

1. **Journaliste.** You are a reporter for the school newspaper. A classmate plays the role of a visiting celebrity. Find out everything you can about this classmate: likes and dislikes; where she or he likes to go, some personality characteristics.
2. **Emprunt** (*A loan*). Imagine that someone in the class borrowed your French book but you have forgotten his or her name. Describe what he or she was wearing to another classmate, who will try to name the student.

Rencontres

LECTURE

Avant de lire

Recognizing cognates. You already know that cognates are words similar in form and meaning in two or more languages. The more cognates you recognize, the more quickly and easily you will read French. It will help you to be aware that the endings of many French words correspond to certain English word endings. Here are a few of the most common.

FRENCH	ENGLISH
-ment	-ly
-iste	-ist
-eux	-ous
-ion	-ion
-ie, -é	-y
-ique	-ical or -ic

What are the English equivalents of the following words?

1. la caractéristique
2. l'unité
3. la transformation
4. la théorie
5. politique
6. typiquement
7. écologiste
8. courageux

In the following passage, you will also come across a number of examples of **franglais**, English words used in French. Before reading, scan the passage and make two lists, one of the cognates and another of the English words used in French. Remember that in this and subsequent readings, guessable cognates are not glossed. Here, unfamiliar terms that you should be able to guess from context have been underlined.

À bas la mode et vive le look!
fashion/style

L e chic d'Yves Saint-Laurent ou de Pierre Cardin n'intéresse pas les jeunes Français. La mode, pour eux,° c'est le «look». Quelle est la différence? Le look exprime° des idées personnelles. Les ancêtres du look sont les Hippies de '68. Pour ces° groupes de jeunes le style de vie et les vêtements sont des messages. La jeunesse française d'aujourd'hui est divisée en groupes d'intérêts et d'opinions divers. Chaque groupe a° un code, un langage, un look.

them

expresses

these

Each

has

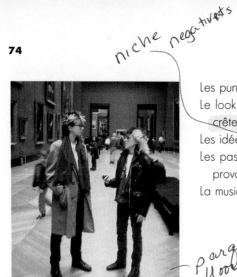

niche negatives

Les punks

Le look: blouson en cuir,° cheveux décolorés° en   *leather / bleached*
crête,° lunettes° noires, chaîne de vélo°   *en... spiked / glasses / motorbike*

hair

Les idées: nihilistes, anarchistes

Les passions: la laideur° calculée, l'agressivité, la   *ugliness*
provocation

La musique: U2, The Cure, la musique alternative

Parquet floor ~ laid in design

Les BCBG (bon chic, bon genre)

Le look: britannique, les mocassins, les foulards°   *scarves*
Hermès

Les idées: bourgeoises, droite° libérale   *right (wing)*

Les passions: les grands couturiers,° le bridge, le   *big-name designers*
golf, le tennis

La musique: Madonna, George Michaël

Les branchés

Le look: le jean, le T-shirt

Les idées: américanophiles

Les passions: les États-Unis, le Coca-Cola, les
jeeps, le disco

La musique: Bruce Springsteen, Sting, R.E.M.

Compréhension

Correct any of the following sentences that are wrong.

1. Les jeunes Français adorent la mode chic.
2. La mode chic exprime des idées personnelles.
3. Les ancêtres du look sont Yves Saint-Laurent et Pierre Cardin.
4. La jeunesse française est unifiée.
5. Le look des BCBG est américain.
6. Les branchés sont agressifs.
7. Les punks aiment la musique alternative.

PAR ÉCRIT

Function: Describing (a person)
Audience: Your instructor and classmates
Goal: To describe someone in class using the model below.

PARAGRAPHE 1
Julie est une rockeuse. Elle habite à Los Angeles. C'est une jeune fille excentrique mais intéressante. Elle aime parler de musique et de discothèques. Elle n'aime pas parler de cours universitaires. En général, elle porte un pull-over noir, un jean et des chaussettes blanches.

PARAGRAPHE 2
Julie admire R.E.M., The Christians et Guns'n Roses. Elle déteste Madonna. Elle adore danser et écouter la radio. Elle est sociable et optimiste. C'est une personne dynamique.

Steps

1. Make a list of questions to ask a classmate so that you can gather the same kind of information as is given in the paragraphs above. For example: **Tu habites à Cincinnati? Tu es idéaliste ou réaliste? Tu aimes la musique? Quelle** (*What*) **musique? Tu portes souvent un jean?**
2. As you interview your classmate, jot down the answers in abbreviated form.
3. Next, circle the details you will use to write your composition. Using the model as a guide, write the composition, rounding out the details and adding descriptive information wherever possible. Try to adapt the description to your own writing style.
4. Reread the paragraphs for smoothness and clarity. Rewrite them if they seem unorganized, unfocused, or choppy. Finally, reread the composition, checking for adjective agreement and proper use of the articles **à** and **de**.
5. Be prepared to read your description to your classmates.

À L'ÉCOUTE !

Mon meilleur copain. Guillaume is talking about his best friend, Patrice. First, look through the activities. Next, listen to the vocabulary and Guillaume's description of Patrice. Then, do the activities. Replay the tape as often as you need to. (See Appendix F for answers.)

VOCABULAIRE UTILE

vachement *very* (*slang*)
cuir *leather*

A. Based on Guillaume's description, circle the drawing of Patrice.

B. Now choose the correct answer, based on the description of Patrice.

1. Patrice habite
   a. à Lyon   b. à Nice
2. Patrice étudie
   a. l'anglais   b. l'espagnol
3. Patrice adore
   a. la musique classique   b. le rock
4. Il joue
   a. du piano   b. de la guitare
5. Patrice est
   a. intelligent mais un peu paresseux
   b. très intellectuel
6. Patrice porte toujours
   a. un jean et un blouson noir
   b. un costume gris

Vocabulaire

Verbes

arriver to arrive
être to be
jouer à to play (*a sport or game*)
jouer de to play (*a musical instrument*)
montrer to show

porter to wear; to carry
téléphoner à to telephone

À REVOIR: **regarder, travailler**

Substantifs

les cartes (*f.*) cards
les échecs (*m.*) chess

la jeune fille girl, young lady
le jeune homme young man
la personne person
la voiture automobile

À REVOIR: **l'ami(e), la bibliothèque, la femme, l'homme, l'université**

Adjectifs

beau/belle beautiful
cher/chère expensive
drôle funny, odd
facile easy
fier/fière proud
gentil(le) nice, pleasant
nouveau/nouvelle new
paresseux/euse lazy
prêt(e) ready
sportif/ive *describes someone who likes physical exercise and sports*
sympa(thique) nice
travailleur/euse hardworking

À REVOIR: espagnol(e), français(e), italien(ne)

Adjectifs apparentés

amusant(e), calme, courageux/euse, conformiste, (dés)agréable, différent(e), difficile, dynamique, enthousiaste, excentrique, idéaliste, (im)patient(e), important(e), individualiste, (in)sociable, intellectuel(le), intelligent(e), intéressant(e), naïf/naïve, nerveux/euse, optimiste, parisien(ne), pessimiste, raisonnable, réaliste, sérieux/euse, sincère, snob

mots – words

Prépositions

à côté de beside, next to
derrière behind
devant in front of
sous under
sur on, on top of

Les vêtements *(m) garment clothing*

le blouson windbreaker
les bottes (*f.*) boots
la casquette French cap
le chapeau hat
les chaussettes (*f.*) socks
les chaussures (*f.*) shoes
la chemise shirt
le chemisier blouse
le costume (*man's*) suit
la cravate tie
l'imperméable (*m.*) raincoat
le jean jeans
la jupe skirt
le maillot de bain swimsuit
le manteau coat
le pantalon pants
le pull-over sweater
la robe dress
le sac à dos backpack
le sac à main handbag
les sandales (*f.*) sandals
le short shorts
le tailleur woman's suit
le tee-shirt T-shirt

les tennis (*f.*) tennis shoes
la veste sports coat or blazer
le veston suit jacket

Les couleurs

blanc(he) white
bleu(e) blue
gris(e) gray
jaune yellow
marron (*inv.*) brown
noir(e) black
orange (*inv.*) orange
rose pink
rouge red
vert(e) green
violet(te) violet

Mots et expressions divers

alors so
assez somewhat, enough, rather
[oc] **aussi** also
donc therefore
eh bien,... well, . . . (well, then)
où where
par terre on the ground
parce que because
peu not very; hardly
un peu a little
quand when
qui... ? who (whom) . . . ?
si if
très very

Intèrmede

SITUATION

Au restau-u

Contexte *Nous sommes dans un restaurant universitaire d'Aix-en-Provence. Patricia, une étudiante américaine, trouve une place° à la table de Régis.*

seat

Objectif *Patricia fait connaissance avec° des étudiants français et francophones.*

fait... meets

RÉGIS: Bonjour! Comment t'appelles-tu?°

Comment... What's your name?

PATRICIA: Je m'appelle Patricia. Et toi°?

you

RÉGIS: Moi, c'est° Régis. Je suis nul en anglais° mais je suis un génie en musique... Voilà Médoune. C'est un pianiste. Il est de Dakar.

Moi... Me, I'm / Je... I'm very bad at English

PATRICIA: Bonjour, Médoune.

RÉGIS: Et voici Christine. Elle est de Genève et joue très bien au tennis.

PATRICIA: Salut, Christine.

CHRISTINE: Salut. Et toi, Patricia, tu es d'où?

propos

Comment présenter quelqu'un

DANS UNE SITUATION INFORMELLE

Les présentations
Voici Jim. *This is Jim.*
Ça, c'est Jim. *This is Jim.*
Je te présente Jim. *I'd like you to meet Jim.*

Les réponses
Salut. Bonjour. *Hello.*
Enchanté(e). *Delighted to meet you.*
Très heureux/euse. *Glad to meet you.*

DANS UNE SITUATION FORMELLE

Les présentations
Je vous présente Jim Becker. *I would like you to meet Jim Becker.*

Les réponses
Bonjour. *Hello.*
Enchanté(e). *Delighted to meet you.*
Très heureux/euse de faire votre connaissance. *Very happy to make your acquaintance.*

Maintenant à vous!

A. Questions personnelles. Reread the **Situation** dialogue and then answer the following questions.

1. Régis est un génie en musique. Et vous? Préférez-vous les arts? le sport? la mode? les langues étrangères? autre chose?

2. D'où êtes-vous? Habitez-vous une grande ville ou une petite (*small*) ville? En général, aimez-vous les grandes villes ou préférez-vous habiter à la campagne (*in the country*)?

3. De quelle nationalité êtes-vous? D'où sont vos grands-parents? Aimez-vous voyager (*to travel*)? Où aimez-vous voyager?

[handwritten note in left margin: "...nean from?"]

B. Jeu de rôles. Use the expressions in the **Situation** dialogue and **À propos** to play a brief scene with two or three other students. Introduce yourselves (and one another); then tell where you come from, and describe what you are good at or enjoy doing.

PORTRAITS

Coco Chanel (1883–1971)

Internationally renowned clothing designer Gabrielle (Coco) Chanel revolutionized the fashion industry with her simple, elegant, tailored garments that stressed comfort over showy embellishment. Chanel reigned supreme in the world of Parisian haute couture for nearly sixty years, and established the successful fashion house which still bears her name.

CHAPITRE QUATRE

Le logement

En avant neat   not as in straight
—Il est <u>chouette</u> ton studio!
—Oui, il est tout petit, mais il est à moi!

Communicative goals: describing lodgings and people; expressing the date; expressing actions, possession, and sensations; expressing the absence of something; and getting information.

Deux chambres d'étudiants

La chambre d'Agnès est en ordre. *orderly*
Agnès habite dans une maison.

La chambre de Céline est en désordre. *disorderly*
Céline habite dans un appartement.

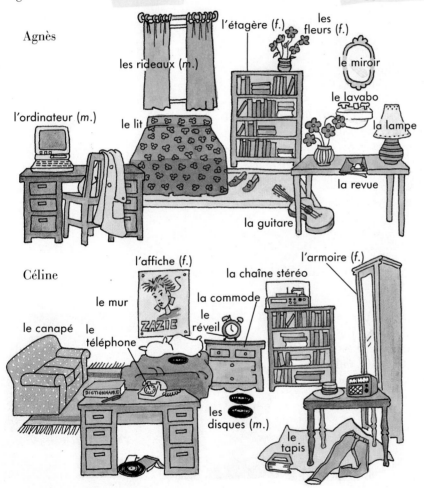

Agnès

les rideaux (*m.*)

l'étagère (*f.*)

les fleurs (*f.*)

le miroir

le lavabo

la lampe

l'ordinateur (*m.*)

le lit

la revue

la guitare

Céline

l'affiche (*f.*)

la chaîne stéréo

l'armoire (*f.*)

le mur

la commode

le réveil

le canapé

le téléphone

les disques (*m.*)

le tapis

Autres mots utiles:
   la cassette cassette tape
   le lecteur de cassettes cassette deck
   la platine laser (*ou* **le lecteur de CD**) CD player

A. Deux chambres. Describe the two rooms by answering the questions.
Qu'est-ce qu'il y a...   *what is there...*

1. sur le bureau d'Agnès? de Céline?
2. à côté du lit d'Agnès? de Céline?
3. sous la table d'Agnès? de Céline?
4. sur le lit d'Agnès? de Céline?
5. sur l'étagère d'Agnès? de Céline?
6. sous le bureau de Céline?
7. à côté de la radio de Céline?
8. sur le mur d'Agnès? de Céline?
9. par terre (*on the ground*) dans la chambre de Céline?
10. sur la table de Céline?
11. à côté de l'étagère d'Agnès?
12. sur le tapis d'Agnès? de Céline?
13. derrière les étagères d'Agnès et de Céline?

intrusion
B. L'intrus. Three items are similar and one is different in each of the
following series. Find the items that are out of place.

1. lit / commode / armoire / fleur
2. chaîne stéréo / affiche / guitare / disque
3. lavabo / livre / revue / étagère
4. miroir / affiche / rideaux / revue

C. Préférences. What do you find in the room of a person who likes the
following activities or pursuits?

1. étudier   2. écouter de la musique   3. parler à des amis   4. le sport
5. la mode   6. le cinéma

D. La chambre et la personnalité. A room reveals
the personality of its occupant. Describe this room.
What does it contain? Which adjectives best describe
it (**en ordre, en désordre, confortable, calme,
simple**...)? Provide as many details as possible about
the furniture, objects, colors, and so on.

Then decide...

this that   1. Qui habite cette chambre—un homme? une
femme?
2. Quelles sont les préférences de cette personne?
according to   3. D'après vous, comment est la personne qui
use   habite cette chambre? Utilisez trois adjectifs
to describe pour décrire sa personnalité.

Il/Elle est _____, _____ et _____.

Now describe your own room, providing as many details as possible. In your
opinion, which objects in the room reveal your personality?

Un PEU D'ARGOT

un appart	un appartement
une piaule	une chambre
un pieu	un lit

EN CONTEXTE

JULIEN: J'habite **un appart** super dans le Quartier latin.

VIRGINIE: Oh, c'est bien. Moi j'ai seulement une petite **piaule**, et mon **pieu** est très dur! *hard*

Les amis d'Agnès et de Céline

Lise est grande, *tall* belle et dynamique. Elle a (*has*) les yeux verts et les *hair* cheveux blonds. (Elle est blonde.)

Déo a les cheveux noirs. Il est beau et charmant. Il est de taille moyenne (*medium height*).

Chantal est aussi de taille moyenne. Elle a les yeux marron et les *short* cheveux courts et roux. (Elle est rousse [*redheaded*].)

Jacques est très sportif. Il est grand, il a les cheveux longs, châtains (*light brown*)* et en désordre.

Thu est très petite et intelligente. Elle a les cheveux noirs et raides. *straight*

error *avoir- to have*

A. Erreur! Correct any sentences that are wrong.

MODÈLE: Déo a les cheveux châtains. → Mais non, il a les cheveux noirs.

1. Jacques a les cheveux courts. 2. Chantal a les cheveux longs et châtains. 3. Thu a les cheveux noirs. 4. Chantal a les yeux noirs. 5. Lise a les cheveux roux. 6. Déo est très grand. 7. Lise est de taille moyenne. 8. Thu est petite. 9. Déo et Lise sont laids (*ugly*). 10. Chantal est blonde et Lise est rousse.

B. Personnalités célèbres. What color hair do the following people have?

MODÈLE: Steve Martin → Steve Martin? Il a les cheveux blancs.

1. Madonna 2. Eddie Murphy 3. Annie, la petite orpheline 4. ?

---

*literally, *chestnut*; invariable in gender

C. Et vos camarades de classe? Describe the hair, eyes, and height of someone in the classroom. Your classmates will guess who it is. (If they have trouble guessing, describe what the person is wearing!)

MODÈLE: Il/Elle a les cheveux longs et noirs, il/elle a les yeux marron et il/elle est de taille moyenne.

Now describe yourself.

MODÈLE: J'ai (*I have*)...
Je suis...

Quelle est la date d'aujourd'hui?

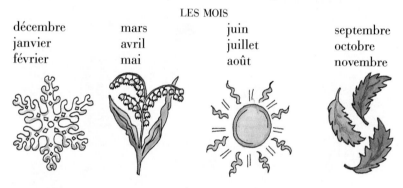

LES MOIS

décembre	mars	juin	septembre
janvier	avril	juillet	octobre
février	mai	août	novembre

In French, the day is usually followed by the month: **le 21 mars** (abbreviated as 21-3). The day of the month is usually preceded by **le**, meaning *the*. However, the first day of each month is expressed with an ordinal number: **le premier janvier** (**avril**, **septembre**, etc.). The day of the week and the date can be expressed together, as follows. Here are two ways to give the date.

Aujourd'hui, nous sommes mardi, le 20 avril.
Aujourd'hui, nous sommes le 20 avril.

A. Fêtes (*Holidays*) **américaines.** What months do you associate with the following holidays?

What is the date of your family's favorite or most important holiday?

B. C'est aujourd'hui sa fête (*name day*). In France, each day of the year is associated with a particular saint. Look over the list of names and dates. Choose six of them, and, with a partner, ask and answer questions about "name days."

MODÈLE: VOUS: Quand célèbre-t-on la fête de Didier?

VOTRE CAMARADE: Le vingt-trois mai. Et la fête de Gilbert?

(etc.)

fêtes à souhaiter

a

ADOLPHE	30	juin
ADRIEN	8	sept
AGNES	21	janv
AIME	13	sept
AIMEE	20	fév
ALAIN	9	sept
ALBAN	22	juin
ALBERT	15	nov
ALEXANDRE	22	avril
ALEXIS	17	fév
ALFRED	15	août
ALICE	16	déc
ALINE	20	oct
ALPHONSE	1	août
AMAND	6	fév
ANATOLE	3	fév
ANDRE	30	nov
ANGE	5	mai
ANGELE	27	janv
ANNE	26	juil
ANSELME	21	avril
ANTOINE	17	janv
ANTOINETTE	28	fév
ANTONIN	2	mai
ARISTIDE	31	août
ARLETTE	17	juil
ARMAND	8	juin
ARMEL	16	août
ARNAUD	10	fév
ARTHUR	15	nov
AURORE	13	déc

b

BAUDOUIN	17	oct
BEATRICE	13	fév
BENJAMIN	31	mars
BENOIT	11	juil
BERNADETTE	18	fév
BERNARD	20	août
BERTHE	4	juil
BERTRAND	6	sept
BRIGITTE	23	juil

c

CAMILLE	14	juil
CARINE	7	nov
CAROLE	17	juil
CATHERINE	25	nov
CECILE	22	nov
CELINE	21	oct
CHANTAL	12	déc
CHARLES	2	mars
CHRISTEL (LE)	24	juil
CHRISTIAN	12	nov
CHRISTINE	24	juil
CHRISTOPHE	21	août
CLAIRE	11	août
CLAUDE	6	juin
CLEMENCE	21	mars
CLEMENT	23	nov
CLOTILDE	4	juin
COLETTE	6	mars
CORINNE	18	mai
CYRILLE	18	mars

d

DANIEL	11	déc
DAVID	29	déc
DELPHINE	26	nov
DENIS	9	oct
DENISE	15	mai
DIDIER	23	mai
DOMINIQUE	8	août

e

EDITH	13	sept
EDMOND	20	nov
EDOUARD	5	janv
ELIANE	4	juil
ELIE	20	juil
ELISABETH	17	nov
ELISE	17	nov
ELOI	1	déc
EMILE	22	mai
EMILIENNE	5	janv
EMMANUEL	25	déc
ERIC	18	mai
ERNEST	7	nov
ESTELLE	11	mai
ETIENNE	26	déc
EUGENE	13	juil
EVA	6	sept
EVELYNE	27	déc

f

FABIEN	20	janv
FABRICE	22	août
FELIX	12	fév
FERDINAND	30	mai
FERNAND	27	juin
FRANÇOIS	4	oct
FRANÇOISE	12	déc
FREDERIC	18	juil

g

GABRIEL (LE)	29	sept
GAEL	17	déc
GAETAN	7	août
GASTON	6	fév
GAUTIER	9	avril
GENEVIEVE	3	janv
GEOFFROY	8	nov
GEORGES	23	avril
GERALD	5	déc
GERARD	3	oct
GERAUD	13	oct
GERMAIN	31	juil
GERMAINE	15	juin
GERVAIS	19	juin
GHISLAIN	10	oct
GILBERT	7	juin
GILBERTE	11	août
GILLES	1	sept
GINETTE	3	janv
GISELE	7	mai
GODEFROY	8	nov
GONTRAN	28	mars
GREGOIRE	3	sept
GUILLAUME	10	janv
GUSTAVE	7	oct
GUY	12	juin

h

HELENE	18	août
HENRI	13	juil
HERVE	17	juin
HONORE	16	mai
HORTENSE	5	oct
HUBERT	3	nov
HUGUES	1	avril

i

IRENE	5	avril
ISABELLE	22	fév

j

JACINTHE	30	janv
JACQUELINE	8	fév
JACQUES	25	juil
JEAN	24	juin
JEANNE	30	mai
JEROME	30	sept
JOACHIM	26	juil
JOEL	13	juil
JOHANNE	30	mai
JOSEPH	19	mars
JOSETTE	19	mars
JOSSELIN	13	déc
JULES	12	avril
JULIEN	2	août
JULIENNE	16	fév
JULIETTE	30	juil
JUSTE	14	oct

k

KARINE	7	nov

l

LAETITIA	18	août
LAURENT	10	août
LEA	22	mars
LEON	10	nov
LILIANE	4	juil
LINE	20	oct
LIONEL	10	nov
LISE	17	nov
LOIC	25	août
LOUIS	25	août
LOUISE	15	mars
LUC	18	oct
LUCIE	13	déc
LUCIEN	8	janv
LUDOVIC	25	août

m

MADELEINE	22	juil
MARC	25	avril
MARCEL	16	janv
MARCELLE	31	janv
MARIANNE	9	juil
MARIANNICK	15	août
MARIE	15	août
MARIE-THERESE	7	juin
MARTHE	29	juil
MARTIAL	30	juin
MARTINE	30	janv
MARYVONNE	15	août
MATHILDE	14	mars
MATTHIAS	14	mai
MATTHIEU	21	sept
MAURICE	22	sept
MICHEL	29	sept
MICHELINE	19	juin
MIREILLE	15	août
MONIQUE	27	août
MURIEL	15	août

n

NATHALIE	27	juil
NELLY	18	août
NICOLAS	6	déc
NICOLE	6	mars
NOEL	25	déc

o

ODETTE	20	avril
ODILE	14	déc
OLIVIER	12	juil

p

PASCAL	17	mai
PATRICE	17	mars
PAUL	29	juin
PAULE	26	janv
PHILIPPE	3	mai
PIERRE	29	juin
PIERRETTE	31	mai

r

RAOUL	7	juil
RAPHAEL	29	sept
RAYMOND	7	janv
REGINE	7	sept
REGIS	16	juin
REMI	15	janv
RENAUD	17	sept
RENE (E)	19	oct
RICHARD	3	avril
ROBERT	30	avril
RODOLPHE	21	juin
ROGER	30	déc
ROLAND	15	sept
ROLANDE	13	mai
ROMAIN	28	fév
RONALD	17	sept
ROSELINE	17	janv
ROSINE	11	mars

s

SABINE	29	août
SAMUEL	20	août
SANDRINE	2	avril
SEBASTIEN	20	janv
SERGE	7	oct
SIMON	28	oct
SOLANGE	10	mai
SOPHIE	25	mai
STANISLAS	11	avril
STEPHANE	26	déc
SUZANNE	11	août
SYLVAIN	4	mai
SYLVESTRE	31	déc
SYLVIE	5	nov

t

TANGUY	19	nov
THERESE	1	oct
THIBAUT	8	juil
THIERRY	1	juil
THOMAS	3	juil

v

VALENTIN	14	fév
VALENTINE	25	juil
VALERIE	28	avril
VERONIQUE	4	fév
VICTOR	21	juil
VINCENT de Paul	27	sept
VIRGINIE	7	janv
VIVIANE	2	déc

w

WALTER	9	avril
WILFRIED	12	oct

x

XAVIER	3	déc

y

YOLANDE	11	juin
YVES	19	mai
YVETTE	13	janv
YVON	19	mai

C. Le voyageur bien informé. When traveling it is useful to know the holidays of the countries you visit. Look at the following lists and compare the three countries. (Note that the dates of some holidays vary from country to country.)

Suisse		États-Unis		France	
1er janv.	Nouvel An	1er janv.	Nouvel An	1er janv.	Nouvel An
2 janv.	Fête légale	20 févr.	Anniversaire de Washington	27 mars	Lundi de Pâques
24 mars	Vendredi saint			1er mai	Fête du Travail
26 mars	Pâques	24 mars	Vendredi saint	4 mai	Ascension
27 mars	Lundi de Pâques	29 mai	Jour du Souvenir	8 mai	Armistice
4 mai	Ascension	4 juill.	Fête de l'Indépendance	15 mai	Lundi de Pentecôte
15 mai	Lundi de Pentecôte	5 sept.	Fête du Travail	14 juill.	Fête nationale (Prise de la Bastille)
1er août	Fête nationale	11 nov.	Fête des Anciens Combattants		
25 déc.	Noel			15 août	Assomption
26 déc.	Lendemain de Noel	23 nov.	Action de Grâce	1er nov.	Toussaint
		25 déc.	Noel	11 nov.	Jour du Souvenir
				25 déc.	Noel

1. Quelles fêtes est-ce qu'on célèbre aux États-Unis qui ne sont pas célébrées en France? en Suisse? Donnez la date de ces fêtes.
2. Y a-t-il plus de (*more*) fêtes religieuses en France et en Suisse qu'aux (*than in the*) États-Unis? Nommez-les et donnez leur date.
3. Donnez les dates des fêtes nationales dans les trois pays.
4. Quel est votre jour de fête préféré? Pourquoi (*Why*)?

France-culture

Student housing. For financial reasons most French students study in their home towns and live with their families. Foreign students, or French ones who do not live at home, have several choices of housing. They can rent an individual, tiny but inexpensive room in the **cité universitaire**. However, these must be reserved far in advance as there are long waiting lists. Some students rent a studio or an apartment in town, which is expensive, especially in Paris, or a more moderately priced room in a family home. They can find such housing through the **Centre régional des œuvres universitaires et scolaires** (**C.R.O.U.S.**), an official social service agency which has a free listing of apartments and rooms, or through newspaper ads.

Lately, the **H.L.M.** (**habitations à loyers modérés**), a state agency which owns and manages apartment complexes for low-income families, has reserved some of its apartments for students. Although quite inexpensive, there are few available units. In Paris and other large cities, students can also rent **des chambres de bonne**: rooms on the upper floors of elegant buildings, once used by maids of well-to-do families. These rooms are fairly inexpensive, but their occupants often must share a common bathroom. Occupants may also be prohibited from using the main entrance or elevators of the building, requiring them to climb up and down seven or eight flights.

Few French students share apartments or houses, preferring to live alone or, at most, with one close friend. Their lodgings may seem quite small by North American standards, and inexpensive accommodations are generally old, lacking the kinds of conveniences—such as laundry and bathtub—which are taken for granted in the United States.

Foreign students go to France from all over the world, but especially from Vietnam, Cambodia, and French-speaking African countries. Most of them live in the **cités universitaires** which reserve rooms for foreigners.

Étude de grammaire

9. EXPRESSING ACTIONS
-ir Verbs

À bas les dissertations!*

Khaled et Naima† ont une dissertation d'histoire.

KHALED: Quel sujet **choisis**-tu?   *choisir - to choose*
NAIMA: Je ne sais pas, je **réfléchis**. Bon, je **choisis** le premier sujet—l'Empire de Napoléon.   *réfléchir - to reflect*
(*Deux jours plus tard.*) *later*
KHALED: Alors, tu es prête?
NAIMA: Attends, je **finis** ma conclusion et j'arrive. Et si je **réussis** à avoir 15 sur 20, on fait la fête!   *réussir - to succeed, to pass (a test)*
faire - to make   celebrate

Vrai ou faux?

1. Naima n'aime pas le premier sujet.
2. Khaled finit sa dissertation après Naima.
3. Naima veut (*wants*) avoir 15 sur 20.   *vouloir - to want.*

---

*Dissertation** is the equivalent of a term paper. (A doctoral dissertation in France is **une thèse**.)
†About 3.3 million North African Arab immigrants and their French-born children live in France. The presence of these immigrants and descendants of former French territories (Algeria, Morocco and Tunisia) has caused France to rethink its national identity.

avant

ve learned the present-tense conjugation of the largest group of French
verbs, those whose infinitives end in **-er**. The infinitives of a second group of
verbs end in **-ir**. Notice the addition of **-iss-** between the verb stem and the
personal endings in the plural.

PRESENT TENSE OF **finir** (*to finish*)		
je fin**is**		nous fin**issons**
tu fin**is**		vous fin**issez**
il, elle, on fin**it**		ils, elles fin**issent**

The **-is** and **-it** endings of the singular forms of **-ir** verbs are pronounced
[i]. The double **s** of the plural forms is pronounced [s].

Other verbs conjugated like **finir** include the following.

agir	*to act*
choisir	*to choose*
réfléchir (à)*	*to reflect* (*upon*), *to consider*
réussir (à)	*to succeed* (*in*)

J'**agis** toujours avec raison. — *I always act reasonably.*
Nous **choisissons** des affiches. — *We're choosing some posters.*
Elles **réfléchissent aux** questions de Paul. — *They are thinking about Paul's questions.*

The verb **réussir** requires the preposition **à** before an infinitive or before the
noun in the expression **réussir à un examen** (*to pass an exam*).

Je **réussis** souvent **à** trouver les réponses. — *I often succeed in finding the answers.*
Marc **réussit** toujours **à** l'examen d'histoire.† — *Marc always passes the history exam.*

The verb **finir** requires the preposition **de** before an infinitive.

En général, je **finis d'**étudier à 8 h 30. — *I usually finish studying at 8:30.*

Vérifions!

A. À la bibliothèque. Read the description of Céline's visit to the library.
Then imagine that Céline and Agnès are there together and rewrite the
description, using **nous**.

---

*The verb **réfléchir** requires the preposition **à** before a noun when it is used in the sense of *to
consider*, *to think about*, or *to reflect upon something*.

†**Passer un examen** means *to take an exam*, not *to pass one*. French uses **réussir à** (sometimes just
réussir) **un examen** to express passing an examination.

Je choisis un livre de référence sur la Révolution française. Je réfléchis au sujet. Je réussis à trouver une revue intéressante sur la Révolution. Je finis très tard.

B. En cours de littérature. Complete the sentences with appropriate forms of **choisir, finir, réfléchir** or **réussir.**

1. Le professeur _____ des textes intéressants. *choisit*
2. Les étudiants _____ avant de répondre aux questions du professeur. *réfléchissent* ~Before~
3. Pierre et Anne _____ toujours les devoirs très vite (*fast*). *finissent* ~duties~
4. Nous _____ toujours aux examens. *réussissons*
5. Toi, tu _____ souvent sans (*without*) réfléchir. *choisis*
6. Et moi, je _____ toujours par comprendre (*understanding*) la leçon.* *finis*

Parlons-en! *Let's talk about it.*

Une interview. Invent questions using the cues below to interview a classmate. For each response your classmate gives, make a comment reacting to what he/she says, and provide your own personal response to the question.

MODÈLE: réussir / aux examens →

        VOUS: Est-ce que tu réussis toujours aux examens?

    UN(E) CAMARADE: Oui, je réussis toujours aux examens. (*ou* Non, je ne réussis pas toujours aux examens.)

        VOUS: Ah, tu es intelligent(e)! Je ne réussis pas toujours aux examens. (*ou* Moi aussi, je réussis quelquefois aux examens, mais pas toujours.)

1. agir / souvent / sans réfléchir
2. finir / exercices / français
3. choisir / cours (difficiles, faciles,...) ~about~
4. réfléchir / problèmes (politiques, des étudiants,...)
5. choisir / camarade de chambre / patient (intellectuel, calme,...)
6. ?

10. EXPRESSING POSSESSION AND SENSATIONS
The Verb *avoir*

Camarades de chambre

avoir l'air - to seem

JEAN-PIERRE: Tu **as** une chambre très agréable, et elle **a l'air** tranquille...

FLORENCE: Oui, j'**ai besoin de** beaucoup de calme pour travailler.

avoir besoin de - to need

---

*When followed by **par** + infinitive, **finir** means *to end* (*up*).

JEAN-PIERRE: Tu **as** une camarade de chambre sympathique?

FLORENCE: Oui, nous **avons de la chance**: nous aimons toutes les deux le tennis, le calme... et le désordre!

Vrai ou faux?

1. La chambre est calme.
2. Florence aime le calme pour étudier.
3. La camarade de chambre de Florence est ordonnée (*organized*).
4. Elles n'aiment pas le tennis.

A. Forms of avoir

The verb **avoir** is irregular in form.

PRESENT TENSE OF **avoir** (*to have*)			
j'	**ai**	nous	**avons**
tu	**as**	vous	**avez**
il, elle, on	**a**	ils, elles	**ont**

—J'**ai** un studio agréable.

—**Avez**-vous une camarade de chambre sympathique?

—Oui, elle **a** beaucoup de patience.

—*I have a nice studio apartment.*

—*Do you have a pleasant roommate?*

—*Yes, she has lots of patience.*

B. Expressions with avoir

Many concepts expressed in French with **avoir** have English equivalents that use *to be.*

Elle **a chaud**, il **a froid**.

Elles **ont faim**, ils **ont soif**.

Loïc, tu **as tort**.
Magalie, tu **as raison**.

Frédéric **a l'air** content.
Il a de la chance.

L'immeuble **a l'air** moderne. *to look*

Jean **a sommeil**. *to be sleepy*

Ingrid **a besoin d'une** lampe. *to need*

Avez-vous envie de danser? *to want*

Il **a rendez-vous** avec le professeur.

Il **a peur du** chien. *to be affraid of*

Elle **a honte**. *to be ashmamed*

Isabelle **a quatre ans**.

Note that with **avoir besoin de**, **avoir envie de**, and **avoir peur de**, the preposition **de** is used before an infinitive or a noun.[*]

Uⁿ PEU D'ARGOT

Il **a du pot**.   Il a de la chance.
J'en ai marre!   J'en ai assez! *I'm fed up!*
Tu as la trouille.   Tu as peur.

EN CONTEXTE
PATRICE: Sébastien, **il a du pot** en maths. Il a toujours 16 sur 20.
ERIC: Moi, **j'en ai marre** des maths. J'ai toujours 5 sur 20.
PATRICE: Et moi, **j'ai la trouille** du prof.

Vérifions!

A. Vive la musique! You and your friends are planning an evening of music and entertainment. Say what each person has to contribute to the occasion.

---

[*]In Chapter 1, you learned a frequently used **avoir** expression, **il y a**, which means *there is* or *there are*.

MODÈLE: Isaac / une chaîne stéréo → Isaac a une chaîne stéréo.

1. Monique et Marc / des disques
2. vous / une guitare
3. tu / une clarinette
4. je / des cassettes
5. nous / un piano
6. Isabelle / une flûte

B. Quel âge ont-ils? A student inquires about the age of the people in the pictures below. Guess how old they are.

MODÈLE: L'ÉTUDIANT(E): Quel âge a-t-il?
                    VOUS: Il a deux ou trois ans.

1.   2.   3.   4.

C. Qu'est-ce que vous avez (*What's the matter*)**?** For each situation, use an expression with **avoir**.

MODÈLE: Pour moi, un Coca-Cola, s'il vous plaît. → J'ai soif.

1. Je porte un pull et un manteau.
2. Il est minuit (*midnight*).
3. J'ouvre (*open*) la fenêtre.
4. Je mange une quiche.
5. Paris est la capitale de la France.
6. Des amis français m'invitent (*invite me*) à Paris.
7. Je gagne (*win*) à la roulette.
8. Attention, un lion!
9. Je casse (*break*) le vase préféré de ma mère.
10. Je vais à la discothèque.
11. Rome est en Belgique.
12. 30 ans? Non, moi...
13. J'ai un examen difficile.
14. Et une limonade, s'il vous plaît.

Parlons-en!

A. Désirs et devoirs (*duties*)**.** All of us have things we want to do and things we have to do. To express these ideas, create complete sentences using the words in each of the three columns, or use words of your own choosing. Take care to use the correct form of **avoir**.

Je	avoir besoin de	étudier davantage (*more*)
Mon meilleur ami (Ma meilleure amie)	avoir envie de	acheter (*to buy*) une voiture
Mes parents		visiter l'Europe
Le professeur de français		danser à la discothèque
Mon/Ma camarade de chambre		jouer au tennis
?		écouter un concert de rock
		travailler le week-end
		?

B. Conversation. Ask a classmate the following questions. Then tell the other students the most surprising or unusual fact that you learned about your classmate!

1. De quoi (*what*) as-tu peur? [to be afraid] 2. Quel objet bizarre as-tu dans ta chambre? 3. De quoi as-tu besoin pour préparer <u>ton</u> cours de français? [your] 4. De quoi as-tu envie quand tu as faim? quand tu as soif? 5. De quoi as-tu envie maintenant? 6. ?

11. EXPRESSING THE ABSENCE OF SOMETHING
Indefinite Articles in Negative Sentences

Le confort étudiant

NATHALIE: Où sont les toilettes*? [bathroom]

[sorry] ANNE: Désolée, je **n'**ai **pas de** toilettes dans ma chambre. Elles sont dans le couloir. [hallway]

NATHALIE: Mais tu as une douche? [shower]

ANNE: Non, **pas de** toilettes, **pas de** douche, mais j'ai une petite kitchenette et...

NATHALIE: Et une télé?

ANNE: Non, **il n'**y a **pas de** télé, mais j'ai une chaîne stéréo.

Complétez selon le dialogue.

1. Dans sa chambre, Anne n'a _____.
2. Il n'y a pas _____.
3. Elle a une chaîne stéréo mais _____.

In negative sentences, the indefinite article (**un**, **une**, **des**) becomes **de** (**d'**) after **pas**.

Il a une amie.

Elle porte une casquette.

Il y a des voitures dans la rue.

---

*In French, **toilettes** is always plural. You can also say **les W.-C.** (*water closet*).

Il n'a pas d'amie.   Elle ne porte pas de casquette.   Il n'y a pas de voitures dans la rue.

—Est-ce qu'il y a **un livre** sur la table?

—Is there a book on the table?

—Non, il n'y a **pas de livre** sur la table.

—No, there is no book on the table. ⌐or any⌐

—Est-ce qu'il y a **des livres** sur la table?

—Are there **any** books on the table?

—Non, il n'y a **pas de livres** sur la table.

—No, there aren't any books on the table.

In negative sentences with **être**, however, the indefinite article does not change.

> —**C'est un livre?**
> —**Non, ce n'est pas un livre.** (*It's not a book.*)

The definite article (**le**, **la**, **les**) does not change in a negative sentence.

> —Elle a **la** voiture aujourd'hui?
> —Non, elle n'a pas **la** voiture.

Vérifions!

A. Une chambre intéressante! Patrick is not very happy. In his room . . .

MODÈLE: Il y a un ordinateur... mais →
          Il y a un ordinateur, mais il n'y a pas de <u>téléphone</u>.

1. Il y a une table... mais _____.

2. Il y a une étagère... mais _____.

3. Il y a une chaîne stéréo... mais _____.

4. Il y a un cahier... mais _____.

5. Il y a une raquette... mais _____. (balle)

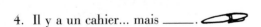

tennis
balls

to rent

B. Chambre à louer. The room Christian is inquiring about is very sparsely furnished. Play the roles of Christian and his prospective landlord or landlady, following the example.

MODÈLE: une télé →

CHRISTIAN: Est-ce qu'il y a une télé dans la chambre?
LE/LA PROPRIÉTAIRE: Non, il n'y a pas de télé.

1. un lavabo
2. une armoire
3. des tapis
4. des étagères
5. une commode
6. un lit

Parlons-en!

A. Une interview. Interview a classmate.

MODÈLE: ami français →
É1: As-tu un ami français?
É2: Oui, j'ai un ami français. (*ou* Non, je n'ai pas d'ami français, mais j'ai un ami mexicain.)

1. amis individualistes, snobs, blonds, roux   2. livre de français, de russe, d'espagnol   3. cours d'anglais, d'art, d'histoire   4. chaîne stéréo, télévision, disques de _____   5. guitare, piano   6. chat (*cat*), chien
7. affiches, téléphone, rideaux, armoire   8. appartement, voiture de sport
9. ?

B. Sondage: Les Français et la chance. luck Here is an opinion poll (**un sondage**) published in the French magazine *Vital*. Read the four opinions below, consider the results, and choose the correct response.

Question : « Diriez-vous[a] qu'en général... ? »	Ensemble	Hommes	Femmes
	%	%	%
• Vous avez une chance insolente[b]	4	4	2
• Vous avez beaucoup de chance	31	32	31
• Vous n'avez pas tellement de[c] chance	45	45	45
• Vous n'avez pas de chance du tout	11	8	14
• Ne se prononcent pas[d]	9	11	8
	100	100	100

4% des Français ont une chance insolente. 11% n'ont pas de chance du tout. Les femmes croient moins à la chance que les hommes.

[a] Would you say
[b] une... amazing luck
[c] pas... not so (much)
[d] Ne... No opinion

D'après (*According to*) le sondage,

1. 4% des (hommes / femmes) ont une chance insolente.   amazing luck
2. (14% / 11%) des femmes n'ont pas de chance.
3. (31% / 32%) de tous les Français ont beaucoup de chance.
4. Et 8% des (hommes / femmes) n'ont pas d'opinion.

Now choose the sentence in the poll which describes you best!

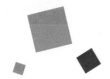

12. GETTING INFORMATION
où, quand, comment, pourquoi, etc.

Chambre à louer

MME GÉRARD: Bonjour, Mademoiselle. **Comment** vous appelez-vous?
AUDREY: Audrey Delorme.
MME GÉRARD: Vous êtes étudiante?
AUDREY: Oui.
MME GÉRARD: **Où** est-ce que vous étudiez?
AUDREY: À la Sorbonne.
MME GÉRARD: C'est très bien, ça. Et **qu'est-ce que** vous étudiez?
AUDREY: La philosophie.
MME GÉRARD: Oh, c'est sérieux, ça. Vous avez **combien d'**heures de cours?
AUDREY: 21 heures par semaine.   hours
MME GÉRARD: Alors, vous avez besoin d'une chambre pas chère?
AUDREY: Oui, c'est ça. **Quand** est-ce que la chambre est disponible?   WHEN
MME GÉRARD: Aujourd'hui. Elle est à vous.   available

Vrai ou faux?

1. Audrey est étudiante à Paris.
2. Mme Gérard a l'air gentille.
3. Audrey a besoin d'une chambre pas chère.
4. Audrey étudie les mathématiques.

A. Information Questions with Interrogative Words

Information questions ask for new information or facts. They often begin with interrogative expressions. Here are some of the most common interrogative words in French.

où [CON]	*where*
quand	*when*
comment	*how*
pourquoi	*why*
combien de	*how much, how many*

Information questions may be formed with **est-ce que** or by inverting the subject and verb. The interrogative word is usually placed at the beginning of the question.

1. These are information questions with **est-ce que**.

> **Où**
> **Quand**
> **Comment**
> **Pourquoi**
> } **est-ce que** Michel joue du banjo?

Combien de fois par semaine (*times a week*) **est-ce que** Michel joue?

2. These are information questions with a change in word order.*

PRONOUN SUBJECT

> **Où**
> **Quand**
> **Comment**
> **Pourquoi**
> } étudie-t-il la musique?

Combien d'instruments a-t-il?

NOUN SUBJECT

> **Où**
> **Quand**
> **Comment**
> **Pourquoi**
> } Michel étudie-t-il la musique?

Combien d'instruments Michel a-t-il?

3. These are information questions with noun subject and verb only. With the interrogatives **où**, **quand**, **comment**, and **combien de**, it is possible to ask information questions using only a noun subject and the verb, with no pronoun.

> **Où**
> **Quand**
> **Comment**
> } étudie Michel?

Combien d'instruments a Michel?

However, the pronoun is almost always required with **pourquoi**.

Pourquoi Michel étudie-t-**il**?

B. Information Questions with Interrogative Pronouns

Some of the most common French interrogative pronouns (**les pronoms interrogatifs**) are **qui**, **qu'est-ce que**, **que**, and **quoi**.

---

*In everyday conversation the French rarely invert the subject and verb when asking questions. Inversion is commonly used in writing, however.

1. **Qui** (*who, whom*) is used in questions inquiring about a person or persons.

> **Qui** étudie le français?   *Who studies French?*
> **Qui** regardez-vous? }
> **Qui** est-ce que vous regardez? }   *Whom are you looking at?*
> **À qui** Michel parle-t-il? }
> **À qui** est-ce que Michel parle? }   *Whom is Michel speaking to?*
>   to whom

2. **Qu'est-ce que** and **que** (*what*) refer to things or ideas. **Que** requires inversion.

> **Qu'est-ce que** vous étudiez? }
> **Qu'**étudiez-vous? }   *What are you studying?*
> **Que** pense-t-il de la chambre?   *What does he think of the room?*

Vérifions!

A. De l'argent (*Money*). Monsieur Harpagon doesn't like to spend money. Ask each of his questions using **pourquoi**.

> MODÈLE: MME HARPAGON: J'ai besoin d'un manteau.
>   M. HARPAGON: Pourquoi as-tu besoin d'un manteau?

1. Nous avons besoin d'une étagère.   2. Monique a besoin d'un dictionnaire d'anglais.   3. Paul a besoin d'une voiture.   4. J'ai besoin d'un nouveau tapis.

B. Une visite chez Camille et Marie-Claude. Think of a question that corresponds to each statement about Camille and Marie-Claude's new apartment. Use **qu'est-ce que** or **que**.

> MODÈLE: Nous visitons le logement de Camille et Marie-Claude. →
>   Qu'est-ce que vous visitez? (*ou* Que visitez-vous?)

1. Il y a un miroir sur le mur.   2. Je regarde les affiches de Camille.   3. Nous admirons l'ordre de la chambre de Camille.
4. Guy écoute les disques de Marie-Claude.   5. Je trouve des revues intéressantes.   6. Elles cherchent le chat de Camille.
7. Guy n'aime pas les rideaux à fleurs.   8. Nous aimons bien la vue et le balcon.

C. Les étudiants et le logement. With a little help from her friends, Brigitte finds a new room. Create a question, using **qui** or **à qui**, that corresponds to each item of information.

1. *Brigitte* cherche un logement.   2. *Mme Boucher* a une petite chambre à louer dans une maison.   3. Jocelyne et Richard parlent de Mme Boucher à *Brigitte*.   4. Brigitte téléphone à *Mme Boucher*.
5. Mme Boucher montre (*shows*) la chambre à *Brigitte*.   6. *Brigitte* loue la chambre de Mme Boucher.

D. Une chambre d'étudiant. Here is a conversation between two students. Based on Julien's answers, imagine which questions Sabine asks him.

Ce studio a l'air bien. On va le voir après les cours?

Suggestions: comment, où, qu'est-ce que (que), pourquoi, quand, combien de...

MODÈLE: SABINE: Comment est la chambre?
JULIEN: La chambre est *très agréable*.

SABINE: _____?
JULIEN: Il y a *des affiches* et *un miroir* sur le mur.
SABINE: _____?
JULIEN: La lampe est *à côté de la stéréo*.
SABINE: _____?
JULIEN: Il y a *deux* chaises et *une* table.
SABINE: _____?
JULIEN: J'ai une stéréo *parce que j'adore la musique*.
SABINE: _____?
JULIEN: J'écoute de la musique *quand j'étudie*.
SABINE: _____?
JULIEN: La chambre est *petite* mais *confortable*.

Parlons-en!

A. Voici les réponses. Invent appropriate questions for these answers.

MODÈLE: Dans la chambre de Marie-Jo →
Où y a-t-il des affiches de cinéma? Où sont les disques d'Aimé?

1. C'est une revue française. 2. À l'université. 3. Parce que je n'ai pas envie d'étudier. 4. Vingt-quatre étudiants. 5. À midi. 6. Maryse. 7. Très bien. 8. Parce que j'ai faim. 9. Maintenant.

B. Une interview. Interview a classmate.

1. D'où es-tu? Comment est ta (*your*) ville?
2. Où habites-tu? Dans une maison, un appartement ou une résidence universitaire? Avec qui? Comment est ta chambre?
3. Est-ce que tu aimes l'université? Pourquoi? Combien de cours as-tu ce semestre? Comment sont tes cours?
4. Comment sont tes camarades? ton/ta camarade de chambre? tes professeurs?
5. Est-ce que tu parles avec tes amis après les cours? Où?

Is your classmate's life very different from yours? What do you have in common? Explain the similarities and differences.

Mots-clés

Giving reasons: To answer the question *why* (**pourquoi?**), use **parce que**.

Je travaille **parce que** j'ai besoin d'argent.

curious

C. Êtes-vous curieux/curieuse? Why is it always the instructor who asks
questions? It's your turn to question him/her.

MODÈLES: D'où êtes-vous?
            Pourquoi aimez-vous le français?

Étude de prononciation

Accent Marks

NAME	MARK	EXAMPLE	PRONUNCIATION
Accent aigu	**é**	**café**	Letter **é** pronounced [e].
Accent grave	**è** **à, ù**	**très** **là, où**	Letter **è** pronounced [ɛ]. Accent mark does not affect pronunciation. Used to distinguish words spelled alike but having different meanings: **la** (*the*) vs. **là** (*there*); **ou** (*or*) vs. **où** (*where*).
Accent circonflexe	**ê** **â, û** **ô** **î**	**prêt** **âge, flûte** **hôpital** **dîner**	Letter **ê** pronounced [ɛ]. Accent mark does not affect pronunciation. Letter **ô** pronounced [o]. Accent mark does not affect pronunciation.
Tréma	**ë, ï**	**Noël, naïf**	Indicates that each vowel is pronounced independently of the other: [no-ɛl], [na-if].
Cédille	**ç**	**français**	Letter **ç** pronounced [s].

Prononcez avec le professeur. Donnez aussi le nom des accents.

1. à bientôt
2. voilà
3. étudiant
4. Ça va.
5. fenêtre
6. modèle
7. à bas
8. répétez
9. français
10. s'il vous plaît
11. très
12. Noël

Mise au point

A. Logique ou pas logique? React to your classmate's statements. If they are illogical, correct them according to the model.

logical

MODÈLE: UN(E) CAMARADE: J'ai faim. Je demande un Coca-Cola.
VOUS: Ce n'est pas logique. Tu as soif. Tu demandes un Coca-Cola.

1. Le professeur est très compétent. Il a toujours tort. 2. Ahmed réussit presque toujours (*almost always*) aux examens. Il n'a pas de chance! 3. J'ai envie de trouver un livre. Je cherche le lit. 4. Vingt et trente font soixante? Vous avez raison. 5. Nous désirons louer une chambre. Où trouve-t-on un hôtel?

B. Une conversation téléphonique. A friend is talking on the phone. You hear only her answers. What are the questions? In your opinion, with whom is she speaking?

QUESTIONS	RÉPONSES
?	1. Non, je n'ai pas faim.
?	2. Maintenant? Les maths.
?	3. Avec Jim.
?	4. Parce qu'il est très fort en maths.
?	5. Oui, il est très sympa.

C. Conversation entre étudiants. Create complete questions using the words below. A classmate will give personal answers to the questions.

1. où / étudier / tu? / pourquoi / étudier / tu / là?
2. avoir / tu / souvent / tort? / quand / avoir / tu / tort? *wrong*
3. avoir / tu / faim? / où / aimer / tu / mieux / manger / quand / tu / avoir / faim?
4. à qui / poser / tu / questions / sur / cours universitaires? / pourquoi?
5. combien de disques (cassettes, CD) / avoir / tu? / où / être / ils?
6. combien de frères / sœurs (*brothers / sisters*) / avoir / tu? / où / habiter / ils?

D. Au contraire. Working with one or more students, practice your argumentative skills by contradicting every statement they make in response to these questions. You may start your sentences with **Au contraire...**, **Moi, je pense que...**, or **Ce n'est pas vrai** (*true*).

MODÈLE: Comment trouvez-vous la vie universitaire? →

101

É1: La vie universitaire n'est pas très intéressante.
É2: Au contraire, elle est excitante et très, très intéressante.

1. Où trouve-t-on un bon restaurant près de l'université?
2. Qu'est-ce qu'on a envie de faire (*to do*) après un examen difficile?
3. Est-ce que les étudiants ont besoin d'une chaîne stéréo? d'une télévision?
4. Qu'est-ce qu'on a besoin de faire (*to do*) pour réussir dans un cours de langue?
5. Pourquoi a-t-on besoin d'une licence (*degree, equivalent to a B.A.*)?

E. Une chambre. Julie, a student living in Quebec, is looking for a room to rent. She is funny and independent, and enjoys having a good time. She is rather untidy, smokes, and has a cat, but no car. Look at this classified ad in the rentals section of the Quebec newspaper *Le Soleil*. In your opinion, which room does Julie choose, and why?

CHAMBRES	CHAMBRE pour personne honnête et propre, 658-3702	BELLE grande chambre dans maison neuve, piscine chauffée, laveuse-sécheuse, près d'autobus, fille non-fumeuse 225$ 657-4543
CHAMBRE plus salon avec pension non-fumeur, sobre, aimant chats, idéal étudiant(e)s 622-9378	PRES CEGEP, université, très propre, meublée, entrée privée, laveuse, sécheuse..., 688-1066	CHAMBRE avec salle de bains, entrée privée, cuisinette et possibilité d'emploi, près CEGEP, université, 687-1912
ARRIERE CHUL, grande chambre, câble, cuisine, buanderie, salle de bains, fille sérieuse et non fumeuse, 653-8676 après 18h.	POUR étudiante, Rte de l'Église près Ch. Ste-Foy, entrée privée, frigo, évier, cuisine commune, près de tout, 170$ mois, 653-5948	

Interactions

In Chapter 4, you have practiced talking about rooms, describing people, telling what you do and do not have, and asking questions. Act out the following situations, using the vocabulary and structures from this chapter.

1. **Camarade de chambre.** You are interviewing a prospective roommate (your partner). You find out the following information about him or her.

   what his or her name is
   how old he or she is
   what he or she is studying
   what time he or she has
      class

   whom he or she
      telephones often
   if he or she likes order
      or disorder

2. **Nous sommes tous des artistes.** Choose a partner and provide him/her with a physical description of your closest friend. Your partner will draw this friend as exactly as he/she can according to your instructions. Decide if you wish to share the drawing with your friend!

ᵃsleeps

JACQUES FAIZANT

–C'est un impulsif. Quand il a sommeil, il ne réfléchit pas, il dort`!

3. **Un appartement.** You are moving into an unfurnished apartment. Next door, two French students (your partners) are moving out. Introduce yourself to them, and engage them in conversation. Describe the things you need for your small apartment, in the hope that you might be able to obtain some of them from your departing neighbors.

Rencontres

LECTURE — reading

Avant de lire
Before

More on contextual guessing. Another form of guessing you probably use often when you encounter an unfamiliar word in English is to look at the surrounding context to figure out the meaning of the word. It is usually necessary to read ahead. Often the sentences that follow an unfamiliar phrase or word will clarify the meaning. Look, for example, at the underlined word in this sentence.

> Comme tous les étudiants, Patrice et Sophie <u>louent</u> leur logement. Ils paient 1565 francs de loyer par mois.

When you encounter the word **louent**, you probably do not know what it means, but if you finish the sentence, you will easily guess that it is a verb meaning *rent*. Try the same strategy with the other underlined words in the reading.

Le logement

Patrice et Sophie habitent un petit studio à Lyon. Ils ont une grande <u>pièce</u> avec une petite cuisine équipée. Leur studio n'est pas grand mais il est très <u>agréable</u>. Comme tous les étudiants, Patrice et Sophie louent leur logement. Ils paient 1565 francs de loyer par mois.

[PS]
piece, room (of a house)

L'immeuble° des parents de Patrice est ancien. Mais en France on trouve aussi   *apartment building*
beaucoup de maisons et d'immeubles modernes, surtout en banlieue.° Dans les villes on   *suburbs*
construit beaucoup ou on rénove les bâtiments° anciens. Souvent, quand l'immeuble est très   *buildings*
beau mais en mauvais état,° on garde seulement° sa façade et on construit derrière un   *mauvais... poor condition / only*
bâtiment neuf.°   *new*

Comme beaucoup de personnes qui habitent en ville, les parents de Patrice sont aussi
propriétaires d'une maison à la campagne° où ils passent leurs° week-ends et une partie de   *country / their*
leurs vacances. Ils organisent souvent des dîners en famille ou entre amis.

Compréhension

1. Comment est l'appartement de Patrice et Sophie? Donnez des détails.
2. Où trouve-t-on, en général, des immeubles modernes?
3. Où vont beaucoup de Français le week-end?

PAR ÉCRIT

Function: More on describing (a person)
Audience: School newspaper
Goal: Write an article about a new exchange
student on campus, Izé Bola.
This is how she describes herself:

> «Je m'appelle Izé Bola. J'habite au
> Zaïre. Je suis aux États-Unis pour
> améliorer mon anglais. Je me
> spécialise en sciences. Un jour, je
> veux° être médecin comme mon père.»   *want*

Steps

1. Complete the sentences below. Then write two or three other sentences of
your own, making inferences from Izé's description of herself and inventing
other plausible details.

Izé est étudiante en biologie. Elle veut (*wants*)...
Elle a aussi envie...
Elle a l'air...
Elle a _____ ans.
Elle étudie aux États-Unis parce que...
C'est une jeune fille...
Elle parle...
Elle aime surtout (*especially*)... mais elle n'aime pas du tout...

2. As you write, try to make the subject come alive for your readers. Use the following techniques as you write your first draft.

   - Include vivid and specific details that suggest something about the person's personality—preferences, appearance, taste in clothing.
   - Quote the person, to give an idea of what he or she is like.
   - Arrange each sentence so that the most interesting points stand out. Put them at the beginning or the end, or set them off in a brief sentence contrasted with longer ones that surround it.

3. Reread the draft, checking for organization and smoothness of style. Make any necessary changes. You may ask a classmate to help you.
4. Check the composition again for spelling, punctuation, and grammar errors. Focus especially on your use of verbs.
5. Be prepared to read your composition to a small group of classmates.

À L'ÉCOUTE !

Chambre à louer. Laurence is looking for a room. She calls Madame Boussard, who has a room to rent. First, read through the activity. Next, listen to the vocabulary and the conversation. Then, do the activity.

VOCABULAIRE UTILE

qui donnent sur *that overlook*
meublé(e) *furnished*
je peux la visiter *I may (may I) visit it*

Circle all the words that describe the room for rent.

1. La chambre est
   a. petite
   b. grande
   c. moderne
   d. simple
   e. confortable
   f. calme
   g. blanche

2. Dans la chambre, il y a
   a. un lavabo
   b. un lit
   c. un canapé
   d. deux étagères
   e. une chaîne stéréo
   f. une armoire
   g. deux chaises
   h. une table

Vocabulaire

Verbes

agir to act
avoir to have
choisir to choose
demander to ask (for)
finir de (+ *inf.*) to finish
louer to rent
passer un examen to take an exam
réfléchir (**à**) to think (about)
réussir (**à**) to succeed (at); to pass
(*a test*)

Penser - to think

Substantifs

l'affiche (*f.*) poster
le (**la**) **camarade de**
chambre roommate
le canapé sofa
la cassette cassette tape
la chaîne stéréo stereo
la chambre room
les cheveux (*m.*) hair
le chien dog
la commode chest of drawers
le disque record
la douche shower
l'étagère (*f.*) shelf
la fête holiday; name day
la fleur flower
l'immeuble (*m.*) apartment building
la lampe lamp
le lavabo bathroom sink
le lecteur de cassettes cassette
player
le lit bed
le logement lodging(s), place of residence
la maison house, home
le miroir mirror
le mot word
le mur wall
l'ordinateur (*m.*) computer

la platine laser (**le lecteur de**
CD) compact disc (CD) player
le réveil alarm clock
la revue magazine
le rideau curtain
la rue street
le tapis rug
le téléphone telephone
les yeux (*m.*) eyes

À REVOIR: **le cahier, la casquette,**
la télévision, la voiture

Adjectifs

autre other
blond(e) blond
châtain brown (*hair*)
court(e) short (*hair*)
grand(e) tall, big
laid(e) ugly
long(ue) long
petit(e) small, short
raide straight (*hair*)
roux red (*hair*)
roux/rousse redheaded
tranquille quiet, calm

Expressions avec *avoir*

avoir l'air (+ *adj.*); **avoir l'air** (**de**
+ *inf.*) to seem; to look
avoir (**20**) **ans** to be (20) years old
avoir besoin de to need
avoir chaud to be warm
avoir de la chance to be lucky
avoir envie de to want, to feel like
avoir faim to be hungry
avoir froid to be cold
avoir honte to be ashamed
avoir peur de to be afraid of
avoir raison to be right
avoir rendez-vous avec to have a
meeting (date) with

avoir soif to be thirsty
avoir sommeil to be sleepy
avoir tort to be wrong

Expressions interrogatives

combien (de)... ?, comment... ?,
pourquoi... ?, que... ?, qu'est-
ce que... ?, ...quoi... ?

Mots et expressions divers

de taille moyenne of medium
height
en désordre disorderly, disheveled
en ordre orderly
près de close to

À REVOIR: **à côté de, derrière,**
devant, sous, sur

Les mois

janvier January
février February
mars March
avril April
mai May
juin June
juillet July
août August
septembre September
octobre October
novembre November
décembre December

Intermède

SITUATION

Pardon...

Contexte *C'est le premier jour de Karen, une étudiante américaine, à la cité universitaire d'Orléans. Elle pose des questions à une étudiante française.*

Objectif *Karen demande des renseignements.°*   *information*

KAREN: Pardon, où est le téléphone, s'il te plaît?

MIREILLE: Dans le foyer.

KAREN: Mmm... qu'est-ce que c'est, le foyer?

MIREILLE: Eh bien, c'est la salle, en bas, où il y une télé, une table de ping-pong, un distributeur° de café et de Coca...   *machine*

KAREN: Dis-moi, comment est le restaurant universitaire?   *Tell me*

MIREILLE: Ça, je ne sais pas. Moi aussi, je suis nouvelle ici. On déjeune ensemble°?   *Shall we have lunch together* *à deux*

KAREN: Bonne idée! J'ai très faim!

propos

Comment demander des renseignements

DANS UNE SITUATION INFORMELLE

Pardon, est-ce que tu peux me   *Excuse me, can you tell me . . .*
  dire...
    où se trouve...   *where to find (one finds) . . .*
    où est/sont...   *where is/are . . .*
S'il te plaît, est-ce que tu sais...   *Please, do you know . . .*

DANS UNE SITUATION FORMELLE

Excusez-moi, Madame/Monsieur,   *Excuse me, ma'am/sir, could*
  pourriez-vous* m'indiquer (me   *you tell me . . . / do you*
  dire)... / savez-vous... /   *know . . . / I'd like to*
  j'aimerais* savoir...   *know . . .*

---

*These verbs are in the conditional mood, used to express polite requests.

Maintenant à vous!

A. Questions personnelles. Read the **Situation** dialogue again and then answer the following questions.

1. Savez-vous où se trouve le téléphone le plus proche (*near*) de la salle de classe? Dites où il se trouve à un(e) camarade de classe.
2. Quand vous visitez un endroit pour la première fois (*first time*), demandez-vous des renseignements à un passant dans la rue? Avez-vous peur de parler aux inconnus (*strangers*)? Sinon, quel genre de question posez-vous d'habitude (*usually*)? (Où se trouve[nt]...?)
3. Y a-t-il un foyer, ou une salle de récréation, où vous passez quelquefois du temps avec vos camarades? Qu'est-ce qu'il y a dans ce foyer?

B. Jeu de rôles. Use the expressions in **À propos** to play a brief scene with another student. He/She is looking for a roommate, and you want to obtain more information. Ask

1. où est la chambre à louer
2. s'il y a un téléphone ou une télévision
3. s'il y a un lavabo ou une douche dans la chambre
4. si la chambre est calme
5. s'il est possible d'avoir des visiteurs le soir
6. si l'immeuble est grand ou petit

After the interview, decide if you are going to rent the room, and explain why or why not.

PORTRAITS

Léopold Sédar Senghor (1906–)

One of the most famous of the many Africans who have studied in Paris is the Senegalese poet and statesman Léopold Senghor. He graduated from the **Faculté des lettres** of the Sorbonne and taught in a **lycée** (*high school*) in Tours before returning to his native country, where he gained status and experience as a political leader and eventually became president—an office he held from 1960 to 1980. Senghor is also widely regarded as a poet and literary scholar. His poetry celebrates the traditions, land and people of Senegal, as well as the unifying greatness of **négritude** (*the culture and spirit of black people*).

CHAPITRE **CINQ**

Famille et foyer

En avant

AGAIN

—<u>Encore</u> une histoire, s'il te plaît.
—Bon, mais après, vous allez au lit, les enfants!

Communicative goals: talking about family and relatives, identifying rooms in a house, expressing possession, talking about plans and destinations, expressing what you are doing or making, and expressing actions.

Étude de vocabulaire

Trois générations d'une famille

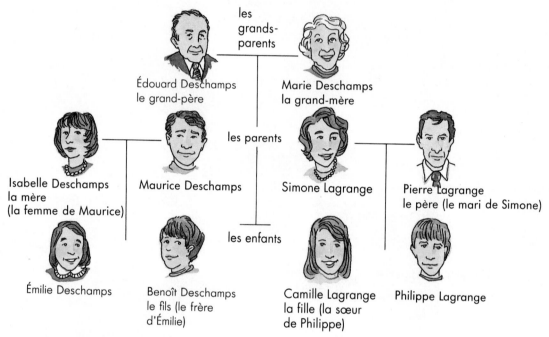

les grands-parents

Édouard Deschamps
le grand-père

Marie Deschamps
la grand-mère

les parents

Isabelle Deschamps
la mère
(la femme de Maurice)

Maurice Deschamps

Simone Lagrange

Pierre Lagrange
le père (le mari de Simone)

les enfants

Émilie Deschamps

Benoît Deschamps
le fils (le frère
d'Émilie)

Camille Lagrange
la fille (la sœur
de Philippe)

Philippe Lagrange

Autres mots utiles:

le petit-enfant grandchild
la petite-fille granddaughter
le petit-fils grandson

le cousin, la cousine cousin
le neveu nephew
la nièce niece
l'oncle uncle
la tante aunt

le beau-frère brother-in-law
la belle-sœur sister-in-law
le demi-frère half brother (or stepbrother)
la demi-sœur half sister (or stepsister) [sic]
le beau-père father-in-law (or stepfather)
la belle-mère mother-in-law (or stepmother)

le parent parent (or relative)
l'arrière-grand-parent great-grandparent

célibataire single
divorcé(e) divorced
marié(e) married

A. La famille Deschamps. Étudiez l'arbre généalogique (*family tree*) de la
famille Deschamps et répondez aux questions.

1. Comment s'appelle la femme d'Édouard?
2. Comment s'appelle le mari d'Isabelle?
3. Comment s'appelle la tante d'Émilie et de Benoît? Et l'oncle?
4. Combien d'enfants ont les Lagrange? Combien de filles? Combien de fils?
5. Comment s'appelle le frère d'Émilie?
6. Combien de cousins ont Émilie et Benoît? Combien de cousines?
7. Comment s'appelle la grand-mère de Philippe? Et le grand-père?
8. Combien de petits-enfants ont Édouard et Marie? Combien de petites-filles? Combien de petits-fils?
9. Comment s'appelle la sœur de Philippe?
10. Comment s'appellent les parents de Maurice et de Simone?

B. Masculin, féminin. Donnez le féminin.

MODÈLE: le frère → la sœur

1. le mari 2. l'oncle 3. le père 4. le fils 5. le grand-père 6. le cousin

C. Qui sont-ils? Complétez les définitions suivantes de façon (*manner*)
logique.

1. Le frère de mon père est mon _____.
2. La fille de ma tante est ma _____.
3. Le père de ma mère est mon _____.
4. La femme de mon grand-père est ma _____.

Maintenant définissez les personnes suivantes.

5. nièce
6. cousin
7. tante
8. grand-père
9. belle-sœur
10. demi-frère

D. Conversation: Une famille française. Avec un(e) camarade, décrivez (*describe*) la famille sur la photo. Donnez le nombre de personnes, et essayez de deviner (*try to guess*) qui sont les personnes et quel âge elles ont. Puis imaginez leur (*their*) profession, leurs goûts (*tastes*), leur personnalité. Donnez le plus de (*as many . . . as*) détails possibles.

Suggestions: Voici, voilà, c'est, il/elle a, il/elle aime, il/elle est...

E. Une famille américaine. Maintenant posez (*ask*) les questions suivantes à votre camarade.

1. As-tu des frères? des sœurs? des demi-frères ou des demi-sœurs? Combien? Comment s'appellent-ils/elles? (Ils/Elles s'appellent...)
2. As-tu des grands-parents? Combien? Habitent-ils avec la famille? dans une maison? dans un appartement?
3. As-tu des cousins ou des cousines? Combien? Habitent-ils/elles près ou loin (*far*) de la famille?
4. Combien d'enfants (de fils ou de filles) désires-tu avoir? Combien d'enfants y a-t-il dans une famille idéale?

Un PEU D'ARGOT

papa	le père	**tonton**	l'oncle
maman	la mère	**tatie** ou **tata**	la tante
papy ou **pépé**	le grand-père	**le frangin**	le frère
mamie ou **mémé**	la grand-mère	**la frangine**	la sœur
les vieux	les parents		

EN CONTEXTE

Mes vieux aiment passer le dimanche en famille. **Ma frangine** parle de ses cours de physique à **tatie** Isabelle. **Mon frangin** joue aux cartes avec **pépé** et **tonton** Marcel. Et moi, je parle de politique avec **mémé**.

La maison des Chabrier

MAISON À LOUER: 5 pièces— cuisine, salle de bains

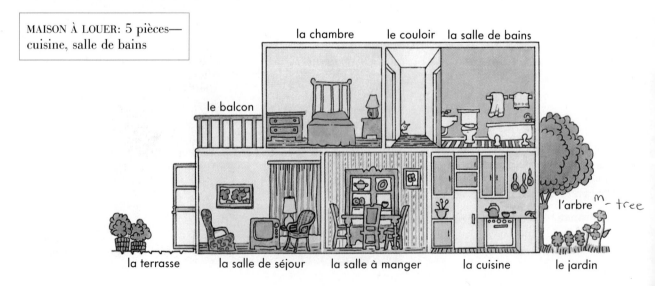

Autres mots utiles:

> **le bureau** study/office
> **l'escalier** (*m.*) stairway
> **le rez-de-chaussée** ground floor
> **le premier (deuxième) étage** second (third) floor (in the U.S.)

A. Les pièces de la maison. Trouvez les pièces d'après (*according to*) les définitions suivantes.

1. la pièce où il y a une table pour manger   2. la pièce où il y a un poste de télévision (*TV set*)   3. la pièce où il y a un lavabo   4. la pièce où on prépare le dîner   5. un lieu de passage   6. la pièce où il y a un lit

Nantir – to furnish
place

B. Nantes: Propriété à vendre. Regardez la publicité et choisissez la réponse correcte.

property   *to sell*   *advertisement*

1. La publicité montre une propriété simple / luxueuse (*luxurious*).
2. La propriété a un grand parc / un petit jardin.   *park*
3. Il y a plusieurs chambres au rez-de-chaussée / une chambre au rez-de-chaussée.   *several*

Répondez.

1. À votre avis, quels sont les avantages de cette propriété? Et les inconvénients (*disadvantages*)?   *(m) opinion*
2. Trouvez quelque chose (*something*) sur la photo qui n'est pas mentionné dans le texte.

quelque – some, any

$1 = 5F

LA COQUETTE DE L'OUEST

À proximité de Nantes se cache[a] derrière de hauts murs[b] une propriété du XVe siècle entourée d'un parc paysager[c] de 6 500 mètres carrés. Le bâtiment principal se compose, au rez-de-chaussée, d'un salon, de deux salles à manger, d'une cuisine, d'un bureau et d'une chambre avec salle de bains. Chaque pièce comprend une grande cheminée aux armoiries des seigneurs de Housseau. On accède à l'étage supérieur par un escalier d'époque[e] et on trouve plusieurs chambres avec salle de bains. Belles dépendances aménageables et piscine chauffée![f] Surface habitable : 500 m². Prix : 5 500 000F. Renseignements : Michel Audonnet, au 40 30 21 95.

fireplace

[a]se... *hides*
[b]hauts... *high walls*
[c]entourée... *surrounded by a wooded park*
[d]*building*
[e]*original (period)*
[f]piscine... *heated pool*

Mots-clés

Chez. **Chez** is a very commonly used word which generally refers to someone's personal residence and means **à la maison de. Chez** can also express a place of business (doctor's office, auto repair shop, tailor's studio, etc.).

Tu vas **chez** Eric ce soir?	*Are you going to Eric's tonight?*
J'habite **chez** mes parents.	*I live with my parents.*
On va **chez** toi ou **chez** moi?	*Are we going to your place or my place?*
Moi, je vais **chez** le dentiste et puis **chez** le boucher!	*I'm going to the dentist('s) and then to the butcher('s)!*

Nouvelles francophones

Zaïre: Another kind of housing

Most of the Zairian population is rural and lives in scattered villages. The style of housing varies regionally, as does the size of the villages. A village with 150 to 200 dwellings is considered large. Houses are constructed of local materials. The walls are built first with trees or poles vertically planted in the ground. They are kept sturdy with branches of palm trees or split bamboo that are placed horizontally on both sides of the walls and tied with vines. Mud clay is then put in the spaces inside the branches and between the poles and is also used to smooth the sides of the walls. The base of the roof is made of lightweight trees that serve as rafters; they are held together with palm-tree branches or bamboo and vines. A special type of dry grass is added for thatching.

In large urban areas one finds a combination of European-style houses, generally made of stucco, and smaller, cement dwellings with tin roofs. Although these modern houses last longer and save the owner from periodically rejuvenating the grass roofs, the traditional house is cooler and less expensive.

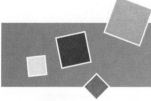

Étude de grammaire

13. EXPRESSING POSSESSION
mon, ton, etc.

La maison, reflet d'une situation sociale

reflection

Marc, un étudiant à la Sorbonne, fait un petit tour de Paris et de la banlieue avec Thu, une amie vietnamienne. En voiture. il indique à Thu différentes sortes de logement.

the suburbs

By car   *showing*

big house

Mon beau-frère a beaucoup d'argent. Voilà **sa** villa: elle est formidable, n'est-ce pas? **Notre** maison est petite, mais confortable; **ma** famille y est assez heureuse. Ici en banlieue on trouve les grands ensembles où habitent surtout des familles d'ouvriers et d'immigrés. **Leurs** immeubles s'appellent les H.L.M.

there

happy enough

workers   *immagrints,*

habitatons à louer moderes — public housing

Maintenant complétez les phrases selon la description de Marc.

1. Voici les immeubles où habitent beaucoup d'ouvriers et d'immigrés. _____ habitations s'appellent les _____.
2. _____ beau-frère est très riche; _____ villa est grande et élégante.
3. Et voilà la maison de _____ famille. Elle est petite mais _____.

One way to indicate possession in French is to use the preposition **de: la maison *de* Claudine.** Another way to show possession is to use possessive adjectives. In French, possessive adjectives agree in gender and number with the nouns they modify.

	SINGULAR		PLURAL
	Masculine	*Feminine*	*Masculine and Feminine*
my your (**tu**) his, her, its, one's	**mon** père **ton** père **son** père	**ma** mère **ta** mère **sa** mère	**mes** parents **tes** parents **ses** parents
our your (**vous**) their	**notre** père **votre** père **leur** père	**notre** mère **votre** mère **leur** mère	**nos** parents **vos** parents **leurs** parents

Mon frère et **ma sœur** aiment le sport.

My brother and my sister like sports.

Voilà **notre maison**.

There's our house.

Habitez-vous avec **votre sœur** et **vos parents**?

Do you live with your sister and your parents?

Ils skient avec **leurs cousins** et **leur oncle**.

They're skiing with their cousins and their uncle.

The forms **mon**, **ton**, and **son** are also used before feminine nouns that begin with a vowel or mute **h**:

affiche (*f.*) → **mon affiche**   histoire (*f.*) → **son histoire**
amie (*f.*) → **ton amie**

Pay particular attention to the use of **sa**, **son**, **ses** (*his, her*). While English has two possessives, corresponding to the sex of the possessor (*his, her*), French has three, corresponding to the gender and number of the noun possessed (**sa, son, ses**).

Il
Elle } aime **sa** maison.

He likes his house.
She likes her house.

Il
Elle } aime **son** chien.

He likes his dog.
She likes her dog.

Il
Elle } aime **ses** livres.

He likes his books.
She likes her books.

Vérifions!

A. **La curiosité.** Formulez des questions et répondez.

MODÈLES: la lampe de Georges? →
        —Est-ce que c'est la lampe de Georges?
        —Oui, c'est sa lampe.

les lampes de Georges →
—Est-ce que ce sont les lampes de Georges?
—Non, ce ne sont pas ses lampes.

1. la chambre de Pierre? (oui)
2. la commode d'Yvonne? (non)
3. les affiches de Jean? (non)
4. le piano de Pierre et de Sophie? (oui)
5. les meubles (*furniture*) d'Annick? (non)
6. les bureaux des parents? (oui)

B. Casse-tête familial (*Family puzzle*). Posez rapidement les questions
suivantes à un(e) camarade.

MODÈLE: Qui est le fils de ton oncle? → C'est mon cousin.

1. Qui est la mère de ton père?
2. Qui est la fille de ta tante?
3. Qui est la femme de ton oncle?
4. Qui est le père de ton père?
5. Qui est le frère de ta mère?
6. Qui est la sœur de ta mère?

C. À qui est-ce? Complétez les dialogues suivants avec des adjectifs possessifs:
mon, ma, mes, ton, ta, tes, son, sa, ses, notre, nos, votre, vos, leur, leurs.
Utilisez chaque (*each*) adjectif seulement une fois (*only once*). Étudiez bien le
contexte avant de (*before*) choisir l'adjectif.

1. —Paul et Florence adorent les animaux.
   —Oui, ils ont un chien et deux chats (*cats*): _____ chien s'appelle
   Marius et _____ chats Minou et Félix.
2. —Tiens, voilà Pierre. Avec qui est-il?
   —Il est avec _____ parents et _____ amie Laure.
   —Et _____ sœur n'est pas là? there
   —Non, elle est en vacances au Maroc.
3. —Salut, Alain!
   —Salut, Pierre. Dis, la jolie fille aux cheveux blonds, c'est _____ cousine
   belge?
   —Oui. Viens (*Come*). Alain, je te présente _____ cousine Sylvie.
   —Enchanté, Mademoiselle.
4. —Pardon, vous êtes Monsieur et Madame Legrand, n'est-ce pas?
   —Oui.
   —Je suis Monsieur Smith, le professeur d'anglais de _____ enfants.
   —Oh, mais ce ne sont pas _____ enfants, ce sont les fils de mon frère
   Henri. Voici _____ fils.
5. —Tu as de la chance, tu as une famille super! _____ parents sont très
   sympa! Est-ce que _____ grand-père habite avec vous?
   —Non, mais il est souvent à la maison.

Mots-clés

Saying how you feel about something: Often in conversation, you just want to express your personal reaction to something. Here are some useful phrases.

Comment trouves-tu la nouvelle maison d'oncle Henri?	*What do you think of Uncle Henry's new house?*
Elle est **formidable/superbe/géniale**!	*It's great/superb/cool!*
Elle est **super/très chouette**!	*It's super/cute!*
Elle est **bien**.	*It's nice.*
Elle n'est **pas mal**.	*It's not bad.*
Je ne l'aime **pas du tout**.	*I don't like it at all.*
Franchement, elle est **affreuse/horrible**!	*Frankly, it's awful!*

Parlons-en!

A. Interview. Posez les questions suivantes à un(e) camarade de classe.

1. Y a-t-il un membre de ta famille (un cousin, une cousine, un neveu, etc.) que tu admires particulièrement? Pourquoi?   2. Comment s'appelle-t-il/elle?   3. Où habite-t-il/elle? Avec qui? Comment est sa maison?   4. Quel est son sport préféré? Sa musique favorite?

Maintenant <u>faites</u> le portrait du <u>parent proche</u> (*close relative*) préféré de votre camarade. Utilisez les mots (les expressions) suivant(e)s: **formidable**, **bien**, **génial**, **pas mal**.

B. Sondage (*Poll*) *Madame Figaro*: **Le bonheur** (*happiness*) **dans le monde**; WORLD **les Européens <u>plutôt</u> <u>heureux</u>**. rather happy Look at the table, assess the information, and express your personal opinion. Rank the different criteria in the table from 1 (most important) to 10 (least important).

IMPORTANT : L'ÉDUCATION DES ENFANTS
Sur le plan du bonheur, quel domaine vous semble le plus important ?

CRITÈRES \ PAYS	FRANCE	BELGIQUE	R.F.A.	ITALIE	ESPAGNE	G.B.	ETATS-UNIS	JAPON
ÉDUCATION ENFANTS	**8,4**	**8,2**	7,8	**8,4**	**8,3**	**7,4**	**7,1**	6,5
SANTÉ[a]	8,1	8,1	**8,4**	8,2	7,9	7,3	7,0	**8,1**
VIE DE FAMILLE	8,0	7,8	7,8	8,0	7,9	7,3	7,1	7,6
QUALITÉ DE VIE	7,0	6,5	6,4	6,0	6,2	6,8	6,8	6,3
JOB	6,8	6,8	6,8	6,8	6,8	6,0	5,9	7,6
VIE AMOUREUSE[b]	6,5	6,7	5,7	7,5	7,1	6,3	6,1	5,7
AMIS[c]	6,2	6,0	5,6	5,8	7,1	6,2	6,5	6,6
NIVEAU DE VIE	6,1	5,7	6,1	5,6	5,4	5,9	5,9	5,8
LOISIRS[d]	5,5	5,7	5,0	5,8	5,7	4,7	5,3	5,2
POLITIQUE	3,8	3,3	5,0	3,2	3,9	4,1	4,5	5,1

N.B. : les notes sont données sur 10.

[a]health
[b]love
[c]standard
[d]leisure activities

Selon (*According to*) **vous:**

Le domaine (*area*) le plus important, c'est _____.
Le domaine le moins important, c'est _____.
Le domaine qui donne le plus de satisfaction, c'est _____.
Le domaine qui donne le moins de satisfaction, c'est _____.

Maintenant regardez les résultats du sondage par catégorie et par pays (*nation*).
Choisissez la réponse correcte.

1. Les Français pensent que **le plus** (*the most*) important, c'est *la santé /
   l'éducation des enfants / la vie de famille.*
2. Les Japonais pensent que le plus important, c'est *l'éducation des
   enfants / la vie de famille / la santé.*
3. Les Américains pensent que *le job / la vie amoureuse / la vie de famille*
   donne le plus de satisfaction.
4. Les Espagnols pensent que *la vie de famille / l'éducation des enfants / la
   qualité de la vie* donne le plus de satisfaction.

Comparez vos réponses avec les résultats du sondage et les réponses de vos
camarades.

Le jardinage est un des
passe-temps favoris
des Français.

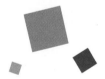

14. TALKING ABOUT YOUR PLANS AND DESTINATIONS
The Verb *aller*

Un père exemplaire

SIMON: On joue au tennis cet après-midi?
STÉPHANE: Non, je **vais** au jardin zoologique avec Céline.
SIMON: Alors, demain?
STÉPHANE: Désolé, mais demain je **vais** emmener Sébastien chez le dentiste.
SIMON: Quel père exemplaire!

to take away
to take a person
mener – to lead

Vrai ou faux? Corrigez les phrases fausses.

1. Stéphane est le grand-père de Céline et Sébastien.
2. Stéphane va aller au zoo avec Céline.
3. Simon va jouer au tennis avec Stéphane.

A. Forms of *aller*

The verb **aller** is irregular in form.

PRESENT TENSE OF **aller** (*to go*)			
je	**vais**	nous	**allons**
tu	**vas**	vous	**allez**
il, elle, on	**va**	ils, elles	**vont**

Allez-vous à Grenoble pour vos vacances?	*Are you going to Grenoble for your vacation?*
Comment **va-t-on** à Grenoble?	*How do you go to (get to) Grenoble?*

You have already used **aller** in several expressions.

Comment **allez-vous**?	*How are you?*
Salut, ça **va**?	*Hi, how's it going?*
Ça **va** bien (mal).	*Fine (badly). (Things are going fine [badly].)*

B. *Aller* + Infinitive: Near Future[*]

In French, **aller** + *infinitive* is used to express a future event, usually something that is going to happen soon, in the near future. English also uses *to go* + *infinitive* to express actions or events that are going to happen soon.

Nous **allons téléphoner** à Paul.	*We're going to call Paul.*
Il **va louer** un appartement.	*He's going to rent an apartment.*
Allez-vous **visiter** la France cet été?	*Are you going to visit France this summer?*

Vérifions!

A. Où va-t-on? La solution est simple!

MODÈLE: J'ai envie de regarder un film. → Alors, je vais au cinéma!

1. Nous avons faim.	à l'hôpital
2. Il a envie de parler français.	dans la salle de séjour
3. Elles ont besoin d'étudier.	à la bibliothèque
4. J'ai soif.	dans la cuisine
5. Tu as sommeil.	aux courts de tennis
6. Vous avez envie de regarder la télévision.	à Paris
7. Nous sommes malades (*sick*).	dans la salle à manger
8. Elle a envie de jouer au tennis.	dans la chambre

---

[*]Le futur proche

Mots-clés

Saying when you are going to do something

tout à l'heure	*in a while*
tout de suite	*immediately*
bientôt	*soon*
demain	*tomorrow*
la semaine prochaine	*next week*
dans quatre jours	*in four days*
ce week-end	*this weekend*
ce soir/matin	*this evening/morning*
cet après-midi	*this afternoon*

[handwritten annotation:] implied
à - putting
in front of these
statements means
until...
assumed See you ...

B. Des projets (*plans*).

MODÈLE: tu / regarder / programme préféré / soir →
Tu vas regarder ton programme préféré ce soir.

1. je / finir / travail / semaine
   prochaine
2. nous / écouter / disques de jazz
3. vous / jouer / guitare
4. Frédéric / trouver / livre de
   français / tout de suite
5. je / choisir / film préféré
6. les garçons / aller au cinéma /
   voiture / après-midi
7. tu / aller / concert / avec / amis

Parlons-en!

A. **Samedi après-midi.** Qu'est-ce que ces gens vont faire? Regardez les dessins *[handwritten: drawings]*
et devinez leur intention. *[handwritten: people]*
[handwritten: deviner - to guess]
MODÈLE: Monique a **sa raquette** parce qu'elle (*because she*) **va jouer au**
tennis.

une
raquette

Monique

un ballon

des skis

une
guitare

un
ballon

Saïd   Mme Rosso   M. Cartier   Cyrille

des cartes

un violon

des livres

M. Duteil   Marie   Franck

B. **Quels sont vos projets pour le week-end?** Interviewez un(e) camarade de classe. Racontez (*Tell*) à la classe les projets de votre camarade. Est-ce que vous faites (*are doing*) les mêmes choses (*same things*) ce week-end?

Suggestions: rester (*stay*) à la maison, écouter la radio (des disques), préparer un dîner (des leçons), regarder un film (la télévision), travailler à la bibliothèque (dans le jardin), aller dans un restaurant extraordinaire, parler avec des amis, finir un livre intéressant...

MODÈLE: aller au cinéma →
                      VOUS: Vas-tu aller au cinéma?
       UN(E) CAMARADE: Oui, je vais aller au cinéma. (*ou* Non, je ne
                             vais pas aller au cinéma.)

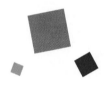

15. EXPRESSING WHAT YOU ARE DOING OR MAKING
The Verb *faire*

Une question d'organisation

SANDRINE: Vous mangez à la cafétéria, ta camarade de chambre et toi?
  MARION: Non, Candice et moi, nous sommes très organisées. Elle, elle **fait** les courses et moi, je **fais** la cuisine.
SANDRINE: Et qui **fait la vaisselle?** dishes
  MARION: Le lave-vaisselle, bien sûr!
                          laver - to wash
Répondez d'après le dialogue.

1. Qui fait la cuisine?
2. Qui fait la vaisselle?
3. Qui fait les courses?

Et chez vous, en général, qui fait la cuisine? La vaisselle? Les courses?

A. Forms of *faire*

The verb **faire** is irregular in form.

PRESENT TENSE OF **faire** (*to do, to make*)			
je	**fais**	nous	**faisons**
tu	**fais**	vous	**faites**
il, elle, on	**fait**	ils, elles	**font**

Note the difference in the pronunciation of **fais/fait** [fɛ], **faites** [fɛt], and **faisons** [fəzɔ̃].

Je fais mon lit.	*I make my bed.*
Nous faisons le café.	*We're making coffee.*
Faites attention! C'est chaud.	*Watch out! It's hot.*

B. Expressions with *faire*

The verb **faire** is used in many idiomatic expressions.

faire attention	*to pay attention to, to watch out (for)*
faire la connaissance (de)	*to meet (for the first time), make the acquaintance (of)*
faire les courses	*to do errands*
faire la cuisine	*to cook*, to do the cooking
faire ses devoirs	*to do (one's) homework*
faire la lessive	*to do the laundry*
faire le marché	*to do the shopping, to go to the market*, to go shopping
faire le ménage	*to do the housework*
faire une promenade	*to take a walk*
faire un tour (en voiture)	*to take a walk (a ride)*
faire la vaisselle	*to do the dishes*
faire un voyage	*to take a trip*, to make a trip

Le matin je **fais le marché**, l'après-midi je **fais une promenade** et le soir je **fais la cuisine**.	*In the morning I go to the market, in the afternoon I take a walk, and in the evening I cook.*

Faire is also used to talk about sports: **faire du sport, faire du jogging, de la voile** (*sailing*), **du ski, de l'aérobic**... As you progress in your study of French, you will notice that **faire** is one of the most commonly used verbs.

Vérifions!

A. **Faisons connaissance!** Suivez le modèle.

MODÈLE: je / le professeur d'italien →
Je fais la connaissance du professeur d'italien.

1. tu / la sœur de Louise
2. nous / un cousin
3. Annick / une étudiante sympathique
4. les Levêque / les parents de Simone
5. je / la femme du professeur
6. vous / la nièce de M. de La Tour

B. Activités du week-end. Qui fait les activités suivantes? Faites des phrases logiques avec les éléments des deux colonnes.

1. Tu...
2. Pierre...
3. Anne et Monique...
4. Mon frère et moi, nous...
5. Benoît et toi, vous...
6. Non, moi le dimanche, je...

a. faisons du jogging dans le parc
b. ne fais pas le ménage
c. faites vos devoirs de français
d. fais la cuisine pour mes amis
e. font des courses en ville
f. fait du sport avec ses copains

C. **Qu'est-ce qu'ils font?** Faites des phrases complètes. Utilisez des expressions avec **faire**.

1. M. Dupont et son chien...

2. M. Henri... de Mlle Gervais.

3. Vous, vous...

5. Ma sœur et moi...

4. Mlle Duval...

6. Et moi maintenant, je...

M ots-clés

Saying how often you usually do things		
tous les jours	all the days	*every day*
une / deux / trois fois par semaine		*once / twice / three times (per) a week*
le lundi / le vendredi soir		*on Mondays / on Friday evenings*
le week-end		*on weekends*
pendant les vacances		*during vacation*

tou - all

Parlons-en!

A. Les activités. Qu'est-ce que vous faites... ? Complétez les phrases suivantes avec des réponses personnelles.

1. Je fais _____ tous les jours.   2. J'aime faire _____.   3. Je suis obligé(e) de faire _____ une fois par semaine.   4. Je déteste faire _____ le week-end.
5. J'adore faire _____ pendant les vacances.

Sondage. Maintenant comparez vos réponses avec celles (*those*) de vos camarades. Faites une liste de toutes les activités mentionnées. Ensuite, classez-les selon (*Then rank them according to*) leur popularité.

B. Mimes. Form two teams. Out of a hat choose a piece of paper on which an expression with **faire** is written. Mime the expression and the other students will guess it. Each team gets one point when they guess the right expression.

16. EXPRESSING ACTIONS
-re Verbs

Beauregard au restaurant

JILL: Vous **entendez**?
GÉRARD: Non, qu'est-ce qu'il y a?
JILL: J'**entends** un bruit sous la table.
GENEVIÉVE: Oh ça! C'est Beauregard... Il **attend** le poulet... et il n'aime pas **attendre**...

Trouvez la phrase équivalente dans le dialogue.

1. Écoutez.
2. Quel est le problème?
3. Il n'aime pas patienter (*wait patiently*).

A third group of French verbs has infinitives that end in **-re**, like **vendre** (*to sell*).

PRESENT TENSE OF **vendre** (*to sell*)			
je	vend**s**	nous	vend**ons**
tu	vend**s**	vous	vend**ez**
il, elle, on	vend	ils, elles	vend**ent**

Other verbs conjugated like **vendre** include the following.

attendre	*to wait (for)*
descendre	*to go down (to), to get off*
entendre	*to hear*
perdre	*to lose, to waste*
rendre	*to give back, to return*
rendre visite à	*to visit (someone)* to pay a visit, to return a visit
répondre à	*to answer*

Elle attend le dessert.	*She's waiting for dessert.*
Nous descendons de l'autobus.	*We're getting off the bus.*
Le commerçant rend la monnaie à la cliente.	*The storekeeper gives change back to the customer.*
Je réponds à sa question.	*I'm answering his question.*

In French, the expression **rendre visite à** means to visit a *person* or *persons*.

Je rends visite à mon ami.

The verb **visiter** is used only with places or things.

> **Les touristes visitent** les monuments de Paris.

Vérifions!

A. **Tiens** (*You don't say*)! C'est bizarre: tout ce que (*everything that*) fait Jean-Paul, les autres le font aussi. Formez les phrases selon le modèle.

MODÈLE: vendre sa guitare (moi) →
—Jean-Paul vend sa guitare.
—Tiens! Moi aussi, je vends ma guitare.

1. rendre tous (*all*) ses livres à la bibliothèque (nous)
2. attendre une lettre importante (son frère)
3. descendre de l'autobus rue Mouffetard (vous)
4. entendre des bruits bizarres au sous-sol (*in the basement*) (moi)
5. perdre toujours ses lunettes (*glasses*) (toi)
6. répondre à un sondage (*poll*) d'opinion politique (les amis)

B. **Un week-end à Paris.** Complétez l'histoire avec les verbes de la colonne de droite (*right-hand column*).

Alain et Marie-Lise habitent à Bruxelles. Aujourd'hui ils _____¹ à Paris en train. Ils vont _____² visite à leur cousine Pauline. Les trois cousins ont toujours beaucoup de projets (*plans*) et ne _____³ pas une minute quand ils sont ensemble (*together*). Alain et Marie-Lise aiment beaucoup Pauline parce qu'elle _____⁴ toujours à leurs lettres.

Pauline aime aussi ses cousins, et elle _____⁵ leur arrivée avec impatience. Elle _____⁶ enfin la sonnette (*doorbell*)!

D'après (*according to*) l'histoire,...

perdre — to loss [paird]
rendre — to return
descendre — to go down
entendre — to near
attendre — to wait for
répondre — to answer

finally

1. Alain et Marie-Lise habitent en *France / Suisse / Belgique*.
2. Alain, Marie-Lise et Pauline sont *calmes / actifs / individualistes*.
3. Pauline *déteste / aime* écrire des lettres.

Parlons-en!

Perdez-vous souvent patience? Utilisez les questions suivantes pour interviewer un(e) camarade de classe. Il/Elle utilise **souvent**, **pas souvent** ou **toujours** dans sa réponse. Décidez d'après ses réponses s'il (si elle) est **très patient(e)**, **patient(e)**, **normal(e)**, **impatient(e)**, **très impatient(e)**.

MODÈLE: VOUS: Tu attends l'autobus. Il n'arrive pas. Est-ce que tu perds patience?
UN(E) CAMARADE: Oui, je perds souvent patience.

1. Tu attends un coup de téléphone (*telephone call*). La personne ne téléphone pas.   2. Un ami (Une amie) ne répond pas à tes lettres.   3. Tu perds les clés (*keys*) de ta voiture ou de ton appartement.   4. Tu as rendez-vous avec un ami (une amie). Tu attends longtemps (*for a long time*), mais il/elle n'arrive pas.

France-culture

Family life in France. The French family is a strong social unit. In general, divorce is less common than in the United States, although the rate is rising. Extended families, in which grandparents and other family members live near one another and see each other frequently, are slightly more common. For all these reasons, the family has a strong influence on an individual's life.

The French government provides significant financial support for families. Both mother and father have the right to a substantial paid leave from work when a child is born. Families with more than two children receive governmental subsidies (**allocations familiales**). State-supported day-care centers (**crèches**) make it possible for parents to work outside the home. Children of unmarried parents receive the same protection and benefits as those of married parents.

Most French people continue to marry, but an increasing number do so only after having lived together (**l'union libre**) for several years. In the early 1990s more than half of the newly married couples had already lived under the same roof before officially saying "yes."

Étude de prononciation

Semivowels and Final Consonants

Semivowels.   The sounds [ɥ], [w], and [j] are called semivowels. They are spelled with the letter groups indicated in the following examples and are pronounced in a single syllable, with no diphthong.

Prononcez avec le professeur.

1. [ɥ]   huit   fruit   cuisine
2. [w]   moi   moins   oui   quoi   revoir   fois
3. [j]   bien   Marseille   science   voyage   famille

Final Consonants.   You have noticed that final consonants are generally silent in French. There are, however, a number of exceptions. The final consonant *is* pronounced, for example, in many words that end in the letters **c**, **r**, **f**, and **l**: **le lac**, **le soir**, **le chef**, **l'hôtel**. This rule itself has numerous exceptions: **le tabac**, **le dîner**, **le porc**, and **gentil** all end in a silent consonant. Learn the pronunciation of final consonants by example or by referring to a dictionary.

A. Les projets de Séverine et de Karine. Formez des phrases complètes.

1. Séverine et Karine / aller / finir / études
2. elles / aller / faire / voyage / en France
3. elles / travailler / maintenant / pour payer *(to pay for)* / voyage
4. Séverine / faire / ménage / pour / tante
5. elles / aller / rendre visite à / tante de Séverine / à Paris
6. tante / habiter / près de / Quartier latin
7. elles / aller / être / content / parce que / elles / aller / faire / voyage magnifique

D'après l'histoire, choisissez la réponse la plus logique.

1. Séverine et Karine ont *50 ans / 35 ans / 20 ans.*
2. La tante de Séverine parle *allemand / français / latin.*
3. Pour payer le voyage, Séverine travaille comme *secrétaire / femme de ménage / vendeuse.*

B. Activités. Qu'est-ce qu'ils font et qu'est-ce qu'ils vont faire? Expliquez.

MODÈLE: le frère de Loïc et de Sandra →
Maintenant, leur frère fait ses devoirs. Après, il va aller au cinéma.

1. les parents de Loïc et de Sandra

2. le père de Loïc et de
   Sandra

3. l'oncle de Loïc et de Sandra

Et vous? Qu'est-ce que vous faites maintenant? Qu'est-ce que vous allez faire
dans une heure?

C. Questions personnelles. En français, posez les questions suivantes à un(e)
camarade de classe.

1. **La vie en famille:** Who does the dishes? When does he/she do the
   dishes? Who answers the telephone? Who does the shopping? When?
2. **La famille et les amis:** How many brothers and sisters does he/she
   have? Do they still (**toujours**) live at home? In what room does he/she
   talk with his/her friends and classmates? Are his/her parents going to
   meet his/her friends from the university? Does he/she often visit
   relatives?
3. **Ce week-end:** Is he/she going to take a trip? Is he/she going to visit
   friends? Whom? And you, what are you going to do? Where are you
   going to go?

Interactions

In this chapter of *Rendez-vous,* you have practiced talking about your family
and home, expressing possession, and talking about where you are going and
your future plans. Act out the following situations, using the vocabulary and
structures from these chapters.

1. Conversation.   You are left alone in a room with a friend's parents (two
classmates) while your friend prepares to go out with you. Make polite
conversation with them. Talk about your family, your home, where you and
your friend will go, and what you will do together this evening.

2. En retard.   Call your mother, your father, or someone waiting for you (your
classmate). Explain to him/her why you will be late. Tell where you are and
what you are doing. Mention where you plan to go next and what you plan to do.

Rencontres

LECTURE

Avant de lire

Topic sentences. Notice that a sentence has been underlined in the first paragraph of the passage below. This is a topic sentence, so called because it expresses the general idea or main point of a paragraph. The other sentences elaborate upon or illustrate the main point. The topic sentence is usually the first one in a paragraph, although it sometimes appears at the end to summarize the ideas presented earlier. It may occasionally appear in the middle, serving as a thread to link ideas together. Can you identify the topic sentence in the third paragraph of the passage?

Week-ends : les vacances hebdomadaires[a]

Le dimanche reste un jour exceptionnel.

Pour la plupart[b] des Français, il est synonyme de fête et de famille, une pause nécessaire dans un emploi du temps généralement chargé.[c] Neuf Français sur dix le passent en famille et il n'est pas rare que trois générations se retrouvent[d] ; les jeunes de moins de 35 ans mariés se déplacent fréquemment[e] chez leurs parents pour déjeuner[f] avec eux, avec leurs propres enfants.

Les Français aiment les dimanches

- 86 % des Français aiment le dimanche, 11 % peu, 3 % pas du tout.
- Habituellement, 56 % retrouvent la famille, rencontrent des amis, 50 % regardent la télévision, 43 % se promènent, 33 % flânent[g] chez eux, 32 % jardinent ou bricolent,[h] 32 % lisent[i] ou écrivent[j] de la musique, 21 % dorment[k] ou font la sieste, 20 % s'occupent de[l] leurs enfants, 20 % cuisinent[m] ou vont au restaurant, 16 % font du sport, 16 % travaillent, 11 % prennent le temps de prier,[n] 9 % vont au marché ou font les courses, 4 % vont au cinéma.
- Pour 42 % des Français, le dimanche a une signification religieuse, pour 58 % non.
- Pour 76 %, le dimanche est le dernier jour de la semaine, pour 23 % le premier.

Le repas[o] de midi est en effet une étape[p] importante du rituel dominical.[q] 60 % des familles font plus de cuisine le dimanche ; la plupart privilégient la cuisine traditionnelle (poulet, gigot...[r]) et terminent le repas par un gâteau.[s] Les loisirs[t] dominicaux n'évoluent guère[u] : la famille, les amis et la télévision y tiennent[v] la plus grande place. Mais une autre tradition, celle de la messe,[w] est au contraire en nette diminution[x] ; moins d'un quart des ménages[y] se rendent[z] à l'église[aa] le dimanche.

[a] weekly
[b] majority
[c] un emploi... a busy timetable
[d] se... get together
[e] se... vont souvent
[f] to have a midday meal
[g] idle their time away
[h] do odd jobs
[i] read
[j] write
[k] sleep
[l] s'occupent... take care of
[m] cook
[n] to pray
[o] meal
[p] step, stage
[q] du dimanche
[r] poulet... chicken, leg of lamb
[s] cake
[t] leisure activities
[u] n'évoluent... scarcely change at all
[v] y... occupy
[w] mass
[x] en... clearly in decline
[y] moins... less than one quarter of all families
[z] se... vont
[aa] church

Compréhension

1. En général, est-ce que les Français passent le dimanche en famille?
2. Quelles activités occupent la plus grande place dans les familles françaises?
3. À votre avis, est-ce que la religion a beaucoup d'importance pour les Français? Expliquez.
4. Les Français aiment le dimanche. Et vous, aimez-vous le dimanche? Pourquoi (ou pourquoi pas)?
5. Est-ce que les dimanches sont différents aux États-Unis? Expliquez.

PAR ÉCRIT

Function: Describing (a place)

Audience: A classmate or your instructor

Goal: Write a description of *home* by answering the following questions: **Qu'est-ce que c'est qu'une maison? Quelle est votre maison idéale? Est-elle bien meublée, simple, etc.? Qu'est-ce qu'on fait à la maison? Avec qui?**

Steps

1. Begin by brainstorming what home is for you. Think of any adjectives that describe it, its real or ideal inhabitants, what you do there.
2. Consider the tone you want to adopt. Do you want to describe a specific home in an objective or detached way, or do you want to use a more subjective approach? A detached tone would result from stating in a direct manner what your house is like and what people do there; a more personal

and emotional approach would be to choose words, such as **aimer**, **adorer**, and **détester**, that show how you feel about your home and its inhabitants.

3. Decide what vantage point you want to use to describe your home. Do you want to move through a number of rooms and describe what you see or do there? Do you prefer to be a fixed observer, describing your impressions from one point of view, such as from the garden or the living room?

4. Organize your principal ideas and use them to form the paragraphs of your first draft.

5. After you have completed the draft, reread it checking for organization, smoothness of style, and consistency of vantage point.

6. Have a friend reread the draft to see if what you've written is clear.

7. Finally, make the changes suggested by your classmate if you agree that they are warranted, and check the draft for spelling, punctuation, and grammar errors. Focus especially on your use of possessive adjectives and the verbs **faire** and **aller**. Be prepared to read your composition to a small group of classmates.

À L'ÉCOUTE !

Une grande famille. Véronique is 15. She is very fond of her family, and is describing it to a friend. First, look at the diagram on the next page. Next, listen to the vocabulary and the names of the people in Véronique's family. Then, listen to Véronique's description. Finally, do the activity.

VOCABULAIRE UTILE

au lycée *at the high school*
une banque *bank*
un garçon *boy*
unique *only*
un atelier *artist's studio*

LA FAMILLE DE VÉRONIQUE

Henri	Raphaël	Franck
Virginie	Géraldine	Caroline
Georges	Charles	Léa
Gérard	Marie	
Nicole	Juliette	
Josiane	Laurence	

Fill in the blank boxes with the correct names based on Véronique's description.

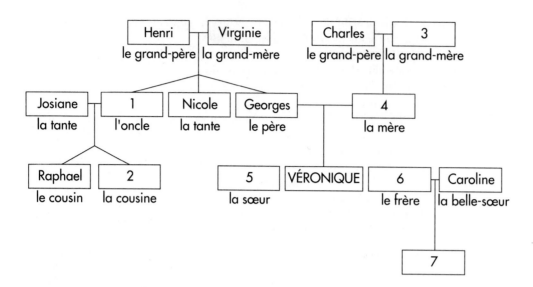

Henri le grand-père	Virginie la grand-mère	Charles le grand-père	3 la grand-mère

| Josiane
la tante | 1
l'oncle | Nicole
la tante | Georges
le père | 4
la mère |

| Raphael
le cousin | 2
la cousine | 5
la sœur | VÉRONIQUE | 6
le frère | Caroline
la belle-sœur |

| 7 |

Vocabulaire

Verbes

aller to go
aller + inf. to be going (to do something)
aller mal to feel bad (ill)
attendre to wait for
descendre à to go down (south) to
descendre de to get down (from), get off
entendre to hear
faire to do; to make
perdre to lose; to waste
préparer to prepare
rendre to give back; to return; to hand in
rendre visite à to visit (someone)
répondre à to answer
rester to stay, remain
vendre to sell

À REVOIR: **étudier, habiter, jouer à (de), laver, manger**

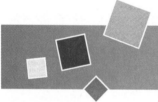
laver - to wash

Substantifs *nouns*

l'appartement (*m.*) apartment
l'arbre (*m.*) tree
l'autobus (*m.*) (city) bus
le bruit noise
le bureau office
la famille family
le foyer home
le premier (deuxième) étage second (third) floor (in the U.S.)
les projets (*m.*) plans
le rez-de-chaussée ground floor
le temps time
les vacances (*f. pl.*) vacation

À REVOIR: **l'affiche** (*f.*), **le chien, la commode, le lavabo, le lit, le logement**

Adjectifs

affreux/euse awful

célibataire single (*person*)
chouette cute
divorcé(e) divorced
formidable great
génial(e) delightful
marié(e) married
préféré(e) favorite, preferred
superbe superb

Les parents *relatives*

l'arrière-grand-parent great-grandparent
le beau-frère brother-in-law
le beau-père father-in-law; stepfather
la belle-mère mother-in-law; stepmother
la belle-sœur sister-in-law
le cousin cousin (*male*)
la cousine cousin (*female*)

le **demi-frère** half-brother;
   stepbrother
la **demi-sœur** half-sister; stepsister
l'**enfant** (*m., f.*) child
la **femme** wife
la **fille** daughter *frère - brother*
le **fils** son
le **grand-père** grandfather
la **grand-mère** grandmother
le **grand-parent** (les **grands-
   parents**) grandparent
le **mari** husband *mère mother*
le **neveu** nephew *père father*
la **nièce** niece
l'**oncle** (*m.*) uncle
le **petit-enfant** grandchild
la **petite-fille** granddaughter
le **petit-fils** grandson
la **sœur** sister
la **tante** aunt

La maison

le **balcon** balcony
la **chambre** room; bedroom
le **couloir** hall
la **cuisine** kitchen
l'**escalier** (*m.*) stairway
le **jardin** garden
le **meuble** piece of furniture
la **pièce** room

le **poste de télévision** TV set
la **salle à manger** dining room
la **salle de bains** bathroom
la **salle de séjour** living room
la **terrasse** terrace

Expressions avec *faire*

faire attention to be careful, to
   watch out
faire la connaissance de to meet
   (for the first time), make the
   acquaintance of
faire les courses to do errands
faire la cuisine to cook *to do the cooking*
faire ses devoirs to do homework
faire la lessive to do the laundry
faire le marché to do the *to go shopping*
   shopping, go to the market
faire le ménage to do the
   housework
faire une promenade to take a
   walk
faire un tour to take a walk, ride
**faire du sport: faire de
   l'aérobic** to do aerobics; **du
   jogging** to run, jog; **du ski** to
   ski; **du vélo** to go cycling; **de
   la voile** to go sailing
faire la vaisselle to do the dishes
faire un voyage to take a trip
   to make a trip

Mots et expressions divers

alors then, in that case
après after, afterward
bien good (*fam.*)
bientôt soon
ce week-end this weekend
**cet après-midi / ce matin / ce
   soir** this afternoon / morning /
   evening
chez at the home (establishment) of
dans quatre jours... in four
   days . . .
demain tomorrow
une fois par semaine once a week
loin de far from
le lundi / le vendredi soir on
   Mondays / on Friday evenings
mal badly
pas du tout not at all
pendant les vacances (*f.*) during
   vacation
peut-être maybe
la semaine prochaine next week
tous les jours every day
tout à l'heure in a while
tout de suite immediately
le week-end on weekends

(m) l'arbre - tree
le rez-de-chaussée - ground floor

chaque - each

Intèrmède

Invitation

Contexte *Jennifer et son ami Yannick étudient le marketing à l'université de Montpellier. Yannick et sa famille invitent souvent Jennifer pour le week-end.*

Objectif *Jennifer accepte une invitation.*

YANNICK: Jennifer, tu es libre° dimanche?   *free*

JENNIFER: Oui, pourquoi?

vouloir - to wish, to want

YANNICK: Eh bien, nous allons pique-niquer en famille. Tu <u>veux</u> venir avec nous?

pouvoir - to be able (can)

JENNIFER: Oh, oui, avec plaisir! Qu'est-ce que je <u>peux</u> apporter°?   *to bring*

YANNICK: Je ne sais pas, des fruits ou du chocolat... Ah, et n'oublie° pas ton frisbee!   *forget*

JENNIFER: Oui, d'accord. Ça va être sympa!

À *propos*

Comment inviter des amis

DANS UNE SITUATION INFORMELLE
Tu es libre?
Tu as envie de... ?
Je t'invite à...
Viens donc...
    écouter de la musique, faire
    une promenade, jouer au
    tennis...

DANS UNE SITUATION FORMELLE
Êtes-vous libre?
Avez-vous envie de... ?
Je vous invite à...
Venez donc...
    écouter de la musique, faire
    une promenade, etc.

Pour accepter

DANS UNE SITUATION INFORMELLE
Oui, je suis libre.
Bonne idée!
D'accord.
Ça va être sympa(thique)!

DANS UNE SITUATION FORMELLE
Ça me ferait (*would give me*)
    grand plaisir.
J'accepte avec plaisir.
Je vous remercie (*I thank you*).
C'est gentil.

Pour refuser poliment

DANS LES SITUATIONS FORMELLES ET INFORMELLES

C'est gentil, mais...	je ne suis pas libre.
C'est dommage (*too bad*), mais...	je suis pris(e) (*engaged*).
	je ne peux pas (*I can't*).
Désolé(e), mais...	je suis occupé(e) (*busy*).
	j'ai quelque chose de prévu (*something planned*).

Maintenant à vous!

La famille américaine. Un Français (Une Française) vous pose des questions sur les habitudes des familles américaines. Répondez-lui.

1. En général, les jeunes Américains préfèrent habiter en famille, ou avec des amis?
2. Combien de personnes y a-t-il dans ta famille immédiate? Où habitent tes parents proches (*close*)?
3. Est-ce que vous invitez quelquefois des amis à passer le dimanche en famille avec vous? Qu'est-ce que vous faites: un pique-nique, un tour en voiture, une promenade... ?
4. Aimez-vous passer le dimanche en famille (ou chez des amis)? Est-ce que vous êtes souvent invité(e) dans la famille de vos amis pour le week-end?
5. En général, comment répondez-vous aux invitations?

PORTRAITS

Le Corbusier (1887–1965)

Swiss-born Charles-Édouard Jeanneret, commonly known by his pseudonym Le Corbusier, is considered one of the masters of modern architecture. He pioneered the use of simple, geometric lines, and spaces conceived according to strictly functional rather than ornamental principles. Some of Le Corbusier's

major structures, which many considered outrageously daring at the time they were built, include la villa Savoye in Passy (France), the Ministry of Culture in Rio de Janeiro (Brazil), and the chapel Notre-Dame de Ronchamp (France), whose forms and planes give it a highly sculptural appearance.

C H A P I T R E **SIX**

Les Français
à table

En avant

—Ce gâteau a l'air délicieux.

—Merci. Il est très facile à faire. Est-ce que tu
veux la recette?

Communicative goals: talking about food and drink, telling time, talking
about seasons and the weather, expressing quantity, and giving commands.

Étude de vocabulaire

Les repas de la journée*

le lait

le café

le pain

le croissant

le beurre

le sucre

Le matin: le petit déjeuner

les haricots verts

le vin

l'eau minérale

les pommes de terre

le fromage

les frites

la poire

le poulet

le sel

le poivre

À midi: le déjeuner

une baguette

le chocolat

le thé

les gâteaux au chocolat

la tarte aux pommes – apple pie

L'après-midi: le goûter† snack

les fraises

le jambon

le bifteck

les œufs

la salade

le poisson

Le soir: le dîner usally served between 7p – 10p

---

*Use **la journée** (*the day*) instead of **le jour** when you wish to emphasize the notion of an entire day, or the whole day long, as in the expression "**Quelle journée!**" (*What a day!*).
†**Le goûter** is an occasional afternoon snack: **pain et chocolat pour les enfants; thé ou café et gâteaux pour les adultes**.

139

Autres mots utiles:

    la boisson drink   **le légume** vegetable

    la cuisine cooking; food   **la viande** meat

    le fruit fruit

A. Catégories. Ajoutez (*Add*) d'autres aliments dans les catégories mentionnées.

> MODÈLE: La mousse au chocolat est *un dessert.* →
> Le gâteau, la tarte aux pommes et les fraises sont aussi des desserts.

1. La bière est *une boisson.*
2. La pomme de terre est *un légume.*
3. Le porc* est *une viande.*
4. La banane est *un fruit.*

Maintenant, trouvez l'intrus (*the item that doesn't belong*) et expliquez votre choix.

1. café / fraise / bière / thé / lait
2. haricots verts / salade / carotte / œuf† / pomme de terre
3. bifteck / porc / pain / jambon / poulet
4. sel / gâteau / poivre / sucre / beurre
5. vin / banane / pomme / orange / melon

B. Associations. Quels mots associez-vous avec... ?

    1. une omelette 2. une salade de fruits 3. un régime (*diet*) 4. un bon repas 5. un sandwich 6. un pique-nique

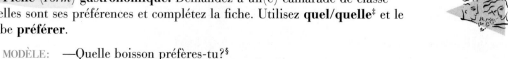

C. Fiche (*Form*) **gastronomique.** Demandez à un(e) camarade de classe quelles sont ses préférences et complétez la fiche. Utilisez **quel/quelle**‡ et le verbe **préférer.**

> MODÈLE: —Quelle boisson préfères-tu?§
> —Je préfère le/la...

boisson _____

viande _____

légume _____

fruit _____

dessert _____

repas _____

plat (*dish*) _____

Maintenant, avec vos camarades de classe, examinez les différentes fiches et déterminez quels sont les plats et les boissons préférés de la classe.

---

*The **c** at the end of **porc** is silent [pɔr].

†Pronunciation: **un œuf** [œ̃nœf], **des œufs** [dezø].

‡**Quel** (*what, which*) is used before masculine words, **quelle** before feminine words.

§**Préférer**: for **-er** verbs with spelling changes, see Appendix, p. A-24–25.

À table

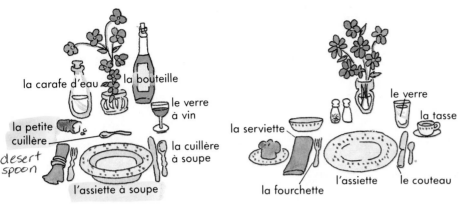

la carafe d'eau · la bouteille
le verre à vin
la petite cuillère
desert spoon
la cuillère à soupe
l'assiette à soupe

Une table française

le verre
la tasse
la serviette
l'assiette · le couteau
la fourchette

Une table américaine

Autres mots utiles:

le bol wide, bowl-shaped cup

A. L'objet nécessaire. Quels objets utilisez-vous?

MODÈLE: le café au lait →
J'utilise un bol pour le café au lait.

1. le vin
2. la viande
3. la soupe
4. la salade
5. le thé
6. la mousse au chocolat

B. L'art de la table. Mettre le couvert (*Setting the table*) est souvent un art. Regardez la photo tirée du magazine *Gault Millau* et répondez aux questions.

L'ELYSEE

1. Décrivez ce qu'il y a sur la table. Est-ce une table pour un repas simple ou élégant? Quel est l'objet en papier à gauche (*on the left*)? Où sont la salière et la poivrière (*salt and pepper shakers*)?
2. À votre avis, pourquoi y a-t-il quatre verres?
3. Et chez vous, qu'est-ce qu'on place sur la table au petit déjeuner? au déjeuner? au dîner? pour un repas spécial?

Un PEU D'ARGOT

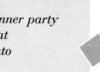

la bouffe	la nourriture	*food*
une bouffe	un repas entre amis	*a dinner party*
bouffer	manger	*to eat*
la patate	la pomme de terre	*potato*
le pinard	le vin	
la flotte	l'eau	

EN CONTEXTE

VINCENT: On fait **une bouffe** samedi?

NATHALIE: OK. Je vais faire un poulet rôti (*roasted*).

VINCENT: Super! J'apporte **les patates** et **le pinard**.

Quelle heure est-il?

Il est sept heures. Quel repas Vincent prend-il (*is he having*)?

Il est dix heures et demie.* Où est Vincent?

Il est midi. Quel repas prend-il?

Il est deux heures et quart. Où est Vincent?

Il est quatre heures moins le quart. Où Vincent prend-il un café?

Il est huit heures vingt. Qui sert (*is serving*) le dîner?

Il est minuit moins vingt. Est-ce que Vincent étudie toujours?

Il est minuit. Vincent dort (*is sleeping*).

---

*To tell the time on the half hour, **et demie** is used after the feminine noun **heure**(s) and **et demi** is used after the masculine nouns **midi** and **minuit**.

Il est trois heures **et demie**.   *It's 3:30 (half past three).*
Il est midi **et demi**.   *It's 12:30 (half past noon).*

■ To ask the time

> Excusez-moi, **quelle heure est-il**, s'il vous plaît?
>
> *Excuse me, what time is it, please?*

■ To ask at what time something happens

> **À quelle heure** commence le film?
>
> *At what time does the movie start?*
>
> À deux heures et demie.
>
> *At two thirty.*
>
> Vers trois heures.
>
> *Around three.*

■ To tell the time

In French, the expression **Il est... heure**(s) is used to tell time on the hour. *Noon* is expressed by **midi**, *midnight* by **minuit**.

> **Il est** une **heure**.
>
> *It is one o'clock.*
>
> **Il est** deux **heures**.
>
> *It is two o'clock.*
>
> **Il est** presque **midi/minuit**.
>
> *It's almost noon/midnight.*

Eⁿ SAVOIR PLUS

Quelle heure est-il?

A.M. versus P.M.

In both English and French, the context often makes it clear whether a speaker is talking about A.M. or P.M. In French, **du matin** is used to specify A.M. To indicate P.M., **de l'après-midi** is used for *in the afternoon*, and **du soir** is used for *in the evening* or *at night* (before midnight). Generally, these expressions are used only to tell the time on the hour.

> Il est neuf heures **du matin**.
>
> *It's 9 A.M.*
>
> Il est quatre heures **de l'après-midi**.
>
> *It's 4 P.M.*
>
> Il est onze heures **du soir**.
>
> *It's 11 P.M.*

The twenty-four-hour clock is used in official announcements—such as on TV, on the radio, and in train or plane schedules—to avoid ambiguity. Sometimes it is also used to make appointments. When time is expressed in figures, **h** (for hours) is used rather than a colon.

> Il est quinze heures trente (15 h 30).
>
> *It's 3:30 P.M.*
>
> Il est vingt-deux heures quarante-cinq (22 h 45).
>
> *It's 10:45 P.M.*

A. Quelle heure est-il?

B. Quelle heure est-il pour vous? Qu'est-ce que vous faites?

C. Paris–Genève en TGV. Imaginez que vous êtes à Paris et que vous voulez (*want*) visiter Genève. Vous décidez de prendre le train. Voici les horaires (*schedules*) du TGV (Train à Grande Vitesse).

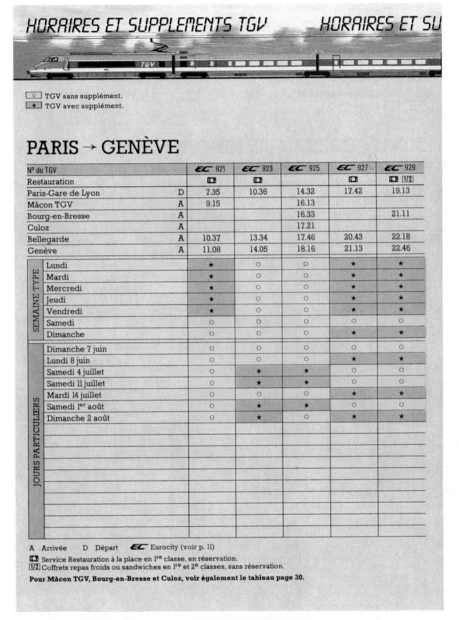

HORAIRES ET SUPPLEMENTS TGV   HORAIRES ET SU

☐ TGV sans supplément.
★ TGV avec supplément.

PARIS → GENÈVE

Nº du TGV		EC 921	EC 923	EC 925	EC 927	EC 929
Restauration		🍴	🍴		🍴	🍴 [1/2]
Paris-Gare de Lyon	D	7.35	10.36	14.32	17.42	19.13
Mâcon TGV	A	9.15		16.13		
Bourg-en-Bresse	A			16.33		21.11
Culoz	A			17.21		
Bellegarde	A	10.37	13.34	17.46	20.43	22.18
Genève	A	11.08	14.05	18.16	21.13	22.46
SEMAINE TYPE Lundi		★	○	○	★	★
Mardi		★	○	○	★	★
Mercredi		★	○	○	★	★
Jeudi		★	○	○	★	★
Vendredi		★	○	○	★	★
Samedi		○	○	○	○	○
Dimanche		○	○	○	★	★
JOURS PARTICULIERS Dimanche 7 juin		○	○	○	○	○
Lundi 8 juin		○	○	○	★	★
Samedi 4 juillet		○	★	★	○	○
Samedi 11 juillet		○	★	★	○	○
Mardi 14 juillet		○	○	○	★	★
Samedi 1er août		○	★	★	○	○
Dimanche 2 août		○	★	○	○	★

A Arrivée   D Départ   *EC* Eurocity (voir p. 11)
🍴 Service Restauration à la place en 1re classe, en réservation.
[1/2] Coffrets repas froids ou sandwiches en 1re et 2e classes, sans réservation.
Pour Mâcon TGV, Bourg-en-Bresse et Culoz, voir également le tableau page 30.

1. À quelle heure y a-t-il des départs (*departures*) de Paris-Gare de Lyon pour Genève? À quelle heure ces trains arrivent-ils à Genève?
2. À quelle heure y a-t-il des départs le week-end?
3. Regardez l'itinéraire du TGV 925. À quelle heure part-il de Paris? À quelle heure arrive-t-il dans chaque (*each*) ville? Utilisez **du matin**, **de l'après-midi** et **du soir** (14:32 = 2 heures trente-deux, de l'après-midi).
4. Maintenant décidez quel train vous allez prendre et expliquez pourquoi.

Mots-clés

Expressing the time in a general way

Il est **tard**.   *It's late.*
Il est **tôt**.   *It's early.*
Alain prend son repas **de bonne**   *Alain eats early.*
  heure.

M. RENOU: Ne rentre pas **tard**   *Don't come home late tonight!*
            ce soir!
ERIC RENOU: Mais non, je rentre   *No, I always come home*
            toujours **de bonne**   *early. And tomorrow I have*
            heure. Et demain,   *to leave early.*
            je dois partir **tôt**.

Les saisons et le temps: Quel temps fait-il?

**En été, à la
Martinique,**
il fait du soleil.
il fait chaud.

**En automne, en
Bretagne,**
il pleut.
il fait mauvais.

En hiver, au Québec,
il neige.
il fait froid.

**Au printemps, en
Belgique,**
le temps est nuageux. *clou. overca*
il fait frais. (*It's cool*).

Autres mots utiles:
Il fait beau. It's fine weather.
Il fait du vent. It's windy.

Eⁿ SAVOIR PLUS

Measuring temperature

Throughout Europe, temperature is measured on the Celsius, rather than the Fahrenheit scale. The following chart gives approximate correspondences between the two scales.

CELSIUS	FAHRENHEIT	CELSIUS	FAHRENHEIT
100°	212°	20°	68°
37°	98.6°	10°	50°
30°	86°	0°	32°

A. Les fêtes et le temps.
Donnez la saison et le temps qu'il fait.

MODÈLE: Noël → Nous sommes en hiver et il fait froid.

1. Pâques (*Easter*)
2. Thanksgiving
3. la Saint-Valentin
4. le jour de l'Indépendance américaine
5. Labor Day

B. La météo. Regardez le temps prévu (*forecast*) sur l'Alsace et sur l'Europe. Dites (*Say*) si les phrases sont vraies ou fausses, et corrigez les phrases incorrectes.

1. Sur l'Alsace:
   a. Il pleut à Strasbourg.
   b. Il fait très chaud à Colmar.
   c. Le temps est nuageux sur Guebwiller.
2. Sur l'Europe:
   a. Il fait mauvais à Madrid.
   b. Le temps est orageux (*stormy*) sur Stockholm.
   c. Il fait froid à Athènes.

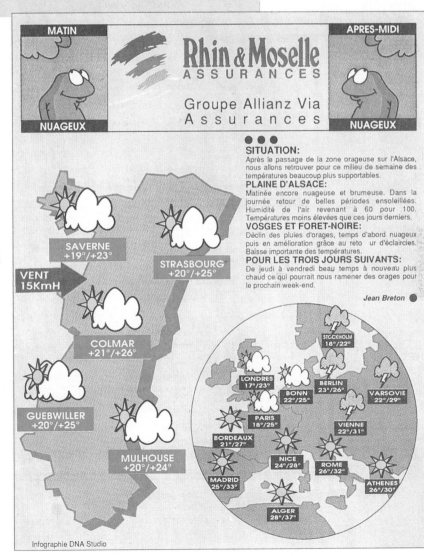

MATIN   APRES-MIDI

Rhin & Moselle ASSURANCES

Groupe Allianz Via Assurances

NUAGEUX   NUAGEUX

SITUATION:
Après le passage de la zone orageuse sur l'Alsace, nous allons retrouver pour ce milieu de semaine des températures beaucoup plus supportables.
PLAINE D'ALSACE:
Matinée encore nuageuse et brumeuse. Dans la journée retour de belles périodes ensoleillées. Humidité de l'air revenant à 60 pour 100. Températures moins élevées que ces jours derniers.
VOSGES ET FORET-NOIRE:
Déclin des pluies d'orages, temps d'abord nuageux puis en amélioration grâce au retour d'éclaircies. Baisse importante des températures.
POUR LES TROIS JOURS SUIVANTS:
De jeudi à vendredi beau temps à nouveau plus chaud ce qui pourrait nous ramener des orages pour le prochain week-end.

Jean Breton

SAVERNE +19°/+23°
STRASBOURG +20°/+25°
VENT 15KmH
COLMAR +21°/+26°
GUEBWILLER +20°/+25°
MULHOUSE +20°/+24°

STOCKHOLM 18°/22°
LONDRES 17°/23°
BERLIN 23°/26°
BONN 22°/25°
VARSOVIE 22°/29°
PARIS 18°/25°
VIENNE 22°/31°
BORDEAUX 21°/27°
NICE 24°/28°
ROME 26°/32°
MADRID 25°/33°
ATHENES 26°/30°
ALGER 28°/37°

Infographie DNA Studio

C. Encore de la météo. Répondez selon les instructions.

1. Donnez la température approximative qu'il fait à Paris et à Vienne en degrés Fahrenheit.
2. Maintenant décrivez le temps qu'il fait aujourd'hui dans votre ville.

D. Le temps et les goûts. *tastes* Qu'est-ce que vous aimez manger et boire quand... ?

1. il fait très chaud
2. il fait froid et qu'il neige
3. il fait beau et frais
4. il pleut

France-culture

French food. French home cooking is probably simpler than most foreign visitors imagine. Its excellence comes partly from the high quality of the ingredients used. French consumers spend significantly more on food than American consumers do, and as a group, they seem willing to pay more for high-quality products, although that amount has been declining over the last five years.

Breakfast (**le petit déjeuner**) is simple—usually **tartines** (French bread and butter) or croissants with **café au lait**. The noon meal (**le déjeuner**) has traditionally been the main meal, but many people now take less time for lunch and prefer to have a larger evening meal (**le dîner**). Children usually have a snack (**le goûter**) of bread and chocolate when they come home from school around 4:00 or 5:00. Dinner is served around 7:30 or 8:00.

Whether served at noon or in the evening, a French meal begins with either an **hors-d'œuvre** or an **entrée** or both. The **hors-d'œuvre** is always a cold dish; it may be coldcuts, eggs in mayonnaise, or some variety of **pâté**. An **entrée** is not a main dish but a light, warm dish—trout, mussels, or **quenelles** (*dumplings*), for example. It is followed by a meat or fish dish, vegetable, salad, cheese, and fresh fruit. Children often drink water, while the rest of the family may have **vin rouge ordinaire**, sometimes diluted with water. After the meal, a cup of strong coffee is generally served.

Bread is laid directly on the tablecloth, beside each plate; it is broken with the fingers and eaten in small pieces. Each course of a French meal is served separately, usually on the same plate (unless the meal is formal).

Meals take longer in France than in the United States, partly because there are so many courses, but also because they are a time for socializing.

Many French chefs are worried about the "Americanization" of French eating habits. They note that the French are beginning to snack rather than eat three regular meals. Some chefs are visiting primary schools in order to educate children about the joys of French cuisine.

Étude de grammaire

17. TALKING ABOUT FOOD AND DRINK
-re Verbs: *prendre* and *boire*

Au restaurant

LE SERVEUR: Que **prenez**-vous, Messieurs Dames?
JEAN-MICHEL: Nous **prenons** le poulet à la crème et les légumes.
LE SERVEUR: Et que **buvez**-vous?
JEAN-MICHEL: Je **prends** une bière, et pour mademoiselle une bouteille d'eau minérale, s'il vous plaît.

Maintenant, avec un(e) camarade, faites les substitutions suivantes et jouez à nouveau le dialogue.

le poulet à la crème ⟶ le poisson grillé
les légumes ⟶ la salade de tomates
une bière ⟶ un verre de vin rouge
une bouteille d'eau minérale ⟶ une carafe d'eau

A. *Prendre* and Verbs Like *prendre*

The verb **prendre** is irregular in its plural forms.

PRESENT TENSE OF **prendre** (*to take*) to have ⟶ w/ food		
je prends	nous pren**ons**	
tu prends	vous pren**ez**	
il, elle, on prend	ils, elles pren**nent**	

Verbs conjugated like **prendre** are **apprendre** (*to learn*) and **comprendre** (*to understand*).

—Qu'est-ce que vous **prenez**?   —*What are you having?*
—Je **prends** la salade verte.   —*I'm having the green salad.*

Il **apprend** l'espagnol.		He's learning (*how to speak*) Spanish.
Est-ce que tu **comprends** presque toujours le professeur d'espagnol?		Do you almost always understand the Spanish professor?

When an infinitive follows **apprendre**, the preposition **à** must be used also.

Ma sœur **apprend à** danser.		My sister is learning (*how*) to dance.
Apprenez-vous **à** skier?		Are you learning (*how*) to ski?

Some common expressions with **prendre** include the following.

prendre son temps	to take one's time
prendre un repas	to eat a meal
prendre le petit déjeuner	to have breakfast
prendre un verre	to have a drink (*usually alcoholic*)

B. Boire

The verb **boire** is also irregular in form.

PRESENT TENSE OF **boire** (*to drink*)	
je **bois**	nous **buvons**
tu **bois**	vous **buvez**
il, elle, on **boit**	ils, elles **boivent**

Tu **bois** de l'eau minérale.	You're drinking mineral water.
Nous **buvons** de la bière.	We're drinking beer.

Vérifions!

A. Des étudiants modèles. Lisez les phrases, puis faites les substitutions suivantes: (1) tu, (2) mon meilleur (*best*) ami (ma meilleure amie), (3) mon/ma camarade et moi, (4) je, (5) mes camarades de classe. Faites d'autres substitutions si vous voulez (*want*).

1. Vous apprenez le français. 2. Vous comprenez presque (*almost*) toujours le professeur. 3. Pour préparer les examens, vous prenez des livres à la bibliothèque. 4. Pour faire vos devoirs, vous prenez votre temps. 5. Mais malheureusement (*unfortunately*), vous buvez trop de (*too much*) café.

B. **Qu'est-ce qu'on boit?** Choisissez une boisson différente pour chaque situation.

> MODÈLE: Il fête son anniversaire (*He's celebrating his birthday*). (il) →
> Il boit un verre de champagne.

1. Il fait très chaud. (vous)
2. Il fait froid. (Christian)
3. Il est minuit. (tu)
4. Il est 8 h du matin. (je)
5. Nous sommes au café. (nous)
6. Elles sont au restaurant. (Agnès et Corinne)

C. **Conversations au café.** Vous êtes au café. Les gens (*people*) parlent autour de (*around*) vous. Complétez leurs conversations avec les verbes **prendre**, **apprendre** ou **comprendre**.

1. —Est-ce que tu _____ un café?
   —Non, j'ai soif; je _____ une bouteille d'eau minérale.
2. —Est-ce que tu _____ l'anglais?
   —Oui, j'ai un cours de conversation tous les matins (*every morning*). Et vous deux, qu'est-ce que vous _____ comme (*as*) langue étrangère?
   —Nous, nous _____ l'allemand.
3. —Est-ce que vous _____ toujours le professeur d'histoire?
   —Non, mais les autres (*other*) étudiants _____ tout (*everything*)!

Parlons-en!

A. **La réponse est simple!** Trouvez des réponses aux problèmes suivants. Utilisez les verbes **boire**, **apprendre**, **comprendre** ou **prendre** ou des expressions avec **prendre**.

> MODÈLE: Je désire parler avec un ami. →
> Je prends un verre au café avec un ami.

1. J'ai faim. 2. J'ai soif. 3. Je désire bien parler français. 4. Je désire étudier les mathématiques. 5. Je n'aime pas le vin. 6. *À vous de faire une phrase!*

B. Mission impossible? Parmi (*Among*) vos camarades, trouvez quelqu'un qui (*someone who*)...

> MODÈLE: prend du sucre dans son café →
> Est-ce que tu prends du sucre dans ton café?

1. ne prend pas de petit déjeuner
2. prend en général des crêpes (*pancakes*) au petit déjeuner
3. boit cinq tasses de café ou plus par jour
4. boit un verre de lait à chaque (*each*) repas
5. apprend un nouveau sport ce semestre
6. comprend le sens de la vie (*meaning of life*)

Celui qui finit le premier gagne le concours (*Whoever finishes first wins the contest*).

18. EXPRESSING QUANTITY
Partitive Articles

Pas de dessert

JULIEN: Qu'est-ce qu'on mange aujourd'hui, maman?
MME TESSIER: Il y a **du poulet** avec **des pommes de terre**.
JULIEN: Et **la mousse au chocolat** dans le frigo, c'est pour ce midi?
MME TESSIER: Ah non, **la mousse**, c'est pour ce soir. Pour ce midi, il y a **des fruits** ou **de la glace au café**.
JULIEN: Je n'aime pas **la glace** et je n'aime pas **les fruits**! Mais j'adore **la mousse**!
MME TESSIER: Non, c'est non!

Et vous? Répondez aux questions suivantes.

1. Mangez-vous souvent **du** poulet?
2. Prenez-vous souvent **des** fruits?
3. Est-ce que vous aimez **la** glace?

A. The Partitive Articles

In addition to the definite and indefinite articles, French has a third article, called the partitive (**le partitif**). It has three forms: **du** (*m.*), **de la** (*f.*), and **de l'** (before a vowel or mute h). It agrees in gender with the noun it precedes.

Prenez-vous **du** porc?	*Are you having (some) pork?*
de la salade?	*(some) salad?*
de l'eau minérale?	*(some) mineral water?*

The partitive article is used to indicate only a part of an entire quantity, which is measurable but not countable. This idea is sometimes expressed in English by *some* or *any*; usually, however, *some* is not stated directly but only implied. Examples of noncountable nouns (also called *mass nouns*) include **viande**, **chocolat**, **lait**, **sucre**, **glace**, **vin**, **eau**, **beurre**, and **pain**.

Avez-vous **du** thé?	*Do you have tea?*
Je voudrais **du** sucre.	*I would like (some) sugar.*
Mangez-vous **du** poisson?	*Do you eat fish?*

When the quantity is countable, the indefinite article is used instead.

Je vais préparer **une** tarte aux fraises.	*I'm going to prepare a strawberry tart.*
Elle commande **un** jus de fruits.	*She is ordering a fruit juice.*
Elle achète **des** tomates et **des** haricots verts.	*She is buying tomatoes and green beans.*

B. The Partitive versus the Definite Article

The partitive article is used with such verbs as **prendre**, **boire**, **acheter**, and **manger**, because they refer to consuming or buying a portion of something. One usually has, drinks, buys, and eats a limited amount or number of things, and not all of them. But, after such verbs of preference as **aimer**, **aimer mieux**, **préférer**, **adorer**, and **détester**, the definite article is used, because these verbs express a preference or an aversion to a general category.

~ in general

Beaucoup de Français mangent **du** fromage après le repas, mais moi, je déteste **le** fromage.	*Many French people eat (some) cheese after a meal, but I hate cheese.*

The partitive is also used with abstract qualities attributed to people, while the definite article is used to talk about these qualities in general.

Elle a **du** courage.	*She has (some) courage.*
Elle déteste **l'**hypocrisie.	*She hates hypocrisy.*

C. The Partitive in Negative Sentences

In negative sentences, partitive articles become **de** (**d'**), except after **être**.

Je bois **du** lait.	→ Je ne bois **pas de** lait.
Tu prends **de l'**eau.	→ Tu ne prends **pas d'**eau.
Vous mangez **des** carottes.	→ Vous ne mangez **pas de** carottes.

The expression **ne... plus** (*no more, not any more*) surrounds the conjugated verb, like **ne... pas**.

Je suis désolé, mais nous **n'**avons **plus** de vin.	*I'm sorry, but we have no more wine.*

D. The Partitive with Expressions of Quantity

Partitive articles also become **de** (**d'**) after expressions of quantity.

Elle commande **du vin**.

Combien de verres commande-t-elle?

Elle commande **un peu de vin**.

Elle commande **beaucoup de vin**.

Elle commande **un verre de vin**.

Elle a **assez de** vin.

Elle boit **trop de** vin.

Vérifions!

A. À table! Qu'est-ce que vous prenez, en général, à chaque repas?

> MODÈLE: Au déjeuner, je prends de la pizza. / Je ne prends pas de pizza.

Au petit déjeuner...	Au déjeuner...	Au dîner...
du bacon	du poisson	de la soupe
des œufs	du poulet	un hamburger
des croissants	de la pizza	des frites
du café au lait	des spaghettis	du fromage
du thé	de la viande	du riz (*rice*)
des céréales	des légumes	un bifteck
du jus (*juice*) d'orange	un fruit	de la salade
?	?	?

B. Dîner d'anniversaire (*birthday*). Avec un(e) camarade vous préparez un dîner surprise pour fêter l'anniversaire d'un ami (d'une amie). Mais avez-vous tous (*all*) les ingrédients nécessaires?

> MODÈLE: carottes (assez) / (ne... pas) champignons →
> > VOTRE CAMARADE: Est-ce que tu as des carottes?
> > > VOUS: Oui, j'ai assez de carottes mais je n'ai pas de
> > > champignons. mushrooms

1. eau minérale (3 bouteilles) / (ne... plus) jus d'orange
2. café (un peu) / (ne... plus) thé
3. fraises (beaucoup) / (ne... pas) melon
4. chocolat (trop) / (ne... pas) marrons glacés (*candied chestnuts*)
5. viande (assez) / (ne... pas) légumes
6. sucre (un bol) / (ne... plus) sel
7. talent pour faire la cuisine (beaucoup) / (ne... pas) patience
8. ?

Parlons-en!

A. Ce que mangent les Français. Regardez le tableau, étudiez les résultats (*results*) et répondez aux questions.

Français, ce que vous mangez*

EN BAISSE[a]	1965	1979	1989	EN HAUSSE[b]	1965	1979	1989
Pain (kg)	84,3	51,3	44,3	Agrumes[f] et bananes (kg)	21,0	22,7	24,0
Pâtes[c] alimentaires (kg)	7,6	5,5	5,7	Fruits frais métropoli-			
Pommes de terre (kg)	95,2	56,2	34,7	tains (kg)[g]	36,9	39,3	37,7
Légumes frais (kg)	72,1	65,4	59,2	Porc, lard (kg)	3,0	8,7	7,8
Viande de boucherie (kg)[d]	20,9	24,0	18,7	Charcuterie (kg)[h]	7,0	8,7	9,0
Œufs (unités)	169	179	147	Volailles (kg)[i]	12,2	13,7	13,4
Beurre (kg)	8,8	8,0	5,5	Poissons, crustacés (kg)	6,6	6,8	7,7
Huiles alimentaires (litres)[e]	11,8	10,3	8,5	Fromages (kg)	10,4	14,4	16,9
Sucre (kg)	20,9	13,4	8,6	Yaourts (unités)	—	73,3	161,5
Vin (litres)	90,6	54,9	31,7	Boissons non alcoolisées			
Bière (litres)	20,8	16,6	11,8	(litres)	—	65,6	99,7

[a]en... diminishing
[b]en... increasing
[c]Pasta
[d]butcher's shop
[e]Huiles... Cooking oils
[f]Citrus fruits
[g]frais... fresh grown in France (not overseas)
[h]Sausage, salami, delicatessen specialties
[i]Poultry

*Quantités consommées à domicile par personne par an. Source INSEE.

1. Qu'est-ce que les Français aiment mieux: le pain ou les pommes de terre?
2. Est-ce que les Français mangent plus de fromage en 1989 qu'en 1965, ou moins?
3. En 1979, les Français boivent beaucoup moins de vin que de boissons non alcoolisées (moins... que: *less than*). Et en 1989?
4. À votre avis, les Français boivent-ils plus de bière que les Américains, ou vice-versa (le contraire)? (plus... que: *more than*)
5. D'après ce tableau, quelles sont les boissons préférées des Français?
6. À votre avis, est-ce que les Français mangent trop? pas assez?
7. À votre avis, y a-t-il une grande différence entre ce que (*what*) mangent les Français et ce que mangent les Américains? Expliquez.
8. Et vous, qu'est-ce que vous mangez et buvez un peu (beaucoup, trop, pas assez)?

Mots-clés

More about expressing likes and dislikes: You have been expressing your preferences since the beginning of the course. Here are several simple ways to express *intense* likes and dislikes.

> **Moi, j'adore ça! Je suis gourmand**(e). (*I love to eat.*)
> **Je n'aime pas du tout** le bifteck!   *Not at all*
> **J'ai horreur des** escargots (*snails*).

B. Trouvez quelqu'un qui... *someone who* Parmi vos camarades de classe, trouvez quelqu'un dans **chacune** (*each one*) des catégories suivantes. Demandez aussi des renseignements (= informations) supplémentaires. Ensuite, *next* présentez les résultats de l'enquête aux autres membres de la classe. Trouvez quelqu'un qui...

1. est végétarien(ne) (Pourquoi?)
2. ne prend jamais de dessert (Pourquoi?)
3. adore faire la cuisine (Spécialité?)
4. mange très peu (Combien de fois par jour?)
5. apprécie la cuisine exotique (Quels plats?)
6. refuse de manger certains aliments (*foods*) (Lesquels [*Which*] et pourquoi?)
7. a horreur de certains légumes (Lesquels?)
8. aime surtout (*especially*) certaines viandes (Lesquelles?)
9. est gourmand(e)

19. GIVING COMMANDS
The Imperative

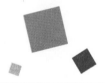

enemy L'ennemi d'un bon repas

FRANÇOIS: Martine, **passe**-moi le sel, s'il te plaît... (*Martine passe la salade à François.*)
FRANÇOIS: Mais non, enfin! **Écoute** un peu... je te demande le sel!
MARTINE: François, **sois** gentil—**ne parle pas** si fort. Je n'entends plus la télé...

1. Est-ce que François demande la salade?
2. Est-ce que Martine passe le sel à François?
3. Est-ce que Martine écoute François?

A. Kinds of Imperatives

The imperative is the command form of a verb. There are three forms. Note that subject pronouns are not used with them.

tu form	**Parle!**	*Speak!*
nous form	**Parlons!**	*Let's speak!*
vous form	**Parlez!**	*Speak!*

B. Imperative Forms of -er Verbs

The imperatives of regular **-er** verbs are the same as the corresponding present-tense forms, except that the **tu** form does not end in **-s.**

INFINITIVE	tu	nous	vous
regarder	**Regarde!**	**Regardons!**	**Regardez!**
entrer	**Entre!**	**Entrons!**	**Entrez!**

Regardez! Un restaurant russe.　　*Look! A Russian restaurant.*
Entrons!　　*Let's go in!*

The imperative forms of the irregular verb **aller** follow the pattern of regular **-er** imperatives: **va, allons, allez**.

dropped
-s

C. Imperative Forms of -re and -ir Verbs

The imperative forms of the **-re** and **-ir** verbs you have learned—even most of the irregular ones—are identical to their corresponding present-tense forms.

INFINITIVE	tu	nous	vous
attendre	**Attends!**	**Attendons!**	**Attendez!**
finir	**Finis!**	**Finissons!**	**Finissez!**
faire	**Fais... !**	**Faisons... !**	**Faites... !**

Attends! Finis ton verre!　　*Wait! Finish your drink!*
Faites attention!　　*Pay attention! (Watch out!)*

D. Irregular Imperative Forms

The verbs **avoir** and **être** have irregular command forms.

INFINITIVE	tu	nous	vous
avoir	**Aie... !**	**Ayons... !**	**Ayez... !**
être	**Sois... !**	**Soyons... !**	**Soyez... !**

Sois gentil, Michel.   *Be nice, Michel.*
Ayez de la patience.   *Have patience.*

E. Negative Commands

In negative commands, **ne** comes before the verb and **pas** follows it.

Ne prends pas de sucre!   *Don't have any sugar!*
Ne buvons pas trop de café.   *Let's not drink too much coffee.*
N'attendez pas le dessert.   *Don't wait for dessert.*

Vérifions!

A. **Les bonnes manières.** Vous apprenez* les bonnes manières à un enfant.

MODÈLE: ne pas jouer avec ton couteau →
          Ne joue pas avec ton couteau!

1. attendre ton père   2. prendre ta serviette   3. finir ta soupe   4. manger
tes carottes   5. regarder ton assiette   6. être sage (*good* [*lit., wise*])† — Be wise
7. ne pas manger de sucre   8. boire ton verre de lait   9. ne pas demander
le dessert

Et maintenant donnez les mêmes recommandations à deux enfants.

MODÈLE: ne pas jouer avec ton couteau →
          Ne jouez pas avec vos couteaux!

B. **Un job d'été.** Vous travaillez deux semaines comme serveur (serveuse) dans
un café. Voici les recommandations du patron (*owner*).

MODÈLE: faire attention aux clients → Faites attention aux clients.

1. être aimable   2. avoir de la patience   3. écouter les clients
4. répondre aux questions   5. ne pas perdre de temps   6. rendre
correctement la monnaie (*change*)

---

*Apprendre** can also mean *to teach*. The person taught is preceded by **à**. The thing taught can be
either a noun or a verb. The verb is also preceded by **à**: **Tu apprends les bonnes manières à un
enfant.** (**Tu apprends à l'enfant à avoir de bonnes manières.**)
†Note that the French appeal to a child's wisdom when correcting a child, Americans appeal to a
child's moral side when they say "Be good."

Imaginez maintenant trois autres recommandations possibles du patron. Soyez créatif (créative)!

Maintenant vous parlez avec un autre serveur (une autre serveuse) des choses qu'il faut (= il est nécessaire de) faire au travail. Répétez les recommandations du patron.

MODÈLE: faire attention aux clients → Faisons attention aux clients!

Parlons-en!

Le robot. Vous avez un robot qui travaille pour vous. La classe choisit un étudiant (une étudiante) pour jouer le rôle du robot. Donnez cinq ordres en français au robot. Il/Elle est obligé(e) d'obéir.

MODÈLES: Va au tableau!
Prends ton livre de français!
Regarde le mur!

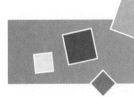

Étude de prononciation

Stress and Intonation

Stress (*L'accent*).   Stress refers to the emphasis given to a syllable. English speakers tend to emphasize syllables within a word and within a sentence. French rhythmic patterns, however, are based on *evenly* stressed syllables. There is a slight emphasis (called **l'accent final**) on the final syllable of each French word.

Prononcez avec le professeur.

1. le bureau
2. le professeur
3. la différence
4. l'attention
5. l'administration
6. le garçon

Intonation.   Intonation refers to the variation of the pitch, the rise and fall of the voice (not loudness), in a sentence. Here are three basic French intonation patterns.

1. In *declarative sentences*, the intonation rises within each breath group (group of words produced in one breath) and falls at the end of the sentence, starting with the last breath group.

   Je m'appelle Eric Martin. Bonjour, mademoiselle.

   Il est content de quitter l'université à trois heures.

2. In *yes/no questions*, the intonation rises at the end of the question.

   Ça va?   Est-ce que c'est un professeur?

3. In *information questions*, the intonation starts high and falls at the end of
   the question.

   Comment allez-vous?   Qu'est-ce que c'est?

A. Vos plats préférés. Quels plats aimez-vous? Quels plats n'aimez-vous pas?
Pourquoi? Faites des phrases complètes.

MODÈLES: J'aime les hot-dogs parce qu'ils sont faciles à préparer.
            Je n'aime pas le curry indien parce qu'il est épicé (*spicy*).

J'aime... / Je n'aime pas...	parce que...
les «Big Mac»	difficile(s) à préparer
le bifteck et les pommes de terre	facile(s) à préparer
le jambon	beaucoup de calories
les soupes de légumes	peu de calories
les gâteaux au chocolat	beaucoup d'ingrédients
les hot-dogs	des ingrédients chimiques
les spaghettis	exotique(s)
la pizza	dégoûtant(e/s)
les escargots (*snails*)	(*disgusting*)
le curry indien	cher(s)/chère(s)
le canard laqué (*Peking duck*)	très sucré(e/s)
le poulet frit à la Kentucky	nutritif(s)/nutritive(s)
les éclairs	très snob(s)
les fruits	très américain(e/s)
?	très français(e/s)
	?

On est ce qu'on mange. Le/La gourmand(e) aime manger et il/elle mange
beaucoup. Le gourmet aime seulement (*only*) la nourriture (*food*) de qualité et
ne mange pas beaucoup. Selon vos réponses, êtes-vous gourmand(e) ou
gourmet? Pourquoi? À quelles occasions êtes-vous gourmand(e)? À quelles
occasions êtes-vous gourmet?

B. La nourriture et les boissons. Complétez le dialogue.

É1: qu'est-ce que vous / prendre / dîner?
É2: on / prendre / jambon / et / salade
É1: manger / vous / assez / fruits?
É2: oui, nous / manger / souvent / poires / et / pommes
É1: prendre / tu / beaucoup / vin?
É2: non / il y a / ne... plus / vin
É1: mes amis / boire / eau minérale
É2: qui / payer (*to pay for*) / repas?
É1: hélas (*alas*) / souvent / moi

ots-clés

Expressing agreement, disagreement, and surprise

D'accord.	*All right.*
Bien sûr que oui (**non**).	*But of course. / Of course not.*
Ah bon.	*Oh, really?*
Mais non! Moi, je préfère...	*Of course not! I'd rather . . .*
Au contraire, moi, je...	*On the contrary, I . . .*
Peut-être, mais...	*Maybe, but . . .*

C. Sondage: Préférences gastronomiques. Interviewez cinq camarades.
Ensuite décrivez à la classe leurs préférences gastronomiques et comparez vos
résultats avec les résultats des autres enquêteurs (*interviewers*). Puis décidez qui
dans la classe aime le plat le plus original, le plus bizarre; qui mange à des
heures inhabituelles (*unusual*); qui préfère une boisson peu commune, un
restaurant exotique... Y a-t-il d'autres réponses surprenantes (*surprising*)?
Expliquez.

QUESTIONS SUGGÉRÉES

1. Quel est ton restaurant préféré? Manges-tu souvent au restaurant?
2. Quel est ton repas préféré? Pourquoi?
3. Au petit déjeuner, préfères-tu prendre du café? du thé? du chocolat? du
   lait? _____? Prends-tu aussi des œufs? des céréales? _____?
4. Que préfères-tu prendre au déjeuner? un sandwich? une omelette? un
   repas complet? _____?
5. Qu'est-ce que tu bois au déjeuner? du lait? du vin? du Coca-Cola? de
   l'eau minérale? du café?
6. Qu'est-ce que tu prends au dîner? du jambon? du rôti de bœuf (*roast
   beef*)? du poisson? _____? Qu'est-ce que tu bois?
7. En général, quel dessert préfères-tu? des fruits? du fromage? du gâteau?
   _____?

8. Manges-tu les mêmes plats toute l'année? Y a-t-il quelque chose que tu aimes particulièrement en chaque saison?

Interactions

In this chapter, you have practiced talking about food and drink, giving commands, and telling time. Act out the following situations, using the vocabulary and structures from this chapter.

1. **Au restaurant universitaire.** While you are eating on campus, you get stuck sitting next to someone (role-played by a classmate) with whom you have nothing in common and whom you do not particularly like. Make small talk about the meal, the weather, the classes, etc. Try to leave as soon as you can.
2. **Conseils.** A French exchange student has recently arrived at your university and wants to know the hours when the campus dining places are open (= *ouvert*) and the kinds of foods they serve. Give him/her some information and simple advice about what and where to eat.

Rencontres

L E C T U R E

Avant de lire

Finding the main thought in a sentence.   As you know, the normal word order of French syntax is *subject + verb*. Together, the subject and the verb represent the main thought expressed in a sentence. To grasp the meaning of a long sentence, it is useful to begin by isolating the subject and the verb.

   Two strategies can help you. First, omit words and phrases set off by commas. They are most likely to contain information supplementary to the main thought. Second, delete the relative clauses or clauses introduced by relative pronouns (for example, **qui** and **que**, meaning *who, whom,* or *that*). You will learn the relative pronouns later, but you should recognize them for the purpose of reading.

   Try to find the subject and verb in the following sentence.

> **Au dessert, on mange la bûche de Noël, un gâteau roulé au chocolat en forme de bûche.**

Once you have identified the subject and the verb (**on mange**), you can reread the sentence, adding more information. What does one eat? Is there a definition of **la bûche de Noël** in the sentence? Set off by a comma to the right of this term is a phrase including the words **gâteau** and **chocolat**, which you learned in this chapter. Set off by a comma at the beginning of the sentence is the word **dessert**. Without English glossing, you still may not know the literal definition of **la bûche**, but you should have understood that it is a chocolate dessert eaten at Christmas time. And that is sufficient to "get the gist" of the sentence.

Apply these strategies to your reading of "Grandes occasions," and remember to scan the glosses and the illustrations first.

Grandes occasions

En France, les jours de fête sont une occasion pour se réunir° en famille ou entre amis. Pour chaque fête, on mange des plats typiques qui changent° parfois° selon les régions. Voici les fêtes les plus gourmandes° du calendrier français.

Pour la fête des rois,* le 6 janvier, on achète chez le pâtissier° une ga-

Qui a trouvé la fève?

se... *to get together*

varient

quelquefois

les plus... *où l'on mange bien*

pastry shop

lette. C'est un gâteau qui contient un petit objet appelé une **fève**. La personne qui trouve la fève dans son morceau° de gâteau est maintenant le roi (ou la reine)° et il choisit sa reine (ou son roi). La famille ou les amis boivent à leur santé.°

Pâques° est, bien sûr, la fête du chocolat! C'est aussi un grand jour de

piece

roi... *king (or queen)*

health

Easter

Les Français adorent la bûche de Noël.

réunion familiale, à l'église et à table. On fait un grand repas, et au dessert grands et petits mangent des œufs, des cloches,° des poules ou des poissons en chocolat remplis° de bonbons.

Noël est peut-être la fête des fêtes. Le Réveillon° de Noël est un grand dîner que l'on prend le plus souvent après la messe° de minuit. Au menu: huîtres, foie gras, dinde aux marrons° et beaucoup de champagne! Au dessert, on mange la bûche° de Noël, un gâteau roulé au chocolat en forme de bûche. Les enfants, bien sûr, attendent avec impatience l'arrivée du Père Noël.

bells / filled

Midnight supper

une cérémonie catholique

huîtres... *oysters, pâté, turkey with chestnuts / log*

---

*This Christian holiday, also called Twelfth-day, commemorates Christ's appearance (in the form of the Magi) to the Gentiles.

Compréhension

Match the following quotations with the relevant paragraphs in "Grandes occasions."

1. «C'est ma fête préférée parce que j'adore les œufs en chocolat.»
2. «Je suis le roi!»
3. «Nous attendons toujours avec impatience l'arrivée de la bûche.»

P A R   É C R I T

Function: Writing about daily habits
Audience: Someone you do not know
Goal: Write a passage describing your eating habits. Use the following questions as a guide.

PARAGRAPHE 1
Combien de repas par jour prenez-vous? En général, mangez-vous bien ou mal? Expliquez.

PARAGRAPHE 2
Que prenez-vous au petit déjeuner?

PARAGRAPHE 3
Où mangez-vous à midi? Prenez-vous un repas complet au déjeuner?

PARAGRAPHE 4
Mangez-vous pendant l'après-midi? Qu'est-ce que vous mangez?

PARAGRAPHE 5
Qui prépare le dîner chez vous? Passez-vous beaucoup de temps à table?

PARAGRAPHE 6
Quand invitez-vous des amis à dîner chez vous? À quelle occasion préparez-vous un repas spécial?

Steps

1. Begin by answering the questions above in rough form.
2. After you have jotted down the answers, write a single sentence that sums up the main point you want to make in each paragraph. (As you structure your paragraphs, keep in mind what you discovered about topic sentences in the **Avant de lire** section in Chapter 5. A topic sentence always expresses a "key idea" which will be developed or supported in the rest of your paragraph.) Write a few topic sentences before you settle on the final one.
3. After you have written the draft, reread it to check for organization and smoothness of style. Have a classmate read it to see if what you have written is clear. Make any necessary changes.

4. Finally, read the composition once more for spelling, punctuation, and grammar errors. Pay particular attention to your use of articles, especially the partitive. Underline the topic sentences before you hand in your composition. Be prepared to read it to a small group of classmates.

À L'ÉCOUTE!

La météo. You will hear a weather forecast for all of France. First, look through the drawings and the activities. Next, listen to the forecast. Then, do the activities.

A. Based on the forecast, place the appropriate weather symbol in the correct place on the map of France. Next, write down the temperatures you hear next to the appropriate city.

le soleil   la pluie   le vent

la neige   les nuages

B. Vrai ou faux? Now turn on the tape again and listen to short statements about weather. Indicate here whether they are true or false according to current weather conditions in *your area*.

1. _____   4. _____   7. _F_
2. _____   5. _____   8. _✓_
3. _____   6. _____

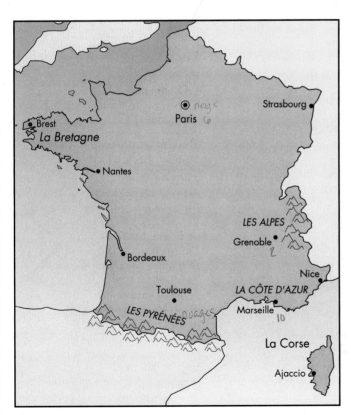

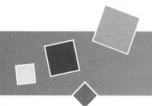

Vocabulaire

Verbes

acheter to buy
apprendre to learn
boire to drink
commander to order (*in a restaurant*)
comprendre to understand
dîner to dine, have dinner
passer to pass, spend (*time*)
préférer to prefer
prendre to take; to have (to eat; to order)

À REVOIR: **aimer mieux, préparer**

Substantifs

la boisson drink
la cuisine cooking; kitchen
le déjeuner lunch
le dessert dessert
le dîner dinner
le fruit fruit
le goûter afternoon snack
le hors-d'œuvre* appetizer
la journée (whole) day
le légume vegetable
le petit déjeuner breakfast
le repas meal (s)
la viande meat

Les provisions

le beurre butter
la bière beer
le bifteck steak
la carotte carrot
le chocolat chocolate
la crème cream
le croissant croissant
l'eau (minérale) (*f.*) (mineral) water
la fraise strawberry
les frites (*f.*) French fries

le fromage cheese
le gâteau cake
les haricots* verts (*m.*) green beans
le jambon ham
le lait milk
l'œuf (*m.*) egg
le pain bread
la poire pear
le poisson fish
le poivre pepper
la pomme apple
la pomme de terre potato
le poulet chicken
la salade salade, lettuce
le sel salt
le sucre sugar
la tarte pie
le thé tea
la tomate tomato
le vin wine

À table

l'assiette (*f.*) plate
le bol wide cup
la bouteille bottle
la carafe carafe
le couteau knife
la cuillère (à soupe) (soup) spoon
la fourchette fork
la serviette napkin
la tasse cup
le verre glass

L'heure   The time

Quelle heure est-il? What time is it?
Il est... heure(s). It is . . . o'clock.
Il est midi. It's noon.
Il est minuit. It's midnight.
...et demi(e) half past (the hour)
...et quart quarter past (the hour)
...moins le quart quarter to (the hour)

...du matin in the morning
...de l'après-midi in the afternoon
...du soir in the evening, at night

À REVOIR: **les chiffres** (*numbers*) **aux pages 4 et 8.**

Le temps   The weather

Quel temps fait-il? How's the weather?
Il fait beau. It's nice (out).
Il fait chaud. It's hot.
Il fait du soleil. It's sunny.
Il fait du vent. It's windy.
Il fait frais. It's cool.
Il fait froid. It's cold.
Il fait mauvais. It's bad (out).
Il neige. It's snowing.
Il pleut. It's raining.

Les saisons

En été... In summer . . .
En automne... In fall . . .
En hiver... In winter . . .
Au printemps... In spring . . .

Mots et expressions divers

Ah bon. Oh, really?
assez de enough
Au contraire... On the contrary . . .
Bien sûr que oui (non). Of course (not).
de bonne heure early
J'ai horreur de... I can't stand . . .
Je n'aime pas du tout... I don't like . . . at all
Je suis gourmand(e). I like to eat.
ne... plus no more
presque almost
tard late
tôt early
trop de too much
vers around, about (with time expressions)

---

*The initial **h** is aspirate here, which means there is no elision with the article **le**.

Intermède

Non, merci

Contexte *Ken, un étudiant américain, passe un semestre à Strasbourg, où il habite dans une famille française. Strasbourg est la ville principale d'Alsace, une province où la cuisine est très riche. Les Alsaciens sont aussi très hospitaliers. Ken découvre° les plaisirs et les dangers d'un repas de week-end en famille!*   *discovers*

Objectif *Ken essaie de refuser un plat avec tact.*

Une vue pittoresque du vieux Strasbourg

M. GIRARD:	Encore un peu de bière, Ken?
KEN:	Non, merci.
MME GIRARD:	Vous allez bien reprendre un peu de quiche, quand même°?
KEN:	Elle est vraiment° délicieuse, mais non, merci.
MARIE-LINE:	Tu es au régime?
KEN:	Non, mais j'ai déjà beaucoup mangé.
MARIE-LINE:	Ken, la cuisine, c'est une expérience culturelle.
MME GIRARD:	Mais oui, Ken, faites un sacrifice culturel et prenez de la tarte aux mirabelles:° c'est ma spécialité!
KEN:	Alors, je ne peux° pas refuser.

quand... all the same

truly, really

already

plums

can

À propos

À table

The following expressions will be useful when you are eating in a French-speaking area.

Bon appétit!	*Enjoy your meal*; literally, *good appetite.*
Santé! **À votre santé!** **À ta santé!**	These expressions meaning *to your health* or *Cheers!* are useful for toasts.

167

to have again

Je reprendrais bien un peu de... **Passez-moi... s'il vous plaît.** **Passe-moi... s'il te plaît.**	*May I have another helping of* . . . Say this when you want someone to pass you something.
En voulez-vous encore? **En veux-tu encore?**	*Do you want some more (of a certain dish or drink)?*
S'il vous plaît. / Non, merci.	*Yes, please. / No, thank you.*
Je n'ai plus faim.	*I'm full. I've eaten enough.*
C'est délicieux! Je me régale.	*It's delicious! I'm having a feast.* Say this to compliment the cook.

Maintenant à vous!

A. Questions personnelles. Relisez (*Reread*) le dialogue, puis répondez aux questions.

1. Est-ce que vous dînez souvent en famille le dimanche? Quels plats sert-on? Qu'est-ce qu'on aime manger chez vous?
2. Qu'est-ce que vous aimez manger quand vous dînez dans un bon restaurant?
3. Est-ce qu'il y a des plats typiques de votre région? Lesquels préférez-vous?

B. Jeu de rôles: Un repas entre amis. Avec deux camarades, imaginez une conversation qui prend place (*which takes place*) à table. Utilisez les expressions de l'*À propos*. Puis jouez la scène devant la classe.

P O R T R A I T S

Édouard Manet: **Déjeuner sur l'herbe (1832–1883)**

Édouard Manet's *Déjeuner sur l'herbe* created a scandal in 1863 because of its thoroughly natural depiction of the human body, divorced from any historical, mythological or heroic context. This congenial group of picnickers exercised a profound influence on the Impressionists and helped usher in the modern age of Western painting. It now hangs in the M d'Orsay in Paris.

Musée

impressionists

CHAPITRE SEPT

On mange bien en France!

En avant

—Bonjour, Madame.

—Bonjour. Je voudrais un kilo de saumon, s'il vous plaît.

—Oui, et avec ceci?

—C'est tout.

—Alors, ça vous fait 65,80 F.

Communicative goals: going shopping; ordering in a restaurant; counting above 60; using French currency; pointing out and describing people and things; expressing desire, ability, and obligation; and asking about choices.

Étude de vocabulaire

Les magasins d'alimentation

Les magasins du quartier. Où allez-vous pour acheter les produits suivants?

MODÈLE: des côtes de bœuf →
Pour acheter des côtes de bœuf, je vais à la boucherie-charcuterie.*

1. des pains au chocolat   2. des pommes de terre   3. des boîtes de thon (*tuna*) à l'huile   4. du poisson frais (*fresh*)   5. du veau   6. une baguette   7. du pâté de canard (*duck*)   8. des crevettes (*shrimp*)

---

*There are also separate stores: **la boucherie**, **la charcuterie**, **la boulangerie**, **la pâtisserie**. Many of these stores are disappearing as the French increasingly patronize **les supermarchés**.

L'HIPPO FUTÉ 73,00 F
Salade Hippo
Faux filet grillé (240 g)
sauce poivrade
Pommes allumettes

LES VINS EN PICHET [a] (31 cl)

BORDEAUX ROUGE A.C.	23,00 F
GAMAY DE TOURAINE A.C.	17,00 F

LES ENTRÉES

ASSIETTE DU JARDINIER [b]	29,00 F
TERRINE DU CHEF	27,00 F
COCKTAIL DE CREVETTES	30,00 F
SALADE DE SAISON	13,00 F

LES GRILLADES
avec sauce au choix.

FAUX FILET MINUTE .... 59,00 F
Tellement goûteux qu'il plaît aussi à ceux qui l'aiment «bien cuit».

T. BONE .... 89,00 F
Tranche à l'américaine, avec le filet et le faux filet de part et d'autre de l'os en T. 2 qualités de viande dans le même morceau d'environ 380 g.

PAVÉ * .... 69,00 F
Tranché dans le cœur des rumsteaks, c'est une tranche maigre et épaisse (conseillé pour ceux qui aiment «rouge»).

ENTRECÔTE *	69,00 F

Un morceau qui permet à ceux qui aiment «bien cuit» d'apprécier cependant la bonne viande.

CÔTE «VILLETTE»	184,00 F

Pour 2 affamés d'accord sur la même cuisson. 850 grammes environ.

CÔTES D'AGNEAU [c]	73,00 F

LES FROMAGES

BRIE DE MEAUX AUX NOIX	23,00 F
FROMAGE BLANC NATURE	15,00 F

LES DESSERTS

MOUSSE AU CHOCOLAT	22,00 F
TARTE AUX FRUITS	29,00 F

LES SORBETS [d]

POIRE	22,00 F
FRUIT DE LA PASSION	22,00 F

[a] *pitcher*
[b] *Assiette... mixed salad*
[c] *lamb*
[d] *sherbets*

Autres mots utiles:
l'entrée (*f.*) first course
le plat dish (type of food); course (of a meal)
le plat principal main course
l'addition (*f.*) check
le pourboire tip

A. L'Hippo. Mettez le dialogue à la page suivante dans le bon ordre. Numérotez de 1 jusqu'à 14.

---

*Pavé, **entrecôte**, and **côte «villette»** are different cuts of beef.

LE SERVEUR

____ —Vous voulez (*want*) de la sauce avec votre entrecôte?

____ —Vous prenez le menu ou la carte?

____ —Bien, je vous écoute.

____ —Bonjour, Madame. Avez-vous choisi (*Have you chosen*)?

____ —(*plus tard*) Prenez-vous du fromage ou un dessert?

____ —(*plus tard*) Vous désirez autre chose (*something else*)?

____ —Et vous prenez du vin?

LA CLIENTE

____ —Oui, je vais prendre un pichet de gamay de Touraine.

____ —Je vais prendre la carte.

____ —Oui, j'ai fait mon choix (*I've made my choice*).

____ —Non merci. Apportez-moi l'addition, s'il vous plaît!

____ —Non, merci, je suis au régime (*on a diet*).

____ —Euh, je vais prendre un sorbet à la poire et un café.

____ —Comme entrée, je vais prendre une assiette du jardinier, et ensuite une entrecôte saignante (*rare*) avec des frites.

Eⁿ SAVOIR PLUS

La carte ou le menu?

Le menu in France refers to a full meal including **une entrée** or **un hors-d'œuvre, un plat principal,** and **du fromage** or **un dessert**. The price is fixed and the tip is included. Many restaurants have at least two **menus**: an inexpensive one and a more expensive one.

If you want to order a single dish or if you do not like what is offered as the **menu** you can order **à la carte. La carte** is more expensive than the **menu** but offers more variety. Apart from the main **carte,** restaurants also have **une carte des vins** and **une carte des desserts**.

B. Au restaurant. Avec un(e) camarade, regardez le menu et la carte de l'Hippo Futé. Jouez les rôles du serveur (de la serveuse) et du client (de la cliente). Notez ce que le client commande.

MODÈLE: LE SERVEUR (LA SERVEUSE): Qu'est-ce que vous prenez comme entrée? (plat principal, boisson...)
              LE CLIENT (LA CLIENTE): Je prends le/la*...

Ensuite décrivez le déjeuner ou le dîner de votre camarade à la classe. Commentez ses goûts (*tastes*).

---

*When ordering from a menu, one often uses the definite article, rather than the partitive.

Un PEU D'ARGOT

la bidoche	la viande	10 (250; 1000)	10 (250; 1000)
le frometon	le fromage	**balles**	francs
la douloureuse	l'addition		

EN CONTEXTE

JEAN-LOUIS: Tu veux prendre **de la bidoche** ou **du frometon?**

LAURENT: Non, je n'ai pas envie de payer **une douloureuse** de plus de cinquante **balles**!

Encore des nombres (60, 61, etc.)

60	soixante	80	quatre-vingts
61	soixante **et** un	81	quatre-vingt-un
62	soixante-deux	82	quatre-vingt-deux
63	soixante-trois	83	quatre-vingt-trois
70	soixante-dix	90	quatre-vingt-dix
71	soixante **et** onze	91	quatre-vingt-onze
72	soixante-douze	92	quatre-vingt-douze
73	soixante-treize	93	quatre-vingt-treize
		100	cent

Note that the number 80 (**quatre-vingts**) takes an **-s**, but that numbers based on it do not: **quatre-vingt-un**, and so on.

101	cent un	600	six cents
102	cent deux, etc.	700	sept cents
200	deux cents	800	huit cents
201	deux cent un, etc.	900	neuf cents
300	trois cents	999	neuf cent quatre-vingt-dix-neuf
400	quatre cents	1 000	mille
500	cinq cents	999 999	?

Note that the **-s** of **cents** is dropped if it is followed by any other number: **deux cent un, sept cent trente-cinq**.

Like **cent**, **mille** (*one thousand*) is expressed without an article. **Mille** is invariable and thus never ends in **s**.

1 004   **mille quatre**
7 009   **sept mille neuf**
9 999   **neuf mille neuf cent quatre-vingt-dix-neuf**

A. Problèmes de mathématiques. Inventez six problèmes selon le modèle, puis demandez à un(e) camarade de les résoudre (*solve them*).

MODÈLES: 37 + 42 = ? → Trente-sept plus (et) quarante-deux font soixante-dix-neuf.

96 − 3 = ? → Quatre-vingt-seize moins trois font quatre-vingt-treize.

500 × 24 = ? → Cinq cents fois vingt-quatre font douze mille.

B. Voyage gastronomique. Vous passez trois jours en Bretagne avec des amis. Vous cherchez des restaurants dans un guide.

LA DOUANE

RESTAURANT GASTRONOMIQUE
Jean-Marc PÉRON

Spécialités - les langoustines à la diable
- la lotte fumée "à la maison"
- le saint pierre en infusion de gingembre et de citron
- gourmandises aux chocolats

71, avenue Alain Le Lay - CONCARNEAU
Tél. 98 97 30 27 (salle air conditionné)

RESTAURANT VIETNAMIEN
LE JARDIN D'ASIE
SPÉCIALITÉS GRILL
(Brochettes : crevettes, porc, poisson, canard)
Ambiance intime
Repas de famille et d'affaires
Prix étudiés
Plats à emporter
Ouvert midi et soir de 19 H à 23 H

27, avenue de la Gare - QUIMPER
Tél. 98 90 46 92

1. Avec un(e) camarade, choisissez votre restaurant préféré, puis expliquez à la classe les raisons de votre choix (spécialités de la maison, type de cuisine, etc.).
2. Téléphonez pour réserver une table. Jouez les rôles du maître d'hôtel et du client (de la cliente). N'oubliez pas d'indiquer le nombre de personnes, le jour et l'heure de votre réservation. Vous pouvez aussi demander le prix du menu s'il n'est pas indiqué.

MODÈLE: —Allô, c'est bien le 98.97.30.27?
          —Oui, c'est le restaurant...
          —Je voudrais réserver une table pour...

3. Maintenant votre camarade donne à la classe les détails de votre réservation: jour, heure et nombre de personnes. Allez-vous retrouver d'autres camarades dans un de ces restaurants? Qui?

C. La cuisine diététique. Votre partenaire et vous avez un restaurant français qui sert (*serves*) de la cuisine diététique. Créez (*Create*) un menu avec moins de (*less than*) 1 000 calories. Le menu doit (*must*) avoir...

une entrée ou un hors-d'œuvre
un plat principal (viande + légumes)
un fromage ou un dessert

Valeur Calorique de quelques aliments							
Très caloriques		**Caloriques**		**Peu caloriques**		**Très peu caloriques**	
Saucisson	559	Brie	271	Banane	97	Poire (*pear*)	61
Chocolat	500	Pain	259	Crevettes	96	Pomme	61
Pâté de foie gras	454	Côte d'agneau	256	Pommes de terre	89	Carotte	43
Biscuits secs	410	Filet de porc	172	Lait	67	Fraise	40
Macaronis, pâtes	351	Œufs	162	Artichaut	64	Orange	40
Riz	340	Poulet	147			Champignons	31
Camembert	312	Canard (*duck*)	135			Tomates	22

D. Quel est le numéro? Demandez à un(e) camarade les numéros suivants.

1. son numéro de sécurité sociale 2. son adresse 3. le numéro de son permis de conduire (*driver's license*) 4. son code postal 5. le numéro de téléphone d'un ami (d'une amie) 6. le numéro de sa carte d'étudiant

Eⁿ SAVOIR PLUS

La monnaie française

French currency is **le franc** (**fr**). It is divided into **centimes**.

LES BILLETS (*bills*)
500 francs   50 francs
200 francs   20 francs
100 francs

LES PIÈCES (*coins*)
20 francs
10 francs
5 francs
2 francs
1 franc
50 centimes
20 centimes
10 centimes
5 centimes

There are two common ways of writing prices in French:

48frs50*: quarante-huit francs cinquante.   48,50frs: quarante-huit cinquante.

*Sums of money in France can also be written using **F**, **ff**, or a comma in place of **frs** (**francs**): **48F50**, **48ff50**, **48,50**.

E. Les promotions du mois. Ce soir vous faites des courses. Vous allez dans un magasin spécialisé en produits surgelés (*frozen*). Vous achetez un plat principal, des légumes et un dessert. Qu'est-ce que vous allez choisir?

Les promotions du mois chez Picard Surgelés

Bifteck bavette Bigard, 130 g env. Sac de 8. Le kg   ~~75,70~~   **68,10**

Côtes de porc première et filet Bigard, 140 g. env. (le kg 32,00 F). Sac de 1,3 kg   ~~46,30~~   **41,60**

Rôti de veau épaule, sans barde, Bigard, 1 kg environ. Le kg   ~~58,20~~   **52,40**

Navarin (assortiment ragoût) Bigard, morceaux 70 g env. Sac de 1 kg   ~~41,10~~   **37,00**

Poulet classe A, sans abats, 1,2 kg environ. Le kg   ~~20,80~~   **18,70**

Poisson Thaï au lait de coco, avec riz printanier, Thaïlande, (le kg 58,44 F). Boîte de 450 g   ~~29,20~~   **26,30**

Chili con carne, bœuf et légumes avec épices fortes à part, Mexique (le kg 61,42 F). Boîte de 350 g   ~~23,90~~   **21,50**

Feuilletine de veau à l'orange, sauce porto, M. Guérard (le kg 92,50 F). Boîte de 440 g   ~~45,20~~   **40,70**

Cannelloni (le kg 34,44 F). Boîte de 450 g   ~~18,20~~   **15,50**

Petits pois doux extra-fins (le kg 10,00 F). Sac de 2,5 kg   ~~28,40~~   **25,00**

Haricots mange-tout mi-fins (le kg 7,76 F). Sac de 2,5 kg   ~~22,10~~   **19,40**

Epinards hachés, tablettes 6 g environ. Sac de 1 kg   ~~8,60~~   **7,60**

Choux-fleurs en fleurettes. Sac de 1 kg   ~~12,50~~   **11,00**

Chou vert, 2 plaques de 500 g. Sac de 1 kg   ~~13,10~~   **11,80**

Poivrons verts et rouges mélangés en dés, Espagne. Sac de 1 kg   ~~13,70~~   **12,10**

Pommes de terre en cubes à rissoler, préfrites Sac de 1 kg   ~~9,80~~   **8,60**

Purée de carottes, tablettes de 6 g environ. Sac de 1 kg   ~~13,20~~   **11,60**

Eclairs (2 café, 2 chocolat) 60 g, Patigel (le kg 53,75 F). Boîte de 4   ~~15,20~~   **12,90**

Bavaroise aux myrtilles, Niemetz, 530 g, 8 parts (le kg 54,15 F). Pièce   ~~33,40~~   **28,70**

Tarte Tatin, Ninon, 450 g, 4 parts (le kg 44,22 F). Pièce   ~~23,40~~   **19,90**

Fraises entières, France. Sac de 1 kg   ~~23,70~~   **21,00**

Croissants feuilletés, pur beurre, cuits, 40-45 g (le kg 38,75 F). Sachet de 12   ~~21,90~~   **18,60**

Poire Belle-Hélène, Miko, 125 ml (le litre 27,40 F). Boîte de 4   ~~16,10~~   **13,70**

Crème vanille, Mövenpick, crème glacée vanille avec crème. Boîte de 1 litre   ~~29,80~~   **25,30**

Composez votre menu.

Maintenant calculez le prix réel de ce que vous allez acheter, le prix en promotion que vous allez payer et combien vous allez économiser (*to save*).

	PRIX AVANT PROMOTION	PRIX EN PROMOTION	DIFFÉRENCE DE PRIX
Plat principal	_____	_____	_____
Légumes	_____	_____	_____
Dessert	_____	_____	_____
Total	_____	_____	_____

Enfin, donnez votre menu et les résultats de vos calculs à la classe. Qui compose le menu le plus cher (*most expensive*)? le plus original? Qui économise le plus? Combien économise-t-il/elle?

France-culture

Shopping for food in France. Although the **supermarché** is becoming more common in France, some French people still shop in the traditional way—that is, they walk from store to store in their own neighborhoods, finding the items that are especially fresh and engaging store owners and other customers in conversation. Shopping in this manner is part of the social fabric of the **quartier**, or neighborhood, and it gives city dwellers the same sense of community found in small towns or villages.

    For the foreign visitor, shopping in the traditional French way is fun. To get a "cook's tour" of the great variety of specialty dishes that make up French cuisine, go to **le traiteur**, a shop that provides catering service for gourmet dishes, mostly precooked and ready to go. Although **traiteur** means "delicatessen owner," it is also used to designate the store itself.

Étude de grammaire

20. POINTING OUT PEOPLE AND THINGS
Demonstrative Adjectives

Un dîner entre amis

BRUNO: **Ce** rôti de bœuf est vraiment délicieux!

ANNE: Merci.

BRUNO: Est-ce que je peux goûter encore un peu de **cette sauce-là**?

ANNE: Mais bien sûr.

MARIE: **Ces** haricots verts, hum! Où vas-tu faire tes courses?

ANNE: Rue Contrescarpe.

MARIE: Moi aussi. J'adore **cette** rue, **cette** ambiance de village, **ces** petits magasins...

Répondez.

1. Qu'est-ce que les trois amis mangent?
2. Pourquoi Marie aime-t-elle la rue Contrescarpe?

A. Forms of Demonstrative Adjectives

Demonstrative adjectives (*this/that, these/those*) are used to point out or to specify a particular person, object, or idea. They agree with the nouns they modify in gender and number.

	SINGULAR	PLURAL
Masculine	**ce** magasin [su] **cet** escargot **cet** homme [set]	[sɑv] **ces** magasins **ces** escargots **ces** hommes
Feminine	**cette** épicerie	**ces** épiceries

Note that **ce** becomes **cet** before masculine nouns that start with a vowel or mute **h**.

B. Use of *-ci* and *-là*

In English, *this/these* and *that/those* indicate the relative distance to the speaker. In French, the suffix **-ci** is added to indicate closeness, and **-là**, to indicate greater distance.

> —Prenez-vous **ce** gâteau-**ci**?   ICI
> —Non, je préfère **cet** éclair-**là**.
>   there

Il n'est pas toujours facile de choisir un dessert devant les vitrines des pâtisseries françaises!

Vérifions!

A. Au supermarché. Qu'est-ce que vous achetez?

MODÈLE: une bouteille d'huile (*oil*) → J'achète cette bouteille d'huile.

1. une boîte de sardines   2. un camembert   3. des tomates   4. une bouteille de vin   5. quatre poires   6. une bouteille d'eau minérale   7. des pommes de terre   8. un éclair au café   9. un artichaut

B. Exercice de contradiction. Vous allez faire un pique-nique. Vous faites des courses avec un(e) camarade, mais vous n'êtes pas d'accord! Jouez les rôles.

MODÈLE: pain / baguette →
                          VOUS: On prend ce pain?
              VOTRE CAMARADE: Non, je préfère cette baguette.

1. saucisson / jambon
2. pâté / poulet froid
3. filet de bœuf / rôti de veau
4. haricots verts / boîte de carottes
5. pizza (*f.*) / sandwich
6. pommes / bananes

7. tarte / éclair
8. gâteau / glace
9. jus de fruits / bouteille de vin
10. boîte de sardines / morceau de fromage

Parlons-en!

Chez le traiteur. Avec un(e) camarade, jouez les rôles du client et du traiteur. Ajoutez d'autres exemples.

MODÈLE: poulet →

LE CLIENT (LA CLIENTE): Donnez-moi du poulet, s'il vous plaît.
LE TRAITEUR: Ce poulet-ci ou ce poulet-là?
LE CLIENT (LA CLIENTE): Ce poulet-ci. Et donnez-moi aussi un peu de ce fromage.
LE TRAITEUR: Tout de suite, Monsieur (Madame).

1. salade 2. rôti 3. légumes 4. pâté 5. pizza 6. saucisses 7. ?

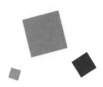

21. EXPRESSING DESIRE, ABILITY, AND OBLIGATION
The Verbs *vouloir, pouvoir,* and *devoir*

Le Procope*

MARIE-FRANCE: Tu **veux** du café?
CAROLE: Non, merci, je ne **peux** pas boire de café. Je **dois** faire attention. J'ai un examen aujourd'hui. Si je bois du café, je vais être trop nerveuse.
PATRICK: Je bois du café seulement les jours d'examen. Ça me donne de l'inspiration, comme à Voltaire!

Répétez le dialogue et substituez les nouvelles expressions aux expressions suivantes.

1. café → vin
2. nerveux/euse → lent(e) (*sluggish*)
3. Voltaire → Bacchus†

A. Present-Tense Forms of *vouloir, pouvoir,* and *devoir*

The verbs **vouloir** (*to want*), **pouvoir** (*to be able to*), and **devoir** (*to owe; to have to, to be obliged to*) are all irregular in form.

---

*In the eighteenth century, **Le Procope** was the first place in France to serve coffee. Because coffee was considered a dangerous, subversive beverage, only liberals like Voltaire dared to consume it.
†In classical mythology, Bacchus is the god of wine.

	vouloir	pouvoir	devoir
je	veux	peux	dois
tu	veux	peux	dois
il, elle, on	veut	peut	doit
nous	voulons	pouvons	devons
vous	voulez	pouvez	devez
ils, elles	veulent	peuvent	doivent

Voulez-vous des hors-d'œuvre, Monsieur? — *Do you want some hors d'œuvres, sir?*

Est-ce que nous **pouvons** avoir la salade avant le plat principal? — *Can we have the salad before the entrée?*

Je **dois** laisser un pourboire. — *I must leave a tip.*

B. Uses of *vouloir* and *devoir*

1. **Vouloir bien** means *to be willing to, to be glad to* (*do something*).

   Je **veux bien**. — *I'm willing. (I'll be glad to.)*
   Il **veut bien** goûter les escargots. — *He's willing to taste the snails.*

   Vouloir dire expresses *to mean.*   to want to say

   Qu'est-ce que ce mot **veut dire**? — *What does this word mean?*
   Que **veut dire** «pourboire»? — *What does **pourboire** mean?*

2. **Devoir** can express necessity or obligation.

   Je suis désolé, mais nous **devons** partir. — *I'm sorry, but we must leave.*   followed by an infinitive

   Devoir can also express probability.

   Elles **doivent** arriver demain. — *They are supposed to arrive tomorrow.*

   Marc n'est pas en cours; il **doit** être malade. — *Marc isn't in class; he must be ill.*

   When not followed by an infinitive, **devoir** means *to owe.*

   Combien d'argent est-ce que tu **dois** à tes amis? — *How much money do you owe (to) your friends?*   followed by an object

   Je **dois** 87F à Henri et 99F à Georges. — *I owe Henri 87 francs and Georges 99 francs.*

Vérifions!

A. Le Ritz. Pour fêter son anniversaire (*to celebrate his birthday*), Stéphane invite ses amis américains Ben et Jessica au restaurant «le Ritz». Complétez leur dialogue. Remplacez les blancs par les verbes **pouvoir**, **devoir** ou **vouloir** selon le contexte et conjuguez ces verbes.

BEN: Qu'est-ce qu'on ＿＿＿¹ prendre?

STÉPHANE: En entrée vous ＿＿＿² prendre du pâté de lapin, il est excellent. Et comme plat de résistance...

JESSICA: Pardon, que ＿＿＿³ dire «plat de résistance»?

STÉPHANE: Bon, c'est le plat principal du repas. Vous ＿＿＿⁴ absolument essayer la truite aux amandes, c'est la spécialité de la maison. En dessert si vous ＿＿＿⁵, vous ＿＿＿⁶ prendre une charlotte aux framboises.

JESSICA: Ce ＿＿＿⁷ être très nourrissant (*rich, fattening*) tout ça, non?

STÉPHANE: Un peu mais ce n'est pas tous les jours mon anniversaire. Tu ＿＿＿⁸ oublier ton régime pour aujourd'hui.

(*Une heure plus tard.*)

STÉPHANE: Bon, on ＿＿＿⁹ y aller. Mes parents ＿＿＿¹⁰ aller au ciné ce soir et ils ＿＿＿¹¹ attendre la voiture. S'il vous plaît, combien je vous ＿＿＿¹²?

LE SERVEUR: Deux cent soixante-quinze francs, s'il vous plaît.

BEN: Est-ce que nous ＿＿＿¹³ laisser un pourboire?

STÉPHANE: Si tu ＿＿＿¹⁴ mais ici le service est compris. Cela ＿＿＿¹⁵ dire qu'on n'est pas obligé.

B. Une soirée compliquée. Composez un dialogue entre Christiane et François.

CHRISTIANE: je / avoir / faim / et / je / vouloir / manger / maintenant

FRANÇOIS: tu / vouloir / faire / cuisine?

CHRISTIANE: non... / est-ce que / nous / pouvoir / aller / restaurant?

FRANÇOIS: oui, je / vouloir / bien

CHRISTIANE: où / est-ce que / nous / pouvoir / aller?

FRANÇOIS: on / pouvoir / manger / couscous / Chez Bébert

CHRISTIANE: nous / devoir / inviter / Carole

FRANÇOIS: tu / pouvoir / inviter / Jean-Pierre / aussi

CHRISTIANE: ce / soir / ils / devoir / être / cité universitaire?

FRANÇOIS: oui, ils / devoir / préparer / un / examen

CHRISTIANE: un / examen? / mais / nous / aussi, / nous / avoir / un / examen / demain

FRANÇOIS: ce / (ne... pas) être / sérieux / nous / pouvoir / parler / de / ce / examen / restaurant

Maintenant donnez une réponse logique d'après le dialogue.

1. François veut aller dans un restaurant ＿＿＿. (*italien / marocain / antillais*)

2. François pense que (*thinks that*) ce soir Jean-Pierre et Carole doivent
   _____. (*étudier / travailler / dîner*)
3. À la fin, Christiane et François _____ dîner au restaurant. (*veulent / ne
   veulent pas*)

Mots-clés

Other ways to talk about obligations: **Devoir** is generally used to talk
about what one or several individuals must do. To talk about necessity
in a more general way, use **il faut** with an infinitive.

> Pour ne pas grossir, **il faut** faire de l'exercice. **Il ne faut pas** manger
> trop d'aliments riches.

Il faut can also be followed by nouns referring to objects, to talk about
what is needed.

> Pour faire une soupe à l'oignon, **il faut** des oignons, du consommé de
> bœuf, du gruyère et du pain.

> **Il faut** du courage pour goûter des escargots, n'est-ce pas?

Parlons-en!

A. Qu'est-ce qu'il faut? Répondez aux questions avec un(e) camarade et notez
vos conclusions. Répondez avec **il faut** + infinitif ou nom.

> MODÈLE: Qu'est-ce qu'il faut pour passer une soirée à la française? →
>   Il faut des amis. (*ou* Il faut aimer la bonne cuisine. / Il faut
>   prendre son temps.)

1. pour faire une omelette?
2. pour ne pas grossir (*to gain weight*)?
3. pour s'amuser (*to have fun*) à une soirée à l'américaine?
4. pour se faire «une bonne bouffe (*a big meal*)»?
5. pour passer un bon réveillon (*New Year's Eve*)?

B. Conversation à trois. Avec deux autres camarades vous allez préparer un
repas pour toute la classe. Qu'est-ce que vous allez préparer? Où pouvez-vous
acheter les provisions nécessaires? Comment voulez-vous partager (*to share*) le
travail? Utilisez les verbes **pouvoir**, **vouloir** et **devoir**.

Expressions utiles: vouloir bien, devoir acheter, devoir commander, devoir
essayer de préparer un plat français, pouvoir acheter, pouvoir choisir, pouvoir
boire du champagne, devoir demander un pourboire

Après votre conversation, décrivez votre menu à la classe.

22. ASKING ABOUT CHOICES
The Interrogative Adjective *quel*

Henri Lefèvre, restaurateur à Albertville

Dan Bartell, journaliste américain, interroge Henri Lefèvre.

DAN BARTELL: **Quelle** est la principale différence entre la cuisine traditionnelle et la nouvelle cuisine?

HENRI LEFÉVRE: Les sauces, mon ami, les sauces.

DAN BARTELL: Et **quelles** sauces préparez-vous?

HENRI LEFÉVRE: J'aime beaucoup préparer les sauces traditionnelles comme la sauce bordelaise et le beurre blanc.

DAN BARTELL: **Quels** vins achetez-vous pour votre restaurant?

HENRI LEFÉVRE: J'achète surtout des vins rouges de Bourgogne et des vins blancs d'Anjou.

Et vous?

1. Quel est votre plat favori?
2. Quelle boisson préférez-vous?
3. Quelle cuisine préférez-vous?

A. Forms of the Interrogative Adjective *quel*

You are already familiar with the interrogative adjective **quel** in expressions such as **Quelle heure est-il?** and **Quel temps fait-il? Quel** (**quelle, quels, quelles**) means *which* or *what*. Its function is to elicit more precise information about a noun that is understood or established in context. It agrees in gender and number with the noun to which it refers.*

Quel fromage voulez-vous goûter?	*Which (What) cheese would you like to try?*
À **quelle** heure dînez-vous?	*(At) what time do you have dinner?*
Dans **quels** restaurants aimez-vous manger?	*In what (which) restaurants do you like to eat?*
Quelles boissons préférez-vous?	*What (Which) beverages do you prefer?*

---

*Note that the pronunciation of all four forms of **quel** is identical, [kɛl], but when the plural form precedes a word beginning with a vowel sound, there is **liaison**: **quels étudiants, quelles étudiantes**, [kɛl-ze-ty-djã(t)].

B. *Quel* with *être*

Quel can also stand alone before the verb **être** followed by the noun it modifies.

Quel est le prix de ce
champagne?

Quelle est la différence entre le
Perrier et l'eau minérale de
Calistoga?

*What's the price of this
champagne?*

*What's the difference between
Perrier (water) and Calistoga
(water)?*

ots-clés

> *Expressing admiration:* **Quel** is also used in exclamations.
>
> **Quel** père exemplaire!   *What an exemplary father!*
> **Quelle** bonne idée!   *What a great idea!*

Vérifions!

Qui vient dîner? Mme Guilloux veut organiser un dîner demain soir. Son mari
l'interroge (*asks her questions*). Complétez leur dialogue avec **qu'est-ce que,
quel(le)** ou **qui**.

M. GUILLOUX: _____[1] vas-tu inviter?

MME GUILLOUX: Maxime, Isabelle et Laurence.

M. GUILLOUX: Et _____[2] tu vas préparer?

MME GUILLOUX: Un rôti de bœuf avec des pommes de terre sautées.

M. GUILLOUX: Super! Mais _____[3] va faire les courses?

MME GUILLOUX: Toi, bien sûr.

M. GUILLOUX: Ben voyons! _____[4] vin est-ce que je dois acheter?

MME GUILLOUX: Je ne sais pas. _____[5] tu préfères?

M. GUILLOUX: Un bordeaux rouge.

MME GUILLOUX: Très bien. _____[6] heure est-il?

M. GUILLOUX: 6h30.

MME GUILLOUX: Déjà! _____[7] tu attends? Dépêche-toi (*Hurry up*), les
magasins vont bientôt fermer.

Parlons-en!

Une interview. Interrogez vos camarades sur leurs goûts. Utilisez l'adjectif
interrogatif **quel** et variez la forme de vos questions.

MODÈLE: sport →
Quel est le sport que tu préfères? (*ou* Quel sport préfères-tu?)

1. boisson	6. disques	10. revues
2. légume	7. discothèque (*f.*)	11. couleur (*f.*)
3. viande	8. programme de	12. matières
4. repas	télévision	13. vêtements
5. distractions	9. livres	14. films

Quelle est la réponse la plus insolite (*unusual*)? la plus drôle?

23. DESCRIBING PEOPLE AND THINGS
The Placement of Adjectives

Un nouveau restaurant

CHLOË: Il y a un **nouveau** restaurant dans le quartier.
VINCENT: Ah bon! Où ça?
CHLOË: À côté de la **petite** épicerie. Il s'appelle «Le **Bon Vieux** Temps».
VINCENT: C'est un **joli** nom. On y va samedi soir?
CHLOË: **Bonne** idée!

Corrigez les phrases incorrectes.

1. Il y a un nouvel hôtel dans le quartier.
2. D'après son nom, ce restaurant prépare des plats traditionnels.
3. Vincent n'aime pas le nom du restaurant.
4. Vincent et Chloé vont au restaurant samedi soir.

A. Adjectives That Usually Precede the Noun

1. Certain short and commonly used adjectives usually precede the nouns they modify.

REGULAR	IRREGULAR	IDENTICAL IN MASCULINE AND FEMININE
grand(e) *big, tall; great* **joli(e)** *pretty* **mauvais(e)** *bad* **petit(e)** *small, little* **vrai(e)** *true*	**beau/belle** *beautiful, handsome* **bon(ne)** *good* **faux/fausse** *false* **gentil(le)** *nice, kind* **gros(se)** *large, fat, thick* **long(ue)** *long* **nouveau/nouvelle** *new* **vieux/vieille** *old*	**autre** *other* **chaque** *each, every* **jeune** *young* **pauvre** *poor; unfortunate*

La cuisine est une **vraie** tradition pour les Français.	*Cooking is a real tradition for the French.*
La **nouvelle** cuisine est très populaire en ce moment.	*The "new cooking" is very popular right now.*
Antoine est un **vieux** restaurant de La Nouvelle-Orléans.	*Antoine is an old restaurant in New Orleans.*
Les **jeunes** clients aiment bien le propriétaire de ce restaurant.	*The young customers like the owner of this restaurant.*

Un restaurant élégant en plein air, en Alsace

2. The adjectives **beau**, **nouveau**, and **vieux** are irregular. They have two masculine forms in the singular.

SINGULAR		
Masculine	*Masculine before vowel or mute* **h**	*Feminine*
un **beau** livre	un **bel** appartement	une **belle** voiture
un **nouveau** livre	un **nouvel** appartement	une **nouvelle** voiture
un **vieux** livre	un **vieil** appartement	une **vieille** voiture

PLURAL	
Masculine	*Feminine*
de **beaux** appartements	de **belles** voitures
de **nouveaux** appartements	de **nouvelles** voitures
de **vieux** appartements	de **vieilles** voitures

B. Adjectives Preceding Plural Nouns

When an adjective precedes the noun in the plural form, the plural indefinite article **des** generally becomes **de.**[*]

J'ai **des** livres de cuisine.	J'ai **de** nouveaux livres de cuisine.
Faisons **des** desserts!	Faisons **de** bons desserts!

C. Adjectives That May Precede or Follow Nouns They Modify

The adjectives **ancien/ancienne** (*old; former*), **cher/chère** (*dear; expensive*), **grand(e)**, and **pauvre** may either precede or follow a noun, but their meaning

---

[*]In colloquial speech, **des** is often retained before the plural adjective: **Elle trouve toujours *des beaux* fruits.**

depends on their position. Generally, the adjective in question has a literal meaning when it follows the noun and a figurative meaning when it precedes the noun.

LITERAL SENSE	FIGURATIVE SENSE
C'est un homme très **grand**.* *He's a very tall man.*	C'est un très **grand** chef de cuisine. *He's a very great chef.*
Les clients **pauvres** ne vont pas à la Tour d'Argent. *Poor (not rich) customers don't go to the Tour d'Argent.*	**Pauvres** clients! Il n'y a plus de champagne! *The poor (unfortunate) customers! There's no more champagne!*
Il achète des chaises **anciennes** pour décorer la Tour d'Argent. *He's buying antique chairs to decorate the Tour d'Argent.*	M. Sellier est **l'ancien** maître d'hôtel de la Tour d'Argent. *Mr. Sellier is the former maître d'hôtel of the Tour d'Argent.*
C'est un vin très **cher**. *That's a very expensive wine.*	Ma **chère** amie... *My dear friend . . .*

D. Placement of More Than One Adjective

When more than one adjective modifies a noun, each adjective precedes or follows the noun as if it were used alone.

C'est une **petite** femme **blonde**.
J'ai de **bons** livres **français**.
C'est un **vieux** restaurant **agréable**.

Vérifions!

A. Qu'est-ce que vous aimez? Choisissez parmi ces adjectifs et faites des phrases selon le modèle: beau/belle; grand(e); joli(e); petit(e); vrai(e); bon(ne); nouveau/nouvelle; vieux/vieille; gros(se)

MODÈLE: les desserts → J'aime les **bons** desserts.

1. les restaurants
2. les recettes (*recipes*)
3. les hamburgers
4. les voitures
5. les maisons

B. Un dîner réussi. Hervé nous explique comment il fait pour réussir un bon repas. Transformez les noms du singulier au pluriel.

---

*The adjective **grand(e)** is placed *after* the noun to mean *big* or *tall* only in descriptions of people. When it precedes the noun in descriptions of things and places, it means *big, tall, large*: **les grandes fenêtres, un grand appartement, une grande table**.

MODÈLE: J'invite <u>un vrai ami</u>. → J'invite <u>de vrais amis</u>.

D'abord je mets sur la table <u>une belle plante</u> mais je ne mets jamais <u>une fausse assiette</u> en plastique. Je choisis toujours <u>un bon vin</u>. J'essaie (*try*) <u>une nouvelle recette</u>. J'achète <u>un beau pain</u> de campagne. Comme dessert, je prépare <u>un bon gâteau</u> et ensuite je sers <u>un petit verre</u> de liqueur ou <u>un petit digestif</u> (*after-dinner drink*).

C. On fait la critique. Voici la description d'un nouveau restaurant à New York. Complétez les phrases avec les adjectifs entre parenthèses. Faites attention! Les adjectifs ne sont pas toujours dans le bon ordre.

MODÈLE: Le chef fait la cuisine selon *la tradition...* (français, vieux) →
          Le chef fait la cuisine selon la vieille tradition française.

1. Les clients trouvent *une ambiance...* (bon, français)
2. Vous pouvez dîner sur *une terrasse...* (agréable, grand)
3. On peut commander *un vin...* (rouge, bon)
4. Il y a *du pain...* (vrai, français)
5. Les clients paient *des prix...* (raisonnable, petit)
6. Vous allez parler avec *la propriétaire...* (vieux, sympathique)
7. Les étudiants universitaires sont *des clients...* (agréable, jeune)

Parlons-en!

A. Une bonne table. Lisez ce que le magazine gastronomique *GaultMillau* dit du restaurant l'Auberge du Cheval Blanc à Lembach, en Alsace. Puis remplacez les adjectifs **vieux**, **opulente** et **large** par les adjectifs **ancien**, **pittoresque** et **varié**. Faites attention à la position des nouveaux adjectifs.

Maintenant, avec un(e) camarade, faites la description d'un restaurant de votre région. Ensuite, présentez votre description devant la classe sans nommer le restaurant. Est-ce que les autres membres de la classe peuvent deviner de quel restaurant vous parlez?

B. Les Parisiens. Faites la description la plus complète possible de ces personnes.

Mots utiles: à gauche, *on the left*; **à droite,** *on the right*

● **LEMBACH**

 15/20 Auberge du Cheval Blanc
Un vieux relais de poste transformé en opulente auberge au large répertoire culinaire : salade aux crustacés, panaché de foie chaud, turbot aux huîtres. Produits magnifiques, exécution impeccable. Menus de 115 F à 265 F.
4, rue Wissembourg. F. lundi, mardi et du 4 au 22 juil. Jusqu'à 21 h. Tél. : 88 94 41 86.

C. Personnages célèbres. Avec un(e) camarade, utilisez les mots suivants pour former des phrases complètes. (Attention à l'ordre des adjectifs!)

MODÈLE: Whitney Houston / femme / jeune / dynamique →
Whitney Houston est une jeune femme dynamique.

PERSONNES

Charles Barkley	Kristi Yamaguchi	Catherine Deneuve
Garfield	Howard Cosell	Gérard Depardieu
la princesse Diana	Snoopy	Joe Montana
Eddie Murphy	Goldie Hawn	?
Dumbo	Charlie Brown	

NOMS

fille	garçon	éléphant
homme	chien	acteur/trice
chat	femme	?

ADJECTIFS

jeune	joli	snob
beau	gentil	drôle
vieux	agréable	orange
grand	rouge	enthousiaste
petit	sociable	calme
bon	dynamique	désagréable
mauvais	sportif	?
gros	gris	

Étude de prononciation

Liaison

A consonant that occurs at the end of a word is often "linked" to the next word if that word begins with a vowel sound: les amis [lɛ za mi]. This linking is called **liaison**. It occurs between words that are already united by meaning or syntax: Ils ont un ami [il zɔ̃ tɛ̃ na mi].

Liaison is compulsory in the following cases.

between a pronoun and a verb — ils ont; ont-ils
between a noun and a preceding adjective — de beaux hommes

between a one-syllable preposition and its object	sans_argent
between a short adverb and an adjective	très_intéressant
between an article and a noun or adjective	un_exercice; les_autres pays
after **est**	c'est_évident
after numbers	huit_étudiants

Liaison *does not* take place in the following cases.

after a singular noun	un étudiant / intéressant
after **et**	il parle français et / anglais
before an aspirate **h**	un / Hollandais
after a name	Jean / est riche

Liaison produces the following sound changes.

a final **s** is pronounced [z]	les_étudiants
a final **x** is pronounced [z]	dix_étudiants
a final **z** is pronounced [z]	chez_elle
a final **d** is pronounced [t]	un grand_homme
a final **f** is pronounced [f] or [v]*	neuf_ans

Liaison and its uses vary according to language level. For example, in a poetic or dramatic reading, or in other very formal situations, most conventional **liaisons** are made. Fewer and fewer are made as the level of language becomes more informal.

A. Prononcez avec le professeur.

1. un grand appartement
2. les écoles américaines
3. le jardinier anglais
4. les hors-d'œuvre
5. les deux églises
6. Il est ouvrier et artisan.
7. Elles étaient à la mairie.
8. Vous êtes sans intérêt.
9. Vont-elles au centre-ville?
10. Tu ne m'as pas écouté.
11. C'est horrible!
12. C'est un quartier ancien.

B. Prononcez avec le professeur.

1. Vous allez mettre trois assiettes sur la table.
2. Les deux assiettes blanches sont à la cuisine.
3. Vous achetez des oranges et des œufs, n'est-ce pas?
4. Les nouveaux étudiants français mangent des haricots verts.

---

*Final **f** is pronounced [v] before the words **an** (*year*) and **heure** (*hour*) only.

France-culture

Food in France: regional and international. Although "fast food" is making inroads into French culture, **la grande cuisine** remains one of France's great traditions. This is due less to sophisticated recipes than to the variety and delicacy of French regional products. Regional cuisine is as diverse as French geography, from the endless variety of **crêpes** and seafood in Brittany to oysters and rich **pâtés de foie gras** in the Bordeaux region; from the **quiche**, fruit desserts, and brandies of Alsace to the heady flavors of garlic, herbs, and fresh tomato and fish dishes of Provence.

Foreign cuisine (especially Chinese and Italian) is also popular in France. Creole cooking is part of the French heritage. With its spicy and exotic flavors, it is highly appreciated, as is North African cooking from Tunisia, Algeria, and Morocco. Lately, West African dishes (especially those from Senegal), along with Senegalese music, have become fashionable among young people.

Mise au point

A. Allons au restaurant! Marc et Jean vont au restaurant. Avec un(e) camarade, faites des phrases complètes et jouez le dialogue entre les deux amis.

MARC: je / vouloir / aller / restaurant
JEAN: dans / quel / restaurant / vouloir / tu / aller?
MARC: on / ne... pas / pouvoir / passer / trop / temps / restaurant
JEAN: oui / on / devoir / être / université / à / 2 heures
MARC: alors / nous / pouvoir / aller / dans / bistrot
JEAN: je / aller / manger / sandwich
MARC: moi / je / vouloir / aussi / dessert
JEAN: monsieur / addition / s'il vous plaît. Mais / je / ne... pas / avoir / argent
MARC: moi / je / aller / payer / addition / et / laisser / pourboire
JEAN: merci / je / te / devoir / trente-cinq / francs

1. Qui veut un dessert?   2. Qui paie l'addition? Pourquoi?

B. Vos impressions. Complétez les phrases suivantes à la forme affirmative ou à la forme négative, selon votre opinion personnelle. Utilisez **devoir**, **pouvoir** ou **vouloir** + infinitif dans chaque phrase.

MODÈLE: Les étudiants _____. → Les étudiants ne doivent pas étudier jusqu'à (*until*) minuit tous les soirs.

1. Le professeur _____.   4. Les hommes _____.
2. Les parents _____.   5. Les femmes _____.
3. Mes camarades _____.   6. Je _____.

C. Question de goût. Modifiez les noms pour expliquer vos goûts à la classe. Vous pouvez utiliser plusieurs adjectifs par phrase. Attention à la place de l'adjectif.

	SUGGESTIONS
1. J'aime les *restaurants*.	bon / nouveau / cher / intéressant / chinois...
2. Je vais souvent au *restaurant* avec des *amis*.	sympathique / intime / jeune / bon / amusant...
3. Nous buvons souvent du *vin et de la bière*.	californien / français / frais / bon / rouge...
4. Nous prenons quelquefois des *repas* ensemble.	cher / bon / long / agréable / gastronomique...

D. Une conversation au restaurant. Vous êtes au restaurant et vous entendez une partie d'une conversation. Imaginez ce que répond l'autre personne.

1. —Et alors, Pascal, tu as très faim? Que veux-tu prendre ce soir comme plat principal?
   —_____

2. —Si tu veux... moi, je préfère le poisson. Et comme boisson? Qu'est-ce que tu veux?
   —_____

3. —C'est une bonne idée. Ce vin est excellent. Et tu prends des légumes?
   —_____

4. —Ah oui? Je déteste ça. Et comme dessert, qu'est-ce que tu prends?
   —_____

5. —Oui, ça va bien avec un bon dîner. Moi, je prends de la tarte aux pommes. Oh, je n'ai pas d'argent! Tu peux payer, n'est-ce pas?
   —(Zut!)...

Interactions

In this chapter, you practiced how to specify, express desire and obligation, and describe people and things. Act out the following situations, using the vocabulary and structures from this chapter.

1. **Au marché.** You are at an open-air food market. Tell the shopkeeper (your partner) what you would like to buy. Be sure to indicate specifically which items you want. She or he is happy to serve you, but you never seem to be satisfied, and you become a little bossy. You change your mind often, and then you leave abruptly.

2. **Au restaurant.** You are out to dinner with a special person. You want everything to be perfect. You make everything clear to the head waiter or waitress (your partner). Tell him or her that you want a small table for two, a good waiter or waitress, and a good wine. Ask what meal is good this evening and which dessert is good. Explain that you have no money (**argent** [*m.*]). Jokingly ask if you can do the dishes. Ask if the restaurant accepts credit cards (**accepter des cartes de crédit**). Thank him or her for the help.

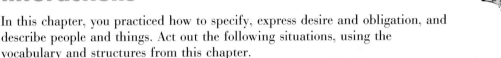

LECTURE

Avant de lire

Skimming for the gist. Skimming is a useful way to approach any new text, particularly in a foreign language. You will usually find it easier to understand more difficult passages once you have a general idea of the content. At this point, you need not be concerned with understanding everything when reading authentic French texts; just try to get the gist, then answer the questions that follow the reading to check your overall comprehension.

The following article appeared in a French magazine, *Bon sens*. Glance at the title and headings. What kind of information do you think the article contains, and how is the information organized?

Next, skim the article to get an impression of the major points. Do not attempt to understand every word. See if you can remember five or six primary pieces of information. Then read the sections that may have appeared most difficult when you skimmed the article, and try to guess their meaning based on the rest of the text.

Pour tenir
LA FORME

Notre corps, c'est ce qu'on néglige le plus en période d'examens. On mange trop (pour surmonter le stress) ou pas assez (pas le temps d'y penser maintenant), on dort[a] mal même quand on dort beaucoup, on ne bouge plus de sa[b] chaise et, quand on fait du sport pour se défouler,[c] on se fait mal.[d] Attention, ne prenez pas de tels risques!

« DIS-MOI[e] CE QUE TU MANGES, JE TE DIRAI[f] QUI TU ES »

L'alimentation est le premier facteur de l'équilibre. Surtout en période de révisions. C'est souvent quand on a particulièrement besoin d'un apport régulier et équilibré de protides, glucides, lipides, éléments minéraux et vitamines, que le stress nous incite à sauter[g] des repas, à négliger notre corps, à grignoter n'importe quoi[h] à n'importe quelle heure, bref: à faire exactement ce qu'il ne faut pas faire.

COMMENT MANGER?

Régulièrement
Avant tout, il s'agit de faire de chaque repas une occasion pour se détendre,[i] inutile donc de grignoter deux biscuits diététiques en travaillant, juste pour vous donner bonne conscience.

Fractionnez plutôt[j] vos repas (maximum 5 par jour, dont 2 en-cas[k]), et prenez-les à heures régulières: les repas doivent rythmer votre journée. Et rappelez-vous[l] que le petit déjeuner doit apporter 25% des calories quotidiennes, l'en-cas de 10 heures 10%, le déjeuner 30%, le goûter 5% et le dîner 30%.

[a]*sleeps*
[b]*ne... never gets out of one's*
[c]*se... to unwind*
[d]*se... hurts oneself*
[e]*Tell me*
[f]*te... will tell you*
[g]*to skip*
[h]*grignoter... to snack on just anything*
[i]*se... to relax*
[j]*Fractionnez... Rather, divide up*
[k]*snacks*
[l]*rappelez... remember*

Compréhension

1. Selon l'article, quels problèmes avons-nous en période d'examens?
2. Pourquoi saute(*skip*)-t-on des repas en période d'examens? Et vous, sautez-vous souvent des repas? Pourquoi?
3. Selon l'auteur, pourquoi doit-on prendre les repas à heures régulières? Quel est votre repas le plus important, en général? Et en période d'examens?
4. Combien de repas par jour prenez-vous d'habitude? À votre avis, est-ce que votre alimentation est équilibrée? Pourquoi?
5. À votre avis, que veut dire le titre de l'article? Qu'est-ce que vous faites pour tenir la forme?

PAR ÉCRIT

Function: More on describing (a place)

Audience: A friend or classmate

Goal: Write a note to a friend inviting him or her to dinner. To persuade your friend to come, describe your chosen restaurant using the following questions as a guide. **Dans quel restaurant préférez-vous dîner? Mangez-vous souvent dans ce restaurant? Quand? Est-ce qu'il est fréquenté (*visited*) par beaucoup de clients? Est-ce que la carte est simple ou complexe? Quel est votre plat préféré? Quelle est la spécialité du chef?** Begin the letter with **Cher (Chère)** _____. End with **À bientôt...** (*See you soon . . .*)

Steps

1. Write the introduction. Begin with an interesting or amusing thought to attract your reader's attention. You may wish to start out with a question. Some examples are: **Veux-tu prendre un repas magnifique avec un ami (une amie) très sympathique?** *ou* **Tu es mon invité(e).** Then compose the invitation.
2. Write the body of the note. It should answer the questions posed in the paragraph on **Goal,** above.
3. Write a conclusion, restating your invitation as intriguingly as possible. You may tell an anecdote, briefly describe the restaurant, or set down more specific plans for the place, date, and time of your appointment.
4. Revise your composition after checking the organization of its opening and closing paragraphs. Have a classmate read it to see if what you have written is clear. Revise again if necessary. Finally, reread the composition for spelling, punctuation, and grammar errors. (Focus especially on your use of adjectives!) Be prepared to share your composition with classmates.

À L'ÉCOUTE!

I. Les supermarchés Traffic. The **Traffic** supermarket chain is advertising some of its products on the radio. First, look at activities A and B. Next, listen to the vocabulary and the ad. Then, do the activities.

> VOCABULAIRE UTILE
> des promotions *specials* (*sales*)
> des prix incroyables *incredible prices*
> des produits *products*
> ouverts *open*
> venez vite! *come quickly!*

A. Les promotions Traffic. Draw a line linking each price with the appropriate product, based on the ad.

1. 5frs
2. 40frs
3. 3frs
4. 2,50frs

a. un litre de jus de pommes
b. un kilo de jambon
c. une baguette
d. un kilo d'oranges

B. Place a check mark next to the correct answer.

Les supermarchés Traffic sont ouverts:

1. _____ de 8 heures à 21 heures
2. _____ de 9 heures à 22 heures
3. _____ de 9 heures à 21 heures

II. Un repas inoubliable (*unforgettable*)**.** Marise and Thomas, a tourist couple from Belgium, are having dinner in a French restaurant. A waiter is taking their order. First, look at the activity. Next, listen to their conversation. Then, do the activity.

Circle the correct answer.

1. Ils ont une réservation pour
   a. 8h00   b. 7h30
2. Le nom de famille de Thomas est
   a. Bonnet   b. Blanchard
3. Marise commande
   a. le poisson   b. le filet de bœuf
4. Thomas commande
   a. le steak au poivre   b. le saumon
5. Aujourd'hui, c'est
   a. la fête   b. dimanche
6. Marise et Thomas dînent dans
   a. un restaurant élégant   b. un café

Vocabulaire

Verbes

apporter to bring; to carry
devoir to owe; to have to, be obliged to
goûter to taste
laisser to leave (behind)
pouvoir to be able
vouloir to want
  vouloir bien to be willing
  vouloir dire to mean

À REVOIR: acheter, boire, commander, goûter, préparer, vendre

Substantifs

l'addition (*f.*) bill, check (*in a restaurant*)
l'argent (*m.*) money
la baguette (**de pain**) baguette
le billet bill (*currency*)
le bœuf beef
la boîte (**de conserve**) can (of food)
la carte menu
le centime 1/100th of a French franc
la côte chop
l'éclair (*m.*) eclair (*pastry*)
l'entrée (*f.*) first course
le filet fillet (*beef, fish, etc.*)
le franc franc (*currency*)
la glace ice cream; ice
le hors-d'œuvre* appetizer
l'huître (*f.*) oyster
le jus (**de fruits**) (fruit) juice
le kilo(gramme) kilo(gram)
le magasin store, shop

le menu fixed (price) menu
le morceau piece
le pâté de campagne (country-style) pâté
la pièce coin
le plat course (*meal*)
le plat principal main dish
le porc pork
le pourboire tip
le prix price
le rôti roast
les sardines (**à l'huile**) (*f.*) sardines (in oil)
la saucisse sausage
le/la serveur/euse waiter, waitress
la sole sole (*fish*)
la tranche slice

À REVOIR: l'assiette (*f.*), la boisson, la cuisine, le déjeuner, le dîner, le fromage, le gâteau, les haricots verts, le pain, le petit déjeuner, la pomme, la pomme de terre, la viande, le vin

Adjectifs

ancien(**ne**) old, antique; former
bon(**ne**) good
cher/chère dear; expensive
faux/fausse false
frais/fraîche fresh (cool weather)
jeune young
joli(**e**) pretty
mauvais(**e**) bad
nouveau/nouvel/nouvelle new
pauvre poor; unfortunate
quel(**le**) which (*int. adj.*)
vieux/vieil/vieille old
vrai(**e**) true

Les magasins

la boucherie butcher shop
la boulangerie bakery
la charcuterie pork butcher's shop (delicatessen)
l'épicerie (*f.*) grocery store
la pâtisserie pastry shop; pastry
la poissonnerie fish store

Mots et expressions divers

cela (**ça**) this, that
ensuite then, next
J'aimerais (+ *infinitive*)... I would like (to) . . .
Il faut... It is necessary to / One needs . . .
même same; even
plutôt instead, rather
(**et**) **puis** (and) then, next
Que veut dire...? What does _____ mean?
si so (very); if

---

*The **h** in **hors-d'œuvre** is aspirate, which means that there is no "elision" with the article **le** (i.e. **le hors-d'œuvre**). Note how this is different from **l'huître**, which has a mute **h**. In both cases, the **h** is silent.

Intèrmède

SITUATION

Déjeuner sur le pouce[*]

Contexte   *Nous sommes dans une croissanterie° du Quartier latin où Sébastien et Corinne, deux étudiants québécois, déjeunent sur le pouce, entre deux cours.*

un magasin où on vend des croissants

Objectif   *Sébastien et Corinne commandent un repas à emporter* (to take out).

LA SERVEUSE: Vous désirez?
SÉBASTIEN: Un croissant au jambon, s'il vous plaît.
CORINNE: Et pour moi, un croque-monsieur.
LA SERVEUSE: C'est tout?
SÉBASTIEN: Non, je voudrais aussi une crêpe au Grand-Marnier.° Et toi, Corinne?
CORINNE: C'est tout pour moi.
LA SERVEUSE: Et comme boisson?
SÉBASTIEN: Deux cafés, s'il vous plaît.
LA SERVEUSE: C'est pour emporter ou pour manger ici?
CORINNE: Pour emporter.
SÉBASTIEN: Ça fait combien?
LA SERVEUSE: Ça fait trente-sept francs trente... Merci.
SÉBASTIEN: Au revoir, merci.

crêpe... French-style pancake served with Grand Marnier liqueur

À propos

Au restaurant

Voici d'autres expressions qu'on entend au restaurant.

Le serveur (La serveuse): { Combien de personnes, s'il vous plaît?
{ Comment voulez-vous le bifteck?

Les clients: { ...saignant (*rare*)
{ ...à point (*medium*)
{ ...bien cuit (*well done*)
{ Je vais prendre...
{ Donnez-moi aussi...
{ L'addition, s'il vous plaît.
{ Le service est-il compris? (*Is the tip included?*)

---

[*]**Déjeuner...** Snack lunch (literally, "lunch on the thumb")

Maintenant à vous!

A. Improvisez! Vous êtes dans une crêperie à Paris pour déjeuner sur le pouce avec des camarades. Un étudiant (Une étudiante) joue le rôle du serveur (de la serveuse). Voici la carte.

Tu veux un hamburger et des frites?

•──────── Crêpes ────────•
Prix nets

BEURRE ET SUCRE	11,00 F
POMMES (compote)	14,50 F
CITRON	14,00 F
MIEL D'ACADIA	17,00 F
CHOCOLAT CHAUD	17,00 F
CREME DE MARRONS	17,00 F
CONFITURE (fraise, abricot)	16,00 F
CONFITURE (myrtilles)	17,00 F
NOISETTES CHOCOLAT OU CARAMEL	19,50 F
LA CHOCONOIX.	20,50 F
COCO CASSIS (noix de coco et crème de cassis)	19,50 F
CHANTILLY	18,00 F
SIROP D'ERABLE	18,00 F
GRAND MARNIER OU RHUM	19,50 F
LA CHATELAINE	23,00 F
(Noisettes, chocolat chaud, Chantilly)	
CLAFOUTIS Maison	15,50 F
+ Chantilly	17,50 F
CREPE TATIN A LA SAUCE NOUGAT.	23,50 F
(Pommes morceaux, sauce nougat , Calvados, Chantilly)	
L'ARMADA	23,50 F
(Poire arrosée de Calvados, chocolat chaud, Chantilly)	
COCKTAIL DE FRUITS AU GRAND MARNIER	17,50 F

B. Jeu de rôles. Avec des camarades, créez une scène au restaurant depuis (*from*) l'arrivée des clients jusqu'à leur départ. Voici une description des rôles à jouer.

- Un membre de votre groupe est très gourmand. Il/Elle aime beaucoup manger et mange beaucoup. Commandez le repas d'un vrai gourmand.
- Un autre est un gourmet qui apprécie la bonne cuisine.
- Un autre a peur de grossir (*to gain weight*). Commandez un repas léger en (*light in*) calories.

PORTRAITS

Paul Bocuse (1926–)

The art of fine cooking has been handed down through generations of the Bocuse family since 1765. Paul Bocuse, one of France's most famous chefs, was a pioneer of **nouvelle cuisine**: a style of cooking based on fresh produce and a minimum of fats. In 1961 he was awarded the formal honor of **meilleur ouvrier** (*best worker*) of France, and in recent years he has gained world renown through his cookbooks and television appearances. Paul Bocuse is the proprietor of a restaurant in Collonges-au-Mont-d'Or, near Lyon, in the Rhône valley.

CHAPITRE HUIT

Vive les vacances!

En avant

—Que c'est bon, les vacances!

—Oui, on oublie ses problèmes, on peut faire de la voile...

—Et on peut dormir jusqu'à midi!

Communicative goals: talking about vacations, discussing sports equipment, expressing dates and actions, talking about the past, expressing how long or how long ago, expressing location, and expressing observations and beliefs.

Étude de vocabulaire

Les vacances en France

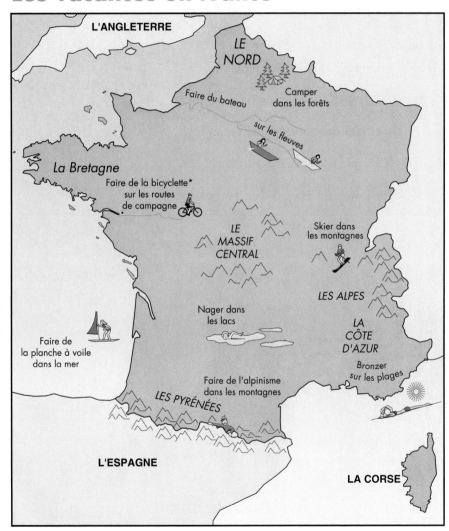

L'ANGLETERRE

LE NORD

Faire du bateau

Camper dans les forêts

sur les fleuves

La Bretagne

Faire de la bicyclette*
sur les routes
de campagne

LE MASSIF CENTRAL

Skier dans les montagnes

LES ALPES

Nager dans les lacs

LA CÔTE D'AZUR

Faire de la planche à voile dans la mer

Faire de l'alpinisme dans les montagnes

Bronzer sur les plages

LES PYRÉNÉES

L'ESPAGNE

LA CORSE

Autres mots utiles:

faire... du cheval horseback riding
de la plongée sous-marine skin diving
du ski nautique waterskiing

faire... du ski de piste downhill skiing
du ski de fond cross-country skiing
pêcher to fish
une randonnée hike

*Faire de la bicyclette is synonymous with faire de vélo

201

A. Où passer les vacances? Quels sont les avantages touristiques des endroits (*places*) suivants?

1. Qu'est-ce qu'on peut faire dans les montagnes?   2. Dans les lacs?
3. Sur les plages?   4. Sur les routes de campagne?   5. Sur les fleuves?
6. Dans les forêts?   7. À la mer?

Maintenant expliquez où vous voulez passer vos prochaines vacances et quelles activités on peut faire à cet endroit.

B. Activités de vacances. Qu'est-ce qu'ils font?

1. Que fait un nageur (une nageuse) (*swimmer*)? Où trouve-t-on beaucoup de nageurs?
2. Que fait un campeur (une campeuse) (*camper*)? Où fait-on du camping en France? aux États-Unis?
3. Que fait un skieur (une skieuse) (*skier*)? Où fait-on du ski en France? aux États-Unis?
4. Que fait un cycliste? Où fait-on de la bicyclette en France? aux États-Unis?
5. Combien de nageurs, campeurs, skieurs, cyclistes y a-t-il dans la classe? D'habitude, où passent-ils leurs vacances?

Au magasin de sports

A. Achats (*Purchases*)**.** Complétez les phrases selon l'image.

1. Le jeune homme va acheter des _____. Il va passer ses vacances à Grenoble où il veut _____.
2. La jeune femme veut acheter un _____, une _____ et des _____. Elle va descendre sur la Côte d'Azur (*French Riviera*) où elle va _____ et _____.

3. La jeune fille a envie d'acheter des _____ de ski, des chaussures de _____ et un _____ de ski. Sa famille va passer les vacances dans les Alpes où elle va _____.

4. L'homme va acheter un _____ et une _____. Il va _____ dans le nord de la France ce week-end.

5. La vieille dame est très sportive. Elle va acheter un _____ et des _____. Ce week-end, elle va _____ avec son mari dans les Pyrénées.

6. Le vieux monsieur a l'aire patient. Il veut acheter un _____.

B. L'intrus. Dans les groupes suivants, trouvez le mot qui ne va pas avec les autres. Expliquez votre choix.

1. le maillot de bain / les lunettes de soleil / l'huile solaire (*suntan oil*) / l'anorak

2. la tente / le maillot de bain / le sac de couchage / le sac à dos

3. les gants de ski / la serviette de plage / les skis / l'anorak

4. les lunettes de soleil / les chaussures de ski / le short / le maillot de bain

C. Choix de vêtements. Qu'est-ce qu'on porte pour faire les activités suivantes?

MODÈLE: pour aller pêcher (*to go fishing*) →
Pour aller pêcher, on porte un chapeau, un vieux pantalon...

1. pour faire du ski nautique   2. pour aller à la montagne   3. pour faire une promenade dans la forêt   4. pour faire de la bicyclette   5. pour faire du bateau   6. pour faire du ski de fond

Et vous? Décrivez les vêtements que vous portez quand vous faites votre sport favori.

D. Conseils pratiques. Vous préparez un voyage en Tunisie. Voici les vêtements qu'on vous recommande.

Les vêtements

En hiver : quelques pulls, un imperméable et des vêtements de demi-saison.[a]
En été : des vêtements légers en fibres naturelles, maillot de bain, lunettes de soleil, chapeau, chaussures aérées,[b] *tenues*[c] *pratiques pour les excursions. Sans oublier un léger pull pour les soirées et les hôtels climatisés*[d]

[a]spring or autumn
[b]well-ventilated
[c]dress, clothes
[d]air-conditioned

Une promenade en dromadaire sur la plage de Djerba en Tunisie

1. Selon la brochure, quels vêtements mettez-vous dans votre valise si vous voyagez en hiver? en été? Donnez des exemples.

2. À votre avis, quel temps fait-il en Tunisie en hiver? en été?

Imaginez maintenant que vous travaillez dans une agence de voyages. Quels vêtements allez-vous conseiller à des touristes qui voyagent en Alaska? au Mexique? dans le Grand Canyon? Quels autres achats conseillez-vous (*do you suggest*)?

Des années importantes

1642   La machine à calculer inventée par Blaise Pascal en seize cent quarante-deux.

1783   Le ballon à air chaud inventé par les frères Montgolfier en dix-sept cent quatre-vingt-trois.

1835   Les procédés de développement des images photographiques inventés par Jacques Daguerre en dix-huit cent trente-cinq.

In French, years are expressed with a multiple of **cent** or with **mil**.*

dix-neuf cents (mil neuf cents)	*1900*
dix-neuf cent quatre-vingt-huit	*1988*
(mil neuf cent quatre-vingt-huit)	
seize cent quatre (mil six cent quatre)	*1604*

*****Mille** is spelled **mil** when years are spelled out. An exception is the year 1000, **l'an mille**, or 2000, **l'an deux mille**.

The preposition **en** is used to express *in* with a year.

en dix-neuf cent vingt-trois   *in 1923*

M *ots-clés*

To talk about a decade or an era

les années _____ Aux États-Unis, on appelle **les années vingt** *the roaring twenties.*

A. Un peu d'histoire. Êtes-vous bon(ne) en histoire? Avec un(e) camarade, trouvez la date qui correspond à chaque événement historique. Les événements sont en ordre chronologique!

1. Charlemagne est couronné (*crowned*) empereur d'Occident.
2. Guillaume, duc de Normandie, conquiert (*conquers*) l'Angleterre.
3. Jeanne d'Arc bat (*beats*) les Anglais à Orléans.
4. Prise de la Bastille.
5. Napoléon est couronné empereur des Français.
6. Gustave Eiffel construit la tour Eiffel.
7. Débarquement (*Landing*) anglo-américain en France.

a. 1944
b. 1804
c. 1889
d. 1066
e. 1429
f. 1789
g. l'an 800

B. Dates inoubliables (*unforgettable*). Lisez les dates suivantes. Quel événement correspond à chaque date?

MODÈLE: 28.6.19 →
          le vingt-huit juin dix-neuf cent dix-neuf: le traité de Versailles*

1. 7.12.41
2. 22.11.63
3. 2.9.45
4. 18.4.06
5. 18.5.80
6. ?

a. Le grand tremblement de terre (*earthquake*) de San Francisco
b. L'éruption du mont Sainte-Hélène (état de Washington)
c. La fin de la Deuxième Guerre mondiale (*WW II*) pour les États-Unis
d. L'attaque de Pearl Harbor
e. L'assassinat de J. F. Kennedy
f. Aujourd'hui

C. L'avenir (*The future*). Quels sont vos projets d'avenir? Posez les questions suivantes à un(e) camarade. Ensuite, présentez à la classe une observation sur l'avenir de votre camarade.

1. En quelle année vas-tu obtenir (*obtain*) ton diplôme universitaire?
2. En quelle année vas-tu passer des vacances en France?
3. En quelle année vas-tu avoir 65 ans?

_____

*Le traité de Versailles marque la fin de la Première Guerre mondiale (*World War I*).

Nouvelles francophones

Vacations in the Francophone world

If you want to speak French on your vacation without traveling to France, you can choose from many different countries. The Francophone world extends to many parts of the globe, and offers an exciting variety of cultures, landscapes, and climates.

À Montréal, certaines traditions comme la promenade en calèche sont toujours très populaires.

Would you enjoy a large multicultural metropolis? In Montreal, the largest Francophone city after Paris, you will find a fascinating combination of modern, upbeat urban life and old-world tradition. If you prefer mountains, lakes, clean air, and quiet, the alpine areas of Switzerland will be your ideal vacation spot. For an exotic landscape and cultural environment, consider Senegal, in West Africa: there you will find deserts, tropical beaches with coconut trees, and vibrant colors. Other places to vacation in the Francophone world include Guyana, New Caledonia, Egypt, the Ivory Coast, Tahiti, Madagascar, and Vietnam—countries where many people speak French and where French culture has developed many fascinating variants through its interaction with local traditions.

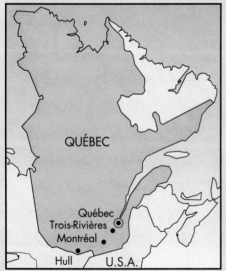

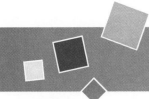

Étude de grammaire

24. EXPRESSING ACTIONS
dormir and Similar Verbs; *venir*

Les joies de la nature

STÉPHANE: Vous allez où en vacances cet été?

ANNE-LAURE: Cette année on va à la Martinique. On va camper dans un petit village à 30 km de Fort-de-France. Boire du ti'punch,* **sortir** tous les soirs, bronzer à l'ombre des cocotiers... le rêve quoi!† **Viens** avec nous. On **part** le deux août.

STÉPHANE: Non merci, la mer n'est pas pour moi. **Sentir** les odeurs de poisson, **dormir** avec les moustiques, pas question!

ROMAIN: Décidément, tu ne changes pas. Monsieur a besoin de son petit confort. Tant pis pour toi! Nous, on aime **dormir** à la belle étoile, **sentir** le vent de la mer et admirer les étoiles.

Décidez d'après le dialogue si les affirmations suivantes sont probables ou peu probables. Corrigez les phrases improbables.

1. Anne-Laure et Romain ont peur de dormir à la belle étoile.
2. Stéphane adore camper.
3. Romain est romantique.
4. Anne-Laure aime faire la fête (*to party*).
5. Anne-Laure et Romain adorent la nature.

A. *Dormir* and Verbs Like *dormir*

1. The verbs in the group **dormir** have an irregular conjugation.

PRESENT TENSE OF **dormir** (*to sleep*)	
je **dors**	nous **dormons**
tu **dors**	vous **dormez**
il, elle, on **dort**	ils, elles **dorment**

---

*Creole language for a white rum and lime drink.

†*a dream, huh?* **Quoi** is often added to the end of sentences in informal conversations for emphasis.

Je **dors** très bien.	*I sleep very well.*
Dormez-vous à la belle étoile?	*Do you sleep in the open air (under the stars)?*
Nous **dormons** jusqu'à 7h30.	*We sleep until 7:30.*

2. Verbs conjugated like **dormir** include the following.

partir	*to leave, to depart*
sentir	*to feel; to sense; to smell*
servir	*to serve*
sortir	*to go out; to take out*

Je **pars** en vacances.	*I'm leaving on vacation.*
Ce plat **sent** bon (mauvais).	*This dish smells good (bad).*
Nous **servons** le petit déjeuner à 8 heures.	*We serve breakfast at 8:00.*
À quelle heure allez-vous **sortir** ce soir?	*What time are you going out tonight?*

B. *Partir and sortir*

Partir and **sortir** both mean *to leave*, but each is used differently.* **Partir** is either used alone or is followed by a preposition.

Je **pars**.	*I'm leaving.*
Elle **part de** (**pour**) Cannes.	*She's leaving from (for) Cannes.*

Sortir is also used either alone or with a preposition. In this usage, **sortir** implies leaving an enclosed space.

Tu **sors?**	*You're going out?*
Elle **sort de** la caravane.	*She's getting out of the camping trailer.*
Sortons de l'eau!	*Let's get out of the water!*

Sortir can also mean that one is going out for the evening, or it can be used to imply that one person is going out with someone else in the sense of seeing him or her regularly.†

Tu **sors** ce soir?	*Are you going out tonight?*
Michèle et Édouard **sortent** ensemble.	*Michèle and Édouard are going out together.*

****Quitter**, a regular **-er** verb, means *to leave somewhere or someone*. It always requires a direct object, either a place or a person: **Je quitte Paris. Elle quitte son ami.**
†Dating in the American sense does not exist in France. Young people go out in groups in France until the relationship is serious.

C. *Venir*

1. The verb **venir** (*to come*) is irregular.

PRESENT TENSE OF **venir** (*to come*)			
je	**viens**	nous	**venons**
tu	**viens**	vous	**venez**
il, elle, on	**vient**	ils, elles	**viennent**

Nous **venons** de Saint-Malo.   *We come from Saint-Malo.*
Viens voir la plage!   *Come see the beach!*

Venir de plus an infinitive means *to have just* (done something).

Je **viens de nager**.   *I have just come from swimming.*
Mes amis **viennent de téléphoner**.   *My friends have just telephoned.*

2. Verbs conjugated like **venir** include the following.

devenir   *to become*
revenir   *to come back*

Ils **reviennent** de vacances.   *They're coming back from vacation.*

On **devient** expert grâce à l'expérience.   *One becomes expert with (thanks to) experience.*

Vérifions!

A. Tu pars ou tu sors? Choisissez le verbe correct: **partir** ou **sortir**.

MODÈLE: Alain, Philippe et Claire sont amis. →
               Ils **sortent** ensemble tous les week-ends.

1. Luc aime aller au ciné. Il _____ souvent.
2. Caroline et Patrick vont au Canada. Ils _____ demain.
3. Isabelle est à la discothèque. Il fait trop chaud. Elle _____ de la discothèque.
4. Vous avez fini (*have finished*) vos études. Vous _____ en vacances.
5. Je ne veux pas rester seul(e). Je _____ avec mes amis.

B. Au pays des pharaons (*pharaohs*). Loïc et Nathalie sont en vacances en Égypte avec le Club Aquarius. Ils envoient (*send*) une carte postale à leur grand-mère. Complétez la carte avec les verbes de la colonne de droite.

Chère mamie,

    Nous _____¹ d'arriver en Égypte. Le Club Aquarius, c'est le grand confort. Nous _____² dans des chambres immenses et tous les matins on _____³ le petit déjeuner dans la chambre. Demain nous _____⁴ pour le temple de Louxor. Nous _____⁵ des experts en égyptologie. Nous _____⁶ en France dans quatre jours.

    À bientôt et grosses bises (*hugs 'n kisses*).

servir
partir
devenir
venir
revenir
dormir

Loïc et Nathalie

CLUB AQUARIUS EN EGYPTE

Maintenant imaginez que c'est vous qui êtes en Égypte. Reprenez la carte et faites tous les changements nécessaires. Commencez par «Je viens d'...».

Parlons-en!

A. La curiosité. Imaginez avec un(e) camarade ce que ces personnes viennent de faire. Donnez trois possibilités pour chaque phrase.

> MODÈLE: Albert rentre d'Afrique. →
>   Il vient de visiter le Sénégal. Il vient de passer une semaine au soleil. Il vient de faire un safari.

1. Jennifer part en vacances.   2. Je sors du magasin de sports.   3. Nous revenons de la montagne.   4. Jean-Jacques et Yvon reviennent de la campagne.   5. Marie-Laure rentre du Canada.

B. Conversation. Engagez avec un(e) camarade assis(e) loin de vous une conversation basée sur les questions suivantes. Ensuite, faites un commentaire sur les habitudes (*habits*) ou les attitudes de votre camarade.

1. Pars-tu souvent en voyage? Où vas-tu? Viens-tu d'acheter des vêtements ou d'autres objets nécessaires pour tes vacances? Qu'est-ce que tu viens d'acheter?
2. Sors-tu souvent pendant (*during*) le week-end ou restes-tu à la maison? Sors-tu souvent pendant la semaine? Qu'est-ce que tu portes quand tu sors?
3. Aimes-tu la fin des vacances? Tes ami(e)s sentent-ils/elles une différence quand tu reviens chez toi? Deviens-tu plus calme? nerveux/euse? triste? heureux/euse?

Ski de fond en Vanoise,
Alpes françaises

25. TALKING ABOUT THE PAST
The *passé composé* with *avoir*

À l'hôtel

LE CLIENT: Bonjour, Madame. **J'ai réservé** une chambre pour deux personnes.

L'EMPLOYÉE: Votre nom, s'il vous plaît.

LE CLIENT: Bernard Meunier.

L'EMPLOYÉE: Heu... oui, chambre n° 12, au rez-de-chaussée. Vous **avez demandé** une chambre avec vue sur la mer, c'est bien ça?

LE CLIENT: Oui, c'est exact.

L'EMPLOYÉE: Alors, remplissez cette fiche, s'il vous plaît.

Jouez le dialogue avec un(e) camarade et faites les substitutions suivantes.

Nombre de personnes: une
Nom: votre nom
Vue demandée: la forêt

A. The *passé composé*

As in English, there are several past tenses in French. The **passé composé**, the compound past tense, is most commonly used to indicate simple past actions. It describes events that began and ended at some point in the past. The **passé composé** of most verbs is formed with the present tense of the auxiliary verb (**le verbe auxiliaire**) **avoir** plus a past participle (**le participe passé**).*

PASSÉ COMPOSÉ OF **voyager** (*to travel*)			
j'	**ai voyagé**	nous	**avons voyagé**
tu	**as voyagé**	vous	**avez voyagé**
il, elle, on	**a voyagé**	ils, elles	**ont voyagé**

The **passé composé** has several equivalents in English. For example, **j'ai voyagé** can mean *I traveled, I have traveled,* or *I did travel,* according to the context.

---

*The formation of the **passé composé** with **être** will be treated in Chapter 9.

B. Formation of the Past Participle

1. To form regular past participles of **-er** and **-ir** verbs, the final **-r** is dropped from the infinitive. For **-er** verbs, an **accent aigu** (´) is added to the final **-e**. For regular past participles of **-re** verbs, the **-re** is dropped and **-u** is added.

acheter → **acheté**	J'ai **acheté** de nouvelles valises.	*I bought some new suitcases.*
choisir → **choisi**	Tu **as choisi*** la date de ton départ?	*Have you chosen your departure date?*
perdre → **perdu**	Nous **avons perdu** nos passeports.	*We lost our passports.*

2. Most irregular verbs have irregular past participles.

   ■ Verbs with past participles ending in **-u**

avoir:	**eu**	pleuvoir (*to rain*):	**plu**
boire:	**bu**	pouvoir:	**pu**
devoir:	**dû**	recevoir:	**reçu**
obtenir (*to obtain*):	**obtenu**†	vouloir:	**voulu**

Nous **avons eu** peur.	*We got scared.*
Il **a bu** deux verres de vin.	*He drank two glasses of wine.*
Nous **avons obtenu** de bons résultats.	*We got (obtained) good results.*

   ■ Verbs with past participles ending in **-s**

apprendre:	**appris**
comprendre:	**compris**
mettre:	**mis**
prendre:	**pris**

Nous **avons pris** le soleil.	*We sat in the sun (sunbathed).*
Marc **a appris** à faire du ski.	*Marc learned to ski.*
Marc **a mis** ses gants pour faire du ski.	*Marc put his gloves on to ski.*

   ■ Verbs with past participles ending in **-t**

dire:	**dit**
écrire:	**écrit**
faire:	**fait**

---

*In informal and rapid conversation, **tu as choisi** may be pronounced **t'as choisi**.
†**Obtenir** is conjugated like **venir** in the present tense.

Nous **avons fait** une promenade sur la plage.	*We took a walk on the beach.*
Ce matin j'**ai écrit** six cartes postales.	*This morning I wrote six postcards.*

■ The past participle of **être** is **été**.

Mes vacances **ont été** formidables.	*My vacation was wonderful.*

C. Negative and Interrogative Sentences in the *passé composé*

In negative sentences, **ne... pas** surrounds the auxiliary verb (**avoir**).

Nous **n'avons pas** voyagé en Suisse.	*We have not traveled to Switzerland.*
Vous **n'avez pas** pris de vacances?	*Didn't you take a vacation?*

In questions with inversion, only the auxiliary verb and the subject are inverted.

Marie **a-t-elle demandé** le prix de la robe?	*Did Marie ask the price of the dress?*
As-tu oublié ton passeport?	*Did you forget your passport?*

Vérifions!

A. Tourisme. Qu'est-ce qu'ils ont fait pendant les vacances? Faites des phrases complètes au passé composé.

1. tu / nager / dans / fleuve
2. Sylvie / camper / dans / forêt
3. Michèle et Vincent / finir par (*ended up by*) / visiter / Paris
4. je / dormir / sous / tente*
5. ils / perdre / clés (*keys*)
6. Thibaut / faire / bicyclette
7. vous / boire / Coca / au bord (*shore*) de / mer
8. nous / prendre / beaucoup / photos
9. Thérèse et toi, vous / apprendre à / faire du bateau
10. je / prendre / valise

B. Une carte postale de la neige. Complétez la carte postale de Marie. Mettez les verbes au passé composé.

---

*In French one says **dormir *sous* la tente**.

Chère Claudine,

J'____¹ mes vacances d'hiver une semaine avant   prendre
Noël avec Christine. Nous ____² le train jusqu'en   commencer (*begin*)
Suisse. Nous ____³ deux semaines à la montagne.   passer

    Nous ____⁴ de rester à Saint-Moritz. Nous ____⁵   être
du ski et du patin à glace (*ice skating*). Nous ____⁶   manger
une fondue délicieuse. Au retour, nous ____⁷ visite à   faire
des amis à Genève. Notre séjour en Suisse ____⁸   décider
inoubliable.   rendre

                     Je t'embrasse,

                     Marie

C. À Orange. Thierry pose des questions à ses cousins Chantal et Jean-Claude,
qui (*who*) ont visité la ville historique d'Orange. Jouez les rôles avec deux
camarades.

MODÈLE: trouver l'auberge de jeunesse (*youth hostel*) à Orange →
          THIERRY: Avez-vous trouvé l'auberge de jeunesse à Orange?
     JEAN-CLAUDE: Non, nous n'avons pas trouvé l'auberge de
                  jeunesse à Orange.

1. faire une promenade dans la vieille ville
2. prendre une photo de l'amphithéâtre
romain   3. contempler la vieille fontaine
4. étudier les inscriptions romaines
5. apprendre l'histoire de France   6. acheter
des cartes postales   7. envoyer une
description de la ville à vos parents

Parlons-en!

A. Des vacances réussies. Laurent a passé ses
vacances au Maroc. Qu'est-ce qu'il a fait?

Verbes utiles: acheter, apprendre, boire, dormir,
faire du jogging, jouer au tennis, manger, nager,
prendre des photos...

1.   2.   3.   4.

5.   6.   7.   8.

B. Alternatives. Qu'est-ce qu'il n'a pas fait?

Verbes utiles: aimer; bronzer; faire... du cheval, du ski nautique, une randonnée, de la planche à voile; pêcher...

ots-clés

Expressing when you did something in the past

avant-hier (*the day before yesterday*)	**Avant-hier,** une amie m'a invité à faire du camping.
hier matin	**Hier matin**, j'ai fait les préparatifs.
hier après-midi, hier soir	Nous avons acheté des sacs à dos **hier après-midi**, et nous les avons perdus **hier soir**.

Use **matinée** and **soirée**, rather than **matin** and **soir**, if you wish to emphasize the duration. They are often used with **toute**.

toute la matinée (soirée)	J'ai passé **toute la matinée (soirée)** à acheter des provisions.

Use **dernier** or **passé** to express *last* (*month, week, etc.*).

la semaine dernière (passée)	J'ai acheté un billet d'avion pour Rome **la semaine dernière**.
l'an dernier (passé) / l'année dernière (passée)	Nous avons voyagé en Grèce **l'année passée**.

C. Interview. Posez des questions à un(e) camarade sur ses activités du passé. Essayez d'utiliser les expressions des *Mots-clés*. Voici des suggestions.

Le matin: dormir tard, faire du sport, regarder la télévision, boire du café, prendre un petit déjeuner, ...

L'après-midi / Le soir: pique-niquer, skier, jouer aux cartes, étudier une leçon, inviter des amis, ...

La semaine dernière / L'année dernière: voyager en Europe, finir une dissertation, travailler dans un magasin, rendre visite à des amis, acheter une nouvelle bicyclette, ...

Puis racontez à la classe ce que votre camarade a fait.

26. EXPRESSING HOW LONG OR HOW LONG AGO
depuis, pendant, il y a

Question d'entraînement

MONIQUE: **Depuis quand** participes-tu à des compétitions?

FRANÇOISE: **Depuis 1992.** Et toi, **depuis combien de temps** fais-tu de la planche à voile?

MONIQUE: **Depuis** quinze jours seulement!

FRANÇOISE: Moi, j'ai commencé **il y a** huit ans.

MONIQUE: C'est dur, mais c'est formidable! Hier j'ai même pu rester sur la planche **pendant** quatre minutes.

1. Depuis quand Françoise participe-t-elle à des compétitions?
2. Depuis combien de temps Monique fait-elle de la planche à voile?
3. Pendant combien de temps a-t-elle pu rester sur sa planche hier?

A. Depuis

Depuis is used with a verb in the present tense to talk about an activity that began in the past and has continued into the present time.

Depuis quand... ? **Depuis combien de temps... ?**	+ *present tense* =	How long . . . ? For how long . . . ?
Depuis + *time period*	+ *present tense* =	for (*duration*)
Depuis + *date*	+ *present tense* =	since

—**Depuis quand (Depuis combien de temps) jouez-**vous au tennis?

—Je **joue** au tennis **depuis deux ans (depuis 1992).**

—*(For) how long have you been playing tennis?*

—*I've been playing tennis for two years (since 1992).*

B. Pendant

Pendant expresses the duration of a habitual or repeated action, situation, or event with a definite beginning and end.

> **Pendant combien de temps** + *present or past tense* = How long . . . ? For how long . . . ?
> **Pendant** + *time period* + *present or past tense* = for (*duration*)

Pendant combien de temps dormez-vous chaque nuit?

How long do you sleep every night?

—**Pendant combien de temps ont-ils visité** Paris?

—*(For) how long did they visit Paris?*

—**Ils ont visité** Paris **pendant deux semaines**.

—*They visited Paris for two weeks.*

C. Il y a

> **Il y a** + *time period* = ago

J'ai acheté ce guide d'Italie **il y a une semaine**.

I bought this guide to Italy a week ago.

Avez-vous voyagé en Espagne **il y a deux ans**?

Did you go to Spain two years ago?

Vérifions!

Expressions de temps. Complétez les phrases de façon logique, selon vos observations ou vos expériences personnelles.

1. L'été passé, j'ai _____ pendant _____ semaines (mois).
2. Ma famille _____ depuis _____ ans.
3. Il y a deux semaines, mes amis et moi, nous _____.
4. Les étudiants de cette classe _____ depuis _____.
5. Pendant une heure (_____ heures), je _____.
6. Je ne _____ depuis le mois de _____.

Parlons-en!

Activités. Demandez à vos camarades depuis quand ou depuis combien de temps ils/elles font les activités suivantes.

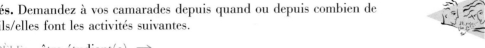

MODÈLE: être étudiant(e) →
—Depuis combien de temps est-ce que tu es étudiant(e)?
—Je suis étudiant(e) depuis...

1. étudier le français   2. pratiquer son sport préféré   3. être à l'université
4. avoir son objet préféré   5. habiter à...   6. ?

27. EXPRESSING LOCATION
Using Prepositions with Geographical Names

Bruno au Congo

Bruno est en vacances au Congo. Il a fait la connaissance de Kofi.

KOFI: Tu es d'où **en France**?
BRUNO: **De Marseille**.
KOFI: Ce doit être beau là-bas! Dis, tu as d'autres projets de voyages pour l'avenir?
BRUNO: Ouais, plein.* D'abord l'année prochaine je vais aller **au Mexique** avec ma copine. Et à l'avenir je veux aller **en Russie**, **au Québec**, **au Sénégal** et aussi **en Asie**.
KOFI: Et tu aimerais habiter dans quelle ville?†
BRUNO: **À Vérone en Italie** pour trouver ma Juliette.

Répondez aux questions selon les indications.

1. D'où vient Bruno? (ville, pays) D'où est Kofi? (pays, continent)
2. Où Bruno va-t-il aller l'année prochaine? (pays, continent)
3. Et où veut-il aller à l'avenir? (continents)
4. Où rêve-t-il d'habiter? (ville, pays)

A. Gender of Geographical Names

In French, most place names that end in **-e** are feminine; most others are masculine. Two exceptions are **le Zaïre** and **le Mexique**. The names of the continents are feminine: **l'Europe**, **l'Afrique**, **l'Asie**, **l'Australie**,‡ **l'Amérique du Nord**, **l'Amérique du Sud**. The names of most states in the United States are masculine: **le Kentucky**, **le Connecticut**. The names of nine states end in **-e** in French and are feminine: **la Californie**, **la Caroline du Nord et du Sud**, **la Floride**, **la Géorgie**, **la Louisiane**, **la Pennsylvanie**, **la Virginie**, **la Virginie occidentale**.

B. *To, in,* and *from* with Geographical Names

1. Les villes et les îles. With names of cities and most islands:

---

*Informal speech for **Oui, beaucoup**.
†*And what city would you like to live in?* Note that the speaker uses the conditional tense (*would like*) and direct word order to ask the question. This happens often in informal conversation.
‡To refer to the Pacific islands and Australia as a whole, the French use **l'Océanie** (*f.*).

à *to* or *in*   de (d') *from*

Mlle Dupont habite **à Paris**.	*Mlle Dupont lives in Paris.*
Ils sont allés **à Cuba**.	*They went to Cuba.*
Ils sont **de Marseille**.	*They are from Marseille.*
Elles sont parties **d'Hawaï**.	*They left (from) Hawaii.*

2. **Les pays.**
   a. **masculins.** With masculine countries:

   au (aux) *to* or *in*   du (des) *from*

Les Doi habitent **au Japon**.	*The Doi family lives in Japan.*
Ils vont arriver **aux États-Unis** demain.	*They're going to arrive in the United States tomorrow.*
Es-tu jamais allé **au Mexique**?	*Have you ever been to Mexico?*
Quand sont-ils partis **des Pays-Bas**?	*When did they leave the Netherlands (Holland)?*

   b. **féminins.** With feminine countries:

   en *to* or *in*   de (d') *from*

Je vais **en Belgique**.	*I'm going to Belgium.*
Il revient **de France**.	*He is coming back from France.*

3. **Les continents.** With names of continents:

   en *to* or *in*   de (d') *from*

Le prof d'espagnol voyage **en Amérique du Sud**.	*The Spanish professor is traveling in South America.*
Il vient **d'Amérique du Nord**.	*He comes from North America.*

4. **Les états et les régions.**
   a. **masculins.** With names of masculine states or regions[*]:

   dans le (dans l') *to* or *in*   du (de l') *from*

Sophie a passé la semaine **dans le Nevada**.	*Sophie spent the week in Nevada.*
Elle vient **du Michigan**.	*She comes from Michigan.*

   b. **féminins.** With names of feminine states or regions:

   en *to* or *in*   de (d') *from*

Pierre va passer un mois **en Californie**.	*Pierre is going to spend a month in California.*
M. Carter est **de Géorgie**.	*Mr. Carter is from Georgia.*

---

[*]Exceptions: The French always say **au Texas**. To distinguish the states of New York and Washington from the cities of the same name, the French say **dans l'état de New York (Washington)**.

Vérifions!

A. Jeu géographique. Voici quelques villes francophones. Savez-vous dans quels pays elles se trouvent? (Voir les cartes au début du livre.)

MODÈLE: Paris est en France.

1. Rabat	a. Haïti
2. Montréal	b. la Belgique
3. Kinshasa	c. la Tunisie
4. Alger	d. le Zaïre
5. Dakar	e. le Canada
6. Bruxelles	f. la Suisse
7. Tunis	g. le Maroc
8. Abidjan	h. la Côte-d'Ivoire
9. Port-au-Prince	i. l'Algérie
10. Genève	j. le Sénégal

B. Retour de vacances. Voici un groupe de touristes qui rentre de vacances. D'après ce qu'ils ont dans leurs valises, dites d'où ils arrivent.

MODÈLE: une montre
          la Suisse → Ils arrivent de Suisse.

SOUVENIRS	PAYS
1. du parfum	le Cameroun
2. une caméra vidéo ultra-moderne	la Hollande
3. une bouteille de Tequila	l'Italie
4. un masque d'initiation	le Mexique
5. des chaussures en cuir (*leather*)	le Japon
6. un pull en cashmere	l'Écosse
7. du chocolat	le Maroc
8. du café	la Colombie
9. un couscoussier (*couscous maker*)	la Belgique
10. des tulipes	la France

Parlons-en!

A. Un(e) jeune globe-trotter. Votre camarade va faire le tour du monde. Vous lui demandez où il/elle va aller.

Continents: l'Afrique, l'Océanie, l'Europe, l'Asie, l'Amérique du Nord, l'Amérique du Sud.

Pays: l'Algérie, l'Allemagne, l'Australie, le Brésil, le Canada, la Chine, le Danemark, l'Égypte, les États-Unis, la Finlande, la Grèce, l'Inde, l'Italie, le Japon, le Maroc, le Mexique, la Polynésie française, la Norvège, le Viêt-nam...

MODÈLE: —Vas-tu en Asie?
          —Oui, je vais en Chine (au Japon...).

B. Interview. Posez les questions à un(e) camarade de classe. Ensuite, racontez sa réponse la plus surprenante à la classe.

1. D'où viens-tu? de quelle ville? de quel état? Et tes parents?
2. Où habitent tes parents? Et le reste de ta famille?
3. Dans quels états as-tu voyagé?
4. Est-ce qu'il y a un état que tu préfères? Pourquoi?
5. Est-ce qu'il y a un état que tu n'aimes pas? Pourquoi?
6. Dans quel état est-ce qu'il y a de beaux parcs? de beaux lacs? de belles montagnes? de grandes villes? de grands déserts?
7. Tu es riche. Où vas-tu passer tes vacances?

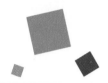

28. EXPRESSING OBSERVATIONS AND BELIEFS
voir and *croire*

Où sont les clés?

MICHAËL: Je **crois** que* j'ai perdu les clés de la voiture.
VIRGINIE: Quoi!... Elles doivent être au restaurant.
MICHAËL: Tu **crois**?
VIRGINIE: Je ne suis pas sûre mais on peut aller **voir**.

(*Au restaurant.*)

MICHAËL: Tu as raison. Elles sont là-bas sur la table. Je les **vois**.
VIRGINIE: Ouf! Bon, qu'est-ce qu'on fait maintenant?
MICHAËL: On va **voir** la pyramide du Louvre.

Vrai ou faux?

1. Virginie croit que les clés sont au restaurant.
2. Michaël voit une plante sur la table.
3. Virginie et Michaël sont à Strasbourg.
4. Michaël veut voir la tour Eiffel.

The verbs **voir** (*to see*) and **croire** (*to believe*) are irregular.

voir (*to see*)				**croire** (*to believe*)			
je	**vois**	nous	**voyons**	je	**crois**	nous	**croyons**
tu	**vois**	vous	**voyez**	tu	**crois**	vous	**croyez**
il, elle, on	**voit**	ils, elles	**voient**	il, elle, on	**croit**	ils, elles	**croient**
Past participle: vu				*Past participle:* cru			

J'ai vu Michèle à la plage la semaine passée.	*I saw Michèle at the beach last week.*
Est-ce que tu **crois** cette histoire?	*Do you believe this story?*
Je **crois** qu'il va faire beau demain.	*I think the weather is going to be fine tomorrow.*
—La capitale de l'Algérie, c'est Alger.	*Algeria's capital city is Algiers.*
—Tu **crois**?	{ *You think so?* { *Are you sure?*

Revoir (*to see again*) is conjugated like **voir**.

Je **revois** les Moreau au mois d'août.	*I'm seeing the Moreau family again in August.*

Croire à* means *to believe in* a concept or idea.

Nous **croyons** à la chance.	*We believe in luck.*

Vérifions!

Alpinisme dans le brouillard (*fog*)**.** Complétez la conversation avec les verbes **croire** et **voir** au présent, sauf quand le passé composé est indiqué.

JULIE: Tu _____¹ où on est?

ALAIN: Non, je ne _____² pas cette montagne sur la carte.

YVES: Vous faites confiance à cette vieille carte?

JULIE: Non, nous _____³ ce que (*what*) nous a dit le guide.

ALAIN: Elle a beaucoup d'expérience et elle _____⁴ que cette route est bonne.

YVES: Moi, je pense qu'elle _____⁵ à la chance!

JULIE: Très drôle... mais dis, Alain, tu _____⁶ (*passé composé*) Annick, le guide, quelque part?

ALAIN: Oui, j' _____⁷ (*passé composé*) le guide, mais il y a environ une heure.

YVES: Cette fois, je _____⁸ que nous sommes perdus!

Parlons-en!

A. Conversation. Avec un(e) camarade, parlez d'un voyage qu'il/elle a fait récemment. Qu'est-ce qu'il/elle a vu? Qui a-t-il/elle vu? Qu'est-ce qu'il/elle veut revoir? Qui veut-il/elle revoir? Ensuite, racontez à la classe l'expérience la plus intéressante (*most interesting*) de votre camarade.

B. Interview. Interrogez un(e) camarade sur ses croyances. Est-ce qu'il/elle croit à la chance? à l'amour? au progrès? à une religion? à la perception extra-sensorielle? aux O.V.N.I. (*UFO*)? à _____?... Après l'interview, essayez de

---

*An exception is the expression **croire en Dieu**, *to believe in God.*

définir la personnalité de votre camarade d'après ses réponses. Est-ce qu'il/elle est sceptique? idéaliste? religieux/euse? réaliste? sentimental(e)? superstitieux/euse?

Mise au point

A. Vacances d'été. Formez des phrases complètes selon les indications.

> MARC: où / passer / tu / vacances d'été? (*passé composé*)
>
> PAULE: je / voyager / à la Guadeloupe avec mes parents (*passé composé*). nous / camper / et / prendre le soleil (*passé composé*) / pendant quatre semaines
>
> MARC: nager / vous / beaucoup? (*passé composé*)
>
> PAULE: oui, il y a / plages magnifiques / et / climat / tropical. la Guadeloupe / être / vraiment / beau (*présent*)
>
> MARC: manger / vous / bien? (*passé composé*)
>
> PAULE: oui, / nous / manger / petit / restaurants / et nous / essayer / plats créoles (*passé composé*)

Maintenant, décrivez les vacances de Paule.

■ Est-ce qu'elle a passé des vacances superbes ou ennuyeuses?
■ Où est-ce qu'elle a dormi?
■ Qu'est-ce qui l'a impressionnée le plus?

B. Vos vacances. Interviewez un(e) camarade sur ses vacances les plus (*the most*) intéressantes. Posez les questions suivantes et encore d'autres de votre invention. Puis décrivez ses vacances à la classe.

1. Où as-tu passé tes vacances les plus intéressantes?
2. Avec qui as-tu voyagé?
3. Combien de temps as-tu passé à cet endroit?
4. Où as-tu logé (*stay*)?
5. Qu'est-ce que tu as fait pendant la journée?
6. Quel temps a-t-il fait?
7. Qu'est-ce que tu as porté comme vêtements?
8. Qu'est-ce que tu as acheté?
9. Qu'est-ce que tu ne vas pas oublier?
10. As-tu envie de retourner au même endroit l'année prochaine (*next*)?

C. Vacances exotiques au Club Med. Vous allez passer une semaine de vacances au Club Med en Martinique.* Voici la brochure du village où vous allez.

---

*Note that French speakers say both **à la Martinique** and **en Martinique**.

■ MARTINIQUE

les Boucaniers

TOUS LES PLAISIRS DE LA MER DES
CARAIBES. COULEURS ET PARFUMS
DES TROPIQUES.
RYTHMES DE LA "BIGUINE" ET
DOUCEUR DU PARLER CREOLE.

VILLAGE
Au sud de la Martinique, à proximité de Sainte-
Anne, un village aux teintes pastel entre une vaste
cocoteraie et une plage de sable clair. Bungalows
climatisés à 2 lits avec salle d'eau. Voltage : 220.

SPORTS
Voile : 10 Holders, 1 Laser, 1 Mentor. Ski nautique :
4 bateaux. Plongée bouteille : école d'initiation et
de perfectionnement. Plongée libre. Planche à voile
Tiga : 15 Fun Cup, 7 Speed, 5 Swift, 3 Jibe.
Promenades en mer et pique-niques. Tennis : 7 courts
en dur dont 6 éclairés. Basket-ball. Volley-ball. Salle
de musculation et mise en forme. Aérobic.
ET AUSSI...
Spécialites à la "Maison créole". Boutique Club.
Location de voitures. Enfants à partir de 12 ans.
EXCURSIONS
Un programme varié d'excursions vous sera proposé
sur place.
C.M. - Les Boucaniers -
97227 Pointe Marin - Sainte-Anne - Tél. 596.76.74.52.

1. Quel est le nom du village?   2. Où allez-vous loger?   3. Essayez
d'identifier quelles activités représentent les dessins.   4. Quelles activités
aimeriez-vous faire?

Imaginez maintenant que vous venez de rentrer de vacances. Décrivez vos
vacances à la classe. Commencez par «J'ai passé une semaine en Martinique...».

Suggestions: vêtements, temps, sports, ambiance, repas, jeux...

Interactions

In this chapter you practiced talking about vacations, about events in the past,
about various geographical locations, and about observations and beliefs. Act
out the following situations, using vocabulary and structures from this chapter.

1. **En vacances.** You are planning a vacation. Visit a travel agent (your
   partner). Explain what type of vacation you would like to take and discuss
   some alternative holiday destinations. Talk about the activities that interest
   you. The agent will recommend an itinerary and explain why.
2. **Qu'est-ce que j'ai fait?** Think of something you did last evening. Your
   partner will ask you yes/no questions, to guess what it was. Then exchange
   roles.

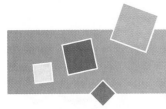

Rencontres

LECTURE

Avant de lire

Reading for global understanding: The poll (**une enquête**) on pages
226–227 was published in a French women's fitness magazine, *Vital*. It has
been abridged and glosses have been added, but it has not been simplified.
Your goal as you read through it should be simply to understand as much as
you can, without looking words up in the dictionary. Use the strategies you
learned in the preceding chapters. Look for cognates. Read for the gist of each
question; you do not need to understand every word. Develop your guessing
skills; you will use them often, whenever you read in French.

In particular, the following strategies may help.

- If you don't understand something, read ahead. What follows will often
  clarify an unfamiliar word or phrase. In this poll, the proposed answers will
  often tell you what the question is about, or the final answer may make clear
  what the preceding ones were.
- Think about what you expect the question to be, on the basis of your
  knowledge of the magazine and the interests of its readers: fitness, sports,
  diet, well-being.
- Skip questions that you really don't understand. You can figure them out
  later, during class discussion, or with a classmate.

After your first reading, go back and answer as many questions as you can, on
the basis of one of your vacations. Skip questions that do not apply to you.
Remember that this poll was written for women; you may need to make certain
changes if you are a man.

—En vacances, j'adore faire du vélo sur
les petites routes de campagne.

RACONTEZ VOUS VOS

En répondant à ce questionnaire, vous allez pouvoir tester vos vacances, tranquillement, sans vous raconter d'histoires. Et savoir si elles ont bien rempli la mission pour laquelle elles sont faites : vous faire vivre,[a] un mois, au plus près du bonheur.[b]

1 **Avez-vous pris des vacances cet été ?**
oui
non

2 **Combien de temps aurez-vous pris cet été ?**
Moins d'une semaine
1 semaine
2 semaines
3 semaines
1 mois
plus d'un mois
c'était suffisant
ce n'était pas assez

3 **Etes-vous encore[c] en vacances en ce moment ?**
oui
non

4 **Etes-vous restée[d] au même endroit pendant toutes vos vacances ?**
oui
non

5 **Si oui, où ?**
Mer   en France
Montagne   en France
Campagne   en France
Ville   en France
Mer   A l'étranger
Montagne   A l'étranger
Campagne   A l'étranger
Ville   A l'étranger
Désert
Pleine mer

6 **Si non, pourquoi et comment ?**
(Précisez-nous s'il s'agissait d'une décision (ne jamais rester au même endroit), d'une obligation (famille, enfants, opportunités), ou bien d'un périple (itinéraire culturel, aventurier, amical, autres...)
_____
_____
_____

7 **Ces vacances étaient[e]:**
les mêmes que celles de l'an passé
les mêmes que celles de chaque année
différentes
une innovation

8 **Vos vacances, cette année, ont été :**
parfaites
plutôt réussies
un petit peu ratées
décevantes
mieux que celles de l'année dernière
moins bien que celles de l'année dernière
les mêmes

9 **Est-ce vous qui avez décidées ces vacances, lieu, timing, activité ?**
oui
non

10 **Les avez-vous préparées longtemps à l'avance ?**
non
oui
oui, depuis quand ?

11 **Avez-vous vécu :**
dans une maison
dans un hôtel
sous une tente
à la belle étoile
sur un bateau
dans un club
entre deux aéroports et quelques six étoiles
chez des copains

12 **Etiez-vous :**
seule
seule avec lui
avec lui et les enfants
avec les enfants
avec vos parents
dans votre famille
avec des ami (e) s

13 **Avez-vous découvert cette année un endroit dont vous êtes tombé amoureux[f] au point :**
d'y revenir l'année prochain..oui..non
d'avoir envie d'y acheter une maison oui non
d'avoir envie d'y vivre.. oui ..non

14 **La dominante de ces vacances :**
Le repos   Les enfants
Le sport   L'amour
La convivialité   L'aventure
La lecture   La réflexion
La culture (festivals, châteaux, musées...)
Les souvenirs d'enfance
Les affaires (contacts et recontacts)

15 **Après ces vacances, quoi de neuf[g]?**
Du tonus   De la santé
De la beauté   De la lucidité
Des sentiments   Rien
Un cerveau clair

16 **Pendant les vacances, avez-vous ?**
minci de...kilos
grossi de...kilos
vous êtes restée stable

17 **Pendant ces vacances, avez-vous ?**
ri[h] tout le temps
bien ri
assez peu ri

18 **En vacances, éprouvez-vous plus que dans l'année un sentiment de :**
liberté   beauté
santé   bien-être
séduction   sensualité
dynamisme   vérité

19 **En rentrant[i] de vacances, vous vous estimez :**
plus jolie
plus performante
plus drôle
plus chaleureuse
plus indulgente
plus détendue
plus amoureuse
plus paisible
plus proche des autres

20 **En vacances, vous avez mangé :**
plus léger[j]   plus savoureux
plus lourd[k]   plus rigolo
plus arrosé   comme d'habitude

[a] live
[b] happiness
[c] still
[d] Êtes... Did you stay . . . ?
[e] were
[f] êtes... fell in love
[g] quoi... what's new?
[h] laugh
[i] En... Coming back
[j] light
[k] heavy

VACANCES

21 **Vous avez, en particulier, forcé sur :**
le poisson, les fruits de mer
les crudités
les fruits
les produits laitiers
le pain
autre chose, quoi ?

22 **Vous avez fait :**
trois repas à horaire fixe
des grignotages suivant l'humeur
un grand petit déjeuner et un dîner
des variations chaque jour

23 **En vacances, vous avez :**
plus faim que pendant l'année
moins faim
le même appétit que d'habitude

24 **Avez-vous dormi**
plus que d'habitude
moins que d'habitude
mieux[l] que d'habitude
comme d'habitude

25 **Pendant ces vacances, avez-vous :**
fait quelque chose que vous n'aviez jamais fait[m] et quoi ?
oui
non
quoi

26 **Avez-vous :**
lu[n]   joué au tennis
nagé   joué au volley
couru   joué au golf
dansé   écrit
fait de la planche à voile
du dériveur
du gros bateau
du deltaplane
de l'escalade
de la marche
joué de la musique
écouté de la musique
brodé
fait de la cuisine

27 **Avez-vous fait la sieste ?**
oui
non

28 **Si vous fumez,[o] avez-vous :**
moins fumé ?   autant ?
davantage ?   vous avez arrêté ?

29 **Pendant ces vacances, avez-vous rencontré :**
un monsieur formidable
une fille sympa
des gens merveilleux

30 **Quelle somme faudrait-il vous donner pour que vous acceptiez l'année prochaine de renoncer à vos vacances d'été ?**

31 **A votre avis, ce qui gâche[p] le plus sûrement les vacances :**
le mauvais temps   la foule
la mauvaise humeur   la solitude
le manque de sous   la monotonie
la promiscuité   les accidents
l'idée de la rentrée   quoi d'autre
les embouteillages

32 **Lorsque vous rentrez de vacances, vous êtes pleine[q] :**
de projets   de désirs
de regrets   de souvenirs

33 **Le plus important en vacances :**
c'est le soleil
c'est d'être amoureuse
c'est d'être bien avec ceux qu'on aime
c'est d'avoir la paix
c'est d'avoir le temps

34 **Attribuez une note de 0 à 20 aux vacances que vous venez de vivre :**

35 **Une bonne fée[r] vous offre les vacances idéales. Racontez :**

_____
_____
_____

On trouve des paysages fantastiques dans les Alpes.

—Pourquoi sont-ils tous partis en même temps que nous? (Tetsu)

[l]*better*
[m]*n'aviez... had never done*
[n]*read*
[o]*smoke*
[p]*ruins*
[q]*full*
[r]*fairy*

Compréhension

Comparez vos réponses avec celles de vos camarades.

1. Qui a donné la meilleure (*best*) note à ses vacances?
2. Où sont allés (*went*) les étudiants qui sont restés aux États-Unis? Quels pays ont visités les étudiants qui ont voyagé à l'étranger (*abroad*)?
3. Quel type de logement a été le plus populaire parmi vos camarades?
4. Qu'est-ce que vos camarades ont fait pendant leurs vacances?
5. Y a-t-il eu une réponse que vous avez trouvée particulièrement intéressante? surprenante? bizarre? amusante?

P A R   É C R I T

Function: Narrating in the past
Audience: Friends
Goal: Write a story about a disastrous vacation (**des vacances désastreuses**) that you experienced, or invent such a situation. Use the techniques described below.

Steps

1. Do an outline of your story.
   a. Begin by setting the scene. Describe who was with you, where you were, and the general circumstances.
   b. Outline the complications that affected your plans.
   c. Explain your reactions, and those of your companions, to the adverse circumstances.
   d. Describe how the vacation ended and how the difficulties were resolved.
2. After completing the outline, fill in any details and prepare the first draft.
3. Have a classmate reread the draft to see if what you've written is clear.
4. Finally, make any changes suggested by your classmate that seem warranted and check the draft for spelling, punctuation, and grammar errors. Focus especially on your use of the past tense with **avoir**.

BOUGEZ !

Faites du sport
de l'informatique
ou de la danse

Eclatez-vous !

+ de 50 ACTIVITES

Pour s'éclater sans se ruiner, les Auberges de Jeunesse organisent pour vous, aux quatre coins de la France et à l'étranger, des stages de canoë-kayak, delta ou surf, photo, tennis ou voile, trial, plongée ou cyclo. En tout plus de 50 activités à la mer, à la montagne partout où il fait bon être loin du boulot, du lycée ou de la fac. Et si le plaisir des vacances se fait attendre, alors n'attendez plus, demandez notre brochure "Activités" elle est gratuite. (voir bon à découper sur l'autre face de ce document).

À   L' É C O U T E !

I. Souvenirs de vacances. This is the first day of class at the **Université de Nice.** Sandrine and Jean-Yves are talking about their vacations. First, read through the activities. Next, listen to the vocabulary followed by the conversation. Then, do the activities.

VOCABULAIRE UTILE
quinze jours — *two weeks*
essayer — *to try*
j'ai aussi rencontré — *I also met*

You will now hear their conversation, followed by a few statements about it. Listen carefully, then do the exercises.

A. Vrai ou faux?
1. _____ Jean-Yves a passé du temps à la campagne.
2. _____ Jean-Yves a trouvé très nerveux les gens de campagne.
3. _____ Jean-Yves a fait du sport.
4. _____ Sandrine a passé un mois avec des amis.
5. _____ Sandrine a fait de la planche à voile, mais elle a eu peur.
6. _____ Sandrine a fait du bateau.

B. Now determine who could have made the following statements. Mark **S** for Sandrine and **J-Y** for Jean-Yves.
1. _____ Cette année j'ai pris deux semaines de vacances.
2. _____ J'ai rendu visite à ma grand-mère.
3. _____ J'ai beaucoup dormi.
4. _____ J'ai passé des heures au soleil.
5. _____ J'ai loué un bateau.
6. _____ J'ai marché sur la plage.

II. Géopari. "Géopari" is a radio quiz show where the contestant is asked questions about geography. First, look at the activity. Next, listen to the vocabulary followed by the conversation. Then, do the activity.

VOCABULAIRE UTILE
se trouve *is (located)*
désolé *sorry*
la plage d'Ipanéma *a beach in Brazil*
dommage *too bad*
vous gagnez *you win*

Circle the correct answer.
1. La ville d'Oslo se trouve
   a. en Suède   b. en Belgique   c. en Norvège
2. La Maison-Blanche se trouve
   a. aux États-Unis   b. au Brésil   c. en Suisse
3. Le Taj Mahāl se trouve
   a. au Maroc   b. en Inde   c. en Chine
4. La plage d'Ipanéma se trouve
   a. à Rio de Janeiro   b. à São Paulo   c à Brasília

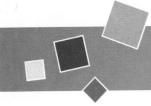

Vocabulaire

Verbes

bronzer to get a suntan
croire to believe
 croire à (**que**) to believe in (that)
devenir to become
dormir to sleep
fermer to close
fumer to smoke
mettre to put on; to place
nager to swim
obtenir to obtain, get
oublier to forget
partir (**à**) (**de**) leave (for) (from)
pêcher to fish
pleuvoir to rain
quitter to leave (someone or someplace)
revenir to come back to, return (someplace)
revoir to see again
sentir to feel; to sense; to smell
servir to serve
sortir to leave; to go out
venir to come
 venir de + *inf.* to have just (*done something*)
voir to see
voyager to travel

À REVOIR: porter, pouvoir, rendre visite à, réserver, rester

Substantifs

l'achat (*m.*) purchase
l'alpinisme (*m.*) mountaineering
l'an (*m.*) year
l'année (*f.*) year
le bateau (**à voile**) (sail)boat
la bicyclette bicycle
 faire de la... to go bicycling
la campagne country(side)
le camping camping

le cheval horse
 faire du... to go horseback riding
la clé, clef key
l'endroit (*m.*) place
l'état (*m.*) state
le fleuve (large) river
la forêt forest
le lac lake
la matinée morning
la mer sea, ocean
le mois month
le monde world
la montagne mountain
la nuit night
le parapluie umbrella
le pays country (nation)
la plage beach
la planche à voile windsurfer
la plongée sous-marine skin diving
la randonnée hike
la route road
la semaine week
le ski de piste downhill skiing
 ...de fond cross-country skiing
 ...nautique waterskiing
la soirée evening
le/la voisin(e) neighbor

À REVOIR: la carte postale, la promenade, les vacances (*f. pl.*)

Les vêtements et l'équipement sportifs

l'anorak (*m.*) (ski) jacket
les chaussures (*f.*) **de ski** ski boots
 ...de montagne hiking boots
les lunettes (*f.*) glasses
 ...de ski ski goggles
 ...de soleil sunglasses
le sac de couchage sleeping bag
la serviette de plage beach towel

le ski ski
la tente tent

À REVOIR: la chaussure, le maillot de bain, la robe, le sac à dos

Expressions temporelles

les années (**cinquante**) the decade (era) of (the fifties)
avant-hier the day before yesterday
depuis since, for
dernier/ière last
hier yesterday
il y a ago
passé(e) last

Pays

l'Algérie (*f.*) Algeria
l'Allemagne (*f.*) Germany
l'Angleterre (*f.*) England
la Belgique Belgium
le Brésil Brazil
le Canada Canada
la Chine China
le Congo Congo
la Côte-d'Ivoire Ivory Coast
l'Espagne (*f.*) Spain
les États-Unis (*m.*) United States
la France France
la Grèce Greece
Haïti (*m.*) Haiti
l'Italie (*f.*) Italy
le Japon Japan
le Maroc Morocco
le Mexique Mexico
le Portugal Portugal
le Québec Quebec
la Russie Russia
le Sénégal Senegal
la Suisse Switzerland
la Tunisie Tunisia
le Zaïre Zaire

Intermède

Une nuit à l'auberge de jeunesse

Contexte *Sean fait un voyage en France depuis deux mois et il dort chaque nuit dans une auberge de jeunesse. L'avantage? Les auberges sont souvent situées près d'une gare,° elles ne coûtent pas cher et l'ambiance° y est très sympathique. Ici, Sean arrive à l'Auberge de Jeunesse de Caen, en Normandie.*   train station / atmosphere

Objectif *Sean réserve une place à l'auberge.*

SEAN: Bonjour, Madame, est-ce que vous avez encore de la place?

LA DAME: Oui, il y a de la place dans le petit dortoir.°   sleeping quarters (dormitory)

SEAN: Ça fait combien, pour une nuit? J'ai une carte° de l'American Youth Hostels...   (membership) card

LA DAME: Alors, quarante-cinq francs. Vous avez besoin de draps°?   sheets

SEAN: Non, j'ai mon sac de couchage.

LA DAME: Nous ne servons pas de repas chauds, mais il y a une petite cuisine au rez-de-chaussée.

SEAN: Eh bien, c'est d'accord. Voici quarante-cinq francs.

LA DAME: Merci. Ah, faites bien attention: l'auberge ferme° à vingt-deux heures. Ne rentrez° pas trop tard!   closes / return

À propos

Comment choisir une chambre d'hôtel

Je voudrais une chambre pour deux personnes / une chambre à deux lits, s'il vous plaît.

Combien coûte la chambre? / Quel est le prix de la chambre?

Est-ce que le petit déjeuner est compris?

Est-ce qu'il y a une salle de bains dans la chambre?

Est-ce que vous prenez les cartes de crédit / les chèques de voyage?

Maintenant à vous!

A. Questions personnelles. Relisez le dialogue, puis répondez aux questions.

1. Avez-vous déjà passé la nuit dans une auberge de jeunesse? Où? D'habitude, où dormez-vous quand vous êtes en voyage?

2. Aimez-vous dormir à la belle étoile? Quels en sont les avantages? les inconvénients? Préférez-vous le camping sauvage ou les terrains de camping (avec douche!)?

3. De quoi a-t-on besoin pour faire du camping? Avez-vous tout le nécessaire? Qu'est-ce que vous devez encore acheter?

4. Descendez-vous de temps en temps dans un hôtel ou motel? Parlez de votre dernier séjour (*stay*) dans un hôtel. Avez-vous bien dormi? Pourquoi (pas)?

B. Jeu de rôles: Des vacances à Paris. Avec deux camarades, préparez la scène suivante. Utilisez les expressions de l'*À Propos*. Puis jouez la scène devant la classe.

Vous entrez dans un hôtel de luxe. Vous demandez au/à la réceptionniste une chambre pour une personne. Vous demandez des renseignements sur la chambre. Le réceptionniste vous demande votre nom, adresse, etc. Vous voulez votre petit déjeuner au lit et vous précisez ce que vous désirez.

P O R T R A I T S

Paul Gauguin (1848–1903)

Paul Gauguin is one of modern France's most important painters. Originally employed as a stockbroker, he abandoned his profession in 1883 to devote himself exclusively to painting. He left urban civilization behind to paint peasant life in Brittany, and later discovered the brilliant colors of the tropics on Martinique. He finally settled in Tahiti, where he represented the statuesque nobility of the native people in a series of elegant yet simple paintings. Gauguin's painting exploits the expressive power of line and large areas of bright color, a style that influenced such 20th-century painters as Modigliani and Picasso.

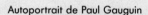

Autoportrait de Paul Gauguin

CHAPITRE NEUF

Voyages et transports

En avant
—À quelle heure part ton train pour Marseille?
—À 19h30.
—Si tu veux, je peux te conduire à la gare.
—À cette heure-là? Avec toute la circulation? Non, je vais prendre le métro, il y en a un toutes les cinq minutes.

Communicative goals: talking about transportation, talking about the past, expressing wishes and polite requests, and expressing negation.

Étude de vocabulaire

Visitez le monde en avion

À l'aéroport

l'avion

le pilote

Air France Vol No. 512
à destination
de New York

le steward

l'hôtesse de l'air

Zone fumeur

Zone non-fumeur

Première classe

Classe affaires

Classe économique

la carte d'embarquement

A. Bienvenue à bord. Complétez les phrases d'après le dessin.

1. Si on fume, on veut un siège (*seat*) dans la _____.
2. Le _____ est le conducteur de l'avion.
3. L'_____ apporte les repas.
4. Les personnes très riches voyagent en _____.
5. Quand on est dans la _____, on ne peut pas fumer.
6. Le _____ sert les boissons.
7. On présente une _____ pour monter dans l'avion.
8. Les hommes et les femmes d'affaires voyagent en _____.
9. Les étudiants voyagent en _____.
10. Le _____ 512 part à 13h50.

B. Quelques pays européens et leurs capitales. Quel pays trouve-t-on _____? Quelle est sa capitale? (Regardez la carte géographique de l'Europe au début de ce livre.)

MODÈLE: au sud-est* de l'Italie →
         Au sud-est de l'Italie, on trouve la Grèce. Capitale: Athènes.

---

*In the words **est** (*east*), **ouest** (*west*), and **sud** (*south*), the final letters are pronounced, i.e., [est], [west], [syd].

PAYS	CAPITALES
1. au nord-est de l'Espagne	Londres
2. à l'est de la Belgique	Madrid
3. au sud-ouest de la France	Bruxelles
4. à l'ouest de l'Espagne	Berne
5. au nord-ouest de la France	Berlin
6. au sud-est de la France	Rome
7. au nord de l'Italie	Lisbonne
8. au nord de la France	Paris

C. Devinez! Maintenant, un(e) de vos camarades décrit la situation géographique d'un pays étranger qu'il/elle a visité (*has visited*) ou d'un pays étranger visité par un ami ou un parent. Essayez de deviner le pays. Puis donnez le nom d'une ville de ce pays.

MODÈLE: VOTRE CAMARADE: Ma cousine Betty a visité un pays au nord-ouest de l'Italie.

VOUS: Ta cousine a-t-elle visité la France?

VOTRE CAMARADE: C'est exact. Elle a visité Lille.

Voici quelques possibilités: l'Irlande, l'Écosse (*Scotland*), le Danemark, la Suède, l'Autriche (*Austria*), la Grèce, l'Égypte, l'Afrique du Sud, le Zaïre, Israël, la Jordanie, l'Arabie Saoudite, l'Iran, l'Australie, l'Argentine, le Venezuela, le Nicaragua

L'Europe en train

À la gare

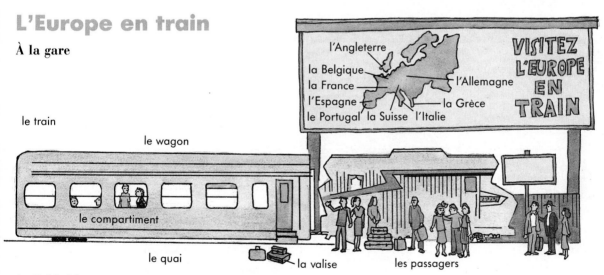

A. Définitions

1. Quel véhicule de transport trouve-t-on dans une gare?
2. Comment s'appelle chaque voiture d'un train?
3. Comment s'appellent les personnes qui voyagent?

4. Comment s'appelle la partie du wagon où les passagers sont assis (*seated*)?
5. Où est-ce que les passagers attendent l'arrivée d'un train?

B. Trains/autos accompagnées. Pour partir en vacances, beaucoup de Français prennent le train. Lisez la publicité de la SNCF (Société Nationale des Chemins de Fer) puis répondez aux questions.

1. Quel service propose cette publicité?
2. Où se trouve le «coffre» d'une voiture? À quoi sert-il (*What is it for*)?
3. Quel autre véhicule peut-on transporter en train?
4. Comment sont les compartiments?
5. Est-ce que le petit déjeuner est compris dans le prix du voyage?
6. Combien de temps après l'arrivée retrouve-t-on sa voiture?

SNCF TRAINS AUTOS ACCOMPAGNÉES

1 Chez vous ; le coffre est chargé : plus de souci de valises jusqu'à l'arrivée.

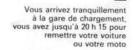

2 Vous arrivez tranquillement à la gare de chargement, vous avez jusqu'à 20 h 15 pour remettre votre voiture ou votre moto

3 Le compartiment est climatisé, la couchette est confortable, vous vous glissez dans vos draps.

4 C'est le plein sommeil, le train roule, votre voiture ou votre moto vous suit.

5 7 h 45 : vous descendez du train ; le petit déjeuner vous attend, il est gratuit.
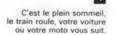

6 8 h 30 : en forme, vous retrouvez votre voiture ou votre moto. Bonne route !

Un exemple : Paris - Saint-Raphaël.

C. Interview. Demandez à un(e) camarade s'il (si elle) a voyagé en train. A-t-il/elle mangé dans un wagon-restaurant? A-t-il/elle dormi dans un wagon-lit? Quelle ville a-t-il/elle visitée pendant ce voyage? À qui a-t-il/elle rendu visite? Ensuite, racontez à la classe le voyage de votre camarade.

En route

Jean-Pierre **conduit** sa moto dans les Alpes.

Annick **roule** toujours très vite. Elle a une voiture de sport toute neuve!

Marianne **fait le plein** d'essence à la station-service.

Martine et Annie **traversent** la France en vélo.

A. Associations. Quels adjectifs associez-vous avec les moyens de transport suivants? Expliquez les raisons de votre choix.

1. l'avion	a. lent	m. polluant
2. le bateau	b. cher	n. agréable
3. l'autobus	c. rapide	o. monotone
4. la voiture	d. bruyant (*noisy*)	p. luxueux
5. le train	e. dangereux	
6. le camion (*truck*)	f. amusant	
7. le taxi	g. fatigant (*tiring*)	
8. la moto	h. confortable	
9. l'ambulance	i. sûr (*safe*)	
10. l'hélicoptère	j. économique	
11. le métro	k. silencieux	
12. le vélo	l. pratique	

B. Moyens de transport. Quel véhicule conduit-on dans les situations suivantes?

1. Votre famille déménage (*moves*).   2. La classe fait une excursion.
3. Vous êtes sportif/ive.   4. Vous aimez rouler très vite.   5. Vous passez le week-end avec votre famille.   6. Vous arrivez à l'aéroport d'une ville.
7. Vous voulez faire de l'exercice.   8. Quand vous faites le plein, vous payez très peu.

C. Interview. Posez les questions suivantes à un(e) camarade.

1. Comment préfères-tu voyager en vacances? Pourquoi? Est-ce que ça dépend de ta destination?
2. Quels moyens de transport préfères-tu prendre en ville?
3. À ton avis, quel moyen de transport est très économique? très rapide? très dangereux? très polluant? très agréable? Quels problèmes de transport y a-t-il dans ta ville ou dans ta région?

Pour parler de la conduite: le verbe *conduire*

PRESENT TENSE OF **conduire** (*to drive*)	
je condu**is**	nous condu**isons**
tu condu**is**	vous condu**isez**
il, elle, on condu**it**	ils, elles condu**isent**
Past participle: conduit	

All verbs ending in **-uire** are conjugated like **conduire**.

construire	*to construct*	Nous **construisons** une nouvelle ville.
détruire	*to destroy*	On **détruit** le vieux pour construire du neuf.
traduire	*to translate*	**Traduis** cette brochure en espagnol.

Interview. Posez les questions suivantes à un(e) camarade de classe. Ensuite, rapportez le fait le plus intéressant à la classe. Utilisez également les expressions de la page 237.

1. Conduis-tu souvent? Quand tu sors avec des copains (= amis), conduisez-vous ou utilisez-vous les transports en commun?
2. Dans ta famille, qui conduit le plus souvent? Qui ne conduit pas?
3. Aimes-tu conduire? Quelle marque de voiture préfères-tu? Pourquoi? Préfères-tu les voitures américaines ou les voitures fabriquées à l'étranger (*abroad*)?
4. Penses-tu que les voitures détruisent les grandes villes? Est-ce qu'on construit trop d'autoroutes aux États-Unis?
5. Que penses-tu des motos? des bicyclettes?
6. As-tu jamais traversé les États-Unis (ou ton état) en voiture? Quand? Avec qui?

France-culture

Trains. Trains are an important form of transportation, much more popular in France than in the United States. Since 1938, French railroads have been controlled by the **Société Nationale des Chemins de Fer français** (**SNCF**), a government-regulated monopoly. You will find the train system to be the most economical and convenient form of transportation in France. Here are some points to keep in mind.

- For long trips, it is possible to reserve a seat or a berth (**couchette**) in a sleeping compartment. If the station seems crowded, or if you are traveling during a French vacation time, be sure to make such a reservation at the ticket window.
- On the door of each train compartment there is a notice that indicates if the seats inside are reserved. If you cannot find an unreserved seat or if you have reserved a seat in advance, seek help from the conductor taking tickets.
- On the platform there is a notice board (**un tableau d'affichage**) that indicates which cars are first class and which are second. You can move from car to car within a given class, but it is often impossible to move from one class to another.
- If you take the **TGV** (**train à grande vitesse**), reservations are required. You can reserve your ticket by phone, by **minitel** (terminal at home) or at the ticket window (**guichet**) until three minutes before departure.

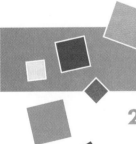

Étude de grammaire

29. TALKING ABOUT THE PAST
The *passé composé* with *être*

Les explications du dimanche matin

MME FERRY: Je voudrais bien savoir où tu **es allée** hier soir! Et à quelle heure **es-tu rentrée**?

STÉPHANIE: Pas tard, maman. Je **suis sortie** avec des copains. On **est allé** prendre un verre chez Laurent, on **est resté** à peu près une heure puis on **est parti** pour aller au ciné. Je **suis revenue** à la maison aussitôt après le ciné.

MME FERRY: Tu es sûre? Parce que ton père **est arrivé** du match de foot à 11h et il n'a pas vu la voiture dans le garage....

Retrouvez la phrase correcte dans le dialogue.

1. À quelle heure es-tu arrivée hier soir?
2. On a bu un verre chez Laurent.
3. On a discuté pendant une heure.
4. On a vu un film.
5. Ton père est rentré à 11h.

A. The Auxiliary Verb être

Most French verbs use a form of **avoir** as an auxiliary verb in the **passé composé**. The **passé composé** of some verbs, however, is generally formed with **être**; one of these verbs is **aller** (*to go*).

PASSÉ COMPOSÉ OF **aller** (*to go*)	
je suis allé(**e**)	nous sommes allé(**e**)**s**
tu es allé(**e**)	vous êtes allé(**e**)(**s**)
il, on est allé	ils sont all**és**
elle est all**ée**	elles sont all**ées**

In the **passé composé** with **être**, the past participle always agrees with the subject in gender and number. The following verbs* take **être** in the **passé composé**. The drawing on page 241 lists most of these verbs, organized around the "house of **être**."

aller: allé *to go*
arriver: arrivé *to arrive*
descendre: descendu *to go down; to get off*
devenir: devenu *to become*
entrer: entré *to enter*
monter: monté *to go up; to climb*
mourir: mort *to die*
naître: né *to be born*
partir: parti *to leave*

passer (par): passé *to pass (by)*
rentrer: rentré *to return; to go home*
rester: resté *to stay*
retourner: retourné *to return; to go back*
revenir: revenu *to come back*
sortir: sorti *to go out*
tomber: tombé *to fall*
venir: venu *to come*

---

*When **monter, descendre, sortir,** and **passer** are followed by a direct object, they take **avoir** in the **passé composé**: elle *a passé* la frontière hier. Nous *avons descendu* la rivière en bateau.

Mme Bernard **est née** en France.	*Mme Bernard was born in France.*
Elle **est allée** aux États-Unis en 1940.	*She went to the United States in 1940.*
Elle **est arrivée** à New York.	*She arrived in New York.*
Elle **est partie** en Californie.	*She left for California.*
Elle **est restée** dix ans à San Francisco.	*She stayed in San Francisco for ten years.*
Ensuite, elle **est rentrée** en France.	*Then she returned to France.*
Elle **est morte** à Paris en 1952.	*She died in Paris in 1952.*

B. Negative and Interrogative Sentences in the *passé composé*

Word order in negative and interrogative sentences in the **passé composé** with **être** is the same as that for the **passé composé** with **avoir**.

Je **ne suis pas** allé en cours.	*I did not go to class.*
Sont-ils arrivés à l'heure?	*Did they arrive on time?*

Vérifions!

A. Une journée de vacances. Dites où chaque personne est allée selon ses préférences.

MODÈLE: Jessica (la musique classique) →
          Jessica aime la musique classique. Elle est allée au concert.

1. mon meilleur ami (ma meilleure amie) (la planche à voile)
2. toi (= tu) (le football)
3. le professeur (le plein air, les arbres et les fleurs)
4. nous (les trains)
5. mes parents (cousins...) (les films)
6. vous (l'art)
7. moi (= je) (le soleil)

a. au cinéma
b. à la gare
c. à la plage
d. au musée
e. au match
f. à la campagne
g. au lac

B. Week-end en Suisse. Brigitte et Bernard ont passé le week-end à Genève. Mettez l'histoire au passé composé et faites attention au choix de l'auxiliaire (**avoir** ou **être**).

Bernard vient[1] chercher Brigitte pour aller à la gare. Ils montent[2] dans le train. Ils cherchent[3] leur compartiment. Le train part[4] quelques minutes plus tard. Il entre[5] en gare de Genève à midi. Bernard et Brigitte descendent[6] du train et vont[7] tout de suite à l'hôtel. L'après-midi, ils sortent[8] visiter la ville. Le soir ils dînent[9] dans un restaurant élégant. Dimanche Brigitte va[10] au musée et prend[11] beaucoup de photos de la ville. Bernard reste[12] à l'hôtel. Brigitte et Bernard quittent[13] Genève en fin d'après-midi. Ils arrivent[14] à Paris fatigués mais contents de leur week-end.

Qu'est-ce que Brigitte a fait que Bernard n'a pas fait?

C. Départ en vacances. Les Dupont, vos voisins, sont partis en vacances ce week-end. Vous racontez maintenant la scène à vos amis. Complétez l'histoire de façon logique et mettez les verbes au passé composé.

Ce matin, mes voisins les Dupont _____[1] en vacances. Ils _____[2] à la mer. À 8 heures, M. Dupont et son fils _____[3] et _____[4] de la maison plusieurs fois avec des sacs et des valises. Mme Dupont _____[5] cinq fois dans la maison pour aller chercher des objets oubliés.

sortir
entrer
partir
retourner
aller

   Enfin, trois heures plus tard, toute la famille _____[6] dans la voiture et elle _____[7]. Mais pas de chance, une des valises _____[8] de la galerie (*roof rack*). M. Dupont _____[9] de la voiture pour la remettre sur la galerie et ils _____[10]. Moi, je _____[11] chez moi.

descendre
partir
tomber
repartir
monter
rester

D. Les voyageurs. Vos amis ont voyagé en Europe. Vous voulez savoir les détails du voyage. Formulez des questions complètes.

> MODÈLE : Jacqueline / partir le 19 juin
> Est-elle partie le 19 juin?

1. Raphaël / rester une semaine à Nice   2. toi / arriver hier soir   3. Emma / aller en Italie   4. Marianne et David / passer par la Suisse   5. vous / repartir le 15 août   6. Marie et Flore / revenir en septembre

Parlons-en!

A. Souvenirs de vacances. Décrivez les vacances de l'année passée d'un(e) camarade. D'abord (*First*), posez les questions suivantes à votre camarade. Si vous voulez, posez encore d'autres questions. Ensuite, présentez à la classe une description de ses vacances.

1. Quand es-tu parti(e)? Quel moyen de transport as-tu pris? Où es-tu allé(e)? Es-tu resté(e) aux États-Unis ou es-tu allé(e) à l'étranger? As-tu visité un endroit exotique?
2. Es-tu allé(e) voir l'endroit où tes parents sont nés? Où es-tu né(e)?
3. Qu'est-ce que tu as fait pendant les vacances? As-tu rencontré des gens intéressants?
4. Comment es-tu rentré(e)? en avion? par bateau? Es-tu revenu(e) mort(e) de fatigue?
5. Prépares-tu déjà tes vacances de l'année prochaine?

B. Vacances en Afrique. Vous venez de passer dix jours en Côte-d'Ivoire avec deux autres camarades de classe. Voici une brochure de l'endroit où vous êtes allés.

LA TAVERNE BASSAMOISE ★ **EXCLUSIF**

GRAND BASSAM

Grand Bassam fut la première capitale de la Côte-d'Ivoire. C'est aujourd'hui une petite ville historique chargée de souvenirs d'un passé encore vivant. Elle est située au bord de la mer, à 43 km environ d'Abidjan.
Amateurs de bonne table, d'harmonie, de calme, des vacances sans contrainte dans un établissement qui offre les garanties d'un bon confort dans un cadre agréable, Patrick et Isabelle vous attendent à la Taverne Bassamoise! C'est une exclusivité AIRTOUR.

FICHE D'IDENTITÉ :
● BP 154 Grand Bassam - Tél. : (225) 30.10.62.
● Capacité : 20 chambres et 5 bungalows.

SITUATION :
Construit directement en bordure de plage, au milieu d'une belle cocoteraie, de la verdure et des fleurs. Grand Bassam est à 1,5 km, l'aéroport à 25 km, Abidjan à 45 km.

A VOTRE DISPOSITION :
● 1 restaurant en terrasse (spécialités européennes et africaines).
● 2 bars.
● 1 salon.
● 1 salon TV vidéo.
● 1 boutique.
● 1 discothèque : « le Mogambo ».
● Piscine, bassin pour les enfants.
● Plage aménagée.

VOTRE CHAMBRE :
Les chambres de plain-pied, construites au milieu de la verdure et des fleurs, sont avec douche, climatisation et terrasse.
Possibilité de logement en bungalows (plus spacieux) avec supplément.

VOS REPAS :
● Demi-pension (dîner obligatoire), pension complète en option.

EXCURSIONS :
● **Exclusif : descente du fleuve Comoe en zodiac** (1 jour/1 nuit) 28 000 CFA environ. Logement sur une île dans un campement simple. La cuisine sera confectionnée par les villageois.
● **1 journée en brousse** en Chevrolet 4/4 climatisée : 22 500 CFA environ pique-nique inclus. Visite des plantations de café, cacao, bananes et ananas. Promenade en pirogue sur le fleuve Comoe. Possibilité de baignade dans le fleuve. Visite de villages typiques.

SPORTS ET LOISIRS :
Gratuits :
● Tennis : 1 court en dur.
● Ping-pong.
● Pétanque.
● Volley-ball.

Payants :
Possibilité de sports nautiques sur la lagune proche de l'hôtel. Soirée folklorique avec repas langouste : 5 000 CFA environ.

Choisissez d'abord vos compagnons de voyage. Puis, à l'aide de cette brochure, répondez aux questions suivantes.

1. Où est situé Grand Bassam?   2. Quels sports offre l'hôtel?   3. Que met (*puts*) l'hôtel à votre disposition?   4. Quelles excursions peut-on faire?

Ensuite imaginez ce que vous avez fait tous les trois pendant votre séjour à Grand Bassam. Prenez quelques notes, puis faites une courte (*short*) présentation au reste de la classe (au passé composé, bien sûr!). Attention au choix de l'auxiliaire. Commencez par «Nous sommes allés à Grand Bassam, en Côte-d'Ivoire... »

Verbes utiles: rester, dormir, aller, jouer à, regarder, prendre, manger, visiter, faire, nager, danser, descendre, passer, voir, avoir, être...

C. Profil psychologique. Posez à un(e) camarade des questions basées sur les éléments donnés. Utilisez le passé composé dans vos questions. Après, faites le portrait psychologique de votre camarade. D'après les réponses de votre camarade, quel caractère a-t-il/elle? Justifiez votre profil psychologique.

Mots utiles: sociable, (ir)responsable, ponctuel(le), négligent(e), nostalgique, courageux/euse, aventureux/euse, (im)prudent(e), superstitieux/euse...

1. prendre un verre avec des amis hier soir
2. à quelle heure / rentrer
3. à quelle heure / arriver à l'université ce matin
4. entrer dans la salle de classe en retard, à l'heure ou en avance (*early*, or *in advance*)
5. retourner souvent à l'endroit où il/elle est né(e)
6. passer la nuit tout(e) seul(e) dans une forêt
7. monter souvent au sommet d'une montagne
8. descendre souvent dans une grotte (*cave*)
9. refuser de passer sous une échelle (*ladder*)

30. EXPRESSING WISHES AND POLITE REQUESTS
The Present Conditional

Un week-end à Londres

JULIE: Est-ce que vous **auriez** des tarifs intéressants en ce moment pour Londres?

L'EMPLOYÉE: Vous tombez bien! Nous avons un vol en promotion à cinq cent cinquante francs aller-retour.

JULIE: Super! Et **pourriez**-vous me réserver une chambre d'hôtel du trois au sept septembre?

L'EMPLOYÉE: Pas de problème! Dans quel coin de Londres **aimeriez**-vous être?

JULIE: Je **voudrais** trouver un hôtel pas trop cher près de Hyde Park.

Quelles phrases de la partie de Julie correspondent aux descriptions suivantes?

1. Julie veut acheter un billet pas cher pour Londres.
2. Elle veut réserver une chambre d'hôtel.
3. Elle veut être près de Hyde Park.

The conditional is used to express wishes or requests. It gives a tone of deference or politeness that makes a request or question less abrupt. For example,

Je **voudrais** aller à la Martinique.	*I'd like to go to Martinique.*
Pourriez-vous m'aider à trouver un vol?	*Could you help me (to) find a flight?*
Auriez-vous l'horaire des avions?	*Would you have the flight schedule?*

Formation of the Conditional

The complete formation of the conditional will be presented in Chapter 15. Only certain forms of some useful verbs will be presented now. They appear in bold type in the following examples.

AVOIR

Valérie, tu **aurais** un livre de français à me prêter?	*Valérie, would you have a French book to lend me?*
Monsieur, **auriez**-vous la gentillesse de m'aider avec ma valise?	*Sir, would you be so kind as to help me with my suitcase?*

POUVOIR

Excusez-moi, Monsieur. Je **pourrais** vous poser une question?	*Excuse me, sir. Could I ask you a question?*
Martine, tu **pourrais** m'aider?	*Martine, could you help me?*
Pourriez-vous me répondre par écrit?	*Could you answer me in writing?*

VOULOIR

Bonjour, Madame. Je **voudrais** un billet de train pour aller à Lyon.	*Hello, Madam. I would like a train ticket to go to Lyon.*
Marc, tu **voudrais** venir avec moi?	*Marc, would you like to come with me?*
Mademoiselle, **voudriez**-vous me suivre?	*Miss, would you follow me, please?*

Vérifions!

A. Dans le train. Vous êtes dans un compartiment de train. Vous entendez ces bribes (*snippets, fragments*) de conversation. Complétez les phrases suivantes de façon logique et utilisez le conditionnel des verbes suivants: **pouvoir**, **vouloir**, **avoir**.

1. _____-vous la gentillesse de fermer la fenêtre?
2. _____-tu me passer mon sac?
3. _____-tu un stylo à me prêter (*lend me*), s'il te plaît?
4. Est-ce que je _____ ouvrir la fenêtre maintenant? J'ai chaud.
5. _____-vous me dire à quelle heure le train arrive à Lyon?
6. _____-vous venir au wagon-restaurant avec nous?
7. Tu _____ peut-être partager (*share*) mon sandwich?

B. Soyons diplomates (*diplomatic*)**.** Vous avez un ami (une amie) qui donne des ordres au lieu de (*instead of*) poser des questions poliment. Indiquez-lui (*Tell him/her*) deux façons de demander la même chose, mais poliment. Jouez les rôles avec un(e) camarade selon le modèle.

MODÈLE: L'AMI(E): Dites-moi (*me*) à quelle heure le train part pour Tournus!*
          VOUS: Non! Pourriez-vous me dire (*tell me*) à quelle heure le train part pour Tournus? (Je voudrais savoir [*to know*] à quelle heure le train part.)

1. Donnez-moi un billet de première classe!
2. Expliquez-moi pourquoi les places (*seats*) sont si chères.
3. Donnez-moi des places moins chères.
4. Donnez-moi quatre billets de deuxième classe.
5. Indiquez-moi quand le train va arriver.
6. Dites-moi si je dois réserver des places!

Parlons-en!

Que dites-vous? Utilisez les verbes **pouvoir**, **vouloir** ou **avoir** pour exprimer vos besoins dans les situations suivantes. Soyez très poli(e)!

---

*Tournus (ne prononcez pas le **-s** à la fin) est une petite ville de 7 338 habitants située sur la Saône dans le nord-est de la France.

MODÈLE: Vous ne savez pas la date d'aujourd'hui, mais votre professeur a
un calendrier. →
Pourriez-vous me dire la date d'aujourd'hui, s'il vous plaît?

1. Vous avez besoin d'argent. Demandez dix dollars à votre père.
2. Vous êtes perdu(e). Demandez à quelqu'un où est l'université.
3. Vous êtes dans un restaurant où il fait chaud. Vous demandez au serveur
d'ouvrir la porte.
4. Vous avez perdu votre livre. Demandez à un(e) camarade de classe si
vous pouvez emprunter (*borrow*) son livre.
5. Vous êtes à la gare. Demandez au monsieur / à la dame du guichet de
vous vendre un billet de train. Demandez aussi l'heure du prochain train
pour Paris.

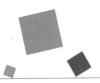

31. EXPRESSING NEGATION
Affirmative and Negative Adverbs

Le train à grande vitesse

PATRICIA: Tu as **déjà** voyagé en TGV?

FRÉDÉRIC: Non, **pas encore**. Mais j'ai réservé une place pour samedi
prochain. Je vais voir mes parents en Bretagne.

PATRICIA: Est-ce qu'il faut **toujours** réserver à l'avance pour le TGV?

FRÉDÉRIC: Oui, c'est obligatoire. Moi, je **n**'aime **pas du tout** ce système
parce que j'ai **toujours** eu horreur de prévoir à l'avance. J'aime
partir à la dernière minute, je **ne** fais **jamais de** projets, et je **n**'ai **jamais** eu d'agenda.

Trouvez la phrase ou la question équivalente dans le dialogue.

1. Tu n'as pas encore voyagé en TGV?
2. Ne peut-on jamais prendre le TGV sans réservation?
3. Moi, je déteste ce système.

Ne... jamais, ne... plus, ne... pas encore

1. **Toujours**, **souvent**, and **parfois** are adverbs that generally follow the verb in the present tense. The expression **ne (n')... jamais**, constructed like **ne... pas**, is the negative adverb (**l'adverbe de négation**) used to express the fact that an action never takes place.

   Henri voyage **toujours** en train.*
   Marie voyage **souvent** en train.*   }   Je **ne** voyage **jamais** en train.
   Hélène voyage **parfois** en train.   *I never travel by train.*

   Other adverbs also follow this pattern.

AFFIRMATIVE	NEGATIVE
encore *still*	**ne (n')... plus** *no longer, no more*
déjà *already*	**ne (n')... pas encore** *not yet*

   Le train est **encore** sur le quai.   Le train **n'**est **plus** sur le quai.
   The train is still on the platform.   *The train is no longer on the platform.*

   Nos valises sont **déjà** là?   Nos valises **ne** sont **pas encore** là.
   Are our suitcases there already?   *Our suitcases aren't there yet.*

2. As with **ne (n')... pas**, the indefinite article and the partitive article become **de (d')** when they follow negative verbs.

AFFIRMATIVE	NEGATIVE
Je vois **toujours des Américains** dans l'autocar.	Je **ne** vois **jamais de Français** dans l'autocar.
I always see Americans on the tourist bus.	*I never see (any) French people on the tourist bus.*
Avez-vous **encore des billets** à vendre?	Non, je **n'**ai **plus de billets** à vendre.
Do you still have (some) tickets to sell?	*No, I have no more (I don't have any more) tickets to sell.*
Karen a **déjà des amis** en France.	Vincent **n'**a **pas encore d'amis** aux États-Unis.
Karen already has (some) friends in France.	*Vincent doesn't have any friends in the United States yet.*

---

*Sentences whose verbs are modified by **toujours** and **souvent** may also be negated by **ne (n')... pas**: Henri ne voyage pas toujours en train. Il voyage parfois en avion. Marie ne voyage pas souvent en train. Elle préfère conduire sa voiture.

Definite articles do not change.

> Je ne vois jamais **le** contrôleur (*conductor*) dans ce train.
> Annick ne prend plus **l'**autoroute à Caen.
> On ne voit pas encore **le** sommet de la montagne.

3. In the **passé composé**, the affirmative adverbs are generally placed between the auxiliary and the past participle.

> M. Huet **a toujours** (**souvent**, **parfois**) pris l'avion.

Note the interrogative forms of the negative adverbial construction.

—Marie **n'a**-t-elle **jamais** voyagé en avion? (Est-ce que Marie a déjà voyagé en avion?)	—*Hasn't Marie ever traveled by plane? (Has she already traveled by plane?)*
—Non, elle **n'**a **jamais** voyagé en avion.	—*No, she has never traveled by plane.*
—Non, elle **n'**a **pas encore** voyagé en avion.	—*No, she has not yet traveled by plane.*

4. **Ne... pas du tout** is used instead of **ne... pas** for emphasis.

Je n'aime **pas du tout** les avions!	*I don't like planes at all!*
—As-tu faim?	—*Are you hungry?*
—**Pas du tout!**	—*Not at all!*

Vérifions!

A. Un voyageur nerveux. Chaque fois qu'il part en vacances, M. Laffont se préoccupe de tout (*worries about everything*). Mme Laffont essaie toujours de le calmer (*calm him down*). Avec un(e) camarade, jouez les rôles de M. et Mme Laffont. Suivez le modèle.

> MODÈLE: M. LAFFONT: Tu n'as pas encore trouvé les valises!
> MME LAFFONT: Mais si!* J'ai déjà trouvé les valises.

1. Nous ne faisons jamais de voyages agréables.
2. Il n'y a plus de places dans le train.
3. Il n'y a plus de billets en classe économique.
4. Nous ne sommes pas encore arrivés.
5. Il n'y a jamais de téléphone à la gare.
6. Il n'y a plus de voitures à louer.
7. Tu n'as pas encore trouvé la carte (*map*).
8. Nous ne sommes pas encore sur la bonne route (*the right road*).

---

*Remember that **si** rather than **oui** is used to contradict a negative question or statement.

Mots-clés

Ne... que

The expression **ne** (**n'**)**... que** (**qu'**) is used to indicate a limited quantity of something. It has the same meaning as **seulement** (*only*).

Je **n'**ai **qu'**un billet.
J'ai **seulement** un billet. }   *I have only one ticket.*

Il **n'**y a **que** trois trains cet après-midi.
Il y a **seulement** trois trains cet après-midi. }   *There are only three trains this afternoon.*

Hélène **n'**a fait **que** deux réservations.
Hélène a fait **seulement** deux réservations. }   *Hélène made only two reservations.*

B. En voyage. Dites ce que font ces personnes quand elles sont en voyage. Remplacez **seulement** par **ne... que**.

MODÈLE: Je prends seulement le train. →
          Je ne prends que le train.

1. Martin envoie (*sends*) seulement des cartes postales.
2. Vous achetez seulement des souvenirs drôles.
3. Mes cousins mangent seulement dans les fast-food.
4. Tu prends seulement une valise.
5. Nous dormons seulement dans des auberges de jeunesse (*youth hostels*).
6. Sophie regarde seulement les bateaux sur la mer.

Parlons-en!

A. Préparatifs de voyage. Quand vous partez en voyage, faites-vous les choses suivantes **toujours**, **souvent**, **parfois** ou **jamais**?

MODÈLE: arriver à l'aéroport à la dernière minute. →
          J'arrive toujours (Je n'arrive jamais) à l'aéroport à la dernière
          minute.

1. oublier son passeport (sa brosse à dents [*toothbrush*], sa carte de crédit...)
2. prendre son appareil-photo (un guide, une carte...)
3. acheter de nouveaux vêtements (de nouvelles chaussures, de nouvelles lunettes de soleil...)
4. créer un itinéraire (à l'avance, au dernier moment)
5. faire sa valise au dernier moment (la veille [*the day before*], une semaine avant...)
6. ?

B. Voyages exotiques. Interviewez vos camarades.

> camper dans le Sahara
> VOUS: N'as-tu jamais campé dans le Sahara?
> VOTRE CAMARADE: Non, je n'ai jamais campé dans le Sahara. (*ou* Si, j'ai campé dans le Sahara [l'été passé, il y a deux ans, etc.].)

1. faire du bateau sur le Nil
2. voir le Sphinx en Égypte
3. faire une expédition dans l'Antarctique
4. passer tes vacances à Tahiti
5. faire de l'alpinisme dans l'Himalaya
6. voir les chutes Victoria (*Victoria Falls*) en Afrique
7. faire un safari-photos au Cameroun
8. ?

Qui dans votre classe a fait le voyage le plus exotique?

32. EXPRESSING NEGATION
Affirmative and Negative Pronouns

La consigne automatique

> SERGE: Il y a **quelque chose** qui ne va pas?
> JEAN-PIERRE: Oui, j'ai des ennuis avec la consigne; elle ne marche pas.
> SERGE: Ah, ça! Il n'y a **rien** de plus énervant!
> JEAN-PIERRE: **Tout le monde** semble toujours trouver une consigne qui marche, sauf moi.
> SERGE: Regarde, **quelqu'un** sort ses bagages d'une consigne. Là, tu es sûr qu'elle marche!
> JEAN-PIERRE: Excellente idée!

Corrigez les phrases inexactes.

1. Tout va bien pour Jean-Pierre.
2. Il y a quelque chose de plus énervant (*something more exasperating*) qu'une consigne qui ne marche pas.
3. Jean-Pierre et deux autres passagers ne trouvent pas de consigne qui marche.
4. Quand quelqu'un place ses bagages dans une consigne, on est sûr qu'elle marche.

A. Affirmative Pronouns

Quelqu'un* (*Someone*), **quelque chose** (*something*), **tout** (*everything, all*), and **tout le monde** (*everybody*) are indefinite pronouns (**des pronoms indéfinis**). All four may serve as the subject of a sentence, the object of a verb, or the object of a preposition.

Il y a **quelqu'un** au guichet maintenant.	*Someone is at the ticket counter now.*
Vous avez vu **quelqu'un** sur le quai?	*Did you see someone on the platform?*
Jacques a parlé avec **quelqu'un** il y a un moment.	*Jacques spoke with someone a moment ago.*
Quelque chose est arrivé.	*Something has happened.*
Marie a acheté **quelque chose** au restaurant de la gare.	*Marie bought something at the station restaurant.*
Elle pense à **quelque chose**, mais à quoi?	*She's thinking about something, but what?*
Tout est possible.	*Everything is possible.*
Tout le monde est prêt?	*Is everybody ready?*

B. Negative Pronouns

1. **Personne** (*No one, Nobody, Not anybody*) and **rien** (*nothing, not anything*) are negative pronouns generally used in a construction with **ne** (**n'**). They can be the subject of a sentence, the object of a verb, or the object of a preposition. As objects of a verb in the **passé composé**, **rien** precedes the past participle, but **personne** is placed after the past participle.

Personne n'est monté dans ce train.	*No one boarded this train.*
Je **n**'ai vu **personne** sur le quai.	*I didn't see anyone on the platform.*
Jacques **ne** parle avec **personne** maintenant.	*Jacques isn't speaking with anyone right now.*
Rien ne l'intéresse.	*Nothing interests him/her.*
Marie **n**'a **rien** acheté au restaurant de la gare.	*Marie didn't buy anything at the station restaurant.*
Elle **ne** pense à **rien**.	*She's not thinking about anything.*
Rien n'est impossible.	*Nothing is impossible.*
Personne n'est prêt.	*Nobody is ready.*

2. Like **jamais**, **rien** and **personne** may be used without **ne** when they answer a question.

***Quelqu'un** is invariable in form: it can refer to both males and females.

—Qu'est-ce qu'il y a sur la voie?   —*What's on the track?*
—**Rien.**   —*Nothing.*
—Qui est au guichet?   —*Who's at the ticket counter?*
—**Personne.**   —*Nobody.*

C. Negative Pronouns with Adjectives

When used with adjectives, the expressions **quelque chose**, **quelqu'un**, **ne... rien**, **ne... personne** are followed by **de** (**d'**) plus the masculine singular form of the adjective.

Y a-t-il **quelque chose de bon** au menu du wagon-restaurant?   *Is there something good on the menu in the restaurant car?*

Il y a **quelqu'un d'intéressant** dans le compartiment d'à côté.   *There is someone interesting in the next compartment.*

Il **n'**y a **rien d'amusant** dans ce journal.   *There is nothing entertaining in this paper.*

Il **n'**y a **personne d'important** dans le wagon de première classe.   *There is no one important in the first-class car.*

Vérifions!

A. À la gare. Vous avez des ennuis avant de partir en voyage. Transformez les phrases suivantes.

MODÈLE: Quelqu'un est prêt! → Personne n'est prêt!

1. Quelqu'un a acheté les billets.
2. Quelqu'un a apporté nos valises.
3. Tout est prêt.
4. Jean-Claude pense à quelque chose.
5. Eric a tout pris.
6. Claudine parle avec quelqu'un.

B. Mais si! Donnez une réponse affirmative pour chaque phrase négative.

MODÈLE: —Il n'y a personne à la caisse (*cash register*).
—Mais si! Il y a quelqu'un à la caisse.

1. Il n'y a personne dans ce restaurant. Il n'y a rien de bon sur la carte.
2. Il n'y a rien dans ce magasin de sport. Il n'y a rien de joli ici.
3. Il n'y a personne dans cette agence de voyages. Il n'y a rien d'intéressant dans ces brochures.
4. Il n'y a rien de moderne dans ce quartier. Il n'y a rien d'intéressant dans les rues.

Parlons-en!

A. Vrai ou faux? Regardez l'image à la page 234. Dites si les phrases suivantes sont vraies ou fausses. Corrigez celles qui sont fausses.

1. Le steward n'apporte rien aux voyageurs.
2. Il y a des voyageurs en première classe.
3. Il n'y a personne en classe affaires.
4. L'hôtesse de l'air en classe économique n'a rien sur son plateau (*tray*).
5. Personne n'attend pour monter dans l'avion.

B. Qu'est-ce qui se passe (*What's happening*)**?** Posez des questions à vos camarades pour apprendre ce qui se passe sur votre campus aujourd'hui.

Suggestions: Y a-t-il quelque chose d'intéressant dans la salle de conférences (*lecture hall*) cet après-midi? Y a-t-il quelqu'un d'intéressant au ciné-club ce soir? Y a-t-il quelque chose de délicieux au restau-u _____?

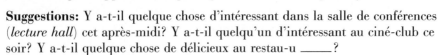

Mise au point

A. Tour du monde francophone. Transformez les verbes du présent au passé composé.

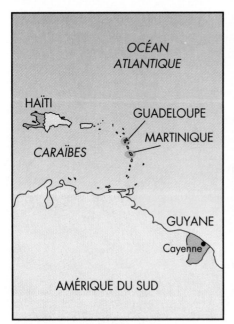

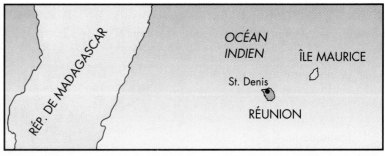

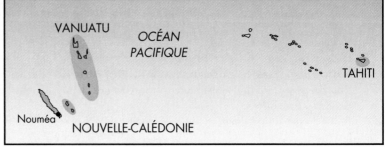

1. Nous partons de New York pour aller à la Guadeloupe.
2. Ensuite, nous allons à la Martinique.
3. Les plages de ces îles sont reposantes (*relaxing*).
4. Ensuite, nous partons pour la Réunion.
5. On arrive à Tahiti et on passe une semaine magnifique.
6. Nous avons envie de rester dans cette île à cause du temps magnifique.
7. Je visite aussi la Nouvelle-Calédonie.
8. Mes amis restent à Tahiti.
9. Nous passons aussi par la Guyane.
10. Nous retournons aux États-Unis très fatigués mais contents.

B. Trouvez quelqu'un... Circulez dans la classe et trouvez quelqu'un qui a fait les choses suivantes. Avec un(e) camarade, posez les questions et répondez. (Attention à la question qu'il faut poser!)

MODÈLE: regarder la télévision aujourd'hui (déjà) →
            VOUS: As-tu déjà regardé la télévision aujourd'hui?
            LE/LA CAMARADE: Oui, j'ai déjà regardé la télévision aujourd'hui.
            (Non, je n'ai pas encore regardé la télévision aujourd'hui).

1. prendre sa voiture pour aller à l'université (souvent)
2. avoir quelque chose d'important à faire (ce soir)
3. voir quelqu'un d'intéressant (avant de venir en classe)
4. travailler jusqu'à une heure du matin (hier soir)
5. arriver en classe à 8 heures (ce matin)
6. finir tous les devoirs pour demain (déjà)

C. Êtes-vous un grand voyageur? Où allez-vous pour voir les choses suivantes?

MODÈLE: La fontaine de Trevi →
            On va à Rome (en Italie) pour voir la fontaine de Trevi.

1. Carnac	a. la Bretagne (France)
2. les Pyramides	b. l'Égypte
3. Big Ben	c. Londres
4. l'Amazone	d. l'Afrique
5. le Sahara	e. l'Amérique du Sud
6. la Grande Muraille (*wall*)	f. la Chine

Faites le total des réponses correctes. Dans quelle catégorie êtes-vous?

4–6   Très bien! Vous êtes bien informé(e) et vous aimez les voyages.
1–3   Vous n'êtes pas un voyageur (une voyageuse) très passionné(e).

Maintenant, nommez d'autres choses à voir dans d'autres pays et mettez à l'épreuve (*test*) les connaissances (*knowledge*) géographiques de vos camarades de classe.

Interactions

In Chapter 9, you practiced talking about traveling and transportation, discussing events in the past, and making negative comments. Act out the following situations, using the vocabulary and structures from this chapter.

1. **Un mauvais voyage.** You are in France. You are so angry with your travel agent that you call him or her to complain. Among other things, mention the following: the plane left late, your hotel room was not reserved (**réservé**), no one is friendly, there is nothing good to eat, there's so much traffic that it's impossible to drive, the phones don't work, etc.

2. **Devinez.** Describe a trip, telling where you went, when, and with whom. Mention some of your activities and the means of transportation. For each statement ask your partner to guess if you are telling the truth!

Rencontres

LECTURE

Avant de lire

Anticipating content.   Reading often involves forming expectations and then confirming or changing them on the basis of what you learn as you read on. Suppose you find a press clipping that quotes the President of the United States, who is vividly describing his hatred of all foreigners. If you think it's an excerpt from a *New York Times* article, you may be concerned about the consequences for national security. If you read further and recognize it as a clipping from a political satire magazine, you may find it highly entertaining. What you expect has a profound influence on what you find in a text.

When reading in a foreign language it is especially useful to define your expectations about a text before reading it. Anticipating content enables you to predict some unfamiliar elements of the reading. Think of what you already know about the topic, and glance at the titles, opening lines, photos, and illustrations before you begin reading. In addition, it may be worthwhile to ask yourself what you know about the author and what you may be able to guess about other readers of the piece, based on its source.

Before reading the following text, try to answer these questions.

■ What kind of text is this? How do you know?
■ What means are used to draw your attention to the piece?
■ For whom is the text written? How can you guess?

Now read the first two sentences of the text. What message do they convey?

As you read this ad, remember that your aim is not to understand every word. Try simply to guess the core meaning of most sentences, embodied in the subject-verb-object combinations. Read only to "get the gist" of the piece.

POUR 2 LOCATIONS WEEK-END,[a]
EUROPCAR VOUS OFFRE
**UNE ENTRÉE
GRATUITE**[b]
À EURO DISNEY® RESORT

**Europcar
ON A FAIT ÇA POUR VOUS**

Europcar, partenaire officiel d'Euro Disney Resort! Lorsqu'Euro Disney choisit ses partenaires, c'est pour leur sérieux, leur dynamisme et la qualité de leurs services. Europcar est de ceux-là.[c] Et pour mieux vous servir, nous avons créé une formule vraiment magique : 2 week-ends avec Europcar = 1 entrée gratuite à Euro Disney Resort. **Avec Europcar, les week-ends ont 4 jours.** Louez une voiture pour 2 jours et vous disposerez en permanence[e] de la possibilité de prolonger votre week-end, grâce à un forfait[f] très souple[g] et un tarif dégressif à partir du 2e jour... Quelle liberté! **En exclusivité pour vous, Europcar vous offre une entrée gratuite pour découvrir le monde merveilleux d'Euro Disney Resort.** Partez 2 fois en week-end avec Europcar nous aurons[h] le plaisir de vous offrir une entrée gratuite pour Euro Disney Resort. Alors n'hésitez plus, soyez[i] parmi les premiers à ouvrir[j] les portes du Royaume Magique...

Europcar
LOUEUR OFFICIEL
Euro Disney
RESORT

Renseignements Minitel 3614 Europcar -
Renseignements & réservations (1) 30 43 82 82

° Offre valable du 1er novembre 1991 au 31 janvier 1992, dans la limite des 400 places disponibles (utilisables à partir du 12 avril 1992) et pour 2 jours de location minimum.

Compréhension

1. Selon la publicité, comment peut-on gagner une entrée gratuite à Euro Disney? 2. À quelle date commence cette offre? 3. Si une société *(company)* veut être un partenaire d'Euro Disney, quelles qualités doit-elle avoir? 4. Quelle marque de voiture a choisie Europcar? 5. Vous voulez réserver une voiture chez Europcar. Quel numéro de téléphone devez-vous composer? 6. Et vous, êtes-vous déjà allé(e) à Disneyland ou Disney World? Si oui, quand et avec qui?

[a] rentals
[b] free
[c] de... one of those
[d] better
[e] en... permanently
[f] package
[g] flexible
[h] will have
[i] soyez... be among
[j] to open

P A R É C R I T

Function: Persuading
Audience: Students, staff, and faculty of your college or university
Goal: Write an article for the campus newspaper on the problems of transportation at your college or university. Use the following questions as a guide.

1. Quels sont les problèmes de transport sur le campus? Est-ce qu'il est difficile de garer (= stationner) sa voiture? Y a-t-il trop de voitures? assez de transports en commun? Est-il facile de sortir le soir sans voiture? Peut-on se déplacer à pied (*get around on foot*) sans ennuis (*problems*)?
2. Quel moyen de transport préfèrent la plupart (*majority*) des étudiants? Êtes-vous d'accord avec ces étudiants? Pourquoi ou pourquoi pas?
3. Proposez quelques réformes pour améliorer les problèmes de transport sur le campus.

Steps

1. Begin by jotting down some answers to the above questions. Make educated guesses and give your own opinions. This is a "freewriting stage"; do not attempt to edit what you have written at this point.
2. Then, reorganize your thoughts. Write a brief introduction, using the answer to the first question under number 1 as your topic sentence. (Your answers to the rest of the questions under number 1 will provide an overview of the transportation situation on your campus.)
3. Answer the set of questions under number 2 by presenting any facts you may know about the kinds of transportation preferred by students at your college.
4. Suggest some solutions to the problems, giving some examples of how they might work. Use some of the following expressions: **Il faut** + infinitive; **On doit**; **On dit que**; **Il est certain que**; **Il est probable que** (*It's likely that*); **J'espère que** (*I hope that*); **ne... plus**; **ne... jamais**; **Personne... ne**; **Rien... ne**.
   Autres mots utiles: les parkings (*parking lots*); les transports en commun; les parcomètres (*m., parking meters*); les navettes (*f., shuttles*).
5. Have a friend or classmate reread your first draft to see if what you've written is clear.
6. Make any necessary changes suggested by your classmate and check the draft for spelling, punctuation, and grammar errors. Focus especially on your use of the negative expressions and the past tense with **être**. Be prepared to read your composition to a small group of classmates.

À L'ÉCOUTE!

I. Retour de voyage. Alain is talking to Philippe about his vacation. First, look at the activities. Next, listen to the vocabulary and the conversation. Then, do the activities.

> VOCABULAIRE UTILE
> raconte *tell (a story) (imperative)*   couscous *a North African grain dish*
> partout *everywhere*   du thé à la menthe *mint tea*

A. Circle the correct answer.

1. Alain a fait un voyage
   a. touristique   b. d'affaires   c. d'études
2. Alain est allé
   a. en Asie   b. en Afrique   c. en Amérique du Sud
3. Alain a visité
   a. Marrakech   b. Casablanca   c. Agadir
4. Le couscous est
   a. une boisson   b. un plat   c. un taxi
5. Il a bu
   a. du thé   b. du café   c. du vin
6. Alain est revenu avec
   a. deux valises   b. une valise seulement   c. trois valises.

B. Vrai ou faux?

1. _____ Philippe a voyagé en Amérique du Sud.
2. _____ Le Maroc est un pays bilingue.
3. _____ Au Maroc, on voit des femmes partout.
4. _____ Alain n'a pas aimé la cuisine marocaine.
5. _____ Il a rapporté beaucoup de souvenirs.

II. Le pauvre Joseph. Joseph is often absent-minded. You will hear a brief story about him. First, look at the activity. Next, listen to the vocabulary followed by the story. Then, do the activity.

> VOCABULAIRE UTILE
> tout d'un coup *all at once*
> est tombée en panne *broke down*
> a appelé *called*
> le mécanicien *mechanic*
> faire le plein d'essence *fill up (a car) with gas*

Number the events listed below in their chronological order, based on the story.

a. _____ La voiture est tombée en panne.
b. _____ Le mécanicien est arrivé.
c. _____ Joseph est parti de chez lui.
d. _____ Il est retourné jusqu'à sa voiture.
e. _____ Il a pris l'autoroute du nord.
f. _____ Il est descendu de sa voiture.
g. _____ Il a roulé pendant une heure.
h. _____ Il a attendu dix minutes.
i. _____ Il a appelé un garage.
j. _____ Il a vu un téléphone.

Vocabulaire

Verbes

conduire to drive
construire to construct
descendre to go down; to get off
détruire to destroy
entrer to enter
faire le plein to fill it up (*gas tank*)
marcher to work (*machine or object*)
monter to go up, climb
mourir to die
naître to be born
passer (par) to pass (by)
rentrer to return, go home
retourner to return; to go back
rouler to travel (*in a car*)
tomber to fall
traduire to translate
traverser to cross

À REVOIR: partir, voir, voyager

Substantifs

l'aéroport (*m.*) airport
l'arrivée (*f.*) arrival
l'autoroute (*f.*) highway
l'avion (*m.*) airplane
la carte d'embarquement boarding pass
la classe affaires business class
la classe économique tourist class
le compartiment compartment
le/la conducteur/trice driver
la couchette berth
le départ departure
l'ennui (*m.*) problem, trouble
la gare train station
le guichet (ticket) window
l'hôtesse de l'air (*f.*) stewardess
le métro subway
la motocyclette, la «moto» motorcycle
le/la passager/ère passenger
le/la pilote pilot
le quai platform (train station)
le steward steward
le train train
la valise suitcase
le vol flight
le wagon train car
la zone fumeur smoking area
la zone non-fumeur non-smoking area

À REVOIR: l'endroit (*m.*), l'état (*m.*), la fois, le monde, le pays, la semaine, la voiture

Expressions affirmatives et négatives

déjà already
encore still
ne... jamais never
ne... pas du tout not at all
ne... pas encore not yet
ne... personne no one, nobody
ne... plus no longer
ne... rien nothing
parfois sometimes
quelque chose something
quelqu'un someone
seulement only
tout everything
tout le monde everybody, everyone

Mots et expressions divers

à l'est/ouest to the east/west
à l'étranger abroad, in a foreign country
à l'heure on time
au nord/sud to the north/south
en retard late, not on time
si yes (response to negative question)

Intermède

SITUATION

En voiture!*

Contexte *Geoffroy est venu faire des études d'optométrie à Nice. Il n'a pas encore eu le temps de visiter le Sud et a décidé de passer le week-end à Avignon pour voir le Palais des Papes° et le vieux pont.° Comme tout le monde, il prend le train.*

Palais... *Palace of the Popes / bridge*

Objectif *Geoffroy achète un billet° de train.*

ticket

GEOFFROY: (*au guichet*) À quelle heure est le prochain train pour Avignon, s'il vous plaît?

LE GUICHETIER: Vous avez un train dans vingt minutes et le suivant° est à vingt-deux heures.

le... *the next one*

GEOFFROY: Combien coûte le billet aller-retour° en deuxième classe?

round-trip

LE GUICHETIER: Deux cent quatre-vingt-quatorze francs.

GEOFFROY: Je veux un aller simple,° s'il vous plaît. Je peux régler° par chèques de voyage?

aller... *one-way ticket / payer*

LE GUICHETIER: Oui, s'ils sont en francs. Voilà votre billet. Vous avez une place° dans le compartiment 23, et vous partez du quai numéro 6.

seat

GEOFFROY: Merci.

LE GUICHETIER: Oh, n'oubliez pas de composter.°

have your ticket punched

À propos

Expressions utiles en voyage

EN VOITURE
Faites le plein (*Fill it up*), s'il vous plaît.
...de l'essence ordinaire ou du super?
Ma voiture est en panne (*broken down*).
Où y a-t-il une station-service (un garage), s'il vous plaît?

EN TAXI
C'est combien pour aller à Nation, s'il vous plaît?
(Emmenez-moi) à l'Hôtel du Centre, s'il vous plaît.

DANS LE MÉTRO (*SUBWAY*)
(Je voudrais) un ticket (de métro), s'il vous plaît.
(Je voudrais) un carnet (*book of tickets*), s'il vous plaît.

---

*En... *All aboard!*

EN AUTOBUS

Où est l'arrêt de bus (*bus stop*), s'il vous plaît?
(Je voudrais) un ticket (de bus), s'il vous plaît.
Quel bus faut-il prendre pour aller à...?

Maintenant à vous!

A. Questions personnelles. Relisez le dialogue, puis répondez aux questions.

1. Pour faire un long voyage, quel moyen de transport préférez-vous?
   Pourquoi? Comment avez-vous voyagé la dernière fois que vous êtes
   parti(e)?
2. Prenez-vous parfois le train? Pourquoi (pas)? Quels sont les avantages de
   voyager en train? les inconvénients?
3. Avez-vous jamais fait un long voyage en voiture? Racontez où vous êtes
   allé(e), avec qui, et ce que vous avez fait en voyage.

B. Jeux de rôles: En autobus. Avec un(e) camarade, préparez une
conversation entre un chauffeur de bus et un passager. Le passager ne sait pas
(*doesn't know*) quel bus il faut prendre. Utilisez les expressions de l'*À Propos*.
Puis jouez la scène devant la classe.

P O R T R A I T S

Jules Verne (1828–1905)

A pioneer of science fiction, Jules Verne is one of the most widely translated
French writers. In his extremely popular novels, he anticipated a number of
scientific and technical developments, including television. Several of his most
famous novels have been made into films, including *Twenty Thousand Leagues
Under the Sea* (*Vingt Mille
Lieues sous les mers*, 1870),
From the Earth to the Moon
(*De la Terre à la Lune*,
1865), *A Journey to the
Center of the Earth*
(*Le Voyage au centre de la
Terre*, 1864), and *Around
the World in Eighty Days*
(*Le Tour du monde en
quatre-vingts jours*, 1873).

CHAPITRE DIX

Bonnes nouvelles

En avant

—Est-ce que tu as déjà lu le journal ce matin?

—Oui, dans le métro.

—Alors, quoi de neuf?

—Oh, pas grand-chose. Tu sais, je ne lis que les grands titres et la page des sports.

Communicative goals: talking about communications, the media, and modern technology; describing and talking about the past; and speaking succinctly.

Étude de vocabulaire

La communication et les médias

1. Nous écrivons et nous envoyons*...

la carte postale   l'adresse   le timbre   la poste   l'enveloppe   la lettre   le paquet   le fax   la boîte aux lettres

Où est la dame sur le dessin? Qu'est-ce qu'il y a, en général, sur une enveloppe? Où trouve-t-on des boîtes aux lettres? Que fait-on quand on veut envoyer (*to send*) un message urgent?

2. Nous lisons...

des journaux   le journal   une revue   les petites annonces   un magazine

---

*For the complete conjugation of **envoyer**, **acheter**, and **appeler** (p. 265), see Appendix D: *Irregular Verbs* and *-er Verbs with Spelling Changes*.

Où va-t-on pour acheter des journaux? Quand est-ce qu'on regarde les petites annonces? Quels magazines achetez-vous régulièrement? quelles revues?* quels journaux?

3. Nous parlons...

D'après ce dessin, comment fait-on pour téléphoner en France?† Que doit-on chercher? Comment peut-on payer sa communication? Que dit la personne qui répond?

4. Nous écoutons et nous regardons...

Quelques chaînes de la télévision française

| Télévision Française 1 (TF1) le journal | France 2 (F2) la publicité | France 3 (F3) une émission de musique | Canal Plus (Télévision privée par câble) une retransmission sportive |

Voici, à la page suivante, un programme de la télévision française. Combien de chaînes y a-t-il? Comment s'appellent-elles? Quelles

---

*Une revue is generally a monthly publication whose articles share a common theme and whose purpose is scholarly or informational. Un magazine, on the other hand, contains articles on a wide variety of topics and has many photographs and advertisements.
†Nearly all public phones require the télécarte, which can be purchased at the post office or a tobacco store (bureau de tabac). Many French collect the télécartes because they portray attractive scenes or famous people.

émissions vous sont familières? À première vue (*At first glance*) y a-t-il des différences entre les émissions françaises et américaines?

Maintenant imaginez que vous êtes en France et que vous voulez passer une partie de la journée à regarder la télé. Quelles émissions allez-vous choisir? Expliquez les raisons de votre choix.

Quelques verbes de communication

Dire bonjour

Lire le journal

Écrire une lettre

Mettre de l'argent

	dire *(to say, to tell)*	**lire** *(to read)*	**écrire** *(to write)*	**mettre** *(to place, to put)*
je, j'	dis	lis	écris	mets
tu	dis	lis	écris	mets
il, elle, on	dit	lit	écrit	met
nous	disons	lisons	écrivons	mettons
vous	dites	lisez	écrivez	mettez
ils, elles	disent	lisent	écrivent	mettent
Past participle:	dit	lu	écrit	mis

Dire, **lire**, and **écrire** have similar conjugations, except for the second-person plural of **dire** and the **v** in the plural stem of **écrire**. Another verb conjugated like **écrire** is **décrire** *(to describe)*.

A. Lettre aux parents

1. Vous racontez à un(e) camarade ce que vous mettez dans la lettre que vous écrivez à vos parents. Complétez les phrases avec les verbes **décrire**, **dire**, **écrire**, **lire** et **mettre**, au présent. Faites tous les changements nécessaires.

Cet après-midi, je _____¹ une longue lettre à mes parents. Dans ma lettre, je _____² mes cours et ma vie à l'université. Je donne aussi beaucoup de détails sur mes camarades et mes professeurs parce que mes parents sont très curieux. Ils sont aussi très compréhensifs (*understanding*) et je leur _____³ toujours la vérité quand j'ai des problèmes. Avant de fermer l'enveloppe, je _____⁴ la lettre une dernière fois (*last time*). Puis je _____⁵ la lettre à la boîte aux lettres.

2. Ensuite, mettez le passage au passé composé. Commencez par «Hier...»

3. Racontez la même histoire, mais cette fois commencez par «**mon (ma) camarade de chambre**», puis par «**Stéphanie et Albane**». Faites tous les changements nécessaires.

B. Interview. Posez les questions suivantes à un(e) de vos camarades, puis inversez les rôles.

1. Est-ce que tu écris souvent des lettres? des cartes postales? À qui écris-tu? D'habitude, pour donner de tes nouvelles à tes amis, préfères-tu écrire ou téléphoner?
2. Est-ce que tu aimes lire? Lis-tu le journal tous les jours? Si oui, lequel? As-tu déjà cherché du travail dans les petites annonces? Quel magazine achètes-tu régulièrement? As-tu lu un bon livre récemment? Lequel?
3. Est-ce que tu regardes la télévision tous les soirs? Quelles émissions préfères-tu? Que penses-tu de la télévision américaine? À ton avis, y a-t-il trop de publicité à la télévision?

D'après ses réponses, que pouvez-vous dire de votre camarade et de ses goûts?

Les nouvelles technologies

Le téléviseur

Le magnétoscope

Le répondeur
(téléphonique)

L'ordinateur

Le minitel*

A. Définitions. Regardez les dessins et les photos et trouvez le mot qui correspond à chaque définition.

1. C'est une machine qui nous permet (*which allows us*) de faire les courses à la maison.
2. C'est une machine qui prend des messages.
3. C'est un appareil qui nous permet de regarder des films à la maison.
4. C'est une machine qui nous permet de préparer des textes écrits.
5. C'est un appareil qui nous aide à réserver des places dans le train.

B. Les nouvelles technologies. Posez les questions suivantes à un(e) ou plusieurs (*several*) camarades.

Mots et expressions utiles: le photocopieur, le répondeur téléphonique, le magnétophone (la cassette), le disque compact, le magnétoscope (la

---

*****Le minitel** is a telecommunications terminal for the home that can be rented from the telephone company. It provides people in France with access to thousands of information sources and can be used to make plane reservations, buy theater tickets, pay bills, do shopping, and communicate with other subscribers.

vidéocassette), le caméscope, la base de données (*data*), le traitement de texte (*word processing*), programmer, faire des calculs, des recherches...

1. Avez-vous un ordinateur? Est-ce qu'il a changé votre façon de travailler? Expliquez.
2. Jouez-vous avec votre ordinateur? Quel est votre jeu préféré?
3. Quelles autres nouvelles technologies utilisez-vous? D'après vous, lesquelles sont indispensables? Expliquez pourquoi.
4. Préférez-vous regarder les films au magnétoscope ou au cinéma? Pourquoi?

Un PEU D'ARGOT

passer un coup de fil	téléphoner
le canard	le journal
la télé / la téloche	la télévision
la pub	la publicité
le bouquin	le livre

EN CONTEXTE

SOPHIE: Dis donc, j'ai lu aujourd'hui dans **un canard** que le film *Indochine* passe à **la téloche** ce soir. Si tu veux, je te **passe un coup de fil** vers huit heures et on peut le voir ensemble.

JULIE: Non, merci, je dois finir **un bouquin** pour mon cours de littérature.

SOPHIE: Oh, mais tu peux le lire pendant **la pub**!

France-culture

La télévision en France. Il y a quelques différences entre la télévision française et la télévision américaine. Aux États-Unis, les premières chaînes° étaient° privées; la «télévision publique» est venue seulement plus tard. En France, au contraire, la télévision a été développée par le gouvernement pour diffuser° la culture, et l'importance des chaînes privées est un phénomène assez récent.

    Aujourd'hui, il y six chaînes en France:

- **TF1** et **M6**, chaînes privées, retransmettent° des émissions très variées. Elles sont obligées aussi de diffuser un minimum d'émissions d'origine française ou européenne.

networks

were

spread

broadcast

- **France 2** et **France 3**, chaînes sous le contrôle du gouvernement français, sont financées en partie par la publicité, en partie par une taxe (payée par toutes les personnes possédant° un poste de télévision). Toutes les deux° font des efforts pour passer des émissions culturelles. De plus, France 3 retransmet des émissions locales par ses émetteurs régionaux.
- **Canal Plus**, une autre chaîne privée, est codée: pour la regarder, il faut louer un appareil spécial, le «décodeur». Elle retransmet 24 heures surhr° 24 le vendredi et le samedi et passe° des films récents.
- **Arte**, la première chaîne européenne, est contrôlée par les gouvernements français et allemand. Elle retransmet des émissions culturelles européennes et des films européens en version originale.°

Dans les principales villes françaises on peut aussi s'abonner° aux chaînes par câbles. Et maintenant, avec l'emploi des satellites, un certain nombre de téléspectateurs français peuvent voir les émissions des chaînes des autres pays européens, des États-Unis et du monde entier.

owning / Toutes... Both

out of
shows (films)

en... undubbed

subscribe

Étude de grammaire

33. DESCRIBING THE PAST
The *imparfait*

Pauvre grand-mère!

MME CHABOT: Tu vois, quand **j'étais** petite, la télévision n'**existait** pas.
CLÉMENT: Mais alors, qu'est-ce que vous **faisiez** le soir?
MME CHABOT: Eh bien, nous **lisions**, nous **bavardions**; nos parents nous **racontaient** des histoires...
CLÉMENT: Pauvre grand-mère, ça **devait** être triste de ne pas pouvoir regarder «Santa Barbara» le soir...

Qui parle dans les phrases suivantes, Mme Chabot ou Clément?

1. La télévision n'existait pas quand j'étais petite.
2. Ça devait être triste de ne pas regarder «Santa Barbara».
3. Tu n'avais pas de télévision, mais avais-tu la radio?
4. La télévision existait-elle quand je suis né?
5. Nous n'avions que la radio et les journaux pour avoir les nouvelles.

The **passé composé** is used to relate events that began and ended in the past. In contrast, the **imparfait** (imperfect) is used to describe continuous, repeated, or habitual past actions or situations.* It is also used in descriptions.

The **imparfait** has several equivalents in English. For example, **je parlais** can mean *I talked, I was talking, I used to talk,* or *I would talk.*

A. Formation of the *imparfait*

The formation of the **imparfait** is identical for all French verbs except **être**. To find the regular imperfect stem, drop the **-ons** ending from the present-tense **nous** form. Then add the imperfect endings.

nous parlons	**parl-**
nous finissons	**finiss-**
nous vendons	**vend-**
nous avons	**av-**

IMPARFAIT OF **parler** (*to speak, to talk*)	
je parl**ais**	nous parl**ions**
tu parl**ais**	vous parl**iez**
il, elle, on parl**ait**	ils, elles parl**aient**

J'allais au bureau de poste tous les matins.	*I used to go to the post office every morning.*
Mon grand-père **disait** toujours: «L'excès en tout est un défaut».	*My grandfather always used to say, "Moderation in all things."*
Quand j'**habitais** avec les Huet, je **mettais** souvent la table.	*When I lived with the Huets, I would often set the table.*

Verbs with an imperfect stem that ends in **-i** (**étudier: étudi-**) have a double **i** in the first- and second-persons plural of the **imparfait**: **nous étudiions**, **vous étudiiez**. The **ii** is pronounced as a long i sound [i:], to distinguish the **imparfait** from the present-tense forms **nous étudions** and **vous étudiez**.

Verbs with stems ending in **c** [s] or **g** [ʒ] have a spelling change when the **imparfait** endings start with **a**: **je mangeais, nous mangions; elle commençait, nous commencions**. In this way, the pronunciation of the stem is preserved.

---

*The differences between the **passé composé** and the **imparfait** are presented in detail in the next chapter.

B. *Imparfait of être*

The verb **être** (*to be*) has an irregular stem in the **imparfait: ét-**.

IMPARFAIT OF **être** (*to be*)		
j' **étais**	nous	**étions**
tu **étais**	vous	**étiez**
il, elle, on **était**	ils, elles	**étaient**

Quand tu **étais** petit, tu aimais bien lire les contes de la Mère l'oie.	*When you were little, you liked to read Mother Goose stories.*
J'**étais** très heureux quand j'habitais à Paris.	*I was very happy when I lived in Paris.*
Mes parents **étaient** à l'étranger à ce moment-là.	*My parents were abroad at that time.*

C. Uses of the *imparfait*

In general, the **imparfait** is used to describe actions or situations that existed for an indefinite period of time in the past. There is usually no mention of the beginning or end of the event. The **imparfait** is used in the following situations.

1. In descriptions, to set a scene

C'**était** une nuit tranquille à Paris. Il **pleuvait** et il **faisait** froid. M. Cartier **lisait** le journal. Mme Cartier **regardait** la télévision et Achille, leur chat, **dormait**.	*It was a quiet night in Paris. It was raining and (it was) cold. Mr. Cartier was reading the newspaper. Mrs. Cartier was watching television, and Achille, their cat, was sleeping.*

2. For habitual or repeated actions

Quand j'étais jeune, j'**allais** chez mes grands-parents tous les dimanches. Nous **faisions** de belles promenades.	*When I was young, I went to my grandparents' home every Sunday. We would take (used to take) lovely walks.*

3. To describe feelings and mental or emotional states

Claudine **était** très heureuse— elle **avait** envie de chanter.	*Claudine was very happy—she felt like singing.*

4. To tell the time of day or to express age in the past

Il **était** cinq heures et demie du matin. — *It was 5:30 A.M.*

C'était son anniversaire; il **avait** douze ans. — *It was his birthday; he was twelve years old.*

5. To describe an action or situation that was happening when another event (usually in the **passé composé**) interrupted it

Jean **lisait** le journal quand le téléphone a sonné. — *Jean was reading the paper when the phone rang.*

Mots-clés

Talking about repeated past actions: Use **tous les** (*m.*) or **toutes les** (*f.*) in the following expressions to indicate habitual actions.

tous les jours	*every day*
tous les après-midi (**matins / soirs**)	*every afternoon (morning / evening)*
toutes les semaines	*every week*

Other useful adverbs with the **imparfait** include the following.

d'habitude	*as a rule, habitually*
en général	*generally*
souvent	*often*

Vérifions!

A. Souvenirs d'enfance. Qui dans votre famille faisait les choses suivantes quand vous étiez petit(e)?

Expressions utiles: mes parents, mon frère / ma sœur, mon meilleur ami (ma meilleure amie) et moi, je...

1. Qui lisait le journal tous les matins?   2. Qui regardait la télévision après le dîner?   3. Qui aimait écouter la radio le matin?   4. Qui faisait beaucoup de sport?   5. Qui étudiait tous les après-midi?   6. Qui lisait des bandes dessinées (*comics*)?

B. Sorties. L'an dernier, vous sortiez régulièrement avec vos amis. Faites des phrases complètes selon le modèle.

MODÈLE: dîner ensemble → Nous dînions ensemble.

1. jouer aux cartes les jours de pluie   2. boire des cafés   3. faire des promenades l'après-midi   4. pique-niquer à la campagne   5. aller à la discothèque tous les week-ends   6. partir en vacances ensemble

Parlons-en!

A. C'était hier. Regardez les tableaux et répondez aux questions.

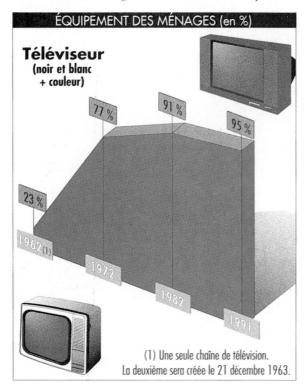

ÉQUIPEMENT DES MÉNAGES (en %)

Téléviseur
(noir et blanc
+ couleur)

77 %   91 %   95 %

23 %

1962 (1)   1972   1982   1991

(1) Une seule chaîne de télévision.
La deuxième sera créée le 21 décembre 1963.

C'était hier...
30
ANS DÉJÀ

L'EXPRESS

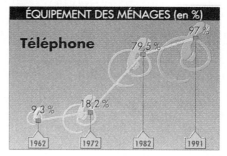

ÉQUIPEMENT DES MÉNAGES (en %)

Téléphone

97 %

79,5 %

9,3 %   18,2 %

1962   1972   1982   1991

1. En 1972, combien de Français pouvaient téléphoner de chez eux (*from their homes*)?
2. En 1962, la télévision était en couleurs ou en noir et blanc?
3. En 1962, quel pourcentage de familles françaises avaient la télévision?
4. Combien de chaînes de télévision y avait-il en 1962?
5. Et vos grands-parents, qu'est-ce qu'ils faisaient en 1962? Est-ce qu'ils regardaient la télé? Est-ce qu'ils écoutaient la radio? Est-ce qu'ils lisaient le journal?

B. Conversation. Posez les questions suivantes à un(e) camarade. En 1985...

1. Quel âge avais-tu?   2. Habitais-tu à la campagne, dans une petite ville ou dans une grande ville? Avec qui habitais-tu?   3. Comment était ta maison ou ton appartement?   4. Étais-tu bon(ne) élève (*pupil*) à l'école (*school*)? Aimais-tu tes instituteurs (*teachers*)?   5. Étais-tu content(e)? Pourquoi ou pourquoi pas?   6. Où passais-tu tes vacances?   7. Faisais-tu du sport?   8. ?

Maintenant décrivez au reste de la classe ce que votre camarade faisait en 1985.

34. SPEAKING SUCCINCTLY
Direct Object Pronouns

Les Cossec déménagent

THIERRY: Qu'est-ce qu'on fait avec la télé?

MARYSE: On va **la** donner à ta sœur.

THIERRY: D'accord. Et avec tous nos livres?

MARYSE: On va **les** envoyer par la poste. Ils ont un tarif spécial pour les livres.

THIERRY: Tu as raison. Je n'ai pas envie de **les** jeter. Et le minitel, on va **le** vendre?

MARYSE: Mais non. Tu sais bien qu'on **le** loue aux P et T.* On doit **le** rendre avant la fin du mois.

Trouvez la réponse correcte et complétez la phrase.

1. Qu'est-ce qu'ils font avec la télé?
2. Et avec les livres?
3. Et avec le minitel?

a. Ils vont _____ envoyer par la poste.
b. Ils vont _____ donner à la sœur de Thierry.
c. Ils vont _____ rendre.

A. Direct Object Nouns and Pronouns

Direct objects are nouns that receive the action of a verb. They usually answer the question *what?* or *whom?* For example, in the sentence *Robert dials the number*, the word *number* is the direct object of the verb *dials*.

Direct object pronouns (**les pronoms compléments d'objet direct**) replace direct object nouns: Robert dials *it*. In general, direct object pronouns replace nouns that refer to specific persons, places, objects, or situations.

J'admire **la France**. Je l'admire.
Je regarde **ma sœur**. Je **la** regarde.

I admire France. I admire it.
I look at my sister. I look at her.

---

*Mail and telephone services are run by the **Ministère des Postes et Télécommunications**, an important government agency. **P et T** (**postes et télécommunications**) was formerly called **PTT** (**poste, téléphone et télégraphe**).

B. Forms and Position of Direct Object Pronouns

DIRECT OBJECT PRONOUNS			
me (**m'**)	*me*	**nous**	*us*
te (**t'**)	*you*	**vous**	*you*
le (**l'**)	*him, it*	**les**	*them*
la (**l'**)	*her, it*		

Robert compose **le numéro**.   Robert composait **le numéro**.

Robert **le** compose.   Robert **le** composait.

Robert a composé **le numéro**.

Robert **l'**a composé.

Usually, French direct object pronouns immediately precede the verb in the present and the imperfect tenses and the auxiliary verb in the **passé composé**. Third-person direct object pronouns agree in gender and in number with the nouns they replace: **le** replaces a masculine singular noun, **la** replaces a feminine singular noun, and **les** replaces plural nouns.

—Pierre lisait-il **le journal**?   —*Was Pierre reading the newspaper?*

—Oui, il **le** lisait.   —*Yes, he was reading it.*

—Veux-tu **ma revue**?   —*Do you want my magazine?*
—Oui, je **la** veux.   —*Yes, I want it.*

—Est-ce que vous postez **ces lettres**?   —*Are you mailing these letters?*
—Oui, je **les** poste.   —*Yes, I'm mailing them.*

—Anne a-t-elle lu **le journal**?   —*Did Anne read the newspaper?*
—Oui, elle **l'**a lu.   —*Yes, she read it.*

If the verb following the direct object pronoun begins with a vowel sound, the direct object pronouns **me**, **te**, **le**, and **la** become **m'**, **t'**, and **l'**.

J'achète la carte postale. Je **l'**achète.   *I'm buying the postcard. I'm buying it.*

Monique **t'**admirait. Elle ne **m'**admirait pas.   *Monique used to admire you. She didn't admire me.*

Nous avons lu le journal. Nous **l'**avons lu.   *We read the newspaper. We read it.*

If the direct object pronoun is the object of an infinitive, it is placed immediately before the infinitive.

Annick va **chercher l'adresse**.	*Annick is going to get the*
Annick va **la chercher**.	*address. Annick is going to get*
	it.
Elle allait **la chercher**. Elle est	*She was going to get it. She went*
allée **la chercher**.	*to get it.*

In a negative sentence, the direct object pronoun always immediately precedes the verb that refers to it.

Nous ne regardons pas **la télé**.	*We don't watch TV. We don't*
Nous ne **la** regardons pas.	*watch it.*
Je ne vais pas acheter **les billets**.	*I'm not going to buy the tickets.*
Je ne vais pas **les** acheter.	*I'm not going to buy them.*
Elle n'est pas allée chercher **le**	*She did not go to get the*
journal. Elle n'est pas allée **le**	*newspaper. She did not go to*
chercher.	*get it.*

The direct object pronouns also precede **voici** and **voilà**.

Le voici!	*Here he (it) is!*
Me voilà!	*Here I am!*

Vérifions!

A. Eurêka! Suivez le modèle.

MODÈLE: Je cherche le bureau de poste. → Le voilà. (*ou* Le voici.)

1. Où est l'annuaire?
2. Elle a perdu le numéro de téléphone.
3. Où est le téléphone?
4. Il cherche le kiosque.
5. Il a envie de lire *Le Monde* d'hier.
6. Avez-vous deux francs?
7. Où est l'adresse des Thibaudeau?
8. J'ai besoin de la grande enveloppe blanche.

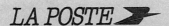

LA POSTE

Pas de problème,
La Poste est là.

B. De quoi parlent-ils? Vous êtes dans un café parisien et vous entendez les phrases suivantes. Trouvez dans la colonne de droite l'information qui correspond à chaque pronom.

1. Je vais les poster cet après-midi.   l'adresse
2. Elle le consulte.   la télé
3. Les étudiants l'écoutent.   les lettres
4. Je l'écris sur l'enveloppe.   le numéro
5. Nous venons de la lire.   l'annuaire
6. Je les achète à la poste.   la revue
7. Ma grand-mère la regarde souvent.   les timbres
8. Je l'ai déjà composé.   le professeur

C. Projets de voyage. Christian et Christiane font toujours la même chose. Avec un(e) camarade, parlez de leurs projets selon le modèle.

MODÈLE: étudier le français cette année →
       —Est-ce qu'elle va étudier le français cette année?
       —Oui, et il va l'étudier aussi.

1. apprendre le français très rapidement (*quickly*)
2. prendre l'avion pour Paris en juin
3. visiter la tour Eiffel
4. admirer la vue du haut de la tour Eiffel
5. prendre ses repas dans de bons restaurants
6. regarder les gens sur les Champs-Élysées
7. essayer de lire les romans (*novels*) de Flaubert

Maintenant imaginez que Christian est l'opposé de Christiane.

MODÈLE: —Est-ce qu'elle va étudier le français cette année?
       —Oui, mais lui, il ne va pas l'étudier.

Parlons-en!

Interview. Interviewez un(e) camarade de classe sur ses préférences. Votre camarade doit utiliser un pronom complément d'objet direct dans sa réponse.

1. Utilises-tu souvent le téléphone?
2. Appelles-tu souvent tes camarades de classe? tes professeurs? tes parents?
3. Est-ce que tes parents t'appellent souvent? et tes amis?
4. Regardes-tu souvent la télé?
5. Aimes-tu regarder la publicité?
6. Préfères-tu apprendre les nouvelles dans le journal ou à la radio? à la radio ou à la télé?
7. Lis-tu des revues internationales?

PARIS MATCH

LE POIDS DES MOTS, LE CHOC DES PHOTOS.

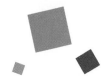

35. TALKING ABOUT THE PAST
Agreement of the Past Participle

L'opinion d'un téléspectateur américain en France

LE REPORTER: Avez-vous déjà regardé la télévision française?
L'AMÉRICAIN: Oui, je l'ai **regardée** hier soir.
LE REPORTER: Quelles **émissions** avez-vous **préférées**?
L'AMÉRICAIN: C'est difficile à dire...
LE REPORTER: Ne trouvez-vous pas qu'elle est très différente de la télévision américaine?
L'AMÉRICAIN: Eh bien... **les émissions** que j'ai **vues** sont plutôt semblables... «Santa Barbara», «Les Simpson»... Enfin oui, elles sont différentes—elles sont en français!

Et vous?

1. Est-ce que vous avez lu le journal ce matin?
2. Avez-vous regardé la télévision hier soir?
3. Quelles émissions avez-vous choisies? Les avez-vous aimées?

In the **passé composé**, the past participle is generally used in its basic form. However, when a direct object—noun or pronoun—precedes the auxiliary verb **avoir** plus the past participle, the participle agrees with the preceding direct object in gender and number.

J'ai lu le **journal**.

   Je l'ai **lu**.

J'ai lu **la revue**.

   Je l'ai **lue**.

Quels **amis** avez-vous

appelés?

Quelles **émissions** avez-vous

regardées?

J'ai lu les **journaux**.

   Je les ai **lus**.

J'ai lu les **revues**.

   Je les ai **lues**.

Which friends did you call?

Which programs did you watch?

Vérifions!

Un nouveau travail. Vous travaillez comme secrétaire. Votre patronne (*boss*) vous pose des questions. Répondez affirmativement ou négativement.

MODÈLE: Avez-vous regardé *le calendrier* ce matin? →
          Oui, je l'ai regardé. (Non, je ne l'ai pas regardé.)

1. Est-ce que vous avez donné *notre numéro de téléphone* à Mme Milaud?
2. Est-ce que vous avez mis *le nouveau nom de la firme* sur les enveloppes?
3. Attendiez-vous *le facteur* à 5 heures hier soir?
4. Allez-vous finir *le courrier* (*mail*) avant midi?
5. Avez-vous appelé *Georges Dupic et Catherine Duriez*?
6. Avez-vous vu *Annick et Françoise* ce matin?
7. *M'*avez-vous comprise pendant la réunion (*meeting*) hier?
8. Est-ce que je *vous* dérange (*disturb*) si je téléphone à midi et demi?

Parlons-en!

Conversation.

Posez les questions suivantes à un(e) camarade. Il/Elle utilise, quand c'est possible, un pronom complément d'objet direct dans ses réponses.

1. Quand tu étais enfant, écoutais-tu quelquefois la radio? Préférais-tu regarder la télévision? Quels programmes-radio ou quelles émissions aimais-tu surtout?
2. Quels magazines ou quelles revues préférais-tu quand tu étais adolescent(e)? et maintenant?
3. As-tu lu des romans de Stephen King? de Toni Morrison? Aimes-tu les livres d'aventures? Aimes-tu mieux les romans d'amour? Quel est ton écrivain préféré?
4. Quelle est la meilleure (*best*) chaîne de télévision, à ton avis? Peux-tu nommer deux ou trois émissions que tu considères excellentes, et expliquer pourquoi?

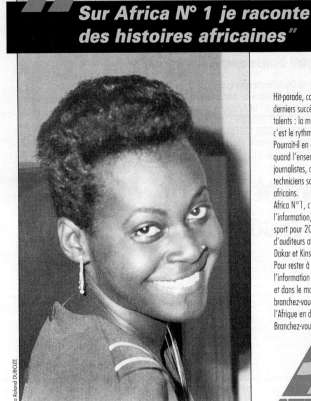

"Sur Africa N° 1 je raconte des histoires africaines"

Hit-parade, concerts, interviews, derniers succès, nouveaux talents : la musique africaine, c'est le rythme d'Africa N°1. Pourrait-il en être autrement quand l'ensemble de ses journalistes, animateurs et techniciens sont eux-mêmes africains.
Africa N°1, c'est jour après jour l'information, la musique et le sport pour 20 millions d'auditeurs africains entre Dakar et Kinshasa.
Pour rester à la pointe de l'information à travers l'Afrique et dans le monde entier, branchez-vous sur l'Afrique en direct...
Branchez-vous sur Africa N°1.

Photo Roland DUBOZE

"HISTOIRES D'ENFANTS", "CARTE BLANCHE" : les émissions de Ghislaine sont la mémoire de l'Afrique.

AFRIQUE DE L'OUEST
de 07 h à 16 h : 17630 KHz
de 16 h à 21 h : 15475 KHz
ou de 05 h à 23 h : 9580 KHz
AFRIQUE CENTRALE
de 06 h à 24 h : 9580 KHz

AFRICA N°1

BP 1 Libreville - GABON
Tél. : (241) 76 00 01
Fax : (241) 74 21 33
Télex : 5588 GO

L'AFRIQUE EN DIRECT

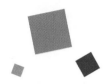

36. SPEAKING SUCCINCTLY
Indirect Object Pronouns

Journalistes pour le *Canard* ?

RÉGIS: Tu as écrit aux journalistes du *Canard Enchaîné* ?*
NICOLE: Oui, je **leur** ai écrit.
RÉGIS: Ils **t'**ont répondu ?
NICOLE: Oui, ils **nous** ont donné rendez-vous demain.
RÉGIS: Ils ont aimé nos caricatures politiques ?
NICOLE: Ils ne **m'**ont encore rien dit: on va voir demain!

Retrouvez la phrase correcte dans le dialogue.

1. J'ai écrit aux journalistes.
2. Les journalistes ont donné rendez-vous à Nicole et à Régis.
3. Les journalistes n'ont encore rien dit à Nicole.

A. Indirect Objects

As you know, direct object nouns and pronouns answer the questions *what?* or *whom?* Indirect object nouns and pronouns usually answer the questions *to whom?* or *for whom?* In English, the word *to* is frequently omitted: I gave the book *to Paul*. → I gave *Paul* the book. In French, the preposition **à** is *always* used before an indirect object noun.

J'ai donné la caricature **à** Paul.	*I gave the cartoon to Paul.*
Elle a écrit une lettre **au** rédacteur.	*She wrote a letter to the editor.*
Nous montrons l'article **aux** amis.	*We show the article to (our) friends.*
Elle prête les photos **à** son frère.	*She lends the photos to her brother.*

If a sentence has an indirect object, it usually has a direct object also. Some French verbs, however, can take only an indirect object. These include **téléphoner à**, **parler à**, and **répondre à**.

Je téléphone (parle) souvent **à** mes amis.	*I often phone (speak) (to) my friends.*
Elle a répondu **au** professeur.	*She answered the professor.*

---

*The *Canard Enchaîné* is a satirical weekly newspaper published in Paris.

B. Indirect Object Pronouns

1. Indirect object pronouns replace indirect object nouns. They are identical in form to direct object pronouns, except for the third-person forms, **lui** and **leur**.

INDIRECT OBJECT PRONOUNS			
me, m'	*(to/for) me*	nous	*(to/for) us*
te, t'	*(to/for) you*	vous	*(to/for) you*
lui	*(to/for) him, her*	**leur**	*(to/for) them*

2. The placement of indirect object pronouns is identical to that of direct object pronouns. However, the past participle does not agree with a preceding indirect object.

Je **lui** ai montré la réception.	*I showed him (her) the (front) desk.*
On **m'**a demandé l'adresse de l'auberge de jeunesse.	*They asked me for the address of the youth hostel.*
Valérie **nous** a envoyé une carte postale.	*Valérie sent us a postcard.*
Nous n'allons pas **leur** téléphoner maintenant.	*We're not going to telephone them now.*
Je **leur** ai emprunté* la voiture.	*I borrowed the car from them.*
Ils **m'**ont prêté de l'argent.	*They loaned me some money.*

3. In negative sentences, the object pronoun immediately precedes the conjugated verb.

Je **ne** t'ai **pas** donné les billets.	*I didn't give you the tickets.*
Elle **ne** lui a **pas** téléphoné.	*She hasn't telephoned him.*

Vérifions!

A. L'après-midi de Blondine. Blondine va tous les vendredis après-midi chez sa grand-mère. Elle nous raconte ce qu'elle a fait vendredi dernier. Complétez son histoire avec les pronoms qui correspondent: **me**, **te**, **lui**, **nous**, **vous**, **leur**.

Après les cours, j'ai pris un café avec des amies. Je _____¹ ai montré mon nouveau walkman. Un peu plus tard, j'ai rendu visite à ma grand-mère. Je _____² ai apporté ses magazines préférés. Elle était très contente et elle _____³ a dit: «Je vais _____⁴ préparer un bon goûter». En fin d'après-midi, mon frère est arrivé. Il _____⁵ a raconté ses aventures avec sa nouvelle moto.

****Emprunter** (*to borrow*) may take both a direct object (the thing borrowed) and an indirect object (the person from [**à**] whom it is borrowed).

Nous avons beaucoup ri. (*We laughed a lot.*) Au moment de partir, ma grand-mère _____⁶ a demandé (à mon frère et à moi): «Je vous revois la semaine prochaine, les enfants?» «Bien sûr», nous _____⁷ avons répondu, «à vendredi prochain!»

B. N'oublie pas... Au moment de dire au revoir, la grand-mère de Blondine se rappelle (*remembers*) plusieurs questions qu'elle voulait lui poser. Jouez le rôle de Blondine et répondez-lui, en utilisant des pronoms compléments d'objet indirect.

1. As-tu téléphoné à ton oncle?   2. Tu as écrit à ta tante Louise?   3. Tu as donné des timbres à ton frère pour sa collection?   4. As-tu répondu à M. et Mme Morin en Espagne?   5. Est-ce que tu as dit «bon anniversaire» à ton petit cousin?
6. Est-ce que tu as rendu à Jeannot et Janine le livre qu'ils nous ont prêté?

Parlons-en!

A. Au secours (*Help*)! Qu'est-ce qu'on doit prêter ou offrir à ces personnes? (Vous pouvez utiliser les mots suivants dans vos réponses.)

Possibilités: une lampe de poche (*flashlight*), un parasol, une paire de bottes, une robe du soir (*evening dress*), des lunettes de soleil, un parapluie, un sac de couchage, un collier (*necklace*) de perles, un *guide Michelin*, de la crème solaire, un chapeau, une tente, des chaises pliantes (*folding*), un anorak.

MODÈLE: Jean fait de l'alpinisme. Il fait très froid. (le guide) →
          Le guide va lui prêter un chapeau et un anorak.

1. Marie est en ville. Il fait du vent, et il pleut aussi. (sa cousine)
2. Pierre et Marie sont à la plage. Il fait très chaud. (leurs amis)
3. Un vieux couple se promène à la campagne. Ils sont fatigués. (des passants [*passers-by*])
4. Marc et Christine font du camping. Ils ont oublié plusieurs choses essentielles. (un autre campeur)
5. Claudine va dîner dans un grand restaurant avec son fiancé et ses parents. (sa sœur)
6. Julie, une touriste américaine à Paris, ne veut voir que les monuments les plus renommés (*most famous*). (un ami français)

B. Êtes-vous communicatif/ive (*communicative*)? Posez les questions suivantes à un(e) camarade et créez de nouvelles questions sur le même sujet.

1. À qui as-tu écrit la semaine dernière? Qu'est-ce que tu lui as écrit? Pourquoi? En général, écris-tu souvent?
2. À qui as-tu téléphoné la semaine dernière? Qu'est-ce que tu lui as dit?
3. As-tu jamais envoyé un fax? À quelle occasion? À qui?

Ensuite, dites à la classe si votre camarade est très ou peu communicatif/ive. Pouvez-vous déterminer la personne la plus (*the most*) communicative de la classe?

Nouvelles francophones

TV5 en Louisiane

La chaîne de télévision francophone TV5 a été fondée° en 1984. Elle est   founded
basée sur des émissions tirées° de la télévision belge, suisse, québécoise et   drawn
française (A2 et FR3). Depuis 1988, TV5 émet° en Europe, au Québec et au   broadcasts
Canada.

En octobre 1990, Lafayette en Louisiane est devenue la première ville
aux États-Unis à proposer TV5 une fois par semaine. Depuis 1991, TV5
émet jour et nuit sur la chaîne câblée TV5 Louisiane. Beaucoup de villes et
d'états américains ont demandé à cette chaîne le droit° de retransmettre les   right
émissions de TV5.

Mise au point

A. Tourisme au Canada. Loïc vient de rentrer du Canada et parle de son
voyage avec son ami Vincent. Complétez le dialogue avec des pronoms d'objet
direct ou indirect, selon le cas.

VINCENT: Quand tu étais à Montréal, est-ce que tu écoutais la radio?
LOÏC: Oui, je _____¹ écoutais souvent.
VINCENT: Tu comprenais l'accent québécois?
LOÏC: Oui, je _____² comprenais, mais avec difficulté. Une fois, j'ai
téléphoné à tes amis Jacques et Marie, et j'ai eu beaucoup de
mal (*a lot of trouble*) à _____³ comprendre.
VINCENT: De quoi _____⁴ as-tu parlé?
LOÏC: D'une excursion que je voulais faire au lac Saint-Jean.
VINCENT: Est-ce que tu as pu _____⁵ faire?
LOÏC: Oui, finalement nous _____⁶ avons faite tous les trois. C'était
formidable!
VINCENT: Est-ce que tu as envoyé beaucoup de cartes postales à Babette?
LOÏC: Oui, je _____⁷ ai envoyé une carte postale tous les jours!
VINCENT: Et tu as pris beaucoup de photos?
LOÏC: Oh, oui. Tu veux _____⁸ voir?
VINCENT: Avec plaisir. Tes photos sont toujours superbes!
LOÏC: Oh, j'oubliais, je _____⁹ ai rapporté (*brought back*) un petit
souvenir. C'est un livre d'Antonine Maillet, un écrivain québécois.
VINCENT: Merci beaucoup, ça _____¹⁰ fait très plaisir (*gives pleasure*;
pleases)!

B. Mon enfance. D'abord, posez les questions suivantes (et encore d'autres) à un(e) camarade. Ensuite, trouvez quelque chose que vous avez en commun avec ce (cette) camarade et une chose que vous n'avez pas en commun.

1. Quand tu étais petit(e), voyais-tu beaucoup de films? Quels films est-ce que tu aimais surtout (*especially*)? Avec qui allais-tu au cinéma?
2. Qu'est-ce que tu regardais à la télé? Quelles étaient tes émissions préférées? Jusqu'à quelle heure pouvais-tu regarder la télé?
3. Lisais-tu beaucoup? Quels livres est-ce que tu aimais? quelles bandes dessinées (*comic strips*)? Quand est-ce que tu lisais?

Interactions

In this chapter, you practiced describing past events and referring to people or things succinctly. Act out the following situations, using the vocabulary and structures from the chapter.

1. **Au téléphone.** A friend (your partner) will soon be going to France. Describe how to use the phone and what expressions to use. She or he will ask questions for clarifications.
2. **La soirée.** Call a friend (your partner) to find out why she or he did not come to your party. Tell her or him who was there, what you talked about, and what you did. Describe how the party was. She or he will ask you questions to get a good description.

Rencontres

LECTURE

Avant de lire

Recognizing less obvious cognates. An awareness of patterns of spelling variations will help you recognize less obvious cognates and guess the meanings of new words. Read the following hints and guess their definitions.

English words with the prefixes *dis-* and *un-* are often related in meaning to similar French words with the prefixes **dé-** or **dés-**.

désordre	**désastreux / euse**	**désagréable**
défaire	**dénouer** (**nouer** = *to tie*)	**découvrir**

French words beginning with **es-** or **é-** often correspond to English words spelled with an initial *s-*.

espace   estomac   état   étrange   étudier

The circumflex accent in French frequently corresponds to an *s* that has not disappeared from the English cognate.

honnête   hôpital   île   tempête

Many English nouns ending in *-or* or *-er* correspond to the masculine noun-ending in French of **-eur**.

campeur   serveur   collaborateur   professeur   réacteur

Notice these patterns in the following summaries from the film review *Première*, and watch for them in general as you read.

DIMANCHE 16 MAI   20.35 ★ CANAL PLUS

LE RETOUR DE CASANOVA

FICHE. — Film français (Les Films Alain Sarde — Films A 2 — Canal Plus — CNC) d'Edouard Niermans. Scénario et dialogues : Jean-Claude Carrière et Edouard Niermans, d'après le roman « Casanovas Heimfahrt » (« Le retour de Casanova ») d'Arthur Schnitzler. Images : Jean Penzer. Musique : Michel Portal. 1992. Couleurs.

VIDEO. — Durée orig. : 1 h 38. TV : 1 h 30.

SUJET. — Après une vie d'aventures, de séductions, de fortunes et de voyages, Casanova désire rentrer chez lui, à Venise. Il a vieilli,[a] il est presque ruiné et ne vit plus que de sa légende et de son adresse aux cartes.[b] Hélas, les autorités de la Sérénissime République de Venise lui refusent pour l'instant[c] le visa d'entrée qu'il sollicite. En compagnie de son valet Camille, à qui il doit au moins un an de gages,[d] Casanova se voit contraint d'errer[e] dans le nord de l'Italie. Au cours de cette errance,[f] il rencontre Olivo, un homme à qui, autrefois, il rendit service[g] et qui ne l'a pas oublié. Riche et marié avec la belle Amélie, Olivo invite son bienfaiteur.[h]

GENRE. — La dernière aventure amoureuse d'un séducteur de légende.

INTERPRETES. — Alain Delon (Casanova), Fabrice Luchini (Camille), Elsa (Marcolina), Gilles Arbona (Olivo), Delia Boccardo (Amélie), Wadeck Stanczack (Lorenzi), Alain Cuny (marquis), Violetta Sanchez (marquise), Sandrine Blancke (Teresina), Rachel Bizet (Marie), Justine Leroux (Nanette), Sophie Bouilloux (Lise), Isabelle Gruault (Jeannette).

REDIF. — mardi 18 à 22.40 — jeudi 20 à 10.55 — lundi 24 — mardi 25 — vendredi 28 mai.

LUNDI 17 MAI   22.35 ARTE

LA DESENCHANTEE

FICHE. — Film français (Production Cinéa — La Sept — CNC) de Benoît Jacquot. Scénario et dialogues : Benoît Jacquot. Images : Caroline Champetier. Musique : Jorge Arriacada. Musiques additionnelles : « Valse à quatre mains opus 39 » de Brahms, et « Wicked Game » de Chris Isaak. 1990. Couleurs.

VIDEO. — Durée orig. : 1 h 18. TV : 1 h 15.

SUJET. — Beth et « l'autre » ont 17 ans et sont amants. Un matin, il la défie[i] de coucher avec un homme laid[j] et vieux. Beth décide de le quitter. Chez elle, il y a Rémi, son frère de 8 ans, et sa mère malade. « L'oncle » subvient à leurs besoins[k] mais exige que Beth, qui le hait,[l] vienne chercher l'argent chez lui. En classe, sa révolte et son désenchantement s'expriment à travers un exposé sur Rimbaud. Son professeur lui reproche son[m] manque d'orthodoxie, tandis que son ami Chang la félicite.[n] L'après-midi, fuyant[o] « l'autre », Beth se rend dans une discothèque, où elle drague[p] Edouard. Une fois chez lui, elle s'enfuit pourtant au premier baiser.[q]

GENRE. — Les maladresses et les désarrois de l'enfance dans ses conflits avec le monde des adultes.

INTERPRETES. — Judith Godrèche (Beth), Marcel Bozonnet (Alphonse), Yvan Desny (l'oncle), Malcolm Conradt (l'autre), Thérèse Liotard (mère de Beth), Thomas Salsman (Rémi), Hai Truong Tu (Chang), Francis Mage (Edouard), Stéphane Auberghen (mère d'Edouard), Marion Ferry (prof), Caroline Bonmarchand (copine).

[a]*a... has gotten old*
[b]*ne... is living no more than in the legend of his past and on his skill at card-playing*
[c]*pour... for the time being*
[d]*wages*
[e]*contraint... compelled to wander*
[f]*wandering*
[g]*rendit... did a favor*
[h]*benefactor*
[i]*challenges*
[j]*ugly*
[k]*subvient... takes care of their needs*
[l]*hates*
[m]*lui... chides her for*
[n]*congratulates*
[o]*escaping*
[p]*picks up*
[q]*s'enfuit... flees, however, after the first kiss*

Compréhension

Regardez bien le programme, puis répondez aux questions.

1. Avez-vous déjà vu un de ces films? Si oui, l'avez-vous aimé? Expliquez votre réponse.
2. Choisissez maintenant le film que vous préférez. Faites un court résumé de l'histoire en employant vos propres mots. Puis expliquez les raisons de votre choix.
3. Y a-t-il un film récent que vous ne voulez pas du tout voir? Pourquoi?
4. Quel film avez-vous vu dernièrement? L'avez-vous aimé? Qui étaient les acteurs?

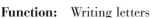

PAR ÉCRIT

Function: Writing letters

Audience: Someone you do not know

Goal: Write a letter to apply for a job. The situation is the following: The owner of a French restaurant, Madame Dupuy, has advertised in your campus newspaper. She would like to hire an American student waiter (waitress) because many of her clients are English-speaking tourists. Of course, the other staff members speak French. She is looking for someone with at least a few months of experience in restaurant work, who would benefit from the opportunity to work in France. Apply for the job. Say why you are interested, why you are qualified, and when you are available (**du 6 juin au 15 septembre**, for example). Mention your long-term goals (**le but à long terme**). Ask for more information. Useful opening line for job application: **J'aimerais me présenter pour le poste de serveur (serveuse) annoncé dans le (*nom du journal*).**

Steps

1. Use the letter on the following page and the suggestions below as guidelines for your letter. In French, a business letter begins with **Monsieur, Madame,** or **Mademoiselle**. If you do not know the gender of the recipient (**le destinataire**), use **Monsieur, Madame** together. Note the conventional closing sentence for the final paragraph of the letter; this sentence is loosely the equivalent of *Please accept my best wishes*. French business letters use the format you see on the following page.
2. Write a rough draft of the letter. It should contain all the information requested under **Goal** above.
3. Divide the letter into several paragraphs. Close with a strong statement about why you would be a well-qualified candidate for this position.
4. Reread your draft, checking for organization and details. Make sure you used the proper format and that you included your address and the date.

New York, le 6 mai 1994
votre nom
votre adresse

> nom du destinataire
> adresse du destinataire

Monsieur, Madame,

J'ai l'intention de passer six mois en France pour perfectionner mon français. Pourriez-vous m'envoyer des renseignements sur vos cours de langues pour étudiants étrangers?

Je suis étudiant(e) en Sciences économiques à Columbia University; j'étudie le français depuis huit mois.

Je voudrais donc recevoir tous les renseignements nécessaires sur votre programme: description des cours, conditions d'admission, frais d'inscription, possibilités de logement, etc.

Veuillez agréer, Monsieur, Madame, l'expression de mes sentiments les meilleurs.

5. Have a classmate read your letter to see if what you have written is clear and interesting. Make any necessary changes.
6. Reread the composition again for spelling, punctuation, and grammar errors. Focus especially on your use of object pronouns and the imperfect tense. Be prepared to read your letter to a small group of classmates who will determine whether Madame Dupuy would consider you a strong candidate, based on the letter's information and presentation.

À L'ÉCOUTE !

I. Où suis-je? Vous allez entendre parler diverses personnes dans des situations variées. Lisez les activités ci-dessous avant d'écouter les séquences sonores qui leur correspondent.

A. Décidez où on peut entendre de telles bribes (*snatches*) de conversation.

1. La première séquence a lieu (*takes place*)
   a. dans une cabine téléphonique   b. dans une boucherie   c. dans un bureau de poste
2. La deuxième séquence a lieu
   a. dans une librairie   b. dans un kiosque à journaux   c. dans une boulangerie
3. La troisième séquence a lieu
   a. pendant un match de football   b. à la radio   c. au cinéma

B. Vrai ou faux?

1. La première séquence:
   Cette personne
   _____ est en train d'acheter une télécarte.
   _____ veut envoyer une carte postale en Afrique.

2. La deuxième séquence:
   Cette personne
   _____ voudrait acheter un journal.
   _____ veut une revue sur le cinéma.

3. La troisième séquence:
   Cette personne dit que
   _____ le président de la République va aller aux États-Unis.
   _____ les deux présidents vont parler des produits agricoles.

II. Les vacances chez grand-mère. Viviane et Catherine se rappellent (*are remembering*) les vacances chez leur grand-mère quand elles étaient petites. Lisez l'activité ci-dessous avant d'écouter le vocabulaire et la conversation qui lui correspondent.

> VOCABULAIRE UTILE
> de bons goûters *afternoon snacks*
> on ne s'ennuyait jamais *we never got bored*
> grande *grown-up*

Vrai ou faux?

1. _____ Viviane adorait les histoires de sa grand-mère.
2. _____ La grand-mère n'avait pas de télévision.
3. _____ Les filles s'ennuyaient quelquefois.
4. _____ La grand-mère n'avait pas de jardin.
5. _____ Quand il pleuvait, la grand-mère jouait aux dominos avec les deux filles.
6. _____ La grand-mère avait un piano.

Vocabulaire

Verbes

appeler to call
chanter to sing
commencer to begin
composer un numéro to dial a number
créer to create
décrire to describe
dire to say, tell
écrire (à) to write (to)
emprunter (à) to borrow (from)
envoyer to send
essayer to try
lire to read
prêter (à) to lend (to)
raconter to tell, relate
retransmettre to broadcast

À REVOIR: écouter, entendre, jouer, regarder, rendre

Substantifs

l'adresse (*f.*) address
l'annuaire (*m.*) telephone book
l'appareil (*m.*) apparatus; telephone
la boîte aux lettres mailbox

le bureau de poste (**la poste**) post office
la cabine téléphonique telephone booth
la carte postale postcard
la chaîne television channel; network
l'école (*f.*) school
l'émission (*f.*) program; broadcast
l'enveloppe (*f.*) envelope
le journal (**les journaux**) newspaper; news
le kiosque kiosk; newsstand
la lettre letter
le magazine (illustrated) magazine
la monnaie coins, change
le numéro (**de téléphone**) (telephone) number
le paquet package
les petites annonces (*f.*) classified ads
la publicité commercial; advertisement; advertising
la revue review, magazine
la télécarte telephone calling card
le timbre stamp

À REVOIR: le poste de télévision, la télévision

Adjectifs

content(e) happy, pleased
heureux/euse happy, fortunate

Les nouvelles technologies

le magnétoscope VCR
le minitel minitel
l'ordinateur (*m.*) computer
le répondeur (**téléphonique**) answering machine
le téléviseur television set

Au téléphone

Allô. Hello.
Qui est à l'appareil? Who's calling?

Mots et expressions divers

d'habitude habitually, usually
surtout especially
tout, toute, tous, toutes all; every
tous les jours (**matins**, etc.) every day (morning, etc.)
toutes les semaines every week

Intermède

SITUATION

Coup de fil*

Contexte   *Caroline Périllat rêve d'être hôtesse. Elle a terminé ses études à l'École Internationale d'Hôtesses de Paris et elle vient de trouver son premier job. Elle téléphone à sa sœur, Stéphanie, qui habite encore au Sénégal, pour lui annoncer la bonne nouvelle. Stéphanie est étudiante à l'Institut Supérieur de Tourisme de Dakar.*

Objectif   *Caroline parle au téléphone.*

CAROLINE:	Allô? Bonjour, Madame, c'est bien l'Institut de Tourisme?	
LA STANDARDISTE°:	Oui, c'est bien ça.	operator, receptionist
CAROLINE:	Pourrais-je parler à Stéphanie Périllat, s'il vous plaît?	
LA STANDARDISTE:	C'est de la part de qui?°	C'est... Who may I say is calling?
CAROLINE:	C'est de la part de Caroline Périllat, sa sœur.	
LA STANDARDISTE:	Ne quittez pas, je vous la passe.°	Ne... Please hold, I'll transfer you to her.
CAROLINE:	Merci bien.	
CAROLINE:	Allô, Stéphanie? Devine! Je viens de décrocher° mon premier boulot.°	to land (literally, to take down, detach, unhook) / job (familiar)
STÉPHANIE:	C'est génial°! Et c'est quoi comme boulot°?	great / c'est... what kind of job is it?
CAROLINE:	Je suis chargée de l'accueil des vedettes° au Palais des Festivals de Cannes!	chargée... responsible for welcoming stars
STÉPHANIE:	Ce n'est pas vrai! Tu rigoles°?	Tu... Are you kidding?
CAROLINE:	Non je te jure,° c'est vrai.	je... I swear
STÉPHANIE:	Eh bien, félicitations°! J'espère que tu es heureuse.	congratulations
CAROLINE:	Évidemment,° je regrette seulement de ne pas pouvoir fêter ça avec toi...	Of course
STÉPHANIE:	Écoute, je te quitte, tu vas avoir une facture° énorme. Mais je te rappelle demain soir, d'accord?	(phone) bill
CAROLINE:	OK. Je t'embrasse.° À demain et dis bonjour aux parents de ma part.°	Je... A big kiss / dis... tell the folks I said "hi"

---
*Telephone call

291

 propos

Comment réagir à une nouvelle (*react to news*)

UNE BONNE NOUVELLE

   C'est génial!

   C'est formidable!

   C'est super!

   Je suis content(e) pour toi. (*I'm happy for you.*)

UNE MAUVAISE NOUVELLE

    C'est dommage.

    C'est horrible.

    C'est dégoûtant (*disgusting*).

    C'est un scandale!

    Ça me rend malade. (*That makes me sick.*)

UNE NOUVELLE QUI VOUS LAISSE INDIFFÉRENT(E)

    Ah bon!

    Oh, ça m'est égal. (*That's all the same to me.*)

    C'est pas grave. (*That's no big deal.*)

    Je m'en fiche. (*I don't care.*)

Maintenant à vous!

A. Questions personnelles. Relisez le dialogue, puis répondez aux questions.

1. Décrivez votre premier job. De quoi étiez-vous chargé(e)?
2. Avez-vous en général une facture téléphonique énorme? Pourquoi (pas)? À qui téléphonez-vous très souvent? Avez-vous tendance à parler longtemps? De quoi?
3. À votre avis, le téléphone est-il une technologie essentielle? Pourriez-vous vivre (*live*) sans téléphone? Commentez.

B. Jeu de rôles: Quelle nouvelle! Avec un(e) camarade, préparez la scène suivante. Utilisez les expressions de l'*À Propos*. Puis jouez la scène devant la classe.

Votre ami(e) vous téléphone pour vous raconter une très bonne (ou une très mauvaise) nouvelle. Réagissez de façon convenable (*appropriate*).

P O R T R A I T S

Astérix le Gaulois

Astérix le Gaulois est le héros comique de la bande dessinée° la plus populaire en France depuis 1959. Astérix, qui habite dans l'unique° village Gaulois° qui a pu résister à César, possède tous les attributs traditionnels du Français: individualisme, débrouillardise,° chauvinisme,° humour. Chaque aventure d'Astérix est une satire de la société d'aujourd'hui. Astérix est traduit en 40 langues et il est vendu dans le monde entier.

bande... *comic strip*

one and only

in Gaul

resourcefulness (from the verb **se débrouiller**, *which means to manage*)
pride in one's heritage or country, often carried to excess

CHAPITRE **ONZE**
La vie urbaine

En avant

—Est-ce que tu habites en ville?

—Non, j'habite en banlieue.

—Tu dois passer beaucoup de temps dans les transports en commun!

—Oui, c'est le prix que l'on paie pour avoir une jolie maison avec un jardin.

Communicative goals: talking about city life, talking about Paris, describing past events, speaking succinctly, and saying what and whom you know.

Une petite ville

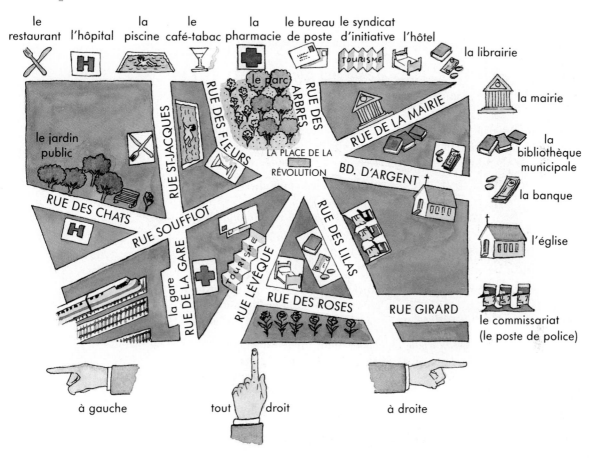

Autres mots utiles:

le coin corner
jusqu'à up to, as far as

Comment va-t-on de la banque à la pharmacie? On **prend** le boulevard d'Argent à droite et on va **jusqu'à** la place de la Révolution. On **traverse** la rue des Lilas et on **prend** la rue Lévêque à gauche. On **continue tout droit jusqu'au coin** et on **prend** la rue de la Gare **à droite**. La pharmacie est **en face de** la gare.

A. Les endroits importants. Où va-t-on...

1. pour toucher (*to cash*) un chèque de voyage?   2. pour acheter de l'aspirine?   3. pour parler avec le maire (*mayor*) de la ville?   4. pour obtenir des brochures touristiques?   5. pour nager?   6. pour admirer les plantes et les fleurs?   7. pour assister aux (*to attend*) services religieux? 8. pour acheter des timbres?   9. pour boire une bière?

B. Où est-ce? Précisez l'emplacement des endroits suivants.

MODÈLE: Où est l'hôtel?   →
          L'hôtel est en face du syndicat d'initiative dans la rue Lévêque.*

1. Où est le jardin public?   4. Où est l'église?
2. Où est le restaurant?   5. Où est la librairie?
3. Où est la bibliothèque?   6. Où est le syndicat d'initiative?

C. Trouvez votre chemin (*way*). Regardez le plan (*map*) de la ville. Imaginez que vous êtes à la gare. Un(e) touriste vous demande où est le bureau de poste; vous lui indiquez le chemin. Jouez les rôles avec un(e) camarade.

MODÈLE: LE/LA TOURISTE: Excusez-moi, pourriez-vous me dire où est le
                            bureau de poste?
                   VOUS: Tournez à gauche. Prenez la rue Soufflot à
                            droite et vous y êtes (*you're there*).
          LE/LA TOURISTE: Je tourne à gauche, je prends la rue Soufflot à
                            droite et j'y suis.

1. le café-tabac   2. le restaurant   3. l'hôtel   4. la banque   5. le poste de police   6. le parc   7. la mairie   8. la pharmacie   9. le jardin public 10. la place de la Révolution   11. la piscine   12. le syndicat d'initiative

Maintenant, avec un(e) autre camarade de classe, faites une liste de cinq ou six endroits sur votre campus ou dans votre ville. À tour de rôle (*Taking turns*), indiquez le chemin pour aller à ces endroits. Votre salle de classe est votre point de départ.

Un PEU D'ARGOT

l'hosto	l'hôpital	**un Parigot (une**	un Parisien (une
la bibli	la bibliothèque	**Parigote)**	Parisienne)
le centre	le centre-ville		

EN CONTEXTE
Mon cousin est un vrai **Parigot**. Il vit en plein **centre**, dans un vieil immeuble entre un **hosto** et une **bibli**.

---

*The French say **dans la rue**, but **sur le boulevard** and **sur l'avenue**.

Paris et sa banlieue

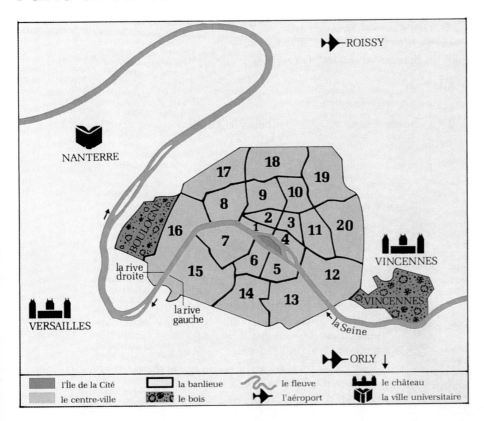

Autres mots utiles:

la carte map (of a region, country)
le plan map (of a city)

Les vingt arrondissements (*wards*) de Paris:

1er le premier	11e le onzième
2e le deuxième	12e le douzième
3e le troisième	13e le treizième
4e le quatrième	14e le quatorzième
5e le cinquième	15e le quinzième
6e le sixième	16e le seizième
7e le septième	17e le dix-septième
8e le huitième	18e le dix-huitième
9e le neuvième	19e le dix-neuvième
10e le dixième	20e le vingtième

Ordinal numbers (*first, second,* and so on) are formed by adding **-ième** to cardinal numbers. Note the irregular form **premier** (**première**), and the spelling of **cinquième** and **neuvième**. **Le** and **la** do not elide before **huitième** and **onzième**: **le huitième**. The superscript abbreviation ^e indicates that a number should be read as an ordinal: 7 = **sept**; 7e = **le/la septième**.

A. Les arrondissements de Paris. Quels arrondissements trouve-t-on sur la Rive (*bank*) gauche de la Seine? sur la Rive droite? Quel arrondissement est situé au bord du Bois de Boulogne? du Bois de Vincennes? Où est l'île de la Cité?*

B. Le plan de Paris. Qu'est-ce que c'est?

MODÈLE: Versailles →
C'est un château. Il est dans la banlieue (*suburbs*) ouest de Paris.

1. Roissy
2. la Seine
3. Boulogne
4. Vincennes
5. Nanterre
6. Orly

Nouvelles francophones

Montréal

Fondée en 1642 par un Français, Paul de Chomedey, Montréal est la plus grande° ville francophone après Paris. Bilingue et cosmopolite, Montréal est un grand centre culturel qui vit° et bouge° à toute heure du jour et de la nuit. Après minuit il y a encore beaucoup de monde° dans les rues et dans les bars du côté de **la Place des Arts**. Il faut aussi se promener° dans **la rue Sainte-Catherine**. Ses boutiques élégantes, ses grands magasins font de Montréal une des capitales de la mode.°

Montréal est une ville contemporaine, qui sait aussi préserver son passé. De vieux édifices sont situés juste à côté de gratte-ciel° ultra-modernes. **Le Palais des Congrès** à l'architecture futuriste sert de lien géographique° entre **le Vieux-Montréal** et le nouveau. Le Vieux-Montréal est d'ailleurs° l'un des plus remarquables ensembles architecturaux de l'Amérique du Nord avec une grande concentration d'édifices° des 17e, 18e et 19e siècles.°

la... the largest
lives / moves
beaucoup... a lot of people
se... to walk
fashion
skyscrapers
sert... serves as a geographic link
besides
buildings
centuries

*The **île de la Cité** is the historical center of Paris; it is one of the two islands on the Seine in Paris. The other is the **île St-Louis**.

Étude de grammaire

37. DESCRIBING PAST EVENTS
The *passé composé* versus the *imparfait*

Casablanca

ALAIN: Alors, tu nous racontes tes vacances au Maroc?

SYLVIE: Eh bien, je **suis partie** de Paris le 23 juillet. Il **faisait** un temps pourri, il **faisait** froid, il **pleuvait**, l'horreur! Mais quand je **suis arrivée** à Casablanca, le ciel **était** tout bleu, le soleil **brillait**, la mer **était** chaude...

RÉMI: Et tu **as aimé** la ville?

SYLVIE: Oui, beaucoup. Mais je **voulais** visiter une mosquée et je n'**ai** pas **pu** entrer.

ALAIN: Pourquoi?

SYLVIE: C'est de ma faute parce que je **portais** une mini-jupe.

Répondez aux questions.

1. Quel temps faisait-il à Paris le 23 juillet? et à Casablanca?
2. Que voulait faire Sylvie à Casablanca?
3. Pourquoi n'a-t-elle pas visité la mosquée?

When speaking about the past in English, you choose which past tense forms to use in a given context: *I visited Casablanca, I did visit Casablanca, I was visiting Casablanca, I used to visit Casablanca,* and so on. Usually only one of these options will convey exactly the meaning you want to express. Similarly in French, the choice between the **passé composé** and the **imparfait** depends on the kind of past action or condition that is being conveyed, and sometimes on the speaker's standpoint with respect to the past event.

The **passé composé** is used to indicate a single completed action, something that began and ended in the past, or a sequence of such actions.

The **imparfait** usually indicates an ongoing or habitual action in the past. It does not emphasize the end of that action.

J'**écrivais** des lettres.	*I was writing letters. (ongoing action)*
J'**ai écrit** des lettres.	*I wrote (have written) letters. (completed action)*
Je **commençais** mes devoirs.	*I was starting on my homework. (ongoing)*

J'ai commencé mes devoirs.	*I started (have started) my homework. (completed at a specific point in time)*
Elle **allait** au parc le dimanche.*	*She went (used to go) to the park on Sundays. (habitual)*
Elle **est allée** au parc dimanche.	*She went to the park on Sunday. (completed on a specific day)*

Contrast the two tenses by studying the sentences in this chart.

IMPARFAIT	PASSÉ COMPOSÉ
1. *Ongoing action with no emphasis on the completion or end of the action* **J'allais** en France. Je **visitais** des monuments.	*Completed action, or a series of completed events or actions* Je **suis allé** en France. J'ai **visité** des monuments.
2. *Habitual or repeated action* Je **voyageais** en France tous les ans. Je **visitais** souvent le Centre Beaubourg.	*A single event* J'ai **voyagé** en France l'année dernière. J'ai **visité** Beaubourg un samedi matin.
3. *Description or "background" information; how things were or what was happening when . . .* Je **visitais** Beaubourg... J'**étais** à Paris...	*. . . an event or events occurred. ("foreground" information)* ...quand on **a annoncé** la projection d'un vieux film de Chaplin. ...quand une lettre **est arrivée**.
4. *Physical or mental states of being (general description)* Ma nièce **avait** peur des chiens.	*Changes in an existing physical or mental state at a precise moment, or for a particular isolated cause* Ma nièce **a eu** peur quand le chien a aboyé (*barked*).

In summary, the **imparfait** is generally used for *descriptions* in the past, and the **passé composé** is generally used for the *narration* of specific events in the past. The **imparfait** also often sets the stage for an event expressed with the **passé composé**. The following passages illustrate the use of these two tenses.

---

*Remember the role of the definite article with days of the week: **le dimanche** (*on Sundays*); **dimanche** (*on Sunday*).

IMPARFAIT	PASSÉ COMPOSÉ
Il **faisait** beau; le ciel (*sky*) **était** clair; les terrasses des cafés **étaient** pleines (*filled*) de gens; c'**était** un beau jour de printemps à Paris.	J'**ai continué** tout droit dans la rue Mouffetard, j'**ai traversé** le boulevard de Port-Royal et j'**ai descendu** l'avenue des Gobelins jusqu'à la place d'Italie.

 M *ots-clés*

Indicators of tense: Here are some time expressions that often accompany the **imparfait** and the **passé composé**.

IMPARFAIT	PASSÉ COMPOSÉ
d'habitude (*usually*)	une fois (*once*), deux fois...
de temps en temps	plusieurs fois
autrefois (*formerly*)	un week-end
le week-end	un jour
le lundi (le mardi...)	lundi (mardi...)
	soudain, tout d'un coup (*suddenly*)

D'habitude, nous **étudiions** à la bibliothèque.	**Un jour,** nous **avons étudié** au café.
Quand j'**étais** jeune, nous **allions** à la plage **le week-end.**	**Un week-end,** nous **sommes allés** à la montagne.

Vérifions!

A. Un dimanche pas comme les autres. Votre voisin Marc Dufour était une personne routinière, mais un dimanche il a changé ses habitudes. Voici son histoire.

MODÈLE: le dimanche matin / dormir en général jusqu'à huit heures / mais ce dimanche-là / dormir jusqu'à midi →
Le dimanche matin, il dormait en général jusqu'à huit heures, mais ce dimanche-là, il a dormi jusqu'à midi.

1. normalement au petit déjeuner / prendre des céréales et une tasse de café / mais ce matin-là / manger un petit déjeuner copieux
2. après le petit déjeuner / faire toujours du jogging dans le parc / mais ce jour-là / rester longtemps au téléphone
3. souvent l'après-midi / regarder le match de football à la télé / mais cet après-midi-là / lire des poèmes dans le jardin

4. d'habitude le soir / sortir avec ses copains /
   mais ce soir-là / sortir avec une jeune fille
5. parfois / aller au cinéma ou / jouer aux cartes /
   mais ce soir-là / inviter son amie dans un restaurant élégant
6. normalement / rentrer chez lui assez tôt /
   mais ce dimanche-là / danser jusqu'au petit matin (*early morning*)

À votre avis, Marc est-il malade (*sick*)? amoureux (*in love*)? déprimé
(*depressed*)?... Justifiez votre réponse. Et vous, est-ce qu'il y a des choses que
vous faisiez autrefois que vous ne faites plus maintenant? Expliquez.

B. Interruptions. Annie était à la maison hier soir. Elle voulait faire plusieurs
choses, mais il y a eu toutes sortes d'interruptions. Décrivez-les.

MODÈLE: étudier... téléphone / sonner →
          Annie étudiait quand le téléphone a sonné.

1. parler au téléphone / un ami... l'employé / couper la ligne (*to cut the line*)
2. écouter / disques... son voisin / commencer à faire / bruit (*noise*)
3. lire / journal... la propriétaire (*landlord*) / venir demander / argent
4. faire / devoirs... un ami / arriver
5. regarder / informations à la télé... son frère / changer de chaîne
6. dormir... téléphone / sonner de nouveau (*again*)

C. Une année à l'université de Caen. Marc a passé un an à Caen, une des
grandes villes de Normandie. Il raconte son histoire. Choisissez l'imparfait ou le
passé composé pour les verbes suivants.

Mon année en Normandie était vraiment super, mais je devais passer
beaucoup de temps à étudier. Je (*avoir*) cours le matin de 8 heures à 11
heures. L'après-midi, je (*étudier*), en général, à la bibliothèque. Le week-
end, avec des amis, nous (*faire*) du tourisme. Le samedi, nous (*rester*) en
ville et le dimanche, nous (*aller*) à la campagne. En octobre, nous (*faire*)
une excursion à Rouen. Ce (*être*) très intéressant. Pour Noël, je (*rentrer*)
chez mes parents. En février, je (*faire*) du ski dans les Alpes. Nous (*avoir*)
de la chance car il (*faire*) très beau et je (*rentrer*) bien bronzé (*tanned*). De
temps en temps, je (*manger*) chez les Levergeois, des amis français très
sympathiques. Pendant ces dîners entre amis, je (*perfectionner*) mon
français. Finalement, au début du mois de mai, je (*devoir*) quitter Caen. Je
(*être*) triste (*sad*) de partir.

Mots-clés

Putting events in chronological order

DÉPANNAGE (*emergency repair*)

d'abord   *first of all*   **D'abord**, j'ai garé (*parked*) la voiture.

DÉPANNAGE (*emergency repair*)

puis	*next*	**Puis**, j'ai cherché une cabine téléphonique.
ensuite	*and then . . .*	**Ensuite**, j'ai tout expliqué au mécanicien.
après	*after that . . .*	**Après**, j'ai attendu dans la voiture.
enfin	*finally*	**Enfin**, il est arrivé. Maintenant, le carburateur fonctionne à merveille.

Puis and **ensuite** can be used interchangeably.

D. Biographie de Marguerite Yourcenar. Voici quelques faits (*facts*) importants de la vie de cette romancière (*novelist*) et historienne de langue française. Mettez-les dans l'ordre chronologique et utilisez des adverbes de temps.

1. Elle est allée aux États-Unis en 1958.
2. Elle a écrit son fameux livre *L'Œuvre au noir* en 1968.
3. Elle est née à Bruxelles en 1903.
4. Elle est morte en 1987 à l'âge de 84 ans dans le Maine, aux États-Unis.
5. Elle a été la première femme élue à l'Académie française, en 1980.

Maintenant, faites brièvement (*briefly*) votre propre autobiographie. Utilisez des adverbes de temps.

Marguerite Yourcenar

Parlons-en!

A. Conversation. L'année dernière,...

1. Où étiez-vous? Où avez-vous étudié? Qu'est-ce que vous avez étudié?
2. Qu'est-ce que vous avez fait pendant vos vacances? Avez-vous fait un voyage? Où êtes-vous allé(e)? Comment était le voyage?
3. Et vos amis? Où étaient-ils l'année dernière? Qu'est-ce qu'ils ont fait pendant les vacances?

B. Il était une fois... (*Once upon a time . . .*). Racontez une histoire que vous avez vécue (*lived*) ou une histoire fantastique (inventez-la!) Utilisez les éléments suggérés pour organiser votre histoire et choisissez le temps convenable (**passé composé** ou **imparfait**).

Suggestions: l'heure, le temps, la description de la scène, la description des personnages, la description des sentiments...

Expressions utiles: soudain, tout à coup, d'habitude, en général, puis, ensuite, enfin, alors, autrefois, quand, souvent, parfois, toujours...

38. SPEAKING SUCCINCTLY
The Pronouns y and en

Paris: ville de l'amour

MIREILLE: Tu es déjà allée au Parc Montsouris?

FABIENNE: Non, pas encore mais j'**y** vais samedi avec Vincent.

MIREILLE: Vincent? Dis-moi, tu as combien de petits amis?

FABIENNE: En ce moment, j'**en** ai deux. Mais je vais bientôt casser avec Jean-Marc.

MIREILLE: Et tu **en** as parlé à Jean-Marc?

FABIENNE: Non, pas encore. J'**y** pense mais j'ai un peu peur de sa réaction.

Trouvez la phrase équivalente dans le dialogue.

1. Je vais au Parc Montsouris samedi.
2. J'ai deux petits amis.
3. Tu as parlé à Jean-Marc de ta décision?
4. Je pense à lui parler.

A. The Pronoun y

The pronoun **y** can refer to a place that has already been mentioned. It replaces a prepositional phrase, and its English equivalent is *there*.

—Fabienne est-elle déjà allée **au Parc Montsouris**?
—*Has Fabienne already gone to the Parc Montsouris?*

—Non, mais elle **y** va samedi.
—*No, but she is going there Saturday.*

—Mireille va-t-elle **au festival** avec elle?
—*Is Mireille going to the festival with her?*

—Non, elle n'**y** va pas avec elle.
—*No, she isn't going (there) with her.*

—Vont-ils **chez Fabienne** ce week-end?
—*Are they going to Fabienne's this weekend?*

—Oui, ils **y** vont ensemble.
—*Yes, they're going (there) together.*

Y can replace the combination **à** + *noun* when the noun refers to a place or thing. This substitution is most often applied after certain verbs that are followed by **à**: **répondre à**, **réfléchir à**, **réussir à**, **penser à** (*to think about someone or something*), **jouer à**. (This substitution is not usually applied to the **à** + *noun* combination when the noun refers to a person; in these cases, a direct or indirect object pronoun is often used.)*

---

*In everyday French conversation, **y** is now used frequently to refer to people, in sentences such as: **Je pense *aux enfants*. J'*y* pense.**

—As-tu répondu **à la lettre** de
ta sœur?

—Oui, j'**y** ai répondu.

—Elle pense déjà **au voyage** à
Marseille?

—Non, elle n'**y** pense pas encore.

—*Did you answer your sister's
letter?*

—*Yes, I answered it.*

—*Is she already thinking about
the trip to Marseilles?*

—*No, she's not thinking about it
yet.*

BUT

—As-tu téléphoné **à ta mère**?

—Non, je ne **lui** ai pas
téléphoné.

—*Did you call your mother?*

—*No, I didn't call her.*

The placement of **y** is identical to that of object pronouns; it precedes a
conjugated verb, an infinitive, or an auxiliary verb in the **passé composé**.

La ville de Nice? Nous **y**
cherchons une maison.

Mon mari va **y** arriver jeudi.

Y est-il allé en train ou en
avion?

*The city of Nice? We're looking
for a house there.*

*My husband will arrive there on
Thursday.*

*Did he go there by train or by
plane?*

B. The Pronoun *en*

En can replace a combination of a partitive article (**du**, **de la**, **de l'**, **des**) or
indefinite article (**un**, **une**, **des**) plus a noun. **En** is then equivalent to English
some or *any*. Like other object pronouns, **en** is placed directly before the verb
which refers to it. In the **passé composé**, it is placed directly before the
auxiliary verb.

—Y a-t-il **des musées
intéressants** à Avignon?

—Oui, il y **en** a.

—Est-ce que vous avez visité **des
sites touristiques** à Avignon?

—Oui, nous y **en** avons visité.

—Avez-vous acheté **des
souvenirs**?

—Non, nous n'**en** avons pas
acheté.

—Voici **du vin d'Avignon. En**
veux-tu?

—Non merci. Je n'**en** veux pas.

—*Are there interesting museums
in Avignon?*

—*Yes, there are (some).*

—*Did you visit any tourist
attractions in Avignon?*

—*Yes, we visited some (there).*

—*Did you buy souvenirs?*

—*No, we didn't buy any.*

—*Here's some wine from
Avignon. Do you want some?*

—*No, thanks. I don't want any.*

En can also replace a noun modified by a number or by an expression of
quantity such as **beaucoup de**, **un kilo de**, **trop de**, **deux**, and so on. Only **en**
(*of it, of them*) and the number or expression of quantity are used in place of

the noun. Although *of it* (*them*) can be omitted in English, **en** must be used in French.

—Avez-vous **une chambre**?   —*Do you have a room?*

—Oui, j'**en** ai **une**.*   —*Yes, I have one.*

—Y a-t-il **beaucoup de chambres** disponibles?   —*Are there a lot of rooms available?*

—Oui, il y **en** a **beaucoup**.   —*Yes, there are a lot.*

—**Combien de lits** voudriez-vous?   —*How many beds would you like?*

—J'**en** voudrais **deux**.   —*I'd like two.*

En is also used to replace **de** plus a noun and its modifiers (unless the noun refers to people) in sentences with verbs or expressions that use **de**: **parler de**, **avoir envie de**, and so on.

—Avez-vous besoin **de ce guide**?   —*Do you need this guide?*

—Oui, j'**en** ai besoin.   —*Yes, I need it.*

—Parliez-vous **des ruines romaines**?   —*Were you talking about the Roman ruins?*

—Non, nous n'**en** parlions pas.   —*No, we weren't talking about them.*

C. Y and *en* Together

Y precedes **en** when they are the objects of the same verb.

—Est-ce qu'on trouve des ruines romaines à Avignon?   —*Can you find Roman ruins in Avignon?*
—Oui, on **y en** trouve.   —*Yes, you can find some (there).*

The combination of **y en** is very common with the expression **il y a**.

—Combien de terrains de camping y a-t-il?   —*How many campgrounds are there?*
—Il **y en** a sept.   —*There are seven (of them).*
—Combien de campeurs y avait-il?   —*How many campers were there?*
—Il **y en** avait à peu près cent cinquante.   —*There were about a hundred fifty (of them there).*

Vérifions!

A. Roman policier. Paul Marteau est détective. Il file (*trails*) une suspecte, Pauline Dutour. Doit-il aller partout (*everywhere*) où elle va?

---

*In a negative answer to a question containing **un**(e), the word **un**(e) is not repeated: **Je n'en ai pas.**

MODÈLE: Pauline Dutour va à Paris →
Marteau y va aussi. (*ou* Marteau n'y va pas.)

1. La suspecte entre dans un magasin de vêtements.   2. Elle va au cinéma.
3. Elle entre dans une cabine téléphonique.   4. Pauline reste longtemps
dans un bistro.   5. La suspecte monte dans un taxi.   6. Elle va chez le
coiffeur (*hairdresser*).   7. Elle entre dans un hôtel.   8. La suspecte va au
bar de l'hôtel.   9. Maintenant elle va en prison.

Maintenant, racontez les aventures de Marteau au passé composé.

B. Un dîner chez Maxim. Un(e) ami(e) vous interroge sur votre choix.

MODÈLE: pâté →
L'AMI(E): Tu as envie de manger du pâté? (Prends-tu du pâté?)
VOUS: Oui, j'en ai envie. (Oui, j'en prends.)
(*ou* Non, je n'en ai pas envie. / Non, je n'en prends pas.)

1. hors-d'œuvre   3. escargots   5. légumes   7. dessert
2. soupe   4. viande   6. vin   8. café

C. Correspondance. Debbie va visiter la France. Elle pose des questions aux
amis qui l'ont invitée. Donnez une réponse en utilisant **y** et **en.**

MODÈLE: Est-ce qu'on vend de la bonne moutarde à Dijon? →
Oui, on y en vend.

1. Est-ce qu'à Marseille on boit du pastis?   2. Est-ce qu'il y a beaucoup de
fleurs à Nice?   3. Est-ce qu'on trouve des ruines romaines à Arles?
4. Est-ce qu'on trouve des châteaux dans la vallée de la Loire?   5. Est-ce
que nous pouvons faire du bateau en Bretagne?   6. Est-ce qu'on fait du
vin à Bordeaux?

Parlons-en!

A. Lettre à ma mère.
Lisez la lettre et
répondez aux questions.
Utilisez le pronom **en**
dans vos réponses.

1. Est-ce que Marie a
trouvé un appartement?
2. Combien de pièces y
a-t-il?
3. Est-ce que Marie et ses
copains parlent souvent de la
vie parisienne?
4. Quand va-t-elle acheter un vélo?
5. Pourquoi ne veut-elle pas de
voiture?

Paris le 3 septembre

Chère maman

Je suis à Paris depuis trois jours. J'ai déjà
trouvé un appartement dans le 15e. J'ai une
chambre, un salon et une petite cuisine. Ma copine
me parle souvent de la vie parisienne. C'est une
ville fascinante. Je vais acheter un vélo la
semaine prochaine pour me promener sur les bords°
du canal St Martin. Je ne veux pas de voiture.
C'est trop dangereux ici.
Je t'embrasse très fort. À bientôt.
Ta fille adorée Marie

me... ride along the banks

B. Votre ville. Imaginez qu'un(e) touriste vous pose des questions sur votre ville. Jouez les rôles avec un(e) camarade. Utilisez dans vos réponses le pronom **en** et un nombre ou une expression de quantité. Donnez aussi le plus de détails possible.

> MODÈLE: —Y a-t-il de grands magasins dans votre ville?
> —Oui, il y en a beaucoup—Saks, Macy's, Nordstrom...
> (Il y en a seulement deux, Macy's et Saks.)

1. Avez-vous une université dans votre ville?
2. Y a-t-il des musées intéressants à visiter?
3. Combien de cinémas et de théâtres avez-vous?
4. Est-ce qu'on peut faire beaucoup de sport?
5. Combien d'habitants y a-t-il dans votre ville?
6. Rencontre-t-on beaucoup d'étrangers?

Maintenant, votre camarade décrit votre ville à la classe. Il/Elle commence par «Mon/Ma camarade est de _____. Il y a beaucoup de grands magasins à _____...» Est-ce que tout le monde est d'accord avec cette description? Comparez les descriptions d'une même ville. Qui a donné le plus de détails? Qui a été le plus précis (la plus précise)?

Mots-clés

Asking someone's opinion
Que pensez-vous de...[*]	*What do you think of . . .*
Qu'en penses-tu?	*What do you think about that?*
Est-ce que tu crois que...	*Do you think that . . .*
À votre (ton) avis,...	*In your opinion . . .*

C. Échange d'opinions. Avec un(e) camarade, donnez des opinions sur des sujets divers.

Suggestions: les musées, les touristes, les chauffeurs de taxi, les monuments, les grandes villes américaines, les transports en commun...

> MODÈLE: VOUS: Que penses-tu des voitures japonaises?
> VOTRE CAMARADE: Elles sont jolies (trop petites, bon marché)...
> Et toi, qu'en penses-tu?
> VOUS: Je (ne) les aime (pas). Elles (ne) sont (pas)...

---

[*]**Penser de** is normally used to ask a person's opinion about something or someone; **penser à** means to be thinking about (to have on one's mind) something or someone.

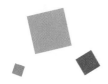

39. SAYING WHAT AND WHOM YOU KNOW
savoir and *connaître*

Labyrinthe

MARCEL: Taxi! Vous **connaissez** la rue Vaucouleurs?

LE CHAUFFEUR: Mais bien sûr, je **sais** où elle est! Je **connais** Paris comme le fond de ma poche!

MARCEL: Je ne **sais** pas comment vous faites. Je me suis perdu hier dans l'Île de la Cité.

LE CHAUFFEUR: Je **connais** mon métier et puis, vous **savez**, avec un plan de Paris, ce n'est pas si difficile!

Faites des phrases complètes pour décrire ce qui se passe (*what happens*) dans le dialogue.

Marcel	sait	la rue Vaucouleurs
le chauffeur	ne sait pas	où est la rue Vaucouleurs
	connaît	Paris
	ne connaît pas	comment le chauffeur fait son métier

The verbs **savoir** and **connaître** both correspond to the English verb *to know*, but they are used differently.

PRESENT TENSE OF **savoir** (*to know*)			
je	**sais**	nous	**savons**
tu	**sais**	vous	**savez**
il, elle, on	**sait**	ils, elles	**savent**

Past participle: su			

PRESENT TENSE OF **connaître** (*to know*)			
je	**connais**	nous	**connaissons**
tu	**connais**	vous	**connaissez**
il, elle, on	**connaît**	ils, elles	**connaissent**

Past participle: connu			

Savoir means *to know* or *to have knowledge of* a fact, *to know by heart*, or *to know how to* do something. It is frequently followed by an infinitive or by a subordinate clause introduced by **que**, **quand**, **pourquoi**, and so on.

Sais-tu l'heure qu'il est?	*Do you know what time it is?*
Savez-vous où est le bureau de poste le plus proche d'ici?	*Do you know where the closest post office is?*
Je **sais** que le bureau de poste du boulevard Haussmann est fermé.	*I know that the post office on Boulevard Haussmann is closed.*

In the **passé composé**, **savoir** means *to learn* or *to find out*.

J'**ai su** hier que la mairie va être démolie.	*I learned yesterday that the city hall is going to be demolished.*

Connaître means *to know* or *to be familiar (acquainted) with* someone or something. **Connaître**—never **savoir**—means *to know a person*. **Connaître** is always used with a direct object; it cannot be followed directly by an infinitive or by a subordinate clause.

Connais-tu Marie-Françoise?	*Do you know Marie-Françoise?*
Non, je ne la **connais** pas.	*No, I don't know her.*
Ils **connaissent** très bien Dijon.	*They know Dijon very well.*

In the **passé composé**, **connaître** means *to meet for the first time*. It is the equivalent of **faire la connaissance de**.

J'**ai connu** Jean à l'université.	*I met Jean at the university.*

Vérifions!

A. Dialogue. Complétez les phrases avec **connaître** ou **savoir**.

É1: _____¹-vous Paris, Monsieur?

É2: Je _____² seulement que c'est la capitale.

É1: _____³-vous quelle est la distance entre Paris et Marseille?

É2: Non, mais je _____⁴ une agence de voyages où on doit le _____⁵. Ils _____⁶ très bien le pays.

É1: _____⁷-vous s'il y a d'autres villes intéressantes à visiter?

É2: Comme je l'ai dit, je ne _____⁸ pas bien ce pays, mais hier j'ai fait la connaissance d'un homme qui _____⁹ où aller pour passer de bonnes vacances.

É1: Je voudrais bien _____¹⁰ cet homme. _____¹¹-vous où il travaille?

B. Et vous? Connaissez-vous Paris? Avec un(e) camarade, posez des questions et répondez-y.

MODÈLE: l'Opéra →

　　　　VOUS: Connaissez-vous l'Opéra?

　VOTRE CAMARADE: Non, je ne le connais pas, mais je sais qu'on y va pour écouter de la musique.

La tour Eiffel et les fontaines du Trocadéro illuminées

ENDROITS	DÉFINITIONS
l'Opéra	C'est le quartier des étudiants à Paris.
Notre-Dame de Paris	Le président y habite.
le Louvre	On y va pour écouter de la musique.
le Palais de l'Élysée	On y trouve une vaste collection de livres.
la tour Eiffel	C'est une église située dans l'île de la Cité.
la Bibliothèque nationale	C'est la structure en verre (*glass*) devant le Louvre.
le Quartier latin	On y trouve une riche collection d'art.
la Pyramide	Elle a 320 mètres de haut (*tall*) et elle est en fer.

Parlons-en!

A. Vos connaissances. Utilisez ces phrases pour interviewer un ami (une amie). Dans les réponses, utilisez les verbes **savoir** ou **connaître**.

1. Nomme deux choses que tu sais faire.
2. Nomme deux choses que tu veux savoir faire un jour.
3. Nomme deux domaines (*fields*) où tu es plus ou moins (*more or less*) incompétent(e). (Je ne sais pas...)
4. Nomme une personne que tu as connue récemment.
5. Nomme quelqu'un que tu aimerais (*would like*) connaître.

B. Une ville. Donnez le nom d'une ville que vous connaissez bien. Ensuite, racontez ce que (*what*) vous savez sur cette ville.

> MODÈLE: Je connais New York. Je sais qu'il y a d'immenses gratte-ciel (*skyscrapers*).

France-culture

Les villes françaises. Les trois-quarts° des Français habitent dans des villes.   three quarters
Il y a Paris, bien sûr, et puis Lyon, Marseille, Toulouse, Bordeaux, Lille et
Strasbourg parmi° les capitales régionales les plus importantes. Mais   among
surtout, la France compte° de très nombreuses petites villes qui sont, en   includes
général, très anciennes et très différentes d'une région à l'autre.

La plupart des villes françaises ont été construites pendant le moyen
âge.° L'église ou la cathédrale est située au centre de la ville. Les immeubles   moyen... Middle Ages
et les maisons du centre-ville sont souvent très anciens. Les rues étroites°   narrow
sont réservées pour les piétons° et les voitures ne peuvent pas y rouler.   pedestrians
Contrairement aux Américains qui ont abandonné le centre des villes pour
aller habiter en banlieue,° beaucoup de Français vivent,° travaillent et font   the suburbs / live
leurs courses dans le centre-ville. Le centre-ville est aussi le centre des
loisirs: on y trouve des restaurants, cafés, discothèques, cinémas, théâtres et

musées. Le vendredi soir et le samedi, les gens qui
habitent en banlieue viennent faire un tour dans
le centre et les rues sont très animées.°   lively

Autour du° centre-ville, il y a de nombreux   Autour... Around
quartiers. Les bâtiments° y sont plus modernes.   buildings
La vie dans ces quartiers ressemble à la vie dans
les villages. Il y a des petits commerces (épiceries,
boulangeries, boucheries, cafés...) et les gens
connaissent leurs voisins.

Vue d'ensemble du village de Montigny

Mise au point

A. La «grosse pomme». Un(e) camarade vous pose des questions sur la ville
de New York en utilisant le verbe **savoir** ou **connaître**. Dans vos réponses,
utilisez un pronom complément d'objet direct. Suivez le modèle.

MODÈLE: UN(E) CAMARADE: Connais-tu le maire (*mayor*) de New York?
                    VOUS: Oui, je le connais. (*ou* Non, je ne le connais pas.)

1. utiliser le métro de New York   2. combien de théâtres il y a sur
Broadway   3. Greenwich Village   4. que la France nous a donné la Statue
de la Liberté   5. le musée Guggenheim   6. comment aller du centre-ville
à l'aéroport JFK   7. le quartier Little Italy

B. Les grandes villes. Formez des phrases complètes et mettez les verbes de cette narration au passé composé ou à l'imparfait.

1. je / aimer / les grandes villes / quand / je / être / jeune
2. il y a / toujours / beaucoup / choses / à voir
3. les gens / être / intéressant / et / les bâtiments / être / beau
4. un jour / je / être / la banque / et je / voir / un hold-up
5. le voleur (*robber*) / avoir / un revolver
6. nous / avoir / peur
7. le voleur / prendre / l'argent / et il / partir
8. quelqu'un / téléphoner / la police
9. la police / le / trouver / en dix minutes / parce qu'il / avoir / difficultés / avec / voiture
10. voilà pourquoi / je / acheter / une maison / campagne

C. Voyage imaginaire. Pensez à une ville que vous aimez tout particulièrement (aux États-Unis ou à l'étranger). Décrivez-la au reste de la classe. Utilisez des pronoms d'objet direct ou indirect, **y** ou **en** dans votre description. Vos camarades doivent deviner le nom de la ville.

MODÈLE: VOUS: On y trouve des collines (*hills*). On la voit souvent dans des films. Beaucoup de touristes y vont pour admirer son célèbre pont (*bridge*) et pour visiter son célèbre quartier chinois.

VOS CAMARADES: C'est San Francisco!

D. Interview. Interviewez un(e) camarade au sujet de sa première visite d'une grande ville loin de chez lui/elle.

Suggestions: Où es-tu allé(e)? Quand? Combien de temps y es-tu resté(e)? Avec qui étais-tu? Qu'est-ce que tu as fait? Qu'est-ce que tu y as vu? Étais-tu content(e) de ta visite? Pourquoi ou pourquoi pas?

Maintenant, résumez (*summarize*) pour la classe la visite de votre camarade. Utilisez les expressions **d'abord**, **puis**, **ensuite**, **après** et **enfin**.

Interactions

In this chapter, you learned how to tell stories in the past and to express the time of events. Act out the following situations, using the vocabulary and structures from this chapter.

1. **Journaliste.** You are interviewing a famous, rich person (your classmate) about his or her travels to France. Find out if she or he prefers the country or the cities. Ask what French city she or he prefers and why. Have him or her describe the city and a recent visit.
2. **Je suis perdu(e)!** Imagine that you are lost. Ask a stranger (your partner) the way to go downtown from where you are. She or he will give you directions, mentioning some landmarks. Ask questions if you are not sure where to go.

Rencontres

LECTURE

Avant de lire

Scanning paragraphs. In Chapter 5 you studied topic sentences and the organization of paragraphs. Quickly scan each paragraph of this magazine article from the *Journal Français d'Àmerique* about the mayor of a small village in Bretagne. As you scan, note the general function of each paragraph in the reading. Do not try to read every paragraph word for word, but look for keys to the major point made in each one. Indicate whether each paragraph presents a principal idea, an example, or an anecdote.

PARAGRAPHE	IDÉE PRINCIPALE	EXEMPLE	ANECDOTE
premier			
deuxième			
troisième			
quatrième			
cinquième			

▪ P R O F I L

▪ K O F I   Y A M G N A N E ▪
MAIRE[a] BRETON ORIGINAIRE DU TOGO

Premier maire noir de France métropolitaine[b] et même[c] d'Europe, Kofi Yamgnane préside depuis plus de deux ans aux destinées[d] de Saint-Coulitz, un petit village breton (dans le Finistère) de 364 habitants. Mais M. Yamgnane n'est pas «que» maire. Il est aussi secrétaire d'Etat à l'Intégration du gouvernement Cresson.

Né au Togo (Afrique occidentale), Kofi Yamgnane est remarqué[e] dès 7 ans[f] par un Père jésuite, envoyé à l'école primaire puis au lycée de Lomé. En 1964, il débarque[g] à Brest avec le bac en poche[h] pour faire l'étudies. « A l'époque, se souvient-il,[i] j'étais le seul Noir de toute l'Université. Malgré[j] un accueil[k] souvent chaleureux[l] de la part des Bretons, je ne pouvais qu'éprouver[m] un fort sentiment d'isolement ».

Après un détour par l'Ecole des Mines de Nancy, il s'installe avec sa famille (sa femme est bretonne) à Saint-Coulitz en 1973. En 1983, un groupe d'agriculteurs le persuade de se présenter aux élections municipales. Il est élu.[n] Pendant son mandat,[o] il fera preuve[p] d'un esprit constructif et sera un modèle de dynamisme. En 1989, il enlèvera le siège[q] de maire.

M. Yamgnane a eu l'idée, prise dans son village africain, de créer un Conseil des sages.[r] Il s'agit[s] d'un groupe de cinq femmes et de quatre hommes de plus de 60 ans, élus, qui se réunissent[t] une fois par mois pour donner leur avis sur les sujets appelés à être traités[u] ensuite par le Conseil municipal.

Monsieur le Maire fait décidément de sa commune une vitrine[v] de démocratie, que certains[w] d'ailleurs tentent[x] de copier.

Kofi Yamgnane

---

[a]*mayor* [b]*continental* [c]*even*
[d]*aux... over the inhabitants* [e]*noticed*
[f]*dès... from the age of seven*

[g]*disembarks* [h]*en... in hand (lit., in pocket)* [i]*A... At the time, he recalls, . . .* [j]*Despite*
[k]*welcome* [l]*warm* [m]*experience*

[n]*elected* [o]*term* [p]*fera... shows*
[q]*enlèvera... wins the seat*
[r]*Conseil... Council of wise people*
[s]*Il... It involves* [t]*se... meets*

[u]*appelés... meant to be tackled*
[v]*"show-window," model*
[w]*certains personnes* [x]*try*

Compréhension

Répondez aux questions suivantes.

1. Kofi Yamgnane n'est pas un maire comme les autres. Pourquoi?
2. En quelle année est-il venu en France? Pourquoi y est-il venu?
3. Dans quelle(s) ville(s) a-t-il fait ses études?
4. Où se trouve la ville de Saint-Coulitz? Combien d'habitants y a-t-il?
5. Qui a persuadé Kofi Yamgnane de faire de la politique?
6. Quelle idée africaine a-t-il appliquée dans le village de Saint-Coulitz?

PAR ÉCRIT

Function: Narrating in the past
Audience: Instructor or classmates
Goal: Write a three-paragraph story in the past with a clear beginning and ending. Choose one of the following genres: **reportage ou fait divers** (*miscellaneous small news item*), **autobiographie**, or **biographie**.

Steps

1. Begin by making an outline of your story. The introduction should set the scene in which you sketch the main characters, the setting, the time, and the circumstances. In the second paragraph, bring in a complication that affects or changes the state of affairs. Outline the occurrence and the reactions of the characters. In the third paragraph, describe briefly how the situation was resolved. End with a general conclusion which summarizes the outcome and explains what, if anything, was learned from the experience.
2. Write the rough draft, making sure it contains all the information mentioned above.
3. Review your draft, checking for inclusion of interesting details, description, and actions.
4. Have a classmate read your story to see if what you have written is interesting, clear, and organized. Make any necessary changes. Finally, reread the composition for spelling, punctuation, and grammar errors. Focus especially on your use of the past tenses. Be prepared to read your composition to a small group of classmates.

À L'ÉCOUTE !

I. Pour aller au syndicat d'initiative. Anne-Marie visite Blain, une petite ville dans le nord-ouest de la France. Elle demande à un passant où se trouve le syndicat d'initiative. Lisez les activités à la page suivante avant d'écouter le dialogue qui leur correspond.

A. Encerclez la bonne réponse d'après le dialogue.

    1. Pour aller au syndicat d'initiative, Anne-Marie préfère
        a. marcher
        b. prendre le bus
    2. Elle doit prendre la première rue
        a. à droite
        b. à gauche
    3. Elle doit traverser
        a. la place de la Gare
        b. la rue Pasteur
    4. À la rue Pasteur elle doit tourner à gauche dans la
        a. quatrième rue
        b. cinquième rue
    5. Le syndicat d'initiative est en face
        a. d'une boulangerie
        b. du commissariat

B. Maintenant tracez le chemin sur la carte ci-dessous.

Encerclez le syndicat d'initiative. Y a-t-il un chemin plus court (*shorter route*)
pour aller au syndicat d'initiative? Si oui, tracez-le aussi.

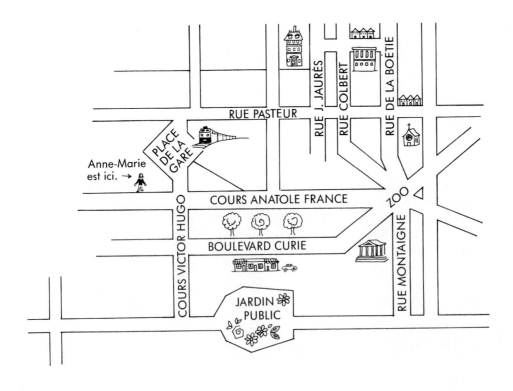

II. Souvenirs de Marseille. Lucien habitait Marseille il y a longtemps. Il en parle à Georges. Lisez l'activité ci-dessous avant d'écouter le vocabulaire et le dialogue qui lui correspondent.

VOCABULAIRE UTILE
un pastis *licorice-flavored alcoholic beverage*
ils riaient *they laughed*

Encerclez la bonne réponse d'après le dialogue.

1. Lucien est allé à Marseille _____ .
   a. une fois
   b. deux fois
   c. trois fois
2. En 1965, il avait _____ .
   a. 18 ans
   b. 28 ans
   c. 19 ans
3. En 1965, il _____ Marseille.
   a. détestait
   b. ne connaissait pas
   c. aimait
4. En 1965, tous les week-ends il _____ .
   a. pêchait
   b. faisait du sport
   c. allait au cinéma
5. Il est retourné à Marseille en _____ .
   a. 1982
   b. 1992
   c. 1972
6. Marseille _____ .
   a. a changé
   b. n'a pas changé
   c. est devenue plus belle

7. Lucien _____ les petits magasins où il allait autrefois.
   a. a trouvé
   b. n'a pas trouvé
   c. a oublié
8. Il était _____ .
   a. triste
   b. indifférent
   c. content
9. Il _____ .
   a. est resté à Marseille
   b. a continué son voyage
   c. est retourné à Paris

Un quartier moderne à Grenoble

Vocabulaire

Verbes

commencer to begin
connaître to know; to be familiar with
penser à to think of, about
penser de to think of, about (to have an opinion about)
savoir to know (how)
toucher to cash (a check); to touch; to concern
se trouver to be located, situated

À REVOIR: écrire, prendre, réfléchir à, réussir à

Substantifs

l'arrondissement (*m.*) ward, section (*of Paris*)
la banlieue suburbs
le bâtiment building
le bois forest, woods
le boulevard boulevard
le café-tabac bar-tobacconist
la carte map (*of a region, country*)
le centre-ville downtown
le château castle, château
le chemin way (road)
le coin corner
le commissariat (**le poste de police**) police station
l'église (*f.*) church
l'île (*f.*) island
la mairie town hall
la piscine swimming pool
la place square
le plan map (*of a city*)
le poste de police police station
la Rive droite the Right Bank (*in Paris*)
la Rive gauche the Left Bank (*in Paris*)

le syndicat d'initiative tourist information bureau
la tour tower

À REVOIR: la bibliothèque, le jardin, la librairie, la pièce, la rue

Les nombres ordinaux

le premier (**la première**), **le/la deuxième,... , le/la cinquième,... , le/la huitième, le/la neuvième,... , le/la onzième,** etc.

Les expressions temporelles

autrefois formerly
d'abord first, first of all, at first
de temps en temps from time to time
enfin finally
puis then, next
soudain suddenly
tout d'un coup suddenly; all at once
une fois once

Mots et expressions divers

à droite (*prep.*) on (to) the right
à gauche (*prep.*) on (to) the left
À votre (**ton**) **avis,... ?** In your opinion, . . . ?
de nouveau (*adv.*) again
en (*pron.*) of them; of it; some
en face de (*prep.*) across from
jusqu'à up to, as far as
là (*adv.*) there
partout (*adv.*) everywhere
Qu'en penses-tu? What do you think of that?

Que pensez-vous de... ? What do you think about . . . ?
tout droit (*adv.*) straight ahead
y (*pron.*) there

Mots apparentés

Verbes: **continuer, tourner**
Substantifs: **la banque, l'hôpital** (*m.*), **l'hôtel** (*m.*), **le monument, le musée, le parc, la pharmacie, la station** (**de métro**)
Adjectifs: **municipal(e), public/ publique**

Intermède

SITUATION

Aventure en métro

Contexte *Charles, un étudiant québécois, veut aller à l'École de Médecine, dans le Quartier latin, à Paris. Ses amis, Francis et Geneviève, lui expliquent comment y aller en métro.*

Objectif *Charles utilise le métro.*

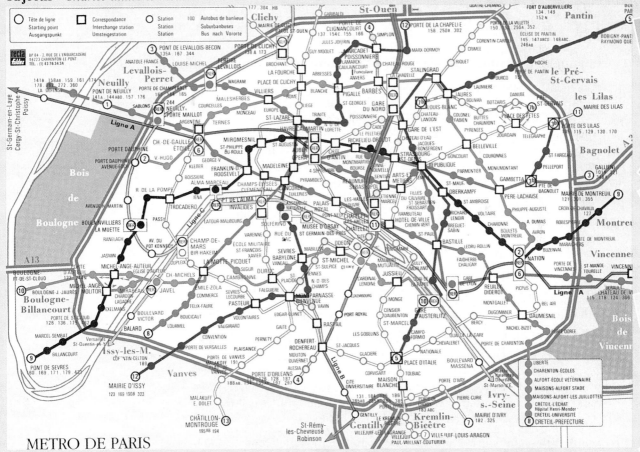

METRO DE PARIS

GENEVIÈVE: Charles, tu peux y aller en métro, à l'École de Médecine.

CHARLES: Oui, mais comment fait-on pour y aller?

GENEVIÈVE: Viens, on va regarder la carte: quelle est la station près de l'École?

CHARLES: Odéon.

FRANCIS: Bon, on est près d'Oberkampf.

GENEVIÈVE: Regarde la carte maintenant: comment fait-on pour aller d'Oberkampf à Odéon?

CHARLES: Heu... on va jusqu'à Strasbourg Saint-Denis, on change et on va jusqu'à Odéon.

GENEVIÈVE: Quand on va d'Oberkampf à Strasbourg Saint-Denis, on prend direction Pont de Sèvres et...

CHARLES: Attends, j'ai tout compris. Et quand on va de Strasbourg Saint-Denis à Odéon, on prend direction Porte d'Orléans. Super! Vous connaissez bien Paris maintenant.

GENEVIÈVE: Pas vraiment, mais on apprend vite!

 propos

Comment demander son chemin	Comment indiquer le chemin
Pourriez-vous (Pourrais-tu) me dire...	C'est...
où est... ?	là-bas (*there*).
dans quelle direction est... ?	derrière...
par où je dois passer pour... ?	devant...
si... est loin d'ici / près d'ici?	à côté de...
	de l'autre côté de...
	en face de...
	Vous allez tout droit.
	Vous tournez { à droite. / à gauche. }

Maintenant à vous!

A. Questions personnelles. Relisez le dialogue, puis répondez aux questions.

1. Quels transports en commun est-ce qu'il y a dans votre ville? Lesquels sont les plus importants dans votre vie?
2. Y a-t-il dans votre ville deux ou trois endroits où vous aimez passer beaucoup de temps (un parc ou un quartier, par exemple)? Décrivez-les.
3. Choisissez un endroit où vous allez régulièrement, et dites comment vous faites pour y arriver. (**D'abord, j'attends le bus...**)

B. Jeu de rôles. Un nouvel étudiant (Une nouvelle étudiante) vous demande le chemin pour aller dans divers endroits de votre campus. Jouez la scène avec un(e) camarade. Soyez précis(e) dans vos instructions. Le nouvel étudiant (La nouvelle étudiante) doit répéter les instructions pour vérifier qu'il/elle les a bien comprises. Utilisez les expressions de l'*À propos*.

PORTRAITS

Georges Eugène, Baron Haussmann (1809–1891)

Préfet de la Seine (administrateur de la région parisienne) entre 1853 et 1870,
le baron Haussmann a dirigé° les grands travaux° qui ont transformé Paris
d'une ville médiévale en une ville moderne. Il a fait construire de grandes
avenues rectilignes° (les «grands boulevards»), l'Opéra et les bois de Boulogne
et de Vincennes (voir° le plan à la page 297). Cependant° son travail a
provoqué beaucoup de controverses parce qu'il a déplacé° les habitants pauvres
des vieux quartiers et a fait démolir° des bâtiments historiques.

directed / grands... public works projects

long, straight
refer to / However
displaced
a... had demolished

CHAPITRE DOUZE

La France et les arts

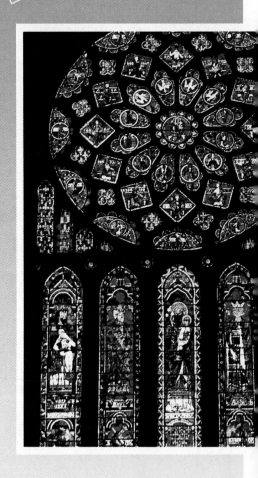

En avant

—Nous arrivons à Chartres. Oh, regarde la cathédrale, là-bas!

—Allons la visiter tout de suite.

—Tu as vu ces vitraux? Quelles couleurs!

—Ils sont du XIIIème siècle.

Communicative goals: talking about France's historical and artistic heritage, talking about the arts, emphasizing and clarifying, expressing actions, speaking succinctly, and saying how to do something.

Étude de vocabulaire

Le patrimoine historique

La cathédrale d'Amiens, chef-d'œuvre (*masterpiece*) du moyen âge (l'époque médiévale: Vème–XIVème siècle [*century*])

Les arènes d'Arles, monument de l'époque romaine (59 av. J.C.*–Vème siècle)

Chenonceaux, château de la Renaissance (XVème–XVIème siècle)

---

*avant Jésus Christ

Versailles, château de l'époque
classique (XVIIème siècle)

A. Définitions. Regardez les quatre photos ci-dessus et complétez les phrases.

1. Une période historique, c'est une _____.
2. Une durée de cent ans, c'est un _____.
3. On a bâti (*built*) la cathédrale d'Amiens à l'époque _____.
4. L'époque historique qui se situe entre le Vème et le XIVème siècles s'appelle (*is called*) le _____.
5. Le château de Chenonceaux a été bâti au _____.
6. Le château de Versailles date de l'époque _____.
7. Les arènes d'Arles datent de l'époque _____.

B. Leçon d'histoire. Faites une phrase complète pour nommer le siècle et l'époque où les événements suivants se sont passés (*took place*). Remplacez les éléments en italique par des pronoms.

MODÈLE: *Christophe Colomb* est arrivé *au Nouveau Monde* en 1492. →
          Il y est arrivé au XVème siècle, à l'époque de la Renaissance.

1. *Blaise Pascal* a inventé *la première machine à calculer* en 1642.
2. On a bâti *les arènes de Nîmes* au premier siècle.
3. *Guillaume, duc de Normandie*, a conquis (*conquered*) *l'Angleterre* en 1066.
4. *La ville de Paris* s'est appelée Lutèce du IIème siècle av. J.C. jusqu'au IVème siècle après J.C.
5. *Jacques Cartier* a pris possession *du Canada* au nom de la France en 1534.
6. *Jeanne d'Arc* a essayé de prendre *la ville de Paris* en 1429.
7. *René Descartes* a écrit *sa «Géométrie»* en 1637.
8. *Charlemagne* est devenu roi (*king*) en 768.

C. À vous. Imaginez que votre classe de français est en visite à Paris. Votre guide vous propose le choix de trois sites à visiter cet après-midi. Divisez-vous en groupes de trois ou quatre pour décider du site. Chaque groupe doit justifier son choix. Les autres peuvent poser des questions et faire des objections. Enfin, on vote. Voici les sites et les endroits à considérer:

Les arènes de Lutèce

Histoire: des arènes romaines de 15 000 places avec une arène séparée pour les combats des gladiateurs

Aujourd'hui: un jardin public très agréable où on peut flâner (*stroll*), pique-niquer ou rêver

À proximité: le Quartier latin

Le palais du Louvre

Histoire: ancienne résidence royale commencée au XIIIème siècle

Aujourd'hui: un magnifique musée d'art

À proximité: le quartier élégant de l'Opéra

La cathédrale de Notre-Dame

Histoire: Le grand chef-d'œuvre du moyen âge. Commencée en 1163 et finie en 1345. Son architecture de style gothique crée une atmosphère de mystère et de beauté.

Aujourd'hui: Toujours une église catholique. On peut monter les 387 marches (*steps*) jusqu'au sommet de sa tour et prendre de splendides photos de Paris.

À proximité: le Quartier latin, l'Île Saint-Louis, l'Hôtel de Ville (*City Hall*) de Paris

Le patrimoine artistique

Les œuvres d'art et de littérature

La littérature

une pièce de théâtre

un poème — un roman

l'écrivain (la femme écrivain)

La sculpture

une sculpture

le sculpteur

La peinture

 un tableau

le peintre

La musique

le compositeur (le musicien)

A. Qui sont-ils? Retrouvez la profession de ces artistes français. Si vous ne savez pas, devinez!

MODÈLE: Jean-Paul Sartre → C'est un écrivain.

1. Victor Hugo
2. Auguste Rodin
3. Pierre Auguste Renoir
4. Simone de Beauvoir
5. François Truffaut
6. Agnès Varda
7. Claude Debussy
8. Mary Cassatt*
9. Henri Matisse
10. Catherine Deneuve

peintre
sculpteur
musicien
cinéaste
écrivain
acteur/actrice

Le cinéma

l'actrice

l'acteur

la cinéaste

*Mary Cassatt est née à Pittsburgh mais elle a vécu à Paris et a participé au mouvement impressionniste.

B. Littérature. Complétez les phrases avec les mots suivants: **poésie**, **acteur**, **roman**, **pièce de théâtre**, **écrivain**, **poème**.

1. *L'Étranger* est un _____ d'Albert Camus.
2. Molière était un _____ et un _____. Il a écrit des _____.
3. La vie de Verlaine et de Rimbaud était turbulente, mais leurs _____ sont parmi les chefs-d'œuvre de la _____ française.
4. Simone de Beauvoir a écrit des _____ et des essais sur la condition féminine.
5. *Les Fleurs du Mal* est un recueil (*collection*) de _____ de Charles Baudelaire.

C. Les goûts (*tastes*) **artistiques.** Posez les questions à un(e) camarade.

1. Quel est ton roman préféré? C'est de qui?
2. Quel est ton peintre préféré? Pourquoi?
3. Connais-tu des artistes français? Lesquels?
4. Est-ce que tu écoutes de la musique classique? Quel est ton compositeur préféré (ta compositrice préférée)?
5. Aimes-tu la poésie? Quels poètes anglais ou américains aimes-tu? Connais-tu un poème par cœur (*by heart*)? Lequel?
6. Vas-tu quelquefois au théâtre? Quelle pièce as-tu vue récemment?
7. Aimes-tu aller au cinéma? Quel film as-tu vu récemment?

Maintenant, décrivez les goûts artistiques de votre camarade à la classe.

Deux verbes pour parler des arts

suivre (*to follow*)			**vivre** (*to live*)		
je **suis**	nous	**suivons**	je **vis**	nous	**vivons**
tu **suis**	vous	**suivez**	tu **vis**	vous	**vivez**
il, elle, on **suit**	ils, elles	**suivent**	il, elle, on **vit**	ils, elles	**vivent**
Past participle: suivi			*Past participle:* vécu		

Suivre and **vivre** are irregular verbs, and they have similar conjugations in the present tense. **Suivre un cours** means *to take a course*. **Poursuivre** (*to pursue*) is conjugated like **suivre**.

L'impressionnisme a-t-il **suivi** le cubisme?	*Did Impressionism follow Cubism?*
Combien de cours d'art **suis**-tu?	*How many art courses are you taking?*
Suivez mes conseils!	*Follow my advice!*
A-t-il **poursuivi** ses études de musique?	*Did he pursue his musical studies?*

Mots-clés

Expressing to live: vivre *or* habiter

Use **vivre** to express *to live, to be alive, to exist.* Use it also to express how one lives.

> Picasso **a vécu** jusqu'à 92 ans.
> Cette artiste ne **vit** pas dans le luxe (la misère).
> Ils **vivent** toujours dans cette région.

In general, use **habiter** to express *to reside.*

> Mary Cassatt **a habité** Paris pendant des années.
> Vous **habitez** rue de Rivoli?

Vivre is also used in certain idiomatic expressions.

> Elle est **difficile** (**facile**) **à vivre**.
> Il est parti sans raison apparente, «pour **vivre ma vie**», a-t-il dit.

> *She's hard (easy) to live with.*
> *He left without apparent reason, to "live my own life," as he put it.*

A. Van Gogh. Complétez l'histoire suivante par un des verbes: **suivre**, **poursuivre**, **vivre**, **habiter**. Mettez tous les verbes, excepté le numéro 7, au présent.

Vincent Van Gogh est né en 1853 à Groot-Zundert, aux Pays-Bas. En 1877, il _____¹ des cours pour devenir pasteur (*preacher*), mais malheureux ([*being*] *unhappy*), il change d'avis. Il _____² des études d'anatomie parce qu'il veut devenir artiste. Après des séjours en Belgique et aux Pays-Bas, où il peint *Les Mangeurs des pommes de terre*, il _____³ à Paris, où il fait la connaissance des peintres impressionnistes. C'est Pissarro qui le convainc de peindre en couleurs vives (*bright*). À Paris, Van Gogh ne vend aucun* tableau; il _____⁴ dans la misère (*poverty*). De 1888 jusqu'à sa mort, Van Gogh _____⁵ le sud de la France où il _____⁶ sa passion pour la peinture. De plus en plus tourmenté, il se suicide en 1890. Il _____⁷ (passé composé) seulement jusqu'à l'âge de 37 ans, et n'a vendu qu'un tableau pendant sa vie.

B. Conversation. Répondez aux questions suivantes.

1. Quelle carrière voudriez-vous poursuivre? Suivez-vous déjà des cours qui mènent à (*lead to*) cette carrière?
2. Est-ce que la plupart (*majority*) des gens basent leur choix de carrière sur ce qui les intéresse? Si non, comment la choisissent-ils?

---

*__ne... aucun(e)__ is a negative expression used to mean *no, not one.*

3. Comment voulez-vous vivre dans dix ans? Dans le luxe en ville, par exemple, ou très simplement, à la campagne? Dans quelle sorte de logement voulez-vous habiter?
4. À votre avis, est-il plus important de suivre ses passions dans la vie ou de poursuivre la fortune? Expliquez.

Étude de grammaire

40. EMPHASIZING AND CLARIFYING
Stressed Pronouns

Des visites artistiques

David est en visite à Paris avec ses parents et son frère. Il raconte leurs activités à Géraldine, une amie parisienne.

GERALDINE: Et **toi**, David, es-tu allé au Louvre?
DAVID: Non, il est trop grand pour **moi**. Je préfère le musée Picasso.
GERALDINE: **Moi** aussi! Mais tes parents, ils ont visité le Louvre?
DAVID: **Eux**? Oui, ils y sont allés plusieurs fois. Mais mon frère, **lui**, il préfère visiter les magasins et les discos!

Le musée Picasso à Paris

Les phrases suivantes sont des variantes des phrases du dialogue. Complétez ces phrases avec **moi**, **toi**, **lui** ou **eux**.

1. Tu es allé au Louvre, _____?
2. _____, j'aime mieux le musée Picasso.
3. Non, mais _____, ils l'ont visité.
4. _____, il n'aime pas les musées.

A. Forms of Stressed Pronouns

Stressed pronouns (**les pronoms disjoints**) are used as objects of prepositions or for clarity or emphasis. The following chart shows their forms.

moi	*I, me*	**nous**	*we, us*
toi	*you*	**vous**	*you*
lui	*he, him*	**eux**	*they, them* (*m.*)
elle	*she, her*	**elles**	*they, them* (*f.*)
soi[*]	*oneself*		

Note that several of the stressed pronouns (**elle**, **nous**, **vous**, **elles**) are identical in form to subject pronouns.

B. Uses of Stressed Pronouns

Stressed pronouns are used in the following ways.

1. As objects of prepositions

    Nous allons travailler chez **toi** ce soir.

    We're going to work at your house tonight.

    Après **vous**!

    After you!

    Après le concert, tout le monde rentre chez **soi**.

    After the concert, everybody goes back to his/her (own) house.

2. As part of compound subjects

    Martine et elle[†] ont lu *À la recherche du temps perdu*[‡] en entier.

    She and Martine read the entire In Search of Lost Time.

    Michel et moi avons joué ensemble une sonate de Debussy.

    Michel and I played a sonata of Debussy together.

3. With subject pronouns, to emphasize the subject

    Et **lui**, écrit-il un roman?

    What about him? Is he writing a novel?

    Eux, ils ont de la chance.

    As for them, they are lucky.

    Tu es brillant, **toi**.

    You're so brilliant!

    When stressed pronouns emphasize the subject, they can be placed at the beginning or the end of the sentence.

4. After **ce** + **être**

    —C'est **vous**, Monsieur Lemaître?

    —Is it you, Mr. Lemaître?

---

[*]**Soi** corresponds to the subjects **on**, **tout le monde**, and **chacun** (*each one*).
[†]In conversation, the plural subject is sometimes expressed in addition to the compound subject:
Martine et elle, elles ont lu le roman en entier.
[‡]Long roman de Marcel Proust, en sept volumes. L'ancienne traduction anglaise du titre était *Remembrance of Things Past.*

—Oui, c'est **moi**.	—*Yes, it's me* (it is I.
C'est **lui** qui faisait le cours sur Proust.	*He's the one who was teaching the course on Proust.*

5. In sentences without verbs, such as one-word answers to questions and tag questions

—Qui a visité le musée Delacroix?	—*Who has visited the Delacroix Museum?*
—**Toi!**	—*You!*
—As-tu pris mon livre d'art?	—*Did you take my art book?*
—**Moi?**	—*Me?*
Nous allons voir une bande vidéo sur la peinture moderne. **Et lui?**	*We're going to see a videotape on modern painting. What about him?*

6. In combination with **même**(s) for emphasis

Préparent-ils la bande vidéo **eux-mêmes?**	*Are they preparing the videotape themselves?*
Allez-vous choisir les images **vous-même?**	*Are you going to choose the pictures yourself?*

Vérifions!

A. Au théâtre. Vos amis et vous avez présenté une pièce de théâtre devant la classe. Décrivez vos sentiments pendant que vous attendiez le commencement de la pièce, à l'aide des pronoms disjoints.

MODÈLE: nous / fatigués → Nous, nous étions fatigués.

1. je / préoccupé(e)
2. Catherine / anxieuse
3. Louis / agité
4. Jessica et Christine / sérieuses
5. Marc et Angela / calmes
6. nous / heureux

B. Pour monter la pièce (*prepare the play*). D'autres étudiants vous ont aidé(e) à monter la pièce de l'exercice précédent. Dites ce qu'ils ont fait. Remplacez les mots en italique par des pronoms qui correspondent aux mots entre parenthèses. Faites attention à la conjugaison du verbe.

1. Qui a fait les costumes? C'est *moi* qui ai fait les costumes. (Suzanne, Georges, Pierre et Jean-Paul)
2. Vous avez écrit le scénario vous-même? Oui, *nous* l'avons écrit *nous-mêmes.* (je, une amie et moi, Richard et Jean-Claude, les acteurs)

Parlons-en!

Êtes-vous indépendant(e)? Est-ce que vos camarades et vous faites régulièrement des choses intéressantes, utiles (*useful*) ou inhabituelles... ? Utilisez les pronoms disjoints + **même**(s) pour décrire ces activités.

Verbes utiles: acheter, aller, bâtir* (*to build*), devoir, faire, gagner, jouer, lire, pouvoir, préparer, réparer, travailler, vendre, venir, voir, vouloir, etc.

MODÈLES: Moi, je fais toujours le pain moi-même pour les repas à la maison.

J'ai une camarade qui, elle, répare elle-même sa voiture.

41. EXPRESSING ACTIONS
Pronominal Verbs

Une rencontre

DENIS: Madeleine! Comment vas-tu?

VÉRONIQUE: Vous **vous trompez**, je ne **m'appelle** pas Madeleine.

DENIS: Je **m'excuse**, je **me demande** si je ne vous ai pas déjà rencontrée...

VÉRONIQUE: Je ne **me souviens** pas de vous avoir rencontré. Mais ça ne fait rien... Je **m'appelle** Véronique. Comment **vous appelez**-vous?

Retrouvez la phrase correcte dans le dialogue.

1. Vous avez tort, mon nom n'est pas Madeleine.
2. Pardon, je pense que je vous ai déjà rencontrée.
3. Mon nom est Véronique. Quel est votre nom?

Certain French verbs are always conjugated with two pronouns. Consequently, they are called pronominal verbs (**les verbes pronominaux**). The pronouns agree with the subject of the verb. **Se reposer** (*to rest*) and **s'amuser** (*to have fun*), for example, are pronominal verbs.

se reposer (*to rest*)		s'amuser (*to have fun*)	
je **me** repose nous **nous** reposons		je **m'**amuse nous **nous** amusons	
tu **te** reposes vous **vous** reposez		tu **t'**amuses vous **vous** amusez	
il, elle, on **se** repose ils, elles **se** reposent		il, elle, on **s'**amuse ils, elles **s'**amusent	

—Est-ce que tu **t'amuses** en général chez tes grands-parents?

—Oui, on **s'amuse** bien ensemble.

—Nous **nous entendons** bien.

—*Do you usually have fun at your grandparents' house?*

—*Yes, we have a good time together.*

—*We get along well.*

*This verb is conjugated like the **-ir** verb **finir**.

Note that the reflexive pronouns **me**, **te**, and **se** become **m'**, **t'**, and **s'** before a vowel or a nonaspirate **h**.

Common reflexive pronominal verbs include the following.

s'appeler	*to be named*
s'arrêter	*to stop*
se demander	*to wonder*
se dépêcher	*to hurry*
se détendre	*to relax*
s'entendre (**avec**)	*to get along* (*with*)
s'excuser	*to excuse oneself*
s'installer	*to settle down, settle in*
se rappeler	*to remember*
se souvenir (**de**)	*to remember*
se tromper	*to be wrong*
se trouver	*to be located*

L'autobus **s'arrête** devant le musée.	*The bus stops in front of the museum.*
Où **se trouve** l'arrêt?	*Where is the bus stop?*
Jean-Luc ne **se souvient** pas à quelle heure le musée ouvre.	*Jean-Luc doesn't remember what time the museum opens.*
Je vais **me dépêcher** pour arriver à l'heure.	*I'm going to hurry to arrive on time.*

Note that word order in the negative and infinitive form follows the usual word order for pronouns: the reflexive pronoun precedes the verb.

Vérifions!

A. Question de logique. Trouvez dans la colonne de droite la réponse logique aux phrases de la colonne de gauche.

1. Je dis que le Louvre est sur la rive gauche.
2. L'autobus part pour l'excursion dans cinq minutes et je ne suis pas encore prêt!
3. Tu as oublié d'apporter notre plan de la ville!
4. Quelle est la date de la construction du Louvre?
5. Toi et moi, nous aimons les mêmes musées!

a. Je ne me souviens pas de la date.
b. Tu te trompes!
c. Nous nous entendons bien.
d. Je me demande pour*qoui* tu n'y as pas pensé!
e. Il faut vous dépêcher.

B. Départ à la hâte. Il est l'heure de partir pour Chartres mais vous avez un petit problème. Remplacez l'expression en italique par un des verbes pronominaux suivants: **se demander, se rappeler, se tromper, se trouver, se dépêcher.**

Où *est* mon sac à dos? Je ne *me souviens* plus où je l'ai mis. En plus, je dois *partir tout de suite*, je suis en retard. Mais je ne peux pas aller à Chartres sans mon appareil-photo. Je *veux savoir* si Jean-François l'a pris avec lui ce matin. Il peut facilement *faire une erreur* quand il est en retard.

Parlons-en!

A. Réflexions sur la personnalité. Complétez les phrases suivantes. Puis comparez vos phrases avec celles de deux camarades de classe. Est-ce que vous vous ressemblez?

1. Je me dépêche quand...
2. Je ne m'entends pas du tout avec... parce que...
3. Quand je pense à mon enfance, je me rappelle surtout... (*nom*)
4. Je me demande souvent si...
5. Quand je me trompe, je...
6. Pour me détendre, j'aime...

B. Trouvez quelqu'un qui... Circulez dans la classe pour trouver quelqu'un qui fait une des activités suivantes. Faites-lui écrire son nom (*Have him/her write his/her name*) à côté de l'activité. Ensuite, trouvez quelqu'un qui fait l'activité suivante et continuez.

1. se dépêche toujours le matin
2. se souvient de son premier jour de classe à l'université
3. se trompe souvent en mathématiques
4. s'entend bien avec ses parents
5. ne s'entend pas bien avec ses frères ou ses sœurs
6. se repose en écoutant (*while listening*) de la musique classique
7. se détend en lisant un bon roman
8. se rappelle son meilleur ami (sa meilleure amie) à l'école primaire

Ensuite, comparez vos réponses.

42. SPEAKING SUCCINCTLY
Using Double Object Pronouns

Un tempérament artistique

Maryse veut une boîte de couleurs.

MARYSE: Allez maman, **achète-la-moi**!
MAMAN: **Écoute-moi** bien! Je ne peux pas **te l'offrir**. Je n'ai plus d'argent.
MARYSE: **Demandes-en** à papa!
MAMAN: D'accord, d'accord. Je vais **lui en parler**. Mais toi, ne **lui dis** rien. **Jure-le-moi**!
MARYSE: Je **te le jure**!

Trouvez la phrase correspondante dans le dialogue.

1. Tu m'achètes une boîte de couleurs!
2. Tu peux demander de l'argent à papa!
3. Ne parle pas de cela à papa!

A. Order of Object Pronouns

When several object pronouns are used in a declarative sentence, they occur in a fixed sequence. If the sentence has both a direct object pronoun and an indirect object pronoun, the direct object pronoun is usually **le**, **la**, or **les**. The indirect object pronouns **me**, **te**, **nous**, and **vous** precede **le**, **la**, and **les**. **Lui** and **leur** follow them.[*] The pronouns **y** and **en**, in that order, come last.

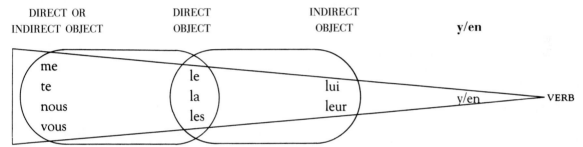

DIRECT OR INDIRECT OBJECT	DIRECT OBJECT	INDIRECT OBJECT	**y/en**
me te nous vous	le la les	lui leur	y/en → VERB

—Le guide vous a-t-il expliqué la théorie des peintres impressionnistes?
—Oui, il **nous** l'a expliquée.
—Avez-vous montré le tableau de Manet aux étudiants américains?
—Oui, je **le leur** ai montré.
—Est-ce que le guide a donné des livrets sur l'impressionnisme aux autres étudiants?
—Oui, il **leur en** a donné.

—*Did the guide explain the theory of the Impressionist painters to you?*
—*Yes, he explained it to us.*
—*Did you show the Manet painting to the American students?*
—*Yes, I showed it to them.*
—*Did the guide give booklets on Impressionism to the other students?*
—*Yes, he gave them some.*

In negative sentences with object pronouns, **ne** precedes the object pronouns; when the negative sentence is in the **passé composé**, **pas** follows the conjugated verb and precedes the past participle.

—Ils nous ont envoyé les horaires des autres musées de Paris?
—Non, ils **ne nous les ont pas** envoyés.

—*Did they send us the schedules of the other museums in Paris?*
—*No, they didn't send them to us.*

---

[*]It might help you to remember this formula: first and second person before third; direct object before indirect object. Apply the first part if it is relevant, then the second.

B. Negative Commands with One or More Object Pronouns

The order of object pronouns in a negative command is the same as the order in declarative sentences. The pronouns precede the verb.

N'**en** parlons pas!	*Let's not talk about it!*
N'**y** pense pas!	*Don't think about it!*
Ne **me** donnez pas de cadeau!	*Don't give me a present!*
Ne **me le** donnez pas!	*Don't give it to me!*
Ne **leur** dites pas que vous êtes venus!	*Don't tell them you came!*
Ne **le leur** dites pas!	*Don't tell them!*

C. Affirmative Commands with One Object Pronoun

In affirmative commands, object pronouns follow the verb and are attached with a hyphen. When **me** and **te** come at the end of the expression, they become **moi** and **toi**.

La sonate? **Écrivez-la!**	*The sonata? Write it!*
Voici du papier. **Prenez-en!**	*Here's some paper. Take some!*
Tes amis? **Donne-leur** des billets!	*Your friends? Give them some tickets!*
Parle-moi des concerts!	*Tell me about the concerts!*

As you know, the final **-s** is dropped from the **tu** form of regular **-er** verbs and of **aller** to form the **tu** imperative: **Parle! Va, tout de suite!** However, the **-s** is *not* dropped before **y** or **en** in the affirmative imperative: **Parles-en!** [parl zã], **Vas-y** [va zi]!

D. Affirmative Commands with More Than One Object Pronoun

When there is more than one pronoun in an affirmative command, all direct object pronouns precede indirect object pronouns, followed by **y** and **en**, in that order. All pronouns follow the command form of the verb and are attached by hyphens. The forms **moi** and **toi** are used except before **y** and **en**, where **m'** and **t'** are used.

	DIRECT OBJECT	INDIRECT OBJECT	**y/en**
VERB	le la les	moi (m') nous toi (t') vous lui leur	y/en

—Voulez-vous ma carte d'entrée au musée?	—*Do you want my museum entrance card?*
—Oui, **donnez-la-moi**.	—*Yes, give it to me.*
—Je t'apporte du papier?	—*Shall I bring you some paper?*
—Oui, **apporte-m'en**.	—*Yes, bring me some.*
—Tu veux que je cherche l'horaire du musée?	—*Do you want me to look for the museum schedule?*
—Oui, **cherche-le-moi**.	—*Yes, look for it for me.*
—Est-ce que je dis aux autres que l'entrée est gratuite le mardi?	—*Shall I tell the others that admission is free on Tuesdays?*
—Oui, **dites-le-leur**.	—*Yes, tell them that (lit., tell it them).*

Vérifions!

A. Travail d'équipe (*Teamwork*)**.** Gisèle et ses camarades font un travail sur l'art du dix-neuvième siècle. Transformez les phrases selon le modèle.

MODÈLE: Gisèle donne ses notes à Christine. → Elle les lui donne.

1. Elle prête un livre sur Manet à Sylvie.
2. Christine décide d'emprunter (*borrow*) des diapositives (*slides*) à son professeur de français.
3. Le professeur offre aussi la vidéo «Vincent et Théo» aux trois filles.
4. Sylvie prend des notes sur Monet et les offre à Gisèle et à Christine.
5. Christine est chargée (*given the responsibility*) d'expliquer le pointillisme aux deux autres.
6. Les trois étudiantes présentent leur exposé aux autres étudiants du cours.

B. Détails pratiques. Vous faites une visite artistique de Paris. Répondez par **oui** ou **non** selon le modèle.

MODÈLE: —Achetez-vous vos guides (*guide books*) à la librairie?
       —Oui, je les y achète. (Non, je ne les y achète pas.)

1. Prenez-vous vos repas dans les musées?   2. Achetez-vous vos cartes postales au musée?   3. Écoutez-vous de la musique classique dans les cathédrales?   4. Trouvez-vous des sculptures célèbres dans tous les musées?   5. Rencontrez-vous des cinéastes au ciné-club?   6. Prenez-vous des photos des tableaux importants dans les galeries d'art?   7. Obtenez-vous un billet d'entrée au secrétariat (*administration office*)?   8. Donnez-vous un pourboire aux guides des musées?

C. Pour devenir un écrivain célèbre. Dans les phrases suivantes remplacez les mots en italique par des pronoms.

1. N'oubliez jamais *vos cahiers à la maison*.   2. Prenez *des notes*.
3. Révisez *votre travail*.   4. Envoyez *votre roman à l'éditeur*.   5. Invitez *votre éditeur* à dîner.   6. Après la publication du roman, demandez *à vos amis* d'acheter un exemplaire.

Mots-clés

Using pause fillers

Eh bien,...	*Well . . .*
Voyons,...	*Let's see, . . .*
C'est-à-dire que...	*That is / I mean . . .*
Euh...	*Uhmm . . .*
Oui, mais...	*Yes, but . . .*
Alors,...	*So, then . . .*

Parlons-en!

A. Interview. Interrogez un(e) camarade sur une ville ou une région que vous pensez visiter. Suivez le modèle.

Mots utiles: un musée, une cathédrale, le cinéma, la musique, la sculpture, les tableaux, une pièce de théâtre, des acteurs/actrices célèbres, des compositeurs, des cinéastes, des écrivains, etc.

MODÈLE: —Est-ce qu'il y a une belle cathédrale à Strasbourg?
　　　　　 —Voyons... oui, il y en a une.

B. Situations. Vous entendez des fragments de conversation. Imaginez la situation.

MODÈLE: N'y touche pas! →
　　　　　 La mère de Jean vient de faire un gâteau.
　　　　　 Jean essaie d'en manger un morceau.

1. Vas-y!   2. N'y touche pas!   3. Ne m'en donne pas!   4. Ne les regardez pas!   5. Donne-la-lui!   6. Ne lui parle pas si fort!   7. Montre-les-moi!
8. Ne le lui dis pas!

43. SAYING HOW TO DO SOMETHING
Adverbs

La Provence

ANNE-LAURE: **Demain**, je pars en Provence. Je vais visiter **rapidement** la maison de Renoir à Cagnes, puis le musée Matisse à Nice, le musée Picasso à Antibes...

SYLVAIN: Tu voyages **constamment**, toi?

ANNE-LAURE: Non, pas **vraiment**. Mais je veux **absolument** aller en Provence parce que beaucoup de peintres français y ont habité.

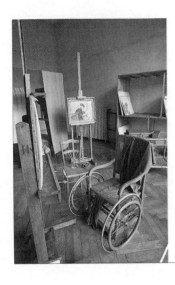

SYLVAIN: Et **maintenant**, qu'est-ce que tu fais?

ANNE-LAURE: Je vais voir la maison de Monet à Giverny, dans la banlieue parisienne.

SYLVAIN: **Franchement**, à part la peinture, qu'est-ce qui t'intéresse?

ANNE-LAURE: La musique classique... J'aime beaucoup Wagner.

Corrigez les phrases incorrectes.

1. Anne-Laure est partie en Provence hier.
2. Elle voyage très souvent.
3. Elle veut vraiment aller en Provence.
4. Demain, elle va visiter la maison de Monet.

Le studio de Renoir à Cagnes

A. The Function and Formation of Adverbs

Adverbs (**les adverbes**, *m.*) modify a verb, an adjective, another adverb, or even a whole sentence: She learns *quickly*. He is *extremely* hardworking. They see each other *quite often*. *Afterward*, we'll go downtown. You have already learned a number of adverbs, such as **souvent**, **parfois**, **bien**, **mal**, **beaucoup**, **trop**, **peu**, **très**, **vite**, **d'abord**, **puis**, **ensuite**, **après**, and **enfin**. Many adverbs are formed from adjectives by adding the ending **-ment**, which often corresponds to *-ly* in English.

1. Most adverbs are formed by adding the ending **-ment** to the feminine form of an adjective.

FEMININE ADJECTIVE	ADVERB	
lente	**lentement**	*slowly*
rapide	**rapidement**	*quickly*
franche	**franchement**	*frankly*
sérieuse	**sérieusement**	*seriously*
(mal)heureuse	**(mal)heureusement**	*(un)fortunately*

2. If the masculine form of the adjective ends in a vowel, **-ment** is usually added directly to it.

MASCULINE ADJECTIVE	ADVERB	
admirable (*m.* or *f.*)	**admirablement**	*admirably*
absolu	**absolument**	*absolutely*
poli	**poliment**	*politely*
vrai	**vraiment**	*truly, really*

3. If the masculine form of the adjective ends in **-ent** or **-ant**, the corresponding adverbs have the endings **-emment** and **-amment**, respectively. The two endings have identical pronunciation: [a-mã].

MASCULINE ADJECTIVE	ADVERB	
différent	**différemment**	*differently*
évident	**évidemment**	*evidently, obviously*
constant	**constamment**	*constantly*
courant	**couramment**	*fluently*

B. Position of Adverbs

1. When adverbs qualify adjectives or other adverbs, they usually precede them.

   Elle est **très** intelligente.   *She is very intelligent.*
   Il va **assez** souvent au cinéma.   *He goes to the movies pretty often.*

2. When a verb is in the present or imperfect tense, the qualifying adverb usually follows it. In negative constructions, the adverb comes after **pas**.

   Je travaille **lentement**.   *I work slowly.*
   Elle voulait **absolument** devenir   *She wanted without fail*
   écrivain.   *(absolutely) to become a writer.*
   Vous ne l'expliquez pas **bien**.   *You aren't explaining it well.*

3. Short adverbs usually precede the past participle when the verb is in a compound form, following **pas** in a negative construction.

   J'ai **beaucoup** voyagé cette   *I've traveled a lot this year.*
   année.
   Il a **déjà** visité le Louvre.   *He has already visited the Louvre.*
   Elle n'est pas **souvent** allée en   *She has not often been to*
   Normandie.   *Normandy.*
   Je n'ai pas **très** faim.*   *I'm not very hungry.*

4. Adverbs ending in **-ment** follow a verb in the present or imperfect tense, and usually follow the past participle when the verb is in the **passé composé**.

   Tu parles **couramment** le   *You speak French fluently.*
   français.
   Il était **vraiment** travailleur.   *He was really hardworking.*
   Paul n'a pas répondu   *Paul didn't respond intelligently.*
   intelligemment.

---

*Before the idiomatic expressions with **avoir**, one often uses an adverb: **J'ai très soif**; **Elle a très chaud**, etc.

Vérifions!

A. Ressemblances. Donnez l'équivalent adverbial de chacun des adjectifs suivants.

1. heureux
2. actif
3. long
4. vrai
5. différent
6. rapide
7. certain
8. constant
9. absolu
10. admirable
11. poli
12. intelligent

B. Carrières. Complétez les paragraphes suivants avec des adverbes logiques.

1. Le linguiste

   Adverbes: bien, ensuite, couramment, vite, bientôt, naturellement, évidemment, probablement.

   Jean-Luc parle _____¹ l'anglais. Il a vécu aux États-Unis. Il est allé au lycée aux États-Unis et il a très _____² appris la langue pendant son séjour. _____³, à l'université il a choisi la section langues étrangères. Il va _____⁴ passer sa licence d'anglais. _____⁵, il doit _____⁶ choisir entre la traduction (*translation*) littéraire et l'enseignement. Ses parents sont professeurs et je pense qu'il va _____⁷ choisir de devenir professeur.

2. L'actrice

   Adverbes: exactement, beaucoup, absolument, fréquemment, seulement, constamment, souvent, bien, très.

   Marie-Hélène veut _____¹ devenir actrice. Elle travaille _____² pour y arriver: en général, le matin, elle arrive sur la scène à six heures _____³ et elle y reste _____⁴ jusqu'à neuf heures du soir. Dans la journée, elle travaille _____⁵ et prend _____⁶ quinze minutes pour déjeuner. _____⁷, elle est fatiguée le soir. Mais je pense qu'elle va réussir parce qu'elle est _____⁸ travailleuse et ambitieuse.

Parlons-en!

A. Interview. Interviewez un(e) camarade de classe sur ses préférences et ses habitudes. Votre camarade doit utiliser dans sa réponse un adverbe basé sur les mots entre parenthèses. Décidez ensuite quelle sorte de personne elle est (pratique, énergique, calme, patiente, travailleuse, etc.).

MODÈLE: Comment déjeunes-tu d'habitude? (rapide / lent) →
Je déjeune lentement pour me reposer. (Je déjeune rapidement parce que je suis toujours pressé[e].)

1. Quand fais-tu la sieste? (fréquent / rare)
2. Comment écoutes-tu les problèmes des autres? (patient / impatient)
3. Regardes-tu souvent ta montre? (constant / fréquent / rare / jamais)
4. Comment travailles-tu en général? (vigoureux / lent)

Maintenant décrivez le caractère de votre camarade.

B. Opinions et habitudes. Posez les questions à un(e) camarade. Dans sa réponse il/elle doit employer des adverbes.

1. À ton avis, doit-on beaucoup travailler pour réussir?
2. Comment doit-on choisir sa carrière future?
3. Est-ce que l'argent fait le bonheur (*happiness*)?
4. Est-ce que l'amitié est plus importante que la réussite (*success*)?
5. Quel est l'aspect le plus important de ta carrière future?

France-culture

La sauvegarde° du passé. Les Français sont très fiers de leur passé et de leur patrimoine. Chaque été des groupes de volontaires aident à la restauration de châteaux, monuments ou sites historiques en ruine. Grâce aux° efforts d'organisations telles que° REMPART (Réhabilitation et Entretien des Monuments et du Patrimoine artistique), ces groupes travaillent sous la direction d'un architecte, d'un ingénieur ou d'un archéologue. Ces stages° sont très convoités,° surtout par les étudiants en architecture, car ils apprennent non seulement à retracer les plans d'un bâtiment historique à partir de vestiges° (portes, fenêtres, poutres°) mais aussi à le restaurer en utilisant des matériaux authentiques. Ainsi, par exemple, quand on a besoin de ciment° pour refaire le mur d'un château, on utilise les éléments naturels de la région (sable,° pierres°). Le ministère de la culture joue aussi un rôle important dans la sauvegarde des bâtiments en ruine. C'est lui qui classe° les monuments historiques et établit° les sites archéologiques.

protection

Grâce... Thanks to

telles... such as

internships
sought after

à... starting with remains / beams

cement
sand / stones
classifies
establishes

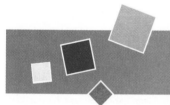

Mise au point

A. Une soirée studieuse. Complétez l'histoire. Choisissez la réponse correcte parmi (*among*) les réponses suggérées.

Julien veut emprunter les *Mémoires d'une jeune fille rangée,*[*] un livre de Simone de Beauvoir, à Valérie. Mais elle en a besoin. Donc elle ne (*la lui, le leur, le lui*) donne pas.

---

[*]Un récit autobiographique écrit en 1958 par Simone de Beauvoir (1908–1986), femme de lettres française. Elle était disciple et compagne de Jean-Paul Sartre et féministe ardente.

Valérie va lire chez Christine. Elle demande à Julien s'il veut étudier avec (*elles, eux, lui*). Valérie veut appeler Christine. Julien et elle cherchent son numéro dans l'annuaire. Enfin, ils (*le, lui en, le lui*) trouvent.

Quand Julien et Valérie arrivent chez Christine, elle (*eux, elles, leur*) prépare du café. Puis elle (*leur en, le lui, la leur*) offre.

Christine demande à Julien de lire un passage des *Mémoires* à Valérie et à (*lui, eux, elle*). Julien (*les leur, le lui, le leur*) lit. Enfin, ils essaient de répondre aux questions du professeur sur ce texte. Ils prennent leur cahier et ils (*y, lui, leur*) écrivent leurs réponses.

B. Tête-à-tête. Posez les questions suivantes à un(e) camarade. Ensuite, faites une observation intéressante sur votre camarade.

1. T'entends-tu bien avec tes amis? avec tes professeurs? avec tes parents? (Si votre camarade ne s'entend pas bien avec eux, demandez-lui pourquoi.)
2. Est-ce que tu te rappelles pourquoi tu as décidé d'aller à l'université? d'étudier le français? Est-ce que tes premières raisons sont toujours valables (*valid*)?
3. Connais-tu quelqu'un qui t'impressionne beaucoup? Comment s'appelle cette personne? De quels traits physiques (yeux, visage, cheveux, taille, etc.) te souviens-tu?
4. Veux-tu te marier (*to get married*) un jour? à quel âge? Où veux-tu t'installer avec ton mari (ta femme)?

C. Qu'en pensez-vous? Posez les questions suivantes à des camarades. Ils vont répondre en utilisant des adverbes.

Suggestions: vite, tranquillement, admirablement, diligemment, heureusement, malheureusement, constamment, couramment, évidemment, franchement, poliment, absolument, lentement, souvent, intelligemment...

MODÈLE: Qu'est-ce qu'on doit faire pour avoir de bonnes notes? →
          On doit étudier constamment.
          On doit travailler intelligemment.

1. Qu'est-ce qu'on doit faire pour être bon professeur?   2. Qu'est-ce qu'on doit faire pour devenir président(e) des États-Unis?   3. Qu'est-ce qu'on doit faire pour courir dans un marathon?   4. Qu'est-ce qu'on doit faire pour devenir riche?   5. Qu'est-ce qu'on doit faire pour avoir de bons rapports (*a good relationship*) avec une autre personne?

Interactions

In this chapter, you practiced how to specify the people and objects you are discussing and how to qualify actions. Act out the following situations, using the vocabulary and structures from this chapter.

1. **Une visite.** A friend is coming to visit you. He/She is interested in art, music, literature, and architecture. Talking on the phone with this friend, plan the itinerary of what museums, concert halls, galleries, and sites you might visit in your town or area. Your friend will ask you questions to get more information.

2. **Les vacances passées.** You and a friend are at a café. Talk about a real or imaginary cultural trip you took to a big city. Mention the places you remember visiting, the art, architecture you saw or the concerts and plays you may have seen. Discuss any people you may have met. Your friend will ask you questions to get more information.

Le Petit Prince est un conte (*tale*) très populaire en France. Il a été écrit par Antoine de Saint-Exupéry en 1943. Dans l'histoire, le Petit Prince habite sur une petite planète avec une rose pour seule compagnie. Un jour, il décide d'explorer d'autres planètes. Il arrive alors sur la terre où il découvre les hommes. Il trouve étrange leur façon (*way*) de voir les choses. Après de nombreuses aventures, il devient l'ami d'un aviateur à qui il fait ses confidences (*in whom he confides*). Dans l'extrait suivant, l'aviateur nous parle de la planète d'où vient le Petit Prince et donne son opinion sur les hommes.

Avant de lire

Awareness of audience.   One of the ways we decide what a text means is by inferring for whom it was written. Obviously, an article about rock music written for the alumni bulletin will make different points from an article written for the campus newspaper, since one is meant for alumni or families and the other for students. Inferring the intended audience is more difficult when you read fiction, yet it is crucial to understanding what the writer means. Look for subtle signs that suggest whom the writer is addressing. You can often deduce the assumed audience from the levels of ideas or language used. Are the ideas simple or sophisticated? Is the language straightforward and simple, or is it complex?

After you understand the general story line in this excerpt from *Le Petit Prince*, think about the implied audience for whom the story was written. Look for clues in the text, and discuss your conclusions with your classmates.

Note that *Le Petit Prince* contains some verb tenses that you may not recognize: the **passé simple** (a literary tense) and the **plus-que-parfait** (similar to the past perfect in English). Both are past tenses, as the context makes clear. You do not need to learn them; you need merely guess their meaning to understand the story. The most difficult and unfamiliar verbs are glossed in the margin.

Le Petit Prince (extrait)*

J'ai de sérieuses raisons de croire que la planète d'où venait le petit prince est l'astéroïde B 612. Cet astéroïde n'a été aperçu° qu'une fois au télescope, en 1909, par un astronome turc.

    découvert

Il avait fait alors une grande démonstration de sa découverte à un Congrès° International d'Astronomie.

    convention

Mais personne ne l'avait cru à cause de son costume. Les grandes personnes° sont comme ça.

    grandes... adultes

Heureusement pour la réputation de l'astéroïde B 612 un dictateur turc imposa° à son peuple, sous peine de mort,° de s'habiller à l'Européenne.° L'astronome refit° sa démonstration en 1920, dans un habit très élégant. Et cette fois-ci tout le monde fut° de son avis.°

    a imposé
    peine... penalty of death / de... to dress European style
    a refait
    a été / opinion

Si je vous ai raconté ces détails sur l'astéroïde B 612 et si je vous ai confié° son numéro, c'est à cause des grandes personnes. Les grandes personnes aiment les chiffres.° Quand vous leur parlez d'un nouvel ami, elles ne vous questionnent jamais sur l'essentiel. Elles ne vous disent jamais: «Quel est le son de sa voix°? Quels sont les jeux qu'il préfère? Est-ce qu'il collectionne les papillons°?» Elles vous demandent: «Quel âge a-t-il? Combien a-t-il de frères? Combien pèse°-t-il? Combien gagne° son père?» Alors

    confided
    numbers
    voice
    butterflies
    weighs / earns

seulement elles croient le connaître. Si vous dites aux grandes personnes: «J'ai vu une belle maison en briques roses, avec des géraniums aux fenêtres et des colombes° sur le toit... » elles ne parviennent° pas à s'imaginer cette maison. Il faut° leur dire: «J'ai vu une maison de cent mille francs.» Alors elles s'écrient: «Comme c'est joli!»

    doves / réussissent
    Il... Il est nécessaire de

---

*Dessins réalisés par l'auteur, Antoine de Saint-Exupéry

Compréhension

1. Comment s'appelle la planète d'où vient le petit prince?
2. C'est un astronome *français / turc / américain* qui a aperçu pour la première fois cet astéroïde au télescope en 1909.
3. Pourquoi est-ce que tout le monde a écouté cet astronome en 1920 et non en 1909? Qu'est-ce que l'astronome a changé?
4. Selon l'aviateur, qu'est-ce qui intéresse le plus les adultes? Qu'est-ce que les adultes ne voient pas quand ils font la connaissance de quelqu'un?
5. À votre avis, quelle affirmation exprime la pensée (*thought*) de l'auteur?
   a. Les hommes jugent les personnes et les choses d'après leur apparence, et non leur fond (*substance*).
   b. Les hommes sont curieux de détails.
   c. Les hommes sont obsédés (*obsessed*) par les chiffres.
   Êtes-vous d'accord avec l'opinion de l'auteur? Justifiez votre réponse avec des exemples de la vie réelle.
6. Trouvez dans le texte les phrases qui indiquent l'ironie de l'auteur.

PAR ÉCRIT

Function: Describing (a cultural activity)
Audience: Classmates
Goal: To write an account of a cultural activity you enjoy and engage in fairly often, whether as a spectator (attending theater, concerts, films, etc.), a viewer of exhibits, reader, collector, browser, performer, or a creator (arts or crafts). Discuss how the activity fits into your everyday life: how often, where, with whom, your preferences, what you accomplish, why you enjoy it.

Steps

1. Make an outline. For each point, make a list of the vocabulary terms you will use. Arrange the points so that they fit together and the discussion flows smoothly.
2. Write a rough draft. Have a classmate read the draft and comment on its clarity and organization. Add new details and eliminate irrelevant ones if necessary.
3. Make any necessary changes. Finally, reread the composition for spelling, punctuation, and grammar errors. Focus especially on your use of adverbs and direct and indirect object pronouns. Be prepared to read your composition to a small group of classmates.

À L'ÉCOUTE!

I. Les châteaux de la Loire. Virginie parle de ses vacances avec Marc. Lisez les activités à la page suivante avant d'écouter le vocabulaire et le dialogue qui leur correspondent.

VOCABULAIRE UTILE
ses meubles d'époque *its antique furniture*
ses tapisseries *its tapestries*

A. Vrai ou faux?

1. _____ Virginie a voyagé avec un groupe de touristes allemands.
2. _____ Marc a déjà visité Blois.
3. _____ Virginie a mieux aimé Azay-le-Rideau.
4. _____ Elle n'aime pas les autres châteaux de la Loire.
5. _____ Elle a aussi visité le château de Chinon.
6. _____ Elle adore le moyen âge.

B. Encerclez la bonne réponse d'après le dialogue.

1. Virginie a visité les châteaux de la Loire
   a. en bus   b. en vélo   c. en voiture
2. Marc a visité le château de Blois en
   a. 1977   b. 1982   c. 1987
3. Le château de Blois date
   a. du moyen âge   b. de l'époque classique   c. de la Renaissance
4. Azay-le-Rideau se trouve sur
   a. une île   b. une montagne   c. un plateau
5. Le château de Chinon date
   a. de l'époque romaine   b. de la Renaissance   c. du moyen âge

II. Arthur Rimbaud. Jessica est en vacances en France. Elle aime beaucoup le poète Arthur Rimbaud et visite sa maison à Charleville. Le guide raconte la vie tourmentée (*tormented*) du poète. Lisez l'activité ci-dessous avant d'écouter le vocabulaire et la description qui lui correspondent.

VOCABULAIRE UTILE
s'est révolté *rebelled*
a renoncé à *renounced*
l'armée *army*
pourtant *nonetheless*

Vrai ou faux?

1. _____ Rimbaud a vécu au 19e siècle.
2. _____ C'était un écrivain catholique.
3. _____ Il admirait beaucoup Napoléon III (chiffres romains).
4. _____ Il a beaucoup voyagé pendant sa vie.
5. _____ Il a écrit des poèmes toute sa vie.
6. _____ Aujourd'hui Rimbaud est un mythe en France.

Vocabulaire

Verbes

bâtir to build
dater (**de**) to date from
deviner to guess
emprunter (**à**) to borrow (from)
flâner to stroll
poursuivre to pursue
suivre to follow; to take (*a course*)
vivre to live

Verbes pronominaux

s'amuser (**à**) to have fun
s'appeler to be named
s'arrêter to stop
se demander to wonder
se dépêcher to hurry
se détendre to relax
s'entendre (**avec**) to get along (with)
s'excuser to excuse oneself
s'installer to settle down, settle in
se rappeler to remember
se reposer to rest
se souvenir (**de**) to remember
se tromper to be wrong
se trouver to be situated, found

Substantifs

l'acteur, l'actrice actor
les arènes (*f.*) arena
l'artiste (*m., f.*) artist
la cathédrale cathedral
le château castle
le chef-d'œuvre (*pl.* **les chefs-d'œuvre**) masterpiece
le/la cinéaste filmmaker
le/la compositeur, compositrice composer
la conférence lecture
l'écrivain (*m.*), **la femme écrivain** writer
l'époque (*f.*) period (*of history*)
l'événement (*m.*) event
l'horaire (*m.*) schedule
le moyen âge Middle Ages
le/la musicien(ne) musician
l'œuvre (*f.*) (**d'art**) work (of art)
le palais palace
le passé past
le patrimoine legacy, patrimony
le peintre, la femme peintre painter
la peinture painting
la pièce de théâtre play
la place seat
le poème poem
la poésie poetry
le poète poet
la reine queen
la Renaissance Renaissance
le roman novel
le sculpteur (**la femme sculpteur**) sculptor
la sculpture sculpture
le siècle century
le tableau painting

À REVOIR: le cadeau, la carte postale, le cinéma

Adjectifs

classique classical
gothique Gothic
historique historical
magnifique magnificent
médiéval(e) medieval
romain(e) Roman

Adverbes

constamment constantly
couramment fluently
poliment politely
vraiment really

Intermède

SITUATION

Un village perché* en Provence

Contexte *Francine montre son pays natal à Karen, une jeune Américaine qui étudie avec elle à l'Université de Nice. Les deux étudiantes vont passer quelques jours dans la petite maison de campagne de la famille de Francine. Karen connaît les plages et les villes célèbres de la Côte d'Azur. Mais elle n'a jamais vu les collines° pittoresques de l'arrière-pays.° Le village perché de Saint-Paul-de-Vence est pour elle une véritable découverte.*   hills / inland

Objectif *Karen exprime son admiration pour le paysage vençois.°*   de Vence

Vue d'ensemble de Saint-Paul-de-Vence. De nos jours ce petit village provençal est un centre artistique important.

FRANCINE: Voilà, nous arrivons. Ce village fortifié, là-bas,° c'est Saint-Paul-de-Vence.   over there

KAREN: Mais il est absolument spectaculaire, ce village: il est bâti sur un rocher°!   rock

FRANCINE: C'est parce que les villageois° devaient se protéger contre les pirates maures,° au moyen âge. Tous les vieux villages par ici sont construits sur des hauteurs.°   habitants d'un village / Moorish / heights

KAREN: Je n'ai jamais rien vu d'aussi beau!

FRANCINE: Maintenant, regarde la vue du côté de la Méditerranée.

KAREN: Quel panorama splendide! Les couleurs sont si brillantes.

FRANCINE: Oui, c'est pourquoi tant de° peintres sont venus vivre ici.   tant... so many

KAREN: La plupart d'entre eux étaient des artistes du dix-neuvième et surtout du vingtième siècles, n'est-ce pas?

FRANCINE: Oui, demain nous allons voir la chapelle Matisse, ou le musée Picasso ou la maison de Renoir. Ils sont tous près d'ici.

---

*hillside (lit., perched)

À propos

Comment exprimer l'admiration ou l'indignation

VERBES
J'aime (admire, adore)...   Je n'aime pas (Je déteste)...

CONSTRUCTIONS VERBALES
Ça me plaît.   Ça ne me plaît pas du tout.
Ça me séduit (*appeals to me*).   Ça me dépasse. (*That's beyond me.*)

Ce qui me plaît, c'est que...   Ce qui me déplaît, c'est que...

CONSTRUCTIONS AVEC L'ADJECTIF
C'est agréable.   C'est désagréable.
    ... beau.   ... moche (*ugly*).
    ... merveilleux.   ... scandaleux.

EXCLAMATIONS AVEC **quel**
Quelle beauté!   Quelle horreur!
Quelle splendeur!

Maintenant à vous!

A. Questions personnelles. Lisez encore une fois le dialogue, puis répondez aux questions.

1. À votre avis, quels sites aux États-Unis faut-il absolument voir? Décrivez un de ces sites en détail.
2. Quels aspects de la vie aux États-Unis préférez-vous que les touristes ne voient pas? Pourquoi?
3. Quand vous voyagez, aimez-vous visiter des endroits célèbres—des monuments, des musées, des bâtiments du gouvernement, etc.—ou préférez-vous plutôt flâner dans les rues et voir comment vivent les gens? Expliquez.

B. Commentaire. Quelle est votre réaction devant cette photo et la photo à la page suivante? Discutez-en avec des camarades. Utilisez les expressions de l'*À propos.*

La fontaine Stravinsky à Paris

Un ensemble d'immeubles modernes dans la banlieue nord parisienne

PORTRAITS

Louise Labbé (1526–1566)

Née à Lyon d'une famille bourgeoise, Louise Labbé est attachée à l'école poétique qui y fleurissait° au XVIème siècle. Elle a mené° une vie passionnée. Sa poésie, est caractérisée par une excellente maîtrise° technique, exprime la joie de vivre et le malheur d'aimer.

flourished

led

mastery

CHAPITRE **TREIZE**

La vie de tous les jours

En avant

—Alexandre et toi, vous pensez vous marier bientôt?

—Oui, l'été prochain.

—Ça fait longtemps que vous vous connaissez?

—Bientôt deux ans. Nous nous sommes rencontrés chez des amis et nous ne nous sommes plus quittés. Le vrai coup de foudre, quoi!

Communicative goals: talking about love, marriage, the human body, and daily life, reporting everyday events, expressing reciprocal actions, talking about the past, giving commands, and making comparisons.

Étude de vocabulaire

L'amour et le mariage

Ils se rencontrent.
Ils tombent amoureux.

Ils se fiancent.

Ils se marient.

Mais ils ne s'entendent pas toujours.

Les amoureux:
le coup de foudre*

Le couple:
les fiançailles

Le couple:
la cérémonie

Les nouveaux mariés:
parfois, ils se disputent.

A. Ressemblances. Quels verbes de la colonne de droite correspondent aux différentes étapes (*stages*) d'un mariage?

1. la rencontre
2. le coup de foudre
3. les rendez-vous
4. les fiançailles (*engagement*)
5. la cérémonie
6. l'installation (*setting up house*)

a. Ils se marient.
b. Ils sortent ensemble.
c. Ils tombent amoureux.
d. Ils se rencontrent.
e. Ils s'installent.
f. Ils se fiancent.

B. Seul ou ensemble? D'après vous, quels sont les avantages et les inconvénients _____?

Mots utiles: être indépendant(e), solitaire, en sécurité, responsable, irresponsable, bourgeois(e), ennuyeux/se (*boring*), patient(e), libre...

1. des fiançailles   2. du mariage   3. du célibat (*single life*)   4. du divorce

C. Conversation. Posez les questions suivantes à un(e) camarade.

1. Sors-tu souvent seul(e)? avec un ami (une amie)? avec d'autres couples?
2. Es-tu déjà tombé(e) amoureux/euse? Tombes-tu souvent amoureux/euse?
3. Est-ce que le coup de foudre est une réalité? En as-tu fait l'expérience?
4. Est-ce que tout le monde doit se marier? Pourquoi? Pourquoi pas? À quel âge?

---

*Literally, *flash of lightning* = *love at first sight*.

Le corps humain

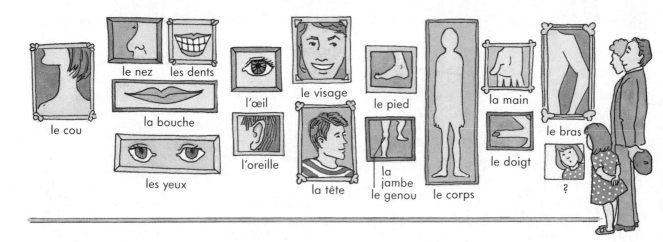

le nez   les dents

l'œil

le visage

le pied

la main

le cou

la bouche

l'oreille

le bras

les yeux

la tête

le doigt

la jambe
le genou   le corps

?

Autres mots utiles:

> **avoir mal** (à) to hurt, to have a pain (in)
>> **J'ai mal à la tête.** My head hurts. (I have a headache.)
> **la gorge** throat
> **le ventre** abdomen

A. Exercice d'imagination. Où ont-ils mal? Répondez d'après le modèle.

MODÈLE: Il y a beaucoup de bruit chez Martine. →
           Elle a mal à la tête (aux oreilles).

1. Vous portez des paquets très lourds (*heavy*).
2. Les nouvelles chaussures d'Henri-Pierre sont trop petites.
3. J'ai mangé trop de chocolat.
4. Vous apprenez à jouer de la guitare.
5. Patricia a marché très longtemps.
6. La cravate de Patrice est trop serrée (*tight*).
7. Ils font du ski et il y a beaucoup de soleil.
8. Il fait extrêmement froid dehors (*outside*) et vous n'avez pas de gants.
9. Claudine va chez le dentiste.
10. Albert chante depuis deux heures.

B. Devinettes. Pensez à une partie du corps et donnez-en une définition au reste de la classe. Vos camarades vont deviner de quelle partie il s'agit.

MODÈLE: Vous en avez deux. C'est la partie du corps où on porte un
           pantalon. → les jambes

La vie quotidienne*

Ils se réveillent et ils se lèvent.   Ils se brossent les dents.   Elle se maquille.   Ils se peignent.

Ils s'habillent.   Ils s'en vont.   Ils se couchent.   Ils s'endorment.

A. Et votre journée? Décrivez votre journée en employant le vocabulaire du dessin.

MODÈLE: À ____ heures, je me ____. → À sept heures, je me réveille.

B. Habitudes quotidiennes. Dites dans quelles circonstances on utilise les objets suivants.

1. un réveil   2. une brosse à dents   3. des vêtements   4. un fauteuil (*armchair*) confortable   5. un lit   6. un peigne   7. du rouge à lèvres (*lipstick*)   8. du dentifrice

Uⁿ PEU D'ARGOT

la tronche	le visage; la tête; l'expression	
faire une drôle de tronche		*to pull a sour face*
Mon œil!	Je ne vous crois pas.	*My foot!*

*Everyday life

On se tire?	On s'en va?	*Shall we go?*
Qu'est-ce qu'on s'est marré!	Qu'est-ce qu'on s'est amusé!	*Boy, did we have a great time!*
Ils se sont engueulés.	Ils se sont disputés.	*They had a fight.*

EN CONTEXTE

VALÉRIE: **Qu'est-ce qu'on s'est marré** au concert samedi soir!

LOUISE: **Mon œil!** Claude m'a dit que Sylvie **a fait une drôle de tronche** toute la soirée.

VALÉRIE: Oui, c'est vrai, Sylvie et François **se sont engueulés**, mais **je me suis tirée** et j'ai trouvé d'autres copains.

France-culture

La médecine en France. Les Français font très attention à leur santé. C'est pour cela que le médecin de famille joue un rôle important dans leur vie. C'est lui que l'on appelle quand un membre de la famille tombe malade. En effet, en France les consultations à domicile font partie de° la routine quotidienne des médecins. Le prix de la consultation est fixé par la Sécurité Sociale, qui va rembourser° le patient entre 80 et 100% des frais° médicaux selon le cas.°

les... *home visits are part of*

to reimburse / expenses

selon... *depending on the case*

Le pharmacien aussi joue un rôle important.* Les Français demandent souvent conseil à leur pharmacien quand ils ont de petits problèmes de santé, comme par exemple un mal de gorge ou une indigestion. Le pharmacien leur recommande alors un médicament pour lequel on n'a pas besoin d'ordonnance.° Les médicaments qui sont prescrits par un docteur sont aussi remboursés, complètement ou en partie selon le cas, par la Sécurité Sociale.

°*prescription*

Cette protection médicale est un choix qu'a fait la société française. Son coût° est très élevé. Le gouvernement français a dû augmenter les impôts° plusieurs fois pour la financer.

°*cost / taxes*

Étude de grammaire

44. REPORTING EVERYDAY EVENTS
Pronominal Verbs (continued)

Une rencontre

LAURENT: Tu **t'en vas**?
PAULINE: Oui, il fait beau et je **m'ennuie** ici. Je vais **me promener** au bord du lac. Tu viens?
LAURENT: Non, je ne peux pas. J'ai beaucoup de travail.
PAULINE: Oh, tu exagères. Allez, on va **s'amuser** un peu!
LAURENT: Une autre fois. Si je **m'arrête** maintenant, je ne vais pas avoir le courage de finir plus tard.

1. Qui sort?
2. Est-ce que Pauline s'amuse?
3. Que va-t-elle faire?
4. Est-ce que Laurent se repose?
5. Est-ce qu'il veut s'arrêter de travailler?

---

*You will notice many pharmacies in French cities. Law requires that there be one pharmacy for every 3,000 inhabitants in cities of 30,000 or more; there is one pharmacy for every 2,500 inhabitants in towns of 5,000 to 30,000 people.

A. Reflexive Pronominal Verbs

In reflexive constructions, the action of the verb "reflects or refers back" to the subject: *The child dressed **himself**. Did you hurt **yourself**? She talks to **herself**.* In these examples, the subject and the object are the same person. The reflexive pronouns in boldface can be either direct object pronouns (as in the first two example sentences) or indirect object pronouns (as in the last sentence). Common reflexive pronominal verbs include the following.

se baigner *to bathe; to swim*   **se maquiller** *to put on makeup*
se brosser *to brush*   **se peigner** *to comb one's hair*
se coucher *to go to bed*   **se raser** *to shave*
s'habiller *to get dressed*   **se regarder** *to look at oneself*
se laver *to wash oneself*   **se réveiller** *to wake up*
se lever *to get up*

Toute la famille **se réveille** à six heures. / *The whole family wakes up at six o'clock.*
Pierre **se douche** et **se rase** pendant que Jacqueline **se maquille** et **se peigne**. / *Pierre showers and shaves while Jacqueline puts on makeup and combs her hair.*

Most reflexive pronominal verbs can also be used nonreflexively.

Aujourd'hui Pierre **lave** la voiture. / *Today Pierre is washing his car.*
Le bruit **réveille** tout le monde. / *The noise wakes up everyone.*

B. Reflexive Pronominal Verbs with Two Objects

Some reflexive pronominal verbs can have two objects, one direct and one indirect. This frequently occurs with the verbs **se brosser** and **se laver** plus a part of the body. The definite article—not the possessive article, as in English—is used with the part of the body.

Chantal se brosse **les** dents. / *Chantal is brushing her teeth.*
Je me lave **les** mains. / *I'm washing my hands.*

C. Idiomatic Pronominal Verbs

When certain verbs are used with reflexive pronouns, their meaning changes.

aller *to go*   **s'en aller** *to go away*
appeler *to call*   **s'appeler** *to be named*
demander *to ask*   **se demander** *to wonder*
endormir *to put to sleep*[*]   **s'endormir** *to fall asleep*

---
[*]Ce livre **endort** Paul.

entendre *to hear*	**s'entendre** *to get along*
ennuyer *to bother*	**s'ennuyer** *to be bored*
fâcher *to make angry*	**se fâcher** *to get angry*
installer *to install*	**s'installer** *to settle in (to a new house)*
mettre *to place, to put*	**se mettre à** *to begin*
perdre *to lose*	**se perdre** *to get lost*
promener *to (take for a) walk**	**se promener** *to take a walk*
tromper *to deceive*	**se tromper** *to be mistaken*
trouver *to find*	**se trouver** *to be located*

Les jeunes mariés **s'en vont** en voyage de noces.	*The newlyweds are going away on their honeymoon trip.*
Après cela, Véronique va **se mettre à** chercher un appartement.	*Afterwards, Véronique is going to start looking for an apartment.*
Tu **te trompes**! Elle en a déjà trouvé un.	*You're wrong! She's already found one.*
Où **se trouve**-t-il?	*Where is it?*

Vérifions!

A. La routine. Que font les membres de la famille Duteil?

MODÈLE: Annick se lave les mains.

Annick

Le matin...

1. Papy

2. Wolfgang

3. Mme Duteil

4. M. Duteil

Plus tard...

5. Jean

6. Marc

7. Annick

8. Wolfgang

Et vous, parmi ces activités, lesquelles faites-vous régulièrement?

---

*Jacques **promène** son chien tous les matins à six heures.

B. Habitudes matinales. Qui dans votre famille a les habitudes suivantes? Faites des phrases complètes. Puis comparez leurs habitudes aux vôtres (*to yours*). Commencez par «Moi aussi, je... » ou «Mais moi, je... »

mon père	se regarder longtemps dans le miroir
ma mère	se lever souvent du pied gauche*
ma sœur	se réveiller toujours très tôt
mon frère	s'habiller rapidement / lentement
mes parents	se maquiller / se raser très vite
?	se préparer à la dernière minute
	se brosser les cheveux pendant une heure
	s'en aller sans prendre de petit déjeuner
	se laver les cheveux tous les jours
	ne jamais se dépêcher
	se fâcher quand il/elle n'a pas de café

Parlons-en!

A. Vos habitudes. Comparez vos habitudes avec celles de vos camarades. Trouvez quelqu'un qui...

se lève dix minutes avant de partir	se promène souvent le soir
s'en va sans prendre de petit déjeuner	se couche souvent après minuit
se réveille avant dix heures	a souvent du mal à† s'endormir
se lève souvent du pied gauche	

B. Interview. Interrogez un(e) camarade sur une journée typique de sa vie à l'université. Posez-lui des questions avec les verbes **se réveiller, s'habiller, se dépêcher, s'en aller (en cours), s'amuser, s'ennuyer, se reposer, se promener** et **se coucher.** Ensuite, expliquez à la classe les différences et les ressemblances entre votre journée et celle de votre camarade.

45. EXPRESSING RECIPROCAL ACTIONS
Pronominal Verbs

Le couple idéal

THIERRY: Tu vois, pour moi, le couple idéal c'est Jacquot et Patricia.

CHANTAL: Pourquoi est-ce que tu dis ça?

THIERRY: Parce qu'ils **s'adorent** tous les deux. Chaque fois que je les vois, ils **se regardent** amoureusement, ils **s'embrassent,** ils **se disent** des choses gentilles. Ils **se connaissent** depuis dix ans et je ne les ai jamais vus **se disputer.**

****Se lever du pied gauche** is the equivalent of *to get up on the wrong side of the bed.*
†**avoir du mal à** = *to have trouble (doing something)*

Vrai ou faux?

1. Patricia et Jacquot se disputent souvent.
2. Ils s'aiment.
3. Ils se connaissent depuis peu de temps.
4. Ils s'entendent bien.

The plural reflexive pronouns **nous**, **vous**, and **se** can be used to show that an action is reciprocal or mutual. Almost any verb that can take a direct or indirect object can be used reciprocally with **nous**, **vous**, and **se**.

Ils **se** rencontrent par hasard.	*They meet by chance.*
Ils **s**'aiment.	*They love each other.*
Allons-nous **nous** téléphoner demain?	*Are we going to phone each other tomorrow?*
Vous ne **vous** quittez jamais.	*You are inseparable (never leave each other).*

Pour bien s'entendre...

RTL[a]
Y'A RIEN DE
TEL !

[a]Radio Télévision Luxembourg

Vérifions!

Une amitié sincère. Mme Chabot raconte l'amitié qui unit sa famille à la famille Marnier. Complétez son histoire au présent.

Gisèle Marnier et moi, nous _____¹ depuis plus de quinze ans. Nous _____² tous les jours et nous parlons longtemps. Nous _____³ souvent en ville. Quand nous partons en voyage, nous _____⁴ des cartes postales.

Nos maris _____⁵ aussi très bien. Nos enfants _____⁶ surtout pendant les vacances quand ils jouent ensemble. Parfois ils _____⁷, mais comme ils _____⁸ bien, ils oublient vite leurs différends (*disagreements*).

s'écrire
se rencontrer
se téléphoner
se connaître

se disputer
se voir
s'entendre
s'aimer

Parlons-en!

Rapports familiaux. Posez les questions suivantes à un(e) camarade de classe.

1. Avec qui est-ce que tu t'entends bien dans ta famille?
2. Tes parents et toi, quand est-ce que vous vous téléphonez?
3. Tes frères et sœurs et toi, combien de fois par semaine, par mois, par an est-ce que vous vous voyez?
4. Est-ce que tu te disputes souvent avec tes frères et tes sœurs? Quand et pourquoi vous disputez-vous?
5. Tes cousins et toi, est-ce que vous vous connaissez bien? Pourquoi, ou pourquoi pas?

46. TALKING ABOUT THE PAST AND GIVING COMMANDS
Pronominal Verbs

Un mariage d'amour

MARTINE: Dis-moi Denis, **vous vous êtes rencontrés** comment?
DENIS: La première fois qu'**on s'est vu**, c'était à Concarneau.
VÉRONIQUE: **Souviens-toi**! Il pleuvait, tu es entré dans la boutique où je travaillais et...
DENIS: Et ça a été le coup de foudre! **Nous nous sommes mariés** cette année-là.

1. Véronique et Denis se sont-ils rencontrés par hasard?
2. Où se sont vus Véronique et Denis pour la première fois?
3. Quand se sont-ils mariés?

A. *Passé composé* of Pronominal Verbs

All pronominal verbs are conjugated with **être** in the **passé composé**. The past participle agrees with the reflexive pronoun in number and gender when the pronoun is the *direct* object of the verb, but not when it is the *indirect* object.

PASSÉ COMPOSÉ OF **se baigner** (*to bathe; to swim*)	
je me suis baigné(e)	nous nous sommes baigné(e)s
tu t'es baigné(e)	vous vous êtes baigné(e)(s)
il s'est baigné	ils se sont baignés
elle s'est baignée	elles se sont baignées
on s'est baigné	

Nous **nous sommes mariés** en octobre.	*We got married in October.*
Vos parents **se sont**-ils **fâchés**?	*Did your parents get angry?*
Vous ne **vous êtes** pas **vus** depuis Noël?	*You haven't seen each other since Christmas?*

Here are some of the more common pronominal verbs whose past participles do not agree with the pronoun: **se demander, se dire, s'écrire, s'envoyer, se parler, se téléphoner.** The reflexive pronoun of these verbs is indirect (**demander à, parler à,** etc.).

Elles se sont **écrit** des cartes postales.	*They wrote postcards to each other.*
Ne se sont-ils pas **téléphoné** hier soir?	*Didn't they phone each other last night?*
Vous êtes-vous **dit** bonjour?	*Did you say hello to each other?*

B. Imperative of Pronominal Verbs

Reflexive pronouns follow the rules for the placement of object pronouns. In the affirmative imperative, they follow and are attached to the verb with a hyphen; **toi** is used instead of **te**. In the negative imperative, reflexive pronouns precede the verb.

Habillez-**vous**. Ne **vous** habillez pas.	*Get dressed. Don't get dressed.*
Lève-**toi**. Ne **te** lève pas.	*Get up. Don't get up.*

Vérifions!

A. Avant la soirée. Hier, il y avait une soirée dansante à la Maison des Jeunes (*youth center*). Décrivez les activités de ces jeunes gens. Faites des phrases complètes au passé composé.

1. Roger / s'habiller / avec soin (*care*)
2. Christine et toi, vous / se reposer
3. Valérie et Gérard / s'amuser / à passer (*play*) des CD
4. Sylvie / s'endormir / sur le canapé
5. Christian et moi, nous / s'installer / devant la télévision
6. je / s'ennuyer / pendant trois heures

B. Souvenirs. Aline retrouve un vieil album de photos. Racontez son histoire au passé composé.

1. Elle s'installe pour regarder son album de photos. 2. Elle s'arrête à la première page. 3. Elle se souvient de son premier amour. 4. Elle ne se souvient pas de son nom. 5. Elle se trompe de personne. 6. Elle se demande où il est aujourd'hui. 7. Elle s'endort sur la page ouverte.

Mots-clés

Telling someone to go away

Va-t'en!
Allez-vous-en! } *Get going, go away!*

C. Un rendez-vous difficile. Un ami (Une amie) a rendez-vous avec quelqu'un qu'il/elle ne connaît pas. Il/Elle est très énervé(e) (*nervous*). Réagissez (*React*)! Utilisez l'impératif.

MODÈLE: Je ne *me suis* pas encore *préparé(e)*. (vite) → Prépare-toi vite!

1. À quelle heure est-ce que je dois *me réveiller*? (à 5h)
2. Je n'ai pas envie de *m'habiller*. (tout de suite)
3. Je ne *me souviens* pas de la rue. (rue Mirabeau)
4. J'ai peur de *me tromper*. (ne... pas)
5. Je dois *m'en aller* à 6h. (maintenant)

Maintenant, inversez les rôles. Mais cette fois votre camarade utilise *vous*.

MODÈLE: Je ne *me suis* pas encore *préparé(e)*. (vite) →
Préparez-vous vite!

Parlons-en!

Rapports. Utilisez des verbes pronominaux au passé composé pour décrire les rapports entre les personnages historiques et fictifs suivants.

MODÈLE: Roosevelt, Churchill, de Gaulle →
Ils se sont vus, ils se sont parlé, ils se sont écrit des lettres et parfois ils se sont disputés.

1. Roméo et Juliette
2. Laurel et Hardy
3. Charlie Brown et Lucy
4. Sherlock Holmes et le Dr Watson
5. Antoine et Cléopâtre
6. Socrate et ses disciples
7. Caïn et Abel
8. Pierre et Marie Curie
9. Tarzan et Jane

47. MAKING COMPARISONS
Comparative and Superlative of Adjectives

Les courses

Laurence et Franck, nouveaux mariés, vont faire des courses ensemble pour la première fois.

LAURENCE: Nous allons où faire nos courses?

FRANCK: À Miniprix,* bien sûr! C'est **moins cher** et c'est **plus propre** que Trouvetout.

LAURENCE: Moi, j'ai horreur des grandes surfaces. Je préfère aller chez le petit épicier rue Leclerc. Les produits sont **plus chers**, d'accord, mais ils sont **plus frais**. Et puis, c'est **plus pratique** aussi: on n'a pas besoin de prendre la voiture. Et question accueil, cet épicier est **le meilleur** du quartier.

FRANCK: D'accord, ma chérie, mais en ce moment, la chose **la plus importante** est de faire des économies.

Vrai ou faux?

1. À Miniprix les produits sont plus chers que chez l'épicier.
2. Les produits sont moins frais à Miniprix.
3. C'est plus pratique d'aller chez l'épicier.
4. On trouve le meilleur accueil chez l'épicier.

A. Comparison of Adjectives

In French, the following constructions can be used with adjectives to express a comparison. It is not always necessary to state the second term of the comparison.

1. **plus... que** (*more . . . than*)

Chez l'épicier les produits sont **plus** chers (**qu'**à Miniprix).

The products at the grocer's are more expensive (than at Miniprix).

2. **moins... que** (*less . . . than*)

Franck pense que Miniprix est **moins** cher (**que** Trouvetout).

Franck thinks Miniprix is less expensive (than Trouvetout).

3. **aussi... que** (*as . . . as*)

Pour Laurence l'accueil est **aussi** important **que** la qualité des produits.

For Laurence the friendly service is as important as the quality of the products.

Stressed pronouns are used after **que** when a pronoun is required.

Elle est plus intelligente que **lui**.

She is more intelligent than he is.

---

*Supermarché très populaire

B. Superlative Form of Adjectives

To form the superlative of an adjective, use the appropriate definite article with the comparative adjective.

> Monique est frisée. → Solange est plus frisée que Monique. → Alice est **la** plus frisée des trois.
>
> OU
>
> Alice est frisée. → Solange est moins frisée qu'Alice. → Monique est **la** moins frisée des trois.

Superlative adjectives normally follow the nouns they modify, and the definite article is repeated.

> Alice est la jeune fille **la plus frisée** des trois.
> *Alice is the girl with the curliest hair of the three.*

Adjectives that usually precede the nouns they modify can either precede or follow the noun in the superlative construction. If the adjective follows the noun, the definite article must be repeated.

> les plus longues jambes
>
> OU
>
> les jambes les plus longues

The preposition **de** expresses *in* or *of* in a superlative construction.

> Alice et Grégoire habitent la plus belle maison **du** quartier.
> *Alice and Grégoire live in the most beautiful house in the neighborhood.*
>
> C'est le quartier le plus cher **de** la ville.
> *It's the most expensive neighborhood in town.*

C. Irregular Comparative and Superlative Forms

The adjective **bon**(**ne**) (*good*) has irregular comparative and superlative forms. **Mauvais**(**e**) has both a regular and an irregular form of the comparative and the superlative.

	COMPARATIVE	SUPERLATIVE
bon(ne)	meilleur(e)	le/la meilleur(e)
mauvais(e)	plus mauvais(e) pire	le/la plus mauvais(e) le/la pire

La viande à Miniprix est bonne, mais la viande à Trouvetout est **meilleure**.

Ce grand magasin est **le meilleur** de la ville.

Ce détergent-ci est **plus mauvais** (**pire**) que ce détergent-là.

C'est **le plus mauvais** (**le pire**) des produits.

The meat at Miniprix is good, but the meat at Trouvetout is better.

This department store is the best (one) in town.

This detergent is worse than that detergent.

It's the worst of products.

PRINTEMPS
LE PLUS PARISIEN DES GRANDS MAGASINS

Vérifions!

A. Comparaisons. Regardez les deux dessins et répondez aux questions suivantes.

1. Qui est plus grand, le jeune homme ou la jeune fille? plus mince?
2. Est-ce que la jeune fille a l'air aussi dynamique que le jeune homme? aussi sympathique?
3. Qui est plus timide? plus bavard?
4. Est-ce que le jeune homme est aussi bon étudiant que la jeune fille?
5. Est-ce que le jeune homme est plus ou moins travailleur que la jeune fille?
6. Qui est le plus ambitieux des deux? le plus sportif des deux?

B. Un couple de francophiles. M. et Mme Smith adorent tout ce qui est français et ils ont tendance à exagérer. Donnez leur opinion en transformant les phrases selon le modèle.

MODÈLE: Le français est une très belle langue. →
          Le français est la plus belle langue du monde.

1. La cuisine française est bonne.
2. Les vins de Bourgogne sont sophistiqués.
3. La civilisation française est très avancée.
4. Paris est une ville intéressante.
5. Les Français sont un peuple cultivé.
6. La France est un beau pays.

Parlons-en!

A. Mais ce n'est pas possible! Vous aimez exagérer. Donnez votre opinion sur les sujets suivants. Pour chaque catégorie, proposez aussi d'autres exemples si possible.

1. Le président _____ / bon ou mauvais / président / le XXème siècle
2. Les Américains / les gens / généreux / le monde
3. Le manque (*lack*) d'éducation / le problème / sérieux / le monde actuel
4. _____ / le problème / grand / ma vie
5. _____ / la nouvelle / intéressant / l'année
6. _____ / l'athlète / bon / l'année

Mots-clés

Being emphatic: Like **très**, the adverbs **bien** and **fort** are used to emphasize a point.

—Je crois que tout le monde est d'accord. Le célibat est **bien** plus facile que le mariage!
—Pas du tout! La vie des mariés peut être **fort** heureuse!
—Mais **bien** compliquée aussi!

B. Opinions. Changez les phrases suivantes, si nécessaire, pour indiquer votre opinion personnelle: **plus/moins/aussi... que**; **meilleur(e) / plus mauvais(e) que**. Regardez d'abord les expressions de Mots-clés. Utilisez ces mots, et justifiez vos opinions.

1. Les sports sont aussi importants que les études.
2. Les rapports humains sont aussi importants que les bonnes notes.
3. Grâce à la technologie, la vie des étudiants est meilleure qu'il y a vingt ans.
4. Les cours universitaires sont plus intéressants que les cours à l'école secondaire.
5. Comme étudiant(e), je suis plus sérieux/euse que la plupart de mes ami(e)s.

Nouvelles francophones

Mariages à l'algérienne

Le mariage est une institution et une tradition très importante en Algérie. Même s'il ne fait pas partie des cinq piliers° de l'Islam,* beaucoup d'Algériens le considèrent comme une obligation. On loue des Mercedes pour le cortège° et une salle dans un grand hôtel; on invite plusieurs centaines de personnes qui font la fête pendant trois jours. Un mariage peut coûter environ 70 000 dinars, ce qui est l'équivalent d'un an de salaire d'un cadre.° Les femmes portent des robes et des bijoux° magnifiques. Une dot° de 40 000 dinars ou plus est souvent donnée au marié.

pillars

procession

executive
jewels / dowry

Mise au point

A. Vie quotidienne. Faites des phrases complètes. Utilisez les verbes indiqués au temps convenable.

1. Le dimanche, nous / se réveiller / tard. Mais le week-end passé, nous / se lever / assez tôt / et nous / se promener / le parc.
2. Autrefois ma sœur / se coucher / avant minuit. Maintenant elle / se préparer / à passer / examen. Elle / se mettre / travailler / semaine passée / et maintenant / elle / travailler / tout le temps.
3. Tu / se brosser / les cheveux / ce matin? Préparer / toi / plus vite. Tu / s'habiller / trop lentement. Rappeler / toi / l'entrevue (*job interview*) / 9h.

---

*Les cinq obligations majeures ou piliers de l'Islam sont: 1. l'attestation de la foi; 2. la prière rituelle; 3. le jeûne (*fasting*) du Ramadan; 4. l'aumône légale (argent obligatoirement donné), et 5. le pèlerinage à La Mecque.

4. Je / se demander / si les voisins / s'amuser / hier chez nous. Ils / partir / vers 10h / soir. Ils / se regarder / plusieurs fois / avant de partir.

B. Qui est-ce? Regardez vos camarades de classe. Choisissez-en un(e) et décrivez-le/la. Aidez-vous des questions suivantes pour faire votre description. Vos camarades doivent deviner de qui il s'agit.

1. Qui a les cheveux les plus longs de la classe? Qui a les cheveux les plus roux? les plus noirs? les plus frisés?
2. Qui est la plus petite personne de la classe? la plus grande?
3. Qui a le nom le plus long? le plus court?
4. Qui est la personne la plus bavarde (*talkative*)? la plus calme?
5. Qui porte les vêtements les plus intéressants? les plus à la mode? les plus excentriques? Qui porte les chaussures les plus inhabituelles?
6. ?

Maintenant, trouvez d'autres camarades qui méritent une description au superlatif.

C. Tête-à-tête. Posez les questions suivantes à un(e) camarade. Ensuite, faites une observation intéressante sur votre camarade.

1. Est-ce que tu t'entends bien avec tes amis? avec tes professeurs? avec tes camarades de chambre? (Si votre camarade ne s'entend pas bien avec eux, demandez-lui pourquoi.)
2. As-tu déjà rencontré une personne qui t'a beaucoup impressionné(e)? Comment s'appelle cette personne? De quels traits physiques (yeux, visage, cheveux, taille, etc.) te souviens-tu?
3. Est-ce que tu te rappelles le moment où tu es tombé(e) amoureux/euse pour la première fois? C'était à quel âge, et avec qui? C'était le coup de foudre? C'était l'amour?
4. Veux-tu te marier un jour? À quel âge? Où veux-tu t'installer avec ton mari / ta femme?

Interactions

In this chapter, you practiced talking about day-to-day activities and comparing people and things. Act out the following situations, using the vocabulary and structures from this chapter.

1. **Un cadeau.** You need to buy a gift for a relative. Tell the department store clerk (your partner) about this person. He/She will make several suggestions, describing and comparing the items. Choose the gift that you prefer, and thank the clerk.
2. **Un monstre.** Take a minute to draw an odd-looking monster that you saw roaming the streets near campus. Then, without showing your drawing to your partner, describe this strange being to him or her. Your partner will draw what you describe. Compare drawings to see how well your partner understood.

Rencontres

LECTURE

Avant de lire

Using the dictionary. The following is an article from *Le Lundi*, a magazine from Quebec, about the marriage of Marithé (Marie-Thérèse Bellavance) and Tim Crack, two popular Canadian show business personalities. In this text, like any text in a foreign language, you will often encounter words that you do not understand. In these cases, always try to guess the word from context or other clues. If this does not help, use the dictionary.

When looking up unfamiliar words, do not accept the first meaning you see. Look for hints regarding the form of the word (verb, noun, gender, etc.) and its usage (commerce, music, medicine, etc.) Most good dictionaries provide examples of how words are used. When searching for the correct meaning of a word, consider the context in which it appears in the text you are reading.

Below is a list of words found in the reading. Look up the ones you do not know. Finally, match the French expressions with their definition.

1. a dépassé
2. veille
3. vœux
4. frôler
5. mûr

a. jour qui précède
b. souhaits adressés à quelqu'un
c. en plein (*full*) développement physique et intellectuel
d. est allé plus loin que...
e. toucher légèrement en passant

Coup de cœur

ANIMATRICE À CKOI

MARITHÉ,

ALIAS MARIE-THÉRÈSE BELLAVANCE

L'UNION D'UNE ANIMATRICE AVEC UN MAGICIEN

"Le mariage n'est pas une guarantie d'éternité. Mais nous avons le goût de vivre ensemble..."

Par GÉO GIGÛERE

La sympathique Marithé a pris mari! En effet, elle qui a dépassé la trentaine a trouvé l'amour entre deux continents! L'heureux élu?[a] Tim Crack, également dans le showbiz, qui s'est établi à Montréal parce qu'il trouvait que c'était "*une ville plus intéressante que Toronto!*" Imaginez la rencontre des deux familles le jour du mariage, le 10 août dernier! *Le Lundi* offre ses meilleurs voeux à ce charmant couple dont l'amour nous fait oublier les querelles qui opposent leurs provinces respectives!

♥ Comment vous êtes-vous rencontrés?

– C'était très romantique! L'an passé, ju suis allée passer un mois à Paris. La veille de mon départ pour Montréal, j'étais triste de revenir parce que je n'avais eu que des histoires d'amour pas très intéressantes dans la Ville Lumière,[b]

[a]chosen, elected
[b]Ville... City of light (Paris)

que je ne rencontrais jamais de nouvelles personnes, etc. Le lendemain matin, dans l'avion
Paris–Amsterdam–Montréal, je dis à ma copine
de voyage, Loulou, qu'il me semblait bien connaître le gars assis à nos côtés.[c] Plus tard,
dans l'avion Amsterdam–Montréal, je me suis
encore trouvée[d] assise à ses côtés et nous
avons passé les six heures de vol à bavarder.[e]
Pendant la projection du film *Shirley Valentine*,
je pense que quelque chose s'est passé.[f]
Nous nous sommes un peu frôlés... Nous
avons échangé nos numéros de téléphone et il
m'a appelée deux jours plus tard... pour deux
rendez-vous. Le premier pour le lendemain et
le second, pour to mardi suivant...

**♥ Que trouvez-vous
de singulier[g] en Marithé?**

– Elle me fait rire et nous avons beaucoup de
plaisir ensemble. Nous avons le même âge,
ce qui est fort sympathique. Toute-fois, j'aime
Elvis Presley, mais pas elle. Nous goûts musi-
caux sont très différents.

**♥ Quant à vous, Marithé, cela
vous inquiète-t-il de prendre
la responsabilité d'un mari?**

– Nullement.[h] Le mariage n'est pas une garantie d'éternité. Mais nous avons le goût de
vivre ensemble et de faire fonctionner[i] cette relation. Tous les deux, nous avons eu une vie
amoureuse bien remplie.[j] Nous sommes donc
plus mûrs et avons réellement envie de partager[k] avec l'autre.

**♥ Vous allez désormais[l]
vous appeler Marithé Crack?**

– Cela tombe bien[m] puisque tout le monde sait
à quel point je suis craquée[n]! Non, je garde[o]
mon nom comme cela se fait désormais. Nous,
les femmes, avons travaillé assez fort pour
conserver nos noms, n'est-ce pas?

**♥ Un Torontois qui épouse une
Montréalaise francophone... pourriez-
vous nous glisser un mot là-dessus[p]?**

– Tim s'est particulièrement bien intégré à
Montréal. Il faut dire qu'il a une grande ouverture d'esprit.[q] Vous savez, son métier l'a amené
de par le monde.[r] Et puis, il a choisi de vivre ici
à cause d'affinités culturelles. Il s'est rapidement adapté. Cet été, par exemple, il a travaillé en français au Festival de jazz. Il est international. Comme moi, quoi!

[c]qu'il... *that I had a strong feeling I knew
  (recognized) the guy sitting next to us*
[d]je... *I found myself again*
[e]*chatting*
[f]s'est... *happened*
[g]*remarkable*
[h]*Not at all*
[i]*work*
[j]*busy*
[k]*share*
[l]*from now on*
[m]Cela... *It works out well*
[n]*crazy*
[o]*keep*
[p]nous... *say a word about that*
[q]une... *an open mind*
[r]l'a amené... *has taken him everywhere
  in the world*

Compréhension

1. D'où est Marithé? et Tim? Quelle est leur profession?
2. Où se sont-ils rencontrés?
3. Quelles sont les qualités de Marithé que Tim apprécie?
4. Comment Marithé va-t-elle s'appeler après son mariage avec Tim?
5. Pourquoi leur mariage représente-t-il une combinaison culturelle
   originale?
6. Selon vous, est-ce que le mariage est une «garantie d'éternité»? Pourquoi
   ou pourquoi pas?
7. Selon vous, les femmes mariées doivent-elles prendre le nom de leur
   mari? garder leur nom? Pourquoi ou pourquoi pas?

PAR ÉCRIT

Function: Writing about a memorable event
Audience: Your instructor and / or classmates
Goal: Write a description of an especially memorable day or occurrence from
your childhood. If your memory is deficient, call on your imagination. This may
be a unique opportunity to reinvent the past!

Steps

1. Begin by free association or brainstorming. Devote 15 minutes to jotting down everything that comes to mind about the topic. Don't criticize your ideas at this stage; put them aside for a while when you have finished.
2. Go back and organize your notes. Some of them may seem irrelevant. Be sure to eliminate weak, uninteresting, or irrelevant ideas before you begin writing. Look for dominant points. The most interesting ones should be obvious to you; these will form the foundation of your essay. Then look for supporting details that make the main points clear and vivid. Try to be as specific and descriptive as possible.
3. Write the rough draft. Where appropriate, use comparisons and reflexive and pronominal verbs. Reread the draft for continuity and clarity.
4. Have a classmate read your composition to see if what you have written is interesting, clear, and well organized. Make any necessary changes.
5. Finally, read the composition again for spelling, punctuation, and grammar errors. When correcting, focus especially on your use of the reflexive and pronominal verbs and comparisons. Be prepared to read your composition to a small group of classmates.

À L'ÉCOUTE!

Un rêve bizarre. Vincent raconte son rêve à Gilles. Lisez les activités ci-dessous avant d'écouter le vocabulaire et la conversation qui leur correspondent.

> VOCABULAIRE UTILE
> a disparu *disappeared*
> dehors *outside*
> m'emmènent *take me (away)*

A. Mettez les actions de Vincent dans l'ordre chronologique en les numérotant de 1 à 10.

_____ Il se rase.   _____ Il crie «non»!
_____ Personne ne lui dit bonjour.   _____ Il se brosse les dents.
__1__ Il se lève.   _____ Il se prépare le petit déjeuner.
_____ Il s'en va au bureau.   _____ Il prend sa douche.
_____ Il veut se peigner.   _____ Les policiers l'emmènent.

B. Vrai ou faux?

1. _____ Tous les matins, Vincent se lève à 7h30.
2. _____ Dans son rêve, il n'y a pas d'eau dans la douche.
3. _____ Dans son rêve, ses cheveux sont rouges.
4. _____ Dans son rêve, il se rase avec un couteau.
5. _____ Dehors, tout est bizarre.
6. _____ Il se réveille quand les policiers l'emmènent avec eux.

Vocabulaire

Verbes

avoir mal (**à**) to have pain; to hurt
se baigner to bathe; to swim
se brosser (**les cheveux, les dents**) to brush (one's hair, one's teeth)
se coucher to go to bed
se disputer to argue
se doucher to take a shower
s'embrasser to kiss
s'en aller to go away, go off (*to work*)
s'endormir to fall asleep
s'ennuyer to be bored
se fâcher to get angry
se fiancer to get engaged
s'habiller to get dressed
se laver to wash oneself
se lever to get up
se maquiller to put on makeup
se marier (**avec**) to get married
se mettre à (+ *inf.*) to begin to (*do something*)
se peigner to comb one's hair
se perdre to get lost
se préparer to get ready
se promener to take a walk
se raser to shave
se regarder to look at oneself, at each other
se rencontrer to meet
se rendre à to go to
se réveiller to awaken, wake up
tomber amoureux/euse to fall in love

À REVOIR: **connaître; rencontrer; sortir; s'amuser** (**à faire quelque chose**); **s'arrêter** (**de**); **se demander; se détendre; se dépêcher; s'entendre** (**avec**); **s'excuser; s'installer; se rappeler; se reposer; se souvenir de; se tromper; se trouver**

Substantifs

l'amour (*m.*) love
l'amoureux/euse lover, sweetheart
la bouche mouth
le bras arm
le célibat single life
le corps body
le cou neck
le coup de foudre flash of lightning; love at first sight
la dent tooth
le doigt finger
les fiançailles (*f. pl.*) engagement
le genou knee
la gorge throat
la jambe leg
la main hand
le mariage marriage
le nez nose
les nouveaux mariés newlyweds
l'œil (*m.*) (**les yeux**) eye
l'oreille (*f.*) ear
le peigne comb
le pied foot

la rencontre meeting, encounter
la santé health
la tête head
le ventre abdomen
le visage face

À REVOIR: **les cheveux** (*m., pl.*)

Adjectifs

amoureux/euse loving, in love
élevé(e) high
ennuyeux/euse boring
frisé(e) curly
lourd(e) heavy
meilleur(e) better
pire worse
pratique practical
propre clean
quotidien(ne) daily, everyday

Mots et expressions divers

allez-vous-en! go away!
asseyez-vous (**assieds-toi**) sit down
aussi... que as . . . as
bien (*adv.*) much
dehors outside
fort (*adv.*) very
moins... que less . . . than
plus... que more . . . than
va-t'en! get going, go away!

Intermède

Visite à domicile

Contexte *Mme Guirardi est un médecin généraliste.° Elle fait souvent ses visites à domicile le matin et voit ses autres patients dans son cabinet° l'après-midi.*

médecin... general practitioner
bureau

Objectif *Jérôme s'explique avec le médecin.*

JÉRÔME: Bonjour, docteur.

DR GUIRARDI: Bonjour, Jérôme. Asseyez-vous.* Alors, qu'est-ce qui ne va pas?

JÉRÔME: Docteur, j'ai très mal à la gorge, et j'ai un peu de fièvre.° *fever*

DR GUIRARDI: Et cela dure° depuis combien de temps? *persists*

JÉRÔME: Ça fait quatre ou cinq jours, déjà.

DR GUIRARDI: Bon, eh bien, laissez-moi vous ausculter°... Un peu de congestion, mais rien de grave. Ouvrez la bouche et dites *Aaaah...* *(avec un stéthoscope)*

JÉRÔME: Aaaah...

DR GUIRARDI: Très bien. Vous avez des points° blancs dans la gorge, jeune homme. Je crois que c'est une angine.° *spots* / *inflammation de la gorge*

JÉRÔME: Ça fait très mal quand j'avale.° *swallow*

DR GUIRARDI: Nous allons vous prescrire un sirop qui va arranger° ça. Êtes-vous allergique à certains médicaments? *make better*

JÉRÔME: Non, pas à ma connaissance.

DR GUIRARDI: Alors, voici votre ordonnance.° Prenez ces comprimés° trois fois par jour pendant cinq jours. *prescription / tablets*

JÉRÔME: Merci bien, docteur.

DR GUIRARDI: Si votre fièvre monte, appelez-moi. Et je veux vous revoir si ça ne va pas mieux° dans quatre ou cinq jours. *better*

propos

Pour exprimer votre compassion à un(e) ami(e) malade	Pour exprimer votre manque (*lack*) de compassion à un(e) ami(e) malade
Oh, mon (ma) pauvre! Je suis désolé(e). (*I'm very sorry.*)	C'est de ta faute, tu sais! (*It's your fault, you know!*)

Sit down. Consult the verb charts in the back of the text for the conjugation of the irregular verb **s'asseoir** (*to be seated, to sit down*). The form most useful to you now is the imperative: **Asseyez-vous; assieds-toi.**

375

Je peux faire quelque chose?	Tu l'as cherché!
Je peux t'apporter quelque chose?	Tu as eu tort de... (te coucher si tard, manger
Guéris vite! (*Get well soon!*)	tout cela, etc.)

Maintenant à vous!

A. Questions personnelles. Relisez le dialogue, puis répondez aux questions.

1. Êtes-vous déjà tombé(e) malade pendant un voyage? Comment vous sentiez-vous (*did you feel*)? Qu'est-ce que vous avez fait?
2. Avez-vous jamais eu un accident? (Où? Quand?) Vous êtes-vous cassé (*broken*) la jambe ou le bras?
3. Qu'est-ce qui se passe quand vous vous enrhumez (*get a cold*)? Où avez-vous mal? En général, avez-vous de la fièvre? Que faites-vous? Prenez-vous des médicaments? Consultez-vous un médecin?

B. Jeu de rôles. Jouez les scènes suivantes avec des camarades. Utilisez les expressions de l'*À propos*.

1. Vous voyagez en France avec un ami (une amie). Il/Elle tombe malade. Essayez de trouver pourquoi il/elle est tombé(e) malade. Qu'est-ce qu'il/elle a mangé? Quand s'est-il/elle couché(e)? Depuis quand a-t-il/elle mal au ventre, à la tête, etc.? Ayez de la compassion pour lui/elle.
2. La scène se passe (*takes place*) dans une résidence universitaire. Un(e) de vos ami(e)s est sorti(e) hier soir et il/elle a trop mangé et trop bu dans un restaurant très cher. Aujourd'hui il y a un examen, et votre ami(e) vient vous demander de l'aider à s'y préparer. Vous n'avez pas de compassion pour lui/elle.

PORTRAITS

Louis Pasteur (1822–1895)

Chimiste et biologiste français, Louis Pasteur est le fondateur de la microbiologie. Il a découvert une méthode de conservation des liquides: la pasteurisation. Il a aussi inventé les vaccins contre le choléra et la rage (*rabies*) (1885).

CHAPITRE QUATORZE

Cherchons une profession

En avant
—Est-ce que tu as trouvé un job pour cet été?
—Oui, je vais travailler pour une petite société près de Nice.
—Je croyais que tu voulais faire un stage dans une société multinationale.
—Oui, mais j'ai changé d'avis. Tu comprends, travailler à dix minutes de la plage, c'est beaucoup plus agréable!

Communicative goals: talking about jobs and professions; talking about banking, finances, and money; talking about the future; and linking ideas.

Étude de vocabulaire

Les Français au travail

1. **Les fonctionnaires:** ils travaillent pour l'État.

M. Durand,
agent de police

Mlle Drouet,
secrétaire de
mairie

M. Martin,
facteur

Mme Lambert,
institutrice

Mme Guilloux,
employée à la SNCF

2. **Les travailleurs salariés:**
   ils travaillent pour une entreprise.

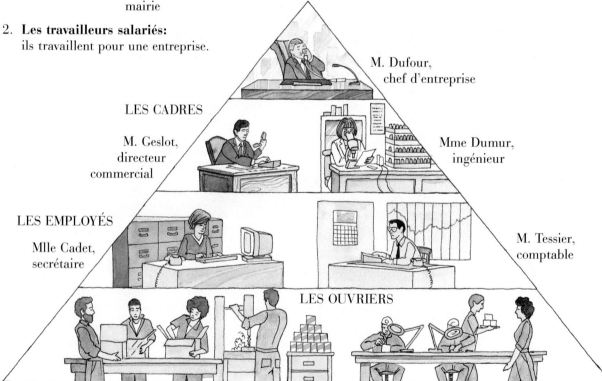

M. Dufour,
chef d'entreprise

LES CADRES

M. Geslot,
directeur
commercial

Mme Dumur,
ingénieur

LES EMPLOYÉS

Mlle Cadet,
secrétaire

M. Tessier,
comptable

LES OUVRIERS

3. **Les travailleurs indépendants:** ils travaillent pour leur compte.

■ Les artisans

M. Lepape,
plombier

Mme Simon,
coiffeuse

■ Les commerçants

M. Thétiot,
boucher

M. Lefranc,
marchand de vin

■ Les professions de la santé

M. Morin,
pharmacien

Mlle Duchamp,
dentiste

Mme Duchesne,
médecin

■ Les autres professions libérales

Mme Aubry,
avocate

M. Leconte,
architecte

M. Colin,
agriculteur

Mlle Cossec,
artiste peintre

M. Kalubi,
journaliste

A. Définitions. Quelle est la profession des personnes suivantes?

MODÈLE: Elle enseigne à l'école primaire. → C'est une institutrice.

1. Elle s'occupe (*takes care of*) des dents de ses patients.
2. Il travaille à la campagne.
3. Il règle la circulation automobile.
4. Elle vend des billets de train.
5. Elle s'occupe de la santé de ses patients.
6. Il distribue des lettres et des paquets.
7. Il vend de la viande aux clients.
8. Elle coupe (*cuts*) les cheveux des clients.
9. Elle tape des lettres sur un ordinateur.
10. Il vend des vins et des liqueurs.
11. Il prépare et vend des médicaments.
12. Elle fait des portraits et des paysages (*landscapes*).

B. Stéréotypes. Voici quelques dessins du caricaturiste français Jean-Pierre Adelbert. Choisissez la profession qui, selon vous, correspond le mieux à chaque dessin. Expliquez pourquoi.

Professions: chef d'entreprise, critique de cuisine, critique de cinéma, artiste peintre, journaliste de mode, plombier, coiffeur/euse, caricaturiste, instituteur/trice, vendeur/euse de CD et de vidéos rock, comptable, chômeur/euse (*unemployed person*),... ?

C. L'embauche (*Hiring*). Vous travaillez pour un cabinet de recrutement (*employment agency*) qui aide des employeurs à recruter leur personnel. Vos clients vous demandent votre opinion. Vos camarades de classe jouent les rôles des clients. Utilisez les mots du vocabulaire de ce chapitre (et des chapitres précédents, où nécessaire).

MODÈLE: ouvrir (*to open*) une banque →
　　　　　　LE/LA CAMARADE: Je veux ouvrir une banque. Quel genre de
　　　　　　　　　　　　　　personnel est-ce que je dois embaucher?
　　　　　　　　　　　VOUS: Vous avez besoin d'un directeur, de
　　　　　　　　　　　　　　secrétaires, de comptables...

1. créer une entreprise   4. ouvrir un salon de beauté
2. publier un journal   5. ouvrir une école
3. ouvrir un supermarché

D. Projets d'avenir. Découvrez les futures professions de vos camarades de classe. Interviewez cinq étudiant(e)s pour découvrir quel métier ils/elles désirent faire après avoir terminé leurs études. Ensuite analysez les résultats. En général, avez-vous des ambitions différentes ou semblables (*similar*)?

MODÈLE: —Que veux-tu faire après tes études?
—Je veux (Je voudrais) devenir médecin dans une station de ski.

À la banque

Rebecca Johnson est une architecte américaine.
Elle s'est installée en France, et elle va à la banque.

1. Elle ouvre (*opens*) **un compte-chèques** (pour pouvoir **faire des chèques**) et **un compte d'épargne** (pour pouvoir **faire des économies**).

2. Elle prend aussi **une carte bancaire**.

3. Elle regarde **le cours du jour** et change ses dollars en francs.

CHANGES	Monnaies	Cours du jour
États-Unis....	1 USD	5,3529

4. Quelques jours plus tard, elle va au **distributeur automatique**. Avec sa carte bancaire, elle **retire** du **liquide** et **dépose** un chèque sur son compte-chèques.

Autres mots utiles:

le carnet de chèques checkbook	**le montant** sum
déposer to deposit	**le reçu** receipt
l'emprunt (*m.*) loan	**toucher** to cash
les frais (*m. pl.*) expenses, costs	

A. Un compte en banque en France. D'après la brochure qui suit, indiquez si les déclarations suivantes sont vraies ou fausses. Si elles sont fausses, corrigez-les.

Comment utiliser un Compte-Chèques. En deux mots.

Votre Compte-Chèques vous sert à régler vos dépenses[a] (ou à les faire régler directement par le Crédit Lyonnais), à recevoir votre argent et à mieux gérer[b] votre budget.

Réglez vos dépenses courantes en toute sécurité.

Faites un chèque barré* sans avoir d'argent liquide, vous payez vos achats dans les magasins, vos factures[c], vos frais de voyage...

Et si vous avez besoin d'argent liquide, vous pouvez en retirer facilement dans votre agence, comme dans toutes les agences du Crédit Lyonnais (jusqu'à 2.000 F par période de 7 jours).

Cependant, n'oubliez pas qu'avant d'émettre[d] un chèque, vous devez disposer sur votre compte d'une provision au moins égale au montant[e] du chèque.

Comment verser de l'argent à votre compte.

Pour alimenter votre compte, vous pouvez déposer des sommes en espèces[f] ou sous forme de chèques bancaires ou postaux. Selon le cas, vous remplissez un formulaire de versement ou de[g] remise de chèques. Vous endossez (c'est-à-dire que vous signez au dos[h]) les chèques que vous remettez. Vous pouvez aussi envoyer les chèques endossés à votre agence, en précisant votre numéro de compte.

1. Il s'agit d'un compte d'épargne.
2. Vous pouvez vous servir de ce compte pour payer vos achats quand vous n'avez pas d'argent liquide sur vous.
3. Il n'y a aucune (*no*) limite à la somme d'argent qu'on peut retirer.
4. Avant de déposer un chèque sur votre compte, vous devez signer à côté de votre nom.
5. Vous êtes obligé(e) d'aller à la banque pour déposer de l'argent sur votre compte.
6. Ce compte-chèques ressemble à un compte courant typique aux États-Unis.

[a]vous... *allows you to make your payments (settle your accounts)*
[b]administrer *(manage)*
[c]*bills (statements, invoices)*
[d]qu'avant... *before writing (issuing)*
[e]vous... *your account must contain an amount at least equal to the amount of the check*
[f]*cash*
[g]remplissez... *fill out a deposit or remittance (deposit-by-mail) form*
[h]au... *on the back*

B. Une globe-trotter. Audrey vient d'arriver à Paris et veut changer de l'argent. Mettez les conseils suivants par ordre chronologique.

1. demander le cours du jour   2. prendre des chèques de voyage avec soi
3. prendre le reçu   4. compter l'argent   5. se présenter à un bureau de change (*money exchange office*) ou à une banque   6. vérifier le montant sur le reçu
7. montrer son passeport   8. dire combien d'argent on veut changer

Audrey suit vos conseils et entre dans un bureau de change. Elle veut changer en francs français des chèques de voyages en dollars ainsi que de l'argent liquide de divers pays qu'elle a visités. À l'aide des cours publiés dans le

---

*A check with two parallel lines drawn across it, indicating "for deposit only." Note that the writer of the check, not the receiver, makes this indication.

journal, calculez approximativement combien de francs français elle va obtenir. Jouez la scène dans le bureau de change avec un(e) camarade.

Audrey a 350 dollars en chèques de voyage, 180 livres, 30 deutschemarks, 155 francs suisses et 75 yens.

MARCHÉ MONÉTAIRE

Paris (5 janv.) .... 12 1/4-12 3/4 %

New-York (4 janv.) .... 3 1/2 %

CHANGES

Dollar : 5,57 F ⬇

Le dollar s'inscrivait en légère baisse, mardi 5 janvier, après sa forte progression des derniers jours. Il cotait à Paris 5,57 francs contre 5,5920 francs au cours indicatif de la Banque de France. Le mark repassait sous la barre de 3,41 francs après le communiqué commun des autorités monétaires françaises et allemandes.

FRANCFORT	4 janv.	5 janv.
Dollar (en DM)	1,6338	1,6360
TOKYO	4 janv.	5 janv.
Dollar (en yens)..	124,90	125,25

MARCHÉ INTERBANCAIRE DES DEVISES

	COURS COMPTANT		COURS TERME TROIS MOIS	
	Demandé	Offert	Demandé	Offert
$ E-U	5,5800	5,5820	5,7090	5,7160
Yen (100)	4,4550	4,4603	4,5543	4,5644
Ecu	6,6490	6,6543	6,6827	6,6957
Deutschemark	3,4120	3,4130	3,4459	3,4507
Franc suisse	3,7766	3,7806	3,8400	3,8484
Lire italienne (1000)	3,6291	3,6352	3,6239	3,6341
Livre sterling	8,4122	8,4209	8,5274	8,5448
Peseta (100)	4,7946	4,7985	4,7564	4,7684

Uⁿ PEU D'ARGOT

le fric	l'argent	
10, 100, 1 000 balles	10, 100, 1,100 francs	
mettre du fric de côté	faire des économies	
être fauché(e)	être sans argent	*to be broke*
J'ai pas un rond!	Je n'ai pas d'argent!	*I'm broke!*

EN CONTEXTE

CLAUDINE: Je suis complètement **fauchée**. Peux-tu me prêter **300 balles**?

CLAIRE: Tu veux rire (*You must be kidding*)! **J'ai pas un rond** en ce moment. As-tu demandé à Marc?

CLAUDINE: Non, je crois qu'il **met du fric de côté** pour aller au Maroc cet été.

Le budget de Marc Convert

Marc travaille dans une petite **société** (*company*) près de Marseille où il est **responsable** (*director*) commercial.

Il **gagne** 13 500 francs par mois.

Il **dépense** presque tout ce qu'il gagne pour vivre; le **coût de la vie** est très élevé dans les villes françaises. Mais il espère avoir une **augmentation de salaire** dans six mois. En ce moment, il **fait des économies** pour acheter une maison.

A. Le budget d'un étudiant. Un de vos amis a besoin de faire un emprunt à la banque pour continuer ses études. La banque lui demande de préparer un budget approximatif. Aidez-le à remplir le formulaire (*form*) en vous basant sur les dépenses d'un étudiant typique de votre université. (Donnez les chiffres en dollars USA.)

DÉPENSES (PAR MOIS)
Loyer (frais de logement) _____
Nourriture _____
Vêtements _____
Transports _____
Sorties/Loisirs _____
Fournitures (*supplies*) scolaires _____
Frais de scolarité _____
Autres _____

_____

Maintenant, comparez vos calculs avec ceux de vos camarades de classe. Essayez de vous mettre d'accord sur le budget d'un étudiant moyen (*average*) de votre université, puis répondez aux questions suivantes.

1. Combien doit gagner votre ami par mois?
2. S'il travaille quinze heures par semaine dans un restaurant près du campus, combien peut-il gagner?
3. Quelles autres sources de revenu a-t-il?
4. Combien doit-il emprunter alors pour continuer ses études ce semestre? (Il reste encore deux mois de classe.)

B. Parlons d'argent! Posez les questions suivantes à un(e) camarade.

1. Est-ce que tu travailles en ce moment? Si oui, qu'est-ce que tu fais comme travail?
2. Est-ce que tu as un compte-chèques? un compte d'épargne? une carte de crédit? Quelle carte?
3. Qu'est-ce que tu fais pour économiser de l'argent?
4. Est-ce que tu as un budget ou est-ce que tu vis au jour le jour (*from day to day*)? Pourquoi?

Pour parler d'argent: Le verbe *ouvrir*

PRESENT TENSE OF **ouvrir** (*to open*)			
j'	**ouvre**	nous	**ouvrons**
tu	**ouvres**	vous	**ouvrez**
il, elle, on	**ouvre**	ils, elles	**ouvrent**
Past participle: ouvert			

The verb **ouvrir** (*to open*) is irregular. Verbs conjugated like **ouvrir** are **couvrir** (*to cover*), **découvrir** (*to discover*), **offrir** (*to offer*), and **souffrir** (*to suffer*). Note that these verbs are conjugated like **-er** verbs.

A. Finances. Ce mois-ci Jean-Paul a des problèmes d'argent. Racontez cette histoire en choisissant un des verbes suivants: **ouvrir**, **couvrir**, **découvrir**, **offrir**, **souffrir**. Utilisez le passé composé là où il est indiqué (*p.c.*).

> Le mois dernier Jean-Paul ____¹ (*p.c.*) un compte-chèques et un compte d'épargne. Sa grand-mère lui ____² (*p.c.*) de l'argent pour son anniversaire, mais il l'a utilisé pour les frais scolaires. Jean-Paul est très économe. Il ____³ toujours ses dépenses (*expenses*). Mais ce mois-ci, il a acheté une nouvelle moto et il ____⁴ parce qu'il ne peut pas sortir aussi souvent. Alors, il ____⁵ les plaisirs de la lecture!

B. Profil psychologique. Demandez à un(e) camarade...

1. s'il (si elle) a un compte bancaire (si oui, dans quelle banque? pourquoi?)
2. s'il (si elle) couvre toujours ses dépenses
3. s'il (si elle) fait des économies et pourquoi
4. s'il (si elle) souffre quand il/elle est obligé(e) de faire des économies
5. combien de fois par semaine, ou par mois, il/elle retire de l'argent de son compte et combien de fois il/elle dépose de l'argent
6. si quelqu'un lui a récemment offert de l'argent et ce qu'il/elle en a fait

Maintenant, dites ce que vous avez découvert et faites un petit portrait psychologique de votre camarade.

Mots utiles: avare (*stingy*), économe, impulsif/ive, généreux/euse, (im)prudent(e), négligent(e), un magnat des affaires (*tycoon*)

France-culture

Les Français et le travail. La mentalité des Français vis-à-vis du travail a beaucoup changé depuis quelques années. Beaucoup d'entre eux considèrent la qualité de la vie plus importante que la réussite° matérielle. Ils préfèrent travailler moins même s'ils doivent gagner moins. La réussite matérielle et l'esprit carriériste° n'attirent plus qu'une minorité.°

De nombreuses réformes sociales ont été mises en place° pour répondre à ce changement de mentalité: les salariés français bénéficient de cinq semaines de vacances par an, et beaucoup ne travaillent que trente-cinq heures par semaine. De plus, le travail à mi-temps° et les horaires flexibles sont très populaires, surtout parmi les femmes qui peuvent ainsi consacrer plus de temps à leur famille.

success

*l'esprit... professional ambition /
n'attirent... attract only a minority
mises... put into place*

part-time

Ce refus de l'aspect aliénant du travail révèle l'importance qu'on donne, en France, à la qualité de la vie. Le bonheur pour beaucoup de Français, c'est la réalisation de soi.° On aime prendre le temps de vivre. Mais cette nouvelle conception du travail n'est pas obligatoirement synonyme d'improductivité. Éliminer le stress, c'est améliorer° la qualité du travail. On retrouve alors un rythme plus naturel et efficace° qui permet d'avoir un meilleur équilibre personnel dans son travail. C'est le rejet de la routine. Ainsi le Français part à la reconquête du temps.°

réalisation... self-realization

to improve

efficient

part... sets out to regain (lost) time

RFA	1 697
Belgique	1 748
FRANCE	1 767
Italie	1 768
Grande-Bretagne	1 778
Grèce	1 840
Espagne	1 840
Irlande	1 864
Etats-Unis	1 912
Portugal	2 025
Japon	2 149

Étude de grammaire

48. TALKING ABOUT THE FUTURE
The Future Tense

Son avenir

LE PÈRE: Il **sera** écrivain, il **écrira** des romans et nous **serons** célèbres.

LA MÈRE: Il **sera** homme d'affaires, il **dirigera** une société et nous **serons** riches.

L'ENFANT: On **verra...** je **ferai** mon possible.

1. D'après son père, quelle sera la profession de l'enfant? Que fera-t-il?
2. D'après sa mère, quelle sera la profession de l'enfant? Que fera-t-il?
3. D'après l'enfant, que fera-t-il?

A. The Future Tense

In French, the future is a simple tense, formed with the stem of the infinitive plus the endings **-ai**, **-as**, **-a**, **-ons**, **-ez**, **-ont**. The final **-e** of the infinitive of **-re** verbs is dropped.

	parler (*to speak*)	finir (*to finish, to end*)	vendre (*to sell*)
je	parler**ai**	finir**ai**	vendr**ai**
tu	parler**as**	finir**as**	vendr**as**
il, elle, on	parler**a**	finir**a**	vendr**a**
nous	parler**ons**	finir**ons**	vendr**ons**
vous	parler**ez**	finir**ez**	vendr**ez**
ils, elles	parler**ont**	finir**ont**	vendr**ont**

Demain nous **parlerons** avec le conseiller d'orientation.
Il te **donnera** des conseils.
Ces conseils t'**aideront** peut-être à trouver du travail.

Tomorrow we will talk with the job counselor.
He will give you some advice.
Maybe this advice will help you to find a job.

B. Verbs with Irregular Future Stems

Some verbs have irregular future stems.

aller: **ir-**   être: **ser-**   savoir: **saur-**
avoir: **aur-**   faire: **fer-**   venir: **viendr-**
devoir: **devr-**   pleuvoir: **pleuvr-**   voir: **verr-**
envoyer: **enverr-**   pouvoir: **pourr-**   vouloir: **voudr-**

J'irai au travail la semaine prochaine.
Et toi, quand **enverras**-tu ta demande d'emploi?
Pas de problème! **J'aurai** bientôt un poste.
Alors, vous **devrez** tous les deux vous lever très tôt le matin.
C'est vrai. Mais demain on **devra** célébrer cela!

I'll go to work next week.
And you? When will you send in your job application?
No problem! I will soon have a position.
So both of you will have to get up very early in the morning.
It's true. But tomorrow we should celebrate!

Verbs with spelling irregularities in the present tense also have irregularities in the future tense. These include such verbs as **acheter**, **appeler**, and **payer**. See Appendix D: **-er** Verbs with Spelling Changes, at the end of the book.

Mots-clés

Saying when you will do something in the future

demain; après-demain
ce week-end
dans trois jours (une demi-heure / un mois / deux semaines, etc.)
lundi (mardi, etc.) prochain; la semaine prochaine / le mois prochain /
   l'année prochaine
un jour (*someday*)
à l'avenir (*from now on*)

Ma chambre à Paris sera prête **lundi prochain**.
Nous partirons pour Paris **dans dix jours** (**la semaine prochaine**).
Un jour, vous aurez peut-être votre propre maison.
À l'avenir, nous ferons des économies, n'est-ce pas?

C. Uses of the Future Tense

As you can see from the preceding examples, the use of the future tense
parallels that of English. This is also true of the tense of verbs after an *if* clause
in the present tense.

Si je pose ma candidature pour ce poste, j'**aurai** peut-être des chances de l'obtenir.	*If I apply for this position, I may (will maybe) have some chance of getting it.*
Mais si tu ne te présentes pas, tu ne l'**auras** sûrement pas!	*But if you don't apply (present your candidacy), you surely will not get it!*

However, in time clauses (dependent clauses following words like **quand**,
lorsque [*when*], **dès que** [*as soon as*], or **aussitôt que** [*as soon as*]), the
future tense is used in French if the action is expected to occur at a future
time. English uses the present tense in this case.

Je te **téléphonerai** *dès que* j'**arriverai**.	*I'll phone you as soon as I arrive.*
Nous **pourrons** en discuter *lorsque* l'avocat **sera** là.	*We'll be able to discuss it when the lawyer arrives.*
La discussion **commencera** *dès que* tout le monde **sera** prêt.	*The discussion will begin as soon as everyone is ready.*

Vérifions!

A. Stratégies. Votre meilleur ami (meilleure amie) cherche du travail pour cet
été. Il/Elle doit se présenter demain à un entretien (*interview*). Dites ce
qu'il/elle fera demain.

MODÈLE: se lever très tôt ⟶ Il/Elle se lèvera très tôt.

1. faire un peu de gymnastique pour se relaxer   2. s'habiller avec soin
3. prendre un petit déjeuner léger   4. mettre son curriculum vitæ dans sa
serviette (*briefcase*)   5. aller au rendez-vous en métro pour éviter les
embouteillages (*traffic jams*)   6. y arriver un peu en avance   7. se présenter
brièvement   8. parler calmement   9. répondre avec précision aux questions
de l'employeur   10. remercier l'employeur en partant (*when leaving*)

À votre avis, que devra-t-il/elle aussi faire d'autre pour être sûr(e) de réussir à
son entretien?

B. Jeu de société. À une soirée vous jouez à la voyante (*fortune-teller*) et
prédisez la carrière de chacun(e) de vos ami(e)s. Choisissez le verbe convenable
pour décrire vos prédictions. Vous pouvez utiliser chaque verbe plusieurs fois.

Verbes: écrire, enseigner (*to teach*), vendre, jouer, devenir, participer, faire,
s'occuper de (*to take care of, be concerned with*)

1. Vous _____ cosmonaute.   2. Vous _____ des bijoux à Alger.   3. Vous
_____ le rôle de Hamlet à Londres.   4. Vous _____ à la construction d'un
stade à Mexico.   5. Vous _____ des articles pour le *New York Times*.
6. Vous _____ des assurances-automobile à Québec.   7. Vous _____ de la
publicité pour Toyota.   8. Vous _____ des malades à Dakar.   9. Vous
_____ dans une école primaire à Seattle.   10. ?

Parlons-en!

A. Conversation. Posez les questions suivantes à un(e) camarade de classe.

1. Qu'est-ce que tu feras quand l'année scolaire sera terminée?
Continueras-tu tes études ou travailleras-tu?   2. Qu'est-ce que tu feras
après tes études? Choisiras-tu une profession indépendante? salariée? Seras-
tu fonctionnaire? commerçant(e)? artisan(e)?   3. Voyageras-tu souvent? Si
oui, dans quels pays? pour quelles raisons?   4. Gagneras-tu beaucoup
d'argent? Est-ce que cela sera important pour toi?   5. Où vivras-tu si tu
en as le choix? Pourquoi?

B. Interview. Vous voulez savoir ce que votre camarade pense de l'avenir et
vous lui posez les questions suivantes. Mais malheureusement il/elle ne vous
prend pas au sérieux! L'interviewé(e) utilise toute son imagination et son
humour pour répondre. À la fin, inversez les rôles.

MODÈLE: dès que tu auras ton diplôme ⟶
          —Que feras-tu dès que tu auras ton diplôme?
          —Moi, plus tard, je vendrai des légumes biologiques (*organic*) à
            Athènes.

1. quand tu seras vieux (vieille)   2. si un jour tu es milliardaire   3. dans
dix ans   4. lorsque tu te marieras   5. dès que tu pourras réaliser un de
tes rêves   6. si tu n'obtiens pas tout ce que tu veux   7. lorsque tu auras
des enfants   8. ?

À votre avis, parmi toutes les réponses, laquelle (*which one*) est la plus originale? la plus amusante? la plus bizarre?

49. LINKING IDEAS
Relative Pronouns

Interview d'un chef d'entreprise

LA JOURNALISTE:	Et pourquoi dites-vous que vous avez fait trois ans d'études inutiles?
GENEVIÈVE:	Eh bien, parce que pendant tout ce temps-là, c'était la création de bijoux **qui** m'intéressait.
LA JOURNALISTE:	Les bijoux **que** vous créez sont fabriqués avec des matériaux naturels?
GENEVIÈVE:	Oui. Je dessine aussi pour les magazines des bijoux fantaisie **qu'**on peut réaliser à la maison.
LA JOURNALISTE:	Maintenant, votre entreprise fabrique des milliers de bijoux **dont** les trois-quarts partent au Japon?
GENEVIÈVE:	Oui, et j'ai des tas de nouveaux projets!

1. Qu'est-ce qui intéressait Geneviève pendant ses études?
2. Qu'est-ce qu'on peut réaliser à la maison?
3. Les trois-quarts de quoi partent au Japon?

A relative pronoun (*who, that, which, whom, whose*) links a dependent (relative) clause to a main clause. A dependent clause is one that cannot stand by itself—for example, the italicized parts of the following sentences: The suitcase *that he is carrying* is mine; There is the store *in which we met*. In French, there are two sets of relative pronouns: those used as either the subject or direct object of a dependent clause and those used after a preposition.

A. Relative Pronouns Used as Subject or Direct Object of a Dependent Clause

The relative pronoun used as the *subject* of a dependent clause is **qui** (*who, that, which*). The relative pronoun used as the *direct object* of a dependent clause is **que** (*whom, that, which*).* Both can refer to people and to things.

---

*You may recall that **qui** and **que** are used in asking questions as well (interrogative pronouns). See Chapter 4 for a review.

SUBJECT   Je cherche l'artisane. **Elle** fabrique des bijoux.

Je cherche l'artisane **qui** fabrique des bijoux.

OBJECT   J'ai acheté des bijoux. Geneviève a fabriqué **ces bijoux**.

J'ai acheté les bijoux **que** Geneviève a fabriqués.[*]

Qui replaces the subject (**elle**) in the dependent clause in the first sentence. Since it is the subject of the clause, **qui** will always be followed by a conjugated verb (**qui fabrique**).

Que replaces the direct object (**ces bijoux**) in the second sentence. **Que** is followed by a subject plus a conjugated verb (**... que Geneviève a fabriqués**).

QUI + CONJUGATED VERB	**QUE** + SUBJECT + VERB
Les architectes **qui ont organisé** la réunion sont français.	Les architectes **que j'ai vus** à la conférence viennent des États-Unis.

Note in the sentence with **voir**, the past participle agrees with the preceding plural direct object **que** (**les architectes**).

Qui never elides with a following vowel sound: L'architecte **qui est** arrivé ce matin vient des États-Unis. **Que** does elide: L'architecte **qu'elle** a rencontré vient des États-Unis.

B. Relative Pronouns Used as Objects of Prepositions

The relative pronoun **qui** can be used as the object of a preposition to refer to people.

Le comptable **avec qui** je travaille est agréable.	*The accountant with whom I work is pleasant.*
L'ouvrier **à qui** M. Mesnard a donné du travail est travailleur.	*The worker to whom Mr. Mesnard gave some work is industrious.*

C. Dont

The pronoun *dont* is used to replace *de* (*du, de la, de l', des*) plus an object.

Où est le reçu? J'ai besoin du reçu.	*Where is the receipt? I need the receipt.*
Où est le reçu **dont** j'ai besoin?	*Where is the receipt that I need?*

---

[*]You may want to review the section on agreement of past participles in Chapter 9.

The pronoun **dont** is also used to express possession.

C'est la passagère. Ses valises sont à la douane.	*That's the passenger. Her suitcases are at the customs office.*
↓	↓
C'est la passagère **dont** les* valises sont à la douane.	*That's the passenger whose suitcases are at the customs office.*

D. Où

Où is the relative pronoun of time and place. It can mean *where, when,*[†] or *which.*

Le guichet **où** vous changez votre argent est là-bas.	*The window where you change your money is over there.*
Le 1ᵉʳ janvier, c'est le jour **où** je commence mon nouveau travail.	*The first of January, that's the day (when) I begin my new job.*
L'aéroport d'**où** vous êtes partis est maintenant fermé.	*The airport from which you departed is closed now.*

Vérifions!

A. À la recherche d'un emploi. Jean-Claude raconte comment il a passé sa semaine à chercher du travail. Reliez les phrases suivantes avec le pronom relatif **qui**.

1. Lundi, j'ai déjeuné avec un ami. Il connaît beaucoup de comptables.
2. Mardi, j'ai eu une interview à la Banque Nationale de Paris. Elle est près de la place de la Concorde.
3. Mercredi, j'ai parlé à un employé du Crédit Lyonnais. Il m'a beaucoup encouragé.
4. Jeudi, j'ai pris rendez-vous avec un membre de la Chambre de commerce. Il est expert-comptable.
5. Enfin samedi, j'ai reçu une lettre d'une société belge. Elle m'offre un poste de comptable à Bruxelles.
6. Et aujourd'hui je prends l'avion. Il me conduit vers ma nouvelle vie.

B. Promenade sur la Seine. Cet été, Marie-Claude travaille comme guide sur un bateau-mouche[‡] à Paris. Complétez ses explications avec les pronoms relatifs **qui**, **que** ou **où**.

---

*When **dont** is used, there is no need for a possessive adjective. Note the use of the definite article (**les**).

[†]**Quand** is never used as a relative pronoun.

[‡]The **bateaux-mouches** are well-known tourist boats that travel up and down the Seine.

Ce bâtiment _____¹ vous voyez à présent dans l'Île de la Cité, c'est la Conciergerie. Autrefois une prison, c'est l'endroit _____² Marie-Antoinette a passé ses derniers jours. Et cette église _____³ se trouve en face de nous, c'est Notre-Dame. Est-ce que vous voyez cette statue _____⁴ ressemble à la Statue de la Liberté? Eh bien, c'est l'original de la statue _____⁵ la France a donnée aux Américains. Voici le musée d'Orsay _____⁶ vous pourrez admirer les peintres impressionnistes et _____⁷ je vous recommande de visiter. Et un peu plus loin, le musée du Louvre _____⁸ vous trouverez la Joconde et la Vénus de Milo. Et enfin, voici la tour Eiffel, _____⁹ est le symbole de notre ville.

C. Photos de vacances. Jeannine a passé un mois dans un village d'artistes dans le Midi. Elle y a rencontré beaucoup de gens intéressants. Elle montre maintenant ses photos de vacances à ses amis.

MODÈLE: Voici un artisan. Ses poteries sont très chères. →
Voici un artisan dont **les** poteries sont très chères.

1. Michel est un jeune artiste. On peut admirer ses tableaux au musée de Marseille.
2. Voici Yan. Ses sculptures sont déjà célèbres dans le milieu artistique.
3. Et voilà Claire. On vend ses bijoux à Saint-Tropez.
4. Laurent est un jeune écrivain. Son premier roman vient d'être publié.

Parlons-en!

A. À la gare de Lyon. Pendant les vacances d'hiver vous travaillez au Bureau des objets trouvés (*lost and found*) à la gare de Lyon. Avec des camarades, jouez les situations suivantes. Soyez imaginatif/ive et donnez beaucoup de détails.

MODÈLE: une valise / oublier sur le quai
LE/LA PASSAGER/ÈRE: Je cherche une valise que j'ai oubliée sur le quai hier matin.
VOUS: Comment est la valise que vous avez oubliée?
LE/LA PASSAGER/ÈRE: Elle est petite, en cuir rouge.

1. un parapluie / laisser au restaurant
2. des clés / perdre dans le hall
3. un livre / oublier dans le train
4. un billet de train / venir d'acheter
5. un carnet de chèques / laisser au bureau de change
6. un ami (une amie) / rencontrer dans le train

B. Énigme. Décrivez un objet, une personne ou un endroit à vos camarades. Utilisez des pronoms relatifs. Vos camarades vont essayer de trouver la chose dont vous parlez.

Catégories suggérées: une ville, un pays, un plat, un gâteau, une personne, une classe, un moyen de transport, une profession...

MODÈLE: VOUS: Je pense à un gâteau qui est français et dont le nom commence par un e.

UN(E) CAMARADE: Est-ce que c'est un éclair?

Maintenant, continuez ce jeu avec une différence. Vous ne donnez que la catégorie d'un objet ou d'une personne. Vos camarades vous demandent des précisions. Répondez-leur par **oui** ou **non**.

Autres catégories suggérées: un film, une émission de télévision, une pièce de théâtre, un acteur (une actrice), un chanteur (une chanteuse), un homme (une femme) politique (*politician*), un(e) athlète...

MODÈLE: VOUS: Je pense à un film.

VOS CAMARADES: C'est un film que tu as vu il y a longtemps?
C'est un film dont l'action se passe (*happens*) aux États-Unis?
C'est un film qui a gagné un *Oscar*?
C'est un film où Jody Foster a joué le rôle principal?
C'est *Silence of the Lambs*.

Mise au point

A. Un poste au Canada. Claudette rêve déjà de son voyage au Canada. Voici ce qu'elle fera. Choisissez le mot juste.

Claudette, (*qui / que / qu'*) est une jeune Parisienne, (*ira / sera / aura*) travailler au Canada l'an prochain. Elle habitera chez les Regimbault (*qui / que / qu'*) sont des amis de ses parents et chez (*dont / que / qui*) ses parents sont restés quand ils (*seront / ont / sont*) passés par Québec il y a assez longtemps. Le jour (*que / qui / où*) Claudette (*arrivera / arrive / arrivée*), la famille Regimbault (*viendront / viendra / verra*) la chercher à l'aéroport. Son avion, (*que / qui / où*) partira de l'aéroport Roissy-Charles de Gaulle, passera par New York. Ses bagages (*arrivaient / arriveront / arrivent*) plus tard. M. et Mme Regimbault, (*qui / que / dont*) le père de Claudette lui a beaucoup parlé, sont très gentils. Le bureau (*où / que / qui*) Claudette travaillera n'est pas loin de chez eux. C(e) (*sera / avait / a été*) un séjour (= une visite) très agréable.

B. Travail et vacances. Racontez les projets de Sabine. Reliez les deux phrases avec un pronom relatif. Le symbole ▲ indique le début (*beginning*) d'une proposition relative.

MODÈLE: Je travaille au tribunal (*court*). ▲ Je suis avocate au tribunal. →
Je travaille au tribunal où je suis avocate.

1. Je prendrai bientôt des vacances. ▲ J'ai vraiment besoin de ces vacances.
2. Ma camarade de chambre ▲ viendra avec moi. Elle s'appelle Élise.
3. Elle travaille avec des comptables. ▲ Ces comptables sont très exigeants (*demanding*).
4. Nous irons à Neuchâtel. ▲ Les parents d'Élise ont une maison à Neuchâtel.
5. Hier Élise a téléphoné à son père. ▲ Le père d'Élise nous a invitées.
6. Élise a envie de voir sa mère. ▲ Elle pense souvent à sa mère.
7. J'ai acheté une nouvelle valise. ▲ Je mettrai tous mes vêtements de ski dans cette valise.
8. Nous resterons deux jours à Strasbourg. ▲ Nous visiterons le Palais de l'Europe à Strasbourg.
9. Nous rentrerons trois semaines plus tard, prêtes à reprendre le travail. ▲ Ce travail se sera accumulé (*piled up*).

Cherchez l'information demandée ci-dessous dans le récit de Sabine.

1. saison   2. durée des vacances   3. nationalité probable d'Élise   4. état d'esprit (= mental) de Sabine

C. Conversation. Posez les questions suivantes à un(e) camarade, qui vous les posera à son tour.

L'été prochain _____?

1. qu'est-ce que tu écriras?   2. qu'est-ce que tu liras?   3. qu'est-ce que tu achèteras?*   4. qui verras-tu?   5. où iras-tu?   6. que feras-tu? auras-tu un job?

Interactions

In this chapter, you practiced talking about the future, and you learned to link sentences. Act out the following situations, using the vocabulary and grammar from this chapter.

1. **À la banque.** You need to cash some traveler's checks. Go to the teller (your partner) at the window. Tell him or her how much money you want to change. Unfortunately, you have forgotten your passport. Ask whether you can change the money anyway and whether you can establish a checking

---

*See Appendix D for the conjugation of **acheter**.

account, because you will be in France for a while. Thank the teller for the information.

2. **Un job.** You are being interviewed for a job as a bilingual teller in a bank. Greet the interviewer (your partner). Answer any questions the interviewer may have. Ask about salary (**le salaire**), advancement (**les possibilités d'avancement**), job security (**la sécurité de l'emploi**), and working conditions (**les conditions de travail**). Tell the interviewer why you would particularly like the job, and explain why you are qualified.

Avant de lire

More on skimming for the gist.   The following article is from *Télé Poche*, a French magazine about television programs and personalities. It may seem difficult at first because of the many unfamiliar words. Use your skills at contextual guessing and make use of all available clues.

  Another skill to use is that of skimming. Before you begin, answer the questions below to get the gist of the article. Base your answers on the title, introduction, photo, and the topic sentences below.

PARAGRAPHE 1
Je garde des souvenirs merveilleux lorsque j'étais reporter pour la chaîne américaine CBS, dans les années 70.

PARAGRAPHE 2
Trêve (No more) *de nostalgie, Christine préfère se rappeler les moments intenses qu'elle a vécus au cours de ses nombreux reportages.*

PARAGRAPHE 3
Christine avoue (admits) *pourtant ne jamais regarder en arrière* (backwards).

Questions

- Who is the article about?
- What general topic is discussed?
- How old was she when she got started in her profession?

LA PREMIÈRE FOIS

LES DÉBUTS AMÉRICAINS DE CHRISTINE OCKRENT

« Seul l'avenir m'intéresse », assure Christine Ockrent. Néanmoins, pour Christophe Dechavanne et Philippe Bouvard,[a] elle a accepté d'évoquer ses tout premiers pas[b] de journaliste.

◄ *La vocation journalistique ? Pour Christine Ockrent, elle s'est révélée à l'âge de 20 ans.*

Lundi TF1, 20.45

Blonde et mince dans son tailleur saumon, Christine Ockrent savoure une coupe de champagne dans sa loge.[c] Avant le coup d'envoi[d] de « La première fois »,[e] présentée par Christophe Dechavanne et Philippe Bouvard. L'occasion pour elle d'évoquer les prémices[f] de son parcours professionnel. « Je garde des souvenirs merveilleux lorsque j'étais reporter pour la chaîne américaine CBS, dans les années 70. Durant cette période d'apprentissage,[g] j'ai découvert mon métier. » Une vocation qui s'est révélée[h] à l'âge de 20 ans, avec la nouvelle de l'assassinat du Président Kennedy. « À partir de ce moment-là, j'ai eu envie de vivre de près[i] les événements de mon époque. » Pari tenu.[j] En 1981, elle présente la grand-messe[k] du 20 heures sur A 2.

Trêve de nostalgie, Christine préfère se rappeler les moments intenses qu'elle a vécus au cours de ses nombreux reportages. « Ceux qui m'ont le plus marquée[l] concernent des anonymes, dans des lieux perdus.[m] Beaucoup plus que Gorbatchev au Kremlin ou Reagan à la Maison Blanche. Par exemple, lorsque vous croisez le regard[n] de quelqu'un dans les décombres[o] yougoslaves ou au fin fond[p] de la Géorgie... » Difficile pour un reporter d'oublier les horreurs de la guerre[q] : « À Tel Aviv, la première attaque des Scuds irakiens m'a beaucoup frappée. Et se retrouver dans un abri[r] est tout aussi impressionnant. »

Son meilleur souvenir ? ...« Le prochain ! »

Christine avoue pourtant ne jamais regarder en arrière. « Il n'y a que l'avenir qui m'intéresse. » Pour l'heure, c'est son émission « Direct » sur A2. « Il est possible que je continue, mais personne ne connaît précisément la grille[s] de rentrée. Et puis, j'ai de nouveaux projets en cours. » Sereine, Christine se dirige vers le plateau[t] pour raconter sa « Première fois ». À propos, quel est son meilleur souvenir ? « Le prochain, j'espère ! »

Florence MARTINELLI

[a] *Christophe... producers of the show on which Christine is a guest*
[b] *steps*
[c] *dressing room*
[d] *le coup... first broadcast*
[e] *«La...» television show where famous people are interviewed*
[f] *débuts*
[g] *apprenticeship*
[h] *s'est... was revealed to her*
[i] *de... close to*
[j] *Pari... A bargain she has kept*
[k] *news*
[l] *struck*
[m] *lieux... far-off places*
[n] *croisez... exchange glances*
[o] *ruins*
[p] *au... deep in the woods*
[q] *war*
[r] *bunker*
[s] *schedule*
[t] *stage*

Compréhension

1. Quelle est la profession de Christine Ockrent?
2. Quand et pourquoi a-t-elle décidé de faire ce métier?
3. Que faisait-elle dans les années 70?
4. Quelles sortes d'événements et de personnes ont marqué Christine Ockrent?
5. Quels endroits Christine Ockrent a-t-elle visités au cours de sa carrière?
6. Et vous, est-ce que vous serez journaliste un jour? Pourquoi ou pourquoi pas?

PAR ÉCRIT

Function: Narrating (a personal experience) in the past
Audience: Classmates and professor
Goal: The following brief passage is excerpted from the autobiography of
Françoise Giroud (1916–),* *Si je mens* (1972). After reading it, use it as a
model for your own paragraph answering the question **Quel genre d'enfance
avez-vous eu?**

> —Quel genre d'enfance avez-vous eu?
> —Le genre bizarre.
> —Bizarre? Pourquoi?
> —Ce n'est pas facile à expliquer... Mon père a été essentiellement une
> absence, une légende. Une absence d'abord à cause de la guerre, puis
> d'une mission aux États-Unis dont il a été chargé par le gouvernement
> français, ensuite d'une maladie que l'on ne savait pas soigner à l'époque
> et dont il est mort. Cette maladie a duré des années pendant lesquelles je
> ne l'ai jamais vu. J'ai eu pour lui un amour fou. On parlait de lui, à la
> maison, comme d'un héros qui avait tout sacrifié à la France,...

Steps

1. Reread the passage above, paying special attention to the transitions
   between clauses within sentences. Note the following techniques, and use
   them as models to follow in setting up your own paragraph.
   a. Use of adverbs, such as **d'abord**, **et puis**, **enfin**, etc., to connect simple
      clauses within a sentence and provide a sense of chronological
      progression or movement.
   b. Use of relative pronouns, such as **qui**, **que**, **où**, and **dont**, to enchance
      movement and sophistication by connecting simple clauses into a
      complex whole.
2. Jot down a brief list of memories, events, or feelings that seem to
   characterize your childhood.
   a. Flesh out the list by adding a few relevant details to each item on the
      list.
   b. Find a word or short phrase that seems to summarize the list and offers
      a shorthand characterization of your childhood.
3. Write a rough draft, applying the principles under number 1 above.
4. Have a classmate read your story to see if what you have written is
   interesting, clear, and organized. Make any necessary changes. Finally, read
   the composition again, checking for spelling, punctuation, and grammar
   errors. Focus especially on your use of adverbs and relative pronouns. Be
   prepared to share your composition with your professor or classmates.

---

*Françoise Giroud was editor of the magazine *Elle* between 1945 and 1953, then helped found
L'Express, where she became editor and then publisher. From 1974 to 1976 she served as French
Secretary of State for the Status of Women and was Secretary of State for Culture in 1976–1977.
She has also written several literary works.

À L'ÉCOUTE!

Carrières. Vous allez entendre trois offres d'emploi à la radio. Lisez les activités ci-dessous avant d'écouter le vocabulaire et les séquences sonores qui leur correspondent.

> VOCABULAIRE UTILE
> la comptabilité *accounting*
> la rentrée prochaine *beginning of next academic year*

A. Déterminez de quel poste il s'agit dans chaque cas.

Annonce 1 _____   a. professeur
Annonce 2 _____   b. ingénieur
Annonce 3 _____   c. secrétaire

B. Quels sont les points mentionnés dans ces offres d'emploi? Encerclez la bonne réponse.

PREMIÈRE OFFRE
1. La société recherche quelqu'un qui
   a. parle trois langues   b. parle anglais   c. parle espéranto
2. Cette personne devra avoir
   a. 15 ans d'expérience professionnelle   b. entre 5 et 10 ans d'expérience professionnelle

DEUXIÈME OFFRE
3. Le responsable de gestion (*director of administration*) a besoin d'un assistant qui
   a. parle anglais et italien   b. parle espagnol et anglais
4. Cette personne devra avoir
   a. 25 ans d'expérience professionnelle   b. un bon sens de l'organisation

TROISIÈME OFFRE
5. L'université recherche un professeur de
   a. physique-chimie   b. lettres   c. sciences humaines
6. Cette université se trouve
   a. en Afrique du Sud   b. en Amérique   c. en Afrique de l'Ouest

C. Quelle annonce (numéro 1, 2 ou 3) convient à (*is appropriate for*) chacune des personnes suivantes? Encerclez le numéro.

1. Laurence Chassagne enseigne la physique et la chimie dans un lycée technique et rêve de partir à l'étranger.
   1   2   3
2. Carole Bernard parle trois langues couramment et est forte en calcul (*arithmetic*).
   1   2   3
3. Lionel Pelletier est spécialiste en informatique. Il voudrait trouver un travail avec plus de responsabilité.
   1   2   3

Vocabulaire

Verbes

aider to help
couvrir to cover
découvrir to discover
dépenser to spend (*money*)
déposer to deposit
diriger to direct
embaucher to hire
faire des économies to save (up) money
faire un chèque to write a check
gagner to earn, to win
intéresser to interest
offrir to offer
ouvrir to open
remettre to replace, to deliver
retirer to withdraw
souffrir to suffer
toucher to cash

Substantifs

l'argent liquide (*m.*) cash
l'augmentation (*f.*) increase
l'avenir (*m.*) future
le bijou jewel
le budget budget
le bureau de change money exchange (office)
le carnet de chèques checkbook
la carte bancaire bank (ATM) card
la carte de crédit credit card
le chèque check
le compte account
  le compte-chèques checking account
  le compte d'épargne savings account
le conseil advice

le cours exchange rate
le coût de la vie cost of living
la dépense expense
le distributeur automatique automatic teller
l'embauche (*f.*) hiring
l'emprunt (*m.*) loan
l'entreprise (*f.*) company
l'entretien (*m.*) job interview
les frais (*m. pl.*) expenses, costs
le montant sum, amount
le reçu receipt
le salaire salary
la société company

À REVOIR: **l'horaire** (*m.*)

Les professions

l'agent (*m.*) **de police** police officer
l'agriculteur/trice farmer
l'architecte (*m., f.*) architect
l'artisan(**e**) artisan, craftsperson
l'artiste peintre (*m., f.*) (artist) painter
l'avocat(**e**) lawyer
le/la boucher/ère butcher
le cadre middle or upper manager
le chef d'entreprise company head, top manager, boss
le/la coiffeur/euse hairdresser
le/la commerçant(**e**) shopkeeper
le/la comptable accountant
le/la dentiste dentist
le/la directeur/trice manager, head
le/la directeur/trice commercial(**e**) business manager
l'employé(**e**) (**de**) employee; someone employed (by); white-collar worker; (sales) clerk
le facteur letter carrier

le/la fonctionnaire civil servant
l'ingénieur (*m.*) engineer
l'instituteur/trice primary school teacher
le/la journaliste reporter
le marchand de vin wine merchant
le médecin (**la femme médecin**) doctor
l'ouvrier/ière (manual) worker
le/la pharmacien(**ne**) pharmacist
le plombier plumber
le/la secrétaire secretary
le/la travailleur/euse worker
  le travailleur indépendant self-employed worker
  le travailleur salarié salaried worker

À REVOIR: **l'acteur, l'actrice**; **l'artiste** (*m., f.*); **l'écrivain** (**la femme écrivain**); **le/la peintre**; **le/la serveur/euse**

Mots et expressions divers

aussitôt que as soon as
à l'avenir from now on
dès que as soon as
dont whose, of whom, of which
un jour someday
lorsque when
où where, when
prochain(**e**) next
que whom, that, which
qui who, that, which

Intermède

Un travail temporaire

Contexte *Chaque année à la fin de l'été, les vendanges° sont un rendez-vous traditionnel des étudiants français et étrangers. Ils savent qu'ils gagneront peu d'argent, mais qu'ils vivront une expérience enrichissante: l'accueil° chez les viticulteurs° est chaleureux° et l'ambiance des vendanges toujours joyeuse.*

grape harvests

welcome / winegrowers

warm

Objectif *Jean-Marc cherche du travail.*

JEAN-MARC: Bonjour, Monsieur, j'ai entendu dire que vous embauchez pour les vendanges.

M. MICHAUD: Oui, c'est exact. Vous avez déjà vendangé? Ce n'est pas toujours drôle, on travaille sous le soleil, sous la pluie...

JEAN-MARC: Oui, je sais, mais je travaille bien. Vous payez à l'heure?

M. MICHAUD: Oui, nous payons 35 francs de l'heure, et les journées sont de huit à dix heures.

JEAN-MARC: Et pour le logement et les repas?

M. MICHAUD: Je retiens° deux heures de travail par jour seulement.

withhold, charge

JEAN-MARC: Je suppose que ça va durer° deux ou trois semaines au maximum?

last

M. MICHAUD: Oh oui, sans doute, s'il ne fait pas trop mauvais temps.

JEAN-MARC: Eh bien, si vous voulez bien me prendre, ça m'intéresse.

M. MICHAUD: C'est d'accord. Mais n'oubliez pas: ici, on s'amuse bien, mais on travaille dur°!

hard

propos

Comment engager une conversation formelle au téléphone

LA PERSONNE QUI TÉLÉPHONE	LA PERSONNE QUI RÉPOND
[dring! dring!]	→ Transports Sud-Loire, j'écoute.

> Bonjour, Monsieur (Madame).
>   Pourrais-je parler
>   à M. Dumont?   →   C'est de la part de qui?
>   Un moment, s'il vous plaît.
>   Ne quittez pas...
> C'est de la part de Laurent   →   Je vous passe la personne à
>   Bernardin.   qui vous voulez parler.
>   (*ou* M. Dumont est
>   absent.)
>
> Oui, j'attends.

Maintenant à vous!

A. Questions personnelles. Relisez le dialogue, puis répondez aux questions.

1. Avez-vous jamais eu un travail très dur? Racontez ce que vous avez fait. Qu'est-ce qui a rendu ce job difficile? Étiez-vous content(e) de ce travail, ou l'avez-vous détesté? Pourquoi?
2. Connaissez-vous des étudiant(e)s qui travaillent? À peu près combien sont-ils payés de l'heure? Que faut-il faire pour gagner davantage (*more*) d'argent?
3. Quel est, à votre avis, le job d'été idéal? Qu'est-ce que vous allez faire l'été prochain?

B. Jeu de rôles. Jouez la scène suivante avec un ou plusieurs camarades. Vous téléphonez à Mme Martin, responsable de gestion (*administration*) pour l'Europe à l'Agence France Presse. Elle a besoin d'un assistant dont la langue maternelle est l'anglais, mais avec une bonne connaissance du français. Vous avez vu l'offre d'emploi dans le journal *Le Monde*. Parlez d'abord à sa secrétaire, une personne peu aimable qui ne fait rien pour vous aider. La secrétaire est ferme et refuse de vous la passer. Essayez de la persuader de vous passer Mme Martin.

P O R T R A I T S

Marie Curie (1867–1934)
Physicienne° d'origine polonaise,° Marie Curie a fait des recherches sur la radioactivité avec son mari, Pierre Curie. Elle a découvert le *polonium* et le *radium* (1898). Prix Nobel de physique en 1903 et de chimie en 1911, elle a été la première femme nommée professeur à la Sorbonne.

Physicist / Polish

CHAPITRE QUINZE

Vive les loisirs!

En avant

—Qu'est-ce que tu fais ce week-end?

—Samedi je vais faire du tennis avec Christine et
le soir, je vais voir Vanessa Paradis* en concert.

—Vanessa Paradis? Super! Et dimanche, tu veux venir au ciné avec moi? Je
vais voir *Christophe Colomb*, un film de Depardieu.*

—OK!

Communicative goals: talking about leisure time activities, getting
information, being polite, speculating, expressing actions, and making
comparisons.

---

*Vanessa Paradis is a popular French singer. Gérard Depardieu is one of the leading stars of French
movies.

Étude de vocabulaire

Les loisirs préférés des Français

Les spectacles
La chanson de variété*
Le cinéma

Les activités de plein air
La pêche   Le ski
La pétanque   La marche
Le pique-nique

Les manifestations sportives
Le football
Le cyclisme
Les matchs (de boxe, de football)

Les jeux
Les jeux de hasard
Les jeux de société

Le bricolage†
Le jardinage

Les passe-temps
Les collections
La lecture
La peinture

A. Catégories. La chanson de variété est un spectacle. Dans quelle(s) catégorie(s) de distractions classez-vous _____?

***Une chanson de variété** is a popular song, frequently associated with a particular singer and sung in a music hall or a small nightclub.
†**Le bricolage** is *puttering around, doing odd jobs around the house, building and repairing things oneself*. The verb form is **bricoler**.

404

1. un match de boxe
2. une collection de papillons (*butterflies*)
3. la fabrication de nouvelles étagères
4. la pêche
5. la roulette
6. la lecture
7. une partie (*game*) de frisbee
8. la réparation de votre bicyclette
9. un pique-nique
10. le poker
11. un concert de jazz
12. la pétanque
13. le cyclisme
14. la marche

B. Le bricolage. Le jardinage et la construction d'un barbecue sont deux formes de bricolage. Nommez deux formes de loisirs pour chaque catégorie.

1. les manifestations sportives   2. les jeux de société   3. les spectacles   4. les activités de plein air   5. les passe-temps

C. Interview. Posez les questions suivantes à un(e) camarade. D'après ses réponses, parlez brièvement à la classe du caractère ou de la personnalité de votre camarade.

Expressions utiles: sentimental(e), terre à terre (= pratique), actif/ive, créateur/trice, paresseux/euse, sportif/ive, énergique, (peu) doué(e) (*gifted*) pour les sports, audacieux/euse, (im)prudent(e), adroit(e), être un homme (une femme) à tout faire (*handy*), (n')avoir (pas) le goût du risque

Demandez-lui...

1. quelles sortes de chansons il/elle aime (les chansons d'amour? les chansons folkloriques? le rap?)
2. qui est son chanteur favori et sa chanteuse favorite, et pourquoi
3. à quelles sortes de spectacles il/elle assiste* souvent et à quel spectacle il/elle a assisté récemment
4. s'il (si elle) préfère faire du sport ou s'il (si elle) préfère assister à des manifestations sportives; à quelle manifestation sportive il/elle a assisté récemment
5. quel jeu de société il/elle préfère (le bridge? le Scrabble? le Monopoly?)
6. à quels jeux de hasard il/elle a joué, où il/elle y a joué et combien il/elle a gagné ou perdu
7. s'il (si elle) aime bricoler et quels objets il/elle a réparés ou fabriqués (= construits)
8. s'il (si elle) collectionne quelque chose

D. Vive les loisirs! Imaginez que vous êtes libre ce week-end et que vous ne savez pas quoi faire. Voici quelques suggestions.

D'après la publicité à la page suivante...

1. Quelles sont les différentes activités proposées?

Assister (à) is a **faux ami, or false cognate, meaning *to attend*. To express *assisting or helping*, use **aider**.*

2. Quelle activité vous semble la plus amusante? la moins intéressante?
   Expliquez pourquoi.
3. Imaginez que l'argent n'est pas un obstacle. Quel genre d'activité allez-vous choisir? Expliquez les raisons de votre choix.

Sélection spectacles

THÉÂTRE

Fièvre romaine, d'Edith Wharton. Mise en scène : Jean-Claude Buchard. Avec Suzanne Flon et Judith Magre. Théâtre du Rond-Point.

21 h du mardi au samedi ; 15 h le dimanche. 128 F (au lieu de 140 F). Code FIEVR.

Good, de C.P. Taylor.
Adaptation : Sam Karmann. Mise en scène : Jean-Pierre Bouvier. Avec Jean-Pierre Bouvier, Sam Karmann, Hélène Arie, Anne Jacquemin... Théâtre de la Renaissance.

20 h 45 du mardi au samedi ; 15 h 30 le dimanche. 163, 123 F (au lieu de 180, 140 F). Code GOOD1.

Père, de Strindberg.
Mise en scène : Claude Yersin.
Théâtre de l'Est parisien.

Du 16 avril au 7 mai.
20 h 30 les mardi, mercredi, vendredi, samedi ; 19 h le jeudi ; 15 h le dimanche.
88 F (au lieu de 110 F). Code PERE1.

Hors limite, de Philippe Malignon. Mise en scène : Raymond Acquaviva. Avec Philippe Lelièvre et Jean-Pierre Malignon. Théâtre Fontaine.

21 h du mardi au jeudi ; 18 h le samedi. 139 F (au lieu de 150 F). Code HLIMI.

MUSIQUE-OPÉRA

Ensemble orchestral de Paris. Christian Ivaldi (piano), Christian Crenne (violon) : Brahms, Schubert. Salle Gaveau.

20 h 30 le 17 mai.
140, 115, 70, 36 F (au lieu de 160, 125, 75, 40 F). Code EOP34.

L'enfant et les sortilèges. Opéra en deux parties. Musique de Maurice Ravel. Livret de Colette. Direction musicale : Marc Soustrot. Orchestre philharmonique des Pays de la Loire. Théâtre des Champs-Elysées.

20 h 30 le mercredi 18 mai.
192 et 142 F (au lieu de 200 et 150 F). Code TCE27.

DANSE

Nous, les Tziganes. Spectacle du Théâtre tzigane Romen de Moscou. Théâtre Mogador.

21 h les 5, 7, 10, 12 mai ; 16 h le 15 mai. 130, 98 F (au lieu de 150, 115 F). Code TZIGA.

ROCK

Pink Floyd. Château de Versailles.
21 h 30 le 22 juin. 195 F. Code PINKF.

SPORT

Masters d'escrime. Palais des Sports.
20 h 15 le 5 mai. 73 F (au lieu de 80 F). Code ESCRI.

Prière de réserver vos spectacles 15 jours avant la date que vous avez choisie.

PEU D'ARGOT

se faire un resto / un ciné / un concert   aller au restaurant / au cinéma / au concert

faire la fête	manger + boire + danser
la boum	la fête
la boîte	la discothèque

EN CONTEXTE

LUC: Qu'est-ce qu'on (se) fait ce soir?
PATRICE: Moi, j'ai envie de **faire la fête**.
LUC: Moi, j'ai plutôt envie de **me faire un bon petit resto**.
MARC: Super! Et après **le resto** on **se fait un ciné**. D'accord?
PATRICE: Alors, je vais tout seul **en boîte**.

Pour parler des loisirs: *courir et rire*

PRESENT TENSE OF **courir** (*to run*)		**rire** (*to laugh*)
je	cours	ris
tu	cours	ris
il, elle, on	court	rit
nous	cour**ons**	rions
vous	cour**ez**	riez
ils, elles	cour**ent**	rient
Past participle:	couru	ri
Future stem:	courr-	rir-

A. Sondage sur le jogging. Interviewez un(e) camarade pour savoir s'il (si elle) fait du jogging. Posez lui ces questions.

1. Combien de fois court-il/elle par semaine?
2. Pendant combien de temps court-il/elle?; ou Combien de kilomètres fait-il/elle? (1 mile = 1,6 kilomètres)
3. Depuis quand (*Since when*) fait-il/elle du jogging?

S'il (Si elle) a répondu non...

1. Pourquoi ne court-il/elle pas?
2. Pratique-t-il/elle un autre sport?
3. Que pense-t-il/elle des gens qui courent souvent?

Puis comparez les résultats des différents sondages.

vive la détente!

1. Dans votre classe y a-t-il plus d'étudiants qui courent ou plus d'étudiants qui ne courent pas?
2. Parmi les coureurs, qui court le plus par semaine? le moins?
3. Parmi les non-coureurs, qui a donné la raison la plus comique? la plus bizarre? Quels sont les sports les plus populaires?

B. Le rire. Le rire est le passe-temps préféré de beaucoup de gens. Il nous aide aussi à surmonter les moments difficiles ou embarrassants de la vie. Avec un(e) camarade, choisissez dans la liste ci-dessous deux cas où le sens de l'humour nous aide, et expliquez pourquoi.

Le sens de l'humour nous aide dans les occasions où _____.

1. on a peur
2. on est embarrassé
3. on veut critiquer quelqu'un
4. il y a de la tension
5. on cache (*is hiding*) quelque chose
6. ?

Et vous? Aimez-vous rire? Avec un(e) camarade, répondez aux questions suivantes. Chaque fois que vous répondez **oui**, donnez un exemple.

1. Racontez-vous des blagues (*jokes*)?   2. Faites-vous souvent des jeux de mots (*puns*)?   3. Avez-vous un(e) comique préféré(e)?   4. Aimez-vous particulièrement un film amusant ou une pièce amusante?   5. Est-ce que vous riez quelquefois dans la classe de français? (Quand et pourquoi?)

France-culture

Les loisirs des Français. Les loisirs occupent une place importante dans la vie des Français. Il existe actuellement un ministère du Temps libre pour les aider à organiser leurs activités. Mais que font-ils donc de leur temps libre?

   L'un des passe-temps favoris du Français est le bricolage: dans sa maison ou dans son jardin, il trouve toujours quelque chose à réparer, à embellir° ou à remplacer. Cet amour du travail manuel montre l'importance que le Français accorde à son foyer.° Les Français sont aussi de grands collectionneurs: par exemple, de timbres, d'objets rares ou de bandes dessinées.° Ils passent souvent leurs week-ends à la recherche° d'objets rares, même si parfois ils doivent conduire très loin.

   Les Français aiment aussi beaucoup les sports, et ils sont de plus en plus nombreux à en faire régulièrement. Leur sport favori est le football, avec plus de vingt mille clubs et près de deux millions de membres dans tout le

decorate
household

bandes... *comic strips* / à... *looking for*

Greg LeMond, vainqueur
récent du Tour de France

pays. Le ski aussi est très populaire et beaucoup de familles profitent des
vacances de Noël pour partir à la montagne. Le cyclisme connaît aussi un
grand succès. Le Tour de France est peut-être l'événement sportif français le
plus connu aux États-Unis. D'autres sports très pratiqués par les Français
sont le tennis, la planche à voile, le jogging, l'aérobique et bien sûr la
conversation qui, pour certains, reste encore le sport préféré!

Étude de grammaire

50. GETTING INFORMATION
Interrogative Pronouns

Au match de rugby

BILL: **Qu'est-ce qu'**ils essaient de faire?

JEAN-PAUL: Eh bien, ils essaient de poser le ballon derrière la ligne de but de
l'équipe adverse.

BILL: Oui, je sais, mais **que** font-ils en ce moment?

JEAN-PAUL: Ça s'appelle une mêlée.

BILL: Et c'est **quoi**, une mêlée?

JEAN-PAUL: C'est quand plusieurs joueurs de chaque équipe sont regroupés autour du ballon. Tu vois, un des joueurs l'a récupéré.

BILL: **Lequel?**

JEAN-PAUL: Philippot.

BILL: **Qu'est-ce qui** l'empêche de le passer vers le but?

JEAN-PAUL: Les règles du jeu, mon vieux! C'est du rugby, ce n'est pas du football américain.

Voici des réponses. Quelles en sont les questions?

1. Ils essaient de plaquer (*tackle*) le joueur qui court avec le ballon.
2. C'est Duval qui passe le ballon à Philippot.
3. Un essai, c'est l'avantage obtenu quand un joueur réussit à poser le ballon derrière la ligne de but.

A. Forms of Interrogative Pronouns

Interrogative pronouns—in English, *who? whom? which? what?*—can be used as the subject in a question, as the object of the verb, or as the object of a preposition. You have been using the French interrogative pronouns **qui** and **qu'est-ce que**. Following is a list of other French interrogative pronouns. Note that several have both a short form and a long form that is based on **est-ce que**.

USE	PEOPLE	THINGS
Subject of a question	qui qui est-ce qui	(*no short form*) qu'est-ce qui
Object of a question	qui qui est-ce que	que qu'est-ce que
Object of a preposition	à qui	à quoi

B. Interrogative Pronouns as the Subject of a Question

As the *subject* of a question, the interrogative pronoun that refers to people has both a short and a long form. The pronoun that refers to things has only one form. Note that **qui** is always followed by a singular verb.

PEOPLE

Qui fait du jogging ce matin?

Qui est-ce qui fait du jogging ce matin?

THINGS

Qu'est-ce qui se passe? (*What's happening?*)

C. Interrogative Pronouns as the Object of a Question

As the *object* of a question, the interrogative pronouns referring to people, as well as those referring to things, have both a long and a short form.

1. *Long forms*

PEOPLE: **Qui est-ce que**
THINGS: **Qu'est-ce que** + *subject + verb + (other elements)*?

Qui est-ce que tu as vu sur le court de tennis ce matin? | *Whom did you see on the tennis court this morning?*
Qu'est-ce que Marie veut faire ce soir? | *What does Marie want to do this evening?*

Remember that **qu'est-ce que** (**qu'est-ce que c'est que**) is a set phrase used to ask for a definition: *What is* _____? **Qu'est-ce que la pétanque?**

2. *The short form* **qui** *is followed by an inverted subject and verb.*

Qui (+ *noun subject*) + *verb-pronoun* + (*other elements*)?

Qui as-tu vu à la salle de sports? | *Whom did you see at the gym?*
Qui Marie a-t-elle vu sur le court de tennis? | *Whom did Marie see on the tennis court?*

3. *The short form* **que** *is followed by an inverted subject and verb. This is true for both noun and pronoun subjects.*

Que + *verb* + *subject* (*noun or pronoun*) + (*other elements*)?

Que cherches-tu? | *What are you looking for?*
Que cherche Jacqueline? | *What is Jacqueline looking for?*

D. Use of *qui* and *quoi* After Prepositions

After a preposition or as a one-word question, **qui** is used to refer to people, and **quoi** is used to refer to things.

À qui Michel parle-t-il? | *Who is Michel speaking to?*
De qui parles-tu? | *Who are you talking about?*
À quoi Corinne réfléchit-elle? | *What is Corinne thinking about?*
De quoi parlez-vous? | *What are you talking about?*

E. The Interrogative Pronoun *lequel*

Lequel, laquelle, lesquels, and **lesquelles** (*which one[s]?*) are used to ask about a person or thing that has already been specified. These pronouns agree in gender and number with the nouns to which they refer.

—Avez-vous vu cet opéra?   —*Have you seen this (that) opera?*

—**Lequel**?   —*Which one?*

—Vous rappelez-vous cette pièce   —*Do you remember this (that) play?*
de théâtre?
—**Laquelle**?   —*Which one?*

Vérifions!

A. À la Maison des jeunes et de la culture. Posez des questions sur les activités des jeunes à la MJC. Utilisez **qui** ou **qui est-ce qui**, en remplaçant les mots soulignés.

MODÈLE: Pierrot apprend à jouer du piano. →
          Qui (Qui est-ce qui) apprend à jouer du piano?

1. Astrid va suivre un cours de poésie.
2. Paul apprend à faire un portrait dans le cours de peinture.
3. Jean-Loup écoute un concert de Debussy.
4. Le professeur choisit les meilleures œuvres à exposer.

Maintenant, posez des questions avec **que** ou **qu'est-ce que**.

MODÈLE: Sylvie regarde un film de François Truffaut au ciné-club. →
          Que regarde Sylvie au ciné-club? (Qu'est-ce que Sylvie regarde au ciné-club?)

5. Les jeunes font des vases dans le cours de poterie.
6. On joue un air de Jacques Brel dans le cours de guitare.
7. Jean a fabriqué des étagères dans l'atelier de bricolage.
8. Marie a travaillé son service pendant son cours de tennis.

B. Exposition à la MJC. Vous êtes chargé(e) d'organiser une exposition à votre MJC, et vous donnez des instructions à un groupe de volontaires. Quelles questions vous posent-ils? Choisissez l'interrogatif correct.

MODÈLE: (qui / qu'est-ce que) William nous prêtera une... →
          Qu'est-ce que William nous prêtera?

1. (qui / qu'est-ce qui) Le directeur a invité...
2. (qui / qu'est-ce que) Valérie va nous apporter une...
3. (qui / qui est-ce qui) Nous devons téléphoner à...
4. (à quoi / de quoi) Demain, vous voulez nous parler...

---

*The **MJC** (**Maison des jeunes et de la culture**) is a recreational center supported by the French government. There are **MJC**s all over France, offering work areas and courses in many hobbies and sports. They also sponsor cultural events, such as concerts, plays, art exhibits, and movies.

5. (qui est-ce qui / qui) Nadine viendra avec son...
6. (quoi / que) Vous pensez beaucoup à la...

C. Une tranquille matinée de bricolage. Ce matin il y a eu une grande confusion chez les Fontanet. La petite Emilie, rentrée de l'école maternelle (*kindergarten*), pose des questions sur tout ce qui s'est passé. Remplacez le(s) mot(s) souligné(s) par un pronom interrogatif.

MODÈLE: Papa a invité un ami. →
Qui papa a-t-il invité? (Qui est-ce que papa a invité?)

1. Maman fabriquait une petite table.
2. Jean-Louis faisait de la poterie.
3. Papa parlait avec son ami.
4. Jean-Louis a ouvert la porte.
5. Le chien a vu le facteur.
6. Maman a crié après le chien.
7. Le chien a couru après le facteur.
8. La poterie est tombée par terre (*to the ground*).
9. Papa a rattrapé (*caught*) le chien.
10. Le chien a cassé (*broke*) la petite table de maman.

Parlons-en!

A. Interview. Avec un(e) camarade de classe, posez des questions et répondez-y à tour de rôle.

MODÈLE: acteurs comiques: Danny DeVito, Eddie Murphy →
VOUS: Lequel de ces acteurs comiques préfères-tu,
Danny DeVito ou Eddie Murphy?
VOTRE AMI(E): Je préfère Eddie Murphy. Et toi, lequel préfères-tu?
VOUS: Je préfère _____.

1. actrices: Sigourney Weaver, Whoopi Goldberg
2. peintres: le Français Degas, l'Espagnol Picasso
3. chanteuses: Madonna, Whitney Houston
4. loisirs: le bricolage, le jardinage
5. spectacles: les manifestations sportives, les chansons de variété
6. chansons: les chansons rock de Bruce Springsteen, de R.E.M.
7. ?

Que pouvez-vous dire des goûts de votre camarade?

B. Le Grand-Duché de Luxembourg. Ce petit pays est un endroit idéal pour les amoureux de la nature. Voici une description des montagnes dans le sud du pays et du paysage (*landscape*) de la région. Lisez-la rapidement, puis posez les questions suivantes à un(e) camarade de classe. Inversez les rôles au milieu de l'exercice.

Le paysage montagneux, à la fois harmonieux et varié du Nord des Ardennes Luxembourgeoises, offre au visiteur le calme, le repos et la détente. De vastes hauts-plateaux ondulés où se développe une agriculture poussée, sont creusés par d'innombrables vallées étroites parfois aux rochers abrupts dont les flancs sont couverts de sapins et de chênes. La suite des saisons fait changer sans cesse le décor de ce paysage ardennais. Des sentiers bien signalés parcourant les hauteurs et les pentes et permettant des vues magnifiques, invitent à de longues promenades bienfaisantes. Au terme de ces randonnées – l'appétit étant stimulé par l'air pur des hauteurs – le touriste saura apprécier les spécialités gastronomiques qu'une hostellerie traditionnaliste lui offre. En parcourant cette région, on découvre ses beautés.

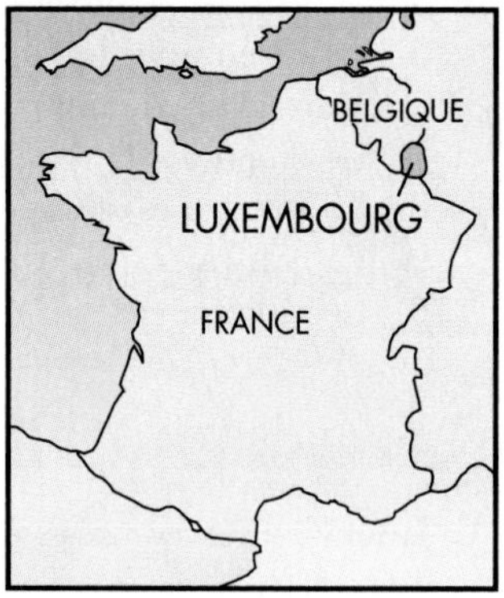

[map showing BELGIQUE, LUXEMBOURG, FRANCE]

1. Où se trouve le Luxembourg?
2. Comment s'appelle la chaîne de montagnes dans le sud du pays?
3. Qu'est-ce que ce paysage offre au visiteur?
4. De quoi sont couverts les flancs de la montagne?
5. Qu'est-ce qui fait changer sans cesse le paysage?
6. À quoi nous invitent les sentiers (*paths*)?
7. Qu'est-ce que le touriste appréciera après les randonnées (*walks in the country*)?
8. Que découvre-t-on quand on se promène dans la région?

Maintenant, décrivez un endroit de votre région ou un endroit que vous avez visité récemment (un parc national, une vallée, une ville, une forêt...) à vos camarades. Puis ils vous poseront ensuite des questions pour avoir plus de détails sur ce qu'on peut y voir et y faire.

51. BEING POLITE; SPECULATING
The Present Conditional

Ah, si j'étais riche...

FRANÇOIS: Qu'est-ce que tu **ferais**, toi, si tu gagnais au loto[*]?
VINCENT: Moi, je crois que **j'achèterais** un vieux cinéma de quartier. Je **choisirais** tous les films que j'aime et tous mes copains **pourraient** entrer gratuitement.

---

[*]The French national lottery.

CHLOË: Moi, si je gagnais assez d'argent, je **m'installerais** dans le sud de la France et je **passerais** mon temps à faire de la peinture. J'**aurais** une grande maison et vous **pourriez** venir me voir tous les week-ends.

Et vous? Si vous gagniez au loto, qu'est-ce que vous feriez?

A. Forms of the Conditional

In Chapter 9, you learned the forms of some verbs in the conditional. You may remember that in English, the conditional is a compound verb form consisting of *would* plus the infinitive: *he would travel, we would go*. In French, the **conditionnel** is a simple verb form. The imperfect tense endings **-ais**, **-ais**, **-ait**, **-ions**, **-iez**, **-aient** are added to the infinitive. The final **-e** of **-re** verbs is dropped before the endings are added.

	parler (*to speak*)	**finir** (*to finish,* *to end*)	**vendre** (*to sell*)
je	parler**ais**	finir**ais**	vendr**ais**
tu	parler**ais**	finir**ais**	vendr**ais**
il, elle, on	parler**ait**	finir**ait**	vendr**ait**
nous	parler**ions**	finir**ions**	vendr**ions**
vous	parler**iez**	finir**iez**	vendr**iez**
ils, elles	parler**aient**	finir**aient**	vendr**aient**

Elle **passerait** son temps à faire de la peinture.
She'd spend her time painting.

Nous **pourrions** entrer gratuitement dans son cinéma.
We'd be able to get into his movie theater for free.

Elle **achèterait** une grande maison à la campagne.
She'd buy a big house in the country.

Verbs that have irregular stems in the future tense (Section 48) have the same irregular stems in the conditional.

S'il ne pleuvait pas, nous **irions** tous à la pêche.
If it weren't raining, we would all go fishing.

Elle **voudrait** venir avec nous.
She would like to come with us.

Est-ce que tu **aurais** le temps de m'aider à tout préparer?
Would you have time to help me prepare everything?

B. Uses of the Conditional

1. As you learned in Chapter 9, the conditional is used to express wishes or requests. It lends a tone of deference or politeness that makes a request seem less abrupt. Compare these sentences.

Je **veux** un billet.	*I want a ticket.*
Je **voudrais** un billet.	*I would like a ticket.*
Pouvez-vous m'indiquer ma place?	*Can you show me my seat?*
Pourriez-vous m'indiquer ma place?	*Could you show me my seat?*

2. The conditional is used in the main clause of some sentences containing **si** (*if*) clauses. When the verb of an *if*-clause is in the imperfect, it expresses a condition, a conjecture, or a hypothetical situation. The conditional is used in the main clause to express what would happen if the hypothesis of the *if*-clause were true.

Si j'**avais** le temps, je **jouerais** au tennis.	*If I had time, I would play tennis.*
Si nous **pouvions** pique-niquer tous les jours, nous **serions** contents.	*If we could go on a picnic every day, we would be happy.*
Elle **irait** avec vous au bord de la mer si elle **savait** nager.	*She would go to the seashore with you if she knew how to swim.*

The **si** clause containing the condition is sometimes understood but not directly expressed.

Je **viendrais** avec grand plaisir... (si tu m'invitais, si j'avais le temps, etc.).	*I would like to come . . . (if you invited me, if I had the time, etc.).*

Remember that an *if*-clause in the present expresses a condition that, if fulfilled, will result in a certain action (stated in the future).

Si j'**ai** le temps, je **jouerai** au tennis cet après-midi.	*If I have the time, I'll play tennis this afternoon.*

Note that the future and the conditional are *never* used in the dependent clause (after **si**) of an *if*-clause sentence.

3. The present conditional of the verb **devoir** is used to give advice and corresponds to the English *should*.

—J'aime bien les jeux de hasard.	*—I like games of chance.*
—Vous **devriez** aller à Monte Carlo.	*—You should go to Monte Carlo.*
—Elle a besoin d'exercice.	*—She needs some exercise.*
—Elle **devrait** faire du jogging.	*—She should go jogging.*

Mots-clés

How to make requests and say thank you: As you know, the conditional mode can be used to make requests politely. You might want to begin your request with a general question.

> **Est-ce que je pourrais vous**
>   **demander un petit service?**   *May I ask you a favor?*

Don't forget to add **s'il vous plaît** (**s'il te plaît**) to the request and to say thank you.

> **Merci, Monsieur.**
> **Je ne sais pas comment vous remercier, Madame.**

Appropriate responses to **Merci**.

> **Je vous en prie, Mademoiselle.** (*formal*)
> **De rien.**
> **Il n'y a pas de quoi.** (*more familiar*)

In polite conversation, the French use **Monsieur**, **Madame**, or **Mademoiselle** much more often than Americans use *ma'am* or *sir*.

Vérifions!

A. Préférences. Qu'est-ce que ces amis voudraient faire ce soir?

1. je / vouloir / voir / pièce de théâtre
2. Robert / préférer / travailler / atelier
3. tu / choisir / d'assister à / match de boxe
4. nous / vouloir / parler / amis / café
5. Anne et Mireille / vouloir / nous / emmener (*to take*) / cinéma
6. vous / aimer / aller / piscine

B. Après-midi de loisir. Si vous pouviez choisir, laquelle de ces activités feriez-vous cet après-midi? Jouez la scène avec un(e) camarade.

MODÈLE: faire une promenade en ville ou à la campagne →
        —Est-ce que tu ferais une promenade en ville ou à la campagne?
        —Je ferais une promenade à la campagne.

1. jouer au tennis ou au squash   2. aller au cinéma ou au café   3. visiter un musée ou un parc   4. manger une pizza ou un sandwich   5. boire un café ou un Coca-Cola   6. parler anglais ou français   7. faire des courses ou la sieste   8. écouter de la musique classique ou du rock   9. acheter des vêtements ou des livres   10. lire des bandes dessinées ou un roman   11. rendre visite à un ami (une amie) ou à la famille   12. ?

Parlons-en!

A. Problèmes de loisir. Donnez des conseils à un ami (une amie) qui a des difficultés à organiser son temps libre. Commencez par «À ta place, je _____.»

> MODÈLE: VOTRE AMI(E): J'ai envie de danser!
>   VOUS: À ta place, j'irais dans une boîte de nuit
>   (*nightclub*).

1. J'aime les sports.   2. J'aime les timbres rares.   3. J'ai envie de lire quelque chose d'intéressant.   4. J'aime fabriquer des meubles.   5. J'ai besoin de tranquillité.   6. J'admire les tableaux des impressionnistes français.

B. De beaux rêves. Imaginez ce que vous feriez dans les situations suivantes. Justifiez vos choix.

> MODÈLE: si vous gagniez un voyage →
>   Si je gagnais un voyage, j'irais à Tahiti.

1. si vous receviez un chèque de 100 000 dollars
2. si vous deviez vivre dans une autre ville
3. si vous pouviez avoir la maison de vos rêves
4. si vous preniez de longues vacances
5. si vous veniez d'obtenir votre licence (*university degree*)

C. L'été aux Arcs. En France, beaucoup de stations de ski sont ouvertes l'été et offrent aux vacanciers de nombreux sports et loisirs. Voici ce qu'on peut faire aux Arcs, dans les Alpes.

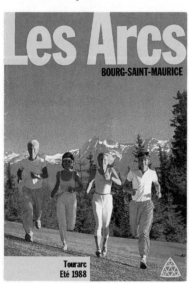

Tourarc
Eté 1988

Les Arcs, la station sports.

L'été aux Arcs, c'est la grande fête du sport. Golf, tennis, équitation, tir à l'arc, ski sur herbe, mountain-bike, rafting, canoë, delta-plane, alpinisme, escalade, randonnée, jogging, gymnastique, natation, arts martiaux... En tout, plus de 30 activités pour tous les goûts et tous les niveaux. Aux Arcs, on peut vraiment tout faire et toujours dans le cadre extraordinaire de l'un des plus beaux domaines de montagne d'Europe.

Mais aux Arcs, il n'y a pas que le sport et le soleil. Les Arcs, c'est autre chose. Aux Arcs, tout est conçu[a] pour rendre la vie plus agréable et plus riche, qu'il s'agisse de l'agencement des résidences,[b] du confort des appartements, des animations de la station ou de l'accueil des hôtels. Aux Arcs, les responsables forment une véritable équipe et travaillent tous en harmonie pour que chacun puisse vivre ses vacances comme il l'entend.[c] Aux Arcs, on est plus libre. Libre de vivre à 100 à l'heure ou de se faire simplement bronzer au soleil, libre de se dépenser[d] toute la journée ou de danser toutes les nuits, libre de s'éclater[e] entre copains ou de profiter de sa famille...

[a]*set up*
[b]*qu'il... whether it concerns the set-up of the condos*
[c]*pour... so that everybody can enjoy their vacation in their own way*
[d]*se... to wear oneself out*
[e]*to let one's hair down*

D'après cette brochure, si vous alliez aux Arcs cet été...:

1. Pourriez-vous faire du sport? Quel(s) sport(s) aimeriez-vous pratiquer?
2. Prendriez-vous beaucoup de photos? Pourquoi?
3. Auriez-vous le temps de prendre le soleil? de vous reposer?
4. Danseriez-vous tous les soirs?
5. Quelles autres activités aimeriez-vous faire?

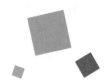

52. EXPRESSING ACTIONS
Prepositions After Verbs

Sortie au cabaret

CORINNE: Ce soir, nous avons **décidé de** t'emmener au cabaret de la Contrescarpe, à Montmartre.

CHUCK: Qu'est-ce que c'est qu'un cabaret?

JACQUES: Un cabaret, c'est une sorte de café où on **peut écouter** des chansons poétiques, ou satiriques...

CORINNE: Tu connais Georges Brassens, Jacques Brel, Barbara?

JACQUES: C'est grâce aux cabarets qu'ils **ont réussi à** percer.

1. Qu'est-ce que Corinne et Jacques ont décidé de faire?
2. Qu'est-ce qu'on peut faire dans un cabaret?
3. Qu'est-ce que Georges Brassens, Jacques Brel et Barbara ont réussi à faire grâce aux cabarets?

A. Verbs Directly Followed by an Infinitive

Some verbs can be directly followed by an infinitive, without an intervening preposition. Among the most frequently used are the following.

aimer	**détester**	**pouvoir**	**venir**
aller	**devoir**	**préférer**	**vouloir**
désirer	**espérer**	**savoir**	

Je **déteste chanter**. Mais je **sais** très bien **jouer** de la guitare.

Sophie **ne peut pas aller** au ciné samedi soir. Elle **doit voir** sa grand-mère.

I hate singing but I can play the guitar very well.

Sophie cannot go to the movies on Saturday evening. She has to visit her grandmother.

B. Verbs Followed by à Before an Infinitive

Other verbs require the preposition **à** directly before the infinitive.

aider à	**chercher à**	**continuer à**	**se mettre à**
apprendre à	**commencer à**[*]	**enseigner à**	

J'ai **commencé à fumer** quand j'avais 16 ans. Caroline m'**a aidé à arrêter**.

I started to smoke when I was 16. Caroline helped me quit.

La semaine prochaine, je **me mets à faire** du tennis et je **continue à prendre** des cours de yoga deux fois par semaine.

Next week I start playing tennis and I continue to take yoga classes twice a week.

C. Verbs Followed by de Before an Infinitive

Other verbs require the preposition **de** directly before the infinitive.

accepter de	**décider de**	**finir de**	**rêver de**
s'arrêter de	**demander de**	**oublier de**	**venir de**[†]
choisir de	**empêcher de**	**permettre de**	
conseiller de	**essayer de**	**refuser de**	

François **a décidé de prendre** des cours d'art dramatique. Il **rêve de devenir** acteur. Il **vient de jouer** un petit rôle dans *Le Cid* à l'université. L'année prochaine, il va **essayer d'entrer** au Conservatoire de Paris.

François has decided to take drama classes. He dreams of becoming an actor. He just played a small role in The Cid at the university. Next year he is going to try to get into the Paris Conservatory.

D. Penser + Infinitive

When **penser** is followed by an infinitive, it means to count or plan on doing something.

Je **pense rester** chez moi ce week-end.

I'm planning on staying home this weekend.

---

[*]**Commencer** is regularly followed by **à** plus an infinitive; **finir** is normally followed by **de** plus an infinitive. They can both be followed by **par**. **Commencer par** is used to talk about what you did first in a series of things; **finir par** means that you ended up by doing something.

Michel a **commencé par** jouer un petit rôle dans une comédie à l'université. Il a **fini par** devenir acteur à Hollywood.

[†]Note that the meaning of **venir** changes depending on whether it is directly followed by an infinitive or followed by **de** plus an infinitive. **Ils viennent dîner** means *They are coming to dinner*. **Ils viennent de dîner** means *They've just had dinner*.

Vérifions!

Au cabaret de la Contrescarpe. Corinne, Chuck et Jacques arrivent à la Contrescarpe. Classez leurs activités par ordre chronologique.

_____ Ils décident de commander du champagne.

_____ Ils se mettent à parler de poésie.

_____ Ils demandent au serveur de leur apporter l'addition.

_____ Ils choisissent de s'asseoir à une table près de la scène.

_____ Ils continuent à chanter en rentrant chez eux.

_____ Ils s'arrêtent de parler quand le spectacle commence.

_____ Ils n'oublient pas de laisser un pourboire au serveur.

Parlons-en!

A. Projets et activités. Posez des questions à vos camarades pour vous informer de leurs projets et de leurs activités.

MODÈLE: aller / ce soir →

VOUS: Qu'est-ce que tu vas faire ce soir?

VOTRE CAMARADE: Je vais...

1. vouloir / ce week-end
2. aller / l'été prochain
3. devoir / demain
4. aimer / après les cours
5. penser / la semaine prochaine
6. détester / le soir
7. espérer / ce soir

B. Résolutions de Nouvel An. Racontez vos bonnes résolutions à vos camarades. Complétez les phrases suivantes avec un infinitif.

1. Cette année, je voudrais apprendre...
2. Je vais commencer...
3. J'ai aussi décidé...
4. Je vais essayer...
5. En plus, je vais m'arrêter...
6. Je vais chercher...
7. Enfin, je rêve...
8. Mais je refuse...

C. Interview. Posez les questions suivantes—en français, s'il vous plaît—à un(e) camarade de classe. Puis faites un résumé de ses réponses. Demandez à votre camarade...

1. what he/she likes to do in the evening   2. what he/she hates to do in the house   3. if he/she is learning to do something interesting, and what it is   4. if he/she has decided to continue to study French   5. what he/she has to do after class   6. if he/she prefers going to a play or to a movie   7. if he/she has just read a good book, and what it was   8. what he/she knows how to do well   9. what he/she tries, but does not always succeed in doing well   10. if he/she forgot to do something this morning, and what it was   11. if he/she has stopped doing something recently, and what it was.   12. ?

53. MAKING COMPARISONS
Adverbs and Nouns

Le jazz

JENNIFER: Tu vas souvent en boîte le week-end?

BRUNO: Non, je vais **plus souvent** dans des bars de jazz **qu'**en boîte. Il n'y a pas **autant de** monde et j'aime **mieux** la musique.

JENNIFER: Moi aussi, j'adore le jazz. J'ai **plus de disques** de Duke Ellington **que de** Madonna. Mais le jazz, je l'écoute **le plus souvent** chez moi. Quand je vais en boîte, c'est pour danser et aussi parce qu'il y a **plus d'ambiance**.

Corrigez les phrases erronées.

1. Bruno va rarement dans des bars de jazz.
2. Il y a plus de gens dans les bars de jazz que dans les boîtes.
3. Jennifer a autant de disques de Madonna que de Duke Ellington.
4. Jennifer croit qu'il y a moins d'ambiance dans les bars de jazz.

A. Comparative Forms of Adverbs

The same constructions you learned in Chapter 13 for the comparative forms of adjectives are used for the comparative forms of adverbs.

Soyez au meilleur de votre forme grâce à la Classe Affaires Canadien. Profitez d'un environnement reposant et confortable pour répéter ce texte, faire ces derniers ajustements ou tout simplement relaxer. On s'occupe du reste... La cabine Classe Affaires Canadien est agréable, nos fauteuils sont des plus confortables et une attention toute particulière est portée aux repas.

Offerte vers 37 destinations canadiennes et internationales, la Classe Affaires Canadien va plus loin parce que, selon nous, tout voyage d'affaires doit avoir ses bons côtés.

Canadien va plus loin

1. **plus... que** (*more . . . than*)

> Jeannine écoute les disques de Madonna **plus** volontiers (**que** moi).

> *Jeannine listens to Madonna's records more willingly (than I).*

2. **moins... que** (*less . . . than*)

> On écoute la musique **moins** attentivement dans les discos **que** dans les bars de jazz.

> *People listen to the music less attentively at discos than at jazz bars.*

3. **aussi... que** (*as . . . as*)

> Nous allons danser **aussi** souvent **que** possible.

> *We go dancing as often as possible.*

B. Superlative Forms of Adverbs

To form the superlative of an adverb, place **le** in front of the comparative form (**le plus...** or **le moins...**). Since there is no direct comparison, **que** is not used.

> Pierre s'en va tard. Louis s'en va plus tard. Michel s'en va **le plus tard**.

C. The Comparative and Superlative Forms of *bien* and *mal*

Note the irregular comparative and superlative forms of **bien**. The comparative and superlative forms of **mal** are regular.*

	COMPARATIVE	SUPERLATIVE
bien	mieux	le mieux
mal	plus mal	le plus mal

---

*Irregular comparative and superlative forms of **mal** (**pis**, **le pis**) exist, but the regular forms are much more commonly used.

Tu parles français **mieux** que moi.	*You speak French better than I.*
Mais c'est Jean-Claude qui le parle **le mieux**.	*But Jean-Claude speaks it best.*
Mais c'est moi qui étudie **le plus**!	*But I'm the one who studies the most!*
Roland joue **plus mal** au tennis que moi.	*Roland plays tennis worse than I.*
Mais c'est Marc qui y joue **le plus mal**.	*But Marc plays the worst.*

D. Comparisons with Nouns

Plus de... (**que**), **moins de...** (**que**), and **autant de...** (**que**) express quantitative comparisons with nouns.

Ils ont **plus d'**argent (**que** nous), mais nous avons **moins de** problèmes (**qu'**eux).	*They have more money (than we), but we have fewer problems (than they).*
Je suis **autant de** cours **que** toi ce semestre.	*I'm taking as many courses as you this semester.*

Vérifions!

A. Les comparaisons. Avec l'aide des signes, comparez ces personnes célèbres en utilisant des phrases complètes. Mettez les verbes au présent.

signes: + *more*   = *as*
        − *less*

1. Gene Siskel / aller au cinéma / = souvent / Roger Ebert
2. Mick Jagger / chanter / + mal / Paul McCartney
3. Jean-Michel Larqué* / jouer / + bien / au football / Jim Courier
4. Luciano Pavarotti / chanter / = bien / Placido Domingo
5. Ben Johnson / courir / − vite / Carl Lewis
6. Richard Dacoury† / jouer / − bien / au basket-ball / Charles Barkley

B. Rivalités. Voici deux familles, les Bayard et les Pascal. Comparez-les et imaginez leur vie d'après le dessin. Utilisez **plus de**, **moins de** et **autant de**.

MODÈLE: Les Bayard ont plus de maisons que les Pascal.

---

*Jean-Michel Larqué a été un célèbre footballeur français.
†Richard Dacoury joue au basket-ball en France.

les Pascal   les Bayard

Mots utiles: argent, maisons, voitures, domestiques (*servant*), vêtements, enfants, problèmes, moments heureux, dépenses, scènes de ménage (*domestic arguments*), vacances, temps libre...

Parlons-en!

A. Les Français et le sport. Regardez le tableau et faites au moins trois comparaisons entre les hommes et les femmes en ce qui concerne le sport.

> MODÈLE: Les hommes font moins de natation que les femmes, mais ils font plus de ski que les femmes.

Ensuite, faites des comparaisons entre les hommes et les femmes en ce qui concerne le sport aux États-Unis.

> Aux États-Unis, les femmes font-elles autant de sport que les hommes?
> Aux États-Unis, quels sports les hommes font-ils plus que les femmes?

Le ski d'abord

Taux de pratique sportive pendant l'année écoulée (1988, en % de la population totale) :

	Hommes	Femmes	Total
• Ski	18,7	14,5	16,5
• Gymnastique	11,5	18,5	15,1
• Cyclisme	16,6	1,3	13,8
• Natation	12,2	13,7	13,0
• Marche	11,3	10,1	10,7
• Gymnastique d'entretien	6,3	11,4	8,9
• Tennis	11,2	5,6	8,3
• Sports d'équipe	10,9	1,8	6,2
• Course à pied	7,3	2,5	4,8
• Football	7,5	0,3	3,7
• Ping-pong	5,1	1,4	3,1
• Musculation	3,5	1,7	2,6
• Planche à voile	2,5	1,1	1,8
• Sports de combat	2,1	0,5	1,3
Total	**53,4**	**42,5**	**47,7**

B. Habitudes (*Habits*). Demandez à un(e) camarade combien de fois par semaine, par jour, par mois ou par an il/elle fait quelque chose, et puis comparez sa réponse avec vos propres habitudes.

Autres possibilités: lire le journal, faire du sport, regarder la télévision, partir en voyage...

> MODÈLE:
>
> VOUS: Combien de fois par semaine vas-tu au cinéma?
> UN(E) CAMARADE: Une ou deux fois par semaine.
> VOUS: J'y vais plus (moins, aussi) souvent que toi.

Nouvelles francophones

Les Loisirs au Togo

La république du Togo est un petit état de l'Afrique occidentale situé entre
le Ghana et le Bénin et bordé au sud par l'océan Atlantique. Le Togo est
une ancienne° colonie française. Sa langue et sa culture ont été
profondément influencées par la présence coloniale. Cependant, ce pays
retient de nombreux aspects d'une société traditionnelle africaine.

former

    Par exemple, les loisirs en général sont encore le domaine des hommes.
Au Togo, comme dans la plupart des pays africains, les femmes restent au
foyer en compagnie d'autres femmes de leur famille ou de leur village. Elles
s'adonnent° à la broderie° des tapis, à la poterie, et parfois au tissage des
pagnes° traditionnels appelés *kentés*.

dedicate themselves / embroidery
tissage... weaving of loincloths

    Chez les hommes, le contact avec la culture occidentale et l'influence de
l'héritage français ont contribué à la transformation des loisirs. En effet,
beaucoup d'hommes passent leur temps libre à jouer ou à regarder des
matchs de football. C'est sans doute le sport le plus populaire du pays. On
l'appelle «la fièvre du dimanche soir». On en discute pendant des heures
sous l'arbre du village ainsi qu'au restaurant dans les grandes villes.

    Plus récemment, les amateurs de sensations fortes ont trouvé un nouveau
passe-temps: le moto-cross. Les hommes peuvent passer toute une journée à
regarder les champions du monde faire des acrobaties sur le circuit dangereux de Lomé, la capitale du Togo.

    À Lomé, ainsi que dans les autres grandes villes, il y a maintenant des
boîtes de nuit° où les hommes, comme les femmes, s'amusent et dansent au
rythme d'une sorte de «world beat» local. Le disco, le rock et la congolaise
sont populaires tandis que° les danses traditionnelles comme le Foyissi, le
Simpa et l'Akpressé sont encore pratiquées dans les villages.

boîtes... night clubs

tandis... while

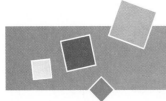

A. Le rêve: une vie sans travail. Isabelle et Alain rêvent de s'arrêter de travailler. Isabelle nous raconte les activités qu'elle aimerait faire. Faites des phrases complètes en utilisant l'imparfait ou le conditionnel.

1. si / on / s'arrêter / travailler / on / pouvoir / dormir / toute la journée
2. on / apprendre / parler / allemand / espagnol
3. on / se mettre / voyager / autour / monde
4. je / essayer* / faire / peinture
5. et toi / tu / commencer / écrire / roman
6. nous / aider / mon père / finir / sa maison
7. et nous / continuer / bricoler / dans notre maison
8. on / prendre / enfin / temps de vivre

B. Nommez trois choses... Donnez par écrit votre réaction spontanée aux questions suivantes. Écrivez des phrases complètes. Puis, comparez vos réponses avec celles d'un(e) camarade de classe. Lesquelles sont identiques?

1. Nommez trois choses que vous feriez si vous étiez riche.   2. Donnez trois raisons pour lesquelles vous vous battriez (*you would fight*) si c'était nécessaire.   3. Nommez trois instruments de musique dont vous aimeriez jouer.   4. Nommez trois sports que vous aimeriez bien pratiquer. 5. Nommez trois personnes qui vous font souvent rire.   6. Nommez trois chanteurs (ou chanteuses) que vous admirez.   7. Nommez trois choses que vous feriez ce week-end si vous en aviez le temps.

C. Interview. Posez les questions suivantes en français à un(e) camarade. Ensuite, résumez ses réponses.

1. Who in class has more leisure time than you? Why?   2. What sport would you like to be able to play better?   3. Which American plays tennis best?   4. What athlete (**athlète**, *m. et f.*) would you like to speak to the most?   5. Who in the class runs faster than you? How do you know? 6. Who in the class goes to the library as often as you?   7. Who in the class needs to study the least in order to (**pour**) have good grades (**notes**, *f.*)?

Interactions

In this chapter, you practiced getting information, comparing and contrasting, and expressing wishes, requests, and conditions. Using the chapter vocabulary and structures, act out the following situations.

---

*See Appendix D for a conjugation of the verb **essayer**.

1. **Des conseils.** One of your acquaintances (your partner) needs to work harder in school. Compare your life with his/hers. You think that he/she has too many distractions. Find out more thoroughly what he/she does and with whom. Express your wishes and give advice on what to give up and how to get down to work.

2. **Un ancien ami (Une ancienne amie).** You run into an old friend (your partner) whom you have not seen for a few years. Stop and chat. Find out how your friend is getting along. Ask how his/her life has changed, whom he/she has seen lately, what his/her leisure activities are, what work he/she does. He/She will get the same information from you.

Rencontres

LECTURE

Avant de lire

What is it really about? Reading critically. Newspapers and magazines use headlines to attract the readers' attention, but sometimes they are misleading: articles do not always "deliver" what the headlines promise. In the following article from the *Journal Français d'Amèrique*, note the headline and the photo. What does the article seem to be about? Then read the article. Does it meet your expectations? If you were the author, what title would you give it? What would you add or replace? Compare your responses to those of your classmates.

INDOCHINE, Oscar du meilleur film étranger

Catherine Deneuve

Pour la première fois depuis 1978, la France obtient l'Oscar du meilleur film étranger.[a] *Indochine,* le film de Régis Wargnier, a en effet été primé[b] lors de[c] la grande soirée des Oscars d'Hollywood. Des millions de téléspectateurs ont pu ainsi voir Catherine Deneuve, superbe dans sa robe noire et rose Yves Saint-Laurent, recevoir la statuette dorée. Le film est une chronique de sang[d] et d'amour se déroulant[e] dans les années 1930, quand le colonialisme français touchait à sa fin.

La France a également obtenu l'Oscar du meilleur court métrage[f] pour *Omnibus,* de Sam Karmann ; l'Oscar de la meilleure photographie revient à[g] Philippe Rousselot dans *A River Runs Through It.*

Rappelons qu'en 1990 *Cyrano de Bergerac* avait obtenu l'Oscar du meilleur costume, mais il faut remonter jusqu'en 1978 pour trouver un Oscar du meilleur film étranger remis[h] à la France. C'était pour le film *Sortez vos mouchoirs*[i] de Bertrand Blier, avec Gérard Depardieu, Patrick Dewaere et Carol Laure. Cette époque était sans doute heureuse car l'année précédente la France avait aussi obtenu cet Oscar, pour *Madame Rosa,* avec l'inoubliable Simone Signoret.

Indochine, qui a dépassé[j] les 600.000 entrées à Paris, avait obtenu en janvier le Golden Globe du meilleur film étranger et en mars cinq Césars, l'équivalent français des Oscars, dont celui de la meilleure actrice pour Catherine Deneuve.

[a]*foreign*
[b]*a... in fact received the prize*
[c]*lors... on the occasion*
[d]*blood*
[e]*se... se passant*
[f]*court... short film*
[g]*revient... goes to*
[h]*donné*
[i]*Sortez... Get out your handkerchiefs*
[j]*exceeded*

Compréhension

1. Avant *Indochine*, quand la France a-t-elle obtenu son dernier Oscar du meilleur film étranger? Pour quel film?
2. Décrivez Catherine Deneuve le soir de la présentation des Oscars.
3. Donnez une brève description du film *Indochine*.
4. Quels autres Oscars les Français ont-ils reçus pour les films de 1992?
5. Le film *Indochine* a-t-il été un succès en France aussi? Comment le savez-vous?
6. Est-ce que vous auriez envie de voir ce film? Pourquoi ou pourquoi pas?
7. Aimez-vous les films étrangers? Pourquoi ou pourquoi pas?

PAR ÉCRIT

Function: Writing a film review
Audience: Newspaper readers
Goal: To describe and evaluate a recent film in such a way that readers will be influenced to see it (or skip it).

Steps

1. Think about a film you have seen in the last few months. Jot down the important scenes you remember, some of the main aspects of the story, and your overall reaction to the work.
2. Consider the following expressions. (You can find other useful vocabulary terms in **À propos** and in the **Intermède** section of this chapter.)

le metteur en scène / le cinéaste (*director*)	l'intrigue (*f.*) (*plot*)
tourner un film (*to make a film*)	vraisemblable (*believable, realistic*)
les personnages (*m.*) (*characters*)	invraisemblable (*unbelievable, unrealistic*)
jouer le rôle principal	
la séquence (*scene*)	
l'action se déroule (*takes place*)	

3. Without telling the whole story, write a brief summary. Mention when and where the action takes place. Discuss the featured actor(s) or actress(es) and describe the main character(s). Give your subjective reaction to the film. End by persuading your readers to see (or not to see) the film.
4. Have a classmate read through the rough draft to see if your review is clear, interesting, and persuasive. Make any necessary changes.

5. Reread the composition, checking for spelling, punctuation, and grammar errors. Focus especially on your use of comparisons, verbs and prepositions, and questions.
6. Be prepared to have the instructor share your review with the class.

À L'ÉCOUTE!

Le Tour de France. Vous allez entendre une retransmission à la radio de cette manifestation sportive. Lisez les activités avant d'écouter le vocabulaire et la retransmission qui leur correspond.

VOCABULAIRE UTILE
cette douzième étape *this twelfth lap* (*race*)
les coureurs *runners, racers*
se rapprochent *are getting closer*
le maillot jaune *yellow jersey* (*worn by current leader of the* **Tour**)

A. Encerclez la bonne réponse.

1. Cette étape du Tour de France se situe
   a. dans les Pyrénées   b. dans les Alpes   c. dans les Vosges
2. Le temps est
   a. gris   b. mauvais   c. beau
3. Pour voir les coureurs il y a
   a. beaucoup de gens   b. peu de gens
4. Alain Laville porte le numéro
   a. 62   b. 52   c. 42
5. Alain Laville est né
   a. à Paris   b. à Annecy   c. à Chamonix
6. Le coureur qui a gagné cette étape du Tour s'appelle
   a. Gilbert Monier   b. Alain Laville   c. Steve Johnson
7. Demain le Tour aura lieu
   a. à Annecy   b. à Chamonix   c. à Paris

B. Remplissez les tableaux en vous basant sur la retransmission.

1. De quelles nationalités sont les coureurs qui ont gagné la 12ème étape à Chamonix?

CLASSEMENT DE L'ÉTAPE		
	n°	*nationalité*
1er *2*^ème *3*^ème	52 75 142	Il est... français

2. De quelles nationalité sont les coureurs qui sont les leaders du Tour en général?*

CLASSEMENT DU TOUR	
	nationalité
*1*ᵉʳ *2*ᵉᵐᵉ *3*ᵉᵐᵉ	Il est... français

Vocabulaire

Verbes

accepter (**de**) to accept
assister à to attend
bricoler to putter
chercher à to try to
commencer par begin by (doing something)
conseiller (**à, de**) to advise
courir to run
décider (**de**) to decide
désirer to desire, want
emmener to take (someone)
empêcher (**de**) to prevent (from)
enseigner (**à**) to teach
espérer to hope
finir par to end, finish by (doing something)
indiquer to show, point out
se passer to happen, take place
penser (+ *infinitive*) to plan on (doing something)
permettre (**de**) to permit, allow
refuser (**de**) to refuse
remercier to thank
rire to laugh

À REVOIR: **aider**; **faire du sport**; **gagner**; **jouer à**; **jouer de**; **perdre**

Substantifs

les activités de plein air (*f.*) outdoor activities
le bricolage do-it-yourself work, puttering around
la chanson de variété popular song
la collection collection
le cyclisme cycling
l'équipe (*f.*) team
le jardinage gardening
les jeux de hasard (*m.*) games of chance
les jeux de société (*m.*) social games, group games
la lecture reading
les loisirs (*m.*) leisure activities
la manifestation sportive sporting event
la marche walking
le passe-temps hobby
la pêche fishing
la pétanque bocce ball, lawn bowling
le pique-nique picnic
le service favor
le spectacle show, performance

À REVOIR: **la chanson**; **le concert**

Expressions interrogatives

qui est-ce que, qu'est-ce qui, lequel, laquelle, lesquels, lesquelles

Mots et expressions divers

autant (**de**)**... que** as much (many) . . . as
bien, mieux, le mieux well, better, best
demander un petit service to ask a small favor
être en train de to be in the process of; to be in the middle of
Je ne sais pas comment vous (**te**) **remercier.** I don't know how to thank you.
Je vous en prie. / Il n'y a pas de quoi. / De rien. You're welcome.
Qu'est-ce qui se passe? What's happening? What's going on?

---

*Position in the **Tour** is calculated by adding up each racer's time in all **étapes** completed.

Intermède

Séance de cinéma

Contexte   *Maureen, une Américaine, travaille au pair dans une famille française à Toulouse. Aujourd'hui elle va au cinéma avec une amie française, Gisèle.*

Objectif   *Gisèle explique certaines différences culturelles.*

GISÈLE:	Bonjour, je voudrais deux billets pour la séance° de deux heures, s'il vous plaît. Tiens, Maureen, tu peux donner les tickets à l'ouvreuse°?
MAUREEN:	Oui, mais qu'est-ce que tu fais?
GISÈLE:	Je cherche un peu de monnaie pour lui donner un pourboire.
MAUREEN:	Ah, d'accord... C'est curieux, il n'y a pas de queue.°
GISÈLE:	Oui, ici les cinémas ouvrent un peu avant la séance et on attend dans la salle.
MAUREEN:	Et il n'y a rien à boire ou à manger?
GISÈLE:	Si, une ouvreuse va passer pendant l'entracte.°
	(Maureen et Gisèle regardent l'annonce d'un film de Stephen Frears, Les Liaisons dangereuses, un vidéoclip° de Prince comme court métrage° et les publicités. Puis, c'est l'entracte.)
MAUREEN:	J'aimerais bien grignoter° quelque chose. Il y a du popcorn?
GISÈLE:	Pas de popcorn, désolée°! Appelle l'ouvreuse!
MAUREEN:	Écoute, Gisèle, c'est vraiment trop drôle.
GISÈLE:	Qu'est-ce qui est drôle?
MAUREEN:	C'est d'entendre Glenn Close parler français, avec cette drôle de voix.°
GISÈLE:	C'est vrai, j'ai oublié. Les films étrangers sont généralement doublés° ici. Ça surprend°!

Glossary (right margin):
- *show*
- *usherette*
- *line*
- *intermission*
- *music video*
- *film*
- *grignoter... nibble, have a snack*
- *sorry*
- *voice*
- *dubbed*
- *surprises (people)*

 ## À propos

Comment critiquer un film

POUR EXPRIMER UNE OPINION FAVORABLE

Quel chef d'œuvre!	Il est formidable.
Je l'ai trouvé extraordinaire.	Il est super.
C'est un film remarquable.	

POUR EXPRIMER UNE OPINION DÉFAVORABLE

Je ne le recommande à personne.	Quel désastre!
C'est un film vraiment minable (*shabby*)	Quel navet (*flop*)!

Maintenant à vous!

A. Questions personnelles. Relisez le dialogue, puis répondez aux questions.

1. Aimez-vous aller au cinéma ou préférez-vous regarder des films à la maison? Quel genre de film aimez-vous le mieux? Quelle sorte de film refusez-vous de voir? Pourquoi?

2. Regardez-vous de temps en temps un film étranger—français, espagnol ou japonais, par exemple? En général, préférez-vous les films doublés ou en version originale, avec sous-titres? Pouvez-vous recommander un film étranger à vos camarades de classe?

3. Dans le dialogue, Gisèle explique des différences culturelles à Maureen. Racontez à un ami français (une amie française) ce qu'on fait d'habitude en entrant dans un spectacle typiquement américain, par exemple un match de base-ball ou de football, un «county fair» ou autre.

B. Jeu de rôles. Les expressions de l'*À propos* vous seront utiles dans les activités suivantes.

1. En groupes de trois ou quatre, créez des scènes où des amis sortent du cinéma en parlant (*while speaking*) du film qu'ils viennent de voir. Ils ne font pas mention du titre. Les autres étudiants essaient de deviner quel est le film en question.

   Suggestions: *Le Magicien d'Oz, Autant en emporte le vent, Terminator, Parfum de femme, Impardonnable, Le Garde du corps...*

2. Chaque membre de la classe nomme le dernier film qu'il/elle a vu et explique aux autres pourquoi ils devraient ou ne devraient pas aller le voir.

3. Chaque membre de la classe nomme son film, son acteur/actrice ou son cinéaste favori et explique brièvement pourquoi.

P O R T R A I T S

Marie-José Pérec (1968–)

Barcelone 1992: Marie-José Pérec devient championne olympique du 400 mètres. Les Français l'appellent «la gazelle», mais elle ne veut pas consacrer° toute sa vie à l'athlétisme. Née à la Guadeloupe, arrivée à Paris à 16 ans, elle veut croquer la vie à pleines dents.° Elle mange chaque jour ses deux tablettes° de chocolat, se transforme en mannequin° pour Paco Rabanne* et fait les vitrines° des grands boulevards parisiens. À la fois° timide, impatiente, insouciante° et insolente, Marie-José Pérec attire l'attention des Français et du monde.

to dedicate

croquer... to experience life to the fullest / bars (of candy)
model

fait... goes window shopping / À... At the same time, Simultaneously
carefree

---

*A successful French designer especially noted for the line of men's colognes and accessories that bears his name.

CHAPITRE **SEIZE**

Opinions et points de vue

En avant

—À mon avis, il faut que le gouvernement prenne des mesures sévères contre les sociétés qui polluent l'environnement.

—Oui, mais ce n'est pas toujours facile.

—Tu sais, la pluie acide détruit nos forêts et les déchets industriels empoisonnent nos rivières. On finira par détruire la vie sur notre planète!

Communicative goals: talking about environmental and social problems, expressing attitudes, wishes, necessity, possibility, and emotion.

Étude de vocabulaire

Les problèmes de l'environnement

le gaspillage[a] des sources d'énergie
la pollution de l'atmosphère

les déchets[b] industriels

ne gaspillez pas les sources d'énergie

CONTRÔLEZ LES DÉCHETS INDUSTRIELS!

NE POLLUEZ PAS L'ATMOSPHÈRE!

Il faut conserver les sources d'énergie!

IL FAUT DÉVELOPPER L'ÉNERGIE SOLAIRE

IL FAUT RECYCLER

PROTÉGEZ LA NATURE

[a]wasting
[b]waste, refuse

la conservation des sources d'énergie

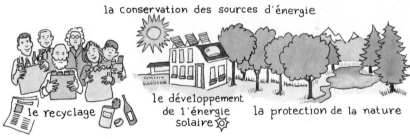

le recyclage

le développement de l'énergie solaire

la protection de la nature

A. Association de mots. Quels problèmes écologiques associez-vous avec les verbes suivants?

MODÈLE: gaspiller → le gaspillage des sources d'énergie

1. conserver   2. protéger   3. polluer   4. recycler   5. développer

B. Remèdes. Expliquez quelles sont les actions nécessaires pour sauver (*to save*) notre planète. Utilisez **Il faut** ou **Il ne faut pas** suivi d'un infinitif.

MODÈLES: le contrôle des déchets industriels →
             Il faut contrôler les déchets industriels.
             le gaspillage de l'énergie →
             Il ne faut pas gaspiller l'énergie.

1. la pollution de l'environnement
2. la protection de la nature
3. le développement de l'énergie solaire
4. la conservation des sources d'énergie
5. le gaspillage des ressources naturelles
6. le développement des transports en commun

Les problèmes de la société moderne

Le palmarès[a] de vos peurs en 1992*

1. Le chômage[b] — 79
2. Les problèmes de la jeunesse[c] — 76
3. Les catastrophes écologiques — 75
4. La diminution[d] du montant des retraites[e] — 73
5. La diminution des remboursements-maladie — 71
6. Le cancer — 70
7. La récession économique — 70
8. La drogue — 69
9. L'insécurité — 68
10. Les troubles liés à l'immigration — 68
11. L'augmentation des impôts[g] — 67
12. Les risques de guerre dans le monde — 66
13. L'évolution de la situation dans l'ex-URSS — 64
14. L'évolution de la situation en Algérie — 64
15. Le SIDA[h] — 63
16. Le développement de l'Islam en France — 63
17. Les centrales nucléaires — 61
18. La montée du Front National[i] — 60
19. L'évolution de la situation en Yougoslavie — 59
20. La baisse de vos revenus — 58
21. La concurrence[j] économique du Japon — 52
22. Les risques de guerre en Europe — 48
23. La concurrence économique de l'Allemagne — 44
24. La domination de l'Allemagne sur l'Europe — 41
25. Le Marché unique européen — 32

*ont très peur ou assez peur

[a]list
[b]unemployment
[c]youth, young people
[d]decrease
[e]montant... retirement benefits
[f]increase
[g]taxes
[h]AIDS
[i]right-wing anti-immigrant political party
[j]competition

Autres mots utiles:

le parti political party
la politique politics; policy
le politicien/la politicienne politician
élire to elect
s'engager (vers) to get involved (in) (*a public issue, cause*)

exiger to necessitate, demand
exprimer une opinion to express an opinion
faire grève to strike
manifester (pour/contre) to demonstrate (*for/against*)
soutenir to support

A. L'actualité. Regardez au-dessus les résultats d'une enquête faite par *Le Figaro Magazine*. Lisez-les, puis répondez aux questions suivantes.

■ Lesquels de ces thèmes sont évoqués (*brought up*) aux États-Unis?

- Parmi ceux-là, lequel considérez-vous comme le plus important? le moins important? Comparez vos conclusions avec celles de vos camarades.
- Selon vous, que peut-on faire pour résoudre ces problèmes?
- Quels autres thèmes ajouteriez-vous à ce sondage? Choisissez deux thèmes qui vous intéressent particulièrement et commentez-les en commençant par **Il faut**.

Mots-clés

How to carry on a discussion
To express a personal point of view:

Moi,...	**Je pense que...**	
À mon avis,...	**Je crois que...**	
Personnellement,...	**J'estime que...**	
Pour ma part,...	**Je trouve que...**	

Your point will often seem more convincing if you give examples or refer to other people's opinions. You can use the following expressions:

Par exemple,...
On dit que...
J'ai entendu dire que...

B. À mon avis. Choisissez une des expressions ci-dessus pour exprimer votre point de vue.

MODÈLE: possible / contrôler le problème des déchets nucléaires →
À mon avis (Personnellement, Pour ma part), je crois (j'estime, je trouve) qu'il est (qu'il n'est pas) possible de contrôler le problème des déchets nucléaires, parce que...

1. essentiel / développer de nouvelles sources d'énergie
2. impossible / empêcher les accidents nucléaires
3. important / respecter la femme dans les publicités
4. indispensable / faire attention aux problèmes de la jeunesse
5. inutile / limiter l'immigration
6. essentiel / augmenter les impôts
7. dangereux / arrêter le développement des armes nucléaires

C. Réagissez! Donnez votre opinion personnelle sur les idées suivantes.

1. protéger les personnes âgées contre la maladie   2. conserver les ressources naturelles d'un pays   3. combattre le racisme   4. réduire (*reduce*) le budget militaire   5. éliminer la faim dans le monde
6. soutenir les chômeurs (*unemployed*)   7. voter aux élections   8. dire «non» à la drogue

Nouvelles francophones

Immigration: la France divisée

Depuis quelques années, le problème de l'immigration est devenu un sujet
brûlant° partout en Europe. En Allemagne le problème concerne surtout les
Turcs, en Grande-Bretagne il concerne surtout les Jamaïcains, les
Pakistanais et les Indiens, en France il concerne surtout les Maghrébins. Une
conséquence de ce problème est la montée inquiétante° des partis politiques
d'extrême-droite aux propos racistes.

burning

montée... troubling rise

Le Maghreb regroupe les pays de l'Afrique du Nord: l'Algérie, le Maroc
et la Tunisie. Beaucoup de Maghrébins sont venus en France au début des
années 70 quand la France avait besoin d'une main-d'œuvre° peu coûteuse°
pour occuper des postes que les Français ne voulaient plus occuper. Plus
tard ils ont fait venir leur famille en France et ils ont eu des enfants. Ces
enfants sont français—ils parlent français, ils vont dans les écoles
françaises—mais ils sont souvent perçus° comme des Arabes. Aujourd'hui il
y a environ 1,5 million de Maghrébins en France plus 1,5 million de
Français d'origine maghrébine (un total de 7% de la population française).

labor force / peu... cheap

perceived

Les Français sont très divisés sur la question de l'immigration. Il y en a
qui souhaitent que la France ferme ses frontières pour empêcher l'arrivée de
nouveaux immigrants. Une petite minorité veut que les immigrés retournent
dans leur pays d'origine. Pourquoi existe-t-il de telles réactions en France,
connue pour être le pays des droits de l'homme? Peur du chômage, de
l'insécurité des villes et des banlieues, de la perte d'une certaine identité
culturelle? Sans doute. Mais il y a aussi un grand nombre de Français qui
soutiennent une politique de l'immigration qui garantit aux immigrants un
respect de leur dignité et de leurs droits° humains.

rights

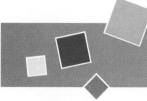

Étude de grammaire

54. EXPRESSING ATTITUDES
Regular Subjunctive Verbs

Votez pour Françoise!

FRANÇOISE: Alors, vous voulez que je **pose** ma candidature au Conseil de l'université!

SIMON: Oui, nous souhaitons que le Conseil **sorte** de son inertie et que ses délégués **prennent** conscience de leurs responsabilités politiques.

FRANÇOISE: Mais je me suis déjà présentée sans succès l'an dernier.

LUC: Cette année, Françoise, nous voulons que tu **réussisses**. Et nous te soutiendrons jusqu'au bout.

Retrouvez la phrase équivalente dans le dialogue.

1. Est-ce que je dois poser ma candidature au Conseil de l'université?
2. Nous espérons que le Conseil sortira de son inertie.
3. Nous espérons que ses délégués prendront conscience de leurs responsabilités.
4. Nous espérons que tu réussiras cette année.

A. The Subjunctive Mood

All the verb tenses you have learned so far have been in the *indicative* mood (past, present, and future), in the *imperative* mood, which is used for direct commands or requests, or in the *conditional* mood, which is used to express hypothetical situations. In this chapter, you will begin to learn about the *subjunctive* mood.

The indicative is used to state facts. The subjunctive is used to express the opinions or attitudes of the speaker. It expresses such personal feelings as uncertainty, doubt, emotion, possibility, and desire, rather than fact.

The subjunctive is used infrequently in English. Compare the use of the indicative and the subjunctive in the following examples.

INDICATIVE	SUBJUNCTIVE
He *goes* to Paris.	I insist that he *go* to Paris for the meeting.
We *are* on time.	They ask that we *be* on time.
She *is* the president.	She wishes that she *were* the president of the group.

In French, the subjunctive is used more frequently than in English. It almost always occurs in a dependent clause beginning with **que** (*that*). The main clause contains a verb that expresses desire, emotion, uncertainty, or some other subjective view of the action to be performed. Here and in the next grammar section, where the forms of the subjunctive are presented, the examples and the exercises will illustrate the use of the subjunctive in dependent clauses introduced by **que** after verbs of volition, such as **désirer**, **souhaiter** (*to want, to wish*), **vouloir**, **aimer bien** (*to like*), and **préférer**.

Usually, the subjects of the main and dependent clauses are different.

MAIN CLAUSE *Indicative*	DEPENDENT CLAUSE *Subjunctive*
Je veux	**que** vous **partiez**.

B. The Meaning of the Subjunctive

The French subjunctive has many possible English equivalents.

> **que je parle** → *that I speak, that I'm speaking, that I do speak, that I may speak, that I will speak, me to speak*

De quoi veux-tu **que je parle**?	*What do you want me to talk about?*
Il veut **que je** lui **parle** des élections.	*He wants me to speak to him about the elections.*

C. Forms of the Present Subjunctive

For most verbs, the stem for the forms **je**, **tu**, **il**, **elle**, **on**, **ils**, **elles** of the subjunctive is found by dropping the **-ent** of the third-person plural (**ils/elles**) form of the present indicative. The endings are **-e**, **-es**, and **-ent**.

INFINITIVE	**parler**	**vendre**	**finir**	**voir**
STEM	(ils) **parl**/ent	(ils) **vend**/ent	(ils) **finiss**/ent	(ils) **voi**/ent
... que je	parle	vende	finisse	voie
... que tu	parles	vendes	finisses	voies
... qu'il, elle, on	parle	vende	finisse	voie
... qu'ils, elles	parlent	vendent	finissent	voient

The stem for the **nous** and **vous** forms of the subjunctive is found by dropping the **-ons** from the first-person indicative plural (**nous**). The endings are **-ions** and **-iez**.

INFINITIVE	**parler**	**vendre**	**finir**	**voir**
STEM	(nous) **parl**/ons	(nous) **vend**/ons	(nous) **finiss**/ons	(nous) **voy**/ons
... que nous ... que vous	parl**ions** parl**iez**	vend**ions** vend**iez**	finiss**ions** finiss**iez**	voy**ions** voy**iez**

Verbs that are regular in the indicative have the same stem for all persons in the subjunctive. Irregular verbs and verbs with spelling changes have two stems in the subjunctive.

> Marc veut que je **parl**e maintenant avec la journaliste.
> Mais elle préfère que nous nous **parl**ions plus tard.

> Voulez-vous que je la **rappell**e?
> Je veux bien que vous la **rappel**iez.

> J'aimerais bien qu'on **prenn**e rendez-vous plus tard.
> Mais Jacqueline préfère que vous **pren**iez rendez-vous tout de suite.

Vérifions!

A. Stratégie électorale. Françoise accepte de poser sa candidature au Conseil universitaire. Avec un groupe d'étudiants, elle prépare soigneusement sa campagne. Que veut Françoise?

MODÈLE: Elle veut que les étudiants / choisir / des délégués responsables. →
Elle veut que les étudiants choisissent des délégués responsables.

1. Elle veut que les étudiants / réfléchir / aux problèmes de l'université
2. Elle aimerait que nous / préparer / une stratégie électorale tout de suite
3. Elle préfère que vous / finir / les affiches aujourd'hui
4. Elle veut que Luc et Simon / organiser / un débat
5. Elle souhaite que la trésorière / établir / un budget
6. Elle insiste pour que je / convoquer / tous les volontaires ce soir

B. Discours politique. Ce soir, Françoise fait son premier discours de la campagne électorale. Voici ce qu'elle dit aux étudiants.

1. Je veux que le Conseil universitaire / agir / en faveur des étudiants
2. Je souhaite que vous / participer / aux décisions du Conseil
3. Je préfère que nous / discuter / librement des mesures à prendre
4. Je voudrais que nous / trouver / tous ensemble des solutions à vos problèmes

5. Je désire que l'université / prendre / en considération nos inquiétudes
6. Je voudrais que les professeurs / comprendre / nos positions
7. Je souhaite enfin que tous les candidats / se réunir / bientôt pour mieux exposer leurs idées
8. ?

Parlons-en!

Opinions. Complétez les phrases suivantes et donnez vos opinions personnelles. Commencez avec **Je voudrais que...**

1. notre gouvernement (choisir de) ____
2. notre président (essayer de) ____
3. les étudiants (manifester plus/moins pour/contre) ____
4. nous (apprendre à) ____
5. nous (ne pas oublier que) ____
6. ?

55. EXPRESSING ATTITUDES
Irregular Subjunctive Verbs

Ancien ministre des droits de la femme

Yvette Roudy, ancien ministre des droits de la femme

LA JOURNALISTE: On vous appelle «le ministre qui a fait des remous». Pourquoi?

YVETTE ROUDY: C'est parce que quand j'étais ministre j'ai lancé beaucoup de campagnes pour les droits de la femme.

- pour la contraception: Je voulais que les femmes **soient** convenablement informées.
- contre le sexisme: Nous ne voulions pas qu'on **puisse** exploiter le corps féminin dans les publicités.
- pour la féminisation des noms de profession: Nous ne voulions pas qu'il y **ait** des métiers féminins et des métiers masculins, mais des métiers pour tous!
- pour l'orientation et la formation professionnelle des femmes: Nous souhaitions que les femmes **sachent** s'engager vers des métiers d'avenir.

1. On est souvent mal informé sur la contraception. Mme Roudy voulait que les femmes ____ (être) convenablement informées.
2. De nos jours, les publicitaires exploitent souvent les femmes pour vendre des produits. Mme Roudy ne voulait pas qu'on ____ (pouvoir) exploiter le corps féminin.

3. Il y a des métiers masculins (*e.g.*, **le magistrat**) et des métiers féminins (*e.g.*, **l'ouvreuse**). Mme Roudy ne voulait pas qu'il y _____ (avoir) des métiers féminins et des métiers masculins, mais des métiers pour tous.

4. Souvent, les filles ne savent pas s'engager vers des métiers d'avenir. Mme Roudy voulait qu'elles le _____ (savoir).

Some verbs have irregular subjunctive stems. The endings themselves are all regular, except for some endings of **avoir** and **être**.

	aller: *aill-/all-*	faire: *fass-*	pouvoir: *puiss-*	savoir: *sach-*	vouloir: *veuill-/voul-*	avoir: *ai-/ay-*	être: *soi-/soy-*
... que je/j'	aille	fasse	puisse	sache	veuille	aie	sois
que tu	ailles	fasses	puisses	saches	veuilles	aies	sois
qu'il, elle, on	aille	fasse	puisse	sache	veuille	ait	soit
que nous	allions	fassions	puissions	sachions	voulions	a**yons**	so**yons**
que vous	alliez	fassiez	puissiez	sachiez	vouliez	a**yez**	so**yez**
qu'ils, elles	aillent	fassent	puissent	sachent	veuillent	aient	soient

Le prof veut que nous **allions** au débat.

The professor wants us to go to the debate.

Son parti veut que le gouvernement **fasse** des réformes.

His (Her) party wants the government to make reforms.

Le président préfère que les sénateurs **soient** présents.

The President prefers the senators to be there.

Vérifions!

A. Revendications. Les délégués du Conseil universitaire donnent leurs directives aux étudiants. Recommencez leurs notes en remplaçant les sujets en italique par **vous**, puis par **les étudiants**.

Nous ne voulons pas que *tu* ailles en cours aujourd'hui. Nous préférons que *tu* sois présent à la manifestation et que *tu* fasses grève. Nous désirons que *tu* aies une affiche lisible (*legible*). Naturellement, nous voudrions que *tu* puisses exprimer tes opinions librement.

B. Engagement politique. Les Legrand ont des opinions libérales. Quels conseils donnent-ils à leurs enfants? Suivez les modèles.

MODÈLES: Patrick—tu / être réactionnaire →
Patrick, nous ne voulons pas que tu sois réactionnaire.

Fabrice / être courageux →
Nous voulons que Fabrice soit courageux.

1. Jacques / être actif politiquement
2. Corinne et Jacques / avoir le courage de leurs opinions
3. Vous / avoir des amis racistes
4. Patrick / être bien informé
5. Sylvain—tu / être violent
6. Vous / être intolérant
7. Fabrice—tu / avoir de l'ambition politique
8. Patrick et Sylvain / avoir des idéaux pacifistes

Parlons-en!

Slogans. Composez votre propre slogan politique selon les modèles des dessins.
Utilisez **Vous voulez que _____?** et les verbes suivants: **avoir, être, faire,
pouvoir, savoir, choisir, réformer, réussir à, servir à, vivre, perdre,
comprendre, changer, préparer, s'unir** (*to unite*)**, écouter, gagner,
apporter, élire, voter.**

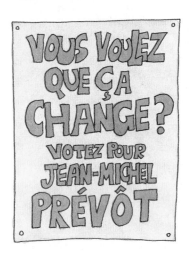

56. EXPRESSING WISHES, NECESSITY, AND POSSIBILITY
The Subjunctive

Service militaire obligatoire ou volontaire?

PATRICK FAURE: À mon avis, le service obligatoire, c'est un
(22 ANS) anachronisme à l'âge nucléaire.

GÉRARD BOURRELLY: **Il est possible** que les jeunes s'intéressent plus au
(36 ANS) service si on leur donne une formation professionnelle.

FRANCIS CRÉPIN: **Il faut** qu'on abolisse le service obligatoire et qu'on
(25 ANS) établisse une armée de métier.
CHARLES PALLANCA: Mais si j'étais volontaire, **j'exigerais** que la solde soit
(18 ANS) au moins de 5 000 francs par mois!

Retrouvez la phrase correspondante selon le dialogue.

1. Il se peut que les jeunes s'intéressent plus à un service comprenant une
   formation professionnelle complémentaire.
2. Il faut abolir le service obligatoire et établir une armée de métier.
3. J'insisterais pour que la solde soit au moins de 5 000 francs par mois!

A. Subjunctive with Verbs of Volition

When someone expresses a desire for someone else (or something) to behave in
a certain way, the verb in the subordinate clause is usually in the subjunctive.
The following construction is used.

Mon père **veut que je fasse** mon service militaire.	*My father wants me to do my military service.*
Je **voudrais que le service militaire soit** aboli.	*I'd like compulsory military service to be abolished.*

Note that an infinitive construction is used in English to express such a desire.
The infinitive construction is possible in French only if the speaker is talking
about a wish for him- or herself.

Je veux finir mes études.	*I want to finish my studies.*
Et **ma mère veut** aussi **que** je les **finisse.**	*And my mother wants me to finish them too.*

Verbs expressing desires (volition) include **aimer bien**, **désirer**, **exiger** (*to
demand*), **préférer**, **souhaiter**, **vouloir**, and **vouloir bien**.

B. The Subjunctive with Impersonal Expressions

An impersonal expression is one in which the subject does not refer to any
particular person or thing. In English, the subject of an impersonal expression
is usually *it: It is important that I go to class.* In French, many impersonal
expressions—especially those that express will, necessity, judgment, possibility,
or doubt—are followed by the subjunctive in the dependent clause.

IMPERSONAL EXPRESSIONS USED WITH THE SUBJUNCTIVE[*]	
Will or necessity	*Possibility, judgment, or doubt*
il est essentiel que	il est normal que
il est important que	il est peu probable que
il est indispensable que	il est possible/impossible que
il est nécessaire que	il se peut que (*it's possible that*)
il est préférable que	il semble que (*it seems that*)
il faut que[†] (*it's necessary that*)	
il vaut mieux que[†] (*it's better that*)	

Il est important que le racisme **disparaisse**.	*It's important that racism disappear.*
Il faut que vous **soyez** au courant de la politique.	*You must (It's necessary that you) keep up with politics.*
Il est peu probable que le sexisme **soit** tout à fait éliminé.	*It's not likely that sexism will be (is) totally eliminated.*
Il se peut que d'autres pays **possèdent** des armes nucléaires.	*It's possible that other countries possess nuclear weapons.*

C. The Infinitive with Impersonal Expressions

When no specific subject is mentioned, impersonal expressions are followed by the infinitive instead of the subjunctive. Compare the following sentences.

Il vaut mieux **attendre**. ⎫	*It's better to wait.*
Il vaut mieux **que nous attendions**. ⎬	*It's better that we wait.*
Il est important **de voter**. ⎫	*It's important to vote.*
Il est important **que vous votiez**. ⎬	*It's important that you vote.*

Note that the preposition **de** is used before the infinitive after impersonal expressions that contain **être**.

---

[*]Except for **il faut que, il vaut mieux que**, and **il semble que** these impersonal expressions are usually limited to writing and formal discourse.
[†]The infinitive of the verb conjugated in the expression **il faut que** is **falloir** (*to be necessary*). The infinitive of the verb in **il vaut mieux que** is **valoir** (*to be worth*).

Vérifions!

A. Comment gagner? Donnez des conseils à Jeanne Laviolette, candidate à la mairie de Dijon, en suivant le modèle.

> MODÈLE: Il est important de savoir écouter les gens. →
> Il est important que vous sachiez écouter les gens.

1. Pour être maire, il faut être dynamique et responsable.
2. Il est essentiel de ne pas avoir peur d'agir (*to act*).
3. Il est nécessaire de rester calme en toutes circonstances.
4. Il est préférable de parler souvent aux électeurs.
5. Il faut faire attention aux problèmes des jeunes.
6. Il est indispensable de gagner la confiance des commerçants.
7. ?

B. La routine de tous les jours. Posez des questions à un(e) camarade de classe. Suivez le modèle.

> MODÈLE: nécessaire / faire la cuisine chaque soir?
> VOUS: Est-il nécessaire que tu fasses la cuisine chaque soir?
> VOTRE CAMARADE: Oui, il est nécessaire que je fasse la cuisine chaque soir. (Non, il n'est pas nécessaire que je fasse la cuisine chaque soir.)

1. vaut mieux / aller au cours de français tous les jours
2. préférable / faire ton lit chaque matin
3. faut / nettoyer ta chambre tous les jours
4. normal / pouvoir dormir tard le matin
5. indispensable / étudier chaque soir
6. important / lire le journal chaque jour
7. ?

Parlons-en!

A. Problèmes contemporains. Discutez des problèmes suivants avec un(e) camarade. Offrez des solutions. Utilisez une des expressions suivantes: **il est important que**, **il faut que**, **il est nécessaire que**, **il est indispensable que**, **il est essentiel que**, **il est préférable que**.

1. l'immigration clandestine aux États-Unis
2. le stress chez les jeunes
3. la pollution
4. le chômage
5. le gaspillage des sources d'énergie
6. la violence dans les villes
7. l'effet de serre (*greenhouse*)

B. Et vous? Y a-t-il quelqu'un qui essaie d'influencer vos choix?

> MODÈLE: Oui. Mes amis veulent que j'arrête de fumer. (*ou* Oui. Mon ami
>   Philippe me dit qu'il est essentiel que j'arrête de fumer.)

C. Nécessités et probabilités. Quelle sera votre vie? Répondez aux questions suivantes. Dans chaque réponse, utilisez une de ces expressions: **il se peut que, il est peu probable que, il est impossible que, il est possible que, il est essentiel, il faut que, il est nécessaire que**.

> MODÈLE: Ferez-vous une découverte (*discovery*) importante? →
>   Il est peu probable que je fasse une découverte importante.

1. Vous marierez-vous?   2. Apprendrez-vous une langue étrangère?
3. Voyagerez-vous beaucoup?   4. Deviendrez-vous célèbre?   5. Serez-vous riche?   6. Saurez-vous jouer du piano?   7. Écrirez-vous un roman?
8. Ferez-vous la connaissance d'un président des États-Unis?   9. Irez-vous en Chine?   10. Vivrez-vous jusqu'à l'âge de cent ans?

Maintenant, utilisez ces questions pour interviewer un(e) camarade de classe.

> MODÈLE: VOUS: Feras-tu une découverte importante?
>   VOTRE AMI(E): Oui, il est important que je fasse une découverte
>   importante. (Non, il est peu probable que je fasse
>   une découverte importante.)

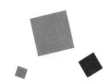

57. EXPRESSING EMOTION
The Subjunctive

L'Europe unie

Plusieurs Français donnent leur opinion sur l'unification politique et économique de l'Europe.

JEAN-PIERRE: Je suis **content** que la France **dise** «oui» à l'Europe.
(35 ANS)

ISABELLE: Nous, nous avons **peur** que les nationalistes **deviennent**
(24 ANS)   violents comme en Bosnie-Herzégovine.

CLAUDE: Je **regrette** que les Suisses ne **veuillent** pas faire partie de
(40 ANS)   l'Europe.

NICOLE: Je **doute** que l'Europe **puisse** régler le problème du chômage.
(30 ANS)

MONIQUE: Je suis **furieuse** que les Américains **imposent** des taxes sur les
(52 ANS)   produits agricoles européens.

Complétez les phrases selon le dialogue.

1. Claude _____ que les Suisses ne _____ pas faire partie de l'Europe.
2. Monique est _____ que les Américains _____ des taxes sur les produits agricoles européens.
3. Nicole _____ que l'Europe _____ régler le problème du chômage.
4. Jean-Pierre est _____ que la France _____ «oui» à l'Europe.
5. Isabelle a _____ que les nationalistes _____ violents comme en Bosnie-Herzégovine.

Le drapeau européen

A. Expressions of Emotion

The subjunctive is frequently used after expressions of emotion.

EXPRESSIONS OF EMOTION
happiness: être content(e), être heureux/euse   *regret*: être désolé(e), être triste, regretter (*to be sorry*)   *surprise*: être surpris(e), être étonné(e)   *fear*: avoir peur   *relief*: être soulagé(e)   *anger*: être furieux/euse

Le président **est content** que les électeurs **aient** confiance en lui.

The President is pleased that the voters have confidence in him.

Les électeurs **ont peur** que l'inflation **soit** un problème insoluble.

The voters are afraid that inflation is an insurmountable problem.

Les écologistes **sont furieux** que les lois contre la pollution des forêts et des rivières **soient** tellement faibles.

The ecologists are angry that the laws against polluting the forests and rivers are so weak.

As with verbs of volition, there must be different subjects in the main and dependent clauses. Otherwise, an infinitive is used.

Le président est content de rencontrer le Premier ministre du Canada.

The President is happy to meet the Prime Minister of Canada.

B. Impersonal Expressions of Emotion

The subjunctive is also used following impersonal expressions of emotion.

il est stupide que*
il est bizarre que
il est bon que*
il est dommage que *(it's too bad that)*
il est juste/injuste que
il est utile/inutile que

Il est dommage que la guerre y **continue**.	*It's too bad that war is continuing there.*
Est-il bon que les enfants aussi **expriment** leurs opinions?	*Is it good that children also express their opinions?*
Il est stupide que tant de citoyens ne **votent** pas.	*It is stupid that so many citizens do not vote.*

Vérifions!

A. Sentiments. Complétez les phrases de façon logique en choisissant une des expressions en italique.

MODÈLE: Nous sommes furieux / *les leaders politiques sont très responsables face aux électeurs / la télévision n'analyse pas les problèmes actuels* →
Nous sommes furieux que la télévision n'analyse pas les problèmes actuels.

1. Je suis désolé(e) / *tu es malade aujourd'hui / tu réussis à l'examen.*
2. Mes parents ont peur / *je finis mes études très rapidement / je ne finis pas mes études.*
3. Je regrette / *mon frère et moi ne sommes jamais d'accord / mon frère et moi nous amusons souvent ensemble.*
4. Mon amie Catherine est soulagée / *il y a enfin deux femmes à la Cour suprême / le taux* (rate) *de chômage est élevé cette année.*
5. Les sénateurs sont étonnés / *le public ne veut pas payer plus d'impôts / le public veut payer plus d'impôts.*

B. Le journal. Voici des titres (*headlines*) adaptés de divers journaux français. Donnez votre réaction à chaque situation. Utilisez les expressions suivantes: **être content(e)**, **heureux/euse**, **désolé(e)**, **triste**, **surpris(e)**, **étonné(e)**, **soulagé(e)**, **fâché(e)**, **furieux/euse**, **regretter**, **avoir peur**, **il est stupide (bizarre, bon, dommage, juste/injuste, utile/inutile) que**.

---

*The French often say **c'est stupide que**, **c'est bon que**, etc. in everyday conversation.

MODÈLE: **Les femmes et les chômeurs fument davantage** (*more*) →
Il est dommage que les femmes et les chômeurs fument davantage.

1. **Le Club Méditerranée ouvre son premier village en Chine**
2. **L'Europe aime la France** (La majorité des Européens choisiraient la France comme terre d'accueil [*country where they would settle*].)
3. **Le froid tue** (*kills*) **5 sans-abri** (*homeless*) (Des centres d'hébergement [*shelters*] exceptionnels ont ouvert leurs portes aux victimes du froid.)
4. **Les Français disent «non» à la drogue** (68% des Français sont favorables au maintien de l'interdiction totale des ventes et de la consommation de drogues, selon un sondage.)
5. **Perrier va supprimer** (*eliminate*) **un emploi sur sept** (Le groupe Perrier [eaux minérales] a annoncé qu'il comptait supprimer 750 emplois.)

Parlons-en!

A. Émotions. Donnez votre opinion personnelle sur les problèmes de la société américaine.

MODÈLE: Je suis heureux/euse que... les États-Unis aident plusieurs pays du tiers-monde (*third world*).

1. Je suis heureux/euse que...
2. Je regrette que...
3. Il est injuste que...

4. Il est bon que...
5. Il est bizarre que...

B. Encore des émotions. Reprenez les *trois premières* phrases de l'exercice A. Maintenant demandez à cinq autres étudiants comment ils ont complété ces phrases. Pouvez-vous trouver quelqu'un qui a les mêmes opinions que vous?

MODÈLE: É1: Qu'est-ce qui te rend heureux/euse?
É2: Je suis heureux/euse que le maire fasse quelque chose pour aider les sans-abri (*homeless*).

France-culture

L'Europe et les Européens. En décembre 1992, le traité de Maastricht a été ratifié par dix pays de la CEE (Communauté économique européenne): Allemagne, Italie, Espagne, France, Portugal, Hollande, Grèce, Irlande, Belgique et Luxembourg. Les Anglais et les Danois ont exprimé leur refus. Depuis ce temps-là, les Anglais et les Danois ont aussi ratifié le traité. Pourtant les Européens sont divisés sur la question de l'Europe: seulement 51% des Français ont voté «oui» aux élections sur le traité de Maastricht.

Quelles sont les principales mesures du traité de Maastricht?

Le traité de Maastricht n'a pas été voté à l'unanimité en France.

1. La libre° circulation des biens° et des services. Cela veut dire, par exemple, qu'un Français pourra aller acheter sa voiture en Allemagne ou en Italie sans payer de taxes à l'importation. Cela veut dire aussi qu'un Français pourra aller travailler ou étudier librement dans n'importe quel° pays de la CEE.

free / goods

n'importe... any

2. L'harmonisation des taxes sur les produits (taxe à valeur ajoutée)° entre les pays de la CEE qui auparavant° variaient selon les pays (par exemple entre 0 et 30% de taxes sur une voiture).

taxe... value added tax

before

3. Une monnaie commune: l'ECU (*European currency unit*). Il n'y aura donc plus de francs français ou de Deutsch Marks.

4. Enfin, une politique de défense commune pour tous les pays de la CEE à partir de° 1995.

à... from

Alors, de quoi les Européens ont-ils peur? L'Europe est un vieux continent composé de petits pays qui ont chacun une très vieille identité culturelle et des traditions très anciennes. En disant «oui» à l'Europe, ils ont peur de perdre cette identité et ces traditions. Ils ont peur d'être noyés° dans cette immense Europe et d'être dirigés par des bureaucrates qu'ils ne connaissent pas. Les Français ont peur que la France ne soit plus la France; les Anglais ont peur que l'Angleterre ne soit plus l'Angleterre. En fait, une majorité d'Européens veulent une Europe unie économiquement pour faire face au défi° contre les États-Unis et le Japon mais beaucoup se méfient° d'une Europe unie politiquement.

drowned

faire... to take on the challenge / se... are distrustful

Mise au point

A. Émotions. Complétez les phrases qui se trouvent au-dessous de chaque dessin. Puis, un étudiant (une étudiante) fait sa propre (*own*) phrase pour commenter le dessin. Enfin, les autres étudiants choisissent la phrase qu'ils préfèrent comme légende (*caption*).

1. Pierre est content que _____.
   a. sa sœur / s'en aller / bientôt / université
   b. son père / venir de / lui / acheter / voiture
   c. ?

2. Chantal est triste que _____.
   a. Jean-Pierre / (ne... pas) vouloir / sortir / soir
   b. personne / (ne...) comprendre / ses idées
   c. ?

3. Jacques est furieux que _____.
   a. Barbara / (ne... pas) le prendre / au sérieux
   b. Chantal / lui / (ne... pas) écrire / plus souvent
   c. ?

4. Mme Hugo a peur que _____.
   a. sa fille / (ne... pas) être / à l'heure / soir
   b. ses enfants / (ne... pas) faire attention
   c. ?

B. Le feu: un danger écologique. Voici quelques conseils pour vous protéger du feu (*fire*), publiés par le Conservatoire de la forêt méditerranéenne.

Imaginez que vous expliquez à un(e) camarade ce qu'il/elle doit faire en cas d'incendie (*fire*). Reprenez les conseils et faites des phrases avec des expressions impersonnelles.

MODÈLE: Il faut (Il est indispensable, essentiel) que tu téléphones au 18 immédiatement.

Les journaux présentent différents points de vue et perspectives sur la société contemporaine.

ᵃvoir... rubbernecking
ᵇwould get in the way of
ᶜshutters
ᵈWet down
ᵉsmoke

Puis, par petits groupes, imaginez quels conseils on pourrait donner dans les
situations suivantes:

1. En cas d'inondation
2. En cas de tremblement de terre

C. Un monde meilleur. À votre avis, que faudrait-il faire pour changer le
monde? Faites cinq propositions en utilisant **il faudrait que**, **je voudrais que**,
j'aimerais que...

MODÈLE: Je voudrais qu'une femme soit présidente des États-Unis.

Interactions

In this chapter, you practiced expressing opinions, attitudes, and emotions in
French. Use the vocabulary and structures from the chapter to debate a topic.

Débat. Working with four classmates, pick one of the following topics and
conduct a brief debate. Be sure that everyone has a chance to talk. Agree upon
a conclusion, and compare it to the conclusions reached by the other debating
groups in the class.

1. Les lois devraient punir, en les imposant fortement, les sociétés qui
   polluent l'environnement.
2. Pour mieux protéger l'environnement, le gouvernement devrait
   augmenter les impôts sur l'essence des voitures.

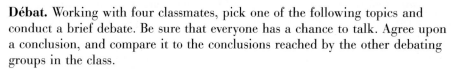

Boris Vian (1920–1959) was an important poet and composer who wrote both
the music and lyrics of his songs. This reading, *Le Déserteur*, is a protest song
written in the 1950s. One of Boris Vian's most popular compositions, *Le
Déserteur* became the "national anthem" of the antiwar protest in France.

Avant de lire

Understanding poetry and songs.   In French, poetry and song differ from
ordinary speech, not only in the tendency to use figurative language
(comparisons, metaphors, etc.), but also in pronunciation. Unlike speech, where
the accent tends to fall on the last syllable of a phrase, poetry and songs tend

to have regularly accented rhythms. In traditional verse, the "silent e" of speech is pronounced (or sung) and forms part of the rhythmic pattern. Furthermore, French verse traditionally follows strict and complicated rules for rhyme. To fit these patterns, sentence structures may be rearranged.

Although "Le Déserteur" generally uses the vocabulary of everyday speech, its rhythms and rhymes are typical of French poetry. Read the text aloud and listen for the rhythm and the rhymes. Then read the text again for sense, and note how the units of meaning (phrases, sentences) follow the rhythmic structure.

Finally, note where the literal meaning of the text departs from ordinary reality and how these departures contribute to the impact of the message.

Le Déserteur

Monsieur le Président,
Je vous fais une lettre
Que vous lirez peut-être
Si vous avez le temps.
Je viens de recevoir
Mes papiers militaires
Pour partir à la guerre
Avant mercredi soir.
Monsieur le Président,
Je ne veux pas la faire,
Je ne suis pas sur terre
Pour tuer[a] de pauvres gens.
C'est pas pour vous fâcher,[b]
Il faut que je vous dise,
Ma décision est prise,
Je m'en vais déserter.

Depuis que je suis né,
J'ai vu mourir mon père,
J'ai vu partir mes frères
Et pleurer mes enfants.
Ma mère a tant souffert
Qu'elle est dedans sa tombe
Et se moque des[c] bombes
Et se moque des vers.[d]

Quand j'étais prisonnier,
On m'a volé[e] ma femme,
On m'a volé mon âme[f]
Et tout mon cher passé.
Demain de bon matin,
Je fermerai ma porte
Au nez[g] des années mortes
J'irai sur les chemins.[h]

Je mendierai[i] ma vie
Sur les routes de France,
De Bretagne en Provence,
Et je crierai[j] aux gens
Refusez d'obéir,
Refusez de la faire,
N'allez pas à la guerre,
Refusez de partir.
S'il faut donner son sang,[k]
Allez donner le vôtre,
Vous êtes bon apôtre,[l]
Monsieur le Président.
Si vous me poursuivez,[m]
Prévenez[n] vos gendarmes[o]
Que je n'aurai pas d'armes
Et qu'ils pourront tirer.[p]

[a]kill
[b]pour... to make you angry
[c]se... does not care about
[d]worms
[e]stole
[f]soul
[g]Au... In the face
[h]J'... I'll hit the road
[i]Je... I'll beg
[j]je... I'll shout
[k]blood
[l]Vous... You play the saint
[m]chase
[n]Inform
[o]French military police
[p]fire

Paroles: Boris Vian. Musique : Boris Vian et Harold Berg.
© Djanik-CIMG, 1964.
Interprètes : Boris Vian, Mouloudji, Richard Anthony, les Sunlight.

La chanson date en réalité de 1955.
Quand Europe n° 1 diffuse pour la première fois *Le Déserteur*, le scandale éclate.
Les instances politiques n'apprécient guère la chanson et la censure l'interdit. La guerre d'Algérie vient de commencer.
Il faudra attendre 1966, avec la vogue du protest song, et que Peter, Paul and Mary l'enregistrent pour que la chanson ressuscite.

Compréhension

1. En quelle année Boris Vian a-t-il écrit cette chanson? À cause de quel événement historique l'a-t-il écrite?
2. Selon la chanson, pourquoi veut-il déserter?
3. Quel conseil donne-t-il aux Français?
4. Quel conseil donne-t-il au président de la République?
5. Cette chanson a été censurée (*was censured*) pendant 11 ans. Êtes-vous d'accord avec cette action? Pourquoi, ou pourquoi pas?
6. Connaissez-vous des chansons américaines semblables ou comparables au *Déserteur*? Lesquelles? Quand et pourquoi ont-elles été composées?

PAR ÉCRIT

Function: Writing to persuade
Audience: Readers of an editorial page
Goal: Write your opinion (in the form of a guest editorial or an "op-ed" piece) on one of the topics treated in the chapter, or on a recent, controversial event. You will attempt to persuade the readers to accept your point of view.

Steps

1. Begin by choosing a topic which interests you. Take about five minutes to jot down the issues or facts that come to mind while thinking about the topic.
2. Prepare your first draft following these guidelines:
   a. Present the subject. Explain to your reader why you are writing. Describe the event or issue briefly but clearly.
   b. Present your argument against opposing opinions. Summarize two or three of your opponents' main arguments, and refute them. Provide a clear justification for your own views.
   c. If appropriate, present several possible solutions to the problem.
   d. Write a general conclusion.
3. Refine the rough draft. Use expressions such as **Il faut se rappeler que, Il ne faut pas oublier que, À mon avis, Contrairement à ce que** (*what*) **l'on croit généralement, de plus, en premier** (**second, troisième**, etc.), **Il**

est bizarre que, **Il est nécessaire que**, **Il faut que**, **d'autre part** (*on the other hand*), **Il en résulte que** (*As a result*), etc.

4. Bring your draft to class and ask for "feedback" from a classmate.
5. Write a second draft incorporating suggestions, as warranted. Check your draft for spelling and grammar. Pay particular attention to your use of the subjunctive mood.
6. Complete the final version and be prepared to share it with classmates and/or your instructor.

À L'ÉCOUTE !

I. Le candidat. Vous allez entendre une interview avec un politicien, M. Maurice Deschamps. Lisez les activités ci-dessous avant d'écouter le vocabulaire et le dialogue qui leur correspondent.

> VOCABULAIRE UTILE
> honnête *honest*
> agir *to act*

A. Encerclez la bonne réponse, selon le dialogue. (Il y a quelquefois plusieurs réponses possibles.)

1. M. Deschamps espère devenir
   a. député à Dijon
   b. maire de Lyon
   c. premier ministre
2. Selon lui, un chef du gouvernement doit être
   a. ambitieux
   b. travailleur
   c. honnête
   d. dynamique
   e. responsable
3. Il doit aussi
   a. savoir écouter
   b. avoir des contacts à Paris
   c. ne pas avoir peur d'agir
4. M. Deschamps constate qu'il est indispensable
   a. que les électeurs aient confiance en leur maire
   b. que les électeurs participent eux-mêmes au gouvernement
5. Pour gagner la confiance des électeurs, selon Deschamps, il faut
   a. protéger les intérêts de la ville
   b. développer de nouveaux programmes sociaux
   c. réduire les impôts

6. Selon lui, les problèmes de la ville qui exigent une attention immédiate sont
   a. la sécurité sociale
   b. le chômage
   c. la pollution
   d. l'éducation
   e. l'immigration

B. Cochez les opinions exprimées par M. Deschamps pendant l'interview.

1. _____ Pour être le maire d'une grande ville, il faut savoir écouter.
2. _____ Un maire doit être ouvert à toutes les suggestions.
3. _____ Un maire doit développer de nouveaux programmes d'enseignement technique.
4. _____ La hausse de la criminalité dans la région est le problème qui m'inquiète le plus.
5. _____ Pour être élus, la plupart des candidats promettent l'impossible.
6. _____ Nous devons protéger nos rivières et nos forêts contre les déchets industriels.

II. Les informations. Vous allez entendre un flash d'informations à la radio. Lisez les activités ci-dessous avant d'écouter le vocabulaire et le flash d'informations qui leur correspondent.

VOCABULAIRE UTILE
en hommage à *in recognition of*
une balle *a bullet*
un chiffre record *a record number*
ne jetez plus *don't throw away any more*
la coupe d'Europe *European Cup*

A. Encerclez les thèmes qui sont traités dans ce flash d'informations.

1. le SIDA
2. l'éducation
3. le racisme
4. la drogue
5. la Bosnie-Herzégovine
6. le chômage
7. le logement
8. la politique
9. l'écologie
10. la sécurité sociale
11. le recyclage
12. le sport
13. l'agriculture

B. Associez les éléments de chaque colonne.

1. recyclage
2. séparation
3. chiffre record
4. coupe d'Europe
5. manifestation

a. 3 millions de chômeurs
b. Limoges
c. Rachid Bencherif
d. «La Journée de la terre»
e. les «Verts» et «Génération écologie»

Vocabulaire

Verbes

abolir to abolish
conserver to conserve
contrôler to inspect, monitor
développer to develop
douter to doubt
élire to elect
s'engager (**vers**) to get involved (*in a public issue, cause*)
estimer to consider; to believe; to estimate
exiger to require; to demand
exprimer une opinion to express an opinion
faire grève to strike
falloir to be necessary
gaspiller to waste
manifester (**pour/contre**) to demonstrate (for/against)
polluer to pollute
protéger to protect
reconnaître to recognize
recycler to recycle
regretter to regret, be sorry
sauver to save, rescue
souhaiter to wish, desire
soutenir to support
valoir to be worth

À REVOIR: **conduire, empêcher, perdre, vivre**

Substantifs

l'augmentation (*f.*) increase
la baisse lowering
le chômage unemployment
le/la citoyen(ne) citizen
le contrôle control, overseeing
le déchet waste (material)
la diminution decrease
l'électeur/trice voter
le gaspillage wasting
la guerre war
les impôts (*m. pl.*) taxes
la jeunesse youth, young people
la montée rise
le parti political party
la politique politics; policy
le politicien/la politicienne politician
le problème problem
la réussite success, accomplishment

À REVOIR: **les transports, la vie**

Substantifs apparentés

l'accident (*m.*), **l'atmosphère** (*f.*), **le budget** (**militaire**), **le conflit, la conservation, le développement, l'énergie** (*f.*) **nucléaire/solaire, l'environnement** (*m.*), **le gouvernement, l'inflation** (*f.*), **la légalisation, la liberté d'expression, les médias** (*m.*), **la nature, l'opinion publique** (*f.*), **la pollution, la prolifération, la protection, le recyclage, la réforme, les ressources naturelles, le sexisme, la source**

Adjectifs

désolé(e) sorry
écologiste ecological
étonné(e) surprised
fâché(e) angry
furieux/euse furious
industriel(le) industrial
soulagé(e) relieved
sûr(e) sure, certain
surpris(e) surprised

Expressions impersonnelles

il est... it is . . .
   dommage too bad
   étrange strange
   fâcheux unfortunate
   (in)utile useless/useful
il se peut que... it is possible that . . .
il semble que... it seems that . . .
il vaut mieux (**que**)**...** it is better (that . . .)

Expressions impersonnelles apparentées

il est... clair, essentiel, évident, important, (im)possible, indispensable, (in)juste, nécessaire, normal, peu probable, préférable, probable, stupide, urgent

Mots et expressions divers

par exemple for example
personnellement personally
la plupart (**de**) most (of)
pour ma part in my opinion, as for me

Intèrmede

L'Amérique en question

Contexte *Linda est une étudiante américaine en première année de faculté à Montpellier. Ses amis, tous étudiants français ou francophones, aiment discuter avec elle des États-Unis.*

Objectif *Linda participe à un échange d'opinions.*

LINDA: Il y a des stéréotypes sur les Américains ici?

NADINE: Oui, on dit souvent que les Américains sont naïfs, qu'ils ne pensent qu'à l'argent...

LOUIS: Mais on est aussi fasciné par certains aspects des États-Unis: Hollywood, les rappeurs, la conquête de l'espace, Silicon Valley...

LINDA: C'est un sentiment un peu ambivalent, quand même,° non?

           quand... all the same

VIVIANE: Oui. Et en politique, par exemple, ça a été très difficile pour les Français de voir des présidents américains qui n'étaient pas des «spécialistes», tu sais... des membres d'une élite intellectuelle.

LINDA: Je crois que c'est particulièrement vrai des Parisiens. En province, on admire l'Amérique, non?

NADINE: Oui, mais je crois que l'Amérique a connu avant nous des problèmes sociaux très graves: le racisme, la drogue, la violence...

DANIEL: Maintenant que nous nous débattons° aussi avec ces problèmes, il est difficile d'être aussi critique envers les U.S.A.

           nous... we're struggling

LINDA: Mais est-ce que vous connaissez l'Amérique seulement par les films et les journaux?

LOUIS: Eh bien moi, j'ai vécu aux États-Unis, et j'ai trouvé qu'il faut beaucoup se battre° pour y survivre.° On n'est pas protégé contre la maladie ou le chômage. Finalement, j'ai trouvé que l'individu est très isolé.

           se... fight, struggle / survive

VIVIANE: Oui, mais malgré tout, beaucoup de jeunes voudraient partir vivre aux États-Unis. Ils veulent tenter° l'aventure américaine.

           essayer

 propos

Comment donner des conseils

Je vous (te) conseille de (+ *infinitif*)...

À votre (ta) place, je (+ *verbe au conditionnel*)...

Je suis convaincu(e) / persuadé(e) que (+ *sujet* + *verbe à l'indicatif*)...

Savez-vous (Sais-tu) que (+ *sujet* + *verbe à l'indicatif*)...
Je recommande que vous (tu) (+ *verbe au subjonctif*)...
Vous devriez (Tu devrais) (+ *infinitif*)...
N'oubliez pas (N'oublie pas) que (+ *sujet* + *verbe à l'indicatif*)...

Maintenant à vous!

A. Questions personnelles. Relisez le dialogue, puis répondez aux questions.

1. Donnez vos opinions personnelles sur les observations suivantes.

   - Les Américains sont naïfs.
   - L'argent est la préoccupation essentielle aux États-Unis.
   - Les présidents américains n'appartiennent (*belong*) pas à une élite
     intellectuelle.
   - Aux États-Unis, l'individu est isolé et mal protégé.

2. Quels sont les stéréotypes que les Américains expriment en décrivant les
   Français?
3. Vos amis et vous, parlez-vous de temps en temps des problèmes sociaux
   mentionnés par Nadine: le racisme, la drogue, la violence, l'isolement de
   l'individu? Si oui, qu'en dites-vous?

B. Jeu de rôles. Avec plusieurs camarades, jouez une scène dans laquelle une
personne doit prendre une décision de grande importance. Les autres étudiants
donnent des conseils à cette personne et discutent avec elle de son problème.
Utilisez les expressions de l'*À propos.*

Suggestions: Quelqu'un va...

- refuser de s'inscrire (*register*) au service militaire
- manifester contre les centrales nucléaires
- se marier avec quelqu'un dont il vient de faire connaissance
- quitter l'université sans obtenir son diplôme

PORTRAITS

Eugène Delacroix (1798–1863)

Grand peintre romantique, Eugène Delacroix a, dans ses tableaux dynamiques
(et quelquefois violents), exprimé de vives émotions avec les couleurs. Il a
représenté des sujets mythologiques, des événements historiques et, après une
visite en Algérie, «l'exotisme oriental». Parmi ses tableaux les plus connus sont
Les Massacres de Scio (1824), *La Grèce expirant à Missolonghi* (1827) et *La
Mort de Sardanaple* (1828). Son tableau le plus célèbre, *La Liberté guidant le
peuple,* censuré en 1830, n'a été montré au public qu'en 1861.

CHAPITRE **DIX-SEPT**

Le monde francophone

En avant

—Je me crois au paradis.

—Moi aussi. Je n'ai jamais vu de coucher de soleil aussi beau.

—C'était une excellente idée de venir à Raiatea.

—C'est vrai, c'est moins connu que Tahiti ou Bora Bora et beaucoup plus
tranquille.

Communicative goals: talking about the French-speaking world, talking
about quantity, expressing doubt and uncertainty, and expressing subjective
viewpoints.

Étude de vocabulaire

Histoire de la francophonie

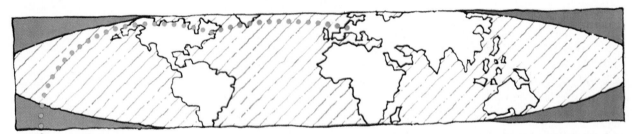

XVIᵉ siècle: Arrivée de Jacques Cartier au Canada; expansion française dans la région des Alpes et de la Côte d'Azur.

XVIIᵉ siècle: Champlain fonde Québec; établissements des Antilles (Haïti, Martinique, Guadeloupe). Fondation de Montréal; la Nouvelle-France s'étend (*stretches*) vers l'Ouest jusqu'aux Rocheuses et le long du Mississippi jusqu'en Louisiane. En

Inde, établissements français de Chandernagor et de Pondichéry.

XIXᵉ siècle: Implantation française en Algérie (1830), en Indochine (1859), au Sénégal (1854), en Tunisie (1881), à Madagascar (1883). Établissements de «l'Afrique équatoriale française» et de «l'Afrique occidentale française». Indépendance d'Haïti.

XXᵉ siècle: De 1954 à 1962, indépendance de l'Indochine, du Maroc, de la Tunisie, de l'Algérie et de seize pays de l'Afrique noire.

1961 – Établissement de la Maison du Québec à Paris. Creation de l'Association des universités partiellement ou entièrement de langue française (AUPELF).

1962 – Début de l'implantation d'ambassades canadiennes en Afrique francophone.

1965 – Premiers accords de coopération entre la France et le Québec

1967 – Création de l'Association internationale des parlementaires de langue française (AIPLF).

1968 – Le Parti Québécois prend le pouvoir au Québec. L'Acte 101 (une loi qui exige l'utilisation de la langue française dans l'éducation, le commerce, et la vie publique) est voté. Beaucoup d'entreprises anglophones quittent Montréal pour s'installer à Toronto.

1986 – Premier Sommet de la francophonie à Paris.

1987 – Deuxième Sommet de la francophonie à Quebec. Les pays francophones se réunissent tous les deux ans depuis 1987.

1993 – La destinée du Québec n'est pas encore décidée. Certains Québécois veulent que le Québec soit une société distincte et libre; d'autres ne veulent pas se séparer du Canada.

A. Un peu d'histoire et de géographie. Répondez aux questions suivantes.

1. En quel siècle Jacques Cartier est-il arrivé au Nouveau Monde?
2. Qui a fondé Québec?
3. Dans quelles régions d'Amérique s'étend la Nouvelle-France?
4. Nommez trois colonies françaises au XIXème siècle. Quel pays devient indépendant à cette époque?
5. Où et quand a eu lieu le premier Sommet de la francophonie?
6. Avez-vous déjà visité un pays francophone? Si oui, lequel? Si non, lequel aimeriez-vous visiter? Expliquez votre réponse.
7. Maintenant, consultez la carte au début du livre et nommez cinq pays francophones d'Afrique occidentale. Où est-ce qu'on parle français en Afrique orientale? Nommez trois îles francophones. Que savez-vous de ces différents pays ou régions? Avec quels pays associez-vous les expressions suivantes: le tourisme? le Maghreb? la décolonisation? les territoires d'outre-mer? le bilinguisme? les Cajuns?

B. Le Nouveau Monde francophone. Voici des faits qui ont marqué l'histoire du Nouveau Monde. Trouvez dans la colonne de droite le nom qui correspond à chaque définition. Puis, avec un(e) camarade, essayez de mettre ces événements par ordre chronologique.

1. Il a exploré le Canada au XVIème siècle et a pris possession de ces territoires au nom de la France.
2. Il a descendu le Mississippi jusqu'au golfe du Mexique en 1682.
3. Il a exploré la mer des Caraïbes et a découvert l'île d'Haïti en 1492.
4. Il a fondé la ville de Québec en 1608.
5. Un état américain doit son nom à ce roi de France.
6. Bienville a fondé cette ville en 1718 et l'a nommée en l'honneur du régent, le duc d'Orléans.

a. Louis XIV
b. Christophe Colomb
c. La Nouvelle-Orléans
d. Jacques Cartier
e. Cavelier de La Salle
f. Samuel de Champlain

C. La francophonie aux États-Unis.

Regardez la carte des États-Unis. Qu'est-ce que ces villes ont de particulier? Savez-vous ce que ces noms veulent dire?

Territoire français avant 1763

D. Interview. Bien sûr, il n'y a pas que des personnes d'origine française en Amérique! Interrogez votre camarade sur l'origine de sa famille et ensuite, présentez à la classe un résumé de ce que vous avez appris. Demandez à votre camarade...

1. de quelle nationalité il/elle est
2. d'où viennent ses parents, ses grands-parents et ses arrière-grands-parents
3. quand ses ancêtres sont venus en Amérique
4. quelle a été, à son avis, la réaction de ses ancêtres quand ils sont arrivés aux États-Unis
5. s'il (si elle) a visité (ou visitera) le pays de ses ancêtres
6. s'il (si elle) parle la langue de ses ancêtres
7. si on conserve, chez lui (chez elle), certaines traditions ethniques
8. s'il (si elle) trouve qu'il est important de connaître ses origines

Le Carnaval

Le défilé de chars

Les costumes d'Haïti

Le grand bal masqué à la French Opera House de la Nouvelle-Orléans

Le bonhomme de neige, roi du Carnaval à Québec

Un défilé de chars à Québec

Le Carnaval. Cette fête populaire est célébrée dans plusieurs pays francophones. Répondez aux questions suivantes.

1. Qui est le roi du Carnaval à Québec?
2. Quel est l'événement du Mardi Gras le plus important à La Nouvelle-Orléans?
3. Que portent les gens à Haïti pour fêter (*celebrate*) le Mardi Gras?
4. Comment s'appelle une procession de gens déguisés et de musiciens?
5. Comment s'appelle le véhicule décoré qui fait partie d'un défilé?
6. Connaissez-vous d'autres pays, régions ou villes où on fête le Carnaval? Avez-vous déjà participé à un Carnaval? Où et quand?
7. À quelle occasion y a-t-il un grand défilé à New York? Y en a-t-il aussi un dans votre ville ou votre région? De quoi se compose généralement ce défilé?
8. Pour quelle fête américaine se déguise-t-on généralement? Quels costumes avez-vous portés dans le passé? Quel costume avez-vous l'intention de porter la prochaine fois? Avez-vous jamais eu de grandes aventures lorsque vous étiez déguisé(e)? Racontez-les à la classe.

Splendeurs africaines

La beauté et la variété culturelle des pays africains attirent (*attract*) des visiteurs du monde entier. Voici quelques brochures pour vous faire rêver.

Le Maroc

Un Royaume aux mille facettes : villes impériales, grands souks de Marrakech, étroite Médina de Fèz, route des Kasbahs du Sud, déserts, longues plages de sable blanc d'Agadir...

Le Maroc, c'est tout cela et bien plus... Un pays de soleil chaleureux et accueillant.

❦ **Climat** : A Marrakech, les températures varient de 5° le soir à 20° en janvier jusqu'à 37/38° en août et même plus lorsque souffle l'hamattan. A Agadir, il ne fait jamais moins de 7° le soir et 20/21° à midi jusqu'à 27° en été, mais temps couvert le matin et toujours du vent pour rafraîchir. Attention! Dans le grand Sud, l'hiver, les nuits sont très froides.

❦ **Formalités** : Carte d'identité valide si l'on voyage avec un groupe. Un passeport valide est plutôt conseillé.

❦ **Monnaie. Change** : L'unité monétaire est le Dirham qui vaut 0,75 FF environ.

La Guinée

Vue d'avion, la Guinée se présente sous la forme d'une banane, au sud du Sénégal et s'étend de l'océan à la forêt vierge.

❦ **Climat** : Le climat tropical du pays est caractérisé par l'alternance de deux saisons qui varient suivant les régions et l'altitude. En général: juillet à octobre saison des pluies, décembre à avril saison sèche.

❦ **Formalités** : Passeport valide + visa

❦ **Monnaie** : Franc guinéen; 1FF = 45FG

Splendeurs africaines. Répondez aux
questions suivantes.

■ Où se trouve chaque pays? Consultez la carte
  au début de votre livre.
■ Quelle est l'unité monétaire du Maroc? Et de
  la Guinée?
■ Décrivez le climat des deux pays.
■ Quels paysages sont typiques de chaque pays?
■ Quels attraits culturels trouve-t-on au Maroc?
■ Si vous pouviez visiter un de ces deux pays,
  lequel choisiriez-vous? Justifiez votre choix.

Le Maroc

Nouvelles francophones

Le français en Amérique du Nord

On retrouve les traces de l'influence française un peu partout aux États-Unis
et au Canada. De nombreuses villes américaines portent des noms d'origine
française, tels que° Baton Rouge, Des Moines, Montpelier ou Detroit.   *tels... such as*
D'autres portent le nom d'explorateurs français comme Marquette, Joliet, La
Salle ou Champlain.

   C'est en Louisiane que cette influence est la plus visible. En 1682
l'explorateur français Cavelier de La Salle a pris possession d'un immense
territoire de chaque côté du Mississippi au nom de Louis XIV. Il l'a baptisé,
en son honneur, Louisiane. Le nombre des colons° français a rapidement   *colonists*
augmenté avec l'arrivée des Acadiens. Les Acadiens étaient les Canadiens
français qui vivaient en Acadie (Nouvelle-Écosse) et qui ont été chassés°   *ont... were driven out*
par les Anglais quand la France leur a cédé le territoire en 1713. C'est
alors que beaucoup d'entre eux sont venus s'installer aux États-Unis, en
Nouvelle-Angleterre et surtout dans les bayous en Louisiane. Avec le
temps la prononciation du mot «Acadien» est devenue «Cajun», mot
que l'on utilise toujours pour nommer leurs descendants. Les Cajuns ont
préservé leur langue et leurs coutumes, et la musique cadjine est devenue
célèbre de nos jours.

   Le français est la deuxième langue étrangère parlée aux États-Unis,
après l'espagnol. En 1990, il y avait 1,7 million de Francophones aux
États-Unis. Ils habitent surtout les états du New Hamphire, du Maine, de
la Louisiane et du Vermont.

   Au Canada, 28 pour cent de la population parle français. La majorité
des Francophones vivent dans la province de Québec. Montréal est la
deuxième ville francophone du monde après Paris, et son université est la
plus importante université de langue française en dehors du territoire
français. De nos jours, l'anglais et le français sont les deux langues
officielles du pays.

Une rue du Vieux Carré à
La Nouvelle-Orléans

Étude de grammaire

58. TALKING ABOUT QUANTITY
Indefinite Adjectives and Pronouns

Des vacances à la Martinique

JULIEN: Alors, vos vacances à la Martinique?

LAURENCE: **Tout** s'est très bien passé. Nous sommes restés **quelques** jours à Fort-de-France, la capitale, puis nous nous sommes détendus à la plage. Tu sais, les gens sont très sympa, mais ils ont **tous** un accent que nous avions du mal à comprendre. On avait parfois l'impression qu'il y en avait **quelques-uns** qui ne nous comprenaient pas non plus.

FRANCK: Et **chaque** fois qu'ils disaient **quelque chose**, on devait leur demander de répéter. C'est marrant. **Certains** mots sont les **mêmes** que chez nous mais **d'autres** sont complètement différents.

Vrai ou faux? Corrigez les phrases fausses.

1. Tout s'est mal passé.
2. Ils sont restés plusieurs jours à Fort-de-France.
3. Quelques personnes ont un accent que Franck et Laurence ne comprenaient pas.
4. Les Martiniquais et les Français utilisent exactement les mêmes termes (les mêmes mots).

A. Forms and Uses of *tout*

1. The adjective **tout** (**toute**, **tous**, **toutes**)

   As an adjective, **tout** can be followed by an article, a possessive adjective, or a demonstrative adjective.

   Nous avons marché **toute la journée** pour arriver au sommet du volcan.

   We hiked all day to reach the summit of the volcano.

   Nous étions là-haut avec **tous nos amis**.

   We were up there with all our friends.

   As-tu apporté **toutes ces provisions**?

   Did you bring all those supplies?

2. The pronoun **tout**

As a pronoun (masculine singular), the form **tout** means *all, everything.*

Tout va bien!	*Everything is fine!*
Tout est possible dans ce pays.	*Everything is possible in this country.*

Tous and **toutes** mean *everyone, every one (of them), all of them.* When **tous** is used as a pronoun, the final **s** is pronounced: **tous** [tus].

Tu vois ces jeunes gens? Ils veulent **tous** faire une danse traditionnelle.	*Do you see those young people? They all want to do a traditional dance.*
Ces photos sont arrivées hier. Sur **toutes**, on voit des costumes traditionnels.	*These photos arrived yesterday. In all of them, you see traditional costumes.*

B. Other Indefinite Adjectives and Pronouns

Indefinite adjectives and pronouns refer to unspecified things, persons, or qualities. They are also used to express sameness (the same one) and difference (another). Here is a list of the most frequently used indefinite adjectives and pronouns in French.

ADJECTIVES		PRONOUNS	
quelques (+ *noun*)	*some*	**quelqu'un** (*invariable*)	*someone, anyone*
		quelqu'un de (+ *masc. adj.*)	*someone, anyone* (+ *adj.*)
		quelque chose	*something, anything*
		quelque chose de (+ *masc. adj.*)	*something, anything* (+ *adj.*)
		quelques-uns/ quelques-unes (*pl.*)	*some, a few*
chaque (+ *noun*)	*each, every*	**chacun/chacune**	*each (one)*

EXPRESSIONS USED AS ADJECTIVES AND PRONOUNS	
un(e) autre (*another*)	**certain(e)s** (*certain*)
d'autres[*] (*others*)	**le/la même; les mêmes** (*the same*)
l'autre/les autres (*the other[s]*)	**plusieurs** (**de**) (*several [of]*)

---

[*]Note that **de** is used without an article before **autres** whether **autres** modifies a noun or stands alone as a pronoun.

ADJECTIVES	PRONOUNS

J'ai **quelques** amis à Tahiti.

Nous avons **plusieurs** choix.

Chaque voyageur voudrait
  visiter une île différente.
Veux-tu **une autre** tasse de thé?

Où est **l'autre** autocar?
Les autres passagers sont partis.
J'ai **d'autres** problèmes.
Ce sont **les mêmes** voyageurs.

Quelques-uns sont
  agriculteurs.
Quelqu'un m'a envoyé un
  livre sur Tahiti.
→ **Plusieurs** de ces choix sont
  extrêmement difficiles.
→ **Chacun** des voyageurs fera
  un circuit différent.
→ Non, si j'en prenais **une
  autre**, je ne pourrais pas dormir.
→ **L'autre** est parti.
→ **Les autres** sont partis.
→ J'en ai **d'autres**.
→ **Les mêmes** sont en retard.

The indefinite pronouns **quelqu'un** and **quelque chose** are singular and
masculine. Remember that adjectives that modify these pronouns follow them
and are introduced by **de**.

Je connais **quelqu'un**
  d'intéressant dans la capitale.
Il a toujours **quelque chose de**
  drôle à dire.

*I know someone interesting in the
  capital.*
*He always has something
  amusing to say.*

Vérifions!

A. À Dakar. Jeanne-Marie a passé quelque temps à Dakar,
capitale du Sénégal. Jouez le rôle de Jeanne-Marie et répondez
aux questions posées avec **tout**, **toute**, **tous** ou **toutes**.

MODÈLE: As-tu visité les marchés? →
          Oui, j'ai visité tous les marchés.

1. As-tu vu le musée anthropologique?
2. As-tu photographié les églises de la ville?
3. Est-ce que tu as visité les bâtiments de l'université?
4. As-tu vu la vieille ville?
5. Tu as lu l'histoire du Sénégal?
6. Est-ce que tu as fait le tour des plantations?

B. L'île de la Martinique. Estelle a passé de nombreuses années à la
Martinique. Elle y pense toujours avec nostalgie. Complétez les phrases.

«J'aime la Martinique. On y trouve encore (quelques-unes / d'autres)¹ des
belles maisons coloniales bâties par les planteurs français. (Chacun /
Certains)² jours, à Fort-de-France, je me promenais dans les marchés en
plein air, près du port. (Certaines / D'autres)³ fois, je restais sur la place de
la Savane pendant de longues heures. Il y a, tout près de la place,

(quelques / quelques-unes)⁴ maisons décorées avec du fer forgé (*wrought iron*) qui me rappellent La Nouvelle-Orléans.

(Certaines / Quelque)⁵ choses ont changé, il est vrai, mais on trouve encore les (plusieurs / mêmes)⁶ gommiers (*gum-trees*) et ces bateaux pittoresques aux couleurs vives, que Gauguin* aimait tant.»

Parlons-en!

La première chose qui vient à l'esprit (*mind*). Avec un(e) camarade de classe, posez des questions—en français, s'il vous plaît—à partir des indications suivantes. Votre camarade doit donner la première réponse qui lui vient à l'esprit.

MODÈLE: someone *important* →
> VOUS: Est-ce que tu as jamais rencontré quelqu'un d'important?
> VOTRE CAMARADE: Non, mais une fois mon frère a rencontré Jay Leno.

1. something important   2. something stupid   3. something funny
4. someone funny   5. all the large cities in Quebec   6. a few of the Francophone countries (*pays*) in Africa   7. several French cities   8. other French cities   9. another Canadian city

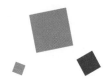

59. EXPRESSING DOUBT AND UNCERTAINTY
The Subjunctive

La France et l'Afrique

KOFI: **Crois-tu** que la France **doive** intervenir militairement dans les pays africains où il y a des difficultés politiques?

KARIM: Je **ne suis pas sûr** que ce **soit** une bonne solution.

KOFI: Pourquoi?

KARIM: Parce que **je ne pense pas** que cela **puisse** changer la situation politique.

Complétez les phrases selon le dialogue.

1. Karim ne croit pas que la France _____ intervenir militairement dans les pays africains.
2. Il n'est pas sûr que ce _____ une bonne solution.
3. Il ne pense pas que cette intervention _____ changer la situation politique.

*Le peintre français Paul Gauguin a vécu à la Martinique et aussi à Tahiti. (Voir la page 232.)

A. Expressions of Doubt and Uncertainty

The subjunctive is used—with a change of subject—after expressions of doubt and uncertainty, such as **je doute**, **je ne suis pas sûr**, and **je ne suis pas certain**.

Beaucoup de femmes **ne sont pas sûres** que leur statut **soit** égal au statut des hommes.	*Many women aren't sure that their status is equal to the status of men.*
Les jeunes **doutent** souvent que les hommes et les femmes politiques **soient** honnêtes.	*Young people often doubt that politicians are honest.*

B. *Penser and croire*

In the affirmative, such verbs as **penser** and **croire** are followed by the indicative. In the negative and interrogative, they express a degree of doubt and uncertainty and can then be followed by the subjunctive. In spoken French, however, the indicative is more commonly used.

Je **pense** que la presse **est** libre.	*I think the press is free.*
Pensez-vous que la presse **soit** libre?	
Pensez-vous que la presse **est** libre?	*Do you think the press is free?*
Je **ne crois pas** que la démocratie **soit** en danger.	
Je **ne crois pas** que la démocratie **est** en danger.	*I don't think that democracy is in danger.*

C. The Indicative with Expressions of Certainty or Probability

The following impersonal expressions are followed by the *indicative* because they imply certainty or probability.[*]

IMPERSONAL EXPRESSIONS USED WITH THE INDICATIVE	
il est certain que	il est probable que
il est clair que	il est sûr que
il est évident que	il est vrai que

[*]French speakers often use **c'est** with these impersonal expressions, rather than **il est**, in everyday conversation.

Il est probable que la France et le Zaïre feront plus d'échanges culturels et commerciaux pendant les années 90.	It's probable that France and Zaire will engage in more cultural and commercial exchanges during the nineties.
Il est clair que la langue française restera importante au Zaïre.	It's clear that the French language will continue to be important in Zaire.
Il est vrai que les Zaïrois veulent préserver leur propre identité.	It's true that the Zaireans want to preserve their own identity.

Vérifions!

A. Réflexions sur l'Afrique francophone. Complétez les phrases avec le subjonctif ou l'indicatif des verbes, selon le cas.

1. Il est sûr que le Burkina-Faso _____ (*aller*) bientôt changer de régime politique.
2. Pensez-vous que le Sénégal _____ (*être*) un pays en voie de développement (*developing*) ou un pays industrialisé?
3. Les observateurs diplomatiques ne croient pas que l'assistance étrangère _____ (*pouvoir*) améliorer la crise économique et sociale de l'Afrique centrale.
4. On doute que les Sénégalais _____ (*vouloir*) un changement radical de régime.
5. D'autre part, il est évident que, au Zaïre, le peuple _____ (*avoir*) très soif de démocratie.
6. Je ne crois pas que le régime militaire _____ (*devoir*) être soutenu pour empêcher une révolution populaire.

B. Discussion. Avec un(e) camarade, discutez des idées ci-dessous. Choisissez une phrase et posez une question. Votre camarade répond selon sa conviction.

Réponses possibles: Je crois... Je ne crois pas... Je pense... Je ne pense pas... Je suis sûr(e)... Je doute... Je suis certain(e)... Je ne suis pas certain(e)... J'espère...

MODÈLE: Le président est honnête. →
          VOUS: Crois-tu que le président soit honnête?
     VOTRE AMI(E): Oui, je crois qu'il est honnête. (Non, je ne crois pas qu'il soit honnête.)

IDÉES À DISCUTER
1. Nous avons besoin d'une armée plus moderne.
2. Le peuple* américain sait voter intelligemment.
3. Le gouverneur de votre état a de bonnes idées.
4. Le pouvoir (*power*) doit être dans les mains du peuple.

---

*Le peuple is generally used to refer to the population of a nation: **Le peuple français a perdu un grand chef quand de Gaulle est mort.** Use **les gens** to express *people* in the sense of "many persons."

5. On doit limiter l'immigration aux États-Unis.
6. Les États-Unis peuvent assumer la croissance (*absorb the growth*) de l'immigration.
7. Les pays développés doivent aider les pays en voie de développement.
8. L'enseignement bilingue est une bonne idée.

Parlons-en!

Opinions et croyances. Complétez les phrases de façon logique. Exprimez une opinion personnelle.

1. C'est vrai que...   2. Personne ne croit que...   3. Je ne suis pas sûr(e) que...   4. Il est probable que...   5. Beaucoup d'étudiants trouvent que...

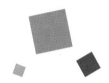

60. EXPRESSING SUBJECTIVE VIEWPOINTS
Alternatives to the Subjunctive

Les Antilles, mythe et réalité

FRANCINE: Les Antilles, pour moi, ce sont les récifs coraliens, les sites archéologiques précolombiens, les plages de sable blanc...

SYLVAIN: **Il faut** tout de même **savoir** que nous n'avons pas que du soleil à vendre!

VINCENT: **Avant de partir**, tu devrais visiter une bananeraie, une distillerie de rhum et notre port très moderne.

SYLVAIN: **J'espère** que **tu sais** que notre niveau de vie, ici en Martinique,* est le plus élevé des Caraïbes...

FRANCINE: C'est vrai, **il est important** de **se moderniser**. Mais **j'espère**, moi, que **vous saurez** protéger la beauté de votre pays.

Trouvez la phrase équivalente selon le dialogue.

1. Il faut qu'on sache que nous n'avons pas que du soleil à vendre.
2. Avant que tu partes, tu devrais visiter une bananeraie, une distillerie de rhum et notre port très moderne.
3. Je souhaite que tu saches que notre niveau de vie, ici en Martinique, est le plus élevé des Caraïbes.
4. C'est vrai, il est important que les pays se modernisent.
5. Mais je veux, moi, que vous sachiez protéger la beauté de votre pays!

---

*The French generally say **à la Martinique** and **à la Guadeloupe**, but the inhabitants of those islands tend to say **en Martinique** and **en Guadeloupe**.

It is sometimes possible, and even preferable, to avoid using the subjunctive. Several alternatives are presented here.

A. Infinitive as Alternative to the Subjunctive

An infinitive is generally used instead of the subjunctive if the subject of the dependent clause is the same as that of the main clause, or if the subject is not specified.

CONJUGATED VERB + INFINITIVE	CONJUGATED VERB + **que** + SUBJUNCTIVE
Je **veux** le **savoir**. (*I want to know it.*)	Je **veux que** tu le **saches**. (*I want you to know it.*)

IMPERSONAL EXPRESSION + INFINITIVE	IMPERSONAL EXPRESSION + **que** + SUBJECT + CONJUNCTION
Il **est bon de faire** ce voyage. (*It's a good idea to take this trip.*)	Il est bon **que vous fassiez** ce voyage. (*It's good for you to take this trip. / It's good that you're taking this trip.*)

B. *Espérer* plus Indicative

The verb **espérer**, followed by the indicative, can be used instead of the verb **souhaiter** or other constructions that express a wish or desire. When **espérer** is in the main clause, the verb in the dependent clause is in the future tense if the action is expected to occur in the future.

Je **souhaite** que ton voyage aux Antilles **soit** intéressant.	*I hope that your trip to the Antilles is (will be) interesting.*
J'**espère** que ton voyage aux Antilles **sera** intéressant.	*I hope that your trip to the Antilles will be interesting.*

C. *Devoir* plus Infinitive

The verb **devoir**, followed by an infinitive, can sometimes be used instead of **il faut que** or **il est nécessaire que**. There is a slight difference in meaning, however, since **devoir** does not convey as strong a sense of obligation as **il faut que** and **il est nécessaire que**.

Je **dois aller** au Québec.	*I must (should) go to Quebec.*
Il **faut que** j'aille au Québec.	*I have to go to Quebec.*
Il **est nécessaire que** j'aille au Québec.	*It's necessary for me to go to Quebec.*

Vérifions!

A. Cours d'été à Montréal. La classe de Thierry va suivre des cours d'été dans une université canadienne. Exprimez leurs espoirs (*hopes*). Employez **espérer** au lieu de **souhaiter**.

MODÈLE: Je souhaite que mes amis puissent me rendre visite! →
           J'espère que mes amis pourront me rendre visite!

1. Nous souhaitons que le campus soit agréable.
2. Je souhaite que les cours soient intéressants.
3. Mes camarades souhaitent qu'on aille danser tous les soirs.
4. Tu souhaites qu'il y ait un bon restaurant à la faculté.
5. Notre professeur souhaite que nous apprenions beaucoup.

B. Vie européenne. Il faut que les Canadiens francophones et anglophones apprennent à vivre ensemble. En Europe, la diversité linguistique et culturelle est encore plus prononcée. Qu'est-ce qui est important pour les Européens? Donnez l'équivalent de chacune des phrases suivantes. Utilisez **devoir** + *infinitif* au lieu de l'expression **il faut que**.

MODÈLE: Il faut que nous nous respections mutuellement. →
           Nous devons nous respecter mutuellement.

1. Il faut que les Européens affirment leur unité politique et économique.
2. Il faut que nous développions nos échanges culturels.
3. Il faut que les nations européennes travaillent ensemble.
4. Il faut que les Anglais achètent des Renault.
5. Il faut que les Français achètent des Rolls-Royce!

Parlons-en!

Des conseils. Donnez des conseils à vos amis qui vous expliquent leurs souhaits. Utilisez des expressions comme **il faut**, **il est nécessaire de**, **vous devez**, **j'espère que**.

1. Je veux vivre longtemps (*a long time*). Qu'est-ce que je dois faire?
2. Je veux perfectionner mon français. Qu'est-ce que je dois faire?
3. Je veux être riche un jour. Qu'est-ce que je dois étudier?
4. Je veux beaucoup m'amuser cet été. Où est-ce que je dois voyager?
5. Je veux rencontrer beaucoup de francophones. Qu'est-ce que je peux faire aux États-Unis pour en rencontrer? et à l'étranger?

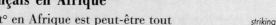

Nouvelles francophones

Le français en Afrique

L'héritage français le plus frappant° en Afrique est peut-être tout simplement le français. En effet, le français est la langue officielle de dix-huit pays d'Afrique noire et il est aussi parlé couramment dans bien d'autres, comme ceux du Maghreb (la Tunisie, l'Algérie, le Maroc). Mais pourquoi parle-t-on français en Afrique?

striking

On le parle pour des raisons historiques. Déjà au XVIIème siècle, les Français faisaient du commerce avec certains pays africains, tels que° le Sénégal, où ils ont fondé° le port de Saint-Louis en 1659. Mais l'histoire de la francophonie commence avec la colonisation de l'Afrique par les Français et les Belges au XIXème siècle.

tels... such as
founded

À la veille° de la Deuxième Guerre mondiale la France était la seconde puissance coloniale du monde. Cet empire colonial se composait de presque toute l'Afrique du Nord, de l'Afrique occidentale et équatoriale, ainsi que° de l'île de Madagascar. Les Français ont imposé leur langue dans tous ces pays. Ils ont fait venir de France des instituteurs qui l'ont enseignée dans les écoles. Beaucoup d'Africains sont aussi allés faire leurs études en France.

À... Just before (literally, the day before)
ainsi... as well as

Pendant les années 50 et 60, les pays africains ont l'un après l'autre proclamé leur indépendance. Ils ont dû alors faire face à de nombreuses difficultés politiques et économiques. Ils ont aussi essayé de retrouver leur propre identité. Alors pourquoi ont-ils gardé la langue de leurs colonisateurs?

Tout d'abord, le découpage° artificiel des frontières par les colons a souvent rassemblé des populations d'origines ethniques différentes; ensuite, à cause de la diversité des langues locales, le français s'est trouvé être la seule langue commune; enfin, le besoin de maintenir une ouverture avec le reste du monde a poussé de nombreux pays africains à conserver le français, langue internationale, comme langue officielle ou comme seconde langue.

carving up

De nos jours, le français est aussi la langue littéraire des pays africains. Le nombre d'écrivains et de poètes francophones y augmente de jour en jour. Parmi les plus célèbres, il y a Yambo Ouologuem du Mali, premier écrivain africain à gagner un prix littéraire français important, et Ahmadou Kourouma, de Côte-d'Ivoire, auteur de romans prépondérants en langue française.

Yambo Ouologuem

Ahmadou Kourouma

Mise au point

A. L'avenir. Comment sera la société de l'avenir? Exprimez vos opinions. Commencez chaque phrase par une des expressions de la colonne de droite.

1. Il y aura des colons (*settlers*) sur la lune (*moon*).
2. Il n'y aura qu'une seule nation.
3. L'anglais sera la langue universelle.
4. Les robots remplaceront les gens dans beaucoup de domaines.
5. Tous les robots parleront anglais.
6. On fera tout par ordinateur.
7. Les villes seront sous terre (*underground*).
8. La vie deviendra beaucoup plus agréable.
9. ?

Il est possible que
Il se peut que
Il est peu probable que
Il est sûr que
J'espère que
Il est préférable que
Il est probable que

B. Projets de vacances. Complétez le dialogue suivant avec un des adjectifs ou des pronoms indéfinis à droite.

JULIEN: _____¹ les ans, c'est la _____² chose. _____³ fois que je propose un voyage au Sénégal, tu as d'_____⁴ suggestions.

BÉNÉDICTE: Mais j'ai rencontré _____⁵ qui m'a dit que _____⁶ touristes ont eu des problèmes de santé au Sénégal. D'ailleurs, cette année je voudrais faire _____⁷ de différent. J'aimerais faire de l'alpinisme en Suisse.

JULIEN: De l'alpinisme! Mais c'est très dangereux! Bon, eh bien, cette année _____⁸ fera ce qu'il voudra. Moi, je pars au Sénégal.

autres
chaque
même
tous
chacun
plusieurs
quelque chose
quelqu'un

C. Interview. Interrogez un(e) camarade sur les sujets suivants. Vous allez utiliser le subjonctif dans vos questions, mais votre camarade va éviter (*avoid*) l'emploi du subjonctif dans ses réponses.

MODÈLE: connaître d'autres cultures (nécessaire) →
—Est-il important qu'on connaisse d'autres cultures?
—Oui, il est important de connaître d'autres cultures parce que...

Demandez à votre camarade...

1. apprendre une langue étrangère (nécessaire)
2. voyager dans les pays du tiers-monde (*third-world*) (utile)
3. enseigner les langues étrangères à l'école primaire (bon)
4. s'informer sur les cultures étrangères sans jamais voyager (possible)

Interactions

In this chapter, you practiced talking about quantities, expressing doubt, uncertainty, and subjective viewpoints. Use the vocabulary and structures from the chapter to act out the following situations.

1. La Coopération (*overseas volunteer service*). A friend of yours has been accepted as a Peace Corps volunteer and assigned to work in a village in Gabon. You ask what he/she thinks the experience will be like, what clothing or equipment will be needed, what kind of work he/she plans to do, etc. Your friend responds by expressing his/her wishes, beliefs, hopes, and preferences.

2. Mon avenir. You have been a very successful student. Everyone agrees that you will go far in your field. You are being interviewed by the college newspaper about what you will be doing in ten years. Describe what you think, hope, wish, or believe your future will be like.

LECTURE

Avant de lire

More on guessing from context: Deciding what is important.   The following profile of a popular *Québécois* entertainer, from the Canadian magazine *Le Lundi*, appears to give "complete" information about him, using forty different categories, but how much does it really tell us? Before reading it, look at the main head, the photo, and the boldfaced category that follows each number. How much can you learn from this information alone? Of the boldfaced categories, which imply that the following section contains information important to understanding the career and personality of the subject, and which deal with issues that are secondary or frivolous?

While reading, jot down a list of the items you find most interesting or most important about Léandre Éthier, then compare your list with those of your classmates. Do you agree with them about what is important to know about someone?

In this reading there are no glosses. Do your best to guess (from context or by noting cognates) the words and expressions you do not know.

les 40 secrets de

LÉANDRE

1. **Nom:** Léandre Éthier.
2. **Date de naissance:** Le 23 juin 1956.
3. **Lieu de naissance:** Montréal.
4. **Taille:** 1,85 m.
5. **Poids:** 75 kg.
6. **Couleur des cheveux:** Châtains.
7. **Couleur des yeux:** Bruns.
8. **Ce qu'il fait dans la vie:** Auteur-compositeur-interprète. Il écrit aussi pour les autres, dont les frères Groulx *(Tout seul au monde)* et Motion.
9. **État civil:** Célibataire.
10. **Enfants:** Aucun.
11. **Parents:** Sa mère se prénomme Janine. Son père, Hervé, a été typographe; avant tout, c'était un artiste (peintre, dessinateur ainsi que musicien), mais il a dû délaisser ces passions pour un emploi stable et rémunérateur à cause de l'importance de sa famille.
12. **Frères et soeurs:** Ils sont sept enfants. De l'aînée au cadet: Marguerite, Chantal, Jacinthe, Martial, Léandre, Jasmin et Carl.
13. **Enfance:** Il a eu une enfance heureuse et sans problèmes, sauf qu'il était le mouton noir de la famille.
14. **Premiers métiers:** Il a été enfant de choeur, livreur de journaux, vendeur itinérant, fossoyeur, chauffeur, D.-J. et a fait tous les métiers liés à l'hôtellerie. Il a aussi fait de la démolition et de la rénovation. 36 métiers, 36 misères!
15. **Expériences dans le milieu:** Il considère qu'il est un peu retardataire, car il n'était pas un défonceur de portes. Voilà pourquoi il n'évolue professionnellement que depuis trois ans. La musique a toujours occupé une place importante dans sa vie, et de seize à 22 ans, il a donné de nombreux spectacles dans des salles d'importance secondaire. Il s'est donné à ses 36 métiers, et il y a trois ans, il a décidé d'écrire en français, lui qui a tant de facilité en anglais. Puis a débuté le conte de fées. Il avait proposé une chanson à des compagnies de disques; au retour d'une excursion de pêche avec ses frères et son père, un message l'attendait: Audiogram désirait endisquer sa chanson!
16. **Récompenses professionnelles:** Il y a dix ans, il a été l'un des dix finalistes du concours *L'Esprit de Chom.*

IL ÉTAIT LE MOUTON NOIR DE SA FAMILLE
PAR MARIE-CLAIRE BISSONNETTE

17. **Rêve d'enfance:** Être explorateur.
18. **Principales qualités:** Il est sympathique, tendre, amoureux de la vie, généreux et toujours à l'écoute des autres.
19. **Principaux défauts:** Il est trop perfectionniste et excessif.
20. **Arbre, fleur et pierre (précieuse) préférés:** Sa préférence va au saule pleureur et au chêne. Il aime beaucoup les tulipes et les nénuphars. Sa pierre précieuse préférée est le lapis-lazuli.
21. **Animal préféré:** Le lama qui, à ses yeux, a un côté très digne.
22. **Couleurs préférées:** Le lavande et le bleu.
23. **Vêtement préféré:** Les jeans.
24. **Sports préférés:** Le patinage, le ski, la natation, la voile et surtout la marche.
25. **Boissons préférées:** Le dry martini, très sec et avec beaucoup d'olives!
26. **Mets préférés:** Les plats italiens, indiens et séchuanais ainsi que les sushis.
27. **Superstition:** Aucune, quoique son intuition soit si forte que parfois, elle l'empêche d'agir.
28. **Voiture préférée:** Une MG 1958.
29. **Jour de la semaine préféré:** Le vendredi. C'est le dernier coup de coeur à donner et c'est l'annonce du plaisir.
30. **Chanteuses et chanteurs préférés:** Reggiani, Cocciante, Gold, Suchon, les Beatles, Sting, Joni Mitchel, Van Morrison, Rickie Lee John.
31. **Actrices et acteurs préférés:** Il aime bien Robert De Niro et Woody Allen, mais il n'a pas vraiment d'idoles au cinéma.
32. **Genre de films préféré:** Surtout les films italiens, ensuite les films d'action comme *Fatal Attraction* ou *Silence of the lambs.*
33. **Parfums préférés:** Gucci et Antheus.
34. **Lieu de résidence:** Montréal.
35. **Ville de prédilection:** Venise, même s'il n'y est jamais allé.
36. **Plus agréable souvenir:** La première fois qu'il a pris l'avion. Il voyageait seul et a séjourné au Mexique pendant trois mois.
37. **Plus désagréables souvenirs:** Les déchirures sentimentales.
38. **Causes sociales:** L'écologie et l'Association des grands frères.
39. **Projets:** Il travaille en ce moment à la promotion de sa nouvelle chanson, *Goodbye my love.*
40. **Philosophie:** Prendre le temps de bien faire les choses, de bien manger, de bien vivre, de bien aimer, de bien écouter les autres. Le titre de son album est d'ailleurs *Prendre le temps.*

Compréhension

1. Quelle est la profession de Léandre? Quels autres métiers a-t-il exercés?
2. Comment s'appellent les frères de Léandre?
3. Comme enfant, est-ce qu'il était un prodige? Expliquez.
4. Est-ce qu'il a des goûts exotiques?
5. Quel semble être le pays préféré de Léandre?
6. À votre avis, pourquoi se considère-t-il le mouton noir de sa famille?
7. Est-ce que Léandre Éthier est un nationaliste québécois? Comment le savez-vous?
8. Que voulez-vous savoir de plus sur la vie de Léandre Éthier?

PAR ÉCRIT

Function: Describing and hypothesizing
Audience: Anonymous readers of a gossip column
Goals: Discuss the personal and professional life of a celebrity (either a real person, or someone of your own invention)

Steps

1. Choose a celebrity. Jot down information for a general description: his/her primary activity, the achievements that have made him/her famous.
2. Speculate about some aspects of the celebrity's life or career that may not be known to the public. Use such expressions as **je crois que**, **je ne crois pas que**, **il est sûr que**, **il n'est pas certain que**, **on doit**, **il se peut que**, **il est possible (impossible) que**, **il est probable que**.
3. Make some hypotheses about how your subject's career can be expected to develop in the near future, and what he/she will probably accomplish over the next few years.
4. Write three paragraphs that correspond with the information from steps 1–3.
5. Bring your draft to class and ask a classmate to comment on whether your column is clear and interesting.
6. Incorporate your classmate's suggestions, if warranted, into the second draft of your column. Examine it for spelling and grammar errors. Pay particular attention to the use of the subjunctive.
7. Be prepared to share your composition with other classmates or your instructor.

À L'ÉCOUTE !

I. Héritage français. Jim Bonnet et Louis Lafleur ont de lointaines origines françaises. Ils racontent l'histoire de leur famille. Lisez les activités ci-dessous avant d'écouter le vocabulaire et les histoires qui leur correspondent.

VOCABULAIRE UTILE
les bayous   *bayous, swamps*
leurs coutumes   *their customs, traditions*
semblable   *similar*
s'établir   *to settle*

A. Donnez les renseignements suivants.

	JIM		LOUIS	
Nationalité	1 _____		6 _____	
La région d'origine des ancêtres (en France)	2 _____		7 _____	
Pays où les ancêtres sont allés	3 _____		8 _____	
Lieu où ils se sont exilés après l'arrivée des Anglais	4 _____		9 _____	
Résidence actuelle (*current*)	5 _____		10 _____	

B. Vrai ou faux? Corrigez les phrases fausses.

JIM
1. _____ Ses ancêtres étaient des Acadiens.
2. _____ Beaucoup d'Acadiens ont émigré en Louisiane.
3. _____ La famille de Jim parle français à la maison.
4. _____ Les Cajuns sont les descendants des Canadiens-Anglais.
5. _____ Jim va souvent en France.

LOUIS
6. _____ Ses ancêtres étaient des Français.
7. _____ Le territoire français au Canada est devenu anglais en 1713.
8. _____ Les Acadiens de Nouvelle-Angleterre sont retournés au Canada au
           XIXème siècle.
9. _____ Chez Louis, personne ne parle français.
10. _____ Louis a fait ses études en France.

II. Étudiants francophones. Rangira, Kai et Farah viennent de pays qui ont
connu une influence française. Ils sont étudiants en France dans la même
université. Lisez les activités ci-dessous avant d'écouter le dialogue qui leur
correspond.

A. Associez les trois pays avec les phrases suivantes.

Algérie = A   Viêt-Nam = V   Zaïre = Z

1. _____ Ce pays en Afrique était une colonie belge.
2. _____ Ce pays en Indochine était une colonie française.
3. _____ Ce pays en Afrique du Nord était une colonie française.
4. _____ On a besoin de parler français pour y travailler.
5. _____ Le français est parlé dans la rue; il y a une élite qui est vraiment
           bilingue.
6. _____ On y parle peu français maintenant.

B. Vrai ou faux?

1. _____ Au Viêt-Nam, on enseigne le français comme deuxième langue à l'école.
2. _____ Les jeunes Vietnamiens sont très influencés par la culture française.
3. _____ Beaucoup de Zaïrois parlent français à la maison.
4. _____ Beaucoup de jeunes Zaïrois finissent leurs études en France.
5. _____ Les rapports entre les Algériens et les Français ne sont pas très bons.

Vocabulaire

Verbes

amener to bring (*a person somewhere*)
avoir du mal (à) to have trouble, difficulty
coloniser to colonize
découvrir to discover
se déguiser to disguise oneself (to dress up in disguise)
douter to doubt
fêter to celebrate
perfectionner to perfect

À REVOIR: **s'amuser, augmenter, connaître, s'installer, se promener, rencontrer, voyager**

Substantifs

l'ancêtre (*m., f.*) ancestor
le bal masqué masked ball
le bonhomme de neige snowman
le Carnaval Carnival
le char float (*parade*)
le costume costume
le défilé parade
l'écrevisse (*f.*) crayfish

l'établissement (*m.*) settlement
la francophonie French-speaking world
le Mardi Gras Mardi Gras, Shrove Tuesday
le mélange mixture
le québécois Quebecois (*language*)

À REVOIR: **les arrière-grands-parents, la campagne**

Noms géographiques

l'Acadie (*f.*) Acadia
les Antilles (*f.*) Antilles (Islands) (Caribbean Islands)
la Guadeloupe Guadeloupe
Haïti (*m.*) Haiti
la Martinique Martinique
la mer des Caraïbes (**la mer des Antilles**) Caribbean Sea
Montréal Montreal
la Nouvelle-Écosse Nova Scotia
La Nouvelle-Orléans New Orleans
le Québec Quebec (province)
Québec Quebec (city)
les Rocheuses the Rockies (Rocky Mountains)
Terre-Neuve (*f.*) Newfoundland

Adjectifs

acadien(ne) Acadian, Cajun
accueillant(e) hospitable
anglophone English-speaking
francophone French-speaking
marrant(e) funny
québécois(e) of Quebec

Adjectifs et pronoms indéfinis

un(e) autre another
d'autres others
l'autre/les autres the others
certain(e) certain
chacun(e) each (one)
chaque each
le/la même; les mêmes the same one(s)
plusieurs (de) several
quelques (*adj.*) some, a few
quelques-uns/unes (*pron.*) some, a few

Mots et expressions divers

suivant according to

Intermède

SITUATION

Promenade à La Nouvelle-Orléans

Contexte *Corinne Legrand et ses cousins français, Thierry et Fabrice, font le tour de La Nouvelle-Orléans, où Corinne est née. Partout en ville, ses cousins retrouvent les traces de l'héritage français, mais ils découvrent aussi une culture locale, résultat d'une histoire mouvementée° qui a rassemblé ° avec les Créoles,° des populations d'origines et de cultures très diverses.*

avec beaucoup d'événements différents / a... a groupé / descendants of French settlers in Louisiana and the Antilles

Objectif *Corinne raconte à ses cousins l'origine du vaudou à La Nouvelle-Orléans.*

THIERRY: Dis-moi ce que ça représente, ce culte vaudou de La Nouvelle-Orléans.

CORINNE: C'est un mélange de croyances° locales et de catholicisme dont le but° est de libérer l'homme du démon.°

beliefs / objectif
Satan

FABRICE: Mais quelle est l'origine du vaudou?

CORINNE: Eh bien, son développement est lié° à l'histoire des Antilles, que les Français ont colonisées. Ces colons° ont créé d'immenses plantations de canne à sucre, de café et de coton. Pour subvenir à leur besoin° abondant de main-d'œuvre,° ces Français ont utilisé des esclaves africains qui ont alors introduit leurs croyances religieuses dans les Caraïbes.

attaché
les pionniers qui colonisent
subvenir... meet their needs
main... des groupes de travailleurs

THIERRY: Mais, quel rapport avec la Louisiane?

CORINNE: Eh bien, voilà: d'abord, beaucoup d'esclaves antillais sont venus en Louisiane lorsque la Révolution française a aboli l'esclavage en 1794. Ensuite, un très grand nombre de planteurs blancs ont abandonné Haïti quand ce pays est devenu une république indépendante en 1804.

FABRICE: Et ils ont emmené leurs esclaves avec eux?

CORINNE: C'est exact. Et c'est comme ça que La Nouvelle-Orléans est devenue une capitale du vaudou.

FABRICE: Et ce culte, est-ce qu'il existe toujours?

CORINNE: Ça, c'est une autre histoire...

propos

Comment hésiter en français

L'hésitation, dans la conversation, joue un rôle important dans toutes les langues. Voici des expressions qui marquent l'hésitation en français.

Euh,… ou Heu (*alternate spelling*) [ø]	… vous savez…
Voyons,…	… tu sais…
Écoutez…	… comment dirais-je…
Eh bien…	

Maintenant à vous!

Relisez le dialogue, puis répondez aux questions.

1. Quels groupes ethniques ont influencé la région où vous habitez? Quelles traditions montrent cette influence?
2. Connaissez-vous l'histoire d'un des peuples immigrés tels que les Irlandais, les Japonais ou autres? Racontez brièvement pourquoi ils sont venus aux États-Unis et ce qui leur est arrivé.
3. Quelles régions du monde les Anglais ont-ils colonisées au XVIIIème et au XIXème siècles? Est-ce qu'on y voit encore une influence anglaise? Commentez.

PORTRAITS

Aimé Césaire (1913–)

Né à la Martinique, descendant d'anciens esclaves africains, Aimé Césaire a fait ses études à l'École Normale Supérieure à Paris. Il est devenu professeur à la Martinique et puis député communiste et maire° de Fort-de-France, la capitale de la Martinique. Mais Aimé Césaire est avant tout un grand écrivain. Il exprime dans ses poèmes son mépris et sa haine° pour le colonisateur européen: «Je pousserai d'une telle raideur° le grand cri nègre que les assises° du monde en seront ébranlées.°» Parmi ses œuvres on trouve *Cahiers d'un retour au pays natal* (1939), *Les Armes miraculeuses* (1946) et *La Tragédie du roi Christophe* (1964).

mayor

son… his scorn and hatred
Je… I will utter so forcefully / foundations
shaken

Aimé Césaire avec François Mitterrand

La société contemporaine: lectures et activités

Qu'est-ce qui nous attend en l'an 2000?

Communicative goals: expressing opinions, describing, comparing, and narrating.

La France qui change

La société française, comme la société américaine, est en pleine évolution. La France est un pays attaché à ses traditions mais qui sait aussi vivre à la pointe° du progrès. C'est toujours le pays de la bonne cuisine et de la haute couture, mais aussi des trains les plus rapides du monde. La majorité de familles françaises possède des micro-ordinateurs. La technologie a révolutionné le style de vie des Français. Des robots construisent leurs voitures et des ordinateurs font leurs traductions. Les Français peuvent traverser l'Atlantique en quatre heures avec le Concorde.

à... on the cutting edge

Cependant, sur le plan social, on constate° une baisse du niveau de vie. Les gens sans domicile fixe, les chômeurs et les personnes atteintes du SIDA ou du cancer sont de plus en plus nombreux. Les divorces sont plus fréquents, l'air et l'eau plus pollués. Le racisme est souvent une cause de violence. Cette contradiction apparente entre la révolution technologique et l'augmentation des problèmes sociaux fait peur aux Français. On peut se demander ce qui caractérisera le troisième millénaire pour eux.

notes

LA FRANCE DE 1993 : CE QUI A CHANGÉ

Davantage d'unions libres,[a] de femmes au travail, de jeunes dans l'enseignement supérieur, de personnes âgées ou assistées, de cancer et de sida. A cela ajoutez, moins de villages ruraux et d'agriculteurs, d'emplois stables, d'ouvriers d'usine. En une génération, les Français ont connu des mutations sans précédent.

Par Séverine Gamazic de l'Agence France-Presse

En premier lieu, figure l'éclatement,[b] en 20 ans, du modèle familial traditionnel. Le nombre de mariages, en baisse continue depuis 1972, va de pair avec la progression du divorce (un mariage sur trois) et l'union libre. Un million de femmes élèvent seules leurs enfants, deux fois plus qu'en 1968.

Autre tendance forte depuis 30 ans : la montée du travail des femmes. Les trois-quarts des femmes d'âge actif travaillent, alors qu'en 1962, seulement la moitié d'entre elles avaient un emploi hors du foyer. Cette poussée[c] provoque l'essor[d] des gardes d'enfants à l'extérieur : chaque jour 2,3 millions d'enfants de moins de trois ans sont confiés à une crèche, une nourrice[e] ou une gardienne.

EMPLOIS PLUS PRÉCAIRES

Le marché de l'emploi a subi de profonds changements. A la suite des deux chocs pétroliers, le chômage a connu une forte progression entre 1979 et 1992, passant de 6 % à plus de 10 %.

Depuis 1985, on constate une montée de l'emploi précaire. Le nombre de contrats temporaires a doublé au cours des dernières années.

L'insertion des jeunes dans le monde du travail est un problème crucial. Au sortir des études, il devient difficile de trouver un emploi stable. Dans le recrutement, les différences de formation, de sexe et d'origine sociale ont pris de l'importance : em-

[a]unions... vivre ensemble sans être mariés
[b]blow-up; dispersal
[c]growth
[d]expansion
[e]nurse, nanny
[f]notes

plois moins qualifiés plus fréquents pour les garçons, emplois précaires pour les filles.

Selon l'INSEE, la France devra aussi relever le « défi » que
constituent l'augmentation des
effectifs des lycées et la tendance
vers un enseignement supérieur
de masse. En effet, où trouver
les emplois pour ces jeunes, de
plus en plus instruits?

Comme dans les autres pays
industrialisés, le paysage salarial s'est transformé en France.
L'emploi ouvrier a fortement
diminué dans les usines, tandis
que le secteur tertiaire a gagné
de nombreux emplois.

Les conditions de travail ont
également changé : 60 % des
cadres utilisent l'informatique,
contre 36 % des employés. Depuis 1982, le nombre d'ingé-
nieurs et cadres informatiques
a triplé.

LA FRANCE RURALE S'EFFACE

La France rurale s'efface devant une civilisation « péri-
urbaine » dévorante. Les 8.000
derniers villages de France tien-
draient à l'intérieur du boulevard périphérique parisien.

Dans le domaine quotidien,
les ménages français tentent
d'améliorer leur confort : 76 %
possèdent douche, WC et chauffage central, 37 % un magnétoscope, 31 % un lave-vaisselle.

Enfin, les Français vieillissent.
Avec une fécondité qui n'assure

Nombreux sont les Français persuadés qu'une retraite active est un gage de longévité.

pas le renouvellement des générations (taux 1,78 enfant par
femme) même si on assiste à
une émergence des maternités
après 30 ans, le nombre de personnes âgées progresse. En
2050, les plus de 60 ans repré-
senteront 34 % de la population.

Ce vieillissement est accen-
tué par l'allongement continu de
l'espérance de vie. Si en 1800,
une Française pouvait espérer
vivre 30 ans, elle peut vivre aujourd'hui 81 ans. Les Françai-

ses détiennent d'ailleurs le
record de longévité en Europe.

Ce plus récent rapport de
l'INSEE traite aussi pour la première fois de deux maladies
actuelles : le cancer qui ne cesse
de progresser, notamment chez
les fumeurs, et le sida, qui
est en train de faire remonter
les courbes épidémiologiques
qu'avaient infléchies l'apparition des antibiotiques.

Compréhension

1. Nommez trois ou quatre choses qui ont changé en une génération en France.
2. Quel est le taux de divorce en France?
3. Combien de femmes élèvent seules leurs enfants?
4. Comparez le pourcentage de femmes qui travaillent hors du foyer aujourd'hui avec celui de 1962.
5. Quel est le taux de chômage en France?
6. Est-ce que les jeunes sont en général plus ou moins instruits qu'avant? Pourquoi est-ce que c'est un problème?
7. Comment les conditions de travail ont-elles changé?
8. Donnez des exemples d'amélioration du confort dans les maisons françaises.

9. De nos jours, quelle est l'espérance de vie des Françaises? Qu'en était-il en 1800?
10. Quelles sont les deux maladies les plus fréquentes en France?

Maintenant à vous!

A. Comparaisons

1. En quoi les États-Unis ressemblent-ils à la France? Cherchez les statistiques suivantes sur les États-Unis et comparez-les à celles sur la France. En quoi les deux pays sont-ils semblables?

   le taux de divorce
   le taux de chômage
   le taux de natalité (naissance)
   le pourcentage d'Américains qui ont une douche, le chauffage central, un
      magnétoscope, un lave-vaisselle
   l'espérance de vie d'une Américaine

2. Ensuite comparez les faits suivants. À partir de ces faits, tirez des conclusions sur la vie en France et la vie aux États-Unis.

	La France	Les Etats-Unis
Nombre de meurtres pour 100 000 habitants	4,6	9,4
Nombre de condamnés pour trafic ou usage de drogues pour 100 000 habitants	87	346
Nombre de personnes en prisons pour 100 000 habitants	81	426
Nombre d'avocats pour 100 000 habitants	32	310

B. De quoi avez-vous peur? Choisissez dans la liste suivante les deux choses qui menacent le plus notre vie de tous les jours et expliquez pourquoi.

1. le chômage
2. la crise du logement
3. la drogue
4. la violence
5. la destruction de l'environnement

C. La famille et les valeurs en société. Discutez des questions suivantes avec des camarades de classe.

1. Pensez-vous que vos grands-parents passaient plus de temps avec leurs enfants que les parents d'aujourd'hui? Pourquoi, ou pourquoi pas?
2. De plus en plus, les enfants de moins de trois ans sont confiés à une crèche ou une gardienne pendant que leurs parents travaillent. Quelle est la cause de ce phénomène? Quelles en sont les conséquences pour les enfants?
3. Que comptez-vous faire quand vous aurez votre diplôme? À quelles difficultés devrez-vous probablement faire face?

4. Pour quelles raisons est-ce que beaucoup de jeunes d'aujourd'hui retournent vivre chez leurs parents? Quelles difficultés cette situation crée-t-elle pour les jeunes? Et pour leurs parents?

5. Que signifie pour vous «la réussite dans la vie»? Gagner de l'argent? Poursuivre une aventure? Élever les enfants? Aider les autres?

6. En quel sens est-ce que la vie est meilleure aujourd'hui qu'il y a 50 ans? En quel sens est-elle devenue plus difficile?

D. Par écrit

1. **Dormir pendant 50 ans.** Imaginez que quelqu'un s'est endormi il y a 50 ans et s'est réveillé aujourd'hui. Décrivez les réactions de cette personne. Que remarque-t-elle? Que pense-t-elle de la technologie, de la vie sociale et du système éducatif?

2. **Comment sera la vie?** Imaginez comment sera votre vie dans 15 ans. Où serez-vous et que ferez-vous? Comment sera la vie de tous les jours? Comment la vie professionnelle évoluera-t-elle? Et les loisirs? À votre avis, la société sera-t-elle meilleure ou pire? Expliquez votre réponse.

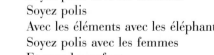

La planète en péril

Jacques Prévert (1900–1977) est un poète français qui décrit dans ses poèmes les problèmes de la vie quotidienne. Dans «Soyez polis», il présente les difficultés de la vie en société, vis-à-vis des autres et de notre environnement. Avant de lire ce poème, parcourez-le et cherchez les verbes pour en comprendre le sens général.

Soyez polis*

Soyez polis
Crie l'homme
Soyez polis avec les aliments
Soyez polis
Avec les éléments avec les éléphants
Soyez polis avec les femmes
Et avec les enfants

*The version offered here is an excerpt.

Soyez polis
Avec les gars du bâtiment°
Soyez polis
Avec le monde vivant.

gars... ouvriers qui travaillent dans la construction

. . .

Il faut aussi être très poli avec la terre
Et avec le soleil
Il faut les remercier le matin en se réveillant
Il faut les remercier
Pour la chaleur
Pour les arbres
Pour les fruits
Pour tout ce qui est bon à manger
Pour tout ce qui est beau à regarder
À toucher
Il faut les remercier
Il ne faut pas les embêter°... les critiquer
Ils savent ce qu'ils ont à faire
Le soleil et la terre
Alors il faut les laisser faire°
Ou bien ils sont capables de se fâcher
Et puis après
On est changé
En courge°
En melon d'eau
Ou en pierre à briquet°
Et on est bien avancé°...

Un paysage fleuri, en Provence

ennuyer

les... les laisser libres

gourde (légume)

pierre... pierre pour faire du feu
on... on n'a pas fait de progrès

. . .

En somme pour résumer
Deux points° ouvrez les guillemets:°
«Il faut que tout le monde soit poli avec
le monde ou alors il y a des
guerres... des épidémies des tremblements
de terre des paquets de mer° des
coups de fusil°...
Et de grosses méchantes° fourmis° rouges
qui viennent vous dévorer les pieds
pendant qu'on dort la nuit.»

: (deux points) / « » (guillemets)

paquets... tempêtes en mer
coups... décharges d'une arme à feu
cruelles/insectes qui aiment les pique-niques

Compréhension

1. D'après ce poème, avec qui et avec quoi faut-il être poli? De quelle façon doit-on manifester la politesse?

2. Quelles sont les conséquences quand on n'est pas poli avec la terre?
3. D'après vous, quel message veut communiquer le poète?
4. En quoi est-il poétique de parler de politesse envers la nature?

Maintenant à vous!

A. Opinions personnelles. Avec un(e) camarade, discutez des questions suivantes. Utilisez dans vos réponses **je pense**, **je ne pense pas**, **je crois**, **je ne crois pas**, **je doute**, **je suis certain(e)**, **je ne suis pas certain(e)**, **j'espère...**

1. Pensez-vous que Jacques Prévert utilise des images exagérées pour établir son point de vue? Quelles images considérez-vous les plus drôles? les plus bizarres? Pensez-vous qu'elles soient enfantines? À votre avis, quel adjectif décrirait le mieux ce poème?
2. Est-ce que les gens sont, en général, polis ou impolis entre eux? avec la nature? Et vous, quel est votre comportement envers les autres? envers la nature?

B. Que pouvons-nous faire? Lisez les propos à droite, puis discutez des questions suivantes entre vous.

> **2 FRANÇAIS SUR 5** sont écologistes ou du moins ont déjà voté (14%) ou envisagent de voter pour les écologistes à l'avenir (28%). 41% qualifient la défense de l'environnement d'objectif «prioritaire» contre 53% qui la jugent «très importante mais pas prioritaire» et 4% «pas très» ou (1%) «pas du tout» importante.

1. Est-ce que les Américains que vous connaissez se considèrent écologistes? Ont-ils raison, d'après vous?
2. Y a-t-il un parti politique «vert» ou écologiste aux États-Unis?
3. Quelles organisations aux États-Unis correspondraient aux partis écologistes européens? Êtes-vous membre d'une de ces organisations?
4. Comment peut-on soutenir (*support*) le mouvement écologiste ici?

Maintenant, faites un sondage parmi vos camarades pour déterminer quelles questions les préoccupent le plus parmi les suivantes.

    _____ les sources d'énergie
    _____ la pollution
    _____ l'élimination des déchets industriels et ménagers
    _____ le réchauffement de la planète
    _____ la surpopulation
    _____ le trou dans l'ozone
    _____ la disparition des espèces de plantes et d'animaux

Demandez-leur aussi de proposer une ou plusieurs solutions à «leur» problème, et analysez les réponses obtenues.

C. Par écrit... Écrivez un article pour le journal de votre université. Donnez des conseils aux étudiants pour les aider à se préparer pour l'avenir. Répondez, par exemple, aux questions suivantes: Qu'adviendra-t-il (*What will become*) de la terre dans 25 ans? Quels seront les principaux changements technologiques (par exemple: dans le domaine des communications, des ordinateurs, des moyens de transport)? Comment sera l'environnement?

La coopération internationale

La coopération avec les pays du Tiers Monde (les pays en voie de développement) est une des priorités de la politique extérieure française. Par exemple, un jeune Français peut faire son service militaire (10 mois) dans le service d'aide technique pour les DOM-TOM (Départements-Territoires français d'outre-mer). Le ministère de la Coopération organise la plupart de ces programmes, qui soutiennent les coopérants enseignants et techniciens. Actuellement, il y a 16 000 coopérants. L'article à droite décrit leur mission et l'évolution de leur fonction.

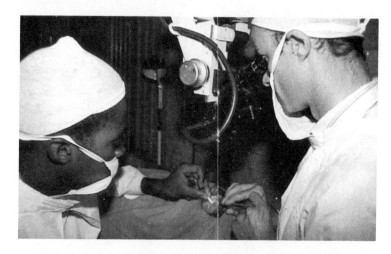

Les Coopérants

Un important réseau d'hommes et de femmes sur le terrain

Qui sont-ils?
Ils sont 16 000 civils français à travers le monde à coopérer, auxquels il convient d'ajouter les quelque 5 500 volontaires du Service National, techniciens et enseignants, partis pour 16 mois.

Où sont-ils?
La France est ainsi le pays qui envoie proportionnellement à sa population le plus d'assistants techniques outre-mer. Les trois quarts d'entre eux assument des tâches d'enseignement. 85 % résident en Afrique, dont 55 % en Afrique subsaharienne et 30 % en Afrique septentrionale.

Que font-ils?
Exerçant aussi dans des domaines aussi variés que la formation et la recherche agricoles, l'industrie et les travaux publics, les services culturels, les assistants techniques représentent la force humaine indispensable à la réussite de la coopération. L'aide au développement ne pourrait se faire sans leur capacité d'intégration, leur faculté d'apprécier sur place une situation donnée, leur habitude d'œuvrer avec les partenaires locaux à la réalisation d'objectifs arrêtés en commun.

Compréhension

1. À votre avis, que veut dire le terme «coopérer»?
2. Quels sont les deux types de coopérants? Qu'est-ce que le Service National?
3. Où vont les coopérants, en général?
4. Dans quels domaines les coopérants travaillent-ils? Donnez un exemple de métier dans chaque domaine.
5. Pensez-vous que leur travail soit important? Justifiez votre réponse.
6. Aimeriez-vous être coopérant? Pourquoi, ou pourquoi pas?

Maintenant à vous!

A. Profil d'un coopérant. Connaissez-vous des Américain(e)s qui font de la «coopération», en travaillant, par exemple, pour le Peace Corps, Vista ou d'autres organisations semblables? Par petits groupes, essayez de définir ce qui pousse les coopérants à partir.

1. le goût de l'aventure
2. le sens civique
3. le non-conformisme
4. la générosité
5. l'esprit d'indépendance
6. l'expérience
7. l'argent
8. la tradition
9. l'ambition
10. ?

D'après les résultats obtenus, choisissez trois adjectifs qui définissent le mieux la personnalité du coopérant. Puis faites son portrait psychologique: goûts, passe-temps, sports.

Fiche signalétique

Nom de famille _____

Prénom _____

Né(e) _____

Domicile _____

Nationalité _____

Profession _____

Diplômes _____

Personnalité _____

Préférences _____

Enfin, comparez vos résultats avec ceux des autres groupes et commentez-les. Y aurait-il un profil typique? Lequel?

B. Jeu géographique. Familiarisez-vous avec les pays francophones d'Afrique en étudiant la carte d'Afrique au début du livre. Notez aussi les villes principales. Ensuite, en utilisant le tableau ci-contre, faites deviner à un(e) partenaire l'emplacement géographique de dix pays sur le tableau. En prime: nommez une des villes principales. Celui/Celle qui réussit à situer le plus de pays est le gagnant (la gagnante).

> MODÈLE: —Où se trouve l'Algérie?
> —L'Algérie se trouve en Afrique du Nord, entre le Maroc et la Tunisie. Alger est une des villes principales.

Assistance technique civile*
PRINCIPAUX PAYS

Pays	
Côte-d'Ivoire	3092
Maroc	2633
Algérie	1444
Sénégal	1014
Cameroun	611
Gabon	598
Tunisie	594
Madagascar	466
Djibouti	429
Congo	353
Niger	345
Centrafrique	338
Burkina-Faso	316
Mauritanie	281
Mali	259
Togo	185
Zaïre	129

C. Offre d'emploi. Vous travaillez pour une agence qui place des coopérants à l'étranger. Vous avez un poste d'enseignant à pourvoir (*fill*).

1. Définissez le poste en donnant le plus de détails possible. Inventez les renseignements mais soyez logique.
   a. en quoi consiste le travail
   b. le lieu de travail
   c. le salaire
   d. la durée du travail
   e. les conditions de logement
   f. les conditions du voyage
   g. les loisirs sur place
   h. le genre de personne recherchée
2. Un(e) candidat(e) se présente pour le poste. Préparez une liste de questions, puis interviewez-le/la. Il/Elle vous pose beaucoup de questions sur le travail, les conditions et le pays. À votre tour, vous lui posez des questions sur son éducation, ses goûts et les raisons qui le/la poussent à partir à l'étranger. Jouez les rôles avec un(e) camarade.
3. Allez-vous l'embaucher? Va-t-il/elle accepter l'offre? Justifiez vos réponses.

D. En route! Imaginez que vous avez la possibilité de partir à l'étranger pour travailler pendant un an grâce à un programme d'échange. Où iriez-vous? Qu'aimeriez-vous faire? Faites d'abord une liste détaillée de vos projets, du choix du pays, du type de travail, de ce que vous vous attendez (*expect*) à trouver là-bas et de ce que vous pensez pouvoir y faire. À quels problèmes vous faudra-t-il sans doute faire face? Ensuite, faites une courte présentation à la classe en utilisant le futur et le conditionnel.

E. Par écrit. Vous aimeriez partir pour la coopération. Écrivez une demande d'emploi à Mme Péguy, responsable du recrutement. Dans votre lettre, définissez le poste que vous désirez. Puis expliquez en détail vos qualifications professionnelles et parlez aussi de vos goûts. Donnez votre adresse et votre numéro de téléphone. Soyez convaincant(e) pour persuader Mme Péguy de vous embaucher.

Expressions utiles: assistant(e) technique, médical(e); enseignant(e) (anglais, maths, sciences naturelles, informatique...); ingénieur agricole...

Interactions

In this chapter, you reviewed some of the most important grammar and
vocabulary from Chapters 1 to 17. Use the following situations to bring your
academic year to a close.

1. Dire au revoir. Circulate in class, and say good-bye to several classmates.
Tell them about what you will be doing in the near and distant future. When
you have finished, be prepared to summarize for the whole class what at least
five class members will be doing.

2. Joies et regrets. Now that the academic year is ending, explain your
feelings to a partner. Talk about what you liked and disliked. Mention what
you thought of your instructors and fellow students. Describe your hopes for
the coming year. Your partner will react and describe his or her own feelings to
you.

À L'ÉCOUTE!

Débat sur la publicité. Deux étudiants en philosophie, Bernard et Florence,
ont organisé un débat sur le rôle de la publicité dans la société actuelle. Voici
leurs opinions. Lisez l'activité ci-dessous avant d'écouter le vocabulaire et le
dialogue qui lui correspondent.

> VOCABULAIRE UTILE
> le seul but *the only goal*
> font appel à *appeal to*
> la pub *advertising*
> la marque *brand (label)*
> pas à pas *step by step*
> le fabricant *manufacturer*
> il te racontera n'importe quoi *he will tell you just anything*
> tu sous-estimes *you underestimate*

Encerclez la bonne réponse selon le dialogue.

1. Florence
   a. approuve la publicité
   b. critique la publicité
2. Bernard
   a. approuve la publicité
   b. critique la publicité
3. Dans un exemple cité au cours du débat, quel produit est présenté au
   moyen d'un bel homme élégant?
   a. les gâteaux
   b. les cigarettes
   c. les ordinateurs

4. Dans un autre exemple, quelle annonce publicitaire explique clairement comment le produit fonctionne? L'annonce pour
    a. un minitel
    b. une chaîne stéréo
    c. un ordinateur
5. Selon Bernard, les publicités servent à
    a. influencer les gens qui n'ont pas beaucoup de personnalité
    b. informer le public des nouveaux produits sur le marché
    c. exercer une influence subliminale sur le consommateur
6. Selon Florence, les publicités
    a. créent des besoins artificiels
    b. informent le public des nouveaux produits sur le marché
    c. associent les produits à une image de la perfection
7. Florence semble avoir une opinion
    a. très positive
    b. assez cynique
    c. assez ambiguë
8. À la fin, Bernard accuse Florence de faire exactement ce qu'elle reproche aux publicités, c'est-à-dire
    a. de faire appel aux impulsions les plus basses
    b. de raconter n'importe quoi pour convaincre les autres
    c. de se servir d'un stéréotype négatif pour défendre son point de vue

Appendices

The *passé simple*

1. The **passé simple** is a past tense often used in printed narrative material. It is not a conversational tense. Verbs that would be used in the **passé composé** in informal speech or writing are in the **passé simple** in formal writing. You may want to learn to recognize the forms of the **passé simple** for reading purposes. The **passé simple** of regular **-er** verbs is formed by adding the endings **-ai**, **-as**, **-a**, **-âmes**, **-âtes**, and **-èrent** to the verb stem. The endings for **-ir** and **-re** verbs are: **-is**, **-is**, **-it**, **-îmes**, **-îtes**, and **-irent**.

	parler	finir	perdre
je	parlai	finis	perdis
tu	parlas	finis	perdis
il, elle, on	parla	finit	perdit
nous	parlâmes	finîmes	perdîmes
vous	parlâtes	finîtes	perdîtes
ils, elles	parlèrent	finirent	perdirent

2. Here are the third-person forms (**il**, **elle**, **on**; **ils**, **elles**) of some verbs that are irregular in the **passé simple**. The rest can be found in Appendix D.

INFINITIVE	PASSÉ SIMPLE
avoir	il eut, ils eurent
dire	il dit, ils dirent
être	il fut, ils furent
faire	il fit, ils firent

Other Perfect Verb Constructions

In addition to the **passé composé**, French has several other perfect verb forms (conjugated forms of **avoir** or **être** + the past participle of a verb). Following are the most common perfect constructions.

The Pluperfect

The pluperfect tense (also called the past perfect) is formed with the imperfect of the auxiliary verb (**avoir** or **être**) + the past participle of the main verb.

	parler	sortir	se réveiller
je/j'	avais parlé	étais sorti(e)	m'étais réveillé(e)
tu	avais parlé	étais sorti(e)	t'étais réveillé(e)
il, elle, on	avait parlé	était sorti(e)	s'était réveillé(e)
nous	avions parlé	étions sorti(e)s	nous étions réveillé(e)s
vous	aviez parlé	étiez sorti(e)(s)	vous étiez réveillé(e)(s)
ils, elles	avaient parlé	étaient sorti(e)s	s'étaient réveillé(e)s

The pluperfect is used to indicate an action or event that occurred before another past action or event, either stated or implied: *I had already left for the country* (*when my friends arrived in Paris*).

Quand j'ai téléphoné aux Dupont, ils **avaient déjà décidé** d'acheter la ferme.	*When I phoned the Duponts, they had already decided to buy the farm.*
Marie s'**était réveillée** avant moi. Elle **était** déjà **sortie** à sept heures.	*Marie had awakened before me. She had already left by seven o'clock.*

The Future Perfect

The future perfect is formed with the future of the auxiliary verb (**avoir** or **être**) + the past participle of the main verb.

	parler	sortir	se réveiller
je/j'	aurai parlé	serai sorti(e)	me serai réveillé(e)
tu	auras parlé	seras sorti(e)	te seras réveillé(e)
il, elle, on	aura parlé	sera sorti(e)	se sera réveillé(e)
nous	aurons parlé	serons sorti(e)s	nous serons réveillé(e)s
vous	aurez parlé	serez sorti(e)(s)	vous serez réveillé(e)(s)
ils, elles	auront parlé	seront sorti(e)s	se seront réveillé(e)s

The future perfect can be used to express a future action that will already have taken place when another future action occurs. The subsequent action is always expressed by the simple future.

Je publierai mes résultats quand j'**aurai terminé** cette expérience.	*I'll publish the results when I've finished this experiment.*
Aussitôt que mes collègues **seront revenus**, ils liront mon rapport.	*As soon as my colleagues have returned, they'll read my report.*

The Past Conditional

The past conditional (or conditional perfect) is formed with the conditional of the auxiliary verb (**avoir** or **être**) + the past participle of the main verb.

	parler	**sortir**	**se réveiller**
je/j'	aurais parlé	serais sorti(e)	me serais réveillé(e)
tu	aurais parlé	serais sorti(e)	te serais réveillé(e)
il, elle, on	aurait parlé	serait sorti(e)	se serait réveillé(e)
nous	aurions parlé	serions sorti(e)s	nous serions réveillé(e)s
vous	auriez parlé	seriez sorti(e)(s)	vous seriez réveillé(e)(s)
ils, elles	auraient parlé	seraient sorti(e)s	se seraient réveillé(e)s

The past conditional is used to express an action or event that would have occurred if some set of conditions (stated or implied) had been present: *We would have worried (if we had known).*

Uses of the Past Conditional

The past conditional is used in the main clause of an *if*-clause sentence when the verb of the *if*-clause is in the pluperfect.

> Si j'**avais eu** le temps, j'**aurais visité** Nîmes.
>
> *If I had had the time, I would have visited Nîmes.*

> Si les Normands n'**avaient** pas **conquis** l'Angleterre en 1066, l'anglais **aurait été** une langue très différente.
>
> *If the Normans had not conquered England in 1066, English would have been a very different language.*

The underlying set of conditions (the *if*-clause) is sometimes not stated.

> À ta place, j'**aurais parlé** au guide.
> *In your place, I would have spoken to the guide.*
> Nous **serions allés** au lac.
> *We would have gone to the lake.*

The Past Conditional of *devoir*

The past conditional of **devoir** means *should have* or *ought to have.* It expresses regret about something that did not take place in the past.

> J'**aurais dû prendre** l'autre chemin.
> *I should have taken the other road.*
> Nous **aurions dû acheter** un plan.
> *We should have bought a map.*

The Past Subjunctive

The past subjunctive is formed with the present subjunctive of the auxiliary verb (**avoir** or **être**) + the past participle of the main verb.

	PAST SUBJUNCTIVE OF **parler**	PAST SUBJUNCTIVE OF **venir**
que je/j'	**aie parlé**	**sois venu**(e)
que tu	**aies parlé**	**sois venu**(e)
qu'il, elle, on	**ait parlé**	**soit venu**(e)
que nous	**ayons parlé**	**soyons venu**(e)s
que vous	**ayez parlé**	**soyez venu**(e)(s)
qu'ils, elles	**aient parlé**	**soient venu**(e)s

Je suis content que tu **aies parlé** avec Claudette.

Il est dommage qu'elle ne **soit** pas encore **venue**.

I'm glad you've spoken with Claudette.

It's too bad that she hasn't come yet.

The past subjunctive is used under the same circumstances as the present subjunctive except that it indicates that the action or situation described in the dependent clause occurred *before* the action or situation described in the main clause. Compare these sentences:

Je suis content que tu **viennes**.   *I'm happy that you are coming.*
Je suis content que tu **sois venu**(e).   *I'm happy that you came.*

Je doute qu'ils le **comprennent**.   *I doubt that they understand it.*
Je doute qu'ils l'**aient compris**.   *I doubt that they have understood it.*

Pronouns

Demonstrative Pronouns

Demonstrative pronouns such as *this one, that one,* refer to a person, thing, or idea that has been mentioned previously. In French, they agree in gender and number with the nouns they replace.

		SINGULAR		PLURAL
Masculine	**celui**	*this one, that one, the one*	**ceux**	*these, those, the ones*
Feminine	**celle**	*this one, that one, the one*	**celles**	*these, those, the ones*

French demonstrative pronouns cannot stand alone. They must be used in one of the following ways:

1. with the suffix **-ci** (to indicate someone or something located close to the speaker) or **-là** (for someone or something more distant from the speaker)

>   Voici deux affiches. Préférez-vous **celle-ci** ou **celle-là**?

>   *Here are two posters. Do you prefer this one or that one?*

2. followed by a prepositional phrase (often a construction with **de**)

>   Quelle époque t'intéresse? **Celle** du moyen âge ou **celle** de la Renaissance?

>   *Which period interests you? That of the Middle Ages or that of the Renaissance?*

3. followed by a dependent clause introduced by a relative pronoun

>   On trouve des villages anciens dans plusieurs parcs: **ceux** qui sont dans le Parc de la Brière sont en ruine; **ceux** qui sont dans les parcs de la Lorraine et du Morvan ont été restaurés.

>   *One finds very old villages in several parks: those that are in Brière Park are in ruins; those that are in the Lorraine and Morvan parks have been restored.*

Indefinite Demonstrative Pronouns

Ceci (*this*), **cela** (*that*), and **ça** (*that*, informal) are indefinite demonstrative pronouns; they refer to an idea or thing with no definite antecedent. They do not show gender or number.

>   Cela (**Ça**) n'est pas important.
>   Regarde **ceci** de près.
>   Qu'est-ce que c'est que **ça**?

>   *That's not important.*
>   *Look at this closely.*
>   *What's that?*

Relative Pronouns

A. *Ce qui* and *ce que*

Ce qui and **ce que** are indefinite relative pronouns similar in meaning to **la chose qui** (**que**) or **les choses qui** (**que**). They refer to an idea or a subject that is unspecified and has neither gender nor number, often expressed as *what*.

>   —Dites-moi **ce qui** est arrivé au touriste américain.
>   —Je ne sais pas **ce qui** lui est arrivé.
>   —Dites-moi **ce que** vous avez fait à Pointe-à-Pitre.
>   —Je n'ai pas le temps de vous dire tout **ce qu'**on a fait.

>   —*Tell me what happened to the American tourist.*
>   —*I don't know what happened to him.*
>   —*Tell me what you did in Point-à-Pitre.*
>   —*I don't have time to tell you everything we did.*

B. *Lequel*

Lequel (**laquelle, lesquels, lesquelles**) is the relative pronoun used as an object of a preposition to refer to things and people. **Lequel** and its forms contract with **à** and **de**.

Où est l'agence de voyage **devant laquelle** il attend?	*Where is the travel agency in front of which he's waiting?*
L'hôtel **auquel** j'écris est à la Guadeloupe.	*The hotel to which I am writing is in Guadeloupe.*
Ce sont des gens **parmi lesquels** je me sens bien.	*They're people among whom I feel comfortable.*

Possessive Pronouns

Possessive pronouns replace nouns that are modified by a possessive adjective or other possessive construction. In English, the possessive pronouns are *mine, yours, his, hers, its, ours,* and *theirs.* In French, the appropriate definite article is always used with the possessive pronoun.

	SINGULAR		PLURAL	
	Masculine	*Feminine*	*Masculine*	*Feminine*
mine	le mien	la mienne	les miens	les miennes
yours	le tien	la tienne	les tiens	les tiennes
his/hers/its	le sien	la sienne	les siens	les siennes
ours	le nôtre	la nôtre	les nôtres	
yours	le vôtre	la vôtre	les vôtres	
theirs	le leur	la leur	les leurs	

POSSESSIVE CONSTRUCTION + *NOUN*   POSSESSIVE PRONOUN

Où sont **leurs bagages**?   → **Les leurs** sont ici.

C'est **mon frère** là-bas.   → Ah oui? C'est **le mien** à côté de lui.

La **voiture de Frédérique** est plus rapide que **ma voiture**.   Ah oui? **La sienne** est aussi plus rapide que **la mienne**.

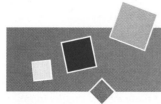

Appendix D

Verb Charts

VERB	INDICATIVE			
	PRESENT	PASSÉ COMPOSÉ	IMPERFECT	PLUPERFECT
1. Auxiliary verbs				
avoir[1]	ai	ai eu	avais	avais eu
(*to have*)	as	as eu	avais	avais eu
ayant	a	a eu	avait	avait eu
eu	avons	avons eu	avions	avions eu
	avez	avez eu	aviez	aviez eu
	ont	ont eu	avaient	avaient eu
être	suis	ai été	étais	avais été
(*to be*)	es	as été	étais	avais été
étant	est	a été	était	avait été
été	sommes	avons été	étions	avions été
	êtes	avez été	étiez	aviez été
	sont	ont été	étaient	avaient été
2. Regular verbs				
-er verbs	parle	ai parlé	parlais	avais parlé
parler	parles	as parlé	parlais	avais parlé
(*to speak*)	parle	a parlé	parlait	avait parlé
parlant	parlons	avons parlé	parlions	avions parlé
parlé	parlez	avez parlé	parliez	aviez parlé
	parlent	ont parlé	parlaient	avaient parlé
-ir verbs	finis	ai fini	finissais	avais fini
finir	finis	as fini	finissais	avais fini
(*to finish*)	finit	a fini	finissait	avait fini
finissant	finissons	avons fini	finissions	avions fini
fini	finissez	avez fini	finissiez	aviez fini
	finissent	ont fini	finissaient	avaient fini

[1]The left-hand column of each chart contains the infinitive, the present participle, and the past participle of each verb. Conjugated verbs are shown without subject pronouns.

PASSÉ SIMPLE	FUTURE	CONDITIONAL PRESENT	PAST	SUBJUNCTIVE PRESENT	IMPERATIVE
eus	aurai	aurais	aurais eu	aie	
eus	auras	aurais	aurais eu	aies	aie
eut	aura	aurait	aurait eu	ait	
eûmes	aurons	aurions	aurions eu	ayons	ayons
eûtes	aurez	auriez	auriez eu	ayez	ayez
eurent	auront	auraient	auraient eu	aient	
fus	serai	serais	aurais été	sois	
fus	seras	serais	aurais été	sois	sois
fut	sera	serait	aurait été	soit	
fûmes	serons	serions	aurions été	soyons	soyons
fûtes	serez	seriez	auriez été	soyez	soyez
furent	seront	seraient	auraient été	soient	
parlai	parlerai	parlerais	aurais parlé	parle	
parlas	parleras	parlerais	aurais parlé	parles	parle
parla	parlera	parlerait	aurait parlé	parle	
parlâmes	parlerons	parlerions	aurions parlé	parlions	parlons
parlâtes	parlerez	parleriez	auriez parlé	parliez	parlez
parlèrent	parleront	parleraient	auraient parlé	parlent	
finis	finirai	finirais	aurais fini	finisse	
finis	finiras	finirais	aurais fini	finisses	finis
finit	finira	finirait	aurait fini	finisse	
finîmes	finirons	finirions	aurions fini	finissions	finissons
finîtes	finirez	finiriez	auriez fini	finissiez	finissez
finirent	finiront	finiraient	auraient fini	finissent	

VERB	INDICATIVE			
	PRESENT	PASSÉ COMPOSÉ	IMPERFECT	PLUPERFECT
-re verbs	perds	ai perdu	perdais	avais perdu
perdre	perds	as perdu	perdais	avais perdu
(*to lose*)	perd	a perdu	perdait	avait perdu
perdant	perdons	avons perdu	perdions	avions perdu
perdu	perdez	avez perdu	perdiez	aviez perdu
	perdent	ont perdu	perdaient	avaient perdu

3. Intransitive verbs conjugated with *être*[2]

entrer	entre	suis entré(e)	entrais	étais entré(e)
(*to enter*)	entres	es entré(e)	entrais	étais entré(e)
entrant	entre	est entré(e)	entrait	était entré(e)
entré	entrons	sommes entré(e)s	entrions	étions entré(e)s
	entrez	êtes entré(e)(s)	entriez	étiez entré(e)(s)
	entrent	sont entré(e)s	entraient	étaient entré(e)s

4. Pronominal verbs

se laver	me lave	me suis lavé(e)	me lavais	m'étais lavé(e)
(*to wash*	te laves	t'es lavé(e)	te lavais	t'étais lavé(e)
oneself)	se lave	s'est lavé(e)	se lavait	s'était lavé(e)
se lavant	nous lavons	nous sommes lavé(e)s	nous lavions	nous étions lavé(e)s
lavé	vous lavez	vous êtes lavé(e)(s)	vous laviez	vous étiez lavé(e)(s)
	se lavent	se sont lavé(e)s	se lavaient	s'étaient lavé(e)s

5. Irregular verbs[3]

aller	vais	suis allé(e)	allais	
(*to go*)	vas	es allé(e)	allais	
allant	va	est allé(e)	allait	
allé	allons	sommes allé(e)s	allions	
	allez	êtes allé(e)(s)	alliez	
	vont	sont allé(e)s	allaient	

[2]Other intransitive verbs conjugated with **être** in compound tenses are **aller**, **arriver**, **descendre**, **devenir**, **monter**, **mourir**, **naître**, **partir** (**repartir**), **passer**, **rentrer**, **rester**, **retourner**, **revenir**, **sortir**, **tomber**, and **venir**. Note that **descendre**, **monter**, **passer**, **retourner**, and **sortir** may sometimes be used as transitive verbs (i.e., with a direct object), in which case they are conjugated with **avoir** in compound tenses.

[3]Note that the pluperfect and past conditional forms are not listed in this appendix for irregular verbs.

| | | CONDITIONAL | | SUBJUNCTIVE | IMPERATIVE |
PASSÉ SIMPLE	FUTURE	PRESENT	PAST	PRESENT	
perdis	perdrai	perdrais	aurais perdu	perde	
perdis	perdras	perdrais	aurais perdu	perdes	perds
perdit	perdra	perdrait	aurait perdu	perde	
perdîmes	perdrons	perdrions	aurions perdu	perdions	perdons
perdîtes	perdrez	perdriez	auriez perdu	perdiez	perdez
perdirent	perdront	perdraient	auraient perdu	perdent	
entrai	entrerai	entrerais	serais entré(e)	entre	
entras	entreras	entrerais	serais entré(e)	entres	entre
entra	entrera	entrerait	serait entré(e)	entre	
entrâmes	entrerons	entrerions	serions entré(e)s	entrions	entrons
entrâtes	entrerez	entreriez	seriez entré(e)(s)	entriez	entrez
entrèrent	entreront	entreraient	seraient entré(e)s	entrent	
me lavai	me laverai	me laverais	me serais lavé(e)	me lave	
te lavas	te laveras	te laverais	te serais lavé(e)	te laves	lave-toi
se lava	se lavera	se laverait	se serait lavé(e)	se lave	
nous lavâmes	nous laverons	nous laverions	nous serions lavé(e)s	nous lavions	lavons-nous
vous lavâtes	vous laverez	vous laveriez	vous seriez lavé(e)(s)	vous laviez	lavez-vous
se lavèrent	se laveront	se laveraient	se seraient lavé(e)s	se lavent	
allai	irai	irais		aille	
allas	iras	irais		ailles	va
alla	ira	irait		aille	
allâmes	irons	irions		allions	allons
allâtes	irez	iriez		alliez	allez
allèrent	iront	iraient		aillent	

VERB	INDICATIVE		
	PRESENT	**PASSÉ COMPOSÉ**	**IMPERFECT**
asseoir[4]	assieds	ai assis	asseyais
(*to seat*)	assieds	as assis	asseyais
asseyant	assied	a assis	asseyait
assis	asseyons	avons assis	asseyions
	asseyez	avez assis	asseyiez
	asseyent	ont assis	asseyaient
battre	bats	ai battu	battais
(*to beat*)	bats	as battu	battais
battant	bat	a battu	battait
battu	battons	avons battu	battions
	battez	avez battu	battiez
	battent	ont battu	battaient
boire	bois	ai bu	buvais
(*to drink*)	bois	as bu	buvais
buvant	boit	a bu	buvait
bu	buvons	avons bu	buvions
	buvez	avez bu	buviez
	boivent	ont bu	buvaient
conduire	conduis	ai conduit	conduisais
(*to lead,*	conduis	as conduit	conduisais
to drive)	conduit	a conduit	conduisait
conduisant	conduisons	avons conduit	conduisions
conduit	conduisez	avez conduit	conduisiez
	conduisent	ont conduit	conduisaient
connaître	connais	ai connu	connaissais
(*to be*	connais	as connu	connaissais
acquainted)	connaît	a connu	connaissait
connaissant	connaissons	avons connu	connaissions
connu	connaissez	avez connu	connaissiez
	connaissent	ont connu	connaissaient
courir	cours	ai couru	courais
(*to run*)	cours	as couru	courais
courant	court	a couru	courait
couru	courons	avons couru	courions
	courez	avez couru	couriez
	courent	ont couru	couraient

[4]**S'asseoir** (pronominal form of **asseoir**) means *to be seated* or *to take a seat*. The imperative forms of **s'asseoir** are **assieds-toi**, **asseyons-nous**, and **asseyez-vous**.

PASSÉ SIMPLE	FUTURE	CONDITIONAL PRESENT	SUBJUNCTIVE PRESENT	IMPERATIVE
assis	assiérai	assiérais	asseye	
assis	assiéras	assiérais	asseyes	assieds
assit	assiéra	assiérait	asseye	
assîmes	assiérons	assiérions	asseyions	asseyons
assîtes	assiérez	assiériez	asseyiez	asseyez
assirent	assiéront	assiéraient	asseyent	
battis	battrai	battrais	batte	
battis	battras	battrais	battes	bats
battit	battra	battrait	batte	
battîmes	battrons	battrions	battions	battons
battîtes	battrez	battriez	battiez	battez
battirent	battront	battraient	battent	
bus	boirai	boirais	boive	
bus	boiras	boirais	boives	bois
but	boira	boirait	boive	
bûmes	boirons	boirions	buvions	buvons
bûtes	boirez	boiriez	buviez	buvez
burent	boiront	boiraient	boivent	
conduisis	conduirai	conduirais	conduise	
conduisis	conduiras	conduirais	conduises	conduis
conduisit	conduira	conduirait	conduise	
conduisîmes	conduirons	conduirions	conduisions	conduisons
conduisîtes	conduirez	conduiriez	conduisiez	conduisez
conduisirent	conduiront	conduiraient	conduisent	
connus	connaîtrai	connaîtrais	connaisse	
connus	connaîtras	connaîtrais	connaisses	connais
connut	connaîtra	connaîtrait	connaisse	
connûmes	connaîtrons	connaîtrions	connaissions	connaissons
connûtes	connaîtrez	connaîtriez	connaissiez	connaissez
connurent	connaîtront	connaîtraient	connaissent	
courus	courrai	courrais	coure	
courus	courras	courrais	coures	cours
courut	courra	courrait	coure	
courûmes	courrons	courrions	courions	courons
courûtes	courrez	courriez	couriez	courez
coururent	courront	courraient	courent	

VERB	INDICATIVE		
	PRESENT	**PASSÉ COMPOSÉ**	**IMPERFECT**
craindre (*to fear*) craignant craint	crains crains craint craignons craignez craignent	ai craint as craint a craint avons craint avez craint ont craint	craignais craignais craignait craignions craigniez craignaient
croire (*to believe*) croyant cru	crois crois croit croyons croyez croient	ai cru as cru a cru avons cru avez cru ont cru	croyais croyais croyait croyions croyiez croyaient
devoir (*to have to, to owe*) devant dû	dois dois doit devons devez doivent	ai dû as dû a dû avons dû avez dû ont dû	devais devais devait devions deviez devaient
dire[5] (*to say, to tell*) disant dit	dis dis dit disons dites disent	ai dit as dit a dit avons dit avez dit ont dit	disais disais disait disions disiez disaient
dormir[6] (*to sleep*) dormant dormi	dors dors dort dormons dormez dorment	ai dormi as dormi a dormi avons dormi avez dormi ont dormi	dormais dormais dormait dormions dormiez dormaient
écrire[7] (*to write*) écrivant écrit	écris écris écrit écrivons écrivez écrivent	ai écrit as écrit a écrit avons écrit avez écrit ont écrit	écrivais écrivais écrivait écrivions écriviez écrivaient

[5]Verbs like **dire**: **contredire** (**vous contredisez**), **interdire** (**vous interdisez**), **prédire** (**vous prédisez**)
[6]Verbs like **dormir**: **mentir**, **partir**, **repartir**, **sentir**, **servir**, **sortir**. (**Partir**, **repartir**, and **sortir** are conjugated with **être**.)
[7]Verbs like **écrire**: **décrire**

PASSÉ SIMPLE	FUTURE	CONDITIONAL PRESENT	SUBJUNCTIVE PRESENT	IMPERATIVE
craignis	craindrai	craindrais	craigne	
craignis	craindras	craindrais	craignes	crains
craignit	craindra	craindrait	craigne	
craignîmes	craindrons	craindrions	craignions	craignons
craignîtes	craindrez	craindriez	craigniez	craignez
craignirent	craindront	craindraient	craignent	
crus	croirai	croirais	croie	
crus	croiras	croirais	croies	crois
crut	croira	croirait	croie	
crûmes	croirons	croirions	croyions	croyons
crûtes	croirez	croiriez	croyiez	croyez
crurent	croiront	croiraient	croient	
dus	devrai	devrais	doive	
dus	devras	devrais	doives	dois
dut	devra	devrait	doive	
dûmes	devrons	devrions	devions	devons
dûtes	devrez	devriez	deviez	devez
durent	devront	devraient	doivent	
dis	dirai	dirais	dise	
dis	diras	dirais	dises	dis
dit	dira	dirait	dise	
dîmes	dirons	dirions	disions	disons
dîtes	direz	diriez	disiez	dites
dirent	diront	diraient	disent	
dormis	dormirai	dormirais	dorme	
dormis	dormiras	dormirais	dormes	dors
dormit	dormira	dormirait	dorme	
dormîmes	dormirons	dormirions	dormions	dormons
dormîtes	dormirez	dormiriez	dormiez	dormez
dormirent	dormiront	dormiraient	dorment	
écrivis	écrirai	écrirais	écrive	
écrivis	écriras	écrirais	écrives	écris
écrivit	écrira	écrirait	écrive	
écrivîmes	écrirons	écririons	écrivions	écrivons
écrivîtes	écrirez	écririez	écriviez	écrivez
écrivirent	écriront	écriraient	écrivent	

| VERB | INDICATIVE | | |
	PRESENT	PASSÉ COMPOSÉ	IMPERFECT
envoyer	envoie	ai envoyé	envoyais
(*to send*)	envoies	as envoyé	envoyais
envoyant	envoie	a envoyé	envoyait
envoyé	envoyons	avons envoyé	envoyions
	envoyez	avez envoyé	envoyiez
	envoient	ont envoyé	envoyaient
faire	fais	ai fait	faisais
(*to do,*	fais	as fait	faisais
to make)	fait	a fait	faisait
faisant	faisons	avons fait	faisions
fait	faites	avez fait	faisiez
	font	ont fait	faisaient
falloir	il faut	il a fallu	il fallait
(*to be*			
necessary)			
fallu			
lire[8]	lis	ai lu	lisais
(*to read*)	lis	as lu	lisais
lisant	lit	a lu	lisait
lu	lisons	avons lu	lisions
	lisez	avez lu	lisiez
	lisent	ont lu	lisaient
mettre[9]	mets	ai mis	mettais
(*to put*)	mets	as mis	mettais
mettant	met	a mis	mettait
mis	mettons	avons mis	mettions
	mettez	avez mis	mettiez
	mettent	ont mis	mettaient
mourir	meurs	suis mort(e)	mourais
(*to die*)	meurs	es mort(e)	mourais
mourant	meurt	est mort(e)	mourait
mort	mourons	sommes mort(e)s	mourions
	mourez	êtes mort(e)(s)	mouriez
	meurent	sont mort(e)s	mouraient

[8]Verbs like **lire**: **élire**, **relire**
[9]Verbs like **mettre**: **permettre**, **promettre**, **remettre**

PASSÉ SIMPLE	FUTURE	CONDITIONAL PRESENT	SUBJUNCTIVE PRESENT	IMPERATIVE
envoyai	enverrai	enverrais	envoie	
envoyas	enverras	enverrais	envoies	envoie
envoya	enverra	enverrait	envoie	
envoyâmes	enverrons	enverrions	envoyions	envoyons
envoyâtes	enverrez	enverriez	envoyiez	envoyez
envoyèrent	enverront	enverraient	envoient	
fis	ferai	ferais	fasse	
fis	feras	ferais	fasses	fais
fit	fera	ferait	fasse	
fîmes	ferons	ferions	fassions	faisons
fîtes	ferez	feriez	fassiez	faites
firent	feront	feraient	fassent	
il fallut	il faudra	il faudrait	il faille	
lus	lirai	lirais	lise	
lus	liras	lirais	lises	lis
lut	lira	lirait	lise	
lûmes	lirons	lirions	lisions	lisons
lûtes	lirez	liriez	lisiez	lisez
lurent	liront	liraient	lisent	
mis	mettrai	mettrais	mette	
mis	mettras	mettrais	mettes	mets
mit	mettra	mettrait	mette	
mîmes	mettrons	mettrions	mettions	mettons
mîtes	mettrez	mettriez	mettiez	mettez
mirent	mettront	mettraient	mettent	
mourus	mourrai	mourrais	meure	
mourus	mourras	mourrais	meures	meurs
mourut	mourra	mourrait	meure	
mourûmes	mourrons	mourrions	mourions	mourons
mourûtes	mourrez	mourriez	mouriez	mourez
moururent	mourront	mourraient	meurent	

VERB	INDICATIVE		
	PRESENT	PASSÉ COMPOSÉ	IMPERFECT
naître	nais	suis né(e)	naissais
(*to be born*)	nais	es né(e)	naissais
naissant	naît	est né(e)	naissait
né	naissons	sommes né(e)s	naissions
	naissez	êtes né(e)(s)	naissiez
	naissent	sont né(e)s	naissaient
ouvrir[10]	ouvre	ai ouvert	ouvrais
(*to open*)	ouvres	as ouvert	ouvrais
ouvrant	ouvre	a ouvert	ouvrait
ouvert	ouvrons	avons ouvert	ouvrions
	ouvrez	avez ouvert	ouvriez
	ouvrent	ont ouvert	ouvraient
plaire	plais	ai plu	plaisais
(*to please*)	plais	as plu	plaisais
plaisant	plaît	a plu	plaisait
plu	plaisons	avons plu	plaisions
	plaisez	avez plu	plaisiez
	plaisent	ont plu	plaisaient
pleuvoir	il pleut	il a plu	il pleuvait
(*to rain*)			
pleuvant			
plu			
pouvoir	peux, puis	ai pu	pouvais
(*to be able*)	peux	as pu	pouvais
pouvant	peut	a pu	pouvait
pu	pouvons	avons pu	pouvions
	pouvez	avez pu	pouviez
	peuvent	ont pu	pouvaient
prendre[11]	prends	ai pris	prenais
(*to take*)	prends	as pris	prenais
prenant	prend	a pris	prenait
pris	prenons	avons pris	prenions
	prenez	avez pris	preniez
	prennent	ont pris	prenaient

[10]Verbs like **ouvrir: couvrir, découvrir, offrir, souffrir**
[11]Verbs like **prendre: apprendre, comprendre, surprendre**

PASSÉ SIMPLE	FUTURE	CONDITIONAL PRESENT	SUBJUNCTIVE PRESENT	IMPERATIVE
naquis	naîtrai	naîtrais	naisse	
naquis	naîtras	naîtrais	naisses	nais
naquit	naîtra	naîtrait	naisse	
naquîmes	naîtrons	naîtrions	naissions	naissons
naquîtes	naîtrez	naîtriez	naissiez	naissez
naquirent	naîtront	naîtraient	naissent	
ouvris	ouvrirai	ouvrirais	ouvre	
ouvris	ouvriras	ouvrirais	ouvres	ouvre
ouvrit	ouvrira	ouvrirait	ouvre	
ouvrîmes	ouvrirons	ouvririons	ouvrions	ouvrons
ouvrîtes	ouvrirez	ouvririez	ouvriez	ouvrez
ouvrirent	ouvriront	ouvriraient	ouvrent	
plus	plairai	plairais	plaise	
plus	plairas	plairais	plaises	plais
plut	plaira	plairait	plaise	
plûmes	plairons	plairions	plaisions	plaisons
plûtes	plairez	plairiez	plaisiez	plaisez
plurent	plairont	plairaient	plaisent	
il plut	il pleuvra	il pleuvrait	il pleuve	
pus	pourrai	pourrais	puisse	
pus	pourras	pourrais	puisses	
put	pourra	pourrait	puisse	
pûmes	pourrons	pourrions	puissions	
pûtes	pourrez	pourriez	puissiez	
purent	pourront	pourraient	puissent	
pris	prendrai	prendrais	prenne	
pris	prendras	prendrais	prennes	prends
prit	prendra	prendrait	prenne	
prîmes	prendrons	prendrions	prenions	prenons
prîtes	prendrez	prendriez	preniez	prenez
prirent	prendront	prendraient	prennent	

| VERB | INDICATIVE | | |
	PRESENT	PASSÉ COMPOSÉ	IMPERFECT
recevoir[12] *(to receive)* recevant reçu	reçois reçois reçoit recevons recevez reçoivent	ai reçu as reçu a reçu avons reçu avez reçu ont reçu	recevais recevais recevait recevions receviez recevaient
rire *(to laugh)* riant ri	ris ris rit rions riez rient	ai ri as ri a ri avons ri avez ri ont ri	riais riais riait riions riiez riaient
savoir *(to know)* sachant su	sais sais sait savons savez savent	ai su as su a su avons su avez su ont su	savais savais savait savions saviez savaient
suivre *(to follow)* suivant suivi	suis suis suit suivons suivez suivent	ai suivi as suivi a suivi avons suivi avez suivi ont suivi	suivais suivais suivait suivions suiviez suivaient
tenir *(to hold, to keep)* tenant tenu	tiens tiens tient tenons tenez tiennent	ai tenu as tenu a tenu avons tenu avez tenu ont tenu	tenais tenais tenait tenions teniez tenaient
valoir *(to be worth)* valant valu	vaux vaux vaut valons valez valent	ai valu as valu a valu avons valu avez valu ont valu	valais valais valait valions valiez valaient

[12]Verbs like **recevoir: apercevoir, s'apercevoir de, décevoir**

PASSÉ SIMPLE	FUTURE	CONDITIONAL PRESENT	SUBJUNCTIVE PRESENT	IMPERATIVE
reçus	recevrai	recevrais	reçoive	
reçus	recevras	recevrais	reçoives	reçois
reçut	recevra	recevrait	reçoive	
reçûmes	recevrons	recevrions	recevions	recevons
reçûtes	recevrez	recevriez	receviez	recevez
reçurent	recevront	recevraient	reçoivent	
ris	rirai	rirais	rie	
ris	riras	rirais	ries	ris
rit	rira	rirait	rie	
rîmes	rirons	ririons	riions	rions
rîtes	rirez	ririez	riiez	riez
rirent	riront	riraient	rient	
sus	saurai	saurais	sache	
sus	sauras	saurais	saches	sache
sut	saura	saurait	sache	
sûmes	saurons	saurions	sachions	sachons
sûtes	saurez	sauriez	sachiez	sachez
surent	sauront	sauraient	sachent	
suivis	suivrai	suivrais	suive	
suivis	suivras	suivrais	suives	suis
suivit	suivra	suivrait	suive	
suivîmes	suivrons	suivrions	suivions	suivons
suivîtes	suivrez	suivriez	suiviez	suivez
suivirent	suivront	suivraient	suivent	
tins	tiendrai	tiendrais	tienne	
tins	tiendras	tiendrais	tiennes	tiens
tint	tiendra	tiendrait	tienne	
tînmes	tiendrons	tiendrions	tenions	tenons
tîntes	tiendrez	tiendriez	teniez	tenez
tinrent	tiendront	tiendraient	tiennent	
valus	vaudrai	vaudrais	vaille	
valus	vaudras	vaudrais	vailles	vaux
valut	vaudra	vaudrait	vaille	
valûmes	vaudrons	vaudrions	valions	valons
valûtes	vaudrez	vaudriez	valiez	valez
valurent	vaudront	vaudraient	vaillent	

VERB	INDICATIVE		
	PRESENT	PASSÉ COMPOSÉ	IMPERFECT
venir[13]	viens	suis venu(e)	venais
(*to come*)	viens	es venu(e)	venais
venant	vient	est venu(e)	venait
venu	venons	sommes venu(e)s	venions
	venez	êtes venu(e)(s)	veniez
	viennent	sont venu(e)s	venaient
vivre	vis	ai vécu	vivais
(*to live*)	vis	as vécu	vivais
vivant	vit	a vécu	vivait
vécu	vivons	avons vécu	vivions
	vivez	avez vécu	viviez
	vivent	ont vécu	vivaient
voir	vois	ai vu	voyais
(*to see*)	vois	as vu	voyais
voyant	voit	a vu	voyait
vu	voyons	avons vu	voyions
	voyez	avez vu	voyiez
	voient	ont vu	voyaient
vouloir	veux	ai voulu	voulais
(*to wish*,	veux	as voulu	voulais
to want)	veut	a voulu	voulait
voulant	voulons	avons voulu	voulions
voulu	voulez	avez voulu	vouliez
	veulent	ont voulu	voulaient

6. *-er* Verbs with Spelling Changes

Certain verbs ending in **-er** require spelling changes. Models for each kind of change are listed here. Stem changes are in boldface type.

commencer[14]	commence	ai commencé	**commençais**
(*to begin*)	commences	as commencé	**commençais**
commençant	commence	a commencé	**commençait**
commencé	**commençons**	avons commencé	commencions
	commencez	avez commencé	commenciez
	commencent	ont commencé	**commençaient**

[13]Verbs like **venir: devenir** (elle est devenue), **revenir** (elle est revenue), **maintenir** (elle a maintenu), **obtenir** (elle a obtenu), **se souvenir de** (elle s'est souvenue de...)
[14]Verbs like **commencer: dénoncer, divorcer, menacer, placer, prononcer, remplacer, tracer**

PASSÉ SIMPLE	FUTURE	CONDITIONAL PRESENT	SUBJUNCTIVE PRESENT	IMPERATIVE
vins	viendrai	viendrais	vienne	
vins	viendras	viendrais	viennes	viens
vint	viendra	viendrait	vienne	
vînmes	viendrons	viendrions	venions	venons
vîntes	viendrez	viendriez	veniez	venez
vinrent	viendront	viendraient	viennent	
vécus	vivrai	vivrais	vive	
vécus	vivras	vivrais	vives	vis
vécut	vivra	vivrait	vive	
vécûmes	vivrons	vivrions	vivions	vivons
vécûtes	vivrez	vivriez	viviez	vivez
vécurent	vivront	vivraient	vivent	
vis	verrai	verrais	voie	
vis	verras	verrais	voies	vois
vit	verra	verrait	voie	
vîmes	verrons	verrions	voyions	voyons
vîtes	verrez	verriez	voyiez	voyez
virent	verront	verraient	voient	
voulus	voudrai	voudrais	veuille	
voulus	voudras	voudrais	veuilles	veuille
voulut	voudra	voudrait	veuille	
voulûmes	voudrons	voudrions	voulions	veuillons
voulûtes	voudrez	voudriez	vouliez	veuillez
voulurent	voudront	voudraient	veuillent	

PASSÉ SIMPLE	FUTURE	CONDITIONAL PRESENT	SUBJUNCTIVE PRESENT	IMPERATIVE
commençai	commencerai	commencerais	commence	
commenças	commenceras	commencerais	commences	commence
commença	commencera	commencerait	commence	
commençâmes	commencerons	commencerions	commencions	**commençons**
commençâtes	commencerez	commenceriez	commenciez	commencez
commencèrent	commenceront	commenceraient	commencent	

VERB	INDICATIVE		
	PRESENT	**PASSÉ COMPOSÉ**	**IMPERFECT**
manger[15]	mange	ai mangé	**mangeais**
(*to eat*)	manges	as mangé	**mangeais**
mangeant	mange	a mangé	**mangeait**
mangé	**mangeons**	avons mangé	mangions
	mangez	avez mangé	mangiez
	mangent	ont mangé	**mangeaient**
appeler[16]	**appelle**	ai appelé	appelais
(*to call*)	**appelles**	as appelé	appelais
appelant	**appelle**	a appelé	appelait
appelé	appelons	avons appelé	appelions
	appelez	avez appelé	appeliez
	appellent	ont appelé	appelaient
essayer[17]	**essaie**	ai essayé	essayais
(*to try*)	**essaies**	as essayé	essayais
essayant	**essaie**	a essayé	essayait
essayé	essayons	avons essayé	essayions
	essayez	avez essayé	essayiez
	essaient	ont essayé	essayaient
acheter[18]	**achète**	ai acheté	achetais
(*to buy*)	**achètes**	as acheté	achetais
achetant	**achète**	a acheté	achetait
acheté	achetons	avons acheté	achetions
	achetez	avez acheté	achetiez
	achètent	ont acheté	achetaient
préférer[19]	**préfère**	ai préféré	préférais
(*to prefer*)	**préfères**	as préféré	préférais
préférant	**préfère**	a préféré	préférait
préféré	préférons	avons préféré	préférions
	préférez	avez préféré	préfériez
	préfèrent	ont préféré	préféraient

[15]Verbs like **manger: bouger, changer, dégager, engager, exiger, juger, loger, mélanger, nager, obliger, partager, voyager**
[16]Verbs like **appeler: épeler, jeter, projeter, (se) rappeler**
[17]Verbs like **essayer: employer, (s') ennuyer, nettoyer, payer**
[18]Verbs like **acheter: achever, amener, emmener, (se) lever, (se) promener**
[19]Verbs like **préférer: célébrer, considérer, espérer, (s') inquiéter, pénétrer, posséder, répéter, révéler, suggérer**

PASSÉ SIMPLE	FUTURE	CONDITIONAL PRESENT	SUBJUNCTIVE PRESENT	IMPERATIVE
mangeai	mangerai	mangerais	mange	
mangeas	mangeras	mangerais	manges	mange
mangea	mangera	mangerait	mange	
mangeâmes	mangerons	mangerions	mangions	**mangeons**
mangeâtes	mangerez	mangeriez	mangiez	mangez
mangèrent	mangeront	mangeraient	mangent	
appelai	**appellerai**	**appellerais**	**appelle**	
appelas	**appelleras**	**appellerais**	**appelles**	**appelle**
appela	**appellera**	**appellerait**	**appelle**	
appelâmes	**appellerons**	**appellerions**	appelions	appelons
appelâtes	**appellerez**	**appelleriez**	appeliez	appelez
appelèrent	**appelleront**	**appelleraient**	**appellent**	
essayai	**essaierai**	**essaierais**	**essaie**	
essayas	**essaieras**	**essaierais**	**essaies**	**essaie**
essaya	**essaiera**	**essaierait**	**essaie**	
essayâmes	**essaierons**	**essaierions**	essayions	essayons
essayâtes	**essaierez**	**essaieriez**	essayiez	essayez
essayèrent	**essaieront**	**essaieraient**	**essaient**	
achetai	**achèterai**	**achèterais**	**achète**	
achetas	**achèteras**	**achèterais**	**achètes**	**achète**
acheta	**achètera**	**achèterait**	**achète**	
achetâmes	**achèterons**	**achèterions**	achetions	achetons
achetâtes	**achèterez**	**achèteriez**	achetiez	achetez
achetèrent	**achèteront**	**achèteraient**	**achètent**	
préférai	préférerai	préférerais	**préfère**	
préféras	préféreras	préférerais	**préfères**	**préfère**
préféra	préférera	préférerait	**préfère**	
préférâmes	préférerons	préférerions	préférions	préférons
préférâtes	préférerez	préféreriez	préfériez	préférez
préférèrent	préféreront	préféreraient	**préfèrent**	

Translations of Functional Mini-dialogues

1. Identifying People and Things: Articles and Nouns

In the University District

Alex, an American student, is visiting the university with Mireille, a French student. MIREILLE: There are the library, the bookstore, and the student cafeteria. ALEX: Is there also a café? MIREILLE: Yes, of course; here's the café. It's the center of university life! ALEX: Is it ever! There are twenty or thirty people here, and only one student in the library!

2. Expressing Quantity: Plural Articles and Nouns

An Eccentric Professor

THE PROFESSOR: Here is the grading system: zero [points] for imbeciles, four for mediocre students, eight for geniuses, and ten for the professor. Are there any questions?

3. Expressing Actions: -er Verbs

Meeting of Friends at the Sorbonne

XAVIER: Hi, Françoise! Are you visiting the university? FRANÇOISE: Yes, we're admiring the library right now. This is Paul, from New York, and Mireille, a friend [of mine]. XAVIER: Hello, Paul. Do you speak French? PAUL: Yes, a little bit. XAVIER: Hello, Mireille. Are you a student here? MIREILLE: Oh, no. I work in the library.

4. Expressing Disagreement: Negation Using *ne...pas*

The End of a Friendship?

BERNARD: Things aren't great with Martine [and me]. She likes to dance, I don't like dancing. I like to go skiing, and she doesn't like sports. She's studying biology, and I don't like science . . .

MARTINE: Things aren't great with Bernard [and me]. He doesn't like to dance, I like dancing. I don't like skiing, and he likes sports. He's a humanities student, and I don't like literature . . .

5. Identifying People and Things: *The Verb être*

Fabrice's Genius

FABRICE: Well, I'm ready to work! MARTINE: Me too, but where are the books and the dictionary? FABRICE: Um . . . oh yeah, look, there they are. The dictionary is under the hat and the notebooks are on top of the jacket. Now we're ready. MARTINE: You know, Fabrice, you do very well in literature, but as far as organization is concerned, you're a zero! FABRICE: Maybe, but chaos is a sign of genius!

6. Describing People and Things: Descriptive Adjectives

Computerized Dating Services

He is [should be] sociable, charming, serious, good-looking, idealistic, athletic . . . She is [should be] sociable, charming, serious, good-looking, idealistic, athletic . . . [COMPUTER]: They're hard to please!

7. Getting Information: *Yes/No Questions*

A Discussion Between Friends

TOURIST: Is this an accident? POLICE OFFICER: No, it's not an accident. TOURIST: Is it a demonstration? POLICE OFFICER: Of course not! TOURIST: So it's a fight? POLICE OFFICER: Not really. It's an animated discussion between friends.

8. Mentioning a Specific Place or Person: The Prepositions *à* and *de*

Arnaud and Delphine, Two Typical French Students

They live in the dormitory. They eat in the cafeteria. They play volleyball in the gym. On the weekend, they play cards with friends. They like talking about professors, the English exam, French literature class, and university life.

9. Expressing Actions: *-ir* Verbs

Down with Term Papers!

Khaled and Naima have term papers in history. KHALED: Which topic are you choosing? NAIMA: I don't know, I'm thinking it over. OK, I'm choosing the first topic—Napoleon's empire. (*Two days later.*) KHALED: Well, are you ready? NAIMA: Wait, I'm finishing up my conclusion, and then I'm coming. And if I manage to get 15 out of 20, we'll have a party!

10. Expressing Possession and Sensations: The Verb *avoir*

Roommates

JEAN-PIERRE: You have a very pleasant room, and it seems quiet . . . FLORENCE: Yes. I need lots of quiet in order to work. JEAN-PIERRE: Do you have a nice roommate? FLORENCE: Yes, we're lucky: we both like tennis, quiet . . . and messiness!

11. Expressing the Absence of Something: Indefinite Articles in Negative Sentences

Student Comfort

NATHALIE: Where is the toilet? ANNE: Sorry, I don't have a toilet in my room. It's in the hallway. NATHALIE: But do you have a shower? ANNE: No; no toilet, no shower, but I do have a little kitchenette and . . . NATHALIE: And a TV? ANNE: No, there's no TV, but I do have a stereo.

12. Getting Information: *où, quand, comment, pourquoi,* etc.

Room for Rent

MME GÉRARD: Hello, miss. What's your name? AUDREY: Audrey Delorme. MME GÉRARD: Are you a student? AUDREY: Yes. MME GÉRARD: Where do you go to school? AUDREY: At the Sorbonne. MME GÉRARD: That's very good. And what are you studying? AUDREY: Philosophy. MME GÉRARD: Oh, that's serious. How many hours of class do you have? AUDREY: 21 hours per week. MME GÉRARD: So you need an inexpensive room? AUDREY: Yes, that's right. When will the room be available? MME GÉRARD: Today. It's yours.

13. Expressing Possession: *mon, ton,* etc.

The House as a Reflection of Social Standing

Marc, a student at the Sorbonne, is taking a brief tour of Paris and the suburbs with his Vietnamese friend Thuy. While driving, he points out the different kinds of housing to Thuy. My brother-in-law has a lot of money. There's his villa; it's great, isn't it? Our house is small, but comfortable; my family is pretty happy. Out here in the suburbs you see the big housing projects where families of workers and immigrants mostly live. Their buildings are called HLMs.

14. Talking About Your Plans and Destinations: The Verb *aller*

A Model Father

SIMON: Are we playing tennis this afternoon? STÉPHANE: No, I'm going to the zoo with Céline. SIMON: So [how about] tomorrow? STÉPHANE: I'm sorry, but tomorrow I'm going to take Sébastien to the dentist. SIMON: What a model father [you are]!

15. Expressing What You Are Doing or Making: The Verb *faire*

A Question of Organization

SANDRINE: Do you and your roommate eat in the cafeteria? MARION: No, Candice and I are very organized. She does the shopping and I cook. SANDRINE: And who does the dishes? MARION: The dishwasher, of course!

16. Expressing Actions: *-re* Verbs

Beauregard at the Restaurant

JILL: Do you hear that? GÉRARD: No. What's the matter? JILL: I hear a noise under the table. GENEVIÉVE: Oh, that! That's Beauregard . . . He's waiting for the chicken . . . and he doesn't like waiting . . .

17. Talking About Food and Drink: *-re* Verbs: *prendre* and *boire*

At the Restaurant

WAITER: What will you have, sir? Ma'am? JEAN-MICHEL: We'll have the chicken with cream and the vegetables. WAITER: And what will you have to drink? JEAN-MICHEL: I'll have a beer, and for the lady, a bottle of mineral water, please.

18. Expressing Quantity: Partitive Articles

No Dessert

JULIEN: What are we having to eat today, mommy? MME TESSIER: There's chicken with potatoes. JULIEN: And the chocolate mousse in the fridge, is it for lunch today? MME TESSIER: No, no; the mousse is for this evening. For lunch, there is fruit or coffee ice cream. JULIEN: I don't like ice cream and I don't like fruit! But I love mousse! MME TESSIER: The answer is no!

19. Giving Commands: The Imperative

The Enemy of a Good Meal

FRANÇOIS: Martine, pass me the salt, please . . . [*Martine passes the salad to François.*] FRANÇOIS: No, come on! Use your ears a little . . . I asked you for the salt! MARTINE: François, be a dear—don't talk so loud. I can't hear the television . . .

20. Pointing Out People and Things: Demonstrative Adjectives

A Dinner with Friends

BRUNO: This roast beef is really delicious! ANNE: Thank you. BRUNO: Can I try a little more of that sauce? ANNE: But of course. MARIE: These green beans, mmm! Where do you do your shopping? ANNE: Rue Contrescarpe. MARIE: Me too. I just love that street, that village-like feeling, those little shops . . .

21. Expressing Desire, Ability, and Obligation: The Verbs *vouloir*, *pouvoir*, and *devoir*

Le Procope

MARIE-FRANCE: Would you like some coffee? CAROLE: No, thanks, I can't drink coffee. I have to be careful. I have an exam today. If I drink coffee, I'll be too nervous. PATRICK: I only drink coffee on the days when I have exams. It inspires me, the way it inspired Voltaire!

22. Asking About Choices: The Interrogative Adjective *quel*

Henri Lefèvre, Restaurant Owner in Albertville

Dan Bartell, an American journalist, asks Henri Lefèvre some questions. DAN BARTELL: What is the main difference between traditional cooking and the *nouvelle cuisine*? HENRI LEFÈVRE: The sauces, my friend, the sauces. DAN BARTELL: And which sauces do you make? HENRI LEFÈVRE: I really like to make the traditional sauces like *bordelaise* and *beurre blanc* [white butter]. DAN BARTELL: Which wines do you buy for your restaurant? HENRI LEFÈVRE: I buy mostly red wines from Burgundy and white wines from Anjou.

23. Describing People and Things: The Placement of Adjectives

A New Restaurant

CHLOË: There's a new restaurant in the neighborhood. VINCENT: Great! Where? CHLOË: Next to the little grocery store. It's called "The Good Old Days." VINCENT: That's a nice name. Let's go there Saturday night. CHLOË: Good idea!

24. Expressing Actions: *dormir* and Similar Verbs; *venir*

The Joy of Nature

STÉPHANE: Where are you going on vacation this summer? ANNE-LAURE: This year we're going to Martinique. We're going to camp in a little village 30 kilometers from Fort-de-France. We'll drink *ti'punch*, go out every night, and sunbathe by the coconut trees. A dream, huh? Come with us. We're leaving August 2. STÉPHANE: No thanks, the sea is not for me. Smelling fish, sleeping with mosquitoes, no way! ROMAIN: You never change, that's for sure. The gentleman needs his creature comforts! Too bad for you! We just love sleeping in the open, feeling the sea breeze, and admiring the stars.

25. Talking About the Past: The *passé composé* with *avoir*

At the Hotel

GUEST: Good morning, ma'am. I made a reservation for a room for two people. EMPLOYÉE: Your name, please? GUEST: Bernard Meunier. EMPLOYÉE: Hmm . . . yes, Room 12, on the ground floor. You asked for a room with a view of the sea, is that right? GUEST: Yes, that's right. EMPLOYÉE: All right, then, please fill out this card.

26. Expressing How Long: *depuis, pendant, il y a*

A Question of Practice

MONIQUE: How long have you been entering competitions? FRANÇOISE: Since 1985. How about you: how long have you been windsurfing? MONIQUE: Only for the last two weeks! FRANÇOISE: I started eight years ago. Ever since I started windsurfing, I've been spending my vacations at the beach. MONIQUE: It's hard, but it's fabulous. Yesterday I was able to stay on the board for four minutes.

27. Expressing Location: Using Prepositions with Geographical Names

Bruno in the Congo

Bruno is on vacation in the Congo. He has met Kofi. KOFI: Where in France do you come from? BRUNO: From Marseille. KOFI: It must be beautiful there! Tell me, do you have plans for future vacations? BRUNO: Yeah, lots. First, I'm going to Mexico next year with my girlfriend. And in the future I want to go to Russia, Quebec, Senegal, and also Asia. KOFI: Which town would you like to live in? BRUNO: Verona, in Italy, so I could find my Juliet.

28. Expressing Observations and Beliefs: *voir* and *croire*

Where Are the Keys?

MICHAËL: I think I've lost the car keys. VIRGINIE: What? They must be at the restaurant. MICHAËL: You think so? VIRGINIE: I'm not sure, but we can go check. (*At the restaurant.*) MICHAËL: You're right. They're over there on the table. I see them. VIRGINIE: Whew! Well, what do you want to do now? MICHAËL: Let's go see the pyramid at the Louvre.

29. Talking About the Past: The *passé composé* with *être*

Sunday Morning Explanations

MME FERRY: I would really like to know where you went last night! And what time did you get home? STEPHANIE: Not late, mom. I went out with some friends. We went to have a drink at Laurent's, we stayed there about an hour, then we left to go to the movies. I got back to the house right after the movie. MME FERRY: Are you sure? Because your father got back from the soccer game at 11 and didn't see the car in the garage . . .

30. Expressing Wishes and Polite Requests: The Present Conditional

A Weekend in London

JULIE: Would you have some good fares to London right now? AGENT: You're in luck! We have a flight with a promotional fare of 550 francs round-trip. JULIE: Great! And could you reserve a hotel room for me from September 3 to September 7? AGENT: No problem! In what part of London would you like to be? JULIE: I'd like to find a hotel, not too expensive, near Hyde Park.

31. Expressing Negation: Affirmative and Negative Adverbs

The Super-train (TGV)

PATRICIA: Have you taken the TGV yet? FRÉDÉRIC: No, not yet, but I've reserved a seat for next Saturday. I'm going to see my parents in Brittany. PATRICIA: Do you always have to make an advance reservation for the TGV? FRÉDÉRIC: Yes, it's required. I don't like that system at all, because I hate to look ahead; I like to leave at the last minute, I never make plans, and I've never kept an appointment book.

32. Expressing Negation: Affirmative and Negative Pronouns

Coin-operated Luggage Lockers

SERGE: Is there something wrong? JEAN-PIERRE: Yes, I'm having trouble with the locker. It doesn't work. SERGE: Oh, that! There's nothing more annoying [than that]! JEAN-PIERRE: Everyone always seems to find a locker that works, except me. SERGE: Look, someone is taking their luggage out of one of the lockers. There, you can be sure that one works. JEAN-PIERRE: Excellent idea!

33. Describing the Past: The *imparfait*

Poor Grandmother!

MME CHABOT: You see, when I was little, television didn't exist. CLÉMENT: So what did you do in the evenings? MME CHABOT: Well, we read, we chatted; our parents told us stories . . . CLÉMENT: Poor Grandmother, it must have been sad not to be able to watch *Santa Barbara* at night . . .

34. Speaking Succinctly: Direct Object Pronouns

The Cossecs Are Moving

THIERRY: What should we do with the TV? MARYSE: We're going to give it to your sister. THIERRY: Okay. And all our books? MARYSE: We're going to send them by mail. They have a special book rate. THIERRY: You're right. I didn't want to throw them away. And are we going to sell the minitel? MARYSE: Of course not! You *know* that we rent it from the phone company. We have to return it before the end of the month.

35. Talking About the Past: Agreement of the Past Participle

Opinion of an American TV Viewer in France

REPORTER: Have you watched French television yet? AMERICAN: Yes, I watched it last night. REPORTER: Which shows did you like best? AMERICAN: That's hard to say . . . REPORTER: Don't you think it's very different from American TV? AMERICAN: Well . . . the programs I saw are rather similar . . . *Santa Barbara*, *The Simpsons* . . . That is, sure, they're different: they're in French!

36. Speaking Succinctly: Indirect Object Pronouns

Journalists for the Canard?

RÉGIS: Did you write to the journalists at the *Canard Enchaîné*? NICOLE: Yes, I wrote to them. RÉGIS: Have they answered you? NICOLE: Yes, they made an appointment with us for tomorrow. RÉGIS: Did they like our political cartoons? NICOLE: They haven't said anything to me [about that] yet: we'll see tomorrow!

37. Describing Past Events: The *passé composé* versus the *imparfait*

Casablanca

ALAIN: So, are you going to tell us about your vacation in Morocco? SYLVIE: Well, I left Paris July 23. The weather was terrible: it was cold and raining. Awful! But when I arrived in Casablanca, the sky was bright blue, the sun was shining, the sea was warm . . . REMI: Did you like the city? SYLVIE: Yes, a lot. But I wanted to visit a mosque and I couldn't get in. ALAIN: Why? SYLVIE: It was my fault, because I was wearing a miniskirt.

38. Speaking Succinctly: The Pronouns y and *en*

Paris, City of Love

MIREILLE: Have you gone to the Parc Montsouris yet? FABIENNE: No, not yet, but I'm going there Saturday with Vincent. MIREILLE: Vincent? Tell me, how many boyfriends do you have? FABIENNE: Right now I have two. But I'm going to break up with Jean-Marc soon. MIREILLE: Have you talked to Jean-Marc about it? FABIENNE: No, not yet. I'm thinking about it, but I'm a bit afraid of how he'll react.

39. Saying What and Whom You Know: *savoir* and *connaître*

Labyrinth

MARCEL: Taxi! Are you familiar with Vaucouleurs Street? TAXI DRIVER: Of course I know where it is! I know Paris like the back of my hand [literally, pocket]! MARCEL: I don't know how you do it. I got lost yesterday in the Île de la Cité. TAXI DRIVER: I know my job; and besides, you know, with a map of Paris it's not that hard!

40. Emphasizing and Clarifying: Stressed Pronouns

Artistic Visits

David is visiting Paris with his parents and his brother. He's telling Geraldine, a Parisian friend, about their activities. GERALDINE: David, did you go to the Louvre? DAVID: No, it's too big for me. I prefer the Picasso Museum. GERALDINE: Me, too! But did your parents visit the Louvre? DAVID: Them? Yes, they went there several times. But my brother prefers visiting the shops and discos.

41. Expressing Actions: Pronominal Verbs

A Meeting

DENIS: Madeleine! How are you? VÉRONIQUE: You're making a mistake. My name is not Madeleine. DENIS: I'm sorry. I wonder . . . haven't I met you before . . . ? VÉRONIQUE: I don't remember having met you. But that doesn't matter . . . my name is Véronique. What's your name?

42. Speaking Succinctly: Using Double Object Pronouns

An Artistic Temperament

Maryse wants a box of paints. MARYSE: Go on, Mommy, buy it for me! MOTHER: Listen to me carefully! I can't give it to you. I don't have any more money. MARYSE: Ask Daddy for some! MOTHER: All right, all right. I'll go talk to him about it. But don't *you* say anything to him, swear it! MARYSE: I swear it!

43. Saying How to Do Something: Adverbs

Provence

ANNE-LAURE: Tomorrow I'm leaving for Provence. I'm going to make a quick visit to Renoir's house at Cagnes, then to the Matisse Museum at Nice, to the Picasso Museum at Antibes . . . SYLVAIN: Do you travel constantly? ANNE-LAURE: No, not really, but I absolutely want to go to Provence because many French painters lived there. SYLVAIN: And now, what are you doing? ANNE-LAURE: I'm going to see Monet's house at Giverny, in the suburbs of Paris. SYLVAIN: Tell me frankly: aside from painting, what interests you? ANNE-LAURE: Classical music . . . I like Wagner a lot.

44. Reporting Everyday Events: Pronominal Verbs (*continued*)

An Encounter

LAURENT: Are you leaving? PAULINE: Yes, it's nice out and I'm bored here. I'm going to take a walk along the lake. Will you come along? LAURENT: No, I can't, I have a lot of work. PAULINE: Oh, you're making too much of it. Come on, we'll go have some fun! LAURENT: Some other time. If I stop now, I won't have the courage to finish up later.

45. Expressing Reciprocal Actions: Pronominal Verbs

The Ideal Couple

THIERRY: You see, for me the ideal couple is Jacquot and Patricia. CHANTAL: Why do you say that? THIERRY: Because they both love each other. Every time I see them they gaze at each other lovingly, they kiss, and they say sweet things to each other. They have known each other for ten years and I've never seen them argue.

46. Talking About the Past and Giving Commands: Pronominal Verbs

A Love Match

MARTINE: Tell me, Denis, how did you meet each other? DENIS: We saw each other for the first time in Concarneau. VÉRONIQUE: Remember? It was raining, you came into the boutique where I worked and . . . DENIS: And it was love at first sight! We got married that same year.

47. Making Comparisons: Comparative and Superlative of Adjectives

Shopping

Laurence and Franck, newlyweds, are going shopping together for the first time. LAURENCE: Where are we going to shop? FRANCK: At the Miniprix, of course! It's less expensive and cleaner than Trouvetout. LAURENCE: I hate big discount chains. I prefer to go to the little grocer on Rue Leclerc. The products are more expensive, I agree, but they're fresher. And then it's also more practical: you don't need to take the car. As for friendly service, this grocer is the best in the neighborhood. FRANCK: I agree, sweetheart, but right now the most important thing is to save money.

48. Talking About the Future: The Future Tense

His Future

FATHER: He'll be a writer, he'll write novels, and we'll be famous. MOTHER: He'll be a businessman, he'll be the head of a company, and we'll be rich. CHILD: We'll see . . . I'll do what I can.

49. Linking Ideas: Relative Pronouns

Interviewing the Head of a Business

JOURNALIST: And why do you say that you studied for three years in vain? GENEVIÉVE: Well, because all that time, it was making jewelry that interested me. JOURNALIST: The jewelry you create is made out of natural materials? GENEVIÉVE: Yes. I also design costume jewelry, for magazines, that people can make at home. JOURNALIST: Now, your business makes thousands of pieces of jewelry, three quarters of which go to Japan? GENEVIÉVE: Yes, and I have loads of new projects!

50. Getting Information: Interrogative Pronouns

At the Rugby Game

BILL: What are they trying to do? JEAN-PAUL: Well, they're trying to get the ball behind the goal line of the other team. BILL: Yes, I know, but what are they doing right now? JEAN-PAUL: This is called a scrummage. BILL: And what's a scrummage? JEAN-PAUL: That's when several players from each team are clustered around the ball. You see, one of the players got it. BILL: Which one? JEAN-PAUL: Philippot. BILL: What's keeping him from throwing it toward the goal? JEAN-PAUL: The rules of the game, pal! This is rugby; it's not American football.

51. Being Polite; Speculating: The Present Conditional

Oh, if I Were Rich . . .

FRANÇOIS: What would you do if you won the lottery? VINCENT: Me? I'd buy an old neighborhood movie theater. I would choose all the films I like and all my friends could get in for free. CHLOË: If I had enough money, I'd settle in the south of France and would spend the rest of my days painting. I'd have a big house, and you could both come and see me every weekend.

52. Expressing Actions: Prepositions After Verbs

Going out to the Cabaret

CORINNE: Tonight we've decided to take you to the Contrescarpe cabaret in Montmartre. CHUCK: What is a cabaret? JACQUES: A cabaret is a kind of café where you can listen to ballads and satirical songs . . . CORINNE: Do you know Georges Brassens, Jacques Brel, Barbara? JACQUES: It's because of the cabarets that they were able to make a name for themselves.

53. Making Comparisons: Adverbs and Nouns

Jazz

JENNIFER: Do you often go to night clubs on the weekends? BRUNO: No, I go to jazz bars more often than night clubs. There aren't as many people and I like the music better. JENNIFER: I love jazz, too. I have more records of Duke Ellington than of Madonna. But jazz . . . I listen to it more often at my place. When I go to a night club, it's to dance, and also because there's more atmosphere.

54. Expressing Attitudes: Regular Subjunctive Verbs

Vote for Françoise!

FRANÇOISE: So, you want me to run for the university council! SIMON: Yes, we wish the council would get over its inertia and that the delegates would realize what their political responsibilities are. FRANÇOISE: But I already ran without any luck last year. LUC: This year, Françoise, we want you to win. And we'll support you to the end.

55. Expressing Attitudes: Irregular Subjunctive Verbs

Former Minister of Women's Rights

JOURNALIST: They call you "the minister who made waves." Why is that? YVETTE ROUDY: That's because, when I was minister, I initiated a lot of campaigns for women's rights: ■ for birth control: I wanted women to be properly informed ■ against sexism: We didn't want advertising to be able to exploit the female body ■ for the feminization of professional titles: We didn't want there to be female careers and male careers, but careers for everyone! ■ for career counseling and training for women: We wanted women to know how to prepare for the careers of the future.

56. Expressing Wishes, Necessity, and Possibility: The Subjunctive

The Draft or Voluntary Military Service?

PATRICK FAURE (22): In my opinion, the draft is an anachronism in the nuclear age. GÉRARD BOURRELLY (36): It's possible that young people will become more interested in military service if it gives them professional training. FRANCIS CRÉPIN (25): We have to do away with the draft and set up a career army. CHARLES PALLANCA (18): But if I were a volunteer, I would insist that the salary be at least 5,000 francs a month!

57. Expressing Emotion: The Subjunctive

A United Europe

Several French people are expressing their opinions about the political and economic unification of Europe. JEAN-PIERRE (35): I'm glad that France is saying "yes" to Europe. ISABELLE (24): *We're* afraid the nationalists will become violent, like in Bosnia-Herzogovina. CLAUDE (40):

I'm sorry the Swiss don't want to be part of Europe.
NICOLE (30): I doubt whether Europe can settle the
problem of unemployment. MONIQUE (52): I'm furious that
the Americans put taxes on European agricultural
products.

58. Talking About Quantity: Indefinite Adjectives and Pronouns

A Vacation in Martinique

JULIEN: So, your vacation in Martinique? LAURENCE:
Everything went really well. We stayed for a few days in
the capital, Fort-de-France, then we relaxed on the beach.
You know, the people are very nice, but they all have an
accent that we had trouble understanding. We sometimes
had the impression that some of them didn't understand
us, either. FRANCK: And every time they said something, we
had to ask them to repeat it. It's funny: some words are the
same as ours, but others are completely different.

59. Expressing Doubt and Uncertainty: The Subjunctive

France and Africa

KOFI: Do you believe France should intervene militarily in
African countries where there are military problems?
KARIM: I'm not so sure that's a good solution. KOFI: Why?
KARIM: Because I don't think it can change the political
situation.

60. Expressing Subjective Viewpoints: Alternatives to the Subjunctive

The Antilles, Myth and Reality

FRANCINE: For me, the Antilles are coral reefs, pre-
Columbian archaeological sites, beaches of white sand . . .
SYLVAIN: Still, you have to know that we don't just have sun
to offer! VINCENT: Before you leave, you should visit a
banana plantation, a rum distillery, and our very modern
port. SYLVAIN: I hope you know that our standard of living
here in Martinique is the highest in the Caribbean . . .
FRANCINE: It's true, it's important to modernize. But I hope
you'll be able to safeguard the beauty of your country.

Appendix F

Answers to À l'écoute! Listening Comprehension Activities

Chapitre 1
1. c   2. a   3. d   4. b   5. e

Chapitre 2
Fatima—Tunisie—espagnol—cinéma
François—Canada (Québec)—philosophie—sport
Scott—Angleterre—sociologie—café

Chapitre 3
A.   Patrice is the person on the right.
B.   1. b   2. a   3. b   4. b   5. a   6. a

Chapitre 4
1. b, e, f
2. b, c, g, h

Chapitre 5
1. Gérard   2. Géraldine   3. Marie   4. Juliette
5. Laurence   6. Franck   7. Léa

Chapitre 6
A.   See map below.   B.   Answers will vary.

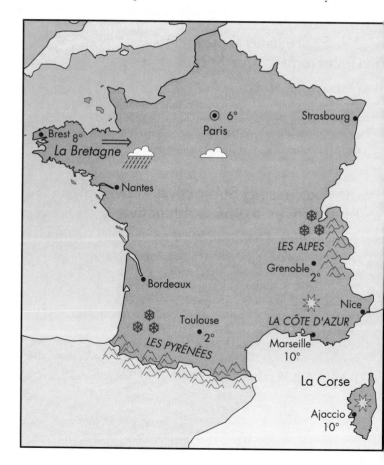

Chapitre 7
Partie I: A. 1. d 2. b 3. a 4. c
B. 3
Partie II: 1. a 2. b 3. b 4. a 5. a 6. a

Chapitre 8
Partie I: A. 1. V 2. F 3. V 4. F 5. F
  6. V
B. 1. J-Y 2. J-Y 3. J-Y 4. S 5. S 6. S
Partie II: 1. c 2. a 3. b 4. a

Chapitre 9
Partie I: 1. a 2. b 3. a 4. b 5. a 6. c
Partie II: A. a. 4 b. 10 c. 1 d. 8 e. 2
  f. 5 g. 3 h. 9 i. 7 j. 6
B. Il a oublié de faire le plein.

Chapitre 10
Partie I: A. 1. c 2. b 3. b
B. 1. F / F 2. F / V 3. F / V
Partie II: 1. V 2. V 3. F 4. F 5. F 6. V

Chapitre 11
Partie I: A. 1. a 2. b 3. a 4. b 5. b
B.

Partie II: 1. b 2. a 3. c 4. a 5. b 6. a
  7. b 8. a 9. c

Chapitre 12
Partie I: A. 1. F 2. V 3. V 4. F
  5. F 6. V
B. 1. c 2. b 3. c 4. a 5. c
Partie II: 1. V 2. F 3. F 4. V 5. F 6. V

Chapitre 13
A. 5 8 1 7 4 10 3 6 2 9
B. 1. V 2. F 3. F 4. V 5. F 6. V

Chapitre 14
A. 1. b 2. c 3. a
B. 1. b 2. b 3. b 4. b 5. a 6. c
C. 1. Annonce numéro 3 2. Annonce
  numéro 2 3. Annonce numéro 1

Chapitre 15
A. 1. b 2. c 3. a 4. b 5. c 6. b 7. a
B. 1. 1ère: français; 2ème: français; 3ème: américain
  2. 1ère: français; 2ème: espagnol; 3ème: italien

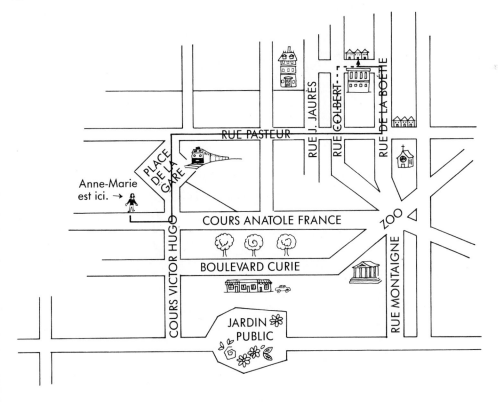

Chapitre 16

Partie I: A.   1. b   2. c,d,e   3. a,c   4. a
   5. a   6. b,c
B.   1, 2, 5
Partie II: A.   3, 6, 8, 9, 11, 12
B.   1. d   2. e   3. a   4. b   5. c

Chapitre 17

Partie I: A.   1. américain   2. la Normandie
   3. le Canada   4. la Louisiane   5. La Nouvelle-
   Orléans   6. canadien (*ou* québécois)   7. la
Bretagne   8. le Canada (*ou* l'Acadie)   9. l'état
de Maine   10. Québec
B.   1. V   2. V   3. F   Ils parlent anglais.   4. F
Ils sont les descendants des Canadiens-Français.
   5. V   6. V   7. V   8. V   9. F   Tout le monde
parle français chez lui.   10. F   Il n'a pas encore
visité la France.
Partie II: A.   1. Z   2. V   3. A   4. Z   5. A   6. V
B.   1. V   2. F   3. F   4. V   5. F

Chapitre 18

1. b   2. a   3. b   4. c   5. b   6. c   7. b   8. c

Lexiques

This end vocabulary provides contextual meanings of French words used in this text. It does *not* include proper nouns (unless presented as active vocabulary), abbreviations, exact cognates, most near cognates, past participles used as adjectives if the infinitive is listed, or regular adverbs formed from adjectives listed. Adjectives are listed in the masculine singular form; feminine endings or forms are included when irregular. An asterisk (*) indicates words beginning with an aspirate *h*. Active vocabulary is indicated by the number of the chapter in which it first appears.

Abbreviations

A. archaic
ab. abbreviation
adj. adjective
adv. adverb
art. article
conj. conjunction
fam. familiar or colloquial
f. feminine noun
Gram. grammatical term
indic. indicative (mood)

inf. infinitive
interj. interjection
interr. interrogative
inv. invariable
irreg. irregular
m. masculine noun
n. noun
neu. neuter
pl. plural
p.p. past participle

prep. preposition
pron. pronoun
Q. Quebec usage
s. singular
s.o. someone
s.th. something
subj. subjunctive
tr. fam. very colloquial, argot
v. verb

à *prep.* to; at; in (2)
abandonner to give up; to abandon; to desert
abats *m. pl.* giblets, offal
abolir to abolish (16)
abondant *adj.* abundant
s'abonner (à) to subscribe (to)
aboyer (il aboie) to bark (*dog*)
abri *m.* shelter; **à l'abri de** sheltered from; **les sans-abri** *m. pl.* the homeless
abricot *m.* apricot
abrupt *adj.* steep
absolu *adj.* absolute
Acadie *f.* Acadia (*Nova Scotia*) (17)
acadien(ne) *adj.* Acadian; **Acadien(ne)** *m., f.* Acadian (*person*) (17)
accéder (j'accède) to accede; to gain access
accent *m.* accent; **accent aigu (grave, circonflexe)** acute (grave, circumflex) accent
accentuer to accentuate, emphasize, stress
accepter (de) to accept; to agree to (15)
accès *m.* access
accident *m.* accident (16)

accompagner to accompany, go along with
accord *m.* agreement; **d'accord** all right, O.K.; agreed; **être d'accord** to agree, be in agreement; **se mettre d'accord** to reconcile, come to an agreement
accorder to grant, bestow, confer; **s'accorder** to be in agreement
accroissement *m.* growth
accroître (*like* **croître**) *irreg.* to increase, add to
accueil *m.* greeting, welcome
accueillant *adj.* hospitable, welcoming; appealing (17)
s'accumuler to accumulate, gather
accuser (de) to accuse (of)
achat *m.* purchase (8)
acheminement *m.* sending, forwarding, delivery
acheter (j'achète) to buy (6)
acquérir (*p.p.* **acquis**) *irreg.* to acquire, obtain
acrobatie *f.* acrobatics; **faire des acrobaties** to do stunts, acrobatics
acte *m.* act; law; certificate
acteur (actrice) *m., f.* actor (actress) (12)

actif/ive *adj.* active; working
action *f.* action; gesture; **jour** (*m.*) **de l'Action de Grâce** Thanksgiving Day (*U.S., Canada*)
actualité *f.* piece of news; present-day event
actuel(le) *adj.* present, current
actuellement *adv.* now, at the present time
adapter to adapt; **s'adapter à** to adapt oneself, get accustomed to
addition *f.* bill, check (*in a restaurant*) (7); addition
adieu *interj.* good-bye
adjectif *m., Gram.* adjective
admettre (*like* **mettre**) *irreg.* to admit, accept
administrateur/trice *m., f.* administrator
admirer to admire
adolescent(e) *m., f., adj.* adolescent, teenager
adorer to love, adore (2)
adresse *f.* address (10)
adroit *adj.* clever; dexterous
adulte *m., f.* adult; *adj.* adult
adversaire *m., f.* opponent, adversary

adverse *adj.* opposing; opposite

aéré *adj.* ventilated; light

aérien(ne) *adj.* aerial; by air; airline; **compagnie** (*f.*) **aérienne** airline

aérobic, aérobique *f.* aerobics (5); **faire de l'aérobic** to do aerobics (5)

aéroport *m.* airport (9)

affaire *f.* affair; business matter; *pl.* belongings; business (9); **avoir affaire à** to deal with; **classe** (*f.*) **affaires** business class (9); **homme (femme) d'affaires** *m., f.* businessman (woman)

affamé(e) *m., f.* starving person; *adj.* starving

affichage *m.* display; advertisement; **tableau** (*m.*) **d'affichage** schedule display board

affiche *f.* poster (4); billboard

affirmatif/ive *adj.* affirmative

affreux/euse *adj.* horrible, frightful (5)

afin de *prep.* to, in order to

âge *m.* age; years; epoch; **moyen âge** *m. s.* Middle Ages (12); **quel âge avez-vous?** how old are you?

âgé *adj.* aged; old; elderly

agence *f.* agency; **agence de voyages** travel agency

agencement *m.* arrangement; fitting out

agenda *m.* engagement book, pocket calendar

agent *m.* agent; **agent de police** police officer, policeman (woman) (14)

agglomération *f.* agglomeration, urban center

agir to act (4); **il s'agit de** it's about, it's a question of

agité *adj.* agitated, restless

agneau *m.* lamb; **côte** (*f.*) **d'agneau** lamb chop

agréable *adj.* agreeable, pleasant, nice (3)

agréer to accept, recognize; **veuillez agréer... l'expression de mes sentiments les meilleurs** very truly yours

agressif/ive *adj.* aggressive

agressivité *f.* aggressiveness

agricole *adj.* agricultural

agriculteur/trice *m., f.* farmer (14)

agrumes *m. pl.* citrus fruits

ah bon? ah oui? *interj.* really? (6)

aide *f.* help, assistance; **à l'aide de** with the help of

aider to help (14)

aigu *adj.* sharp, acute; **accent** (*m.*) **aigu** acute accent (é)

ailleurs *adv.* elsewhere; **d'ailleurs** *adv.* moreover; anyway; **nulle part ailleurs** nowhere else

aimable *adj.* likable, friendly

aimer to like; to love (2); **aimer bien** to like; **aimer mieux** to prefer (2); **j'aimerais** + *inf.* I would like (7); **je n'aime... pas du tout** I don't like . . . at all (6)

aîné(e) *m., f.* oldest sibling

ainsi *conj.* thus, so, such as; **ainsi que** *conj.* as well as, in the same way as; **et ainsi de suite** and so on

air *m.* air; look; tune; **avoir l'air (de)** to seem, look (like) (4); **de plein air** outdoor (15); **en plein air** outdoors, in the open air; **hôtesse** (*f.*) **de l'air** flight attendant, stewardess (9)

ajouté *adj.* added; **taxe** (*f.*) **à valeur ajoutée** value-added tax

ajouter to add

album *m.* (photo) album; picture book

alcoolisé *adj.* alcoholic

algèbre *f.* algebra

Algérie *f.* Algeria (8)

aliénant *adj.* alienating

aliment(s) *m.* food, nourishment

alimentaire *adj.* alimentary, pertaining to food

alimentation *f.* food, feeding, nourishment; **magasin** (*m.*) **d'alimentation** food store

alimenter to feed; to supply

Allemagne *f.* Germany (8)

allemand *adj.* German; *m.* German (*language*); **Allemand(e)** *m., f.* German (*person*) (2)

aller *irreg.* to go (5); **aller** + *inf.* to be going (*to do s.th.*) (5); **aller mal** to feel bad (5); **allez-vous-en!** go away! (13); **billet** (*m.*) **aller-retour** round-trip ticket; **ça va?** how's it going? (1); **ça va bien (mal)** fine (bad[ly]) (things are going well [badly]) (1); **comment allez-vous?** how are you? (1); **s'en aller** to go off, leave (13)

allô *interj.* hello (*phone greeting*) (10)

allocation *f.* allotment; pension; **allocations familiales** family subsidies

allongement *m.* lengthening, extension

allumette *f.* match, matchstick; **pommes** (*f. pl.*) **allumettes** shoestring potatoes

alors *adv.* so (3); then, in that case (5)

alpinisme *m.* mountaineering (8), mountain climbing; **faire de l'alpinisme** to go mountain climbing

alternance *f.* alternance; alternation

alternatif/ive *adj.* alternative; *f.* alternative

altruiste *adj.* altruistic

amande *f.* almond

amateur *m.* amateur; connoisseur; *adj.* amateur, nonprofessional

ambassade *f.* embassy

ambiance *f.* atmosphere, surroundings

ambitieux/ieuse *adj.* ambitious

âme *f.* soul; spirit

amélioration *f.* improvement

améliorer to improve, better

aménageable *adj.* suitable for improvement or conversion

aménagé *adj.* equipped, set up

amener (j'amène) to bring (*s.o. somewhere*) (17); to take

américain *adj.* American; **Américain(e)** *m., f.* American (*person*) (2)

américanophile *adj.* lover, partisan of the U.S.

ami(e) *m., f.* friend (2); **petit(e) ami(e)** *m., f.* boyfriend (girlfriend)

amical *adj.* friendly

amitié *f.* friendship

amour *m.* love (13)

amoureux/euse *adj.* loving, in love (13); *m., f.* lover, sweetheart (13), person in love; **tomber amoureux/euse (de)** to fall in love (with) (13); **vie** (*f.*) **amoureuse** love life

amphithéâtre (*fam.* **amphi**) *m.* lecture hall (2), amphitheater

amusant *adj.* amusing, fun (2)

amuser to entertain, amuse; **s'amuser (à)** to have fun, have a good time (12)

an *m.* year (8); **avoir (vingt) ans** to be (twenty) years old (4); **l'an dernier (passé)** last year; **par an** per year, each year

analyser to analyze

ananas *m.* pineapple

anarchiste *adj.* anarchistic

ancêtre *m., f.* ancestor (17)

ancien(ne) *adj.* old, antique (7); former; ancient; **ancien combattant** *m.* war veteran

angine *f.* sore throat, strep throat

anglais *adj.* English; *m.* English (*language*); **Anglais(e)** *m., f.* Englishman(woman) (2)

Angleterre *f.* England (8)

anglophone *adj.* English-speaking (17)

animateur/trice *m., f.* host (hostess) (*radio, T.V.*); motivator (*in marketing*)

animation *f.* social, cultural events

animer to animate; to motivate, organize; to host (*show*)

année *f.* year (8); **l'année prochaine (dernière, passée)** next (last) year; **année scolaire** academic, school year; **les années (cinquante)** the decade (era) of the (fifties) (8)

anniversaire *m.* anniversary; birthday; **bon anniversaire** happy birthday

annonce *f.* announcement, ad; **petites annonces** *pl.* (classified) ads (10)

annoncer (nous annonçons) to announce, declare

annuaire *m.* telephone book (10)

annuel(le) *adj.* annual, yearly

anonyme *m., f.* anonymous person

anorak *m.* (ski) jacket (8), windbreaker

antenne *f.* antenna

anthropologique *adj.* anthropological

Antilles *f. pl.* Antilles (*islands*), Caribbean Islands (17); **mer** (*f.*) **des Antilles** Caribbean (17)

antinucléaire *adj.* anti-nuclear

antipathique *adj.* unlikable

anxieux/ieuse *adj.* anxious

août August (4)

apercevoir (like **recevoir**) *irreg.* to perceive, notice

aperçu *adj.* noticed

apôtre *m.* apostle

appareil *m.* apparatus; device; appliance; (*still*) camera; **appareil-photo** *m.* (*still*) camera; **qui est à l'appareil?** who's speaking? (10)

apparence *f.* appearance

apparenté *adj.* related; cognate (*word*)

apparition *f.* (first) appearance

appartement (*fam.* **appart**) *m.* apartment (5)

appartenir (like **tenir**) **à** *irreg.* to belong to

appel *m.* call; **faire appel à** to call on, appeal to

appelé *adj.* called; named (9)

appeler (j'appelle) to call (10); to name; **comment s'appelle... ?** what's . . .'s name?; **comment vous appelez-vous?** what's your name? (1); **je m'appelle...** my name is . . . (1); **s'appeler** to be named, called (12)

appétit *m.* appetite; **bon appétit!** enjoy your meal!

appliquer to apply

apporter to bring, carry (7); to furnish

apposé *adj.* (af)fixed, attached

apprécier to appreciate, value

apprendre (*like* **prendre**) *irreg.* to learn (6); to teach; **apprendre à** to learn (how) to

apprentissage *m.* apprenticeship; learning

approuver to approve

approximatif/ive *adj.* approximate

après *prep.* after (2); afterward (5); **après avoir (être)...** after having . . .; **d'après** *prep.* according to

après-midi *m.* or *f.* afternoon (5); **cet(te) après-midi** this afternoon (5); **de l'après-midi** in the afternoon (6)

arachide *f.* peanut

arbre *m.* tree (5)

arc *m.* bow (*weapon*); arch; **tir** (*m.*) **à l'arc** archery

archéologique *adj.* archeological

archéologue *m., f.* archeologist

architecte *m., f.* architect (14)

ardent *adj.* burning; ardent

arène(s) *f.* arena (12); bullring

argent *m.* money (7); silver; **argent liquide** cash (14)

argot *m.* slang, argot

arme *f.* weapon, arm

armée *f.* army (12); **armée de métier** professional army

armoire *f.* wardrobe; closet

armoiries *f. pl.* coat of arms

arranger (nous arrangeons) to arrange; to fix; to accommodate

arrêt *m.* stop; **arrêt d'autobus** bus stop

arrêter (de) to stop; to arrest; **s'arrêter** to stop (*oneself*) (12)

arrière *adv.* back; **arrière-grand-parent** *m.* great-grandparent (5); **en arrière** in back

arrivée *f.* arrival (9)

arriver to arrive, come (3); to happen

arrondissement *m.* ward, section (*of Paris*) (11)

arrosé *adj.* laced (*with liquor*)

arroser to water; to sprinkle; to wash down

art *m.* art; **beaux-arts** *m. pl.* fine arts; **œuvre** (*f.*) **d'art** work of art (12)

artichaut *m.* artichoke

artificiel(le) *adj.* artificial

artisan(e) *m., f.* artisan, craftsperson (14)

artiste *m., f.* artist (12); **artiste-peintre** *m., f.* (artist) painter (14)

aspirer à to aim at, yearn for

assaisonnement *m.* seasoning

assassinat *m.* murder

assassiner to murder, assassinate

asseoir (*p.p.* **assis**) *irreg.* to seat; **asseyez-vous (assieds-toi)** sit down (13); **s'asseoir** to sit down (13)

assez *adv.* somewhat (3); rather, quite; **assez de** *adv.* enough (6)

assiette *f.* plate (6)

assis *adj.* seated; **les assises** (*f. pl.*) **du monde** the foundations of society

assistance *f.* assistance, help; social welfare

assister to help, assist; **assister à** to attend (15), go to (*concert, etc.*)

associer to associate; **s'associer avec** to be associated with

assortiment *m.* assortment

assumer to assume; to take on

assurance *f.* assurance; insurance; **assurances-auto(mobile)** *pl.* car insurance

assurer to insure; to assure

astéroïde *m.* asteroid

astronome *m., f.* astronomer

atelier *m.* workshop; (*art*) studio

athlétisme *m.* athletics; track and field

atmosphère *f.* atmosphere (16)

attaché *adj.* attached; buckled

attaque *f.* attack

atteindre (*like* **craindre**) *irreg.* to reach; to affect

atteint *adj.* stricken; affected

attendre to wait for (5)

attention *f.* attention; **faire attention à** to pay attention to (5)

attentivement *adv.* attentively

attirer to attract; to draw

attrait *m.* attraction, lure; attractiveness; charm

attraper to catch

attribuer to attribute; to grant, give

auberge *f.* inn; **auberge de jeunesse** youth hostel

aucun(e) (ne... aucun[e]) *adj., pron.* none; no one, not one, not any; anyone; any (8)

audacieux/euse *adj.* bold, audacious

audio-visuel(le) *adj.* audiovisual; *m.* audiovisual, broadcast media

auditeur/trice *m., f.* auditor, listener

augmentation *f.* increase, raise (14); **augmentation de salaire** raise

augmenter to increase

aujourd'hui *adv.* today; nowadays (1)

auparavant *adv.* previously

auprès de *prep.* close to; with; for

ausculter to listen with a stethoscope

aussi *adv.* also (3); so; as; consequently; **aussi... que** as . . . as (13)

aussitôt *conj.* immediately, at once, right then; **aussitôt que** as soon as (14)

autant *adv.* as much, so much, as many, so many; just as soon; **autant (de)... que** as many (much) . . . as (15); **pour autant** for all that

auteur *m.* author

auto *f., fam.* car, auto

autobiographique *adj.* autobiographical

autobus (*fam.* **bus**) *m.* bus (5)

autocar *m.* (*interurban*) bus

automatique *adj.* automatic; **distributeur** (*m.*) **automatique** automatic teller (14)

automne *m.* autumn, fall (6); **en automne** in the autumn (6)

automobile (*fam.* **auto**) *f., adj.* automobile, car; **assurances-automobile** *f. pl.* car insurance

autorisé *adj.* authorized

autoroute *f.* highway (9), freeway

auto-stop *m.* hitchhiking

autour de *prep.* around

autre *adj., pron.* other (4); another (4); *m., f.* the other (17); *pl.* the others, the rest (17); **d'autre part** on the other hand; **de l'autre côté** on the other side; **de part et d'autre** on both sides, here and there; **quoi d'autre** what else

autrefois *adv.* formerly (11), in the past

auxiliaire *m., Gram.* auxiliary (verb)

avaler to swallow

avance *f.* advance; **à l'avance** beforehand; **d'avance** in advance, earlier, ahead of time; **en avance** early

avancé *adj.* advanced

avancement *m.* promotion; advancement

avant *adv.* before (*in time*); *prep.* before, in advance of; *m.* front; **avant de +** *inf.* (*prep.*) before; **avant que +** *subj.* (*conj.*) before

avant-hier *adv.* the day before yesterday (8)

avantage *m.* advantage, benefit

avantageux/euse *adj.* advantageous

avare *adj.* miserly, stingy

avec *prep.* with (2)

avenir *m.* future (14); **à l'avenir** in the future, henceforth (14)

aventure *f.* adventure

aventureux/euse *adj.* adventurous

aventurier/ière *m., f.* adventurer

aviateur/trice *m., f.* aviator

avion *m.* airplane (9); **en avion** by plane

avis *m.* opinion; **à votre (ton) avis** in your opinion (11); **changer d'avis** to change one's mind

avocat(e) *m., f.* lawyer (14)

avoir (*p.p.* **eu**) *irreg.* to have (4); **avoir affaire à** to deal with; **avoir (20) ans** to be (20) years old (4); **avoir besoin de** to need (4); **avoir chaud** to be hot, warm (4); **avoir confiance en** to have confidence in; **avoir de la chance** to be lucky (4); **avoir du mal à** to have trouble, difficulty (17); **avoir envie de** to feel like; to want to (4); **avoir faim** to be hungry (4); **avoir froid** to be, feel cold (4); **avoir honte (de)** to be ashamed (of) (4); **avoir horreur de** to hate (6); **avoir l'air (de)** to look (like) (4); **avoir la trouille** to have stage fright; to be terrified; **avoir le temps (de)** to have the time (to); **avoir mal (à)** to have pain; to hurt (13); **avoir peur (de)** to be afraid (of) (4); **avoir raison** to be right (4); **avoir rendez-vous** to have a date, an appointment (4); **avoir soif** to be thirsty (4); **avoir sommeil** to be sleepy (4); **avoir tort** to be wrong (4); **en avoir assez** *fam.* to be fed up with, sick of; **en avoir marre** *fam.* to be fed up with, sick of; **il y a** there is, there are; ago

avouer to confess, admit

avril April (4)

baccalauréat (*fam.* **bac**) *m.* baccalaureate (*French secondary school degree*)

badaud(e) *m., f.* idler, rubberneck

bagagerie *f.* luggage store

bagages *m. pl.* luggage

bagnole *f., fam.* car; jalopy

bague *f.* ring (*jewelry*); **bague de fiançailles** engagement ring (13)

baguette (de pain) *f.* French bread, baguette (7)

baie *f.* bay

baignade *f.* swim, swimming

baigner to bathe; **se baigner** to bathe (*oneself*); to swim (13)

bain *m.* bath; swim; **maillot** (*m.*) **de bain** swimsuit, bathing suit (3); **salle** (*f.*) **de bains** bathroom (5); **slip** (*m.*) **de bain** men's swimsuit

baisse *f.* lowering, reduction (16)

bal *m.* dance, ball; **bal masqué** masked ball, costume party (17)

balcon *m.* balcony (5)

balle *f.* (*small*) ball; tennis ball; bullet (16); *pl., tr. fam.* French francs, money

ballon *m.* (*soccer, basket*) ball; balloon; **ballon à air chaud** hot-air balloon

banane *f.* banana

bananeraie *f.* banana plantation

banc *m.* bench

bancaire *adj.* banking, bank; **carte** (*f.*) **bancaire** bank (ATM) card (14); **compte** (*m.*) **bancaire** bank account

bande *f.* band; group; gang; (*cassette, video*) tape; **bande dessinée** comic strip; *pl.* comics

banlieue *f.* suburbs (11); **en banlieue** in the suburbs

banque *f.* bank (11); **compte** (*m.*) **en banque** bank account

baptiser to baptize; to name

bar *m.* bar; snack bar; pub

barde *f.* bard (*layer of bacon on a roast*)

barré *adj.* crossed; crossed out; **chèque** (*m.*) **barré** check payable to bank only

bas(se) *adj.* low; bottom; *adv.* low, softly; **à bas...** down with . . . ; **en bas** at the bottom; downstairs; **là-bas** *adv.* over there

baser to base; **se baser sur** to be based on

basket-ball (*fam.* **basket**) *m.* basketball; **jouer au basket** to play basketball

bassin *m.* basin; pond; wading pool

bateau *m.* boat; **bateau à voile** sailboat (8); **bateau-mouche** *m.* tourist boat on the Seine; **en (par) bateau** by boat, in a boat; **faire du bateau** to go boating

bâtiment *m.* building (11)

bâtir to build (12)

battre (*p.p.* **battu**) *irreg.* to beat; **se battre** to fight

bavard *adj.* talkative

bavarder to chat; to talk

bavette: bifteck (*m.*) **bavette** sirloin of beef

bayou *m.* bayou, Louisiana swamp (17)

BCBG *ab.* (**bécébégé**): **bon chic bon genre** "preppy" fad

beau (bel, belle [beaux, belles]) *adj.* handsome; beautiful (3); **il fait beau** it's nice (weather) out (6)

beaucoup (de) *adv.* very much, a lot (1); much, many

beau-frère *m.* brother-in-law; stepbrother (5)

beau-père *m.* father-in-law; stepfather (5)

beaux-arts *m. pl.* fine arts

bébé *m.. fam.* baby

bécane *f., tr. fam.* motorcycle

Belgique *f.* Belgium (8)

belle-mère *f.* mother-in-law; stepmother (5)

belle-sœur *f.* sister-in-law; stepsister (5)

ben *interj., fam.* well!

bénéficier (de) to profit, benefit (from)

besoin *m.* need; **avoir besoin de** to need (4)

beurre *m.* butter (6)

bibliothèque (*fam.* **bibli**) *f.* library (2)

biche *f.* doe, hind

bicyclette *f.* bicycle (8); **faire de la bicyclette** to cycle, go biking

bidoche *f., tr. fam.* meat

bidon *m.* can; large drum (*container*)

bien *adv.* well, good (5), quite; much (13); comfortable; *m.* good; *pl.* goods, belongings; **aimer bien** to like; **aussi bien que** as well as; **bien (mieux, le mieux)** *adv.* well (better, best) (15); **bien cuit** well-done (*meat*); **bien des** many (7); **bien que** + *subj.* (*conj.*) although (17); **bien sûr** *interj.* of course (6); **bien sûr que oui (non)** of course (not) (6); **ça va bien** fine (things are going well) (1); **eh bien** *interj.* well! (3); **je vais bien** I'm fine; **merci bien** thanks a lot; **ou bien** or else; **s'amuser bien** to have a good time; **s'entendre bien** to get along (well); **très bien, merci** very well, thank you (1); **vouloir bien** to be willing (to) (7)

bien-être *m.* well-being; welfare

bienfaisant *adj.* beneficial

bientôt *adv.* soon (5); **à bientôt!** *interj.* see you soon! (1)

bienvenu(e) *m., f.* welcome

bière *f.* beer (6)

bifteck *m.* steak (6)

biguine *f.* beguine (*South American dance*)

bijou *m.* jewel (14); piece of jewelry

bilingue *adj.* bilingual

bilinguisme *m.* bilingualism

billet *m.* bill (*currency*) (7); ticket; **billet aller-retour** round-trip ticket

biologie *f.* biology (2)

biscuit (sec) *m.* cookie

bise *f., fam.* kiss, smack; **faire la bise** to kiss on both cheeks (*in greeting*); **grosses bises** love and kisses

bistro(t) *m.* bar, pub

blague *f.* joke

blanc(he) *adj.* white (3)

blasé *adj.* indifferent, blasé

blé *m.* wheat; *tr. fam.* money, cash

bleu *adj.* blue (3); *m.* blue cheese

bloc *m.* block

blond(e) *m., f., adj.* blond (4)

blouson *m.* windbreaker (3); jacket

bœuf *m.* beef; ox; **bœuf bourguignon** beef stew (*with red wine and onions*); **consommé** (*m.*) **de bœuf** beef consommé; **rôti (filet)** (*m.*) **de bœuf** roast beef; filet

bof! *interj. and gesture of skepticism*

boire (*p.p.* **bu**) *irreg.* to drink (6)

bois *m.* forest, wood(s) (11)

boisson *f.* drink, beverage (6)

boîte *f.* box; can (7); nightclub; *fam.* workplace; **boîte (de conserve)** can (of food) (7); **boîte aux lettres** mailbox (10); **boîte de couleurs** box of colored pencils

bol *m.* wide cup (6); bowl

bon(ne) *adj.* good (7); right, correct; *f.* maid, chambermaid; **ah bon? ah oui?** really? (6); **bon anniversaire** happy birthday; **bon appétit** enjoy your meal; **bon chic bon genre (BCBG)** "preppie"; **bon marché** *adj. inv.* cheap, inexpensive; **bonne chance** good luck; **bonne route** have a good trip; **de bonne heure** early (6); **le bon vieux temps** the good old days; **sentir bon** to smell good

bonbon *m.* (piece of) candy

bonheur *m.* happiness

bonhomme *m.* (little) fellow; **bonhomme de neige** snowman (17)

bonjour *interj.* hello, good day (1)

bonsoir *interj.* good evening (1)

bord *m.* board; edge, bank, shore; **à bord** on board; **au bord de** on the banks (shore) of

bordure *f.* border, edge; curb; **en bordure de** running along, bordering

bosseur/euse *m., f., fam.* hard-worker

botte(s) *f.* boot(s) (3)

boucanier *m.* pirate, buccaneer

bouche *f.* mouth (13)

boucher/ère *m., f.* butcher (14)

boucherie *f.* butcher shop (7); **boucherie-charcuterie** *f.* combination butcher and deli

bouffe *f., fam.* large, copious meal (*with friends*)

bouffer *fam.* to gobble; to eat

bouger (nous bougeons) to move

boulangerie *f.* bakery (7); **boulangerie-pâtisserie** *f.* bakery-pastry shop

boulot *m., fam.* job; work

boum *f., fam.* party

bouquin *m., fam.* book

bourgeois *adj.* bourgeois; middle-class

bourse *f.* scholarship; grant

bout *m.* end; bit; morsel; **au bout (de)** at the end (of); **jusqu'au bout** until the very end

bouteille *f.* bottle (6)

boutique *f.* shop, store

boxe *f.* boxing; **match** (*m.*) **de boxe** boxing match (15)

branché *m., f., adj., fam.* "with it," cool (*person*)

bras *m.* arm (13)

bref (brève) *adj.* short, brief

Brésil *m.* Brazil (8)

brevet *m.* diploma; certificate; **brevet d'études** lower school diploma in France

bribes *f. pl.* scraps, snippets

bricolage *m.* do-it-yourself, home projects

bricoler to putter (*around the house*) (15)

brièvement *adv.* briefly

brillant *adj.* brilliant; shining

briller to shine, gleam

brique *f.* brick

briquet *m.* cigarette lighter

broder to embroider

bronzer to get a suntan (8)

brosse *f.* brush; chalkboard eraser; **brosse à dents** toothbrush

brosser to brush; **se brosser les cheveux (les dents)** to brush one's hair (teeth) (13)

brouillard *m.* fog

brousse *f.* bush, wilderness

bruit *m.* noise (5)

brûlant *m.* burning; urgent

brumeux/euse *adj.* foggy, misty

brun *adj.* brown; dark-haired, brunette

brutalement *adv.* brutally; abruptly

bruyant *adj.* noisy

bûche *f.* log; **bûche de Noël** yule-log (*pastry*)

bûcheron *m.* woodcutter

budget *m.* budget (14); **budget militaire** military budget (16)

bureau *m.* desk (1); office (5); **bureau de change** money exchange (office) (14); **bureau de poste** post office (10); **bureau de tabac** (*government-licensed*) tobacconist

bureaucrate *m., f.* bureaucrat
but *m.* goal; objective; **but à long terme** long-term goal

ça *pron.* this, that; it; **ça m'est égal** it's all the same to me; **ça peut aller** it's going o.k.; **ça va?** how's it going? (1); **ça va fine** (things are going well) (1); **ça va bien** (**mal**) things are going well (badly); **comme ci, comme ça** so-so (1)
cabine *f.* cabin; booth; **cabine téléphonique** telephone booth (10)
cabinet *m.* office; study; closet
câblé *adj.* cabled, wired
cacao *m.* cocoa
cacher to hide; **se cacher** to hide (*oneself*)
cadeau *m.* present, gift
cadet(te) *m., f.* youngest brother or sister
cadre *m.* frame; setting; middle or upper manager (14)
café *m.* café; (cup of) coffee (2); **café au lait** coffee with milk; **café-tabac** *m.* bar-tobacconist (11)
cahier *m.* notebook (1); workbook
caisse *f.* cash register; box, crate; *tr. fam.* car
caissier/ière *m., f.* cashier
calcul *m.* calculation; arithmetic; calculus; **faire des calculs** to do calculations
calculé *adj.* calculated, deliberate
calculer to calculate, figure; **machine** (*f.*) **à calculer** adding machine
calendrier *m.* calendar
calme *m., adj.* calm (3)
calmer to calm (down)
camarade *m., f.* friend, companion (4); **camarade de chambre** roommate (4); **camarade de classe** classmate, schoolmate
caméra *f.* movie camera; **caméra vidéo** video camera
caméscope *m.* camcorder, video camera
camion *m.* truck
campagne *f.* country(side) (8); campaign; **à la campagne** in the country; **pain** (*m.*) **de campagne** country-style, wheat bread; **pâté** (*m.*) **de campagne** terrine; (country-style) pâté (7)
campement *m.* camp, encampment
camper to camp
campeur/euse *m., f.* camper

camping *m.* camping (8); campground; **faire du camping** to go camping; **terrain** (*m.*) **de camping** campground
Canada *m.* Canada (8)
canal *m.* channel; canal
canapé *m.* sofa, couch (4)
canard *m.* duck; *tr. fam.* newspaper; **canard laqué** Peking duck
cancéreux/euse *adj.* cancerous
candidat(e) *m., f.* candidate; applicant
candidature *f.* candidacy
canne *f.* cane, walking stick; **canne à sucre** sugar cane
canoë *m.* canoe; **faire du canoë** to canoe, go canoeing
capacité *f.* ability; capacity
capital *adj.* capital, chief
capitale *f.* capital (*city*)
car *conj.* for, because
caractère *m.* character
caractérisé *adj.* characterized
caractéristique *f.* characteristic, trait
carafe *f.* pitcher; decanter (6)
Caraïbes *f. pl.* Caribbean (*islands*) (17); **mer** (*f.*) **des Caraïbes** Caribbean (*sea*) (17)
caravane *f.* (camping) trailer
carburateur *m.* carburetor
cardiaque *adj.* cardiac; **crise** (*f.*) **cardiaque** heart attack
caricature *f.* caricature; political cartoon
caricaturiste *m., f.* caricaturist, cartoonist
carlingue *f.* cockpit, cabin (*plane*)
carnaval *m.* carnival (17)
carnet *m.* notebook; booklet; book of tickets; **carnet de chèques** checkbook (14)
carotte *f.* carrot (6)
carré *adj.* square; **mètre** (*m.*) **carré** square meter
carrière *f.* career
carriériste *adj.* career-oriented
carte *f.* card (3); menu (7); map (*of region, country*) (11); **à la carte** à la carte, from the menu; **carte bancaire** bank (ATM) card (14), **carte de crédit** credit card (14); **carte d'embarquement** boarding pass (9); **carte d'étudiant** student ID card; **carte d'identité** identification card; **carte postale** postcard (10); **jouer aux cartes** to play cards
cartouche *m.* cartouche, tablet (*architectural*)
cas *m.* case; **en cas de** in case of, in the event of; **selon le cas** as the case may be

casier *m.* locker
casquette *f.* cap
casse-croûte *m.* snack, light lunch
casser to break; **casser avec** to break off relations with; **se casser le bras** to break one's arm
casse-tête *m.* puzzle, riddle game
cassette *f.* cassette tape (*video or audio*) (4); **lecteur** (*m.*) **de cassettes** video player; cassette player (4)
cassis *m.* blackcurrant (*liquor*)
catégorie *f.* category, class
cathédrale *f.* cathedral (12)
cause *f.* cause; **à cause de** because of
CD: lecteur-CD *m.* compact disk player
ce (cet, cette, ces) *pron., adj.* this, that (5); **c'est un (une)...** it's a . . . (1); **ce week-end** this weekend (5); **cet après-midi (ce matin, ce soir)** this afternoon (morning, evening) (5)
ceci *pron.* this, that
céder (je cède) to give in; to give up; to give away
cédille *f.* cedilla
cela (ça) *pron.* this, that (7)
célèbre *adj.* famous
célébrer (je célèbre) to celebrate
célibat *m.* single life (13)
célibataire *m., f., adj.* single (*person*) (5)
celui (ceux, celle, celles) *pron.* the one, the ones, this one, that one, these, those
censure *f.* censorship
censurer to censor
cent *adj.* one hundred
centaine *f.* about one hundred
centime *m.* centime, 1/100th of a franc (7)
centrale *f.* power station; **centrale nucléaire** nuclear power plant
centre *m.* center; **centre-ville** *m.* downtown (11)
cependant *adv.* in the meantime; meanwhile; *conj.* yet, still, however, nevertheless
céréales *f. pl.* cereal; grains
cérémonie *f.* ceremony
certain *adj.* sure; particular; certain (17); *pl., pron.* certain ones, some people (17); **il est certain que + *indic.*** it's certain that
cerveau *m.* brain
cesse *f.* ceasing; **sans cesse** ceaselessly
cesser (de) to stop, cease
c'est-à-dire *conj.* that is to say
chacun(e) *m., f., pron.* each, everyone (9); each (one) (17)

chagrin *m.* sorrow, sadness

chaîne *f.* television channel; network (10); chain; range (*mountain*); **chaîne câblée** cable channel; **chaîne stéréo** stereo (system) (4)

chaise *f.* chair (1)

chaleur *f.* heat; warmth

chaleureux/euse *adj.* warm; friendly

chambre *f.* (bed)room (4); hotel room; **camarade** (*m., f.*) **de chambre** roommate (4)

champignon *m.* mushroom

champion(ne) *m., f.* champion

chance *f.* luck; possibility; opportunity; **avoir de la chance** to be lucky (4); **bonne chance** good luck

change *m.* currency exchange; **bureau** (*m.*) **de change** money exchange (office) (14)

changement *m.* change

changer (**nous changeons**) to change; to exchange (*currency*); **changer d'avis** to change one's mind; **changer de l'argent** to exchange currency

chanson *f.* song; **chanson de variété** popular song (15)

chanter to sing (10)

chanteur/euse *m., f.* singer (10)

chantilly: crème (*f.*) **chantilly** whipped cream

chapeau *m.* hat (3)

chapelle *f.* chapel

chapitre *m.* chapter

chaque *adj.* each, every (17)

char *m.* wagon; parade float (17)

charbon *m.* coal

charcuterie *f.* deli; cold cuts; pork butcher (7)

chargé (de) *adj.* in charge of, responsible for; heavy, loaded; busy

chargement *m.* loading; shipping

charlotte *f.* cake with whipped cream and fruit

charmant *adj.* charming

chasse *f.* hunting

chassé *adj.* chased, pursued

chat(te) *m., f.* cat

châtain *adj.* brown, chestnut-colored (*hair*) (4)

château *m.* castle, chateau (11)

châtelaine *f.* chatelaine, lady of the manor

chaud *adj.* warm; hot (6); **avoir chaud** to feel warm, hot (4); **il fait chaud** it (the weather) is warm, hot (6)

chauffage *m.* heat; heating system

chauffé *adj.* heated; **piscine** (*f.*) **chauffée** heated swimming pool

chauffeur/euse *m., f.* chauffeur; driver

chaussée *f.* pavement; **rez-de-chaussée** *m.* ground-level (*apartment*) (5)

chaussettes *f. pl.* socks (3)

chaussures *f. pl.* shoes (3); **chaussures de ski** (**de montagne**) ski (hiking) boots (8)

chef *m.* leader; head; chef, head cook; **chef de cuisine** head cook, chef; **chef d'entreprise** company head, top manager, boss (14); **terrine** (*f.*) **du chef** chef's special pâté

chef-d'œuvre *m.* (*pl.* **chefs-d'œuvre**) masterpiece (12)

chemin *m.* way (11); road; path; **chemin de fer** railroad; **demander son chemin** to ask directions

cheminée *f.* fireplace; hearth

chemise *f.* shirt (3)

chemisier *m.* (*woman's*) shirt, blouse (3)

chêne *m.* oak (*tree*)

chèque *m.* check (14); **carnet** (*m.*) **de chèques** checkbook (14); **chèque barré** check payable only to bank; **chèque de voyage** traveler's check; **chèque postal** postal money order; **compte-chèques** *m.* checking account; **déposer un chèque** to deposit a check; **endosser un chèque** to endorse a check; **faire un chèque** to write a check (14); **remise** (*f.*) **de chèques** remittance by check; **toucher un chèque** to cash a check (11)

cher (chère) *adj.* expensive (7); dear (2); **coûter cher** to be expensive

chercher to look for (2); to pick up; **chercher à** to try to (15)

cheval *m.* horse (8); **faire du cheval** to ride horseback (8)

cheveux *m. pl.* hair (4); **se brosser (se laver) les cheveux** to brush (wash) one's hair

chez at the home (establishment) of (5); **chez moi** at my place

chic *m.* chic; style; *adj. inv.* chic, stylish; **bon chic bon genre (BCBG)** "preppie"

chien(ne) *m., f.* dog (4)

chiffre *m.* number, digit; **chiffre record** record number (16)

chimie *f.* chemistry (2)

chimique *adj.* chemical

chimiste *m., f.* chemist

Chine *f.* China (8)

chinois *adj.* Chinese; *m.* Chinese (*language*); **Chinois(e)** *m., f.* Chinese (*person*) (2)

chirurgien(ne) *m., f.* surgeon

choc *m.* shock

chocolat *m.* chocolate (6); hot chocolate; **éclair** (*m.*) **au chocolat** chocolate eclair; **mousse** (*f.*) **au chocolat** chocolate mousse; **pain** (*m.*) **au chocolat** chocolate croissant

chœur *m.* chorus; **enfant** (*m.*) **de chœur** choirboy

choisir (de) to choose (to) (4)

choix *m.* choice (2); **au choix** of your choosing

chômage *m.* unemployment (16)

chômeur/euse *m., f.* unemployed person

chose *f.* thing; **autre chose** something else; **pas grand-chose** not much; **quelque chose** something (9); **quelque chose d'important** something important

chou *m.* cabbage

chouette *adj. inv., fam.* cute (5); super, neat

chou-fleur (*pl.* **choux-fleurs**) *m.* cauliflower

chronique *f.* chronicle; news

chronologique *adj.* chronological

chute *f.* fall, descent; waterfall

ci: comme ci, comme ça so-so (1)

ci-dessous *adv.* below

ci-dessus *adv.* above, previously

ciel *m.* sky, heaven; **gratte-ciel** *m. inv.* skyscraper

ciment *m.* cement

cinéaste *m., f.* filmmaker (12)

ciné-club *m.* film club

cinéma (*fam.* **ciné**) *m.* movies; movie theater (2)

cinq *adj.* five (1)

cinquante *adj.* fifty (1); **les années** (*f. pl.*) **cinquante** the fifties

cinquième *adj.* fifth (11)

circonflexe *m.* circumflex (*accent*)

circonstance *f.* circumstance; occurrence

circuit *m.* circuit; organized tour

circulation *f.* traffic; circulation

circuler to circulate; to travel

citadin(e) *m., f.* city dweller

cité *f.* area in a city; **cité universitaire** (*fam.* **cité-u**) university residence complex (2)

citoyen(ne) *m., f.* citizen (16)

citron *m.* lemon

civil *adj.* civil; **état** (*m.*) **civil** civil, marital status

clafoutis *m.* fruit cobbler (*dessert*)

clair *adj.* light, bright; light-colored; clear; evident (16)

clandestin(e) *m., f.* clandestine, underground person; *adj.* clandestine, secret

clarinette *f.* clarinet

classe *f.* class; classroom; **camarade** (*m., f.*) **de classe** classmate; **classe affaires (économique)** business (tourist) class (9); **livre** (*m.*) **de classe** textbook; **première (deuxième) classe** first (second) class; **salle** (*f.*) **de classe** classroom (1)

classement *m.* classification

classer to classify; to sort

classique *adj.* classical (12); classic; **musique** (*f.*) **classique** classical music

clé, clef *f.* key (8); **clé de voûte** keystone (*architecture*); **mot-clé** *m.* key word

client(e) *m., f.* customer, client

climat *m.* climate

climatisation *f.* air-conditioning

climatisé *adj.* air-conditioned

cloche *f.* bell

club *m.* club (*social, athletic*); **ciné-club** *m.* film club

coca *m., fam.* cola drink

cocher to check off (*list*)

coco: lait (*m.*) **de coco** coconut milk; **noix** (*f.*) **de coco** coconut

cocoteraie *f.* coconut plantation

cocotier *m.* coconut tree

cocotte *f.* stew-pan

code *m.* code; **code postal** postal, zip code

codé *adj.* coded

cœur *m.* heart; **au cœur de** at the heart, center of

coffre *m.* chest; trunk (*of car*)

coiffeur/euse *m., f.* hairdresser (14); barber

coin *m.* corner (11)

collection *f.* collection (15)

collectionner to collect

collectionneur/euse *m., f.* collector

collier *m.* necklace

colline *f.* hill

colmater to fill in; to clog up

colon *m.* colonist

colonie *f.* colony; **colonie de vacances** summer camp

colonisateur/trice *m., f.* colonizer

coloniser to colonize (17)

colonne *f.* column

combattant *m.* fighter, combatant; **ancien combattant** war veteran

combattre (*like* **battre**) *irreg.* to fight

combien (de)? *adv.* how much? how many? (1)

combinaison *f.* combination

combustible *m.* fuel

comédie *f.* comedy; theater

comique *m., f.* comedian, comic; *adj.* funny, comical, comic

commander to order (*in a restaurant*) (6); to give orders

comme *adv.* as, like, how; **comme ci, comme ça** so-so (1)

commencement *m.* beginning

commencer (nous commençons) (à) to begin (to) (11); **commencer par** to begin by (*doing s.th.*) (15)

comment *adv.* how (1); **comment?** what? how? (1); **comment allez-vous?** how are you? (1); **comment ça va?** how are you? how's it going? **comment dit-on?** how do you say?; **comment est-il/elle?** what's he (she, it) like?; **comment s'appelle-t-il/elle?** what's his (her) name?; **comment vous appelez-vous?** what's your name? (1); **je ne sais pas comment vous (te) remercier** I don't know how to thank you (15)

commentaire *m.* commentary, remark

commenter to comment

commerçant(e) *m., f.* shopkeeper (14)

commerce *m.* business

commissariat (de police) *m.* police station (11)

commission *f.* commission; errand; **commission de vente** sales commission

commode *f.* chest of drawers (4); *adj.* convenient; comfortable

commun *adj.* ordinary, common, shared, usual; popular; **en commun** in common; **transports** (*m. pl.*) **en commun** public transportation

communauté *f.* community

communicatif/ive *adj.* communicative

communication *f.* communication; phone call

communiquer to communicate; to adjoin

compact disc *m.* compact disk player

compagnie *f.* company; **compagnie aérienne** airline

compagnon (compagne) *m., f.* companion

comparaison *f.* comparison

comparatif/ive *adj.* comparative; *m., Gram.* comparative

comparer to compare

compartiment *m.* compartment (9)

complément *m.* complement; **pronom** (*m.*) **complément d'objet direct** *Gram.* direct object pronoun

complémentaire *adj.* complementary

complet/ète *adj.* complete; whole; filled; **pension** (*f.*) **complète** full board

compléter (je complète) to complete, finish

compliqué *adj.* complicated

comportement *m.* behavior

composé *adj.* composed; **passé** (*m.*) **composé** *Gram.* present perfect

composer to compose; to make up; **composer un numéro** to dial a (phone) number (10); **se composer de** to be composed of

compositeur/trice *m., f.* composer (12)

composter to stamp (*date*); to punch (*ticket*)

compréhensif/ive *adj.* understanding

compréhension *f.* understanding

comprendre (*like* **prendre**) *irreg.* to understand (6); to comprise, include; **je ne comprends pas** I don't understand (1)

comprimé *m.* tablet, pill

compris *adj.* included; **tout compris** all inclusive

comptabilité *f.* accounting (14)

comptable *m., f.* accountant (14); **expert(e)-comptable** *m., f.* certified public accountant

compte *m.* account (14); **compte bancaire** bank account; **compte-chèques** *m.* checking account (14); **compte courant** checking account; **compte d'épargne** savings account (14)

compter (sur) to plan (on); to intend; to count

comté *m.* county

conception *f.* conception; idea, notion

concerner to concern

concorde *f.* agreement, concord; *m.* Concord, supersonic plane

concours *m.* competition; competitive exam

conçu *adj.* conceived, designed

concurrence *f.* competition

condamnable *adj.* condemnable, blamable

condamnation *f.* condemnation

condamné(e) *m., f.* convicted (*person*)

condition *f.* condition; situation; **conditions d'admission** admission requirements

conditionné *adj.* conditioned

conditionnel *m., Gram.* conditional

conducteur/trice *m., f.* driver (9)

conduire (*p.p.* **conduit**) *irreg.* to drive (9); to take; to conduct; **permis** (*m.*) **de conduire** driver's license

conduite *f.* behavior; driving; guidance

confectionné *adj.* created, concocted

conférence *f.* lecture (12); conference; **salle** (*f.*) **de conférence** meeting room

confiance *f.* confidence; **avoir confiance en** to have confidence in; to trust; **faire confiance à** to trust

confidence *f.* confidence, secret; **faire une confidence à** to tell a secret to

confier to confide; to give

confiture *f.* jam, preserves

conflit *m.* conflict (16)

conformiste *m., f., adj.* conformist (3)

confort *m.* comfort; amenities

confortable *adj.* comfortable

congé *m.* leave (*from work*), vacation

Congo *m.* Congo (8)

congrès *m.* congress; meeting, convention

conjugaison *f., Gram.* (verb) conjugation

conjuguer *Gram.* to conjugate

connaissance *f.* knowledge; acquaintance; consciousness; **à ma connaissance** to my knowledge; **enchanté(e) de faire votre connaissance** delighted to meet you; **faire connaissance** to get acquainted; **faire la connaissance de** to meet (*for the first time*) (5)

connaître (*p.p.* **connu**) *irreg.* to know; to be familiar with (11)

connu *adj.* known; famous

conquérir (*p.p.* **conquis**) *irreg.* to conquer

conquête *f.* conquest

consacrer to consecrate; to devote

conscience *f.* conscience; consciousness; **prendre conscience de** to become aware of

conseil *m.* (piece of) advice (14); council; **donner conseil à** to give advice to

conseiller (de) to advise (to) (15)

conseiller/ère *m., f.* advisor; counselor; **conseiller/ère d'orientation** guidance counselor

conservation *f.* conserving; preservation (16)

conservatoire *m.* conservatory

conserve *f.* preserve(s), canned food; **boîte** (*f.*) **de conserve** can of food (7)

conserver to conserve, preserve (16)

considération *f.* consideration; **prendre en considération** to take into consideration

considérer (**je considère**) to consider; **se considérer** to consider oneself, each other

consigne *f.* order(s), rule(s); baggage room, check room; **consigne automatique** coin locker

consister (à, en) to consist (in, of)

consommateur/trice *m., f.* consumer

consommation *f.* consumption; consumerism

consommé *m.* clear soup, consommé; *adj.* consumed

constamment *adv.* constantly (12)

constater to notice; to remark

constituer to constitute

construire (*like* **conduire**) *irreg.* to construct, build (9)

consultation *f.* consulting; consultation; doctor's visit

consulter to consult

conte *m.* tale, story; **conte de fée(s)** fairy tale

contempler to contemplate, meditate upon

contemporain *adj.* contemporary

contenir (*like* **tenir**) *irreg.* to contain

content *adj.* happy, pleased (10); **être content(e) de** + *inf.* to be happy about; **être content(e) que** + *subj.* to be happy that

contenter to please, make happy; **se contenter de** to be content with, satisfied with

continuer (à, de) to continue (to) (11)

contrainte *f.* constraint; **sans contrainte** free, unconstrained

contraire *adj.* opposite; *m.* opposite; **au contraire** on the contrary (6)

contrairement (à) *adv.* contrarily, contrary (to)

contrat *m.* contract

contre *prep.* against; contrasted with

contrôle *m.* control, overseeing (16)

contrôler to inspect, monitor (16)

contrôleur/euse *m., f.* ticket collector; conductor

controverse *f.* controversy

convaincre (*like* **vaincre**) *irreg.* to convince

convaincu *adj.* sincere, earnest; convinced

convenable *adj.* proper; appropriate

convenir (*like* **venir**) *irreg.* to fit; to be suitable

convention *f.* convention; agreement

convoité *adj.* desired, coveted

convoquer to summon, invite, convene

coopérant(e) *m., f.* member of **la Coopération** (*French national service corps*)

coopérer (**je coopère**) to cooperate

copain (copine) *m., f., fam.* friend, pal

copieux/euse *adj.* copious, abundant

coq *m.* rooster; **coq au vin** chicken prepared with red wine

coquette *f.* flirt, coquette

coralien(ne) *adj.* coral

corps *m.* body (13)

correspondance *f.* correspondence; transfer, change (*of trains*)

correspondant(e) *m., f.* correspondent; pen pal; *adj.* corresponding

correspondre to correspond

corriger (**nous corrigeons**) to correct

cortège *m.* procession

cosmopolite *adj.* cosmopolitan

costume *m.* (*man's*) suit (3); costume (17)

côte *f.* coast; rib; rib steak; side; **côte d'agneau (de porc)** lamb (pork) chop (7)

côté *m.* side; **à côté (de)** *prep.* by, near, next to; at one's side (3); **(d')à côté** (from) next door; **de côté** aside; **de l'autre côté (de)** from, on the other side (of)

Côte-d'Ivoire *f.* Ivory Coast (8)

côtelette *f.* cutlet, (*lamb, pork*) chop

coton *m.* cotton; **en coton** (*made of*) cotton

cou *m.* neck (13)

couchage: sac (*m.*) **de couchage** sleeping bag (8)

couche *f.* layer; stratum; *pl.* (*baby's*) diapers; *pl.* childbirth; **couche d'ozone** ozone layer

coucher to put to bed; **coucher** (*m.*) **de soleil** sunset; **se coucher** to go to bed; to set (*sun*) (13)

couchette *f.* couchette; berth (*train*) (9)
coudre (*p.p.* **cousu**) *irreg.* to sew
couleur *f.* color; **boîte** (*f.*) **de couleurs** box of colored pencils, paints; **de quelle couleur est... ?** what color is . . . ?; **en couleur(s)** color; colored
couloir *m.* hall(way) (5)
coup *m.* blow; coup; (gun)shot; influence; **coup de fil** *fam.* phone call; **coup de foudre** flash of lightning; love at first sight (13); **coup d'état** government overthrow, coup d'état; **coup de téléphone** telephone call; **tout à coup** *adv.* suddenly; **tout d'un coup** *adv.* at once, all at once (11)
coupe *f.* trophy, cup (16); champagne glass; **coupe** (*f.*) **d'Europe** European Cup (*soccer*) (16)
couper to cut; to divide; to censor
courageux/euse *adj.* courageous (3)
couramment *adv.* fluently; commonly (12)
courant *adj.* frequent; general, everyday; *m.* current; **compte** (*m.*) **courant** checking account; **être au courant** to be up (to date) with
courbe *f.* curve
coureur/euse *m., f.* runner
courge *f.* squash, gourd
courir (*p.p.* **couru**) *irreg.* to run (15)
couronné *adj.* crowned
courrier *m.* mail
cours *m.* course (2); exchange rate (14); price; **au cours de** *prep.* during; **cours du jour** today's exchange rate; **en cours** current, present; **suivre un cours** to take a course
course *f.* race; errand; **faire les courses** to do errands (5); to shop
court *adj.* short (*not used for people*) (4); *m.* (tennis) court
court-métrage *m.* short subject, documentary
couscous *m.* couscous (*North African cracked-wheat dish*) (9)
couscoussier *m.* couscous pan (*with steamer*)
cousin(e) *m., f.* cousin (5)
coût *m.* cost; **coût de la vie** cost of living (14)
couteau *m.* knife (6)
coûter to cost; **coûter cher** to be expensive
coûteux/euse *adj.* costly, expensive
coutume *f.* custom (17)

couture *f.* sewing; clothes design; *haute couture high fashion
couturier/ière *m., f.* fashion designer; dressmaker
couvert *adj.* covered; cloudy; *m.* table setting; **mettre le couvert** to set the table
couverture *f.* blanket
couvrir (*like* **ouvrir**) *irreg.* to cover (14)
craie *f.* chalk (1)
craqué *adj., tr. fam.* cracked up
cravate *f.* tie (3)
crayon *m.* pencil (1)
créateur/trice *m., f.* creator; *adj.* creative
créatif/ive *adj.* creative
crèche *f.* child-care center
crédit *m.* credit; *pl.* funds, investments; **carte** (*f.*) **de crédit** credit card (14)
créer to create (10)
crème *f.* cream (6); **crème de cassis** blackcurrant liquor; **crème de marrons** chestnut purée; **crème glacée** ice cream; **crème solaire** sunscreen
crêpe *f.* crepe, French pancake
crêperie *f.* creperie, restaurant featuring **crêpes**
crête *f.* crest; spiked hair
creusé *adj.* hollowed out; furrowed
crevette *f.* shrimp
cri *m.* shout
crier to cry out; to shout
criminaliser to refer to criminal court
crise *f.* crisis; recession; depression; **crise cardiaque** heart attack; **crise économique** recession; depression
cristallisé *adj.* crystalized
critère *m.* criterion
critique *f.* criticism; critique; *m., f.* critic; *adj.* critical; **faire la critique** to review, criticize
critiquer to criticize
croire (*p.p.* **cru**) (**à**) *irreg.* to believe (in) (8); **croire que** to believe that (8)
croisé *adj.* crossed; **mots** (*m. pl.*) **croisés** crossword puzzle
croiser to cross; to run across
croisière *f.* cruise
croissance *f.* growth, development; **taux** (*m.*) **de croissance** growth rate
croissant *m.* croissant (*roll*) (6)
croissanterie *f.* snack bar featuring croissant sandwiches
croque-monsieur *m.* grilled cheese and ham sandwich
croquer to munch; to crunch

croûte *f.* crust; **casse-croûte** *m.* snack
croyance *f.* belief
crudité *f.* raw vegetable; *pl.* plate of raw vegetables
cruel(le) *adj.* cruel
crustacé *m.* crustacea, shellfish
cuillère *f.* spoon (6); **cuillère à soupe** soup spoon, tablespoon (6); **petite cuillère** teaspoon
cuillerée *f.* spoonful
cuir *m.* leather; **en cuir** (*made of*) leather
cuisine *f.* cooking; food, cuisine (6); kitchen (5); **chef** (*m.*) **de cuisine** head cook, chef; **faire la cuisine** to cook (5); **livre** (*m.*) **de cuisine** cookbook; **nouvelle cuisine** light, low-fat cuisine
cuisiner to cook
cuisinette *f.* kitchenette
cuisson *f.* cooking (*process*)
cuit *adj.* cooked; **bien cuit** well done (*meat*)
cuivre *m.* copper; brass
culinaire *adj.* culinary, cooking
culte *m.* cult; religion
cultivé *adj.* educated; cultured
culture *f.* education; culture
culturel(le) *adj.* cultural
curieux/euse *adj.* curious
cyclisme *m.* cycling (15)
cycliste *m., f.* bicycle rider, cyclist
cynique *adj.* cynical

d'abord *adv.* first, first of all, at first (11)
d'accord *interj.* O.K., agreed (2)
d'ailleurs *adv.* besides, moreover
dalle: avoir la dalle *tr. fam.* to be very hungry, starving
dame *f.* lady, woman; **messieurs-dames** ladies and gentlemen
dangereux/euse *adj.* dangerous
dans *prep.* within, in (2); **dans quatre jours** in four days (5)
dansant *adj.* dancing; **soirée** (*f.*) **dansante** dance
danse *f.* dance; dancing
danser to dance (2)
date *f.* date (*time*); **date de naissance** date of birth
dater de to date from (12)
d'autres *pron.* others (17)
davantage *adv.* more
de *prep.* of, from, about (2)
débarquement *m.* debarkation, landing
débat *m.* debate
se débattre (*like* **battre**) *irreg.* to fight; to struggle

débrouillardise *f., fam.* resourcefulness
se débrouiller to manage, get along
début *m.* beginning; **au début (de)** in, at the beginning (of)
débutant(e) *m., f.* beginner
débuter to begin
décembre December (4)
décès *m.* demise, death
décevant *adj.* disappointing
décharge *f.* (*electrical*) discharge; unloading
déchets *m. pl.* (*industrial*) waste (16); debris; **déchets nucléaires** nuclear waste
déchirure *f.* tear, rent, split
décidément *adv.* decidedly; definitely
décider (de) to decide (to) (15)
décision *f.* decision; **prendre une décision** to make a decision
se déclarer to declare oneself
déclin *m.* decline
décodeur *m.* decoder
décollage *m.* take off (*airplane*)
décoloré *adj.* bleached; colorless; faded
décombres *m. pl.* rubble, debris
décontracté *adj.* relaxed
décor *m.* decor; scenery
décorer (de) to decorate (with)
découpage *m.* cutting up, carving up
découverte *f.* discovery
découvrir (*like* **ouvrir**) *irreg.* to discover, learn (14)
décrire (*like* **écrire**) *irreg.* to describe (10)
décrit *adj.* described
décrocher *fam.* to get, receive
dedans *prep., adv.* within, inside
dédoublé *adj.* divided into two (*parts*)
défaut *m.* defect, fault
défavorable *adj.* unfavorable
défendre to defend; **défendre de** to forbid
défi *m.* challenge
défilé *m.* parade (17); procession
défini *adj.* defined; definite; **article** (*m.*) **défini** *Gram.* definite article
définir to define
défonceur/euse *m., f.* smasher, destroyer
dégoûtant *adj.* disgusting
degré *m.* degree
se déguiser to disguise oneself, wear a costume (17)
déguster to taste; to relish; to eat, drink
dehors *adv.* outdoors; outside (13); **en dehors de** outside of, besides

déjà *adv.* already (9)
déjeuner to have lunch; *m.* lunch (6); **petit déjeuner** breakfast (6)
délaisser to forsake, abandon
délégué(e) *m., f.* delegate
délicieux/euse *adj.* delicious
deltaplane *m.* hang glider
déluge *m.* deluge, flood
demain *adv.* tomorrow (5); **à demain** see you tomorrow
demande *f.* request; application; **demande d'emploi** job application
demander to ask (for), request (4); **se demander** to wonder (12)
démarche *f.* (*necessary*) step
déménagement *m.* moving (*out of a house*)
déménager (**nous déménageons**) to move (*house*)
demi *adj.* half; **il est minuit et demi** it's twelve-thirty A.M. (6)
demi-frère *m.* half brother; stepbrother (5)
demi-heure *f.* half hour
demi-pension *f.* partial board (*with room*)
demi-sœur *f.* half sister; stepsister (5)
démocratie *f.* democracy
démolir to demolish, destroy
démonstratif/ive *adj.* demonstrative; **adjectif** (*m.*) **démonstratif** *Gram.* demonstrative adjective
dent *f.* tooth (13); **à pleines dents** fully, completely; **brosse** (*f.*) **à dents** toothbrush; **se brosser les dents** to brush one's teeth
dentifrice *m.* toothpaste
dentiste *m., f.* dentist (14)
départ *m.* departure (9); **point** (*m.*) **de départ** starting point
département *m.* department; district
dépasser to go beyond; to pass, surpass
se dépêcher (de) to hurry (to) (12)
dépendance *f.* dependency; outbuilding
dépense *f.* expense (14); spending
dépenser to spend (*money*) (14); **se dépenser** to waste, spend one's time
dépit *m.* spite; **en dépit de** in spite of
déplacement *m.* moving, change of place; travel
déplacer (**nous déplaçons**) to displace; to shift; to remove; **se déplacer** to move around, go somewhere
déplaire (*like* **plaire**) *irreg.* to displease
déporté *adj.* deported

déposer to deposit (14); **déposer de l'argent** to deposit money
déprimé *adj.* depressed
depuis (que) *prep.* since, for (8); **depuis combien de temps** how long
député *m.* delegate, deputy
déranger (**nous dérangeons**) to disturb, bother
dériveur *m.* sailboat; drifter
dernier/ière *adj.* last (8); most recent; past; **la dernière fois** the last time; **l'an dernier** (**l'année dernière**) last year
dernièrement *adv.* lately, recently
se dérouler to unfold; to develop
derrière *prep.* behind (3); *m.* back, rear
dès *prep.* from (*then on*); **dès que** *conj.* as soon as (14)
désagréable *adj.* disagreeable, unpleasant (3)
désastre *m.* disaster
désastreux/euse *adj.* disastrous
descendre to go down; to get off (9); to take down; to go down (*street, river*); **descendre à** to go down (*south*) to (5); **descendre de** to get down (from), get off (5)
désert *m.* desert; wilderness
déserter to desert; to run away
déserteur *m.* deserter; defector
désir *m.* desire
désirer to desire, want (15)
désolé *adj.* sorry (16); **(je suis) désolé(e)** I'm sorry (8)
désordre *m.* disorder, confusion; **en désordre** disorderly, untidy (4)
désormais *adv.* henceforth
dessert *m.* dessert (6)
dessin *m.* drawing
dessinateur/trice *m., f.* designer; sketcher
dessiné *adj.* drawn, sketched; **bande** (*f.*) **dessinée** comic strip; *pl.* comics
dessiner to draw
dessous *adv.* under, underneath; **ci-dessous** *adv.* below
dessus *adv.* above; over; on; **ci-dessus** *adv.* above, previously; **là-dessus** on that subject
destinataire *m., f.* recipient
destination *f.* destination; **à destination de** in the direction of; heading for
destiné (à) *adj.* designed (for), aimed (at)
destinée *f.* destiny, future
détail *m.* detail; **en détail** in detail
détaillé *adj.* detailed

se détendre to relax (12)

détenir (*like* **tenir**) *irreg.* to be in possession of

détente *f.* relaxation; detente

déterminer to determine

détester to detest; to hate (2)

détruire (*like* **conduire**) *irreg.* to destroy (9)

deux *adj.* two (1); **tous (toutes) les deux** both (of them)

deuxième *adj.* second (5); **deuxième classe** second-class (*travel*); **Deuxième Guerre** (*f.*) **mondiale** Second World War

devant *prep.* before, in front of (2)

développé *adj.* developed; industrialized

développement *m.* development (16); developing (*photo*); **pays** (*m.*) **en voie de développement** developing country

développer to spread out; to develop (16); **se développer** to expand; to develop

devenir (*like* **venir**) *irreg.* to become (8); *m.* evolution, change

devenu *adj.* became

deviner to guess (12)

devinette *f.* riddle, conundrum

dévoiler to reveal, disclose

devoir (*p.p.* **dû**) *irreg.* to owe; to have to, be obliged to (7); *m.* duty; *m. pl.* homework (5); **faire ses devoirs** to do one's homework (5)

dévorant *adj.* ravenous; devouring

dévorer to devour

d'habitude *adv.* habitually, usually (10)

diamant *m.* diamond

diapositive *f.* (*photographic*) slide

dictateur/trice *m., f.* dictator

dictionnaire *m.* dictionary (2)

diététique *f.* dietetics, nutrition; *adj.* dietetic

dieu *m.* god

différemment *adv.* differently

différend *m.* disagreement, difference

différent *adj.* different (3)

difficile *adj.* difficult (3)

diffuser to broadcast; to disseminate

diffusion *f.* broadcasting

digestif *m.* brandy, liqueur

digne *adj.* worthy

diligemment *adv.* diligently

dimanche *m.* Sunday (1)

diminuer to lessen, diminish

diminution *f.* decrease, reduction (16)

dinde *f.* turkey

dîner to dine, have dinner (6); *m.* dinner (6)

diplomate *m., f.* diplomat; *adj.* diplomatic, tactful

diplomatique *adj.* diplomatic (*of the diplomatic corps*)

diplôme *m.* diploma

diplômé(e) *m., f.* graduate; holder of a diploma; *adj.* graduated

dire (*p.p.* **dit**) *irreg.* to say, tell (10); **c'est-à-dire** that is to say, namely; **dis donc** *interj.* say, listen; **que veut dire... ?** what does . . . mean? (7); **se dire** to say to one another; **vouloir dire** to mean (7)

direct *adj.* direct, straight; live (*broadcast*); through, fast (*train*); **en direct** live (*broadcasting*); **pronom** (*m.*) (**complément**) **d'objet direct** *Gram.* direct object pronoun

directeur/trice *m., f.* manager, head (14)

direction *f.* direction; management; leadership

directives *f. pl.* rules of conduct, directives

diriger (**nous dirigeons**) to direct (14); to govern, control; **se diriger vers** to go, make one's way, toward

disc: compact disc *m.* CD player

disco *m.* disco music

discothèque (*fam.* **disco**) *f.* discothèque

discours *m.* discourse; speech

discuter (**de**) to discuss

disjoint: pronom (*m.*) **disjoint** *Gram.* disjunctive, stressed pronoun

disparaître (*like* **connaître**) *irreg.* to disappear (13)

disparition *f.* disappearance

disponible *adj.* available

disposer de to have (available); to dispose, make use of

disposition *f.* disposition; ordering; **à votre disposition** at your disposal

dispute *f.* quarrel

se disputer (**avec**) to quarrel (with) (13)

disque *m.* record (4), recording

dissertation *f.* essay, term paper

distraction *f.* recreation; entertainment; distraction

se distraire (*like* **traire**) *irreg.* to have fun, amuse oneself

distrait *adj.* distracted, absentminded (9)

distribuer to distribute

distributeur/trice *m., f.* distributor; *m.* vending machine; **distributeur automatique** automatic teller (ATM) (14)

divers *adj.* changing; varied, diverse; **fait** (*m.*) **divers** news item, incident

se divertir to enjoy oneself, have a good time

divertissement *m.* amusement, pastime

se diviser to divide up

divorcé(e) *adj.* divorced; *m., f.* divorced person (5)

dix *adj.* ten (1); **dix-sept (-huit, -neuf)** *adj.* seventeen (eighteen, nineteen) (1)

dixième *adj.* tenth

docteur *m.* doctor

doigt *m.* finger (13)

domaine *m.* domain; specialty

domestique *m., f.* servant; *adj.* domestic

domicile *m.* domicile, place of residence, home; **à domicile** at home; **visite** (*f.*) **à domicile** house call

dominante *f.* prevailing, dominant note

dominical *adj.* pertaining to Sunday(s)

dommage *m.* damage; pity; too bad (8); **c'est dommage** it's too bad, what a pity; **il est dommage que** + *subj.* it's too bad that (16)

donc *conj.* then; therefore (3); **dis donc** *interj.* say, listen

données *f. pl.* data; **base** (*f.*) **de données** data base

donner to give (2); **donner des conseils** to give advice; **donner sur** to open out onto, overlook (4)

dont whose, of whom, of which (14)

doré *adj.* gold; golden; gilt

dormir *irreg.* to sleep (8)

dortoir *m.* dormitory

dos *m.* back; **sac** (*m.*) **à dos** backpack (2)

dot *f.* dowry

douane *f.* customs (*at the border*)

doublé *adj.* dubbed (*film*); doubled

doubler to pass (*a car*); to double; to dub

douceur *f.* softness; gentleness; sweetness

douche *f.* shower (*bath*) (4); **prendre une douche** to take a shower

se doucher to take a shower (13)

doué *adj.* talented, gifted; bright; **être doué(e) pour** to be talented in

douloureuse *f., tr. fam.* bill (*in restaurant*)

doute *m.* doubt; **sans doute** probably, no doubt

douter to doubt (16)

douteux/euse *adj.* doubtful, uncertain, dubious

doux (douce) *adj.* sweet, kindly, pleasant; soft, gentle; **à feu doux** on low heat

douzaine *f.* dozen; about twelve

douze *adj.* twelve (1)

douzième *adj.* twelfth

dramatique *adj.* dramatic; **arts** (*m. pl.*) **dramatiques** theater, theater arts

drap *m.* (*bed*) sheet

drapeau *m.* flag

drogue *f.* drug

droit *m.* law (2); right; fee, royalty; **faculté** (*f.*) **de droit** law school; **les droits de l'homme** the rights of man

droit *adj.* right; straight; *adv.* straight on; *f.* right; right hand; **à droite** (**de**) *prep.* on the right (of) (11); **aller tout droit** to go straight ahead (11); **extrême-droite** *f.* far right (*political*); **Rive** (*f.*) **droite** Right Bank (*of the Seine*) (11)

drôle *adj.* funny, odd (3); **un(e) drôle de...** a funny, odd . . .

duc *m.* duke

dur *adj.* hard; difficult; **en dur** concrete, stone; **travailler dur** to work hard

durant *prep.* during

durée *f.* duration, length

durer to last, continue; to endure; to last a long time

dynamique *adj.* dynamic (3)

eau *f.* water (6); **eau minérale** mineral water (6); **salle** (*f.*) **d'eau** half-bath (*toilet and sink*)

ébranlé *adj.* shaken, upset

échange *m.* exchange (17)

échanger (**nous échangeons**) to exchange

échec *m.* failure; checkmate; *pl.* chess (2); **jouer aux échecs** to play chess

échelle *f.* scale; ladder

éclair *m.* éclair (*custard pastry with chocolate*) (7)

éclaircie *f.* clearing (*in weather*)

éclairé *adj.* lit, lighted

éclatement *m.* bursting, rupture

éclater to break out; to burst; **s'éclater** *fam.* to enjoy oneself intensely

école *f.* school (10); **école maternelle** preschool, kindergarten; **école**

primaire (**secondaire**) primary (secondary) school; **grandes écoles** (*French state-run*) graduate schools

écologie *f.* ecology

écologique *adj.* ecological

écologiste *m., f.* ecologist (*politics*); *adj.* ecological (16)

économe *adj.* thrifty, economical

économie (*fam.* **éco**) *f.* economics; economy; *pl.* savings; **faire des économies** to save (*money*) (14)

économique *adj.* economic; financial; economical; **classe** (*f.*) **économique** tourist class (9); **sciences** (*f. pl.*) **économiques** economics

économiser to save (*money*)

écoulé *adj.* of last (*month, year*)

écoute: à l'écoute *adv.* listening (in)

écouter to listen to (2)

écrevisse *f.* crayfish (17)

s'écrier to cry out, exclaim

écrire (*p.p.* **écrit**) (**à**) *irreg.* to write (to) (10)

écrit *adj.* written; **par écrit** in writing

écrivain (**femme-écrivain**) *m., f.* writer (12)

édifice *m.* building, edifice

éditeur/trice *m., f.* editor; publisher

édition *f.* publishing; edition

éducatif/ive *adj.* educational

éducation *f.* upbringing; breeding; education

effacer (**nous effaçons**) to erase

effectif *m.* manpower; size (*of working group*)

effectivement *adv.* effectively; actually, in reality

effet *m.* effect; **effet de serre** greenhouse effect; **en effet** as a matter of fact, indeed

efficace *adj.* efficient, useful

effort *m.* effort, attempt; **faire un** (**des**) **effort(s) pour** to try, make an effort to

égal *adj.* equal; all the same; **cela** (**ça**) **m'est égal** I don't care, it's all the same to me

également *adv.* equally; likewise, also

égalité *f.* equality

église *f.* church (11)

égoïste *m., f., adj.* selfish (*person*)

eh bien! *interj.* well! well then! (3)

électeur/trice *m., f.* voter (16)

électricité *f.* electricity

électronique *f.* electronics; *adj.* electronic

électronucléaire *adj.* electro-nuclear

élève *m., f.* pupil, student

élevé *adj.* high (13); raised; brought up

élever (**j'élève**) to raise; to lift up

éliminer to eliminate

élire (*like* **lire**) *irreg.* to elect (16)

elle *pron., f. s.* she; her; **elle-même** *pron., f. s.* herself; **elles** *pron., f. pl.* they; them

élu(e) *m., f., adj.* elected, chosen (*person*)

embarquement *m.* embarkation; **carte** (*f.*) **d'embarquement** boarding pass (9)

embarrassant *adj.* embarrassing

embarrassé *adj.* embarrassed

embauche *f.* hiring (14)

embaucher to hire (14)

embellir to beautify; to embellish

embêter to annoy; to bore

embouteillage *m.* traffic jam

embrasser to kiss; to embrace; **je t'embrasse** love (*closing of letter*); **s'embrasser** to embrace or kiss each other (13)

émetteur *m.* transmitter

émettre (*like* **mettre**) *irreg.* to emit, broadcast; to issue

émigrer to emigrate

émission *f.* program; broadcast (10)

emmener (**j'emmène**) to take (*s.o. somewhere*) (15); to take along

empêcher (**de**) to prevent (from) (15); to preclude

empereur *m.* emperor

emplacement *m.* location

emploi *m.* use; job, position; **demande** (*f.*) **d'emploi** job application; **offre** (*f.*) **d'emploi** job offer

employé(e) *m., f.* employee; white-collar worker (14); **employé(e) de** s.o. employed by (14)

employer (**j'emploie**) to use; to employ

employeur/euse *m., f.* employer

empoisonner to poison

emporter to take (*s.th. somewhere*); to take out (*food*)

emprunt *m.* loan (14); **faire un emprunt** to take out a loan

emprunter (**à**) to borrow (from) (12)

en *prep.* in; to (2); like; in the form of; *pron.* of them; of it; some; any (11)

encercler to circle, encircle

enchaîné *adj.* chained, fettered

enchanté *adj.* enchanted; pleased; **enchanté(e) de faire votre connaissance** delighted to meet you

encore *adv.* still (9); again; yet; even; more; **encore une fois** once more; **ne... pas encore** not yet

encourager (nous encourageons) (à) to encourage (to)

encyclopédie *f.* encyclopedia

endisquer to record (*an album*)

s'endormir to fall asleep (13)

endosser to endorse (*check*)

endroit *m.* place, spot (8)

énergétique *adj.* pertaining to energy

énergie *f.* energy; **énergie nucléaire (solaire)** nuclear (solar) energy (16)

énergique *adj.* energetic

énervant *adj.* aggravating, irritating

énervé *adj.* irritated, upset

enfance *f.* childhood

enfant *m., f.* child (5); **petit-enfant** *m.* grandchild (5)

enfantin *adj.* childish; juvenile

enfin *adv.* finally, at last (11)

engagement *m.* (*political*) commitment

engager (nous engageons) to open; to begin, start; **s'engager vers** to commit oneself to (16)

s'engueuler *fam.* to quarrel, scold each other

énigme *f.* riddle, enigma

enlever (j'enlève) to remove, take off

ennemi(e) *m., f.* enemy

ennui *m.* trouble (9); problem; worry; boredom

ennuyer (j'ennuie) to bother; to bore; **s'ennuyer** to be bored, get bored (13)

ennuyeux/euse *adj.* boring (13); annoying

énorme *adj.* huge, enormous

enquête *f.* inquiry; investigation

enquêteur/euse *m., f.* investigator; reporter

enregistrer to record; to check in

s'enrhumer to catch cold

enrichissant *adj.* enriching

enseignant(e) *m., f.* teacher, instructor

enseignement *m.* teaching; education (15)

enseigner (à) to teach (to) (15)

ensemble *adv.* together; *m.* ensemble; whole

ensoleillé *adj.* sunny

ensuite *adv.* then, next (7)

entendre to hear (5); **s'entendre (bien, mal) avec** to get along (well, badly) with (12)

enthousiasme *m.* enthusiasm

enthousiaste *adj.* enthusiastic (3)

entier/ière *adj.* entire, whole, complete; **en entier** entirely

entourer (de) to surround (with)

entracte *m.* intermission

entraînement *m.* (*athletic*) training, coaching

entre *prep.* between, among (4)

entrecôte *f.* rib steak

entrée *f.* entrance, entry; admission; first course (*meal*) (7)

entreprise *f.* business, company (14); **chef** (*m.*) **d'entreprise** company head, top manager, boss (14)

entrer (dans) to enter (9)

entretien *m.* maintenance; conversation; job interview (14)

entrevue *f.* (*job*) interview

enveloppe *f.* envelope (10)

envers *prep.* to; toward; in respect to; **à l'envers** upside down; inside out

envie *f.* desire; **avoir envie de** to want; to feel like (4)

environ *adv.* about, approximately (4)

environnement *m.* environment (16); milieu

envisager (nous envisageons) to envision

envoi: coup (*m.*) **d'envoi** kickoff, free kick (*soccer*)

envoyer (j'envoie) to send (10)

épais(se) *adj.* thick

épargne *f.* saving, thrift; **compte** (*m.*) **d'épargne** savings account (14)

épaule *f.* shoulder

épice *f.* spice

épicé *adj.* spicy

épicerie *f.* grocery store (7)

épicier/ière *m., f.* grocer

épidémie *f.* epidemic

épidémiologique *adj.* epidemiological

épinards *m. pl.* spinach

époque *f.* period (*of history*) (12); **à l'époque de** at the time of; **meubles** (*m. pl.*) **d'époque** antique furniture

épouser to marry

époux (épouse) *m., f.* spouse; husband (wife)

épreuve *f.* test; trial; examination; **mettre à l'épreuve** to test

éprouver to feel; to experience

équilibre *m.* equilibrium, balance

équilibré *adj.* balanced, well-balanced

équipe *f.* team (15); working group; **sports** (*m. pl.*) **d'équipe** team sports; **travail** (*m.*) **d'équipe** teamwork

équipé *adj.* equipped

équipement *m.* equipment; gear

équitation *f.* horseback riding

érable *m.* maple; **sirop** (*m.*) **d'érable** maple syrup

erreur *f.* error; mistake

erroné *adj.* wrong, erroneous

éruption *f.* eruption; rash (*skin*)

escalade *f.* climbing; **faire de l'escalade** to go rock climbing, mountain climbing

escalier *m.* stairs, stairway (5)

escalope *f.* (*veal*) scallop

escargot *m.* snail; escargot

esclavage *m.* slavery

esclave *m., f.* slave

escrime *f.* fencing (*sport*)

espace *m.* space

Espagne *f.* Spain (8)

espagnol *adj.* Spanish; *m.* Spanish (*language*); **Espagnol(e)** *m., f.* Spanish (*person*) (2)

espèce *f.* species; cash; **en espèces** in cash

espérance *f.* hope; expectancy; **espérance de vie** life expectancy

espérer (j'espère) to hope (15)

espoir *m.* hope

esprit *m.* mind; spirit; wit

essai *m.* trial; experiment; attempt

essayer (j'essaie) (de) to try (to) (10)

essence *f.* gasoline, gas; essence; **faire le plein d'essence** to fill the tank

essentiel(le) *adj.* essential; **il est essentiel que + *subj.*** it's essential that (16)

essor *m.* flight, rise

est *m.* east (9); **à l'est** to the east (9)

estimer to consider; to believe; to estimate (16); **s'estimer** to think oneself

et *conj.* and (2); **et puis?** and (then) next? (7); **et quart** quarter past (*the hour*) (6); **et toi (vous)?** and you? (1)

établir to establish, set up; **s'établir** to settle; to set up

établissement *m.* settlement; establishment

étage *m.* floor (*of building*); **premier étage** second floor (*in France*) (5)

étagère *f.* shelf (4); étagère

étape *f.* stage; stopping place

état *m.* state (8); shape; **coup** (*m.*) **d'état** coup, government overthrow; **en bon (mauvais) état** in good (bad) condition; **secrétaire** (*m., f.*) **d'état** secretary of state

États-Unis *m. pl.* United States (of America) (8)

été *m.* summer (6); **en été** in summer (6); **job** (*m.*) **d'été** summer job
s'étendre to spread (out), extend
éternel(le) *adj.* eternal
éternité *f.* eternity
étoile *f.* star; **à la belle étoile** in the open air
étonnant *adj.* astonishing, surprising
étonné *adj.* surprised (16); astonished
étrange *adj.* strange (16)
étranger/ère *adj.* foreign; *m., f.* stranger; foreigner; **à l'étranger** abroad, in a foreign country (9); **langue** (*f.*) **étrangère** foreign language (2)
être (*p.p.* **été**) *irreg.* to be (3); *m.* being; **c'est** (**ce n'est pas**) it's (it isn't); **comment est-il/elle?** what's he/she like?; **être en train de** to be in the process of, in the middle of (15); **être fauché(e)** *fam.* to be broke, without money; **être raide** *tr. fam.* to be broke, without money; **nous sommes lundi** (**mardi...**) it's Monday (Tuesday . . .) (1); **peut-être** *adv.* perhaps, maybe (5)
étroit *adj.* narrow, small
étude *f.* study; *pl.* studies; **faire des études** to study
étudiant(e) *m., f., adj.* student (1); **carte** (*f.*) **d'étudiant** student ID card
étudier to study (2)
euh... *interj.* uh . . .
eux *pron., m. pl.* them; **eux-mêmes** *pron., m., pl.* themselves
évalué *adj.* appraised; evaluated
évasion *f.* escape
événement *m.* event (12)
éventuellement *adv.* possibly
évidemment *adv.* evidently, obviously
évident *adj.* obvious, clear; **il est évident que** + *indic.* it is clear that (16)
évier *m.* (kitchen) sink
éviter to avoid
évoluer to evolve, advance
évolutif/ive *adj.* evolutive; with potential
évoquer to evoke, call to mind
exagérer (**j'exagère**) to exaggerate
examen (*fam.* **exam**) *m.* test, exam (2); examination; **passer un examen** to take an exam (4); **réussir à un examen** to pass a test
excentrique *adj.* eccentric (3)
excepté *prep.* except
exceptionnel(le) *adj.* exceptional
excès *m.* excess
excessif/ive *adj.* excessive
exclusif/ive *adj.* exclusive

excursion *f.* excursion, outing; **faire une excursion** to go on an outing
s'excuser (**de**) to excuse oneself (for) (12); **excusez-moi** excuse me, pardon me (1)
exécution *f.* carrying out; execution
exemplaire *adj.* exemplary
exemple *m.* example; **par exemple** for example (16)
exercer (**nous exerçons**) to exercise; to practice
exercice *m.* exercise; **faire de l'exercice** to do exercise(s)
exigeant *adj.* demanding; difficult
exiger (**nous exigeons**) to require, demand (16)
s'exiler to exile oneself, leave one's country
exister to exist
expédition *f.* shipping
expérience *f.* experience; experiment; **faire l'expérience de** to experience
expert(e) *m., f.* expert; **expert(e)-comptable** *m., f.* certified public accountant
expirer to breathe out; to expire
explication *f.* explanation
expliquer to explain; **s'expliquer avec** to explain oneself; to have it out with
exploiter to exploit
explorateur/trice *m., f.* explorer
explorer to explore
exposé *m.* presentation, exposé
exposer to expose, show; to display
exposition *f.* exhibition; show
expression *f.* expression; term; **liberté** (*f.*) **d'expression** freedom of expression (16)
exprimer to express; **exprimer une opinion** to express an opinion (16)
extérieur *m., adj.* exterior; outside; **à l'extérieur** (on the) outside, out-of-doors
extrait *m.* excerpt; extract
extraordinaire *adj.* extraordinary
extrême *adj.* extreme; **extrême-droite** *f.* extreme right (*political*)

fabricant(e) *m., f.* manufacturer
fabrication *f.* manufacture
fabriquer to manufacture, make
fac *f., fam.* (**faculté**) university department or school
face *f.* face; façade; **en face** (**de**) *prep.* opposite, facing, across from (11); **faire face à** to confront

facette *f.* facet
fâché *adj.* angry (16); annoyed
fâcher to anger; to annoy; **se fâcher** to get angry (13)
fâcheux/euse *adj.* unfortunate (16); troublesome
facile *adj.* easy (3)
facilité *f.* aptitude, talent; easiness
façon *f.* way, manner, fashion; **de façon** (**logique**) in a (logical) way
facteur *m.* factor; letter carrier (14)
facture *f.* bill (*to pay*)
faculté *f* ability; (*fam.* **fac**) division (*university*) (2); **faculté de droit** (**de médecine**) law (medical) school; **faculté des lettres** School of Arts and Letters; **faculté des sciences naturelles** School of Natural Science
faible *adj.* weak; small
faim *f.* hunger; **avoir faim** to be hungry (4)
faire to do (5); to make; to form; to be; **faire appel à** to appeal to, call upon; **faire attention** (**à**) to be careful (of); to watch out (for) (5); **faire beau** (**il fait beau**) to be good weather (it's nice out) (6); **faire chaud** (**il fait chaud**) to be warm, hot (out) (it's warm, hot) (6); **faire de la bicyclette** to cycle, go biking; **faire de la chasse sportive** to do sport hunting; **faire de l'aérobic** to do aerobics (5); **faire de la gymnastique** (*fam.* **gym**) to do gymnastics; to exercise; **faire de l'alpinisme** to go mountain climbing; **faire de la peinture** to paint; **faire de la planche à voile** to go windsurfing; **faire de la politique** to go in for politics; **faire de la voile** to go sailing (5); **faire de l'exercice** to do exercises; to exercise; **faire des acrobaties** to do acrobatics, stunts; **faire des calculs** to do calculations; **faire des courses** to do errands (5); **faire des économies** to save (up) money (14); **faire des études** to study; **faire des préparatifs** to prepare, make preparations; **faire du bateau** to go boating; **faire du bruit** to make noise; **faire du camping** to camp, go camping; **faire du canoë** to go canoeing; **faire du cheval** to go horseback riding; **faire du commerce** to trade, do business; **faire du jardinage** to garden (15); **faire du jogging** to run, jog (5); **faire du ski** to ski (5); **faire du ski de fond** to go

cross-country skiing (8); **faire du ski nautique** to go waterskiing; **faire du soleil (il fait du soleil)** to be sunny (it's sunny) (6); **faire du sport** to do sports (5); **faire du tennis** to play tennis; **faire du tourisme** to go sightseeing; **faire du vélo** to go cycling (5); **faire du vent (il fait du vent)** to be windy (it's windy) (6); **faire face à** to face, confront; **faire faire** to have done, make s.o. do s.th.; **faire frais (il fait frais)** to be cool (out) (it's cool) (6); **faire froid (il fait froid)** to be cold (out) (it's cold) (6); **faire (la) grève** to strike, go on strike (16); **faire la bise** to kiss on both cheeks (*in greeting*); **faire la connaissance de** to meet (*for the first time*) (5); **faire la cuisine** to cook (5); **faire la fête** to party; **faire la lessive** to do the laundry (5); **faire la sieste** to take a nap; **faire la vaisselle** to do the dishes (5); **faire le lit** to make the bed; **faire le marché** to do the shopping, go to the market (5); **faire le ménage** to do the housework (5); **faire le plein (d'essence)** to fill it up (with gas) (9); **faire les courses** to do errands (5); **faire les valises** to pack one's bags; **faire le tour de** to go around; to tour; **faire mauvais (il fait mauvais)** to be bad weather (out) (it's bad out) (6); **faire partie de** to belong to; **faire ses devoirs** to do one's homework (5); **faire sombre** to be dark; **faire son possible** to do one's best; **faire un chèque** to write a check (14); **faire un cours** to give, teach a course; **faire une drôle de tête (de tronche)** *fam.* to act strangely; **faire une erreur** to make a mistake; **faire une excursion** to go on an outing; **faire un emprunt** to take out a loan; **faire une promenade** to take a walk (5); **faire un petit service** to do a favor (15); **faire un pique-nique** to go on a picnic; **faire un safari-photos** to go on a photo-safari; **faire un stage** to do an internship; **faire un temps pourri** *fam.* to be rotten weather; **faire un tour** to take a walk, ride (5); **faire un voyage** to take a trip (5); **se faire un resto (un ciné)** *tr. fam.* to go to a restaurant (to the movies)
fait *m.* fact; *adj.* made; **tout à fait** *adv.* completely, entirely

falloir (*p.p.* **fallu**) *irreg.* to be necessary (16); to be lacking; **il faut** + *inf.* it is necessary to; one needs (7)
fameux/euse *adj.* famous
familial *adj.* family
familiariser to familiarize
familier/ière *adj.* familiar
famille *f.* family (5); **en famille** with one's family; **pension** (*f.*) **de famille** family boarding house
fanatisme *m.* fanaticism
fantaisie *f.* fantasy; novelty; **bijoux** (*m. pl.*) **fantaisie** costume jewelry
farine *f.* flour
fascinant *adj.* fascinating
fasciné *adj.* fascinated
fatigant *adj.* tiring
fatigue *f.* tiredness, fatigue
fatigué *adj.* tired
fauché *adj., fam.* broke, without money
faut (il) it is necessary to; one needs (7)
faute *f.* fault, mistake
fauteuil *m.* armchair, easy chair
faux (fausse) *adj.* false (7)
faveur *f.* favor; **en faveur de** supporting, backing
favori(te) *adj.* favorite (8)
fécondité *f.* fertility
fédératif/ive *adj.* federal (*constitution*)
fédéré *adj.* federated
fée *f.* fairy; **conte** (*m.*) **de fée(s)** fairy tale
félicitations *f. pl.* congratulations
féminin *adj.* feminine
femme *f.* woman (2); wife (5); **femme d'affaires** businesswoman; **femme de ménage** cleaning woman, housekeeper; **femme politique** politician (16)
fenêtre *f.* window (1)
fer *m.* iron; **chemin** (*m.*) **de fer** railroad; **fer forgé** wrought iron
ferme *adj.* firm; **tenir ferme** to stand firm
fermer to close (8)
fête *f.* holiday (4); celebration, party; saint's day, name day (4); *pl.* Christmas season; **faire la fête** to party; **fête des Anciens Combattants** Armistice Day, Veterans Day; **fête des Rois** Feast of the Magi, Epiphany; **fête du travail** labor day; **jour** (*m.*) **de fête** holiday
fêter to celebrate (17); to observe a holiday
feu *m.* fire; traffic light; **à feu doux** on low heat

feuilleté *adj.* flaky (*pastry*)
fève *f.* bean
février February (4)
fiançailles *f. pl.* engagement (13); **bague** (*f.*) **de fiançailles** engagement ring (13)
fiancé(e) *m., f., adj.* fiancé(e), betrothed
se fiancer (nous nous fiançons) to become engaged
fibre *f.* fiber, filament
fiche *f.* index card; form (*to fill out*); deposit slip; **fiche d'identité** identity card
fictif/ive *adj.* fictitious
fidèle *adj.* faithful
fier (fière) *adj.* proud (3); **être fier (fière) de** to be proud of
fièvre *f.* fever
figure *f.* face; figure
figurer to appear
fil *m.* thread; cord; **coup** (*m.*) **de fil** *fam.* phone call
filer to trail, follow
filet *m.* fillet (*fish, meat*) (7); **faux filet** sirloin (*of beef*); **filet de porc (de bœuf)** pork (beef) filet
filiale *f.* subsidiary
fille *f.* girl; daughter (5); **jeune fille** girl, young woman (3); **petite-fille** granddaughter (5)
film *m.* movie, film (2); **un film doublé** a dubbed movie
fils *m.* son (5); **petit-fils** grandson (5)
fin *f.* end; purpose; *adj.* fine, thin; **à la fin de** at the end of; **au fin fond de** in the heart of; **en fin d'après-midi** in the late afternoon; **extra-fin** *adj.* superfine; **mi-fin** *adj.* medium-cut (*vegetables*); **toucher à sa fin** to draw to a close
finalement *adv.* finally
finaliste *m., f.* finalist
finance *f.* finance; *pl.* finances
financer (nous finançons) to finance
financier/ière *adj.* financial
finir (de) to finish (4); **finir par** to end, finish by (*doing s.th.*) (15)
firme *f.* firm, company
fixe *adj.* fixed
fixer to fix; to make firm
flanc *m.* (*mountain*) side
flâner to stroll (12)
flash (d'informations) *m.* newsbrief
fleur *f.* flower (4); **fleur de lis** fleur de lys, trefoil
fleurette *f.* floweret

fleurir to flower; to flourish

fleuve *m.* river (*flowing into the sea*) (8)

flotte *f.*, *tr. fam.* water

flûte *f.* flute

foie *m.* liver; **pâté** (*m.*) **de foie gras** goose liver pâté

fois *f.* time, occasion; times (*arithmetic*); **encore une fois** again; **il était une fois** once upon a time; **la première (dernière) fois** the first (last) time; **une fois** once (11); **une fois par (semaine)** once a (week) (5)

folklorique *adj.* traditional; folk (*music, etc.*)

fonction *f.* function; use, office; **en fonction de** as a function of; according to

fonctionnaire *m.*, *f.* civil servant (14)

fonctionnement *m.* working order, functioning

fonctionner to function, work

fond *m.* bottom; back, background; *pl.* funds, funding; **au fin fond de** in the heart of; **ski** (*m.*) **de fond** cross-country skiing (8)

fondateur/trice *m.*, *f.* founder

fondation *f.* founding, settlement

fonder to found

fondre to melt

fondue *f.* fondue (*Swiss melted cheese dish*)

fontaine *f.* fountain

football (*fam.* **foot**) *m.* soccer; **football américain** football; **match** (*m.*) **de foot** soccer game

footballeur *m.* soccer player

force *f.* strength; **force de vente** sales force

forcer (**nous forçons**) to force, compel; **forcer sur** to stress, emphasize; to overdo

forêt *f.* forest (8)

formation *f.* education, training

forme *f.* form; shape; figure; **en (bonne, pleine) forme** physically fit; **en (sous) forme de** in the form of; **salle** (*f.*) **de mise en forme** fitness, conditioning room; **tenir la forme** to stay in shape

formel(le) *adj.* formal

former to form, shape; to train

formidable *adj.* great, wonderful (5)

formulaire *m.* form (*to fill out*); **remplir un formulaire** to fill out a form

formuler to formulate

fort *adj.* strong; heavy; *adv.* strongly; loudly, loud; very (13); often; a lot; **parler fort** to speak loudly; **travailler fort** to work hard

fortifié *adj.* fortified

fossoyeur/euse *m.*, *f.* gravedigger

fou (fol, folle) *adj.* crazy, mad; **amour** (*m.*) **fou** mad passion

foudre *f.* lightning; **coup** (*m.*) **de foudre** thunderbolt; love at first sight (13)

foulard *m.* scarf

foule *f.* crowd

fourchette *f.* fork (6)

fourmi *f.* ant

fournir to furnish, supply, provide

fournitures *f. pl.* supplies, equipment; **fournitures scolaires** school supplies

foyer *m.* hearth; home (5); student residence

frais *m. pl.* fees; expense(s) (14); **frais d'inscription (de scolarité)** school, university (tuition) fees

frais (fraîche) *adj.* cool (6); fresh (7); **faire frais (il fait frais)** to be cool (out) (it's cool) (6)

fraise *f.* strawberry (6)

framboise *f.* raspberry

franc *m.* franc (*French, Swiss currency*) (7)

franc(he) *adj.* frank; truthful; honest

français *adj.* French; *m.* French (*language*); **Français(e)** *m.*, *f.* Frenchman (woman) (2)

France *f.* France (8)

francophone *adj.* French-speaking (17)

francophonie *f.* French-speaking world

frangin(e) *m.*, *f.*, *tr. fam.* brother (sister)

franglais *m.* English or American terms used in French

frappant *adj.* striking

frappé *m.* iced drink

frapper to strike; to knock; to levy (*tax*)

fréquemment *adv.* frequently, often

fréquenté *adj.* much visited, popular

frère *m.* brother (5); **beau-frère** brother-in-law (5); **demi-frère** half brother; step brother (5)

fric *m.*, *fam.* money, cash; **mettre du fric de côté** *fam.* to put some cash aside

frigo *m.*, *fam.* fridge, refrigerator

friperie *f.*, *fam.* secondhand clothes shop

frisé *adj.* curly (13)

frit *adj.* fried; **frites** *f. pl.* French fries (6)

froid *adj.* cold; *m.* cold (6); **avoir froid** to be cold (4); **faire froid (il fait froid)** to be cold (out) (it's cold) (6); **garder son sang-froid** to keep one's cool

frôler to touch lightly, brush

fromage *m.* cheese (6)

frometon *m.*, *tr. fam.* cheese

frontière *f.* frontier; border

fruit *m.* fruit (6); **jus** (*m.*) **de fruit** fruit juice (7)

fuir (*p.p.* **fui**) *irreg.* to flee, run away; to shun

fumée *f.* smoke

fumer to smoke (8)

fumeur/euse *m.*, *f.* smoker (9); **section (zone) (*f.*) fumeurs (non-fumeurs)** smoking (non-smoking) section (9)

funky *m.* funk rock (*music*)

furieux/euse *adj.* furious (16)

fusil *m.* gun; rifle

futé *adj.* sharp, smart, crafty

futur *m.*, *Gram.* future (tense); *adj.* future

futuriste *adj.* futuristic

gâcher to spoil, bungle

gagnant(e) *m.*, *f.* winner

gagner to win; to earn (14)

galerie *f.* gallery; roof rack (*car*)

galette *f.* pancake; tart, pie; **galette des rois** Twelfth Night cake

gamme *f.* range, gamut; **haut de gamme* *adj.* high-level, top-flight

gant *m.* glove; **gants de ski** ski gloves (8)

garantie *f.* guarantee; safeguard

garantir to guarantee

garçon *m.* boy; café waiter

garde *f.* watch; *m.*, *f.* guard

garder to keep, retain; to take care of; **garder son sang-froid** to keep one's cool

gardien(ne) *m.*, *f.* caretaker; babysitter

gare *f.* station; train station (9); **gare de chargement** loading dock

garer to park

gars *m.*, *fam.* guy, fellow

gaspillage *m.* waste (16)

gaspiller to waste

gastronomique *adj.* gastronomical

gâteau *m.* cake (6)

gauche *adj.* left; *f.* left; **à gauche** on the, to the left (11); **Rive** (*f.*) **gauche** Paris Left Bank (11); **se lever du pied gauche** to get up on the wrong side of the bed

gaz *m.* gas; **couper le gaz** to shut off the gas

géant *adj.* giant

gendarme *m.* gendarme (*French state police officer*)

généalogique *adj.* genealogical; family

gêner to annoy, bother

général *adj.* general; **en général** in general (2)

généraliste *m., f.* general practitioner (M.D.)

généreux/euse *adj.* generous

générosité *f.* generosity

génial *adj.* brilliant, inspired; *fam.* neat, delightful (5)

génie *m.* genius

genou (*pl.* **genoux**) *m.* knee (13)

genre *m.* gender; kind, type; **bon chic bon genre (BCBG)** "preppie"

gens *m. pl.* people; **jeunes gens** young men; young people

gentil(le) *adj.* nice, pleasant (3); kind

gentillesse *f.* kindness, niceness

gentiment *adv.* nicely, prettily

géographie (*fam.* **géo**) *f.* geography (2)

géologie *f.* geology (2)

géométrie *f.* geometry

géothermie *f.* geothermics

gérer (**je gère**) to manage, administer

geste *m.* gesture; movement

gestion *f.* management

gigot (**d'agneau**) *m.* leg of lamb

glace *f.* ice cream (7); ice; mirror; ***hockey** (*m.*) **sur glace** ice hockey; **patin** (*m.*) **à glace** ice-skating

glacé *adj.* iced; frozen; **crème** (*f.*) **glacée** ice cream; **marrons** (*m. pl.*) **glacés** candied chestnuts

glauque *adj.* sea-green

glisser to slide; to slip

golfe *m.* gulf

gommier *m.* gum tree, eucalyptus

gorge *f.* throat (13); gorge; **avoir mal à la gorge** to have a sore throat

gothique *adj.* gothic (12)

gourde *f.* gourd, winter squash

gourmand(e) *adj.* gluttonous, greedy; *m., f.* glutton, gourmand; **je suis gourmand(e)** I like to eat (6)

gourmet *m.* gourmet, lover of fine food

goût *m.* taste; **avoir le goût de** to have a taste for

goûter *m.* afternoon snack (6); **goûter à** to taste (7)

goûteux/euse *adj.* tasty, flavorful

gouvernement *m.* government (16)

gouverneur *m.* governor

grâce *f.* grace; pardon; **grâce à** *prep.* thanks to; **jour** (*m.*) **de l'Action de Grâce** Thanksgiving Day (*U.S., Canada*)

grammaire *f.* grammar

gramme *m.* gram

grand *adj.* great; large, tall; big (4); **grande surface** *f.* mall; superstore; **grand magasin** *m.* department store; **grande personne** *f.* adult, grown-up (10); **grandes écoles** *f. pl.* state-run graduate schools; **Train** (*m.*) **à Grande Vitesse** (**TGV**) (*French high-speed*) bullet train

grand-chose: pas grand-chose *pron. m.* not much

grandiose *adj.* grand, imposing

grand-mère *f.* grandmother (5)

grand-messe *f.* high mass

grand-père *m.* grandfather (5)

grands-parents *m. pl.* grandparents (5); **arrière-grand-parent** *m.* great-grandparent (5)

gras(se) *adj.* fat; oily; rich; **Mardi** (*m.*) **Gras** Mardi Gras, Shrove Tuesday (17); **pâté** (*m.*) **de foie gras** goose liver pâté

gratte-ciel (*pl.* **les gratte-ciel**) *m., inv.* skyscraper

gratuit *adj.* free (*of charge*)

grave *adj.* grave, serious; **accent** (*m.*) **grave** grave accent (è)

Grèce *f.* Greece (8)

grève *f.* strike, walkout; **faire (la) grève** to (go on) strike (16)

grignotage *m.* nibbling

grignoter to nibble; to snack

grillade *f.* grilled meat

grille *f.* schedule, programming

grillé *adj.* toasted; grilled; broiled

gris *adj.* gray (3)

gros(se) *adj.* big; fat; stout; loud; **grosses bises** *fam.* hugs and kisses (*closing of letter*)

grossir to gain weight

grotte *f.* cave, grotto

Guadeloupe *f.* Guadeloupe (17)

guère *adv.* but little; **ne... guère** scarcely, hardly

guérir to cure

guerre *f.* war (16); **Première (Deuxième) Guerre mondiale** First (Second) World War

guichet *m.* (ticket) window (9), counter, booth

guichetier/ière *m., f.* bank teller; ticket-seller

guide *m.* guide; guidebook; instructions

guider to guide

guillemets *m. pl.* French quotation marks (« »)

guitare *f.* guitar; **jouer de la guitare** to play the guitar

guitariste *m., f.* guitarist

gymnase *m.* gymnasium

gymnastique (*fam.* **gym**) *f.* gymnastics; exercise; **faire de la gymnastique** to do gymnastics, exercises

s'habiller to get dressed (13)

habit *m.* clothing, dress

habitant(e) *m., f.* inhabitant; resident

habitation *f.* lodging, housing; **Habitation à Loyer Modéré (H.L.M.)** French public housing

habiter to live (2)

habitude *f.* habit; **comme d'habitude** as usual; **d'habitude** *adv.* usually, habitually (10)

habituellement *adv.* habitually

***haché** *adj.* ground; chopped up (*meat*)

***haine** *f.* hatred

***haïr** *irreg.* to hate, detest

Haïti *m.* Haiti (8)

***hall** *m.* entrance hall; lounge (*hotel*)

***haricot** *m.* bean; ***haricots** (*pl.*) **mange-tout** string beans; sugar peas; ***haricots verts** green beans (6)

harmonieux/euse *adj.* harmonious

harmonisation *f.* harmonizing, bringing into line

***hasard** *m.* chance, luck; **jeux** (*m.*) **de *hasard** games of chance (15); **par *hasard** by accident, by chance

***hâte** *f.* haste; **partir à la *hâte** to leave in a hurry

***hausse** *f.* rise; **en *hausse** rising, on the rise

***haut** *adj.* high; higher; tall; upper; *m.* top; height; **de *haut** high (*in measuring*); **du *haut de** from the top of; ***haut de gamme** *adj.* high-level, top-flight; ***haute couture** *f.* high fashion

***hauteur** *f.* height

hebdomadaire *m., adj.* weekly

hébergement *m.* lodging, accommodations

***hélas!** *interj.* alas!

hélicoptère *m.* helicopter

herbe *f.* grass

héritage *m.* inheritance; heritage

*****héros** *m.* hero

hésiter (à) to hesitate (to)

*****heu!** *interj.* ah! hm!

heure *f.* hour; time (6); **à l'heure** on time (9); per hour; **à quelle heure** what time; **à tout à l'heure** see you later (4); **de bonne heure** early (6); **de l'heure** an hour, per hour; **demi-heure** *f.* half-hour; **il est une heure et demie** it's one-thirty (6); **quelle heure est-il?** what time is it? (6); **tout à l'heure** in a short while; a short while ago (5)

heureusement *adv.* fortunately, luckily

heureux/euse *adj.* happy; fortunate (10)

hier *adv.* yesterday (8); **avant-hier** day before yesterday; **hier matin (soir)** yesterday morning (evening)

histoire *f.* history (2); story

historien(ne) *m., f.* historian

historique *adj.* historical (12)

hiver *m.* winter (6); **en hiver** in the winter (6)

*****hockey (sur glace)** *m.* ice hockey

hommage *m.* homage, respects; **en hommage à** in recognition of (16)

homme *m.* man (2); **homme d'affaires** businessman; **homme politique** politician (16); **jeune homme** young man (3)

honnête *adj.* honest

honnêteté *f.* honesty

honneur *m.* honor; **en l'honneur de** in honor of

*****honte** *f.* shame; **avoir *honte de** to be ashamed of (4)

hôpital (*fam.* **hosto**) *m.* hospital (11)

horaire *m.* schedule (12)

horlogerie *f.* watchmaking

horreur *f.* horror; **avoir horreur de** to hate, detest (6); **quelle horreur!** how awful!

*****hors de** *prep.* out of, outside of

*****hors-d'œuvre** (*pl.* **les hors d'œuvre**) *m.* appetizer (7)

hospitalier/ière *adj.* hospitable

hostellerie *f.* high-quality country inn

hosto *m., tr. fam.* hospital

hôtel *m.* hotel (11); **hôtel de ville** town hall, city hall

hôtelier/ière *m., f.* hotel-keeper

hôtellerie *f.* inn; hotel trade

hôtesse *f.* hostess; **hôtesse de l'air** flight attendant, stewardess (9)

huile *f.* oil (7); **sardines** (*f. pl.*) **à l'huile** sardines; (packed) in oil (7)

*****huit** *adj.* eight (1)

*****huitième** *m.* one-eighth; *adj.* eighth

huître *f.* oyster (7)

humain *adj.* human; *m.* human being

humeur *f.* temperament, disposition; mood

humidité *f.* humidity, dampness

humour *m.* humor; **avoir le sens de l'humour** to have a sense of humor

hypocrite *m., f.* hypocrite; *adj.* hypocritical

hypothèse *f.* hypothesis

ici *adv.* here (1); **par ici** this way, in this direction

idéal *m.* ideal; *adj.* ideal

idéaliste *m., f.* idealist; *adj.* idealistic

idée *f.* idea

identifier to identify

identique *adj.* identical

identité *f.* identity; identification; **fiche** (*f.*) **d'identité** ID card

il *pron., m. s.* he; it; there; **il y a** there is/are (1); ago (8); **il y a... ?** is/are there . . . ?; **il y a... que** for (*period of time*); it's been . . . since; **il n'y a pas de quoi** you're welcome (15)

île *f.* island (11)

illuminé *adj.* lit, illuminated

ils *pron., m. pl.* they

image *f.* picture; image

imaginaire *adj.* imaginary

imaginatif/ive *adj.* imaginative

imaginer to imagine

imiter to imitate

immédiat *adj.* immediate

immeuble *m.* (apartment, office) building (4)

immigré(e) *m., f.* immigrant

immigrer to immigrate

imparfait *m., Gram.* imperfect (*verb tense*)

impatient *adj.* impatient (3)

impératif *m., Gram.* imperative, command

imperméable *m.* raincoat (3)

impersonnel(le) *adj.* impersonal

implantation *f.* establishment; site

important *adj.* important; large, sizeable; **il est important que** + *subj.* it's important that (16)

importer to import; to matter; **n'importe quel(le)** any, no matter which; **n'importe quoi** anything (at all)

imposer to impose

impossible *adj.* impossible; *m.* the impossible; **il est impossible que** + *subj.* it's impossible that (16)

impôts *m. pl.* (*direct*) taxes (16)

impressionnant *adj.* impressive

impressionner to impress

improductivité *f.* nonproductiveness

improviser to improvise

impulsif/ive *m., f.* impulsive person; *adj.* impulsive

impulsion *f.* impulse

inactif/ive *adj.* inactive; *m., f.* unemployed

inclus *adj.* included

inconnu(e) *m., f.* stranger; *adj.* unknown

inconvénient *m.* disadvantage

incroyable *adj.* unbelievable, incredible (7)

Inde *f.* India (8)

indéfini *adj.* indefinite; **article** (*m.*) **indéfini** *Gram.* indefinite article; **pronom** (*m.*) **indéfini** *Gram.* indefinite pronoun

indépendance *f.* independence; **fête** (*f.*) **de l'indépendance** Independence Day

indépendant *adj.* independent; **travailleur/euse** (*m., f.*) **indépendant(e)** self-employed worker (14)

indicatif *m., Gram.* indicative

indication *f.* instructions; information sign

indifféremment *adv.* indifferently; equally (well)

indiquer to show, point out (15)

indispensable *adj.* indispensable; **il est indispensable que** + *subj.* it's indispensable that (16)

individu *m.* individual, person

individualiste *adj.* individualistic, nonconformist (3)

individuel(le) *adj.* individual; private

industrialisé *adj.* industrialized

industriel(le) *adj.* industrial (16); **déchets** (*m. pl.*) **industriels** toxic waste

inertie *f.* inertia

inexistant *adj.* nonexistent

inférieur *adj.* inferior; lower

infinitif *m., Gram.* infinitive

inflation *f.* inflation (16)

infléchi *adj.* bent; inflected

influençable *adj.* susceptible (*to influence*)

influencer (nous influençons) to influence

information *f.* information, data; *pl.* news (broadcast); **flash** (*m.*) **d'informations** newsbrief

informatique *f., adj.* computer science (2)

informé *adj.* informed; **bien (mal) informé** well- (badly) informed

informel(le) *adj.* informal

informer to inform

ingénieur *m.* engineer (14)

inhabituel(le) *adj.* unusual

initiative *f.* initiative; **syndicat** (*m.*) **d'initiative** (local) chamber of commerce; tourist bureau

injuste *adj.* unjust, unfair; **il est injuste que** + *subj.* it's unfair that (16)

innombrable *adj.* innumerable

inondation *f.* flood, inundation

inoubliable *adj.* unforgettable

inquiétant *adj.* disturbing, worrisome

inquiéter (j'inquiète) to worry

inquiétude *f.* worry

inscription *f.* matriculation; registration; **frais** (*m. pl.*) **d'inscription** university fees, tuition

inscrire (*like* **écrire**) *irreg.* to register, enroll; to check in; **s'inscrire (à)** to join; to enroll; to register

insister to insist

insociable *adj.* unsociable (3)

insolent *adj.* extraordinary; insolent

insolite *adj.* unusual

insoluble *adj.* unsolvable

insouciant *adj.* carefree

inspecteur/trice *m., f.* inspector

installation *f.* moving in; installation

installer to install; to set up; **s'installer (dans)** to settle down, settle in (12)

instances *f. pl.* authorities

institut *m.* institute; trade school

instituteur/trice *m., f.* elementary, primary school teacher (14)

instruit *adj.* learned, instructed

instrument *m.* instrument; **jouer d'un instrument** to play a musical instrument

s'intégrer (je m'intègre) (à) to integrate oneself, get assimilated (into)

intellectuel(le) *adj.* intellectual (3); *m., f.* intellectual (*person*)

intelligemment *adv.* intelligently

intensif/ive *adj.* intensive

intention *f.* intention; meaning; **avoir l'intention de** to intend to

interdiction *f.* prohibition

interdire (*like* **dire, vous interdisez**) **(de)** *irreg.* to forbid (to)

intéressant *adj.* interesting (3)

intéresser to interest (14); **s'intéresser à** to be interested in

intérêt *m.* interest, concern

intérieur *m.* interior; *adj.* interior; **à l'intérieur** inside

intermède *m.* interlude

interprète *m., f.* interpreter; actor; player

interpréter (j'interprète) to interpret

interrogatif/ive *adj., Gram.* interrogative

interrogatoire *m.* interrogation, examination

interroger (nous interrogeons) to question

intervenir (*like* **venir**) *irreg.* to intervene

intervention *f.* intervention; speech; operation

interviewé(e) *m., f.* interviewee

interviewer to interview

intime *adj.* intimate; private

intrigue *f.* plot; intrigue

introduire (*like* **conduire**) *irreg.* to introduce

intrus(e) *m., f.* intruder

inutile *adj.* useless (16)

inventer to invent

inverser to reverse; to invert

invité(e) *m., f.* guest; *adj.* invited

inviter to invite

invraisemblable *adj.* unlikely, improbable

irréconciliable *adj.* irreconcilable

irresponsable *adj.* irresponsible

isolé *adj.* isolated; detached

isolement *m.* isolation, loneliness

Italie *f.* Italy (8)

italien(ne) *adj.* Italian; *m.* Italian (*language*); **Italien(ne)** *m., f.* Italian (*person*) (2)

italique *m.* italic; **en italique** in italics

itinéraire *m.* itinerary

ivoire *m.* ivory; **Côte-d'Ivoire** *f.* Ivory Coast (8)

jamais (ne... jamais) *adv.* never, ever (9)

jambe *f.* leg (13)

jambon *m.* ham (6)

janvier January (4)

Japon *m.* Japan (8)

japonais *adj.* Japanese; *m.* Japanese (*language*); **Japonais(e)** *m., f.* Japanese (*person*) (2)

jardin *m.* garden (5)

jardinage *m.* gardening; **faire du jardinage** to garden (15)

jardiner to garden

jardinier/ière *m., f.* gardener; **assiette** (*f.*) **du jardinier** vegetable plate

jaune *adj.* yellow (3)

je *pron., s.* I

jean(s) *m.* (*blue*) jeans (3)

jeter (je jette) to throw; to throw away; **ne jetez plus** don't throw away any more (16)

jeu (*pl.* **jeux**) *m.* game; game show; **jeu de mots** play on words; **jeu de rôles** role-playing game; **jeux de *hasard** games of chance (15); **jeux de société** social games; group games (15)

jeudi *m.* Thursday (1)

jeune *adj.* young (7); *m. pl.* young people, youth; **jeune fille** *f.* girl, young woman (3); **jeune homme** *m.* young man (3); **jeunes gens** *m. pl.* young men; young people; **jeunes mariés** *m. pl.* newlyweds

jeunesse *f.* youth; **auberge** (*f.*) **de jeunesse** youth hostel

jogging *m.* jogging; **faire du jogging** to go jogging (5)

joie *f.* joy

joli *adj.* pretty (7)

jouer to play; **jouer à** to play (*a sport or game*) (3); to play at (*being*); **jouer au tennis** to play tennis; **jouer aux cartes** to play cards; **jouer de** to play (*a musical instrument*) (3); **jouer du piano** to play the piano

jouet *m.* toy

joueur/euse *m., f.* player

jour *m.* day; **dans quatre jours** in four days (5); **de nos jours** these days, currently; **du jour** today's (*menu, exchange rate*); **par jour** per day, each day; **plat** (*m.*) **du jour** today's special (*restaurant*); **quel jour sommes-nous?** what day is it? (1); **quinze jours** two weeks (8); **tous les jours** every day (5); **un jour** someday (14)

journal (*pl.* **journaux**) *m.* newspaper, news (10); journal, diary

journaliste *m., f.* reporter (14)

journée *f.* (*whole*) day (6); **pendant la journée** during the day; **toute la journée** all day long

joyeux/euse *adj.* joyous; happy, joyful

juger (**nous jugeons**) to judge

juillet July (4)

juin June (4)

jupe *f.* skirt (3); **mini-jupe** *f.* miniskirt

jurer to swear

jus *m.* juice; **jus de fruit** fruit juice (7); **jus d'orange** orange juice

jusqu'à (**jusqu'en**) *prep.* until, up to (11); **jusque-là** until then

juste *adj.* just; right, exact; *adv.* just, precisely; accurately; **il est juste que + subj.** it's fair, equitable that (16); **mot** (*m.*) **juste** the right word

justifier to justify

kilo(gramme) (**kg.**) *m.* kilogram (7)

kilomètre (**km.**) *m.* kilometer

kiosque *m.* kiosk; newsstand (10)

la *art., f. s.* the; *pron., f. s.* it, her

là *adv.* there (11); **là-bas** *adv.* over there; **oh, là, là!** *interj.* good heavens! my goodness!

laboratoire (*fam.* **labo**) *m.* laboratory

lac *m.* lake (8); **au bord du lac** on the lake shore

lagune *f.* laguna

laid *adj.* ugly (4)

laideur *f.* ugliness

laine *f.* wool

laisser to let, allow; to leave (*behind*) (7)

lait *m.* milk (6); **café** (*m.*) **au lait** coffee with hot milk

laitier/ière *adj.* dairy, milk; **produits** (*m. pl.*) **laitiers** dairy products

lampe *f.* lamp; light fixture (4); **lampe de poche** flashlight

lancer (**nous lançons**) to launch; to throw (at); to drop

langage *m.* language; jargon

langouste *f.* lobster

langue *f.* language; tongue; **langue étrangère** foreign language (2); **langue maternelle** native language

lapin *m.* rabbit

laqué *adj.* lacquered, glazed; **canard** (*m.*) **laqué** Peking duck

lard *m.* bacon

large *adj.* wide

laser *m.* laser; **lecteur** (*m.*) **laser** CD player; **platine** (*f.*) **laser** laser-disk player

lavabo *m.* bathroom sink (4)

lavande *m.* lavender (*color*); *f.* lavender (*plant*)

lave-vaisselle *m.* (*automatic*) dishwasher

laver to wash; **se laver** to wash (*oneself*) (13); **se laver les mains** to wash one's hands

laveuse *f.* washing machine

le *art., m. s.* the; *pron., m. s.* it, him

leçon *f.* lesson

lecteur/trice *m., f.* reader; *m.* disk drive; **lecteur** (*m.*) **de cassettes** (**de CD**) cassette (CD) player (4)

lecture *f.* reading (15)

légalisation *f.* legalization (16)

légende *f.* legend; caption

léger (**légère**) *adj.* light; lightweight; slight; mild

législatif/ive *adj.* legislative

légume *m.* vegetable (6)

lendemain (**le**) *m.* the next day, following day

lent *adj.* slow

lequel (**laquelle, lesquels, lesquelles**) *pron.* which one, who, whom, which (15)

les *art., pl., m., f.* the; *pron., pl., m., f.* them

lessive *f.* laundry; **faire la lessive** to do the laundry (5)

lettre *f.* letter (10); *pl.* literature; humanities; **boîte** (*f.*) **aux lettres** mailbox (10); **faculté** (*f.*) **des lettres** School of Arts and Letters; **homme** (*m.*) (**femme** [*f.*]) **de lettres** writer, literary figure; **poster une lettre** to mail a letter

leur *adj., m., f.* their; *pron., m., f.* to them; **le/la/les leur(s)** *pron.* theirs

lever (**je lève**) to raise, lift; **se lever** to get up; to get out of bed (13)

lèvres *f. pl.* lips; **rouge** (*m.*) **à lèvres** lipstick

lexique *m.* lexicon, glossary

liaison *f.* liaison; love affair

libérer (**je libère**) to free

liberté *f.* freedom; **liberté d'expression** freedom of expression (16)

librairie *f.* bookstore (2)

libre *adj.* free; available; vacant; **être libre de** to be free to; **plongée** (*f.*)

libre free fall, diving; **temps** (*m.*) **libre** leisure time

licence *f.* French university degree (= *U.S. bachelor's degree*)

lié *adj.* linked, tied

lien *m.* tie, bond

lieu *m.* place (2); **au lieu de** *prep.* instead of, in the place of; **avoir lieu** to take place

lieue *f., A.* league (*approx. 2.5 miles*)

lièvre *m.* hare

ligne *f.* line; bus line; figure; **couper la ligne** to cut off (*phone call*)

limite *f.* limit; boundary

limiter to limit

limonade *f.* lemonade; soft drink

linge *m.* (*household*) linen; cloth

linguiste *m., f.* linguist

linguistique *f.* linguistics (2); *adj.* language; linguistic

liqueur *f.* liquor

liquide *m., adj.* liquid; **argent** (*m.*) **liquide** cash (14)

lire (*p.p.* **lu**) *irreg.* to read (10)

lisible *adj.* legible

liste *f.* list

lit *m.* bed (4); **wagon-lit** *m.* sleeping car

litre *m.* liter

littéraire *adj.* literary

littérature *f.* literature (2)

livre *m.* book (1)

livret *m.* booklet; libretto, book (*opera*)

livreur/euse *m., f.* delivery person

locataire *m., f.* renter, tenant

location *f.* rental

loge *f.* concierge's apartment; box (*theater*)

logement *m.* lodging(s), place of residence (4)

loger (**nous logeons**) to house; to dwell, live

logique *adj.* logical

loi *f.* law

loin (**de**) *adv., prep.* far from (5)

lointain *adj.* distant

loisirs *m. pl.* leisure activities (15)

long(ue) *adj.* long (4); slow; **à long terme** long term; **le long de** *prep.* along, alongside

longer (**nous longeons**) to run along, go along

longévité *f.* longevity

longtemps *adv.* long; (for) a long time; **il y a longtemps** a long time ago

lors de *prep.* at the time of

lorsque *conj.* when (14)
loto *m.* lottery
louer to rent (4); to reserve
lourd *adj.* heavy (13)
loyer *m.* rent (*payment*); **Habitation** (*f.*) **à Loyer Modéré (H.L.M.)** French public housing
lui *pron., m., f.* he; it; to him; to her; to it; **lui-même** *pron., m. s.* himself
lumière *f.* light
lundi *m.* Monday (1)
lune *f.* moon
lunettes *f. pl.* (eye)glasses (8); **lunettes de ski** ski goggles (8); **lunettes de soleil** sunglasses (8); **lunettes noires** dark glasses
lutte *f.* struggle, battle; wrestling
lutter to fight; to struggle
luxe *m.* luxury; **de luxe** luxury; first-class
luxueux/euse *adj.* luxurious
lycée *m.* French secondary school

ma *adj., f. s.* my
machine *f.* machine; **machine à calculer** calculator
Madame (Mme) (*pl.* **Mesdames**) *f.* Madam, Mrs. (1)
Mademoiselle (Mlle) (*pl.* **Mesdemoiselles**) *f.* Miss (1)
magasin *m.* store, shop (7); **grand magasin** department store; **magasin d'alimentation** food store
magazine *m.* (*illustrated*) magazine (10)
magicien(ne) *m., f.* magician
magistrat *m.* judge, magistrate
magnat *m.* magnate, tycoon
magnétophone *m.* tape recorder
magnétoscope *m.* videocassette recorder (VCR) (10)
magnifique *adj.* magnificent (12)
mai May (4)
maigre *adj.* thin
maillot *m.* jersey, T-shirt; **maillot de bain** swimsuit (3)
main *f.* hand (13); **sac** (*m.*) **à main** handbag, purse (2); **se laver les mains** to wash one's hands
main-d'œuvre *f.* labor, manpower
maintenant *adv.* now (2)
maintenir (*like* **tenir**) *irreg.* to maintain; to keep up
maintien *m.* keeping, upholding
maire *m.* mayor
mairie *f.* town (city) hall (11)
mais *conj.* but (2); *interj.* why

maison *f.* house, home (4); company, firm; **à la maison** at home
maître (maîtresse) *m., f.* master (mistress); **maître d'hôtel** maître d'; head waiter
maîtrise *f.* master's degree; mastery; control
mal *adv.* badly (5); *m.* evil; pain (*pl.* **maux**); **aller mal** to feel bad, ill (5); **avoir du mal à** to have trouble, difficulty (17); **avoir mal (à)** to hurt, have a pain (13); **avoir mal à la tête (aux oreilles)** to have a headache (earache); **ça va mal** bad(ly) (things are going badly) (1); **pas mal** not bad (1)
malade *m., f.* sick person; *adj.* sick **tomber malade** to get sick
maladie *f.* illness, disease
malgré *prep.* in spite of
malheur *m.* misfortune, calamity
malheureusement *adv.* unfortunately; sadly
malheureux/euse *adj.* unhappy; miserable
maman *f., fam.* mom, mommy
mamie *f., fam.* grandma
mange-tout: *haricots (*m. pl.*) **mange-tout** string beans; sugar peas
manger (nous mangeons) to eat (2)
manière *f.* manner, way; **bonnes manières** *f. pl.* good manners
manifestation *f.* (*political*) demonstration; **manifestation sportive** sports event (15)
manifesté *adj.* shown, demonstrated
manifester (pour, contre) to demonstrate (for, against) (16)
mannequin *m.* model (*fashion*); mannequin
manque *m.* lack, shortage
manteau *m.* coat, overcoat (3)
manuel(le) *adj.* manual
manufacture *f.* making, fabrication
manuscrit *adj.* handwritten
se maquiller to put on makeup (13)
marchand(e) *m., f.* merchant, shopkeeper; **marchand(e) de vin** wine merchant (14)
marche *f.* walking (15); step (*stair*)
marché *m.* market (5); **bon marché** *adj. inv.* cheap, inexpensive; **faire le marché** to do the shopping, go to the market (5); **le Marché commun** the Common Market

marcher to walk; to work, go (*device*) (9)
mardi *m.* Tuesday (1); **Mardi Gras** Mardi Gras, Shrove Tuesday (17)
mari *m.* husband (5)
mariage *m.* marriage; wedding (13)
marié(e) *m., f.* groom (bride); *adj.* married (5); **jeunes (nouveaux) mariés** *m. pl.* newlyweds, newly married couple; **robe** (*f.*) **de mariée** wedding gown
marier to link, join; **se marier (avec)** to get married; to marry s.o. (13)
marin *adj.* maritime, of the sea; **plongée** (*f.*) **sous-marine** skin diving (8)
Maroc *m.* Morocco (8)
marque *f.* mark; trade name, brand
marquer to mark; to indicate
marrant *adj., fam.* funny, hilarious (17)
marre: en avoir marre (de) *fam.* to be fed up with
se marrer *fam.* to have a good time
marron *adj. inv.* brown (3); maroon; *m.* chestnut; **crème** (*f.*) **de marrons** chestnut purée; **marrons glacés** candied chestnuts
mars March (4)
martial *adj.* martial; warlike; **arts** (*m.*) **martiaux** martial arts
Martinique *f.* Martinique (17)
masculin *adj.* masculine
masque *m.* mask
masqué *adj.* masked; **bal** (*m.*) **masqué** masked ball, costume party (17)
massacré(e) *m., f.* massacred (*person*)
masse *f.* mass, quantity
match *m.* game; **match de foot (de boxe)** soccer game (boxing match)
matérialiste *adj.* materialistic
matériau (*pl.* **matériaux**) *m.* material; building material
matériel(le) *adj.* material
maternel(le) *adj.* maternal; **école** (*f.*) **maternelle** nursery school, preschool; **langue** (*f.*) **maternelle** native language
maternité *f.* maternity, child-bearing
mathématicien(ne) *m., f.* mathematician
mathématiques (*fam.* **maths**) *f. pl.* mathematics (2)
matière *f.* academic subject; matter; material
matin *m.* morning (5); **dix heures du matin** ten A.M. (6); **tous les matins** every morning (10)
matinal *adj.* morning
matinée *f.* morning (*duration*) (8)

mauvais *adj.* bad (7); wrong; **en mauvais état** in bad condition; **être de mauvaise humeur** to be in a bad mood; **il fait mauvais** it's bad (weather) out (6); **le/la plus mauvais(e)** the worst; **plus mauvais** worse

mécanicien(ne) *m., f.* mechanic (9); technician

méchanceté *f.* spitefulness

méchant *adj.* naughty, bad; wicked

médecin (femme médecin) *m., f.* doctor, physician (14)

médecine *f.* medicine (*study, profession*)

médias *m. pl.* media (16)

médicament *m.* medication; drug

médiéval *adj.* medieval (12)

médiocre *m., f.* mediocre person; *adj.* mediocre

meilleur *adj.* better (13); **le/la meilleur(e)** the best; **meilleurs vœux** best wishes

mélange *m.* mixture, blend (17)

mélangé *adj.* mixed

mêlée *f.* scrum (*rugby*)

melon *m.* melon; **melon d'eau** watermelon

membre *m.* member

même *adj.* same; itself; very same; *adv.* even (7); **le/la/les même(s)** the same one(s) (17); **quand même** anyway; even though; **tout de même** all the same, for all that

menacer (nous menaçons) (de) to threaten (to)

ménage *m.* housekeeping; household; **faire le ménage** to clean house (5); **femme (*f.*) de ménage** cleaning woman, housekeeper

ménager/ère *m., f.* homemaker; *adj.* household

mendier to beg

mener (je mène) to take; to lead

mensonge *m.* lie

menthe *f.* mint; **thé (*m.*) à la menthe** mint tea (9)

mention *f.* announcement; **faire mention de** to mention

mentionner to mention

menu *m.* menu; fixed-price menu (7)

mépris *m.* scorn

mer *f.* sea, ocean (8); **au bord de la mer** at the seashore; **fruits (*m. pl.*) de mer** seafood; **mer des Caraïbes (des Antilles)** Carribean (*sea*) (17)

merci *interj.* thank you (1); **merci bien** thanks a lot

mercredi *m.* Wednesday (1)

mère *f.* mother (5); **belle-mère** mother-in-law; stepmother (5); **grand-mère** grandmother (5)

mériter to deserve

merveille *f.* marvel; **à merveille** *adv.* marvelously

merveilleux/euse *adj.* marvelous

mes *adj., m., f., pl.* my

messe *f.* (*Catholic*) Mass; **grand-messe** *f.* high mass

messieurs-dames ladies and gentlemen

mesure *f.* measure; extent; **prendre des mesures** to take measures

mesurer to measure

métallurgie *f.* metallurgy

météo *f., fam.* weather forecast

méthode *f.* method

métier *m.* trade, profession; **armée (*f.*) de métier** professional army

métrage *m.* footage, length; **court-métrage** *m.* short subject (*film*)

mètre *m.* meter

métro *m.* subway (*train, system*) (9); **station (*f.*) de métro** metro station (11)

métropolitain *adj.* metropolitan; from, of mainland France

mets *m. s.* food, dish

metteur/euse en scène *m., f.* producer; film director

mettre (*p.p.* **mis**) *irreg.* to place; to put on (8); to turn on; to take (*time*); to admit, grant; **mettre à l'épreuve** to test, put to the test; **mettre de l'argent de côté** to put (some) money aside; **mettre des vêtements** to put on clothes; **mettre en œuvre** to put into practice; **mettre en place** to install, put in place; **mettre la table (le couvert)** to set the table; **se mettre à** to begin to (13); **se mettre d'accord** to reach an agreement

meuble *m.* piece of furniture (5); **meubles d'époque** antique furniture

meublé *adj.* furnished (4)

meurtre *m.* murder

Mexique *m.* Mexico (8)

mi: à mi-temps half-time, part-time (*work*)

micro-ordinateur (*fam.* **micro**) *m.* personal computer

midi noon (6); *m.* south-central region of France; **après-midi** *m.* afternoon (4);

de l'après-midi in the afternoon (6); **il est midi** it's noon (6)

miel *m.* honey

mien(ne)(s) (le/la/les) *pron., m., f.,* mine

mieux *adv.* better; **aimer mieux** to prefer (2); **aller mieux** to be better, go better; **bien, mieux, le mieux** good, better, the best (15); **il vaut mieux que** + *subj.* it's better that (16); **tant mieux** so much the better

mignon(ne) *adj., fam.* cute

mijoter to simmer; *fam.* to cook

mil *m.* thousand (*for years*)

milieu *m.* environment; milieu; middle; **au milieu de** in the middle of

militaire *m.* soldier; *adj.* military; **budget militaire** military budget (16)

mille *adj.* thousand

millénaire *m.* one thousand; *adj.* millennial

milliardaire *m., f.* billionaire

millier *m.* (around) a thousand

minable *adj., fam.* sorry, shabby; disappointing

mince *adj.* thin; slender

mincir to grow thin

minéral *adj.* mineral; **eau (*f.*) minérale** mineral water (6)

minet(te) *m., f.* trendy young man (woman)

mini-jupe *f.* miniskirt

ministère *m.* ministry

ministre *m.* minister; **premier ministre** prime minister

minitel *m.* French personal communications terminal (10)

minuit midnight (6); **il est minuit** it's midnight (6)

minute *f.* minute; **en dix minutes** within, in ten minutes

mirabelle *f.* mirabelle plum

miraculeux/euse *adj.* miraculous

miroir *m.* mirror (4)

mise *f.* putting; **mise au point** restatement; **mise en forme** fitness training; **mise en scène** production, staging, setting; direction

misérable *adj.* poor, wretched

misère *f.* misery, poverty

mobylette (*fam.* **mob**) *f.* moped, scooter

mocassins *m. pl.* loafers

moche *adj., fam.* ugly; rotten

mode *f.* fashion, style; **à la mode** in style

modèle *m.* model; pattern

modéré *adj.* moderate

moderniser to modernize

moderniste *adj.* modernistic

modeste *adj.* modest, humble

modifier to modify, transform

moi *pron. s.* I, me; **à moi** mine; **chez moi** at my place; **excusez-moi** excuse me (1); **moi aussi** (**moi non plus**) me too (me neither)

moins *adv.* less; minus; **au moins** at least; **le moins** the least; **moins le quart** quarter to (*the hour*) (6); **moins (de)... que** less . . . than (13); **plus ou moins** more or less

mois *m.* month (8); **par mois** per month

moitié *f.* half

moment *m.* moment; **à ce moment-là** then, at that moment; **en ce moment** now, currently

mon *adj., m. s.* my

monde *m.* world (8); people; society; **tiers monde** Third World, developing nations; **tour** (*m.*) **du monde** trip around the world; **tout le monde** everybody, everyone (9)

mondial *adj.* world; worldwide; **Première (Deuxième) Guerre** (*f.*) **mondiale** First (Second) World War

monétaire *adj.* monetary

monnaie *f.* coins; change (10); currency (*units*)

monotone *adj.* monotonous

Monsieur (M.) (*pl.* **Messieurs**) *m.* Mister; gentleman; Sir (1); **croque-monsieur** *m.* grilled cheese and ham sandwich

monstre *m.* monster

mont *m.* hill; mountain

montagne *f.* mountain (8); **à la montagne** in the mountains

montagneux/euse *adj.* mountainous

montant *m.* sum, amount (14); total

montée *f.* rise (16), ascent; going up

monter (dans) to set up, organize; to put on; to carry up; to go up; to climb (into) (9)

montre *f.* watch; wristwatch

Montréal Montreal (17)

montrer to show (10)

monument *m.* (*historical*) monument (11)

se moquer de to make fun of; to mock

moquette *f.* wall-to-wall carpeting

moral *m.* state of mind, spirits; *adj.* moral; psychological

morceau *m.* piece (7); **morceau de gâteau** piece of cake

mort(e) *m., f.* dead person; *adj.* dead; **mort de fatigue** dead-tired

mortel(le) *adj.* mortal; fatal; *fam.* deadly dull

mosquée *f.* mosque

mot *m.* word (4); note; **faire des mots croisés** to do crossword puzzles; **le mot juste** the right, exact word; **mot apparenté** related word, cognate; **mot-clé** *m.* key word

moteur *m.* motor; engine

motion *f.* motion; proposal

motivé *adj.* motivated

motocyclette (*fam.* **moto**) *f.* motorcycle, motorbike (9)

mouche *f.* fly; housefly; **bateau-mouche** (*pl.* **bateaux-mouches**) *m.* tourist boat on the Seine

mouchoir *m.* handkerchief; kleenex

mouillé *adj.* wet, damp

mourir (*p.p.* **mort**) *irreg.* to die (9)

mousquetaire *m.* musketeer

mousse *f.* moss; foam; **mousse au chocolat** chocolate mousse

moustique *m.* mosquito

moutarde *f.* mustard

mouton *m.* mutton; sheep

mouvement *m.* movement

mouvementé *adj.* animated, eventful

moyen(ne) *adj.* average; *m.* mean(s); way; *f.* average; **de taille moyenne** of medium height (4); **en moyenne** on average; **moyen âge** *m. s.* Middle Ages (12)

multipartisme *m.* multi-party system

municipal *adj.* municipal (11)

mur *m.* wall (4); **tapis** (*m.*) **mur à mur** *Q.* wall-to-wall carpet

muraille *f.* wall, fence

musculation *f.* muscle development

musée *m.* museum (11)

musicien(ne) *m., f.* musician (12)

musique *f.* music (2); **musique classique** classical music

mutation *f.* change, alteration

mutuellement *adv.* mutually

myrtille *f.* huckleberry; blueberry

mystère *m.* mystery

mystérieux/euse *adj.* mysterious

mythologique *adj.* mythological

nager (**nous nageons**) to swim (8)

nageur/euse *m., f.* swimmer

naïf (**naïve**) *adj.* naïve; simple (3)

naissance *f.* birth; **date** (*f.*) **de naissance** date of birth

naître (*p.p.* **né**) *irreg.* to be born (9)

natal *adj.* native

natation *f.* swimming

national *adj.* national; **fête** (*f.*) **nationale** French national holiday, Bastille Day (*July 14*)

nationaliste *m., f., adj.* nationalist; nationalistic

nature *f.* nature (16); *adj.* plain (*food*)

naturel(le) *adj.* natural; **ressources** (*f. pl.*) **naturelles** natural resources (16); **sciences** (*f. pl.*) **naturelles** natural sciences

nautique *adj.* nautical; **faire du ski nautique** to go waterskiing (8)

navarin *m.* stew; lamb stew

navet *m.* turnip; *fam.* dud, flop (*show*)

navette *f.* shuttle bus

ne *adv.* no; not; **ne... aucun(e)** none, not one; **ne... jamais** never, not ever (9); **ne... ni... ni** neither . . . nor; **ne... pas** no; not; **ne... pas du tout** not at all (9); **ne... pas encore** not yet (9); **ne... personne** no one (9); **ne... plus** no more (6), no longer (9); **ne... que** only (9); **ne... rien** nothing (9); **n'est-ce pas?** isn't it (so)? isn't that right?

né *adj.* born

néanmoins *adv.* nevertheless

nécessaire *m.* necessaries, the indispensable; *adj.* necessary; **il est nécessaire que** + *subj.* it's necessary that (16)

nécessité *f.* need

négatif/ive *adj.* negative

nègre (**négresse**) *m., f.* Negro (Negress)

négritude *f.* Negritude, Negro condition

neige *f.* snow (6); **bonhomme** (*m.*) **de neige** snowman (17)

neiger (**il neigeait**) to snow (6); **il neige** it's snowing (6)

nénuphar *m.* water lily

nerveux/euse *adj.* nervous (3)

net(te) *adj.* neat, clear; net (*weight*)

neuf *adj.* nine (1)

neuf (**neuve**) *adj.* new, brand-new; **quoi de neuf?** what's new?

neuvième *adj.* ninth

neveu *m.* nephew (5)

nez *m.* nose (13)

ni neither; nor; **ne... ni... ni** neither . . . nor

nicher *fam.* to live; to build a nest

nièce *f.* niece (5)

nihiliste *adj.* nihilistic

niveau *m.* level; **niveau de vie** standard of living

noces *f. pl.* wedding; **voyage** (*m.*) **de noces** honeymoon trip

Noël *m.* Christmas; **bûche** (*f.*) **de Noël** yule-log (*pastry*); **père** (*m.*) **Noël** Santa Claus; **réveillon** (*m.*) **de Noël** midnight Christmas dinner

noir *adj.* black (3); **lunettes** (*f. pl.*) **noires** dark glasses

noisette *f.* hazelnut

noix *f.* nut; **noix de coco** coconut

nom *m.* noun; name

nombre *m.* number; quantity; **nombres** (*pl.*) **ordinaux** ordinal numbers (11)

nombreux/euse *adj.* numerous

nommer to name; to appoint

non *interj.* no; not (1); **moi non plus** me neither; **non plus** neither, not . . . either

nord *m.* north (9); **au nord** to the north (9); **nord-est** *m.* northeast; **nord-ouest** *m.* northwest

normal *adj.* normal; **il est normal que** + *subj.* it's normal that (16)

Norvège *f.* Norway (8)

nos *adj., m., f., pl.* our; **de nos jours** these days, currently

nostalgie *f.* nostalgia

notamment *adv.* notably; especially

notation *f.* grading; notation

note *f.* note; grade (*in school*); bill; **prendre des notes** to take notes

noter to notice

notion *f.* notion, idea, knowledge

notre *adj., m., f., s.* our

nôtre(s) (**le/la/les**) *pron., m., f.* ours; our own (*people*)

nourrice *f.* nurse; nanny

nourrissant *adj.* nourishing

nourriture *f.* food

nous *pron., pl.* we; us; **nous sommes lundi** (**mardi...**) it's Monday (Tuesday . . .) (1)

nouveau (**nouvel, nouvelle** [**nouveaux, nouvelles**]) *adj.* new (7); **à nouveau** once more; **de nouveau** again (11); **nouveaux-mariés** *m. pl.* newlyweds

nouvelle *f.* piece of news; short story; *pl.* news, current events (13); **bonne** (**mauvaise**) **nouvelle** good (bad) news

Nouvelle-Écosse *f.* Nova Scotia (17)

Nouvelle-Orléans (**La**) *f.* New Orleans (17)

novembre November (4)

noyé *adj.* drowned

nuage *m.* cloud

nuageux/euse *adj.* cloudy

nucléaire *adj.* nuclear; **centrale** (*f.*) **nucléaire** nuclear power plant; **déchets** (*m. pl.*) **nucléaires** nuclear waste; **énergie** (*f.*) **nucléaire** nuclear power (16)

nuit *f.* night (8); **boîte** (*f.*) **de nuit** nightclub; **de nuit** at night

nul(le) *adj., pron.* no, not any; null; **ne... nulle part** *adv.* nowhere

nullement *adv.* not at all, by no means

numéro *m.* number; **composer le numéro** to dial (*phone number*) (10); **numéro de téléphone** telephone number (10)

numéroter to number

nutritif/ive *adj.* nutritive, nourishing

obéir (**à**) to obey

objectif *m.* goal, objective

objet *m.* objective; object; **bureau** (*m.*) **des objets perdus** lost and found office; **pronom** (*m.*) **complément d'objet direct** (**indirect**) *Gram.* direct (indirect) object pronoun

obligatoire *adj.* obligatory; mandatory; **service** (*m.*) **obligatoire** mandatory military service

obligé *adj.* obliged, required; **être obligé de** to be obliged to

obsédé *adj.* obsessed

observateur/trice *m., f.* observer

observer to observe

obtenir (*like* **tenir**) *irreg.* to obtain, get (8)

occasion *f.* opportunity; occasion; bargain; **avoir l'occasion de** to have the chance to

occident *m.* the west

occidental *adj.* western, occidental

occupé *adj.* occupied; held; busy

occuper to occupy; **s'occuper de** to look after, be interested in

octobre October (4)

odeur *f.* odor, smell

œil (*pl.* **yeux**) *m.* eye; look (13); **mon œil!** *interj.* my eye!

œuf *m.* egg (6)

œuvre *f.* work; artistic work (12); **chef-d'œuvre** (*pl.* **chefs-d'œuvre**) *m.* masterpiece (12); *hors-d'œuvre (*pl.*

les *hors-d'œuvre) *m.* hors-d'œuvre, appetizer (7); **main** (*f.*) **d'œuvre** manpower; **œuvre d'art** work of art (12)

œuvrer to work (*towards*)

offert *adj.* offered

office *m.* bureau; **office du tourisme** tourist bureau

officiel(le) *adj.* official

offre *f.* offer; **offre d'emploi** job offer

offrir (*like* **ouvrir**) *irreg.* to offer (14)

oie *f.* goose

oignon *m.* onion

ombre *f.* shadow

omelette *f.* omelet

oncle *m.* uncle (5)

ondulé *adj.* wavy, undulating

onze *adj.* eleven (1)

onzième *adj.* eleventh

opinion *f.* opinion; **exprimer une opinion** to express an opinion (16); **opinion publique** public opinion

opposé *m.* the opposite; *adj.* opposing, opposite

opposer to oppose

optimiste *m., f.* optimist (3); *adj.* optimistic

option *f.* choice, option; **en option** possibility of

optométrie *f.* optometry

or *m.* gold; *conj.* now; well

orage *m.* storm

orageux/euse *adj.* stormy

orange *adj. inv.* orange; *m.* orange (*color*) (3); *f.* orange (*fruit*); **jus** (*m.*) **d'orange** orange juice

orchestre *m.* orchestra

ordinaire *adj.* ordinary, regular

ordinal *adj.* ordinal; **nombres** (*m. pl.*) **ordinaux** ordinal numbers (11)

ordinateur *m.* computer (4); **micro-ordinateur** *m.* personal computer

ordonnance *f.* prescription

ordonné *adj.* orderly, tidy

ordre *m.* order; command; **en ordre** orderly, neat (4)

oreille *f.* ear (13)

organiser to organize

orientation *f.* orientation; **conseiller/ère** (*m., f.*) **d'orientation** guidance counselor

original *adj.* eccentric; original

origine *f.* origin; **d'origine française** of French extraction

orphelin(e) *m., f.* orphan

orthographe *f.* spelling
os *m.* bone
otage *m.* hostage
ou *conj.* or; either (2); **ou bien** or else
où *adv.* where (3); *pron.* where, in which, when (14); **où est... ?** where is . . . ?
ouais *interj., fam.* yes (**oui**)
oublier (**de**) to forget (to) (8)
ouest *m.* west (9); **à l'ouest** to the west (9); **nord-ouest** *m.* northwest; **sud-ouest** *m.* southwest
oui *interj.* yes (1)
outre *prep.* beyond, in addition to; **outre-mer** *adv.* overseas
ouvert *adj.* open (7); frank
ouverture *f.* opening
ouvreuse *f.* usher (*movies*)
ouvrier/ière *m., f.* (*manual*) worker (14)
ouvrir (*p.p.* **ouvert**) *irreg.* to open (14)
oxygène *m.* oxygen
ozone *m.* ozone; **couche** (*f.*) **d'ozone** ozone layer

paiement *m.* payment
pain *m.* bread (6); **baguette** (*f.*) **de pain** (French) bread, baguette (7); **pain au chocolat** chocolate-filled roll; **pain de campagne** country-style, wheat bread
pair *adj.* even; **au pair** au pair (*child-care by foreign student*)
paire *f.* pair
paisible *adj.* peaceful, tranquil
paix *f.* peace
palais *m.* palace (12); palate (*in mouth*)
palier *m.* (*stair*) landing, floor
palmarès *m. s.* prize, honors list
panaché *m.* mixed dish, salad
panne *f.* (*mechanical*) breakdown; **être en panne** to have a breakdown; **tomber en panne** to have a (*mechanical*) breakdown (9)
panorama *m.* view; panorama
pantalon *m.* (pair of) pants (3)
papa *m., fam.* dad, daddy
pape *m.* pope
papeterie *f.* stationery store, stationers'
papier *m.* paper
papillon *m.* butterfly
papy *m., fam.* grandpa
Pâques *f. pl.* Easter
paquet *m.* package (10); **paquet de mer** stormy sea
par *prep.* by, through; **par bateau** by boat; **par écrit** in writing; **par exemple** for example (16); **par**

*hasard by chance; par jour (semaine, etc.) per day (week, etc.); par ordre (de) in order (of); par terre on the ground (3)
parachutisme *m.* parachuting
paradis *m.* paradise
paralysé *adj.* paralyzed
parapluie *m.* umbrella (8)
parc *m.* park (11)
parce que *conj.* because (3)
parcomètre *m.* parking meter
parcourir (*like* **courir**) *irreg.* to travel through, traverse
parcours *m. s.* route, course, distance to cover
pardon *interj.* pardon me (1)
parent(e) *m., f.* parent; relative; **arrière-grand-parent** *m.* great-grandparent (5); **grand-parent** grandparent (5)
parenthèse *f.* parenthesis
paresseux/euse *adj.* lazy (3)
parfait *adj.* perfect
parfois *adv.* sometimes (9)
parfum *m.* perfume; flavor
pari *m.* bet (*gambling*)
parigot(e) *m., f., tr. fam.* Parisian
parisien(ne) *adj.* Parisian; **Parisien(ne)** *m., f.* Parisian (*person*) (3)
parking *m.* parking lot
parlement *m.* parliament
parlementaire *adj.* parliamentary
parler (**à, de**) to speak (to, of) (2); to talk; *m.* speech
parmi *prep.* among
parole *f.* word
part *f.* share, portion; role; **à part** besides; separately; **c'est de la part de X** X is calling; **d'autre part** on the other hand; **de ma** (**votre**) **part** from me (you); **de part et d'autre** on both sides, here and there; **ne... nulle part** nowhere; **pour ma part** in my opinion, as for me (16); **quelque part** somewhere
partager (**nous partageons**) to share
partenaire *m., f.* partner
parti *m.* (*political*) party (16)
participe *m., Gram.* participle
participer à to participate in
particulier/ière *adj.* particular, special; **en particulier** *adv.* particularly
partie *f.* part; game, match; outing; **en partie** in part; **faire partie de** to be part of
partiellement *adv.* partially

partir (*like* **dormir**) (**à, de**) *irreg.* to leave (for, from) (8); **à partir de** *prep.* starting from
partitif/ive *adj., Gram.* partitive
partout *adv.* everywhere (11)
parvenir (*like* **venir**) **à** *irreg.* to attain; to succeed in
pas (**ne... pas**) not; **ne... pas du tout** not at all (9); **ne... pas encore** not yet (9); **pas à pas** step-by-step; **pas du tout** not at all (5); **pas grand-chose** not much; **pas mal** not bad(ly) (1)
passage *m.* passage; passing
passager/ère *m., f.* passenger (9)
passant(e) *m., f.* passerby
passé *m.* past (12); *adj.* past, gone, last (8)
passeport *m.* passport
passer to pass, spend (*time*) (6); **passer par** to pass by, through (9); **passer un coup de fil** *fam.* to make a phone call; **passer un examen** to take an exam (4); **qu'est-ce qui se passe?** what's happening? (15); **se passer** to happen, take place; to go (15)
passe-temps *m.* pastime, hobby (15)
passionnant *adj.* exciting, thrilling
passionné *adj.* passionate, intense
pasteur *m.* (*Protestant*) minister
pastis *m.* pastis (*aniseed aperitif*)
patate *f., tr. fam.* potato
pâtes *f. pl.* pasta, noodles
pâté *m.* liver paste, pâté; **pâté de campagne** (country-style) pâté (7); **pâté de foie gras** goose liver pâté
patent *adj.* obvious
patience *f.* patience; **perdre patience** to lose patience
patient *m., f.* (*hospital*) patient; *adj.* patient (3)
patienter to wait
patin *m.* skate, ice skate; **faire du patin à glace** to go ice-skating
patinage *m.* skating
pâtisserie *f.* pastry; pastry shop (7)
pâtissier/ière *m., f.* pastry shop owner; pastry chef
patrimoine *m.* legacy, patrimony (12)
patron(ne) *m., f.* boss, employer
pauvre *adj.* poor; unfortunate (7)
pauvreté *f.* poverty
payant *adj.* paying, charged for
payer (**je paie**) to pay, pay for
pays *m.* country (*nation*) (8); **pays en voie de développement** developing nation

paysage *m.* landscape, scenery

paysan(ne) *m., f., adj.* peasant

pêche *f.* fishing (15); peach

pêcher to fish (8)

pêcheur/euse *m., f.* fisherman (woman)

pédagogie *f.* pedagogy

peigne *m.* comb (13)

se peigner to comb one's hair (13)

peindre (*like* **craindre**) *irreg.* to paint

peine *f.* punishment, sentence; **peine de mort** death penalty

peintre *m.* painter (12); **artiste-peintre** *m., f.* painter (*artist*) (14)

peinture *f.* paint; painting (12)

pendant *prep.* during (5); **pendant les vacances** during vacation (5)

penser to think; to reflect; to expect, intend; **penser** + *inf.* to plan on (*doing s.th.*) (15); **penser à** to think of, about (11); **penser de** to think of, have an opinion about (11); **que pensez-vous de... ? qu'en pensez-vous?** what do you think of . . . ? what do you think about it? (11)

pensif/ive *adj.* pensive, thoughtful

pension *f.* board, meals; boardinghouse; **pension complète** full board

pente *f.* slope

Pentecôte *f.* Pentecost

pépé *m., fam.* grandpa

percer (**nous perçons**) to make a name, become popular

perché *adj.* perched

perçu *adj.* perceived

perdre to lose (5); to waste; **perdre patience** to exhaust one's patience; **se perdre** to get lost (13)

perdu *adj.* lost; wasted; anonymous

père *m.* father (5); **beau-père** father-in-law (5); stepfather (5); **grand-père** grandfather (5)

perfectionnement *m.* perfecting

perfectionner to perfect (17)

performant *adj.* performing (well)

péril *m.* danger, peril

période *f.* period (*of time*)

périphérique *adj.* peripheral

périple *m.* long journey, odyssey

périr to perish

perle *f.* pearl; bead

permettre (*like* **mettre**) (**à**) *irreg.* to permit, allow, let (15)

permis *m.* license

persévérant *adj.* persevering, dogged

persister to persist, last

personnage *m.* (*fictional*) character

personnalité *f.* personality

personne *f.* person (3); **grande personne** adult, grown-up; **ne... personne** nobody, no one (9)

personnel(le) *m.* personnel; *adj.* personal

personnellement *adv.* personally (16)

perspective *f.* view; perspective

persuader to persuade, convince

perte *f.* loss

peser (**je pèse**) to weigh

pessimiste *adj.* pessimistic (3)

pétanque *f.* bocce ball, lawn bowling (*So. France*) (15)

petit *adj.* little; short (4); very young; *m. pl.* young ones; little ones; **petit déjeuner** *m.* breakfast (6); **petite cuillère** *f.* teaspoon; **petit-enfant** *m.* grandchild (5); **petite-fille** *f.* granddaughter (5); **petites annonces** *f. pl.* classified ads (10); **petit-fils** *m.* grandson (5); **petits gâteaux** *m. pl.* cookies

pétrole *m.* oil, petroleum

pétrolier/ière *adj.* petroleum

peu *adv.* little; few; not very; hardly (3); **à peu près** *adv.* nearly; **il est peu probable que** + *subj.* it's doubtful that (16); **un peu** a little (3)

peuple *m.* nation; people of a country

peur *f.* fear; **avoir peur (de)** to be afraid (of) (4)

peut-être *adv.* perhaps, maybe (5)

pharmaceutique *adj.* pharmaceutical

pharmacie *f.* pharmacy, drugstore (11)

pharmacien(ne) *m., f.* pharmacist (14)

phénomène *m.* phenomenon

philosophe *m., f.* philosopher

philosophie (*fam.* **philo**) *f.* philosophy (2)

photo *f.* picture, photograph; **appareil-photo** *m.* (*still*) camera; **prendre des photos** to take photos

photocopieur *m.* photocopy machine

photographe *m., f.* photographer

photographie (*fam.* **photo**) *f.* photo(graph); photography

photographier to photograph

phrase *f.* sentence

physicien(ne) *m., f.* physicist

physique *m.* physical appearance; *f.* physics (2); *adj.* physical

pianiste *m., f.* pianist

piano *m.* piano; **jouer du piano** to play the piano

piaule *f., tr. fam.* room, bedroom

pichet *m.* pitcher, small carafe

pièce *f.* piece; room (*of a house*) (5); coin (7); each; **pièce de théâtre** (*theatrical*) play (12)

pied *m.* foot (13); **à pied** on foot; **au pied de** at the foot of; **de plain-pied** on one floor; at a level (with); **se lever du pied gauche** to get up on the wrong side of the bed

pierre *f.* stone

piéton(ne) *m., f., adj.* pedestrian

pieu *m., tr. fam.* bed

pif *m., tr. fam.* nose

pilier *m.* pillar

pilote *m., f.* pilot (9)

pilule *f.* pill

pinard *m., tr. fam.* wine

pionnier/ière *m., f.* pioneer

pique-nique *m.* picnic (15); **faire un pique-nique** to go on a picnic

pique-niquer to have a picnic

pire *adj.* worse (13); **le/la pire** the worst

pirogue *f.* (dugout) canoe

pis *adv.* worse; **le pis** the worst; **tant pis** too bad

piscine *f.* swimming pool (11); **piscine chauffée** heated swimming pool

piste *f.* path, trail; course; slope; **ski** (*m.*) **de piste** downhill skiing (8)

pittoresque *adj.* picturesque

place *f.* place; position; (public) square (11); seat (12); **à votre (ta) place** in your place, if I were you; **mettre en place** to put into place

plage *f.* beach (8); **serviette** (*f.*) **de plage** beach towel (8)

plain: de plain-pied on one floor, on a level with

plaire (*p.p.* **plu**) **à** *irreg.* to please; **s'il te (vous) plaît** *interj.* please (2)

plaisir *m.* pleasure

plan *m.* plan; diagram; (*city*) map (11)

planche *f.* board; **faire de la planche à voile** to go windsurfing (8)

planète *f.* planet

plaque *f.* package (*of frozen food*)

plaquer *fam.* to abandon, ditch

plat *adj.* flat; *m.* dish; course (*meal*) (7); **plat de résistance** main course, dish; **plat du jour** today's special (*restaurant*); **plat principal** main course

plateau *m.* tray; plateau

platine *f.* turntable; **platine** (*f.*) **laser** laser disk player

plein (de) *adj.* full (of); **à pleines dents** *fam.* fully; **de, en plein air** (in the) open air, outdoor(s) (15); **en plein centre** right in the middle; **faire le plein (d'essence)** to fill up (with gasoline) (9)

pleurer to cry, weep

pleureur: saule (*m.*) **pleureur** weeping willow

pleuvoir (*p.p.* **plu**) *irreg.* to rain (8); **il pleut** it's raining (6)

pliant *adj.* folding

plombier *m.* plumber (14)

plongée *f.* diving; **faire de la plongée sous-marine** to go skin diving, scuba diving (8)

pluie *f.* rain

plupart: la plupart (de) most, the majority (of) (16)

pluridisciplinaire *adj.* multidisciplinary

pluriel *m. Gram.* plural

plus (de) *adv.* more; more . . . than . . . (-er) (13); plus; **de plus en plus** more and more; **de plus, en plus** in addition; **le/la/les plus** + *adj.* most; **le plus** + *adv.* most; **ne... plus** no longer, not anymore (9); **plus tard** later

plusieurs (de) *adj., pron.* several (of) (17)

plutôt *adv.* instead; rather (7)

poche *f.* pocket; **lampe** (*f.*) **de poche** flashlight

poème *m.* poem (12)

poésie *f.* poetry (12)

poète *m.* poet (12)

poétique *adj.* poetic, poetry

poids *m.* weight

point *m.* point; dot; period (*punctuation*); **mise** (*f.*) **au point** restatement; focusing; **ne... point** not at all; **point de départ** starting point; **point de vue** point of view

poire *f.* pear (6)

pois *m.* pea; **petits pois** green peas

poisson *m.* fish (6)

poissonnerie *f.* fish store (7)

poivrade: sauce (*f.*) **poivrade** vinaigrette dressing

poivre *m.* pepper (6); **steak** (*m.*) **au poivre** pepper steak

poivrière *f.* pepper shaker

poivron *m.* green pepper

poli *adj.* polite; polished

police *f.* police; **agent** (*m.*) **de police** police officer (14); **poste** (*m.*) **de police** police station (11)

policier/ière *adj.* pertaining to the police; *m.* police officer; **roman** (*m.*) **policier** detective novel

poliment *adv.* politely (12)

politesse *f.* politeness; good breeding

politique *f.* politics; policy (16); *adj.* political; **homme (femme) politique** *m., f.* politician (16)

polluant *adj.* polluting

polluer to pollute (16)

pollution *f.* pollution (16)

polytechnique *adj.* polytechnical (*school*)

pomme *f.* apple (6); **pomme de terre** potato (6); **pommes allumettes** shoestring, matchstick potatoes; **tarte** (*f.*) **aux pommes** apple tart

pompier *m.* firefighter

ponctuel(le) *adj.* punctual

pont *m.* bridge

populaire *adj.* popular; common; of the people

porc *m.* pork (7)

porte *f.* door (1)

porter to wear; to carry (3)

porto *m.* port (*wine*)

Portugal *m.* Portugal (8)

poser to put (down); to state; to pose; to ask; **poser sa candidature** to apply; to run (*for office*); **poser une question** to ask a question

positif/ive *adj.* positive

posséder (je possède) to possess

possessif/ive *adj.* possessive

possession *f.* possession; **prendre possession de** to take possession of

possible *adj.* possible; **aussi souvent que possible** as often as possible; **faire son possible** to do one's best; **il est possible que** + *subj.* it's possible that (16)

postal *adj.* postal, post; **carte** (*f.*) **postale** postcard (10); **code** (*m.*) **postal** postal, zip code

poste *m.* position; employment; *f.* post office; postal service; **bureau** (*m.*) **de poste** post office (10); **poste** (*m.*) **de police** police station (11); **poste** (*m.*) **de télévision** TV set (5)

poster to mail (*a letter*)

pot: avoir du pot *m., tr. fam.* to be lucky

poterie *f.* pottery

pouce *m.* thumb; inch; **déjeuner sur le pouce** to have a quick lunch

poule *f.* hen

poulet *m.* chicken (6)

pour *prep.* for; in order to (2); **pour autant** for all that; **pour ma part** in my opinion, as for me (16)

pourboire *m.* tip, gratuity (7)

pourcentage *m.* percentage

pourquoi *adv., conj.* why (4)

poursuivre (*like* **suivre**) *irreg.* to pursue (12)

pourtant *adv.* however, yet, still, nevertheless (12)

pourvoir (à) *irreg.* to fill (*vacancy*)

poussé *adj.* elaborate, advanced; exhaustive

poussée *f.* growth; thrust

pousser to push; to encourage; to emit; to grow; **pousser un cri** to utter a cry

poutre *f.* beam (*roof*)

pouvoir (*p.p.* **pu**) *irreg.* to be able (7); *m.* power, strength; **il se peut que** + *subj.* it's possible that (16)

pratique *adj.* practical (13); *f.* practice

pratiquement *adv.* practically, almost

pratiquer to practice, exercise (*sport*)

précaire *adj.* precarious

précédent *adj.* preceding

précéder (je précède) to precede

précieux/euse *adj.* precious

précis *adj.* precise, fixed, exact

précisément *adv.* precisely, exactly

préciser to state precisely; to specify

prédire (*like* **dire, vous prédisez**) *irreg.* to predict, foretell

préférable *adj.* preferable, more advisable; **il est préférable que** + *subj.* it's preferable that (16)

préféré *adj.* favorite, preferred (5)

préférer (je préfère) to prefer, like better (6)

préfet *m.* prefect, commissioner

préfrit *adj.* pre-fried

prémices *f. pl.* first fruits, beginnings

premier/ière *adj.* first (11); **premier (deuxième) étage** second (third) floor (*in France*) (5); **premier ministre** *m.* prime minister

prendre (*p.p.* **pris**) *irreg.* to take; to have (to eat) (6); **prendre au sérieux** to take seriously; **prendre conscience de** to realize, become aware of; **prendre l'avion** to take a plane; **prendre le soleil** to sit in the sun; **prendre possession de** to take possession of; **prendre rendez-vous** to make an appointment, a date; **prendre son temps** to take one's time; **prendre une décision** to make a decision; **prendre**

une douche to take a shower; **prendre une photo** to take a photo; **prendre un verre** *fam.* to have a drink

prénom *m.* first, Christian name

se prénommer to have as a first name

préoccuper to preoccupy, concern; **se préoccuper de** to concern, preoccupy oneself with

préparatifs *m. pl.* preparations

préparatoire *adj.* preparatory

préparer to prepare (5); **se préparer (à)** to prepare oneself, get ready (for) (13)

près (de) *adv.* near, close to (4)

prescrire (*like* **écrire**) *irreg.* to prescribe

présent *m.* present; *adj.* present

présenter to present; to introduce; to put on (*a performance*); **je vous (te) présente...** I want you to meet . . .

présidence *f.* presidency

président(e) *m., f.* president

présidentiel(le) *adj.* presidential

presque *adv.* almost, nearly (6)

presse *f.* press (*media*)

pressé *adj.* in a hurry, rushed

prêt *adj.* ready (3); *m.* loan

prêter (à) to lend to (10)

prévenir (*like* **venir**) *irreg.* to warn, inform; to prevent, avert

préventif/ive *adj.* preventive

prévoir (*like* **voir**) *irreg.* to foresee, anticipate

prévu *adj.* expected, anticipated; **quelque chose de prévu** something planned

prier to pray; to beg, entreat; to ask (*s.o.*); **je vous (t')en prie** please; you're welcome (15)

prière de please, be so kind as to

primaire *adj.* primary; **école** (*f.*) **primaire** primary school

prime *f.* premium; **en prime** as a bonus

primé *adj.* awarded a prize

principal *adj.* principal, most important; **plat** (*m.*) **principal** main course

printanier/ière *adj.* spring (like)

printemps *m.* spring (6); **au printemps** in the spring (6)

prioritaire *adj.* priority

priorité *f.* right of way; priority

pris *adj.* occupied; **prise** *f.* taking

prisonnier/ière *m., f.* prisoner

privé *adj.* private

privilégier to favor

prix *m.* price (7); prize

probable *adj.* probable; **il est peu probable que** + *subj.* it's doubtful that (16); **il est probable que** + *indic.* it's probable that (16)

problème *m.* problem (16)

procédé *m.* process, method

prochain *adj.* next (14); **la semaine prochaine** next week (5)

proche (de) *adj., adv.* near, close; *m. pl.* close relatives; **futur** (*m.*) **proche** *Gram.* immediate, near future

proclamer to proclaim

prodige *m.* prodigy

producteur/trice *m., f.* producer

produire (*like* **conduire**) *irreg.* to produce

produit *m.* product (7); **produits laitiers** dairy products

professeur (*fam.* **prof**) *m.* professor; teacher (1)

professionnel(le) *m., f.* professional; *adj.* professional

profil *m.* profile; outline; cross section

profiter de to take advantage of, profit from

profond *adj.* deep

programme *m.* program; design, plan; agenda

programmer to program

programmeur/euse *m., f.* programmer

progrès *m.* progress

progresser to progress

progression *f.* progress, advancement

progressiste *adj.* progressive

projet *m.* project; plan (5)

prolifération *f.* proliferation (16)

promenade *f.* walk; ride (5); **faire une promenade (en voiture)** to go on an outing (*car ride*) (5)

promener (je promène) to take out walking; **se promener** to go for a walk, drive, ride (13)

promettre (*like* **mettre**) (**de**) *irreg.* to promise (to)

promotion *f.* promotion; sale, store special; **en promotion** on special

promotionnel(le) *adj.* special, bargain

pronom *m., Gram.* pronoun; **pronom complément d'objet direct (indirect)** *Gram.* direct (indirect) object pronoun; **pronom interrogatif (relatif, tonique)** *Gram.* interrogative (relative, stressed) pronoun

pronominal *adj., Gram.* pronominal; **verbe** (*m.*) **pronominal** *Gram.* pronominal, reflexive verb

prononcer (nous prononçons) to pronounce; **se prononcer** to declare one's opinion

pronostic *m.* forecast

proportionnellement *adv.* proportionally

propos *m.* talk; utterance; **à propos de** *prep.* with respect to

proposer to propose

propre *adj.* own; proper; clean (13)

propriétaire *m., f.* owner; landlord

propriété *f.* property

protection *f.* protection (16)

protéger (je protège, nous protégeons) to protect (16)

protestation *f.* protest; objection

provision *f.* supply; *pl.* groceries

provoquer to provoke

proximité *f.* proximity, closeness; **à proximité de** near

psychologie (*fam.* **psycho**) *f.* psychology (2)

psychologique *adj.* psychological

psychologue *m., f.* psychologist

public (publique) *adj.* public (11); *m.* public; audience; **opinion** (*f.*) **publique** public opinion (16); **transports** (*m. pl.*) **publics** public transportation

publicitaire *m., f.* advertising person; *adj.* pertaining to advertising

publicité (*fam.* **pub**) *f.* commercial; advertisement; advertising (10)

publier to publish

puis *adv.* then, next (11); besides; **et puis** and then; and besides

puisque *conj.* since, as, seeing that

puissance *f.* power

pull-over (*fam.* **pull**) *m.* pullover (*sweater*) (3)

punir to punish

pur *adj.* pure

purée *f.* purée, mashed (*vegetables*)

quai *m.* quai; platform (*station*) (9)

qualificatif/ive *adj.* qualifying, qualificative

qualifier to qualify

qualité *f.* quality; characteristic

quand *adv., conj.* when (3); **depuis quand?** since when?; **quand même** even though; anyway

quarante *adj.* forty (1)

quart *m.* quarter; fourth (6); quarter of an hour; **et quart** quarter past (*the hour*) (6); **moins le quart** a quarter to (*before the hour*) (6)

quartier *m.* quarter, neighborhood (2)
quatorze *adj.* fourteen (1)
quatorzième *adj.* fourteenth
quatre *adj.* four (1)
quatrième *adj.* fourth
que what (4); whom, that which (14);
  ne... que *adv.* only (9); **qu'en penses-tu?** what do you think of that? (11);
  qu'est-ce que what? (*object*) (4);
  qu'est-ce que c'est? what is it? (1);
  qu'est-ce qui what? (*subject*) (15);
  qu'est-ce qui se passe? what's
  happening? what's going on? (15); **que
  pensez-vous de... ?** what do you think
  about . . . ? (11); **que veut dire... ?**
  what does . . . mean? (7)
Québec *m.* Quebec (*province*) (8);
  Quebec (*City*) (17)
québécois *m.* Quebecois (*language*); *adj.*
  from, of Quebec (17); **Québécois(e)** *m.,*
  f. Quebecer
quel(le)(s) *interr. adj.* what, which (7);
  what a; **quel âge avez-vous?** how old
  are you?; **quel jour sommes-nous?**
  what day is it? (1); **quel temps fait-il?**
  how's the weather? (6); **quelle heure
  est-il?** what time is it? (6)
quelque(s) *adj.* some, any; a few;
  somewhat; **quelque chose** *pron.*
  something (9); **quelque part** *adv.*
  somewhere
quelquefois *adv.* sometimes (2)
quelques *adj.* some, a few (17);
  quelques-uns/unes *pron.* some, a few
  (17)
quelqu'un *pron., neu.* someone,
  somebody (9)
quenelle *f.* fish dumpling, quenelle
querelle *f.* quarrel
question *f.* question; **poser des
  questions** to ask questions
questionner to question, ask questions
queue *f.* line (*of people*)
qui *pron.* who, whom (3); **qu'est-ce qui**
  what? (*subject*) (15); **qui est à
  l'appareil?** who's calling? (10); **qui
  est-ce que** whom? (*object*) (15); **qui
  est-ce qui** who? (*subject*) (15)
quiche *f.* quiche (*egg custard pie*);
  quiche lorraine *egg custard pie with
  bacon*
quinze *adj.* fifteen (1); **quinze jours** two
  weeks
quinzième *adj.* fifteenth
quitter to leave (*s.o. or someplace*) (8); **se
  quitter** to separate

quoi (à quoi, de quoi) *pron.* which; what
  (4); **il n'y a pas de quoi** you're
  welcome (15); **n'importe quoi**
  anything; no matter what; **quoi
  d'autre** what else
quoique *conj.* although
quotidien(ne) *adj.* daily, everyday (13)

raconter to tell, relate (10)
radio *f.* radio (2); x-ray
radioactif/ive *adj.* radioactive
rafraîchir to refresh
rage *f.* rabies
ragoût *m.* meat stew, ragout
raide *adj.* stiff; straight (*hair*) (4)
raideur *f.* stiffness
raisin *m.* grape(s); raisin
raison *f.* reason; **avoir raison** to be right
  (4)
raisonnable *adj.* reasonable; rational (3)
ramener (je ramène) to bring back
randonnée *f.* tour, trip; ride; hike (8);
  faire une randonnée (à pied) to go on
  a hike
rangé *adj.* tidy; dutiful
ranger (nous rangeons) to put in order;
  to arrange, categorize
rapide *adj.* rapid, fast
rappeler (je rappelle) to remind; to
  recall; to call again; **se rappeler** to
  recall, remember (12)
rappeur/euse *m., f.* rap singer
rapport *m.* connection, relation; report;
  pl. relations
rapporter to bring back; to return; to
  report
se rapprocher (à) to draw nearer (to)
raquette *f.* racket
rarement *adv.* rarely (2)
ras: au ras de at the level of
se raser to shave (13)
rasoir *m.* razor
rassembler to gather
rassurer to reassure
raté *adj.* missed; failed
ratifier to ratify
réactionnaire *adj.* reactionary
réagir to react
réaliser to carry out, fulfill, create
réaliste *m., f., adj.* realist; realistic (3)
réalité *f.* reality; **en réalité** in reality
récemment *adv.* recently, lately
récent *adj.* recent, new, late
réception *f.* hotel, lobby desk
réceptionniste *m., f.* receptionist
recette *f.* recipe

recevoir (*p.p.* **reçu**) *irreg.* to receive; to
  entertain (*guests*)
réchauffement *m.* reheating; warming
recherche *f.* (*piece of*) research; search;
  à la recherche de in search of; **faire
  des recherches** to do research
recherché *adj.* sought after; studied,
  affected
rechercher to seek; to search for
récif *m.* (coral) reef
récit *m.* account, story
recommandation *f.* recommendation
recommander to recommend
recommencer (nous recommençons) to
  start again
récompense *f.* reward, recompense
reconnaître (*like* **connaître**) *irreg.* to
  recognize (16)
reconquête *f.* reconquest
recourir à to have recourse to
recours *m.* recourse; **avoir recours à** to
  have recourse to
récréation (*fam.* **récré**) *f.* recreation
recrutement *m.* recruiting, recruitment
recruter to recrute
recteur *m.* university president,
  chancellor
rectifier to rectify
rectiligne *adj.* rectilinear
reçu *adj.* received; entertained; *m.* receipt
  (14)
récupérer (je récupère) to recover, get
  back
recyclage *m.* recycling (16)
recycler to recycle (16)
rédacteur/trice *m., f.* writer; editor
rédaction *f.* editorial staff
réduire (*like* **conduire**) *irreg.* to reduce
réécouter to listen to again
réel(le) *adj.* real, actual
refaire to make again; to redo
référence *f.* reference; **sous référence**
  with a reference number
se référer (je me réfère) to refer
réfléchir (à) to reflect; to think (about)
  (4)
reflet *m.* reflection
réflexe *m.* reflex
réflexion *f.* reflection, thought
réforme *f.* reform (16)
réformer to reform
réfrigérateur *m.* refrigerator
refus *m.* refusal
refuser (de) to refuse (to) (15)
se régaler to feast on, treat oneself
regard *m.* glance; gaze, look

regarder to look at; to watch (2); **se regarder** to look at oneself, each other (13)

régime *m.* diet; régime; **être au régime** to be on a diet

régional *adj.* local, of the district

règle *f.* rule

régler (je règle) to regulate, adjust; to settle

regretter to regret, be sorry (16); to miss

regrouper to regroup; to contain

reine *f.* queen (12)

rejet *m.* rejection

rejeter (je rejette) to reject

rejoindre (*like* **craindre**) *irreg.* to (re)join

rejouer to play again

relâché *adj.* relaxed

relais *m.* stop, coach stop

relatif/ive *adj.* relative; **pronom** (*m.*) **relatif** *Gram.* relative pronoun

relation *f.* relation; relationship

se relaxer to relax

relever (je relève) to raise; to bring up; to point out

relier to tie, link

religieux/euse *adj.* religious

relire (*like* **lire**) *irreg.* to reread

remarquable *adj.* remarkable

remarque *f.* remark

remboursement *m.* reimbursement

rembourser to reimburse

remède *m.* remedy; treatment

remercier (de) to thank (for) (15); **je ne sais pas comment vous (te) remercier** I don't know how to thank you (15)

remettre (*like* **mettre**) *irreg.* to hand in; to replace; to deliver (14)

remis *adj.* awarded, given

remise *f.* remittance

remonter to go back (up); to revive

remous *m.* stir

remplacer (nous remplaçons) to replace

remplir to fill (in, out, up)

rémunérateur/trice *adj.* remunerative

rémunéré *adj.* compensated, paid

renaissance *f.* Renaissance (12)

rencontre *f.* meeting, encounter (13)

rencontrer to meet, encounter; **se rencontrer** to meet each other; to get together (13)

rendez-vous *m.* meeting, appointment; date; meeting place; **avoir rendez-vous avec** to have an appointment with (4); **faire (prendre) rendez-vous** to make an appointment

rendre to give (back) (5); **rendre malade** to make (*s.o.*) sick; **rendre visite à** to visit (*s.o.*) (5); **se rendre (à, dans)** to go to (13)

renforcer (nous renforçons) to reinforce

renommé *adj.* renowned

renoncer (nous renonçons) à to give up, renounce (12)

renouvelable *adj.* renewable

renouvellement *m.* renewal

rénover to renovate, restore

renseignement *m.* (*piece of*) information

rentrée (des classes) *f.* beginning of the school year (14)

rentrer to return; to go home (9)

réparation *f.* repair

réparer to repair

repartir (*like* **partir**) *irreg.* to leave (again)

repas *m.* meal, repast (6)

répertoire *m.* repertory

répéter (je répète) to repeat (1)

répondeur (téléphonique) *m.* answering machine (10)

répondre (à) to answer, respond (5)

réponse *f.* answer, response

reportage *m.* reporting; commentary

repos *m.* rest, relaxation

reposant *adj.* restful

reposer (sur) to put down again; to rest, refresh; to be based (on); **se reposer** to rest (12)

reprendre (*like* **prendre**) *irreg.* to take (up) again; to continue

représentant(e) *m., f.* representative

représentatif/ive *adj.* representative

représentation *f.* performance (*show*)

représenter to represent

repris *adj.* continued; revived

reproche *m.* reproach

république *f.* republic

requin *m.* shark

réseau *m.* net; network

réserve *f.* reservation; preserve; reserve

réservé *adj.* reserved; shy

réserver to reserve; to keep in store

réservoir *m.* reservoir; gas tank

résidence *f.* residence; apartment building

résider to reside

résistance: plat (*m.*) **de résistance** main dish, course

résister (à) to resist

résoudre (*p.p.* **résolu**) *irreg.* to solve, resolve

respecter to respect, have regard for; **se respecter** to respect one another

respectif/ive *adj.* respective

responsabilité *f.* responsibility

responsable *m., f.* supervisor; staff member; *adj.* responsible

ressemblance *f.* resemblance

ressembler à to resemble; **se ressembler** to look alike, be similar

ressources *f. pl.* resources; funds; **ressources naturelles** natural resources (16)

ressusciter to revive, resuscitate

restaurant *m.* restaurant (2); **restau-u** *m., fam.* university restaurant

restaurateur/trice *m., f.* restaurant owner

restauration *f.* restoration; restaurant business

restaurer to restore

reste *m.* rest, remainder

rester to stay, remain (5); to be remaining

resto: se faire un resto *tr. fam.* to go to a restaurant

résultat *m.* result

résulter to result, follow

résumer to summarize

retard *m.* delay; **en retard** late (9)

retardataire *adj.* late, backward

retenir (*like* **tenir**) *irreg.* to retain; to keep, hold

retirer to withdraw (14)

retour *m.* return; **au retour** upon returning; **billet** (*m.*) **aller-retour** round-trip ticket

retourner to return; to go back (9)

retracer (nous retraçons) to retrace

retrait *m.* withdrawal; suspension

retraite *f.* retreat; retirement; pension; **en retraite** retired

retraité(e) *m., f.* retired person; *adj.* retired

retransmettre (*like* **mettre**) *irreg.* to broadcast (10)

retransmission *f.* broadcast

retrouver to find (again); to regain; **se retrouver** to meet (again)

réunion *f.* meeting; reunion

réunir to unite, reunite; **se réunir** to get together; to hold a meeting

réussi *adj.* successful

réussir (à) to succeed, be successful (in); to pass (*a test*) (4)

réussite *f.* success, accomplishment (16)

rêve *m.* dream; **faire un rêve** to have a dream

réveil *m.* alarm clock (4)

réveiller to wake, awaken (*s.o.*); **se réveiller** to wake up (13)

réveillon *m.* Christmas Eve or New Year's Eve dinner

révéler (**je révèle**) to reveal

revendication *f.* demand; claim

revenir (*like* **venir**) *irreg.* to return (8); to come back (*someplace*) (9)

revenus *m. pl.* personal income

rêver (**de, à**) to dream (about, of) (2)

réviser to review, revise

revoir (*like* **voir**) *irreg.* to see (again) (8); **au revoir** goodbye, see you soon (1)

se révolter to revolt, rebel (12)

revue *f.* magazine (4); review (10); journal

rez-de-chaussée *m.* ground floor, first floor (5)

rhum *m.* rum

rideaux *m. pl.* curtains (4)

rien (**ne... rien**) *pron.* nothing (9); **de rien** you're welcome (15)

rigoler *fam.* to laugh; to have fun

rigolo(te) *adj., fam.* funny

rire (*p.p.* **ri**) *irreg.* to laugh (15); *m.* laughter

risque *m.* risk

rissoler to brown (*cooking*)

rivalité *f.* rivalry

rive *f.* (river)bank; **Rive gauche (droite)** the Left (Right) Bank (*in Paris*) (11)

rivière *f.* river, tributary

riz *m.* rice

robe *f.* dress (3)

rocher *m.* rock, crag

rocker/euse *m., f., fam.* rocker, rock fan

roi *m.* king; **fête** (*f.*) **des Rois** Feast of the Magi, Epiphany

rôle *m.* part, character, role; **à tour de rôle** in turn, by turns; **jouer le rôle de** to play the part of

romain *adj.* Roman (12)

roman *m.* novel (12); **roman policier** detective novel

romancier/ière *m., f.* novelist

rose *adj.* pink (3); *f.* rose

rôti *adj.* roast(ed); *m.* roast (7)

rouge *adj.* red (3); **rouge** (*m.*) **à lèvres** lipstick

roulé *adj.* rolled (up)

rouler to travel (*by car, train*) (9)

route *f.* road, highway (8); **en route** on the way, en route

routinier/ière *adj.* routine, following a routine

roux (**rousse**) *m., f.* redhead; *adj.* redheaded (4)

royaume *m.* realm, kingdom

rue *f.* street (4)

ruine *f.* ruin; decay; collapse; **en ruine(s)** in ruins

russe *adj.* Russian; *m.* Russian (*language*); **Russe** *m., f.* Russian (*person*) (2)

Russie *f.* Russia (8)

rythme *m.* rhythm

sable *m.* sand

sac *m.* sack; bag; handbag; **sac à dos** backpack (3); **sac à main** handbag (3); **sac de couchage** sleeping bag (8)

sachet *m.* packet

sacrifier to sacrifice

safari-photo *m.* photo safari

sage *adj.* good, well-behaved; wise

saignant *adj.* rare (*meat*); bloody

saint(e) *m., f.* saint; *adj.* holy; **Saint-Valentin** *f.* Valentine's Day; **vendredi** (*m.*) **saint** Good Friday

saison *f.* season

salade *f.* salad; lettuce (6)

salaire *m.* salary (14); paycheck

salarial *adj.* pertaining to wages

salarié(e) *m., f.* wage earner; *adj.* salaried; **travailleur/euse** (*m., f.*) **salarié(e)** salaried worker (14)

salière *f.* salt shaker

salle *f.* room; auditorium; **salle à manger** *f.* dining room (5); **salle d'eau** half-bath (*toilet and sink*); **salle de bains** bathroom (5); **salle de classe** classroom (1); **salle de conférence** meeting room; **salle de gymnastique** gym, gymnasium; **salle de musculation** weight, training room; **salle de récréation** game room, rec room; **salle de (re)mise en forme** exercise, fitness room; **salle de séjour** living room (5); **salle de sports** gymnasium

salon *m.* salon; living room

saluer to greet; to salute

salut! *interj.* hi! bye! (1)

salutation *f.* greeting; closing (*letter*)

samedi *m.* Saturday (1)

sandales *f. pl.* sandals (3)

sang *m.* blood

sang-froid *m.* coolness, self-control; **garder son sang-froid** to keep one's cool

sanglier *m.* boar

sans *prep.* without; **sans cesse** ceaselessly; **sans doute** doubtless, for sure

sans-abri *m. pl.* homeless (*persons*)

santé *f.* health (13); **à votre (ta) santé!** cheers! to your health!

sapin *m.* fir tree

sardines (*f. pl.*) **à l'huile** sardines (packed) in oil (7)

satirique *adj.* satirical

satisfait *adj.* satisfied; pleased

sauce *f.* sauce; gravy; salad dressing

saucisse *f.* sausage (7)

saucisson *m.* hard salami

sauf *prep.* except; **sauf que** except that

saule *m.* willow (*tree*); **saule pleureur** weeping willow

saumon *m.* salmon; *adj.* salmon-colored

sauté *adj.* pan-fried, sautéed

sauter to jump; to skip; to sauté

sauvage *adj.* rough; undeveloped

sauvegarde *f.* safeguard

sauver to save, rescue (16)

savane *f.* savanna

savoir (*p.p.* **su**) *irreg.* to know (how) (11); **en savoir plus** to know more about it

savoir-faire *m.* ability, know-how; tact

savourer to savor; to relish

savoureux/euse *adj.* tasty, delicious

scandaleux/euse *adj.* scandalous

scène *f.* stage; scenery; scene; **metteur/euse** (*m., f.*) **en scène** stage director; **mise** (*f.*) **en scène** (*stage*) direction, staging

sceptique *adj.* skeptical

science *f.* science; **sciences économiques** economics; **sciences humaines** humanities; **sciences naturelles** natural sciences; **sciences sociales** social sciences

scolaire *adj.* pertaining to schools, school, academic; **année** (*f.*) **scolaire** school year; **fournitures** (*f. pl.*) **scolaires** school supplies; **frais** (*m. pl.*) **scolaires (de scolarité)** tuition, fees

sculpteur (femme sculpteur) *m., f.* sculptor (12)

sculpture *f.* sculpture (12)

se (s') *pron.* oneself; himself; herself; itself; themselves; to oneself, etc.; each other

séance *f.* session, meeting; performance

sec (sèche) *adj.* dry; **biscuit** (*m.*) **sec** cookie, wafer

sécheuse *f.* clothes dryer

second(e) *adj.* second; *f.* second (*unit of time*)

secondaire *adj.* secondary

secours *m.* help; rescue service; **au secours!** help!

secret/ète *adj.* secret, private; *m.* secret

secrétaire *m., f.* secretary (14)

secrétariat *m.* administrative office(s)

secteur *m.* sector

section *f.* section; division; **la section d'anglais** the English department; **section fumeurs (non-fumeurs)** smoking (nonsmoking) section (9)

sécurité *f.* security; safety

séduire (*like* **conduire**) *irreg.* to charm, win over; to seduce

seigneur *m.* lord

seize *adj.* sixteen (1)

seizième *adj.* sixteenth

séjour *m.* stay, sojourn; **salle** (*f.*) **de séjour** living room (5)

séjourner to spend some time, stay

sel *m.* salt (6)

selon *prep.* according to

semaine *f.* week (8); **la semaine prochaine** next week (5); **toutes les semaines** every week (10); **une fois par semaine** once a week (5)

semblable (à) *adj.* like, similar, such (17); **semblables** *m. pl.* fellow men, fellow beings

sembler to seem; to appear; **il semble que** + *subj.* it seems that (16)

semestre *m.* semester

séminaire *m.* seminar

sénateur *m.* senator

Sénégal *m.* Senegal (8)

sens *m.* meaning; sense; way, direction; **avoir le sens de l'humour** to have a sense of humor

sensationnel(le) *adj.* sensational, marvelous

sensibilisé *adj.* sensitized

sensiblement *adv.* perceptibly, noticeably

sensoriel(le) *adj.* sensory

sentier *m.* path

sentiment *m.* feeling

sentir (*like* **partir**) *irreg.* to feel; to sense; to smell (of) (8)

se séparer to separate (from)

sept *adj.* seven (1)

septembre September (4)

septentrional *adj.* northern

septième *adj.* seventh

serein *adj.* serene, calm

sérieux/euse *adj.* serious (3); **prendre au sérieux** to take seriously

serre *f.* greenhouse; **effet** (*m.*) **de serre** greenhouse effect

serré *adj.* tight, snug

serveur/euse *m., f.* bartender; waiter (waitress) (7)

service *m.* favor (15); service; military service; **faire un petit service** to do a favor (15)

serviette *f.* napkin (6); towel; briefcase; **serviette de plage** beach towel (8)

servir (*like* **partir**) *irreg.* to serve (8); to wait on; to be useful; **servir à** to be of use in, be used for; **servir de** to serve as, take the place of; **se servir** to help oneself; **se servir de** to use

ses *adj. m., f., pl.* his; her; its; one's

seul *adj.* alone; single; only; **tout(e) seul(e)** all alone

seulement *adv.* only (9)

sévère *adj.* severe; stern, harsh

sexisme *m.* sexism (16)

short *m.* (*pair of*) shorts (3)

si *adv.* so; so much; yes (*response to negative*) (9); *conj.* if; whether (3); **même si** even if; **s'il vous (te) plaît** please (2)

sida (SIDA) *m.* AIDS

siècle *m.* century (12)

siège *m.* seat; place; headquarters

sien(ne)(s) (le/la/les) *pron., m., f.* his/hers

sieste *f.* nap; **faire la sieste** to take a nap

signalé *adj.* marked, indicated

signalétique *adj.* descriptive

signe *m.* sign, gesture

signer to sign

signification *f.* meaning

signifier to mean

silencieux/euse *adj.* silent

similaire *adj.* similar

simple *adj.* simple; **aller** (*m.*) **simple** one-way ticket

simplifié *adj.* simplified

sincère *adj.* sincere (3)

singulier/ière *adj.* singular; *m. Gram.* singular (*form*)

sirop *m.* syrup; **sirop d'érable** maple syrup

situation *f.* situation; job

se situer to be situated, located

six *adj.* six (1)

sixième *adj.* sixth

ski *m.* skiing (5); *pl.* skis (8); **chaussures** (*f. pl.*) **de ski** ski boots (8); **faire du ski** to ski (5); **gants** (*m. pl.*) **de ski** ski gloves (8); **lunettes** (*f. pl.*) **de ski** sunglasses (8); **ski de fond** cross-country skiing (8); **ski de piste** downhill skiing (8); **ski nautique** waterskiing (8)

skier to ski (2)

skieur/euse *m., f.* skier

slip (de bain) *m.* men's bathing suit

snob *adj. inv.* snobbish (3)

sobre *adj.* sober

sociable *adj.* sociable (3)

social *adj.* social; **sciences** (*f. pl.*) **sociales** social sciences

société *f.* society; organization; company (14); **jeux** (*m. pl.*) **de société** social games, group games (15)

sociologie (*fam.* **socio**) *f.* sociology (2)

sœur *f.* sister (5); **belle-sœur** sister-in-law (5); **demi-sœur** half sister; stepsister (5)

soi (soi-même) *pron., neu.* oneself

soif *f.* thirst; **avoir soif** to be thirsty (4)

soigner to take care of; to treat

soigneusement *adv.* carefully

soin *m.* care

soir *m.* evening (5); **ce soir-là** that evening; **demain (hier) soir** tomorrow (yesterday) evening; **du soir** in the evening (6); **le lundi (le vendredi) soir** Monday (Friday) evenings (5); **lundi soir** Monday evening (5)

soirée *f.* party (2); evening (8)

soixante *adj.* sixty (1)

sol *m.* soil; ground; floor; **au ras du sol** at ground level; **sous-sol** *m.* basement, cellar

solaire *adj.* solar; **énergie** (*f.*) **solaire** solar energy; **huile (crème)** (*f.*) **solaire** sunscreen; tanning lotion

solde *f.* (*soldier's*) pay, wages

sole *f.* sole (*fish*) (7)

soleil *m.* sun (6); **coucher** (*m.*) **de soleil** sunset; **faire du soleil (il fait du soleil)** to be sunny (out) (it's sunny) (6); **lunettes** (*f. pl.*) **de soleil** sunglasses (8); **prendre le soleil** to sit in the sun

solitaire *adj.* solitary; single; alone

sombre *adj.* dark; gloomy

somme *f.* sum, total; amount

sommeil *m.* sleep; **avoir sommeil** to be sleepy (4)

sommet *m.* summit, top

sonate *f.* sonata

sondage *m.* opinion poll; **faire un sondage** to conduct a survey

songer (nous songeons) (à) to think, imagine

sonner to ring (*bell*)

sonnette *f.* bell; doorbell

sophistiqué *adj.* sophisticated

sorbet *m.* sorbet, sherbet

sorte *f.* sort, kind; manner

sortie *f.* exit; going out; evening out

sortilège *m.* witchcraft, spell

sortir to leave; to take out; to go out (8)

sou *m.* sou (*copper coin*); cent; *pl. fam.* money

souci *m.* care, worry

soudain *adj.* sudden; *adv.* suddenly (11)

souffler to blow (*wind*)

souffrir (*like* **ouvrir**) **(de)** *irreg.* to suffer (from) (14)

souhait *m.* wish

souhaiter to wish, desire (16)

soulagé *adj.* relieved (16)

soupe *f.* soup; **cuillère** (*f.*) **à soupe** tablespoon, soupspoon (6)

source *f.* source (16)

sous *prep.* under, beneath (3); **sous forme de** in the form of

sous-estimer to underestimate

sous-marin *adj.* underwater; *m.* submarine; **plongée** (*f.*) **sous-marine** skin diving (8)

sous-sol *m.* basement, cellar

sous-titre *m.* subtitle (*movies*)

soutenir (*like* **tenir**) *irreg.* to support (16); to assert

soutien *m.* support

souvenir *m.* memory, recollection; souvenir; **jour** (*m.*) **du souvenir** Memorial, Remembrance Day; **se souvenir** (*like* **venir**) **de** *irreg.* to remember (12)

souvent *adv.* often (2)

spacieux/euse *adj.* spacious

speaker (speakerine) *m., f.* radio, TV announcer

spécialement *adv.* especially

spécialisation *f.* specialization; (*academic*) major

se spécialiser (en) to specialize (in)

spécialiste *m., f.* specialist

spécialité *f.* speciality (*in cooking*)

spectacle *m.* show, performance (15)

spectaculaire *adj.* spectacular

splendeur *f.* splendor

spontané *adj.* spontaneous

sport *m.* sport(s) (2); **faire du sport** to do, participate in sports (5)

sportif/ive *adj.* athletic; sports-minded (3); **manifestation** (*f.*) **sportive** sports event (15)

stade *m.* stadium

stage *m.* training course; practicum, internship

standardiste *m., f.* switchboard operator

station *f.* resort (*vacation*); station; **station de métro** subway station (11); **station de ski** ski resort

stationner to park

statistique *f.* statistic(s)

statut *m.* status

stéréo *adj. m., f.* stereo(phonic); **chaîne** (*f.*) **stéréo** stereo system (4)

steward *m.* flight attendant, steward (9)

stimulé *adj.* stimulated

stratégie *f.* strategy

studieux/euse *adj.* studious

studio *m.* studio apartment

stupéfiant *adj.* astounding, amazing

stupide *adj.* stupid; foolish; **il est stupide que** + *subj.* it's idiotic that (16)

style *m.* style; **style de vie** lifestyle

stylo *m.* pen (1)

styrène *m.* polystyrene

subir to undergo; to endure

subjonctif *m., Gram.* subjunctive (*mood*)

substantif *m., Gram.* noun, substantive

substituer to substitute

se succéder (ils se succèdent) to follow one another

succès *m.* success

sucre *m.* sugar (6); **canne** (*f.*) **à sucre** sugar cane

sud *m.* south (9); **au sud** to the south (9)

Suède *f.* Sweden (8)

suffire (*like* **conduire**) *irreg.* to suffice

suffisant *adj.* sufficient

suggéré *adj.* suggested

se suicider to commit suicide

Suisse *f.* Switzerland (8); *m., f.* Swiss (*person*); **suisse** *adj.* Swiss

suite *f.* continuation; series; result; **et ainsi de suite** and so on; **tout de suite** immediately (5)

suivant *adj.* following; *prep.* according to (17)

suivi (de) *adj.* followed (by)

suivre (*p.p.* **suivi**) *irreg.* to follow; **suivre un cours** to take a class, a course (12)

sujet *m.* subject; topic

super *adj. inv., fam.* super, fantastic

superbe *adj.* superb, magnificent (5)

superficie *f.* surface, area

supérieur *adj.* superior; upper; **études** (*f. pl.*) **supérieures** higher education

superlatif/ive *adj.* superlative; *m., Gram.* superlative

supermarché *m.* supermarket

superstitieux/euse *adj.* superstitious

supplément *m.* supplement, addition; supplementary charge

supplémentaire *adj.* supplementary, additional

supportable *adj.* bearable, tolerable

supporter to tolerate, put up with; to sustain

supposer to suppose

supprimer to abolish, suppress; to delete

sur *prep.* on; on top; out of (3); about; **donner sur** to overlook (4)

sûr *adj.* sure, certain (16); safe; **bien sûr** of course; **bien sûr que oui** (**non**) of course (not) (6)

sûrement *adv.* certainly, surely

surface *f.* surface; **grande surface** shopping mall, superstore

surgelé *adj.* frozen

surmonter to overcome, get over

surpopulation *f.* overpopulation

surprenant *adj.* surprising

surprendre (*like* **prendre**) *irreg.* to surprise

surpris *adj.* surprised (16)

surtout *adv.* especially (10); above all

survivre (*like* **vivre**) *irreg.* to survive

suspect(e) *m., f.* suspect; *adj.* suspicious, doubtful

syllabe *f.* syllable

sympathique (*fam.* **sympa**) *adj.* nice, likable (3)

syndicat *m.* labor union; **syndicat d'initiative** (local) tourist information bureau (11)

synonyme *m.* synonym; *adj.* synonymous

synthèse *f.* synthesis

système *m.* system

ta *adj., f. s., fam.* your

tabac *m.* tobacco; **café-tabac** *m.* café-tobacconist (*government-licensed*) (11)

tableau *m.* painting (12); chart; **tableau (noir)** blackboard, chalkboard (1); **tableau d'affichage** schedule display board

tablette *f.* cake, tablet; bar (*of chocolate*)

tâche *f.* task

taille *f.* waist; build; size; **de taille moyenne** average height (4)

tailleur *m.* (*woman's*) suit (3); tailor

tandis que *conj.* while; whereas

tant *adv.* so much; so many; **tant de** so many, so much; **tant mieux** so much the better; **tant pis** too bad

tante *f.* aunt (5)

taper to hit; to type

tapis *m.* rug (4)

tapisserie *f.* tapestry (12)

tard *adv.* late (6); **il est tard** it's late (6); **plus tard** later

tarif *m.* tariff; fare, price

tarte *f.* tart; pie (6); **tarte aux pommes** apple tart

tartine *f.* bread and butter sandwich

tas *m.* lot, pile

tasse *f.* cup (6)

tata, tatie *f., tr. fam.* aunt

taux *m.* rate; **taux de chômage (de croissance)** unemployment (growth) rate

taxes *f. pl.* indirect taxes

taxi *m.* taxi; **chauffeur** (*m.*) **de taxi** cab driver

te (t') *pron.* you; to you

technicien(ne) *m., f.* technician

technique *f.* technique; *adj.* technical

technologique *adj.* technological

tee-shirt (*pl.* **tee-shirts**) *m.* T-shirt (3)

teinte *f.* tint, shade, hue

teinté *adj.* tinged, colored

tel(le) *adj.* such; **tel(le) que** such as, like

télécarte *f.* telephone calling card (10)

télégramme *m.* telegram

téléphone *m.* telephone (4); **numéro** (*m.*) **de téléphone** telephone number (10)

téléphoner (à) to phone, telephone (3); **se téléphoner** to call one another

téléphonique *adj.* telephonic, by phone; **cabine** (*f.*) **téléphonique** phone booth (10); **répondeur** (*m.*) **téléphonique** telephone answering machine

téléspectateur/trice *m., f.* television viewer

télévision (*fam.* **télé**) *f.* television (2); **poste** (*m.*) **de télévision** TV set (5)

tellement *adv.* so; so much

téloche *f., tr. fam.* television

tempête *f.* tempest, storm

temporaire *adj.* temporary

temporel(le) *adj.* temporal, pertaining to time

temps *m., Gram.* tense; time (5); weather (6); **à mi-temps** half-time, part-time; **avoir le temps de** to have time to; **depuis combien de temps** since when, how long; **de temps en temps** from time to time (11); **le bon vieux temps** the good old days; **prendre le temps (de)** to take the time (to); **quel temps fait-il?** what's the weather like? (6); **temps libre** leisure time; **tout le temps** always, the whole time

tendance *f.* tendency; trend; **avoir tendance à** to have a tendency to

tendre *adj.* tender, sensitive; soft

teneur *f.* content(s)

tenir (*p.p.* **tenu**) *irreg.* to hold; to keep; **tenir à** to cherish; to be anxious to; **tenir ferme** to be stubborn, hold one's ground; **tenir la forme** to stay in shape, stay fit

tennis *m.* tennis; *pl.* tennis shoes (3); **court** (*m.*) **de tennis** tennis court; **jouer au tennis** to play tennis

tentation *f.* temptation

tente *f.* tent (8)

tenter (de) to tempt; to try, attempt (to)

tenue *f.* (*manner of*) dress, costume

terme *m.* term; **au terme de** at the end of; **but** (*m.*) **à long terme** long-term goal

terminer to end; to finish

terrain *m.* ground; land; **terrain de camping** campground

terrasse *f.* terrace, patio (5)

terre *f.* land; earth; the planet Earth; **par terre** on the ground (3); **pomme** (*f.*) **de terre** potato (6); **terre à terre** practical, down-to-earth; **tremblement** (*m.*) **de terre** earthquake

Terre-Neuve *f.* Newfoundland (17)

terrible *adj.* terrible; great; **pas terrible** not bad, not terrible

terrine *f.* (*type of*) pâté

territoire *m.* territory

tertiaire *adj.* tertiary

tes *adj. m., f., pl.* your

tester to test

tête *f.* head (13); mind; *fam.* face; **avoir mal à la tête** to have a headache; **tête-à-tête** *m.* intimate conversation, tête à tête

texte *m.* text; passage; **traitement** (*m.*) **de texte** word processing

thé *m.* tea (6); **thé à la menthe** mint tea

théâtre *m.* theater; **pièce** (*f.*) **de théâtre** (*theatrical*) play (12)

théorie *f.* theory

thèse *f.* thesis

thon *m.* tuna

ticket *m.* ticket (*subway, movie*)

tiens! *interj.* well, well! (*expresses surprise*)

tiers *m.* one-third; *adj.* third; **Tiers Monde** Third World

tigre *m.* tiger

timbre *m.* stamp (10)

timide *adj.* shy; timid

tinque *Q., m.* tank

tir (*m.*) **à l'arc** archery

tiré (de) *adj.* drawn, adapted (from)

tirer to draw (out); to shoot, fire at; to pull; **se tirer** *fam.* to leave, depart

tiroir *m.* drawer

titre *m.* title; degree; **sous-titre** *m.* subtitle (*movies*)

toi *pron., s., fam.* you; **toi-même** yourself

toilette *f.* grooming; *pl.* bathroom, toilet; **faire sa toilette** to wash up; to get ready

toit *m.* roof

tomate *f.* tomato (6)

tombe *f.* tomb, grave

tomber to fall (9); **tomber amoureux/euse (de)** to fall in love (with) (13); **tomber bien** to be lucky, a lucky coincidence; **tomber en panne** to have a (*mechanical*) breakdown (9); **tomber malade** to become ill

ton *adj. m. s., fam.* your

tonton *m., tr. fam.* uncle

tonus *m.* muscle tone

tort *m.* wrong; **avoir tort** to be wrong (4)

tôt *adv.* early (6); **il est tôt** it's early

toucher (à) to touch; to concern (11); **toucher à sa fin** to near its end; **toucher un chèque** to cash a check (11)

toujours *adv.* always (2); still

tour *f.* tower (11); *m.* walk, ride (5); turn; tour; trick; **à son (votre) tour** in his/her (your) turn; **à tour de rôle** in turn, by turns; **faire le tour de** to go around, take a tour of; **faire un tour** to take a walk, ride (5)

tourisme *m.* tourism; **faire du tourisme** to go sightseeing

touriste *m., f.* tourist

touristique *adj.* tourist

tourmenté *adj.* uneasy; tortured

tourner (**à**) to turn, turn into (11); **tourner un film** to make, shoot a movie

Toussaint *f.* All Saints' Day (*November 1*)

tout(e) (*pl.* **tous, toutes**) *adj., pron.* all; every (10); everything (9); each; any; **tout** *adv.* wholly, entirely, quite, very, all; **à tout à l'heure** bye, see you later (4); **à tout moment** at any time, moment; **en tout** altogether; (**ne...**) **pas du tout** not at all (5); **tous (toutes) les deux** both (of them); **tous les jours** every day (5); **tous les matins** every morning (10); **tout à coup** suddenly; **tout à l'heure** in a while; a while ago (5); **tout de suite** immediately (5); **tout droit** *adv.* straight ahead (11); **tout d'un coup** at once, all at once (11); **toutes les semaines** every week (10); **tout le monde** everybody, everyone (9); **tout le temps** all the time; **tout(e) seul(e)** all alone; **tout va bien** everything is going well

toutefois *adv.* however, nevertheless

trace *f.* trace; impression; footprint

tracer (**nous traçons**) to draw; to trace out

traditionaliste *adj.* traditionalistic

traditionnel(le) *adj.* traditional

traduction *f.* translation

traduire (*like* **conduire**) *irreg.* to translate (9)

trafic *m.* traffic; trade

tragédie *f.* tragedy

train *m.* train (9); **billet** (*m.*) **de train** train ticket; **en train** by train; **être en train de** to be in the process of (15)

trait *m.* trait, characteristic

traité *m.* treaty; *adj.* treated

traitement *m.* treatment; **traitement de texte** word processing

traiter to treat

traiteur *m.* caterer, deli owner

tranche *f.* slice (7); block, slab

tranché *adj.* sliced, cut out

tranquille *adj.* quiet, calm (4)

tranquillité *f.* tranquility; calm

transformer to transform; to change

transmettre (*like* **mettre**) *irreg.* to transmit, pass on

transport(s) *m.* transportation (16); **moyen** (*m.*) **de transport** means of transportation; **transports** (*m. pl.*) **en commun, publics** public transportation

transporter to carry, transport

travail (*pl.* **travaux**) *m.* work (2); project; job; employment; *pl.* public works

travailler to work (2); **travailler dur** to work hard

travailleur/euse *m., f.* worker (14); *adj.* hardworking (3); **travailleur/euse indépendant(e)** self-employed worker (14); **travailleur/euse salarié(e)** salaried worker (14)

travers: à travers *prep.* through

traverser to cross (9)

treize *adj.* thirteen (1)

treizième *adj.* thirteenth

tréma *m.* diæresis, umlaut (**ë**)

tremblement *m.* shaking, trembling; **tremblement de terre** earthquake

trentaine *f.* around thirty

trente *adj.* thirty (1)

très *adv.* very (3); most; very much; **très bien** very well (good) (1); **très bien, merci** very well, thank you

trésorier/ière *m., f.* treasurer

trêve *f.* respite, intermission; truce

tribunal *m.* tribunal; court of justice

tricoter to knit

trilingue *adj.* trilingual

tripler to triple

triste *adj.* sad

trois *adj.* three (1)

troisième *adj.* third

tromper to deceive; **se tromper (de)** to be mistaken, make a mistake (12)

trompette *f.* trumpet

tronche *f., tr. fam.* head; **faire une drôle de tronche** to act funny, odd

trop (de) *adv.* too much (of) (6); too many (of); **beaucoup trop** much too much

trottoir *m.* sidewalk

trou *m.* hole

trouble *m.* disturbance; trouble

trouille *f., fam.* stage fright

trouver to find (2); to deem; to like; **se trouver** to be; to be located (11)

truite *f.* trout

tu *pron., s., fam.* you

tuer to kill

tune *f., tr. fam.* money

Tunisie *f.* Tunisia (8)

type *m.* type; *fam.* guy

typique *adj.* typical

typographe *m., f.* typographer

tzigane *m., f., adj.* gypsy

un(e) *art., adj., pron.* one (1); **un(e) autre** another (17); **un jour** some day (14); **un peu** a little (3); **une fois** once (11); **une fois par semaine** once a week (5)

uni *adj.* plain (*material*); united; close; **États-Unis** *m. pl.* United States

unifié *adj.* unified, in agreement

union *f.* union; marriage; **union libre** living together, common-law marriage

unique *adj.* only, sole; **enfant** (*m.*) **unique** only child

unir to unite

unité *f.* unity; unit; department

universel(le) *adj.* universal

universitaire *adj.* (of or belonging to the) university; **cité** (*f.*) **universitaire** (*fam.* **cité-u**) student residence complex (2)

université *f.* university (2)

urbain *adj.* urban, city

urgent *adj.* urgent; **il est urgent que** + *subj.* it's urgent that (16)

usage *m.* use; usage

user to use (up); **user de** to use

usine *f.* factory

utile *adj.* useful (16)

utilisation *f.* utilization, use

utiliser to use, utilize

vacances *f. pl.* vacation (5); **partir (aller) en vacances** to leave on vacation; **pendant les vacances** during vacation (5)

vacancier/ière *m., f.* vacationer

vaccin *m.* vaccine

vachement *adv., fam.* very, tremendously

vagabonder to wander, roam

vainqueur *m.* winner

vaisselle *f.* dishes (5); **faire la vaisselle** to wash, do the dishes (5)

val *m.* valley

valable *adj.* valid, good

Valentin: Saint-Valentin *f.* Valentine's Day

valeur *f.* value; worth; **taxe** (*f.*) **à valeur ajoutée** value-added tax

valise *f.* suitcase (9); **faire les valises** to pack one's bags

vallée *f.* valley

valoir (*p.p.* **valu**) *irreg.* to be worth (16); **il vaut mieux que** + *subj.* it is better that (16)

vanille *f.* vanilla

vaniteux/euse *m., f.* vain, haughty person

varier to vary; to change

variété *f.* variety; *pl.* variety show; **chanson** (*f.*) **de variété** popular song (15)

vaste *adj.* vast; wide, broad

va-t-en! *fam.* get going, go away! (13)

vaudou *m.* voodoo (17)

veau *m.* veal; calf

vécu *adj.* lived; real-life

vedette *f.* star, celebrity (*m. or f.*)

végétarien(ne) *m., f., adj.* vegetarian

véhicule *m.* vehicle

veille *f.* the day (evening) before; eve

vélo *m., fam.* bike; **en vélo** by bike; **faire du vélo** to go cycling (5)

vendange *f.* grape harvest

vendanger (**nous vendangeons**) to harvest grapes

vendeur/euse *m., f.* salesperson

vendre to sell (5)

vendredi *m.* Friday (1)

venir (*p.p.* **venu**) *irreg.* to come (8); **venir de** + *inf.* to have just (*done s.th.*) (8)

vent *m.* wind (6); **faire du vent** (**il fait du vent**) to be windy (it's windy) (6)

vente *f.* sale; selling; **en vente** for sale

ventre *m.* abdomen, belly (13)

venu(e) *m., f.* comer, arrival; *adj.* arrived

ver *m.* worm, earthworm

verbe *m.* verb; language

verdure *f.* greenery, foliage

vérifier to verify

véritable *adj.* true; real

vérité *f.* truth

verlan *m. type of French student slang*

verre *m.* glass (6); **prendre un verre** *fam.* to have a drink; **un verre de** a glass of

vers *prep.* around, about (*with time expressions*) (6); toward(s); to; about; *m.* line (*of poetry*)

versement *m.* (*bank*) deposit, payment

verser to pour (in); to deposit

version *f.* version; **en version originale** original version, not dubbed (*movie*)

vert *adj.* green (3); (*politically*) "green"; **haricots (*m. pl.*) verts green beans (6)

veste *f.* sports coat, blazer (3)

veston *m.* suit jacket (3)

vêtement *m.* garment; *pl.* clothes, clothing

vétérinaire *m., f.* veterinary, veterinarian

viande *f.* meat (6)

victime *f.* victim (*m. or f.*)

vide *adj.* empty

vidéo *f., fam.* video (cassette); *adj.* video; **caméra** (*f.*) **vidéo** videocamera

vie *f.* life (2); **coût** (*m.*) **de la vie** cost of living (14)

vieillir to grow old

vieillissement *m.* aging

vierge *adj.* virgin; **forêt** (*f.*) **vierge** virgin forest

vieux (**vieil, vieille**) *adj.* old (7); **le bon vieux temps** the good old days

vigoureux/euse *adj.* vigorous, strong

villa *f.* bungalow; single-family house; villa

villageois(e) *m., f., adj.* villager

ville *f.* city (2); **centre-ville** *m.* downtown (11); **en ville** in town, downtown

vin *m.* wine (6); **marchand(e)** (*m., f.*) **de vin** wine seller (14)

vingt *adj.* twenty (1); **vingt et un** (**vingt-deux...**) *adj.* twenty-one (twenty-two ...) (1)

vingtaine *f.* about twenty

vingtième *adj.* twentieth

violet(te) *adj.* purple, violet (3); *m.* violet (*color*); *f.* violet (*flower*)

violon *m.* violin

vis-à-vis (**de**) *adv.* opposite, facing; towards

visa *m.* visa; signature

visage *m.* face (13)

viser to aim at

visite *f.* visit (2); **rendre visite à** to visit (*people*) (5)

visiter to visit (*a place*) (2)

visiteur/euse *m., f.* visitor

vite *adv.* quickly, fast, rapidly

vitesse *f.* speed; **Train** (*m.*) **à Grande Vitesse** (**TGV**) (*French high-speed*) bullet train

viticulteur/trice *m., f.* grape grower

vitrail (*pl.* **vitraux**) *m.* stained-glass window

vitrine *f.* display window, store window

vivant *adj.* living; alive

vivre (*p.p.* **vécu**) *irreg.* to live (12); **vive...!** hurrah for ...!

vocabulaire *m.* vocabulary

vœux *m. pl.* wishes, good wishes

vogue *f.* fashion, vogue

voici *prep.* here is/are (1)

voie *f.* way, road; course; lane; railroad track; **pays** (*m.*) **en voie de développement** developing nation

voilà *prep.* there is/are (1)

voile *f.* sail (5); **bateau** (*m.*) **à voile** sailboat (8); **faire de la voile** to sail (5); **planche** (*f.*) **à voile** windsurfing (8)

voir (*p.p.* **vu**) *irreg.* to see (8)

voisin(e) *m., f.* neighbor (8)

voiture *f.* car (3)

voix *f.* voice; vote

vol *m.* flight (9); burglary, theft

volaille *f.* poultry, fowl

volcan *m.* volcano

voler to fly; to steal

volet *m.* shutter (*window*)

voleur/euse *m., f.* thief

volley-ball (*fam.* **volley**) *m.* volleyball; **jouer au volley** to play volleyball

volontaire *m., f., adj.* volunteer

volonté *f.* will, willingness

volontiers *adv.* willingly, gladly

voter to vote

votre *adj., m., f.* your

vôtre(s) (**le/la/les**) *pron., m., f.* yours; *pl.* your close friends, relatives

vouloir (*p.p.* **voulu**) *irreg.* to wish, want (7); **que veut dire... ?** what does ... mean? (7); **vouloir bien** to be willing (7); **vouloir dire** to mean (7)

vous *pron.* you; yourself; to you; **chez vous** where you live; **et vous?** and you? (1); **s'il vous plaît** please; **vous-même** *pron.* yourself

voûte *f.* vault, arch; **clé** (*f.*) **de voûte** keystone (*architecture*)

voyage *m.* trip (5); **agence** (*f.*) **de voyages** travel agency; **chèque** (*m.*) **de voyage** traveler's check; **faire un voyage** to take a trip (5)

voyager (**nous voyageons**) to travel (8)

voyageur/euse *m., f.* traveler

voyant(e) *m., f.* fortune teller, medium

vrai *adj.* true, real (7)

vraiment *adv.* truly, really (12)

vraisemblable *adj.* plausible, believable

vue *f.* view; panorama; sight; **à première vue** at first glance; **point** (*m.*) **de vue** point of view

wagon *m.* train car (9); **wagon-lit** *m.* sleeping car; **wagon-restaurant** *m.* dining car

week-end *m.* weekend (5); **ce week-end** this weekend (5); **le week-end** on weekends (5)

y *pron.* there (11); **il y a** there is (are) (1); ago (8); **il n'y a pas de...** there isn't (aren't) . . . ; **qu'est-ce qu'il y a dans... ?** what's in . . . ?; **y a-t-il... ?** is (are) there . . . ?

yaourt *m.* yoghurt
yeux (*m. pl.* of **œil**) eyes (4)

Zaïre *m.* Zaire (8)
zèbre *m.* zebra
zodiac *m.* rubber raft
zone *f.* zone, area; **zone fumeurs (non-fumeurs)** smoking, nonsmoking area (9)

zoologique *adj.* zoological; **jardin** (*m.*) **zoologique** zoological gardens, zoo
zut! *interj.* darn! drat!
zydéco: musique (*f.*) **zydéco** Cajun country music (*name derived from* **les haricots**)

This English-French end vocabulary includes the words in the active vocabulary lists of all chapters. See the introduction to the *Lexique français-anglais* for a list of abbreviations used.

abdomen ventre *m.*
able: to be able pouvoir
abolish abolir
about (*with time*) vers
abroad à l'étranger
Acadia Acadie *f.*
Acadian acadien(ne)
accept accepter (de)
accident accident *m.*
accomplishment réussite *f.*
according to suivant
account compte *m.*; **checking account** compte-chèques *m.*; **savings account** compte d'épargne
accountant comptable *m., f.*
across from en face de
act agir
activities (**leisure**) loisirs *m. pl.*
actor, actress acteur *m.*, actrice *f.*
address adresse *f.*
adore adorer
ads (**classified**) petites annonces *f. pl.*
advertisement, advertising publicité *f.*
advice conseil *m.*
advise (**to**) conseiller (à)
aerobics aérobic *f.*; **to do aerobics** faire de l'aérobic
afraid: to be afraid of avoir peur de
after après
afternoon après-midi *m.*; **afternoon snack** goûter *m.*; **in the afternoon** de l'après-midi; **this afternoon** cet après-midi
afterward après
again de nouveau
age: Middle Ages moyen âge *m.*
ago il y a
agreeable agréable
agreed d'accord
ahead: straight ahead tout droit
airplane avion *m.*
airport aéroport *m.*

alarm clock réveil *m.*
Algeria Algérie *f.*
all tout, toute, tous, toutes; **not at all** ne... pas du tout
allow (**to**) permettre (de)
almost presque
already déjà
also aussi
always toujours
American (*person*) Américain(e) *m., f.*
amount montant *m.*
amusing amusant(e)
ancestor ancêtre *m., f.*
and et; **and you?** et vous? (et toi?)
angry fâché(e); **to get angry** se fâcher
another un(e) autre
answer répondre à; **answering machine** répondeur (*m.*) téléphonique
Antilles (*islands*) Antilles *f. pl.*
antique ancien(ne)
apartment appartement *m.*
appetizer *hors-d'œuvre *m.*
apple pomme *f.*
appointment: to have an appointment avoir rendez-vous
approximately environ
April avril
architect architecte *m., f.*
area: smoking, nonsmoking area zone (*f.*) (non-)fumeurs
arena arènes *f. pl.*
argue se disputer
arm bras *m.*
around (*with time*) vers
arrival arrivée *f.*
arrive arriver
art (**work of**) œuvre (*f.*) (d'art)
artisan artisan(e) *m., f.*
artist artiste *m., f.*
as . . . as aussi... que; **as much/many . . . as** autant (de)... que; **as soon as** dès que, aussitôt que

ashamed: to be ashamed avoir honte
ask (**for**) demander
asleep: to fall asleep s'endormir
at à
athletic sportif/ive
atmosphere atmosphère *f.*
attend assister à
attendant (**flight**) hôtesse (*f.*) de l'air; steward *m.*
August août
aunt tante *f.*
automatic teller distributeur (*m.*) automatique
autumn automne *m.*; **in autumn** en automne
average moyen(ne); **average height** de taille moyenne
awaken se réveiller
awful affreux/euse

backpack sac (*m.*) à dos
bad mauvais(e) *adj.*; **bad**(**ly**) mal *adv.*; **it's bad** (**out**) il fait mauvais; **not bad**(**ly**) pas mal; **things are going badly** ça va mal; **to feel bad** aller mal; **too bad** dommage *interj.*
bag: sleeping bag sac (*m.*) de couchage
bakery boulangerie *f.*
balcony balcon *m.*
ball: bocce ball pétanque *f.*; **masked ball** bal (*m.*) masqué
bank banque *f.*; **bank** (**ATM**) **card** carte (*f.*) bancaire; **the Left Bank** (*in Paris*) Rive (*f.*) gauche; **the Right Bank** (*in Paris*) Rive (*f.*) droite
bar-tobacconist café-tabac *m.*
bathe se baigner
bathroom salle (*f.*) de bains; **bathroom sink** lavabo *m.*
be être; **here is/are** voici; **how are you?** comment allez-vous?; **is/are there . . . ?** il y a... ?; **there is/are** il y a; voilà;

to be in the middle (the process) of être en train de

beach plage *f.*; **beach towel** serviette (*f.*) de plage

beans: green beans *haricots (*m. pl.*) verts

beautiful beau, bel, belle (beaux, belles)

because parce que

become devenir

bed lit *m.*; **to go to bed** se coucher

beer bière *f.*

begin commencer; **to begin by** (*doing s. th.*) commencer par; **to begin to** (*do s. th.*) se mettre à + *inf.*

behind derrière

Belgium Belgique *f.*

believe croire; estimer; **to believe in** croire à; **to believe that** croire que

berth couchette *f.*

beside à côté de

best le mieux (*adv*); le/la/les meilleur(e)(s) (*adj.*)

better meilleur(e) *adj.*; mieux *adv.*; **it is better that** il vaut mieux que + *subj.*

between entre

beverage boisson *f.*

bicycle bicyclette *f.*

big grand(e)

bill addition (*restaurant*) *f.*; billet (*currency*) *m.*

biology biologie *f.*

black noir(e)

blackboard tableau (noir) *m.*

blazer veste *f.*

blond(e) blond(e)

blouse chemisier *m.*

blue bleu(e)

boarding pass carte (*f.*) d'embarquement

bocce ball pétanque *f.*

body corps *m.*

book livre *m.*; **telephone book** annuaire *m.*

bookshelf étagère *f.*

bookstore librairie *f.*

booth (telephone) cabine (*f.*) téléphonique

boots bottes *f. pl.*; **hiking boots** chaussures (*f. pl.*) de montagne; **ski boots** chaussures (*f. pl.*) de ski

bore: to be bored s'ennuyer

boring ennuyeux/euse

born: to be born naître

borrow (from) emprunter (à)

boss chef (*m.*) d'entreprise

bottle bouteille *f.*

boulevard boulevard *m.*

bowling (lawn) pétanque *f.*

brave courageux/euse

Brazil Brésil *m.*

bread pain *m.*; **loaf of bread** baguette (*f.*) de pain

breakfast petit déjeuner *m.*

bring apporter; **to bring** (*a person somewhere*) amener

broadcast émission *f.*; retransmettre *v.*

brother-in-law beau-frère *m.*

brown châtain(s) (*hair*); marron

brush (hair, teeth) se brosser (les cheveux, les dents)

budget budget *m.*

build bâtir

building bâtiment *m.*; immeuble (*office, apartment*) *m.*

bus autobus *m.*

business class classe (*f.*) affaires

but mais

butcher boucher/ère *m., f.*; **butcher shop** boucherie *f.*; **pork butcher** charcuterie *f.*

buy acheter

café café *m.*

Cajun acadien(ne)

cake gâteau *m.*

call appeler; **telephone calling card** télécarte *f.*; **who's calling?** qui est à l'appareil?

calm calme; tranquille

camping camping *m.*

can (*to be able*) pouvoir; **can** (*of food*) boîte (*f.*) (de conserve)

Canada Canada *m.*

car voiture *f.*; **train car** wagon *m.*

carafe carafe *f.*

cards cartes *f. pl.*; **bank (ATM) card** carte bancaire; **credit card** carte de crédit

careful: to be careful faire attention

Caribbean Islands Antilles *f. pl.*

Caribbean Sea mer (*f.*) des Caraïbes (des Antilles)

Carnival Carnaval *m.*

carrier (letter) facteur *m.*

carrot carotte *f.*

carry apporter; porter

case: in that case alors

cash argent (*m.*) liquide; **to cash (a check)** toucher (un chèque)

cassette player lecteur (*m.*) de cassettes; **cassette tape** cassette *f.*

castle château *m.*

cathedral cathédrale *f.*

CD player lecteur (*m.*) de CD

celebrate fêter

cent (*1/100th of a franc*) centime *m.*

century siècle *m.*

certain certain(e); sûr(e)

chair chaise *f.*

chance: games of chance jeux (*m. pl.*) de hasard

change monnaie *f.*

channel (*television*) chaîne *f.*

chateau château *m.*

check addition (*restaurant*) *f.*; chèque (*bank*) *m.*; **checkbook** carnet (*m.*) de chèques; **checking account** compte-chèques *m.*; **to write a check** faire un chèque

cheese fromage *m.*

chemistry chimie *f.*

chess échecs *m. pl.*

chest (of drawers) commode *f.*

chicken poulet *m.*

child enfant *m., f.*

China Chine *f.*

Chinese (*person*) Chinois(e) *m., f.*

chocolate chocolat *m.*

choice choix *m.*

choose choisir

chop côte *f.*

church (*Catholic*) église *f.*

citizen citoyen(ne) *m., f.*

city ville *f.*

civil servant fonctionnaire *m., f.*

class (business) classe (*f.*) affaires; **tourist class** classe économique

classical classique

classified ads petites annonces *f. pl.*

classroom salle (*f.*) de classe

clean propre

clear clair(e)

climb monter

clock (alarm) réveil *m.*

close fermer

close to près de

coat manteau *m.*; **sports coat** veste *f.*

coffee (cup of) un café *m.*

coin pièce *f.*; **coins** monnaie *f.*

cold froid *m.*; **it's cold** il fait froid; **to be cold** avoir froid

collection collection *f.*

colonize coloniser

comb peigne *m.*; **to comb one's hair** se peigner

come venir; **to come back** (*someplace*) revenir

commercial publicité *f.*

company entreprise *f.*; société *f.*;
  company head chef (*m.*) d'entreprise

compartment (*train*) compartiment *m.*

composer compositeur/trice *m., f.*

computer ordinateur *m.*; **computer**
  science informatique *f.*

concern toucher

conflict conflit *m.*

conformist conformiste

Congo Congo *m.*

conservation conservation *f.*

conserve conserver

consider estimer

constantly constamment

construct construire

continue continuer

contrary: on the contrary au contraire

control contrôle *m.*

cooking cuisine *f.*; **to cook** faire la
  cuisine

cool frais (fraîche); **it's cool** il fait frais

corner coin *m.*

cost of living coût (*m.*) de la vie

costume costume *m.*; **costume party** bal
  (*m.*) masqué

country (*nation*) pays *m.*; **country(side)**
  campagne *f.*

courageous courageux/euse

course (*academic*) cours *m.*; **course**
  (*meal*) plat *m.*; **first course** entrée *f.*;
  of course (not) bien sûr que oui (non)

cousin cousin(e) *m., f.*

cover couvrir

craftsperson artisan(e) *m., f.*

crayfish écrevisse *f.*

cream crème *f.*; **ice cream** glace *f.*

create créer

credit card carte (*f.*) de crédit

croissant croissant *m.*

cross traverser; **cross-country skiing** ski
  (*m.*) de randonnée; ski de fond

cup tasse *f.*; **cup of coffee** un café *m.*;
  wide cup bol *m.*

curly frisé(e)

curtains rideaux *m. pl.*

cute chouette

cycling cyclisme *m.*; vélo *m.*; **to go**
  cycling faire du vélo

daily quotidien(ne)

dance danser

date (from) dater (de)

daughter fille *f.*

day jour *m.*; **entire day** journée *f.*; **every**
  day tous les jours; **the day before**
  yesterday avant-hier; **what day is it?**
  quel jour sommes-nous?

dear cher (chère)

decade: the decade of (the fifties) les
  années (cinquante) *f. pl.*

December décembre

decide (to) décider (de)

decrease diminution *f.*

delay retard *m.*

deli charcuterie *f.*

delightful génial(e)

deliver remettre

demand exiger

demonstrate (for, against) manifester
  (pour, contre)

dentist dentiste *m., f.*

departure départ *m.*

deposit déposer

describe décrire

desire désirer

desk bureau *m.*

dessert dessert *m.*

destroy détruire

detest détester

develop développer

development développement *m.*

dial (a number) composer (un numéro)

dictionary dictionnaire *m.*

die mourir

different différent(e)

difficult difficile

difficulty: to have difficulty (in) avoir du
  mal (à)

dine dîner

dining room salle (*f.*) à manger

dinner dîner *m.*; **to have dinner** dîner

direct diriger

disagreeable désagréable

discover découvrir

disguise oneself se déguiser

dishes vaisselle *f.*; **to do the dishes** faire
  la vaisselle

district quartier *m.*; arrondissement *m.*

division (*academic*) faculté *f.*

divorced divorcé(e)

do faire

doctor médecin (femme médecin) *m., f.*

dog chien(ne) *m., f.*

door porte *f.*

doubt douter

downhill skiing ski (*m.*) de piste

downtown centre-ville *m.*

drawers (chest of) commode *f.*

dream rêver

dress robe *f.*; **to dress up in disguise** se
  déguiser; **to get dressed** s'habiller

drink boisson *f.*; **to drink** boire

drive conduire

driver conducteur/trice *m., f.*

drugstore pharmacie *f.*

during pendant

dynamic dynamique

each (one) chacun(e) *pron.*; chaque *adj.*

ear oreille *f.*

early de bonne heure; tôt

earn gagner

east est *m.*; **to the east** à l'est

easy facile

eat manger; **I like to eat** je suis
  gourmand(e)

eccentric excentrique

eclair éclair (*pastry*) *m.*

ecological écologique

egg œuf *m.*

eight *huit

eighteen dix-huit

elect élire

eleven onze

employee employé(e) *m., f.*; **s.o.**
  employed (by) employé(e) (de)

encounter rencontre *f.*

end by (*doing s.th.*) finir par

energy énergie *f.*; **nuclear energy** énergie
  nucléaire; **solar energy** énergie solaire

engagement fiançailles *f. pl.*

engineer ingénieur *m.*

England Angleterre *f.*

English (*person*) Anglais(e) *m., f.*;
  English-speaking anglophone

enough assez de

enter entrer

enthusiastic enthousiaste

envelope enveloppe *f.*

environment environnement *m.*

era: the era of (the fifties) les années
  (cinquante) *f. pl.*

errands courses *f. pl.*; **to do errands**
  faire les courses

especially surtout

essential essentiel(le)

establishment: at the establishment of
  chez

estimate estimer

even même

evening soir *m.*; **entire evening** soirée *f.*;
  good evening bonsoir; **in the evening**
  du soir; **Monday/Friday evenings** le
  lundi/le vendredi soir; **this evening** ce
  soir *m.*

event événement *m.*; **sports event** manifestation (*f.*) sportive

every tout, toute, tous, toutes; **every day** tous les jours; **every one** chacun(e) *pron.*; **every week** toutes les semaines

everyday quotidien(ne)

everyone tout le monde

everything tout

everywhere partout

evident évident(e)

exam examen *m.*; **to take an exam** passer un examen

example: for example par exemple

exchange rate cours *m.*; **money exchange (office)** bureau (*m.*) de change

excuse (oneself) s'excuser; **excuse me** excusez-moi

expense dépense *f.*; frais *m. pl.*

expensive cher (chère)

express (an opinion) exprimer (une opinion)

expression: freedom of expression liberté (*f.*) d'expression

eye œil *m.* (*pl.* yeux)

face visage *m.*

fair juste

fall automne *m.*; tomber

false faux (fausse)

familiar: to be familiar with connaître

family famille *f.*

far from loin de

farmer agriculteur/trice *m., f.*

father-in-law beau-père *m.*

favor service *m.*; **to do a favor** faire un petit service

favorite préféré(e)

February février

feel sentir; **to feel bad** aller mal

few: a few quelques

fifteen quinze

fifth cinquième

fifty cinquante

fill it up faire le plein

fillet (*beef, fish*) filet *m.*

film film *m.*

filmmaker cinéaste *m., f.*

finally enfin

find trouver

fine bien; ça va bien

finger doigt *m.*

finish finir (de); **to finish by** (*doing s.th.*) finir par

first d'abord *adv.*; premier/ière *adj.*; **first of all** d'abord

fish poisson *m.*; **fish store** poissonnerie *f.*; **fishing** pêche *f.*; **to fish** pêcher

five cinq

fixed price menu menu *m.*

flash of lightning coup (*m.*) de foudre

flight vol *m.*; **flight attendant** hôtesse (*f.*) de l'air; steward *m.*

float (*parade*) char *m.*

floor (**ground**) rez-de-chaussée *m.*; **second floor** premier étage *m.*; **third floor** deuxième étage *m.*

flower fleur *f.*

fluently couramment

follow suivre

food cuisine *f.*

foot pied *m.*

for depuis; pour; **for example** par exemple

foreign: in a foreign country à l'étranger; **foreign language** langue (*f.*) étrangère

foreigner étranger/ère *m., f.*

forest bois *m.*; forêt *f.*

forget (to) oublier (de)

fork fourchette *f.*

formerly autrefois

fortunate heureux/euse

forty quarante

found: to be found se trouver

four quatre

fourteen quatorze

fourth quart *m.*

franc franc (*currency*) *m.*

France France *f.*

freedom (of expression) liberté (*f.*) (d'expression)

French (*person*) Français(e) *m., f.*; **french fries** frites *f. pl.*; **French-speaking** francophone

fresh frais (fraîche)

Friday vendredi *m.*

friend ami(e) *m., f.*

fries frites *f. pl.*

from de

front: in front of devant

fruit fruit *m.*; **fruit juice** jus (*m.*) de fruit

fun amusant(e); **to have fun** s'amuser (à)

funny drôle

furious furieux/euse

furniture (piece of) meuble *m.*

future avenir *m.*; **in the future** à l'avenir

game (of chance) jeu (*m.*) (de hasard); **group, social games** jeux (*pl.*) de société

garden jardin *m.*

gardening jardinage *m.*

generally en général

geography géographie *f.*

geology géologie *f.*

German (*person*) Allemand(e) *m., f.*

Germany Allemagne *f.*

get obtenir; **get going!** va-t-en!; **to get along (with)** s'entendre (avec); **to get off of, down from** descendre (de); **to get up** se lever

girl jeune fille *f.*

give donner; **to give back** rendre

glass verre *m.*; **(eye)glasses** lunettes *f. pl.*

gloves (ski) gants (*m. pl.*) (de ski)

go: to go aller; **go away! get going!** allez-vous-en! (va-t-en!); **how's it going?** ça va?; **to be going** (*to do s.th.*) aller + *inf.*; **to go back** retourner; **to go down** descendre; **to go home** rentrer; **to go off** s'en aller; **to go out** sortir (de); **to go to** se rendre à; **to go up** monter; **what's going on?** qu'est-ce qui se passe?

goggles: ski goggles lunettes (*f. pl.*) de ski

good bien *adv.*; bon(ne) *adj.*; **good-bye** au revoir; **good-day** bonjour; **good evening** bonsoir

Gothic gothique

government gouvernement *m.*

grandchild petit-enfant *m.*

granddaughter petite-fille *f.*

grandfather grand-père *m.*

grandmother grand-mère *f.*

grandparents grands-parents *m. pl.*

grandson petit-fils *m.*

gray gris(e)

great formidable

great-grandparent arrière-grand-parent *m.*

Greece Grèce *f.*

green vert(e); **green beans** *haricots (*m. pl.*) verts

grocery store épicerie *f.*

ground: on the ground par terre; **ground floor** rez-de-chaussée *m.*

group games jeux (*m. pl.*) de société

Guadeloupe Guadeloupe *f.*

habitually d'habitude

hair cheveux *m. pl.*

hairdresser coiffeur/euse *m., f.*

Haiti Haïti *m.*

half demi(e); **half brother** demi-frère *m.*; **half past** (*the hour*) et demi(e); **half sister** demi-sœur *f.*

hall couloir *m.*; **lecture hall**
  amphithéâtre *m.*; **town hall** mairie *f.*
ham jambon *m.*
hand main *f.*
handbag sac (*m.*) à main
handsome beau, bel, belle (beaux, belles)
happen se passer; **what's happening?**
  qu'est-ce qui se passe?
happy content(e); heureux/euse
hardly peu
hardworking travailleur/euse
hat chapeau *m.*
have avoir; **to have (to eat)** prendre; **to
  have to** devoir
head directeur/trice *m., f.*; tête *f.*;
  company head chef (*m.*) d'entreprise
health santé *f.*
hear entendre
heavy lourd(e)
height: average height de taille
  moyenne
hello bonjour; **hello (telephone)** allô
help aider
here ici; **here is/are** voici
hi! salut!
high élevé(e)
highway autoroute *f.*
hike randonnée *f.*; **hiking boots**
  chaussures (*f. pl.*) de montagne
hilarious marrant(e)
hire embaucher; **hiring** embauche *f.*
historical historique
history histoire *f.*
hobby passe-temps *m.*
holiday fête *f.*
home foyer *m.*; maison *f.*; **at the home
  of** chez; **to go home** rentrer
homework devoirs *m. pl.*; **to do
  homework** faire ses devoirs
hope espérer
horse cheval *m.*
hospitable accueillant(e)
hospital hôpital *m.*
hot chaud; **it's hot** il fait chaud; **to be
  hot** avoir chaud
hotel hôtel *m.*
hour heure *f.*; **quarter before the hour**
  moins le quart
house maison *f.*
housework: to do the housework faire le
  ménage
how comment; **how are you?** comment
  allez-vous?; **how many . . . ?** combien
  (de)... ?; **how's it going?** ça va?
hungry: to be hungry avoir faim
hurry se dépêcher

hurt avoir mal
husband mari *m.*

ice cream glace *f.*
idealistic idéaliste
if si
immediately tout de suite
impatient impatient(e)
important important(e)
impossible impossible
in à; en; dans; **in four days** dans quatre
  jours; **in the afternoon** de l'après-midi
increase augmentation *f.*
indispensable indispensable
individualistic individualiste
industrial industriel(le)
inflation inflation *f.*
**information: tourist information
  bureau** syndicat (*m.*) d'initiative
inspect contrôler
instead plutôt
intellectual intellectuel(le)
intelligent intelligent(e)
interest intéresser
interesting intéressant(e)
interview (job) entretien *m.*
involve: to get involved (in) s'engager
  (vers)
island île *f.*
it's a . . . c'est un(e)...
Italian (*person*) Italien(ne) *m., f.*
Italy Italie *f.*
Ivory Coast Côte-d'Ivoire *f.*

jacket (ski) anorak *m.*; **suit jacket** veston
  m.
January janvier
Japan Japon *m.*
Japanese (*person*) Japonais(e) *m., f.*
jeans jean *m.*
jewel bijou *m.*
jog faire du jogging
juice (fruit) jus (*m.*) de fruit
July juillet
June juin
just juste; **to have just done s.th.** venir
  de + *inf.*

key clé, clef *f.*
kilo kilogramme *m.*
kiosk kiosque *m.*
kiss s'embrasser
kitchen cuisine *f.*
knee genou *m.* (*pl.* genoux)

knife couteau *m.*
know connaître; **to know (how)** savoir

lake lac *m.*
lamp lampe *f.*
language (foreign) langue (*f.*)
  (étrangère)
last dernier/ière; passé(e)
late en retard; tard
laugh rire
law droit *m.*
lawn bowling pétanque *f.*
lawyer avocat(e) *m., f.*
lazy paresseux/euse
learn apprendre (à)
leave (for, from) partir (à, de); **to leave
  (*behind*)** laisser; **to leave (*go out*)**
  sortir; **to leave (*s.o. or someplace*)**
  quitter
lecture conférence *f.*; **lecture hall**
  amphithéâtre *m.*
left: on the left à gauche; **the Left Bank
  (*in Paris*)** Rive (*f.*) gauche
leg jambe *f.*
legacy patrimoine *m.*
legalization légalisation *f.*
leisure (activities) loisirs *m. pl.*
lend (to) prêter (à)
less . . . than moins... que
letter lettre *f.*; **letter carrier** facteur *m.*
lettuce salade *f.*
library bibliothèque *f.*
life vie *f.*
lightning: flash of lightning coup (*m.*)
  de foudre
like aimer; **I don't like . . . at all** je
  n'aime pas du tout...; **I would like**
  j'aimerais
likely probable
linguistics linguistique *f.*
listen écouter
literature littérature *f.*
little: a little un peu
live habiter; vivre
living: cost of living coût (*m.*) de la vie;
  living room salle (*f.*) de séjour
loaf (of bread) baguette (*f.*) (de pain)
loan emprunt *m.*
locate: to be located se trouver
lodging logement *m.*
long long(ue)
longer: no longer ne... plus
look (at) regarder; **to look (like)** avoir
  l'air (de); **to look at each other, at
  oneself** se regarder; **to look for**
  chercher

lose perdre; **to get lost** se perdre

lot: a lot beaucoup

love adorer; aimer; amour *m*.; **love at first sight** coup (*m*.) de foudre; **lover; loving** amoureux/euse *m*., *f*.; **to fall in love** tomber amoureux/euse *f*.

lowering baisse *f*.

lucky: to be lucky avoir de la chance

lunch déjeuner *m*.; **to have lunch** déjeuner

ma'am Madame (Mme)

machine (answering) répondeur (*m*.) téléphonique

magazine (illustrated) magazine *m*.

magazine (journal) revue *f*.

magnificent magnifique

mailbox boîte (*f*.) aux lettres

makeup: to put on makeup se maquiller

man homme *m*.; **young man** jeune homme *m*.

manager directeur/trice *m*., *f*.; **middle/upper manager** cadre *m*.; **top manager** chef (*m*.) d'entreprise

many: how many . . . ? combien (de)... ?

map plan (*city*) *m*.; carte (*region, country*) *f*.

March mars

Mardi Gras Mardi Gras

market marché *m*.; **to go to the market** faire le marché

marriage mariage *m*.

married marié(e); **to get married** se marier (avec)

Martinique Martinique *f*.

masked ball bal (*m*.) masqué

masterpiece chef-d'œuvre *m*.

mathematics (math) mathématiques (maths) *f*. *pl*.

May mai

maybe peut-être

me: as for me pour ma part

meal repas *m*.

mean vouloir dire; **what does . . . mean?** que veut dire... ?

meat viande *f*.

media médias *m*. *pl*.

medieval médiéval(e)

meet se rencontrer; **to meet (for the first time)** faire la connaissance de

meeting rencontre *f*.; **to have a meeting** avoir rendez-vous

menu carte *f*.; **fixed price menu** menu *m*.

merchant (wine) marchand(e) (*m*., *f*.) (de vin)

messy en désordre

metro station station (*f*.) de métro

Mexico Mexique *m*.

middle: Middle Ages moyen âge *m*. s.; **to be in the middle of** être en train de

midnight minuit

military budget budget (*m*.) militaire

milk lait *m*.

minitel minitel *m*.

mirror miroir *m*.

Miss Mademoiselle (Mlle)

mixture mélange *m*.

Monday lundi *m*.; **it's Monday (Tuesday . . .)** nous sommes lundi (mardi...)

money argent *m*.; **money exchange (office)** bureau (*m*.) de change

monitor contrôler

month mois *m*.

Montreal Montréal

monument monument *m*.

more . . . than plus... que; **no more** ne... plus

morning matin *m*.; **entire morning** matinée *f*.; **in the morning** du matin; **this morning** ce matin

Morocco Maroc *m*.

most (of) la plupart (de) *f*.

mother-in-law belle-mère *f*.

motorcycle motocyclette *f*.

mountain montagne *f*.

mountaineering alpinisme *m*.

mouth bouche *f*.

movie film *m*.; **movie theater; movies** cinéma *m*.

Mr. Monsieur (M.)

Mrs. Madame (Mme)

much bien *adv*.; **as much/many . . . as** autant (de)... que; **too much** trop (de); **very much** beaucoup

municipal municipal(e)

museum musée *m*.

music musique *f*.

musician musicien(ne) *m*., *f*.

naive naïf (naïve)

named: to be named s'appeler; **my name is . . .** je m'appelle... ; **what's your name?** comment vous appelez-vous?

napkin serviette *f*.

natural naturel(le); **natural resources** ressources (*f*. *pl*.) naturelles

nature nature *f*.

necessary nécessaire; **it is necessary to** il est nécessaire de + *inf*.; il faut...; **to be necessary** falloir

neck cou *m*.

necktie cravate *f*.

need avoir besoin de; **one needs** il est nécessaire de; on a besoin de + *inf*.

neighbor voisin(e) *m*., *f*.

nephew neveu *m*.

nervous nerveux/euse

network chaîne *f*.

never ne... jamais

new nouveau, nouvel, nouvelle

New Orleans La Nouvelle-Orléans

Newfoundland Terre-Neuve *f*.

newspaper journal *m*.

newsstand kiosque *m*.

next ensuite, puis *adv*.; prochain(e) *adj*.; **next to** à côté de; **next week** la semaine prochaine

nice beau (*weather*); gentil(le); sympathique (sympa); **it's nice (out)** il fait beau

niece nièce *f*.

night nuit *f*.; **at night** du soir

nine neuf

nineteen dix-neuf

no non; **no longer, no more** ne... plus; **no one, nobody** ne... personne

noise bruit *m*.

nonsmoking area zone (*f*.) non-fumeurs

noon midi

normal normal(e)

north nord *m*.; **to the north** au nord

nose nez *m*.

not (at all) ne... pas (du tout); **not bad(ly)** pas mal; **not very** peu; **not yet** ne... pas encore

notebook cahier *m*.

nothing ne... rien

Nova Scotia Nouvelle-Écosse *f*.

novel roman *m*.

November novembre

now maintenant; **from now on** à l'avenir

nuclear energy énergie (*f*.) nucléaire

number numéro *m*.; **to dial a number** composer un numéro

obliged: to be obliged to devoir

obtain obtenir

ocean mer *f*.

o'clock: the time is . . . o'clock il est... heures

October octobre

odd drôle

of de; **of course (not)** bien sûr que oui (non); **of it (of them)** en

offer offrir

office bureau *m*.

officer (police) agent (*m.*) de police
often souvent
okay d'accord
old ancien(ne); vieux, vieil, vieille
on (top) sur; **on the ground** par terre
once une fois; **all at once** tout d'un coup; **once a week** une fois par semaine
one un(e)
only ne... que; seulement
open ouvrir
opinion: in my opinion pour ma part; à mon avis; **in your opinion** à votre (ton) avis; **public opinion** opinion (*f.*) publique; **to express an opinion** exprimer une opinion; **to have an opinion about** penser de
optimistic optimiste
or ou
orange orange
order: in order en ordre; **in order to** pour; **to order** commander (*restaurant*)
other autre; **others** d'autres; **the other(s)** le/la/les autre(s)
outdoors de plein air
outside dehors
overseeing contrôle *m.*
owe devoir
oyster huître *f.*

package paquet *m.*
pain: to have pain avoir mal (à)
painter artiste-peintre *m., f.*; peintre *m.*
painting peinture *f.*; tableau *m.*
palace palais *m.*
pants pantalon *m.*
parade défilé *m.*; **parade float** char *m.*
pardon (me) pardon
Parisian parisien(ne)
park parc *m.*
party soirée *f.*; **costume party** bal (*m.*) masqué; **political party** parti *m.*
pass (*time*) passer; **boarding pass** carte (*f.*) d'embarquement; **to pass** (*a test*) réussir à; **to pass by** passer par
passenger passager/ère *m., f.*
past passé *m.*
pastry, pastry shop pâtisserie *f.*
pâté (country-style) pâté (*m.*) (de campagne)
patient patient(e)
patrimony patrimoine *m.*
pear poire *f.*
pen stylo *m.*
pencil crayon *m.*
pepper poivre *m.*

perfect perfectionner
performance spectacle *m.*
period (*of history*) époque *f.*
permit (to) permettre (de)
person personne *f.*
personally personnellement
pessimistic pessimiste
pharmacist pharmacien(ne) *m., f.*
pharmacy pharmacie *f.*
philosophy philosophie *f.*
phone téléphoner (à)
physics physique *f.*
picnic pique-nique *m.*
pie tarte *f.*
piece morceau *m.*; **piece of furniture** meuble *m.*
pilot pilote *m., f.*
pink rose
place endroit *m.*; lieu *m.*; **to place** (*put*) mettre
plan on (*doing s.th.*) penser + *inf.*; **plans** projets *m. pl.*
plate assiette *f.*
platform (*train*) quai *m.*
play (*theater*) pièce (*f.*) de théâtre; **to play** (*a musical instrument*) jouer de; **to play** (*a sport or game*) jouer à
player (cassette, CD) lecteur (*m.*) (de cassettes, de CD)
pleasant gentil(le)
please s'il vous (te) plaît; **pleased** content(e)
plumber plombier *m.*
poem poème *m.*
poet poète *m.*
poetry poésie *f.*
point out indiquer
police officer, policeman (woman) agent (*m.*) de police; **police station** commissariat *m.*; poste (*m.*) de police
policy politique *f.*
politely poliment
political party parti *m.*
politician homme (femme) politique *m., f.*
politics politique *f.*
pollute polluer
pollution pollution *f.*
pool (swimming) piscine *f.*
poor pauvre
popular song chanson (*f.*) de variété
pork porc *m.*; **pork butcher** charcuterie *f.*
Portugal Portugal *m.*
possible possible; **it is possible that** il est possible que + *subj.*

post office bureau (*m.*) de poste
postcard carte (*f.*) postale
poster affiche *f.*
potato pomme (*f.*) de terre
practical pratique
prefer aimer mieux; préférer
preferable préférable
preferred préféré(e)
prepare préparer
pretty joli(e)
prevent (from) empêcher (de)
price prix *m.*; **fixed price menu** menu *m.*
primary school teacher instituteur/trice *m., f.*
probable probable
problem problème *m.*
process: to be in the process of être en train de
professor professeur *m.*
program (*TV, radio*) émission *f.*
proliferation prolifération *f.*
protect protéger
protection protection *f.*
proud fier (fière)
psychology psychologie *f.*
public public (publique); **public opinion** opinion (*f.*) publique
purchase achat *m.*
pursue poursuivre
put on mettre
putter (around) bricoler

quarter (one-fourth) quart *m.*; **quarter before** (*the hour*) moins le quart; **quarter past** (*the hour*) et quart; **quarter (district)** quartier *m.*
Quebec (*city*) Québec; **of, from Quebec** québécois(e); **Quebec** (*province*) Québec *m.*; **Quebecois** (*language*) québécois *m.*
queen reine *f.*
quiet tranquille

radio radio *f.*
rain pleuvoir; **it's raining** il pleut
raincoat imperméable *m.*
rarely rarement
rate (of exchange) cours (*m.*) (du change)
rather plutôt
read lire; **reading** lecture *f.*
ready prêt(e); **to get ready** se préparer
realistic réaliste
really vraiment; **oh, really?** ah, bon?
reasonable raisonnable

receipt reçu *m.*
recognize reconnaître
record(ing) disque *m.*
recycle recycler
recycling recyclage *m.*
red rouge
redheaded roux (rousse)
reform réforme *f.*
refuse (to) refuser (de)
regret regretter
relate (*tell*) raconter
relax se détendre
relieved soulagé(e)
remain rester
remember se rappeler; se souvenir (de)
Renaissance Renaissance *f.*
rent louer
repeat répéter
replace (*put back*) remettre
reporter journaliste *m., f.*
require exiger
rescue sauver
residence: university residence complex cité-universitaire (cité-u) *f.*
resource: natural resources ressources (*f. pl.*) naturelles
rest se reposer
restaurant restaurant *m.*
return retourner; (*go home*) rentrer; (*come back*) revenir
review revue *f.*
ride (*car*) tour *m.*; promenade *f.*; **to take a ride** faire un tour
right: on (to) the right à droite; **the Right Bank** (*in Paris*) Rive (*f.*) droite; **to be right** avoir raison
rise montée *f.*
river fleuve *m.*
road route *f.*
roast rôti *m.*
Roman romain(e)
room pièce *f.*; chambre (*bedroom*) *f.*
roommate camarade (*m., f.*) de chambre
rug tapis *m.*
run courir; faire du jogging
Russia Russie *f.*
Russian (*person*) Russe *m., f.*

sailboat bateau (*m.*) à voile
sailing voile *f.*; **to go sailing** faire de la voile
salad salade *f.*
salaried worker travailleur/euse (*m., f.*) salarié(e)
salary salaire *m.*

salt sel *m.*
same même; **the same one(s)** le/la/les même(s)
sandals sandales *f. pl.*
sardines (in oil) sardines (*f. pl.*) (à l'huile)
Saturday samedi *m.*
sausage saucisse *f.*
save (*rescue*) sauver; **savings account** compte (*m.*) d'épargne; **to save (up) money** faire des économies
say dire
schedule horaire *m.*
school école *f.*; **primary school teacher** instituteur/trice *m., f.*
sculptor sculpteur (femme-sculpteur) *m., f.*
sculpture sculpture *f.*
sea mer *f.*
seat (*theater*) place *f.*
second deuxième; **second floor** premier étage *m.*
secretary secrétaire *m., f.*
section (*of Paris*) arrondissement *m.*
see voir; **see you soon** à bientôt; **to see again** revoir
seems: it seems that il semble que + *subj.*
self-employed worker travailleur/euse (*m., f.*) indépendant(e)
sell vendre
send envoyer
Senegal Sénégal *m.*
sense sentir *v.*
September septembre
serious sérieux/euse
serve servir
set (*TV*) poste (*m.*) de télévision
settle (down, in) s'installer
seven sept
seventeen dix-sept
several plusieurs
sexism sexisme *m.*
shave se raser
shirt chemise *f.*
shoes chaussures *f. pl.*; **tennis shoes** tennis *m. pl.*
shop (*store*) magasin *m.*; **pastry shop** pâtisserie *f.*
shopkeeper commerçant(e) *m., f.*
shopping: to do the shopping faire le marché
short court(e) (*hair*); petit(e) (*person*)
shorts short *m.*

show spectacle *m.*; **to show** indiquer; montrer
shower douche *f.*; **to take a shower** se doucher
Shrove Tuesday Mardi Gras
since depuis
sincere sincère
sing chanter
single (*person*) célibataire *m., f.*; **single life** célibat *m.*
sir Monsieur (M.)
sister sœur *f.*; **sister-in-law** belle-sœur *f.*
sit down asseyez-vous (assieds-toi)
situate: to be situated se trouver
six six
sixteen seize
sixty soixante
ski ski *m.*; **ski boots** chaussures (*f. pl.*) de ski; **ski gloves** gants (*m. pl.*) de ski; **ski goggles** lunettes (*f. pl.*) de ski; **ski jacket** anorak *m.*; **to ski** faire du ski; skier
skiing ski *m.*; **cross-country skiing** ski de fond; **downhill skiing** ski de piste; **to go skiing** faire du ski; **waterskiing** ski nautique
skin diving plongée (*f.*) sous-marine
skirt jupe *f.*
sleep dormir
sleeping bag sac (*m.*) de couchage
sleepy: to be sleepy avoir sommeil
slice tranche *f.*
smell sentir
smoke fumer
smoker fumeur/euse *m., f.*
smoking area zone (*f.*) fumeurs
snack: afternoon snack goûter *m.*
snob snob
snow neige *f.*; neiger; **it's snowing** il neige
snowman bonhomme (*m.*) de neige
so alors; **so-so** comme ci, comme ça
sociable sociable
social games jeux (*m. pl.*) de société
sociology sociologie *f.*
socks chaussettes *f. pl.*
sofa canapé *m.*
solar energy énergie (*f.*) solaire
sole (*fish*) sole *f.*
some en *pron.*; quelques *adj.*
someday un jour
someone quelqu'un
something quelque chose
sometimes parfois; quelquefois
somewhat assez

son fils *m.*

song (**popular**) chanson (*f.*) de variété

soon bientôt; **as soon as** aussitôt que; dès que; **see you soon** à bientôt

sorry désolé(e); **to be sorry** regretter

soupspoon cuillère (*f.*) à soupe

source source *f.*

south sud *m.*; **to the south** au sud

Spain Espagne *f.*

Spanish (*person*) Espagnol(e) *m., f.*

speak parler

spend (*money*) dépenser; (*time*) passer

sport(s) sport *m.*; **sports coat** veste *f.*; **sports event** manifestation (*f.*) sportive; **sports-minded** sportif/ive; **to do sports** faire du sport

spring printemps *m.*; **in the spring** au printemps

square (*in city*) place *f.*

stairway escalier *m.*

stamp (*postage*) timbre *m.*

stand: I can't stand . . . j'ai horreur de...

state état *m.*; **United States** États-Unis *m., pl.*

station (**subway**) station (*f.*) de métro; **police station** commissariat *m.*; poste (*m.*) de police; **train station** gare *f.*

stay rester

steak bifteck *m.*

stepbrother beau-frère *m.*

stepfather beau-père *m.*

stepmother belle-mère *f.*

stepsister belle-sœur *f.*

stereo chaîne (*f.*) stéréo

steward, stewardess steward *m.*, hôtesse (*f.*) de l'air

still encore

stop s'arrêter

store magasin *m.*; **fish store** poissonnerie *f.*; **grocery store** épicerie *f.*

straight (*hair*) raide

straight ahead tout droit

strange étrange

stranger étranger/ère *m., f.*

strawberry fraise *f.*

street rue *f.*

strike: to (go on) strike faire (la) grève

stroll flâner

student étudiant(e) *m., f.*

study étudier

stupid stupide

suburbs banlieue *f.*

subway métro *m.*; **subway station** station (*f.*) de métro

succeed (**at**) réussir (à)

success réussite *f.*

suddenly soudain; tout à coup

suffer souffrir

sugar sucre *m.*

suit (*man's*) costume *m.*; (*woman's*) tailleur *m.*; **suit jacket** veston *m.*

suitcase valise *f.*

sum montant *m.*

summer été *m.*; **in summer** en été

sun soleil *m.*; **it's sunny** il fait du soleil

Sunday dimanche *m.*

sunglasses lunettes (*f. pl.*) de soleil

suntan: to get a suntan bronzer

superb superbe

support soutenir

sure sûr(e)

surprised étonné(e); surpris(e)

sweater pull-over *m.*

sweetheart amoureux/euse *m., f.*

swim nager; se baigner

swimming pool piscine *f.*

swimsuit maillot (*m.*) de bain

Switzerland Suisse *f.*

table table *f.*

take prendre; **to take** (*a course*) suivre; **to take** (*s.o.*) emmener; **to take a ride** faire un tour; **to take a trip** faire un voyage; **to take a walk** faire un tour; se promener; **to take an exam** passer un examen; **to take out** sortir; **to take place** se passer

tall grand(e)

tape (**cassette**) cassette *f.*

taste goûter *v.*

taxes impôts *m. pl.*

tea thé *m.*

teach enseigner (à); apprendre (à)

teacher professeur *m.*; **primary school teacher** instituteur/trice *m., f.*

team équipe *f.*

telephone téléphone *m.*; **telephone book** annuaire *m.*; **telephone booth** cabine (*f.*) téléphonique; **telephone calling card** télécarte *f.*; **telephone number** numéro (*m.*) de téléphone

television télévision *f.*; **T.V. set** poste (*m.*) de télé; **television channel** chaîne *f.*

tell dire; raconter

teller: automatic teller distributeur (*m.*) automatique

ten dix

tennis shoes tennis *m. pl.*

tent tente *f.*

terrace terrasse *f.*

test examen *m.*; **to pass a test** réussir à un examen

thank you merci; **I don't know how to thank you** je ne sais pas comment vous (te) remercier; **to thank** remercier

that cela (ça); que; qui *rel. pron.*

theater (*movie*) cinéma *m.*

then alors; ensuite; puis; **well then** eh bien...

there là *adv.*; y *pron.*; **is/are there . . . ?** il y a... ?; **there is/are** voilà; il y a

therefore alors; donc

think (**of, about**) réfléchir (à); penser (à); **to think (have an opinion) about** penser de; **what do you think about . . . ?** que pensez-vous (penses-tu) de... ?; **what do you think of that?** qu'en pensez-vous (penses-tu)?

third floor deuxième étage *m.*

thirsty: to be thirsty avoir soif

thirteen treize

thirty trente

this cela (ça); ce, cet, cette, ces

three trois

throat gorge *f.*

Thursday jeudi *m.*

ticket window guichet *m.*

tidy en ordre

tie (*necktie*) cravate *f.*

time heure *f.*; temps *m.*; **from time to time** de temps en temps; **not on time** en retard; **on time** à l'heure; **to pass, spend (time)** passer (du temps); **what time is it?** quelle heure est-il?; **the time is . . . o'clock** il est... heures

tip (*gratuity*) pourboire *m.*

today aujourd'hui

tomorrow demain

too: too bad dommage *interj.*; **too much** trop (de)

tooth dent *f.*

top: on top sur

touch toucher

tourist class classe (*f.*) économique; **tourist information bureau** syndicat (*m.*) d'initiative

towel: beach towel serviette (*f.*) de plage

tower tour *f.*

town hall mairie *f.*

train train *m.*; **train car** wagon *m.*; **train station** gare *f.*

translate traduire

transportation transports *m. pl.*

travel voyager; (*in a car*) rouler

tree arbre *m.*

trip voyage *m.*; **to take a trip** faire un voyage

trouble ennui *m.*; **to have trouble (in)** avoir du mal (à)

true vrai(e)

try (to) essayer (de); chercher (à)

T-shirt tee-shirt *m.*

Tuesday mardi *m.*; **Shrove Tuesday** Mardi Gras

Tunisia Tunisie *f.*

turn tourner

TV (set) poste (*m.*) de télévision

twelve douze

twenty vingt; **twenty-one** vingt et un; **twenty-two** vingt-deux

two deux

ugly laid(e)

umbrella parapluie *m.*

uncle oncle *m.*

under sous

understand comprendre; **I don't understand** je ne comprends pas

unemployment chômage *m.*

unfair injuste

unfortunate fâcheux/euse; pauvre

United States États-Unis *m. pl.*

university université *f.*; **university residence complex** cité-universitaire (cité-u) *f.*

unjust injuste

unlikely peu probable

unsociable insociable

until jusqu'à

urgent urgent(e)

useful utile

useless inutile

usually d'habitude

vacation vacances *f. pl.*; **during vacation** pendant les vacances

VCR magnétoscope *m.*

vegetable légume *m.*

very très; fort *adv.*; **not very** peu; **very much** beaucoup; **very well, good** très bien

violet violet(te)

visit visite *f.*; **to visit** (*a place*) visiter; **to visit** (*s.o.*) rendre visite à

voodoo vaudou *m.*

voter électeur/trice *m., f.*

wait (for) attendre

waiter, waitress serveur *m.*, serveuse *f.*

wake up se réveiller

walk promenade *f.*; tour *m.*; **to take a walk** se promener; faire un tour; **walking** marche *f.*

wall mur *m.*

want avoir envie de; désirer; vouloir

war guerre *f.*

ward (*of Paris*) arrondissement *m.*

warm: to be warm avoir chaud

wash (*oneself*) se laver

waste gaspillage *m.*; (*material*) déchet *m.*

watch regarder; **to watch out** faire attention

water eau *f.*; **waterskiing** ski (*m.*) nautique

way (*road*) chemin *m.*

wear porter

weather temps *m.*; **how's the weather?** quel temps fait-il?; **it's bad (good) weather** il fait mauvais (beau)

Wednesday mercredi *m.*

week semaine *f.*; **every week** toutes les semaines; **next week** la semaine prochaine; **once a week** une fois par semaine

weekend: this weekend ce week-end; **on weekends** le week-end

welcome: you're welcome de rien; il n'y a pas de quoi; je vous en prie

well bien *adv.*; **things are going well** ça va bien; **very well, good** très bien; **well then** eh bien...

west ouest *m.*; **to the west** à l'ouest

what que; qu'est-ce qui; **to what** à quoi; **what?** comment?; **what is it?** qu'est-ce que c'est?

when quand; lorsque; où *relative pron.*

where où

which lequel, laquelle, lesquels, lesquelles; que, qui *relative pron.*; quel, quelle, quels, quelles *interr. adj.*; **of which** dont

while: in a while tout à l'heure

white blanc(he); **white-collar worker** employé(e) *m., f.*

who qui; qui est-ce qui

whom qui est-ce que; **of whom** dont; **to whom** à qui

whose dont

why pourquoi

wife femme *f.*

willing: to be willing vouloir bien

win gagner

wind vent *m.*; **it's windy** il fait du vent

windbreaker blouson *m.*

window fenêtre *f.*; **ticket window** guichet *m.*

windsurfer planche (*f.*) à voile

wine vin *m.*; **wine merchant** marchand(e) (*m., f.*) de vin

winter hiver *m.*; **in winter** en hiver

wish avoir envie de; souhaiter

with avec

withdraw retirer

woman femme *f.*; **young woman** jeune fille *f.*

wonder se demander

wood(s) bois *m.*; forêt *f.*

word mot *m.*

work travail *m.*; **to work** travailler; (*device*) marcher; **work (of art)** œuvre (*f.*) (d'art)

worker travailleur/euse *m., f.*; (*manual*) ouvrier/ière *m., f.*; **salaried worker** travailleur/euse salarié(e); **self-employed worker** travailleur/euse indépendant(e); **white-collar worker** employé(e) *m., f.*

world monde *m.*

worse pire

worth: to be worth valoir

write (to) écrire (à)

writer écrivain (femme-écrivain) *m., f.*

wrong: to be wrong avoir tort; se tromper

year an *m.*; **entire year** année *f.*; **to be (20) years old** avoir (20) ans

yellow jaune

yes oui; si (*affirmative answer to negative question*)

yesterday hier; **the day before yesterday** avant-hier

yet: not yet ne... pas encore

you: and you? et vous? (et toi?)

young jeune; **young man** jeune homme *m.*; **young woman** jeune fille *f.*

Zaire Zaïre *m.*

Index

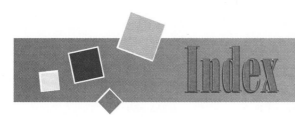

Index

This index is divided into two parts: Part I (Grammar) covers topics in grammar, structure, and usage; Part II (Topics) lists cultural, functional (**À propos**), and vocabulary topics treated in the text. Topics in Part II appear as groups; they are not cross-referenced.

Part I: Grammar

subject, 31–32, 330
 word order with, 276–277, 282,
  304–306, 334–337
 y, 304–306, 335–336
pronunciation, and articulation, 11
 and elision, 24, 32n, 36, 276
 and intonation, 7, 159–160
 and liaison, 29n, 183n, 189–190
 and stress (syllable emphasis), 159
 of [ã], [ɔ̃], and [ɛ̃], 11, 71
 of accent marks, 100
 of aspirate **h**, 24, 24n, 190, 197n
 of consonant sounds, 11, 25
 of diphthongs, in English (glide), 12,
  128
 of French alphabet, 10
 of semi-vowels, 11, 128–129
 of vowels, 11, 37, 71
 of [y] and [ɥ], 11, 37

quantity, expressions of, 153–154,
  305–306
que, 97–98, 390–391, 410–411
quel(s)/quelle(s), 140n, 183–184
quelque, 468–469
 quelque chose, 251–253, 468–470
quelqu'un, 251–253, 469–470
qu'est-ce que, 97–98, 410–411
questions, in **passé composé**, 213, 241
 information, 96–98, 409–412
 intonation in, 7, 63, 160
 negative answer to, 63
 word order with, 64–65, 96–98, 213,
  241, 249, 409–412
 yes/no, 63–65, 213, 241. *See also*
  Interrogative pronouns;
  Interrogative words
qui, interrogative, 97–98, 410
 relative pronoun, 390–391. *See also*
  Appendix C
quitter, 208n
quoi, 411

-re verbs, 126, 157, 212
 irregular, 149–150. *See also*
  Appendix D
recevoir. *See* Appendix D
reciprocal pronominal verbs, 353,
  360–361
reflexive pronouns, 332–333, 353, 355,
  357–359, 362–363
reflexive verbs. *See* Pronominal verbs
regular verbs. *See* **-er, -ir,** and **-re** verbs
  and Appendix D
relative pronouns, 390–392. *See also*
  Appendix C

se reposer, 332–333. *See also*
  Appendix D
se réveiller. *See* Appendices B
  and D
rire, 407. *See also* Appendix D

savoir, 309–310, 387, 419, 442–443.
  See also Appendix D
se. *See* Pronominal verbs
semi-vowels, 11, 128–129
si, as answer to negative question, 63n,
  249n
si-clause sentences, 388, 416
sortir, 208, 240–241. *See also*
  Appendices B and D
spelling changes, in **-er** verbs, 271. *See
  also* Appendix D
 with accent marks, *See* Appendix D
stem-changing verbs. *See* Appendix D
stress (syllable emphasis), 159
stressed pronouns, 329–331, 365
subject pronouns, 31–32, 330
subjunctive, alternatives to, 446, 449,
  474–476
 of irregular verbs, 442–443
 mood, defined, 439–440
 past. *See* Appendix B
 present, 439–443. *See also*
  Appendix D
 uses of, 440, 444–446, 448–450,
  471–472
suivre, 327. *See also* Appendix D
superlative, forms of adjectives, 366–367
 of adverbs and nouns, 423–424

tag questions, 63–64
tenir. *See* Appendix D
tenses. *See* Present; **Imparfait**; etc.
time, expressions of, 216–217, 301–303,
  318, 388
 telling, 142–143
tout, 468–469
transitive verbs, 240n
tu versus **vous**, 31–32
valoir, 446. *See* Appendix D
vendre, 126, 157, 415, 440–441
venir, 209, 212, 240–241, 387,
  416, 419–420. *See also*
  Appendix D
 venir de, 209, 420
verbs, **-er**, 31–33, 156–157, 212
 followed by infinitive, 33, 36, 120,
  419–420
 -ir, 87–88, 157, 212
 irregular **-re**, 149–150
 -re, 126, 157, 212

spelling changes in, 271. *See also
  specific verb or tense* (conditional,
  future, etc.) and Appendix D
 that require prepositions, 88, 281,
  419–420
vieux, 185–186
vivre, 327–328. *See also* Appendix D
voir, 221–222, 387, 440–441. *See also*
  Appendix D
volition, verbs of, 439–445
vouloir, 179–180, 244–246, 387,
  415–416, 419, 439–445. *See also*
  Appendix D
vous versus **tu**, 31–32
vowel sounds, nasal, 11, 71
 of [ã], [ɔ̃], and [ɛ̃], 11, 71
 open, 11, 37
 oral, 11, 37
voyager. *See* Appendix D

word order, with questions, 64–65,
  96–98, 213, 241, 249, 409–412
 with adjectives, 59, 185–187
 with adverbs, 247–249, 340
 with **passé composé**, 211, 213, 241,
  249, 282, 335, 363
 with pronouns, 276–277, 282,
  304–306, 334–337
 with **y**, 304–306

y, il y a, 7, 91n, 216–217
 uses of, 304–306
 word order with, 304–306
years, 204–205
yes/no questions, 63–65, 213, 241

Part II: Topics

CULTURE
 Africa, French in, 477
 Alliance Française, 22–23
 AM versus PM, 143
 architectural restauration, in France,
  342
 Astérix le Gaulois, 293
 Celsius versus Fahrenheit temperature,
  147
 cities, French, 312
 la Coopération, 493
 currency and prices, in France, 175
 l'esprit critique, 54–55
 European Community (EC [CEE]),
  451–452

Text and Art Credits
Photos   *page 1* © Beryl Goldberg; *3* © Spencer Grant/The Picture Cube; *6* (*top left*) © Henebry Photography; (*top center*) © Richard Lucas/The Image Works; (*top right*) © D. H. Hessell/Stock, Boston; (*bottom*) © Jean du Boisberranger/Agence Ernoult Features; *14* © Greg Meadors/Stock, Boston; *15* (*clockwise from top left*) © Bruno Maso/PhotoEdit; © Matt Jacob/The Image Works; © Owen Franken/Stock, Boston; © Ulrike Welsch; *16* (*top*) © Ulrike Welsch; (*bottom*) © Ulrike Welsch; *22* Courtesy Alliance Française de la Jamaique, photo © Althea Bartley; *31* © Beryl Goldberg; *38* © Bruno Maso/PhotoEdit; *47* Collection Roger-Viollet, Paris; *48* © Chip and Rosa Maria de la Cueva Peterson; *67* © Greg Meadors/Stock, Boston; *74* (*top*) © Alan Carey/The Image Works; (*center*) © Chip and Rosa Maria de la Cueva Peterson; (*bottom*) © Peter Menzel/Stock, Boston; *79* © UPI/Bettmann Newsphotos; *80* © Beryl Goldberg; *82* © Beryl Goldberg; *86* © Stuart Cohen/Comstock; *98* © Andrew Brilliant; *103* © Andrew Brilliant; *104* (*top left*) © Hugh Rogers/Monkmeyer Press Photos; (*top right*) © Yannick Le Gal/Agence Ernoult Features; (*bottom*) © Stuart Cohen/Comstock; *108* © Gastaud/Sipa Press; *109* © Charles Gupton/Stock, Boston; *111* © Carol Palmer & Andrew Brilliant; *114* © Tony Stone Images; *119* © Ulrike Welsch; *128* © Greg Meadors/Stock, Boston; *132* © Mark Antman/The Image Works; *137* (*left*) © I.P.A./The Image Works; (*right*) © Werner Wolff/Black Star; *138* © Nathan Benn/Woodfin Camp & Associates; *146* (*left to right*) © J. Messerschmidt/Tony Stone Images; © Jean-Daniel Sudres/Scope; © George Hunter/Tony Stone Images; © Mary Ann Brockman; *148* © Ulrike Welsch; *149* © Chip and Rosa Maria de la Cueva Peterson; *163* (*top*) © Mark Antman/The Image Works; (*bottom*) © Mark Antman/The Image Works; *167* © Robert Bretzfelder/PhotoEdit; *168* © Scala/Art Resource; *169* © Henebry Photography; *177* © Owen Franken/Stock, Boston; *178* © Jean Abbott/The Picture Cube; *186* © Sabine Weiss/Photo Researchers; *199* (*top*) © Henebry Photography; (*bottom*) © Michel Ginies/Sipa Press; *200* © Chip and Rosa Maria de la Cueva Peterson; *203* © Jacques Sierpinski/Scope; *204* (*top left*) Courtesy of IBM Archives; (*top right*) Collection Roger-Viollet, Paris; (*bottom left*) © The Bettmann Archive; (*bottom right*) © The Bettmann Archive; *206* © Burt Glinn/Magnum; *210* © Didier Givois/Agence Vandystadt; *214* ©Photo Edit; *225* © Francis de Richemond/The Image Works; *227* © Craig Aurness/Woodfin Camp & Associates; *232* (*left*) Giraudon/Art Resource; (*right*)

About the Authors

Judith A. Muyskens is Professor of French at the University of Cincinnati where she teaches courses in methodology and French language, supervises teaching assistants, and is department head. She received her doctoral degree from Ohio State University in Foreign Language Education with a minor in twentieth-century French literature. She has contributed to various professional publications, including *Modern Language Journal, Foreign Language Annals,* and the *ACTFL Foreign Language Education Series.* She is also coauthor of several other French textbooks, including *Bonjour, ça va?*

Alice C. Omaggio Hadley, Ph.D., Ohio State University, is Associate Professor of French at the University of Illinois at Urbana-Champaign, where she is Director of Basic Language Instruction. She supervises teaching assistants and is responsible for the curriculum development, testing, and administration of the elementary and intermediate language program. She is coauthor of the college French texts *Bonjour, ça va?* and *Kaléidoscope* and is author of a language teaching methods text, *Teaching Language in Context,* now in its second edition. Her publications have appeared in various professional journals and she has given numerous workshops throughout the country.

Thierry Duchesne has his **CAPES** from France. He holds a **licence** from the University of Angers in English literature with a specialization in French as a foreign language. He has lived in the U.S. and taught French at the University of Cincinnati.

Claudine Convert-Chalmers is an **agrégée** from France who has taught all levels of French at the College of Marin in California. She holds degrees in French and English literature and a doctoral degree in Franco-American Civilization from the University of Nice, where she completed her **CAPES** and **Agrégation** training. The title of her dissertation is *L'aventure française à San Francisco durant la ruée vers l'or.* She has lived and taught in Marin County, California since 1977 and is coauthor of several texts, including *Bonjour, ça va?* and *Entrée en scène.*

Giraudon/Art Resource; *233* © Hugh Rogers/Monkmeyer Press Photos; *245* © Steve Vidler/Leo de Wys, Inc.; *247* © Hartman-De Witt/Comstock; *262* (*top*) © Owen Franken/Stock, Boston; (*bottom left*) Collection Roger-Viollet, Paris; *263* © Andrew Brilliant; *268* (*left*) Courtesy Apple Computers; (*right*) © Philippe Imbault/Tony Stone Images; *294* © Stuart Cohen/Comstock; *298* (*top*) © Beryl Goldberg; (*bottom*) © Jeffrey Greenberg/Photo Researchers; *303* © Gamma-Liaison; *311* © Henebry Photography; *312* © Ulrike Welsch; *317* © H. Silvester/Photo Researchers, Inc.; *321* (*left*) Collection Roger-Viollet, Paris; (*right*) © Rolf Adlercreutz/Gamma-Liaison; *322* © Fay Torresyap/Stock, Boston; *323* (*left*) © Canbazard/Explorer; (*top right*) © Peter Gonzalez; (*bottom right*) © Hugh Rogers/Monkmeyer Press Photos; *324* © Thomas Wear/Comstock; *325* (*left*) © Comstock; (*top right*) © Mark Antman/The Image Works; (*bottom right*) © Alan Padley; *329* © Stephen Brown/Gamma-Liaison; *339* © Joseph Nettis/Photo Researchers; *349* © Owen Franken/Stock, Boston; *350* © Dawn Woods; *351* (*top*) © Owen Franken/Stock, Boston; (*bottom*) Collection Roger-Viollet, Paris; *352* © Henebry Photography; *356* © Beryl Goldberg; *369* © G. Spengler/Sygma; *376* © The Bettmann Archive; *377* © Thomas Craig/The Picture Cube; *383* © Carol Palmer & Andrew Brilliant; *401* © Veiller/Photo Researchers; *402* Collection Roger-Viollet, Paris; *403* © Jean-Luc Tabuteau/The Image Works; *409* © Gamma-Liaison; *410* © Jean-Marc Loubat/Agence Vandystadt; *426* (*left*) © Alain Denize/Gamma-Liaison; (*right*) © Betty Press/Picture Group; *433* © Pool J. O. Barcelone/Gamma-Liaison; *434* © Charles Gupton/Stock, Boston; *438* © Job/Sipa Press; *442* © Elizabeth Marshall/Gamma-Liaison; *445* © Chris Steele-Perkins/Magnum; *449* © Comstock; *452* © Eric Brissaud/Gamma-Liaison; *453* (*bottom left*) © J. M. Truchet/Tony Stone Images; *461* Collection Roger-Viollet, Paris; *462* © Joel Simon; *465* © Stuart Cohen/Comstock; *467* (*top*) © R. Everts/Tony Stone Images; (*bottom*) © Carle/Stock, Boston; *468* © Dourdin/Photo Researchers; *477* (*left*) Courtesy Editions du Seuil, Paris; (*right*) © Ulf Anderson/Gamma-Liaison; *485* © Zihnioglu/Sipa Press; *486* © Peter Menzel; *491* © S. Weiss/Photo Researchers

Realia and Cartoons   *page 4 L'Humanité; 19* Interarts; *22* Courtesy *France Magazine; 30 Guide Pratique d'Angers; 52* Agfa Gevaert, S.A.; *102* Copyright © Christiane Charillon — Paris; *113 Paris Match; 118 Madame Figaro; 147 Les Dernières Nouvelles d'Alsace; 155* From *Le Nouvel Observateur; 188 GaultMillau Magazine; 224* © Club Med; *227* © Claude Verrier, Intermonde-Presse; *266 Télépoche; 274* NYTSS/*L'Express; 278 Paris Match; 293* © 1993 Les éditions Albert René/Goscinny/Uderzo; *336* cartoon by Laville; *361* RTL; *367 Printemps*, Grands Magazins; *386* From *Francoscopie 91* by Gérard Mermet (Paris: Larousse); *383 Le Monde; 406 Le Point; 422* BCP Strategie Creativité, Inc.; *425* From *Francoscopie 91* by Gérard Mermet (Paris: Larousse); *436 Figaro-Magazine; 489* Information from *We're Number One: Where America Stands and Falls in the New World Order* by A. Shapiro (New York: Vintage, 1992); *492 Journal Français d'Amérique; 495* From *Quid 92* by Dominique and Michèle Frémy

Readings   *page 131* From *Francoscopie 91* by Gérard Mermet (Paris: Larousse); *194 Bon Sens Magazine; 226* © *Vital; 257* © The Walt Disney Company; *286 Ciné-Télévision Revue; 314 Journal Français d'Amérique; 345* Excerpt and illustrations from *Le Petit Prince* by Antoine de Saint-Exupéry, copyright © 1943, by Harcourt Brace Jovanovich, Inc., and renewed 1971 by Consuelo de Saint-Exupéry—reprinted by permission of the publisher; *371 Le Lundi; 397 Télépoche; 428 Journal Français d'Amérique; 455* From *La Chanson Française à travers ses succes* (Paris: Larousse); *480 Le Lundi; 487 Journal Français d'Amérique; 490* From "Soyez Polis" by Jacques Prévert, © Éditions Gallimard